Werner Stubenrauch

So schaffen Sie Vermögen

Der einfache und effiziente Weg zu mehr Wohlstand

Gestaltung und Satz: Dirk Letsche, gemeinsam werben oHG
Gestaltung und Herstellung: Martina Köhler, Börsenbuchverlag
Lektorat: Claus Rosenkranz
Druck: CPI – Ebner & Spiegel, Ulm

ISBN 978-3-864700-04-0

Bibliografische Information der Deutschen Nationalbibliothek:
Die Deutsche Nationalbibliothek verzeichnet diese Publikation in der Deutschen Nationalbibliografie; detaillierte bibliografische Daten sind im Internet über <http://dnb.d-nb.de> abrufbar.

BÖRSEN MEDIEN
AKTIENGESELLSCHAFT

Postfach 1449 • 95305 Kulmbach
Tel: +49 9221 9051-0 • Fax: +49 9221 9051-4444
E-Mail: buecher@boersenmedien.de
www.boersenbuchverlag.de

Wichtige Hinweise

1. Sämtliche in diesem Buch getroffenen Aussagen basieren ausschließlich auf der Meinung des Autors und stellen keine Meinung oder Äußerung der in diesem Buch genannten Unternehmen oder deren Mitarbeiter dar. Keines der genannten Unternehmen hat das Buch – weder in seiner Gesamtheit noch in Auszügen – gebilligt, legitimiert oder gesponsert.

2. Die in dem Buch vorgenommenen Vergleichsrechnungen, im Wesentlichen mit den Ergebnissen des global investierenden Templeton Growth Fund, Inc., sind nur exemplarisch und stellen keine Wertung dar. Der Fonds belegt in einer Rangliste, die man bei Investitionsentscheidungen berücksichtigen sollte, einen mittleren Platz – vgl. die Tabellen unter Abschnitt D 2.5.1. Ausschlaggebend dafür, dass ich diesen Fonds für Vergleichsrechnungen herangezogen habe, war, dass ich eine Software zur Verfügung hatte, mit welcher ich Vergangenheitsergebnisse beliebiger Zeiträume selbst errechnen konnte. Besonders die Darstellung sog. rollierender Zeiträume nebst etwaiger Grafiken macht das Anlegen in Aktienfonds anschaulich und vergleichbar.

3. Es wird ausdrücklich darauf hingewiesen, dass die in den Berechnungen und Tabellen dargestellten Informationen keine anleger- und anlagegerechte Beratung durch einen fachkompetenten Finanzberater ersetzen können.

4. Die Informationen und Rechenbeispiele sind mit höchster Sorgfalt erarbeitet. Dennoch können Fehler nicht gänzlich ausgeschlossen werden. Eine Haftung irgendwelcher Art für fehlerhafte Aussagen und deren Folgen bleibt ausgeschlossen.

Redaktionsschluss: 30.11.2009, Daten-Nachtrag: 31.12.2011
Soweit eine Aktualisierung im Anhang nicht erfolgt ist, vgl. Anhang Nr 19 ff. sowie Nachträge im Text.

Werner Stubenrauch
Steuerberater, vereid. Buchprüfer

E-Mail: w_stubenrauch@t-online.de

INHALT

Warum Sie dieses Buch lesen sollten

Steuern Sie selbst, was mit Ihrem Geld passiert und wie stark es sich vermehrt. Nach 2008 liegt eine Erkenntnis auf der Hand: Viele Anleger vertrauten ihren Banken und Beratern blind. Dabei ist das unnötig. Jenes vermeintliche Herrschaftswissen der gelingenden Geldanlage – der lohnenden Teilhabe an wirtschaftlicher Wertschöpfung – ist gar nicht kompliziert. Persönlicher Erfolg im Umgang mit Geld und dessen Mehrung – dafür bedarf es nur einiger weniger mathematischer Grundlagen und einem Basiswissen über wirtschaftliche Zusammenhänge.

Dieses Buch wird Ihnen alle notwendigen Erkenntnisse in hoffentlich anschaulicher Weise nahebringen, damit Sie selber darüber entscheiden, was mit Ihrem Geld passiert. Um eigenes Vermögen aufzubauen, benötigen Sie kein riesiges Ausgangskapital, sondern vor allem Zeit. Warum, das erfahren Sie auf den folgenden Seiten. Vorher möchte ich Ihnen aber noch erzählen, wann mir auffiel, dass ich nicht gut beraten war.

> ***Nichts auf der Welt ist so mächtig***
> ***wie eine Idee, deren Zeit gekommen ist.***
>
> Victor Hugo (1802 - 1885)

Mein Schlüsselerlebnis

Sie als Leser sollen verstehen, welches Erlebnis mich dazu gebracht hat, über Geldanlage ganz neu nachzudenken. Trotz all meines vermeintlichen Fachwissens blieb mir eine Fehlanlage nicht erspart:

> 400.000 DM[1], die ich nicht gemacht habe.

Zur Finanzierung unseres Einfamilienhauses, das seinerzeit ca. 100.000 DM kostete, haben meine Frau und ich 1968 ein Darlehen aufgenommen. 40.000 DM bekamen wir von einer Versicherungsgesellschaft mit der Verpflichtung, es nach 30 Jahren in einer Summe zurückzuzahlen.

1 Der Übersicht halber habe ich an dieser Stelle auf die Umrechnung auf Eurobasis verzichtet. Die Beträge in Euro ergeben sich, wenn Sie die DM-Beträge einfach halbieren – vgl. insoweit die Darstellung unter Abschnitt B 1.4.

Im Gegenzug schloss ich eine Kapitallebensversicherung über die gleiche Summe mit einem monatlichen Beitrag von 102 DM ab. Der Beitrag enthielt sowohl einen Risiko- als auch einen Sparanteil. Dadurch – so sagte man mir – würde bei meinem vorzeitigen Ableben aus der Todesfallsumme das Darlehen abgelöst werden. Gegenüber meiner Familie war die Vorsorge somit geleistet und im Erlebensfall würde sich mindestens so viel Kapital angesammelt haben, um das Darlehen daraus zurückzuzahlen. Möglicherweise würde sich daraus sogar noch ein Überschuss ergeben, der dann zu meiner freien Verfügung stünde. Im Jahr 1998 konnte ich feststellen, dass die Rechnung aufgegangen war: Es ergab sich eine Ablaufsumme von ca. 89.000 DM. Da wir aber nur 40.000 DM zurückzuzahlen brauchten, blieben knapp 50.000 DM zur freien Verfügung – eine Wohltat, die wir dankend annahmen.

Damals war die Welt für mich noch in Ordnung. Als ich mich anschließend allerdings berufsbedingt intensiv mit der Anlage in Aktienfonds auseinandersetzte, stellte sich zwangsläufig die Frage: Was wäre denn dabei herausgekommen, wenn ich eine reine Todesfallversicherung bei einem günstigen Anbieter abgeschlossen hätte (Beitrag ca. 5 DM) und die restlichen 97 DM in einen der besten international anlegenden Aktienfonds eingezahlt hätte?

Statt der Ablaufsumme aus der Versicherung von 89.000 DM wären etwa 470.000 DM dabei herausgekommen, fast 400.000 DM mehr.[2]

Einem fremden Finanzberater hätte ich diese Darstellung wohl kaum geglaubt. Da ich aber selbst nachgerechnet habe, erschien das Ergebnis so unglaublich, dass meine Neugier mich trieb, weiter Licht in diese Angelegenheit zu bringen. Dabei bin ich besonders der Frage nachgegangen, warum Kleinanleger nicht die Gelegenheit nutzen, ihr Erspartes, das sie längerfristig nicht brauchen, in Aktienfonds zu investieren. Der Gesetzgeber hat bereits im Jahr 1950 mit dem Investmentsparen hierfür den Weg bereitet. „Am Anfang stand die Idee, den ‚kleinen Mann' durch das Investmentzertifikat[3] nach dem Prinzip der Risikomischung am Produktivkapital der deutschen Wirtschaft zu beteiligen. Das war auch die Zielsetzung des Gesetzes über Kapitalanlagegesellschaften von 1957. Deshalb gab es zu Beginn auch nur reine Aktienfonds und der Anlegerkreis entsprach weitgehend der Zielsetzung des Gesetzes."[4]

2 Hinweis insoweit aber auf die Ausführungen unter B 1.4.

3 Ein Investmentzertifikat ist eine Urkunde, in der ein Miteigentumsanteil des Inhabers an einem entsprechenden Fondsvermögen verbrieft wird. Vgl. auch die Ausführungen in „Wie lege ich mein Geld an?" von Ewald Genske, Ullstein-Verlag GmbH, Westland Verlag, Sonderausgabe 1969, S. 115.

4 Hinweis auf die Ausführungen des Hauptgeschäftsführers des BVI Bundesverband Deutscher Investment-Gesellschaften e.V. im Vorwort zum FondsGuide 1999, Gabler-Verlag Wiesbaden, ISBN 3-409-14236-3.

Der erste deutsche Aktienfonds wurde damals von der Fondsgesellschaft ADIG aufgelegt. Diesen Fonds gibt es heute noch. Anleger, die von Anfang an darin investiert waren, haben vom 01.11.1950 bis 31.12.2011 eine durchschnittliche Rendite von 10,20 % p.a. erzielt. Es handelt sich um den ausschließlich in deutsche Unternehmen anlegenden Aktienfonds Fondak.

Aus einer Einmalanlage von 1.000 € hat sich ein Kapital von 380.000 €[5] entwickelt, das sind 38.000 % Wertzuwachs in knapp 61 Jahren, einfach so, ohne dass jemals die Gefahr bestanden hätte, den Einsatz ganz oder teilweise zu verlieren. Sie sehen hieran, dass diese Art der Vermögensmehrung zu Ergebnissen geführt hat, die kaum ihresgleichen finden.

Meine gewonnenen Erkenntnisse habe ich in diesem Buch festgehalten und ich hoffe, dass ich auch Ihre Neugier geweckt habe. Ich bin dankbar für die besonders in den letzten 10 Jahren erworbenen Einsichten und gebe sie auf diesem Wege gerne weiter, damit auch Sie die geradezu fantastische Quelle „Zinseszins" für sich erschließen mögen. Sie können dieses Buch gewissermaßen als Nachschlagewerk verwenden, um sich dessen bewusst zu werden, was Sie tun, wenn es um den Umgang mit Ihrem Geld geht.

Ich wünsche Ihnen, dass Sie nunmehr eigenständig den richtigen Weg finden und vor allem: sich künftig nicht mehr irreführen lassen.

Wie das Buch seinen letzten Schliff bekam

Fast auf wundersame Art und Weise gelangte das Manuskript in die Hände eines in der Fondslandschaft bekannten Werbefachmanns, der für sich in Anspruch nehmen kann, psychologisch und pädagogisch geschult zu sein. Eric Metz von der „gemeinsam werben oHG" in Hamburg hatte – ohne mein Wissen – das Manuskript als Urlaubslektüre und für eine Einschätzung von meinem Sohn Wilfried zugespielt bekommen. Dies führte zu einem Termin im November 2010, bei dem Eric Metz wie wir Feuer und Flamme für das Thema war und meinte, es sei an der Zeit, aus dem wertvollen Rohstoff einen Diamanten zu schleifen. Mit fachlicher Genauigkeit und liebevoller Geduld hat er in 8 Monaten daraus dieses Lernbuch geschaffen, das Spaß beim Lesen machen soll und jedem Interessierten auf einfache Weise tiefe Erkenntnisse zum effizienten Umgang mit Geld liefert. Dafür gebührt ihm mein herzlicher Dank.

Werner Stubenrauch

5 Siehe Chartgrafik im Anhang Nr. 15 . Der einmalig zu zahlende Ausgabeaufschlag von 5 % (-Spesen) auf 1000 € - 50 € ist berücksichtigt. Amtliche aktuelle Bezeichnung des Fonds: Cominvest Fondak P, WKN 847 101 – vgl. Anhang Nr. 15

Vorwort von Kurt Carstens

Ein Anleger muss sich in Zukunft permanent mit seinem Vermögensaufbau und der Altersvorsorge befassen und benötigt dafür unabhängige Beratung. Bei vielen Steuerberatermandanten ist die Erkenntnis gereift, sich bei der Beratung in Vermögensangelegenheiten neu orientieren zu müssen. Der Steuerberaterberuf hat sich in den letzten 10 Jahren diesem Aufgabenfeld verstärkt zugewandt und hat zunehmend Kompetenz erworben.

Der Autor Werner Stubenrauch ist seinen Berufskolleginnen und -kollegen durch seine missionarische Neugier, Hartnäckigkeit und insbesondere durch seine intensiven Recherchen immer einen Schritt voraus gewesen.

Allgemeine Erkenntnis ist, dass bei der Vermögensanlage eine Risikoverteilung notwendig ist. Man darf auf keinen Fall einseitig investieren. Darüber hinaus kennt man aus den Medien die Schlagwörter „Aktien sind Pflicht" oder „Ohne Aktien geht es nicht".

Von diesem Grundgedanken ist auch der Autor dieses Buches beseelt. Bei ihm bündeln sich seine Erkenntnisse in der Empfehlung von Aktienfonds und (wegen der Abgeltungsteuer) Dachfonds für die langfristige Vermögensstrategie. Die Ziele der Banken sind andere. In einem freien Markt muss der mündige und gut informierte Anleger selbst seine Entscheidung treffen. Dazu muss er sich mithilfe von guten Beratern selbst umfangreiches Wissen aneignen.

Werner Stubenrauch hat sich nach dem Ausscheiden aus einer mittleren Wirtschaftsprüfer- und Steuerberaterkanzlei intensiv mit der Vermögensberatung befasst und steht in ständigem Wissens- und Erfahrungsaustausch mit seinem Sohn Wilfried Stubenrauch, der als Certified Financial Planner (CFP®) und durch die erfolgreiche Führung eines am 01.10.2007 gegründeten Dachfonds über eine hervorragende Kompetenz verfügt.

Beide sind bereits einzeln oder gemeinsam vielen Beraterkollegen, aber insbesondere vielen Geldanlegern von großem Nutzen gewesen. Darüber hinaus haben sie durch viele Vortragsveranstaltungen auch mit kompetenten Gastreferenten und durch viele Beratungsgespräche das Wissen und das Selbstbewusstsein der Anleger erhöht.

Der Gedanke an die hohen Schulden vieler Staaten wird zunehmend eine Rolle bei den Überlegungen und Beratungen spielen. Man kann allgemein davon ausgehen, dass die Staaten die Schulden der öffentlichen Haushalte weder durch radikale Einsparungen noch durch radikale Steuererhöhungen vermindern können. Wenn einmal das Zinsniveau ansteigt, ist die Schuldenlawine nicht mehr beherrschbar, Geldentwertungstendenzen beschleunigen sich und der Anleger wird noch stärker als zurzeit die Anlage in Sachwerten bevorzugen.

Unter diesem Aspekt empfehle ich die Lektüre dieses Buches.

Kurt Carstens
Wirtschaftsprüfer, Steuerberater
Fachberater für internationales Steuerrecht

Vorwort von Dr. Christoph Bruns[6]

Wohlstand für alle. So lautet die edle Version des Ludwig Erhard. Selbstverständlich ist sie nur zu verwirklichen, indem die Bevölkerung am Wachstum des Produktivvermögens der Volkswirtschaft teilnimmt.

Leider wird der sinnvollste Weg zur Gestaltung langfristiger privater Vermögensbildung in Deutschland viel öfter verfehlt als gegangen. Diffuse Ängste, falsche Beratung, schlechte ökonomische Bildung und steuerliche Fehlanreize erschweren hierzulande den Pfad zur Aktienanlage. Wer diesen trüben Befund bedenkt, wird schnell erfassen, warum das vorliegende Buch sich abhebt von der Masse typischer Ratgeber zum Thema Kapitalanlage.

Werner Stubenrauch ist ein inspirierter Verfechter der Aktienanlage. Am Beginn seines Interesses für Aktienfonds standen Erfahrungen ungläubigen Staunens über deren attraktive mehrjährige Wertentwicklungen. Dieses Staunen führte zur Hinterfragung und Überprüfung des Geschehenen. Aus der intensiven theoretischen wie praktischen Beschäftigung mit der Thematik erwuchs schließlich die Überzeugung, dass die Anlage in dynamische Sachwerte – Aktien – im Laufe der Zeit größte Vorteilhaftigkeit zeigt.

Dass sich der Durchführungsweg Aktienfonds für die allermeisten Anleger dabei als Königsweg erweist, wird ebenfalls in Werner Stubenrauchs Werk ganz deutlich. Durch viele praktische Beispiele und Erfahrungsberichte werden die gewonnenen Erkenntnisse konsequent untermauert. Hier schreibt ein erfahrener und überzeugter Kenner für den bei der Anlageplanung Halt suchenden Anwender. Nicht zuletzt aufgrund des zwingenden Zukunftserfordernisses einer höheren Beteiligung der deutschen Bevölkerung am Produktivvermögen dieses Landes ist dem Werk weite Verbreitung zu wünschen.

Die Vision vom Wohlstand für alle wird ohne die Aktienfondsanlage nicht gelingen. Hier profunde Aufklärungsarbeit geleistet zu haben, ist der Verdienst des vorliegenden Werkes.

Dr. Christoph Bruns
Fondsmanager

6 Hinweis auf Ausführungen in Abschnitt D 2.3.6.

Einführung

10 Regeln, wie Sie aus dem Buch am meisten für sich herausholen können:

1. Bringen Sie Neugier mit und die innere Bereitschaft, umzudenken. Manchmal erscheinen kleine Dinge, die man unbeachtet lässt, unwesentlich zu sein. In Bezug auf die Bildung von Vermögen sind sie aber ungemein wichtig. Folgen Sie der Weisheit des großen Religionslehrers Buddha:

> ***„Glaube nichts, was deiner Vernunft widerstrebt,***
> ***aber verwirf auch nichts als unvernünftig,***
> ***bevor du es nicht selbst gründlich untersucht hast!"***

2. Suchen Sie sich, was Sie wirklich brauchen. Wenn Sie ein Abschnitt nicht betrifft – wenn Sie z.B. keine Kapitallebens- oder Rentenversicherung abgeschlossen haben oder abschließen wollen –, überfliegen Sie den Inhalt nur. Gleiches gilt für die Beispiele aus meiner Praxis.

3. Unterbrechen Sie Ihre Lektüre häufig und denken Sie über das Gelesene nach – besonders wenn es um Abschnitte geht, die eine neue Denkweise erfordern. Gleiches gilt, wenn es sich um Fallschilderungen handelt, in welchen einfache betriebswirtschaftliche oder finanzmathematische Erkenntnisse zur Anwendung kommen. Diese Methode wird Ihnen weit mehr helfen, als den Inhalt nicht zu verinnerlichen und im nächsten Abschnitt nicht darauf aufbauen zu können. Als Hilfestellung finden Sie am Ende eines jeden Abschnitts zusammenfassende Fragen. Überprüfen Sie damit, ob Sie die Inhalte gut aufgenommen und verinnerlicht haben.

4. Markieren Sie die für Sie wichtigsten Stellen mit einem Farbstift, wenn Sie glauben, dass Sie das Beschriebene auf Ihre Verhältnisse anwenden und nutzen können. Dieses Vorgehen macht die Lektüre interessanter und eine Wiederholung dessen, was Ihnen wichtig ist, leichter.

5. Nehmen Sie das Buch immer wieder zur Hand, wenn Sie einen Kassensturz über Ihr Vermögen gemacht haben oder etwas an Ihrer finanziellen Situation ändern wollen. Betrachten Sie das Buch als nützliches Nachschlagewerk, das Sie auch mitnehmen können, wenn Sie zu Ihrer Bank gehen.

6. Sie behalten das in dem Buch dargestellte Wissen nur im Kopf, wenn Sie einzelne Teile und auch Leitsätze in bestimmten Abständen immer mal wieder lesen. Markieren Sie im Inhaltsverzeichnis die Abschnitte, die für Sie die wichtigsten sind.

7. Rechnen Sie die einzelnen Beispiele selber nach. Der Mensch lernt nicht durch Lesen, sondern durch Tun. Besorgen Sie sich beispielsweise den von Bernd W. Klöckner entwickelten BWK miniMAX®. Sie lernen zwar in diesem Buch auch die überschlägige 72er-Methode zu Ermittlung von Zinseszins-Ergebnissen. Der Rechner hilft Ihnen aber zusätzlich, mit wenig Aufwand exakt nachzurechnen, und so bekommen Sie ein noch besseres Gefühl für die kleinen Stellschrauben in der Finanzmathematik und deren enormen Auswirkungen auf das, was am Ende dabei herauskommt.

8. Es gibt kaum jemanden, der zu schnellem Reichtum gekommen ist. Alle Vorschläge und Beispielrechnungen erfordern Vorsicht sowie ein planvolles und zielgerichtetes Vorgehen. Es kostet deshalb etwas Mühe, das Buch einmal durchzuarbeiten. Bitten Sie notfalls jemanden um Hilfe, der Ihnen bei den Berechnungen unter die Arme greift. Der Lohn ist aber, dass Sie am Ende wissen, wie Sie sich eine nachhaltige, höchst ertragreiche Kapitalanlage aufbauen können, deren Erträge ggf. unerschöpflich sind und um die Sie sich kaum noch zu kümmern brauchen. Sie werden am Ende des Buches wissen, wie es geht.

9. Folgen Sie der Erkenntnis von John D. Rockefeller, ehemals einer der reichsten Männer der Welt: *„Es ist besser, eine Stunde lang über sein Geld nachzudenken, als einen ganzen Monat lang dafür zu arbeiten!“* Nehmen Sie sich dafür ein paar Wochenenden Zeit – und Sie haben möglicherweise irgendwann in Ihrem Leben so viel angespart, dass Sie davon leben können. Dann können Sie immer noch einer sinnvollen Beschäftigung nachgehen, aber Sie müssen nicht mehr.

10. Fangen Sie unverzüglich an und bleiben Sie unverzagt, auch wenn es vorübergehend einmal nicht in die gewünschte Richtung läuft.

1 Zu beziehen über den FAF Fachverlag für angewandte Finanzmathematik GmbH & Co.KG, www.faf-verlag.com.

Zum Aufbau des Buches:

Buchteil A vermittelt Ihnen die notwendigen mathematischen Grundkenntnisse.

Abschnitt B zeigt anhand meiner Erfahrungen im Wechselspiel mit Marktzahlen, warum Aktienfonds eine unterschätzte Anlageform sind.

Abschnitt C macht deutlich, dass die meisten Deutschen in Finanzdingen unmündig sind. Erspartes wird zu Renditen angelegt, die kaum geeignet sind, Kapital nach Inflation und Steuern zu erhalten geschweige denn zu vermehren. Das gilt auch für Stiftungen (Nr. 4), die z.B. amerikanischen Stiftungen bekannter Eliteuniversitäten nicht das Wasser reichen können. Überhaupt sind uns andere Länder, besonders die Amerikaner, in Bezug auf effiziente Vermögensbildung mittels Investmentfonds um Längen voraus (Nr. 5). Die Unterabschnitte 6 und 7 zeigen uns besonders anhand von vielen in der Praxis anzutreffenden Beispielen, dass die von Banken und Versicherungsgesellschaften angebotenen Geldanlagen unter Renditegesichtspunkten in der Regel unzureichend sind.

Abschnitt D führt uns vor Augen, wie Aktienfonds funktionieren und dass niemand an dieser Anlageform vorbeikommt, der längerfristig sein Geld effizient vermehren und sich sein Kapital erhalten will.

Anschnitt E erklärt, dass in dem System der Kreditbanken (Sparkassen und Genossenschaftliche Banken) der Hauptgrund zu suchen sein dürfte, weshalb der Verbraucher im Allgemeinen nicht an die Anlageform „Aktienfonds" herangeführt wird.

Abschnitt F zeigt, dass unsere Vorfahren bereits vor mindestens 2000 Jahren empfohlen haben, einen Teil des Geldes in Unternehmen zu investieren, weil sie wussten, dass jedes Unternehmen darauf bedacht ist, Gewinne zu erzielen, an denen jeder Mitinvestor entsprechend seiner Beteiligung partizipiert. Für eine entsprechende Streuung und professionelle Verwaltung, die Sicherheit bedeuten, sorgt heute das Investmentgesetz.

Abschnitt G gibt der Politik wertvolle Anregungen, um die größten Probleme in der Bundesrepublik grundlegend in den Griff zu bekommen, nämlich die Umstellung des Rentensystems auf Kapitaldeckung und die Rückzahlung der Staatschulden durch Beteiligung an Unternehmen mittels Staatsfonds.

Weiter zeigen die Ausführungen besonders der Jugend einen Weg auf, wie sie ihre Zukunft mithilfe ihrer Bank selbst gestalten kann, um zu nachhaltigem Wohlstand zu gelangen.

Für Eilige wird eine Abkürzung empfohlen:

Lesen Sie die Abschnitte:

A **1.1** und **1.2**
B 1.2, **2.2** und 2.4
C **1.1** , 6.1, 6.7 und 7.1
D 1.3, 2.3.1, **2.3.4 – 2.3.7** sowie 2.5.1
E **1.3** und **2.6**
F 1.3
H **3.2** und **4.3**

Die fett markierten Abschnitte betreffen im Wesentlichen Grundwissen, die übrigen Abschnitte Spezialwissen.

Leser, die der Politik verbunden sind, sollten auf jeden Fall folgende Abschnitte lesen:

D 2.6 - 2.6.6
E 3.1
G 2.5.1, 2.5.2 und 2.6.2
H 1.1, 2.2 ff. und 3.0 ff.

A | DER EINSTIEG IN DIE WELT DER FINANZEN

A Der Einstieg in die Welt der Finanzen

Meine Motivation, Sie an meinen Einsichten teilhaben zu lassen, kennen Sie bereits etwas. Jetzt stehen einige Grundkenntnisse an: Wer möchte, dass Geld sich vermehrt, muss rechnen können. Niemand braucht die höhere Mathematik zu beherrschen, Sie sollten nur etwas von Prozentrechnung verstehen und die Wirkung des Zinseszinses zusammen mit dem Faktor Zeit richtig einschätzen können.

Im Übrigen bleibt es jedem unbenommen, die bereits bekannten Dinge zu überblättern und nur das intensiver zu lesen, was individuell wichtig ist.

1.1 Zinseszinsrechnung – einfach und „kinderleicht"

Zinseszins in der Schule, das war eine komplizierte Formel, die man in der Regel innerhalb von ein paar Wochen auch wieder vergessen hatte. Aber warum so kompliziert, wenn es auch einfach geht? Der Ausspruch von dem als „Pionier der deutschen Investmentbranche" bezeichneten Dr. Klaus Jung[1] lautet:

> ***Nicht addieren,***
> ***sondern multiplizieren!***

Wenn Sie 2 + 2 + 2 + 2 zusammenzählen, kommen Sie gerade auf die Summe von 8. Multiplizieren Sie aber 2 x 2 x 2 x 2, ergibt sich schon 16. Das ist bereits fast das Geheimnis dessen, wie der Zinseszins wirkt. Wir zählen meist immer nur die Erträge zusammen und geben diesen keine Gelegenheit, sich wiederum zu vermehren.

Bei der Prozentrechnung geben schon viele auf und umso mehr bei der Zinseszinsrechnung. Deshalb kursiert auch wohl immer noch die Geschichte von dem Mann auf dem Markt, der behauptet, er kaufe das Pfund Kartoffeln für 1 Euro ein, verkaufe es für 2 Euro und von diesem einen Prozent könne er gut leben. Sie haben es sicherlich gemerkt – es ist nicht ein Prozent, denn der Mann kassiert genau das Doppelte des Einkaufswertes und damit sind es 100 Prozent. Ein gravierender Unterschied also, und dennoch werden wir, wenn wir nicht aufpassen, immer wieder leicht in die Irre geführt, wie wir später noch sehen werden.

1 Vgl. Artikel „Begegnungen" in Zeitschrift *cash* 5/2008.

Erlebnis: Erwandern der 72er-Methode

Als unsere Enkeltochter Kira 8 Jahre alt war, haben wir einen Wanderurlaub in Südtirol auf der schönen Seiser Alm verbracht. Kira hatte anfänglich nicht so recht den Drang, mit Oma und Opa die Berge rauf und runter zu laufen. Und damit es nicht langweilig wurde, habe ich die Zeit genutzt, ihr unterwegs – ich bin nun einmal ein Zahlenmensch – ganz beiläufig etwas über die Zinseszinsrechnung zu erzählen. Zu meinem Erstaunen, aber auch zu meiner Freude ließ das Kind sich darauf ein.

Unsere Kira hatte das große Glück, dass sie dank eines kleinen Erbes ein für ihr Alter schon großes Bankguthaben von ca. 4.000 € besaß. Und darum rechneten wir – im Kopf –, wie sich dieses Geld vermehren würde, wenn die Bank ihr jedes Jahr 3 % Zinsen gutschreiben und den jeweils zugeschriebenen Zins auch wieder mit verzinsen würde.

1 % von 100 € = 1 €
1 % von 1.000 € = 10 €
1 % von 4.000 € = 40 €
3 % von 4.000 € = 40 € x 3 = 120 €.

120 € sei also der Betrag, den die Bank ihr jährlich gutschreiben würde. 3 % Zins sei etwa der Zins, den die Bank für sog. Festgeld zahle, weil man sein Geld der Bank jeweils für einen festen Zeitraum, z.B. 1 oder 2 Jahre, überlasse.

Hinweis: Bei einem Sparbuch würde man etwa nur 1,5 % - 2 % an Zinsen erhalten. Das Sparguthaben ist zwar unter Einhaltung einer bestimmten Frist jederzeit kündbar, aber aufgrund der schwachen Zinsleistung haben wir das gar nicht erst in Erwägung gezogen.

Der Betrag, um welchen sich ihr Guthaben im ersten Jahr vermehren würde, ließ sich noch im Kopf rechnen und die ersten 1.000 Meter Anstieg waren schon mit Leichtigkeit erklommen – Kira hatte es gar nicht gemerkt.

Nun haben wir weitergerechnet:

Auf 4.000 € würde sie im ersten Jahr 120 € erhalten. Am Ende würde ihr Guthaben 4.120 € betragen. Im nächsten Jahr würde sie wiederum 3 % Zinsen erhalten. Nun wurde es schon etwas schwieriger.

3 % auf 4.000 € würden wieder 120 € betragen. 3 % auf 120 € würden 3,60 € betragen, zusammen somit an Zinsen 123,60 €. 4.120 € + 123,60 € machten somit am Ende des zweiten Jahres 4.243,60 € aus.

Für weitere Jahre würde man die Zinsen jedoch nur noch schwerlich im Kopf rechnen können. Ich wollte ihr aber zeigen, wie sie auf ganz einfache Art ausrechnen könne, wie ihr Geld sich vermehre, wenn man es sogar auf 20, 30 oder 40 Jahre festlege und die Zinsen immer wieder zugeschrieben würden.
Jetzt haben wir eine Methode angewandt, wie sie wahrscheinlich bereits den Babyloniern bekannt war. Die konnten sicherlich rechnen, sonst wäre Babylon etwa 3.000 Jahre v. Chr. nicht ein Land gewesen, dessen Reichtum in die Geschichte eingegangen ist, ohne dass es mit einträglichen Bodenschätzen oder Ähnlichem gesegnet gewesen wäre. Nun gab es damals noch keine elektronischen Rechner, sondern sie mussten vieles einfach im Kopf rechnen. Aufgrund ihrer kaufmännischen Erfahrungen ist es vorstellbar, dass sie um die Bedeutung einer besonderen Zahl wussten:

die Zahl Zweiundsiebzig.[2]

Wenn sie damals hätten ausrechnen sollen, wie sich ein Betrag von 4.000 € bei 3 % in der Zukunft vermehrt, hätten sie einfach die Zahl 72 durch 3 geteilt. Das ergibt die Zahl 24 und damit wussten sie, dass sich 4.000 € in 24 Jahren einmal verdoppeln würden und in weiteren 24 Jahren noch einmal, also *alle* 24 Jahre einmal.

Rechnen wir doch einmal:

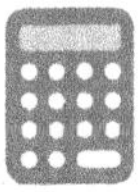

Aus 4.000 € würden in 24 Jahren 8.000 €, aus 8.000 € würden in weiteren 24 Jahren 16.000 €. Also würde Kira in 48 Jahren – dann würde sie 56 Jahre alt sein – über stolze 16.000 € verfügen, also über das Vierfache des ursprünglich angelegten Betrages, ohne dafür selbst arbeiten zu müssen.

Nun hatte ich ihr erzählt, dass sie ihr Geld auch dem Staat ausleihen könne und man dafür einen sog. Bundesschatzbrief bekomme, auf den man 5 - 6 % Zinsen erhalte. Im Vergleich zu heute gab es vor 6 Jahren noch traumhafte Zinssätze.

Der besseren Teilbarkeit wegen legten wir einen Zinssatz von 6 % zugrunde. Als wir den Gipfel des ersten Berges halb erklommen hatten, wusste Kira, dass sie dann mit 56 Jahren statt über 16.000 € bereits über 64.000 € verfügen würde, da der Verdoppelungszeitraum nur noch 12 Jahre betragen würde, denn

72 geteilt durch 6 = 12

2 Nähere Ausführungen s. unter Abschnitt F 1 ff.

Aus 4.000 € würden	in 12 Jahren	8.000 €
	in 24 Jahren	16.000 €
	in 36 Jahren	32.000 €
	in 48 Jahren	64.000 €

Das war also schon das *Vierfache* des Ergebnisses, das sie bei 3 % Rendite erzielen würde, obwohl der Zins nur *doppelt* so hoch war.

Für Kira wurde es immer spannender. Ich habe ihr dann verraten, dass sie für ihr Geld auch noch mehr bekommen könne als 6 % Zinsen, vor allem, weil sie noch jung sei und ihr Geld auf Jahre hinaus nicht benötige. Sie könne z.B. ihr Geld in große Unternehmen investieren, die mit dem Geld dann arbeiteten und damit Gewinne machten. Wenn man sich an solchen Unternehmen beteilige, werde man auch an deren Gewinnen beteiligt. Diese Beteiligungen nenne man Aktien, die man über Fachleute auswählen und in sog. Fonds verwalten lasse. Man bekomme für sein Geld dann keine Zinsen, sondern man nenne den Ertrag aus Aktienfonds Rendite, die nach den Vergangenheitserfahrungen langfristig zwischen 9 % und 12 % schwanken könne, je nach Qualität des jeweiligen Fonds.

Also rechneten wir wieder:
Bei einer Rendite von 9 % betrüge der Verdoppelungszeitraum *8 Jahre*, denn

72 geteilt durch 9 = 8

Aus 4.000 € würden	in 8 Jahren	8.000 €
	in 16 Jahren	16.000 €
	in 24 Jahren	32.000 €
	in 32 Jahren	64.000 €
	in 40 Jahren	128.000 €
	in 48 Jahren	256.000 €

Mit 56 Jahren bereits über 256.000 € zu verfügen, war für Kira schon fast eine unvorstellbare Summe. Das war wiederum das *Vierfache* des Betrages, den man bei 6 % Zins erzielen könnte, obwohl sich der Zins nur um 3 % erhöht hatte. Es wurde immer interessanter. Wir rechneten jetzt mit 12 %. Der Verdoppelungszeitraum verkleinerte sich immer mehr, denn

72 geteilt durch 12 = 6

Aus 4.000 € würden	in 6 Jahren	8.000 €
	in 12 Jahren	16.000 €
	in 18 Jahren	32.000 €
	in 24 Jahren	64.000 €
	in 30 Jahren	128.000 €
	in 36 Jahren	256.000 €
	in 42 Jahren	etwa 500.000 €
	in 48 Jahren	1 Million €

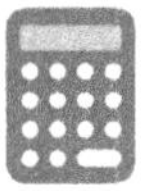

Mit 56 Jahren würde sie also vielleicht Millionärin sein können – wenn sie ihr Geld einfach im Fonds belässt. 1 Million Euro war wiederum etwa das *Vierfache* des Ergebnisses, das bei 9 % Zinsen erzielbar war, obwohl sich der Zinssatz hier auch wieder nur um 3 % erhöht hatte. Und das alles, ohne selbst dafür arbeiten zu müssen.

Jetzt aber ging die Fantasie mit ihr durch, als sie meinte: Dann könne sie doch auch noch einmal weitere 6 Jahre dranhängen, dann habe sie bereits 2 Millionen oder mit 68 Jahren würde sie sogar über 4 Millionen verfügen – eine fast unglaubliche Vorstellung.

Um zunächst aber auf den Boden der Tatsachen zurückzukommen, riefen wir uns nochmals die vorhergehenden Zahlen ins Gedächtnis zurück. Nach 48 Jahren würde ihr Kapital von 4.000 € bei einer Verzinsung von 3 % am Ende auf 16.000 €, bei 6 % auf 64.000 €, bei 9 % auf ca. 250.000 € und bei 12 % auf etwa 1 Million anwachsen.

Bei jeweils 3 % mehr an Rendite vervierfachte sich somit das Ergebnis. Stellte man es auf die ersten 24 Jahre ab, würde ein Kapital von 4.000 € bei 3 % auf 8.000 €, bei 6 % auf 16.000 €, bei 9 % auf 32.000 € und bei 12 % auf 64.000 € anwachsen. Der Unterschied zwischen einer Anlage nach 24 Jahren und nach 48 Jahren lag also darin, dass sich mit jedem Dreierschritt bei den Prozenten im ersten Fall das Kapital „nur“ *verdoppelte,*[3] nach weiteren 24 Jahren aber bereits *vervierfachte.*

Das war also Zinseszinsrechnung, wie sie (möglicherweise) die Babylonier und wir Wanderer im Kopf gerechnet haben.

3 Vgl. dazu Tabelle der Ergebnisse nach der 72er-Regel im Vergleich mit den exakten finanzmathematischen Werten über eine Zeitdauer bis 96 Jahre. – Anhang Nr. 1 bzw. Nr. 2 bei Sparplänen.

1.2 Ihr Geld-Code 1, 2, 4, 8, …[4]

Wenn Sie das Zinseszins-Prinzip verstanden haben, sollten Sie in Zukunft stets über die Effizienz einer Geldanlage nachdenken. Stellen Sie sich immer die Frage, wie schnell sich Ihr Vermögen vermehrt bzw. vermehren soll. Je höher der Zinssatz bzw. die Rendite der Vermögensanlage, umso schneller geht es. Auch Sie haben in Ihrem Leben nichts zu verschenken. Wenn Sie für das gleiche Geld am Ende mehr bekommen können, warum sollten Sie es dann nicht annehmen?

Deshalb ist der Geld-Code besonders für junge Menschen interessant, weil sie noch viel Zeit vor sich haben, die es zu nutzen gilt. Frei nach dem römischen Philosophen Horaz: ***„Carpe Diem oder nutze die Zeit“***.

Wer es hauptsächlich darauf anlegt, mit seinem verdienten Geld heute zu leben und nicht schon frühzeitig „sät, was er später ernten“ will, dem geht durch nutzlos verstrichene Zeit ein enormes Vermögenspotenzial verloren.

Mit dem Geld-Code bekommen Sie eine Vorstellung davon, wie der Zinseszins mit zunehmender Zeitdauer und höherer Rendite ein angelegtes Vermögen im Wert gleichsam explodieren lässt. Sie brauchen dazu keine komplizierte Formel, keinen Computer – es geht einfach so im Kopf. Sehen sie selbst, wie sich ein Euro im Verlaufe der Zeit aufgrund des Zinseszinseffektes vermehrt:

Rendite	Anlagebetrag	Multiplikationsfaktor	Ergebnis nach 24 Jahren	Multiplikationsfaktortor	Ergebnis nach 48 Jahren	Multiplikationsfaktor	Ergebnis nach 72 Jahren
0 %	1 €	1	1 €	1	1 €	1	1 €
3 %	1 €	2	2 €	2	4 €	2	8 €
6 %	1 €	4	4 €	4	16 €	4	64 €
9 %	1 €	8	8 €	8	64 €	8	512 €
12 %	1 €	16	16 €	16	256 €	16	4.096 €

4 Die Ziffernfolge deckt sich mit dem Zweiersystem, auch Binärsystem genannt, das auf den Zahlen 0 und 1 beruht und ein Grundlagensystem für die EDV darstellt. Die Stufenzahlen des Geld-Codes, abgeleitet aus der 72er-Regel, entsprechen andererseits den Potenzen von 2, angefangen mit $2^0 = 1$, $2^1 = 2$, $2^2 = 4$ etc. Aber auch in der Musik findet man dazu einen interessanten Zusammenhang, und zwar speziell bei der Orgel. Die Tonhöhe hängt jeweils von der Länge der Pfeife – in engl. Fuß – ab. Die C-Pfeife misst 8 engl. Fuß, die um eine Oktave tiefer klingende Pfeife ist doppelt so lang – 16 Fuß –, die um eine Oktave höher klingende Pfeife halb so lang – 4 Fuß. Mit jeder Oktave halbiert bzw. verdoppelt sich die Länge der Orgelpfeife. Dazu dtv-Atlas zur Musik, 7. Auflage März 1983, S. 57.

Statt des einen Euros können Sie beliebige andere Beträge einsetzen. Nehmen wir den Anlagebetrag von 100 €, hängen Sie an das Ergebnis einfach zwei Nullen an.[5]

Interessant ist, dass sich der Multiplikationsfaktor bei gleichbleibender Rendite innerhalb jeweils nachfolgender 24-Jahres-Zeiträume nicht verändert. Andererseits wird aber offensichtlich, dass es sich schon lohnen kann, stets eine höchstmögliche Rendite anzustreben, denn ob Sie bei 3 % Mehrrendite nach 24 Jahren das doppelte Ergebnis haben, ist doch eine Überlegung wert.

Nach 48 Jahren ergeben sich noch weit gravierendere Unterschiede, je nach der Höhe der Rendite. Wichtig ist zu wissen, dass sich die Ergebnisse nach 24 Jahren Laufzeit mit jedem 3er-Schritt in der Rendite verdoppeln, nach 48 Jahren aber bereits vervierfachen. In diesem Bereich heißt Ihr Geld-Code dann nicht mehr **1, 2, 4, 8** etc., sondern **1, 4, 16, 64** usw. Also muss es doch im eigenen Interesse sein, eine möglichst *lange* Laufzeit zu nutzen oder mit einer Anlage möglichst früh zu beginnen, um dabei ein höchstmögliches Ergebnis anzustreben. Wer den ersten Verdoppelungszeitraum verstreichen lässt, hat **am Ende** die Hälfte weniger an Vermögen. Wer zwei Millionen haben könnte, hat also nur eine Million – das ist der Unterschied.

Das verdeutlicht auch die nachstehende Tabelle, aus welcher die jeweiligen **V**er**d**oppelungs**z**eiträume (VDZ) hervorgehen, je nach Rendite bei einer **Laufzeit von 24 Jahren.**

Anlage: 1 Euro, VDZ = 72 geteilt durch Rendite

Rendite	VDZ	Verdoppelung nach … Jahren:	Verdoppelung
3 %	24	24	1 x
6 %	12	12 - 24	2 x
9 %	8	8 - 16 - 24	3 x
12 %	6	6 - 12 - 18 -24	4 x

Deshalb:
Lernen Sie, mit der Zinseszinsrechnung im Rahmen der Kapitalverdoppelung umzugehen, dann wird Ihnen vieles plausibler erscheinen als bisher.

5 Vgl. hierzu auch die Grafik „Zinseszinseffekt" im Anhang Nr. 10.

Praxisbeispiel:
„Ein kleiner Renditeunterschied verändert längerfristig das Ergebnis erheblich."

Die DWS, Tochtergesellschaft der Deutschen Bank, hatte im Dezember 2006 eine großseitige Anzeige geschaltet. Der Titel lautete:

> „Eine Fonds-Idee der Nr. 1
> Dauerbrenner Deutschland: In 50 Jahren + 13.000 %.
> Hervorragende Performance mit deutschen Aktien."

Weiter hieß es *„Unser erster Aktienfonds, der DWS Investa, feiert seinen 50. Geburtstag. Und er hat allen Grund zu feiern, denn seine enorme Wertentwicklung von über 13.000 % ist das Ergebnis einer Anlagestrategie, die auf erfolgreiche DAX-Werte setzt."*[6]

Für die Zeit vom 01.01.1957 bis 31.12.2006 (50 volle Kalenderjahre) betrug der Wertzuwachs 13.541 %, d.h., aus der Anlage von 100 € hätte sich ein Wert von 13.641 € ergeben. Die entsprechende Rendite pro Jahr betrug 10,33 %. Der global anlegende Templeton Growth Fund Inc.[7], der allerdings von der Anlagestruktur und der Strategie kaum vergleichbar ist, erzielte in dieser Zeit eine Rendite von 12,30 %, also gerade einmal 1,97 % oder knapp 2 % mehr. Der dadurch eingetretene Wertzuwachs betrug aber im Vergleichszeitraum gut 29.000 %, also mehr als das Doppelte. Hieran erkennt man deutlich, dass gerade die obersten Prozentpunkte in Anbetracht des progressiven Zinseszinseffekts immer die wichtigsten sind.

Offenbar gibt es aber gar nicht so viele Menschen, die geneigt sind, auf so kleine Renditeunterschiede zu achten. Seien Sie klüger, denn bei Kapitalanlagen können sie ein Vermögen ausmachen.[8]

6 Die Anzeige erschien in der „Welt am Sonntag" – genaues Erscheinungsdatum nicht bekannt. Die Wertermittlung bezog sich auf den Stand 30.11.2006. Der DWS-Investa wurde am 17.12.1956 aufgelegt (WKN 847 400).

7 Vgl. dazu nähere Ausführungen unter Abschnitt 1.5.

8 Diese Aussage finden Sie auch bestätigt in dem lesenswerten Buch von Andreas Eschenbach mit dem Titel „Eine Billion Dollar", der es folgendermaßen ausdrückt: „Prozente sind niemals so unwichtig, dass man ‚die paar' sagen dürfte."

Dass bei diesen langen Laufzeiten von Geldanlagen die Inflation nicht unberücksichtigt bleiben darf, sollte selbstverständlich sein.[9] Wichtig ist aber erst einmal die Erkenntnis, dass Sie sich bereits mit wenig Geld und viel Zeit und nur etwas Nachdenken ein Vermögen aufbauen können. Nach Inflation und ggf. Steuer kann das ausreichen, einen sorgenfreien Lebensabend in Wohlstand zu verbringen. Wenn jeder Mensch nach Glück strebt – und Glück kommt von „gelingen“[10] –, dann ist Geld eine ganz wichtige Kraft in unserem Leben, um es gelingen zu lassen, denn ohne Geld geht es nicht.

Man sagt zwar im Volksmund: „*Geld macht nicht glücklich*“, aber eines steht auch fest: Mit Geld lebt es sich leichter. Mit Geld können Sie mehr bewegen und sich vielleicht auch einen lang gehegten Traum erfüllen, der ohne Geld unerreichbar bleibt oder das Leben einfach lebenswerter macht.

Selbsttest

- Mit welcher Zahl kann ich überschlägig die Verdopplungszeiträume meines Geldes berechnen?
- Wie lange braucht mein Geld, um sich bei einer Rendite von 8 % p.a. zu verdoppeln?
- Wie verändert sich der Zeitraum bei 12 % p.a.?

9 Vgl. dazu Tabelle im Anhang Nr. 3.

10 Anselm Grün, „Quellen innerer Kraft“, Herder Verlag, ISBN 3-451-28659-9.

1.3 Das Geheimnis der wundersamen Geldvermehrung

Praxisbeispiel:

Bankierswitwe Gertrud Kassel[11]

Im Juli 2007 berichtete die *Financial Times Deutschland* (*FTD*) darüber, dass sich Aktien des ehemaligen Bankiers Alfons Kassel in der Zeit von 1975 bis Juni 2007 von knapp 2 Mio. Euro wertmäßig auf ca. 33 Mio. Euro vermehrt hätten. Diese gehörten bis zu ihrem Tode der Witwe Gertrud Kassel, die dieses Geld nahezu komplett der Johann-Wolfgang-Goethe-Universität vermachte. Als ich diesen Artikel las, haben mich insbesondere drei Fragen interessiert:

1. Wie hoch war die Rendite, wenn man davon ausgeht, dass die Dame keine Entnahme aus dem Depot getätigt hat?

2. Kann das Ergebnis über die einfache Zinseszinsformel, der Kapitalverdoppelung über die „72er-Regel", nachvollzogen werden?

3. Was wäre dabei herausgekommen, wenn der Betrag 1975 in einem weltweit investierenden Fonds, in diesem Fall dem Templeton Growth Fund, angelegt worden wäre?

Zu 1. Ein Telefonat mit dem Vermögensverwalter bei der zuständigen Metzler Bank, der Frau Kassel die letzten 10 Jahre betreut hatte, ergab, dass die durchschnittliche Rendite etwa 9,4 % betragen hatte.

Zu 2. Mit der vereinfachten Rechnung über die Kapitalverdoppelung kam man etwa zum gleichen Ergebnis. Bei einer Rendite von 9 % würde sich das Kapital etwa alle 8 Jahre verdoppeln, denn

72 geteilt durch 9 = 8 Jahre

Anlage Mitte	1975	2 Mio. Euro
	1983	4 Mio. Euro
	1991	8 Mio. Euro
	1999	16 Mio. Euro
Stand Mitte	2007	ca. 32 Mio. Euro
Tatsächlich waren es		ca. 33 Mio. Euro

11 FTD vom 18.07.2007 – s. Anhang Nr. 4.

Zu 3. Der Vermögensverwalter bestätigte inhaltlich den Pressebericht und erzählte mir, dass ihm die Zusammenarbeit mit Frau Kassel viel Freude bereitet habe. Sie sei sehr umgänglich und freundlich gewesen und habe sehr bescheiden gelebt. Der Frau Kassel betreuende Wirtschaftsprüfer bestätigte mir in einem Telefonat diese Einschätzung. Frau Kassel habe zwar von dem Depot leben und vor allem auch ihre Steuern bezahlen müssen, wobei sich Letztere aber im Wesentlichen auf Vermögenssteuern bezogen hätten. Diese Steuer sei aber seit einigen Jahren weggefallen. Einkommenssteuern auf Kurszuwächse von Aktien seien nicht angefallen, weil diese jeweils länger als ein Jahr im Depot gehalten wurden und somit steuerfrei gewesen seien.[12]

Und was wäre bei einer Anlage im Templeton Growth Fund dabei herausgekommen? Mehr als das Doppelte.

Bei einer für eine Bankierswitwe bescheidenen Lebensweise habe ich großzügig gerechnet und eine monatliche Entnahme aus dem Depot von 6.000 € (oder seinerzeit in DM von etwa 12.000 DM) unterstellt. Dabei bin ich davon ausgegangen, dass sich diese Entnahme jährlich um 3 % erhöht hat – in Anpassung an die ständig gestiegenen Lebenshaltungskosten. Dies bedeutet, dass Frau Kassel zuletzt mtl. ca. 15.000 € zur Verfügung hatte – ein vielleicht eher zu hoch angesetzter Betrag.

Dennoch wäre bei einer Anlage im Templeton Growth Fund ein Ergebnis dabei herausgekommen, dass fast unglaublich erscheint, wüsste man nicht um den progressiven Zinseszinseffekt bei einem Mehr an Rendite in der Spitze von gut 4 %.

Das Ergebnis hätte speziell für den Vergleichszeitraum 01.07.1975 - 30.06.2007 **ca. 79 Millionen** Euro und die durchschnittliche Rendite 13,65 % p.a. betragen. Emissionskosten[13] sind hierbei *nicht* berücksichtigt.

Anmerkungen des Autors:
Nach meinen Erfahrungen ist die von dem Vermögensverwalter der Metzler Privatbank erzielte Rendite bereits als außergewöhnlich gut zu bezeichnen, vor allem in Anbetracht dessen, dass die getätigten Entnahmen darin noch nicht berücksichtigt sind. In Wirklichkeit lag die tatsächliche Rendite also höher als

12 Ebd.

13 Emissionskosten sind Gebühren, die beim Kauf von Wertpapieren anfallen, bei Fonds in der Regel als Ausgabeaufschlag bezeichnet. Diese fallen bei Anlagen in dieser Höhe in der Regel nicht an, beeinflussen auch den Renditesatz nur geringfügig. Weitere Kosten wären nicht angefallen bzw. sind in obiger Durchschnittsrendite bereits enthalten.

9,4 % p.a. Abgesehen davon hat eine private Vermögensverwaltung gegenüber einer Fondsanlage den Vorteil, dass man miteinander kommunizieren und flexibel auf alle Vermögensveränderungen reagieren kann.[14] Leider beginnt die private Vermögensverwaltung bei der Metzler Privatbank in der Regel erst ab einem Vermögen von mehr als 3 Millionen Euro, im Ausnahmefall aber auch bereits ab 1 Millionen Euro, wenn es sinnvoll ist. Wer z.B. im Wesentlichen nur Zinserträge aus festverzinslichen Anlagen erwartet, benötigt auch ab 3 Millionen Euro keine private Vermögensverwaltung.[15]

Im Übrigen ist die Metzler Privatbank darauf bedacht, alle Interessenkonflikte mit dem Kunden zu vermeiden. So verzichtet sie u.a. auf das typische Kreditgeschäft, betreibt keinen Wertpapier-Eigenhandel und vertreibt keine eigenen Finanzprodukte.

1.4 Warum Vergleiche mit globalen Aktienfonds?

Wie später unter Abschnitt C 1 ff. ausgeführt, herrscht bei den meisten Deutschen viel Unsicherheit im Umgang mit ihrem Geld. 80 % des gesamten privaten Geldvermögens der Deutschen ist in Anlagen investiert, deren Rendite gegen null geht, besonders unter Berücksichtigung von Steuer und Inflation.[16] Hierin zeigt sich Orientierungslosigkeit, da die Bundesbürger ihre Chancen überhaupt nicht erkennen.

Diese Erkenntnis zu ermöglichen und für Geldanlagen bessere Wege aufzuzeigen, sind die Ziele des vorliegenden Buches. Für Aktienanlagen schuf der Gesetzgeber bereits vor mehr als 5 Jahrzehnten eine Grundlage, die den meisten nicht hinreichend bekannt ist. Sie bringen nicht das schnelle Geld, aber längerfristig kommen Ergebnisse dabei heraus, die anders kaum zu realisieren sind. Und bei einem entsprechenden Zeithorizont ist das so sicher, wie es nur sein kann. Anleger müssen sich nur an die hier vorgestellten Spielregeln halten. Diese sind aber nicht so kompliziert, dass man sie nicht mittels Anwendung gesunden Menschenverstandes begreifen könnte.

14 Seit Einführung der Abgeltungsteuer sind private Vermögensverwaltungen gegenüber einem im Dachfonds verwalteten Vermögen benachteiligt. – Hinweis auf Ausführungen im Abschnitt D 2.5.3.

15 Lt. telefonischer Aussage des für Frau Kassel zuständigen Vermögensverwalters am 17.06.2009.

16 Hinweis auf die Ausführungen im Abschnitt C 3 „Erzielte Renditen bei Vermögensverwaltungen“ und Abschnitt C 6.7 „Fazit zu festverzinslichen Anlagen“.

Um sie zu demonstrieren, bedarf es eines Produktes, das von Unternehmenserfolgen profitiert, möglichst breit das Risiko über Branchen und Regionen verteilt und allgemein zugängig ist: eine **weltweit gestreute Aktienfondsanlage**. Folgende Gründe haben mich veranlasst, hierfür den Templeton Growth Fund, Inc. heranzuziehen:

1. Er ist einer der wenigen global anlegenden Aktienfonds, der eine so lange Historie aufzuweisen hat – aufgelegt am 30.11.1954 – und anhand derer man nachvollziehen kann, welche Ergebnisse Jahr für Jahr erzielt worden sind, die gleichzeitig aber auch mit hohen Schwankungen verbunden waren.

2. Er zeichnet sich durch große Transparenz aus, besonders im Hinblick darauf, dass Ergebnisse in sog. rollierenden Zeiträumen[17] z.B. über alle 5, 10 oder 20 Jahre – oder auch längere Zeiträume seit Auflegung – dargestellt werden können. Damit bekommt man als Anleger eine Vorstellung bzw. ein Gefühl dafür, wie sich eine Aktienfondsanlage in gleichbleibenden Perioden über lange Zeiträume entwickelt.

3. Er gehört mit zu den Aktienfonds, deren Ergebnisse über jeweils längere Zeiträume überdurchschnittlich[18] waren, wenngleich es *in neuerer Zeit* durchaus international anlegende Aktienfonds gibt, die mindestens ebenbürtig sind oder gar bessere Renditen erzielt haben.[19]

4. Eine auf eine längere Dauer ausgerichtete Anlage in diesem Fonds war in der Vergangenheit faktisch sicher, denn es hat bisher niemand Geld verloren, wenn er bereit war, mindestens 10 Jahre zu investieren bzw. investiert zu bleiben.[20] Die Renditen lagen trotz erheblicher Schwankungen stets im positiven Bereich.

5. Ab einer Anlagedauer von 12 Jahren haben sich die Ergebnisse bei einer **Durchschnittsrendite** von knapp 12 % alle 6 Jahre in etwa verdoppelt.[21]

17 Vgl. dazu Abschnitt G 1.1 „Orientierung mit Hilfe des gesunden Menschenverstandes" und Anhang 5.1 ff.

18 Seit 38 Jahren (Januar 1970) schlug er den Vergleichsindex MSCI World (Durchschnitt der weltweiten Entwicklung von Aktien) – unter Berücksichtigung der Wiederanlage der Ausschüttungen – auf Eurobasis um mehr als das Dreifache. Vgl. Beitrag im „manager-magazin" 10/2008, S. 208, „Legende vor der Wende?" sowie die Chartgrafik in Anhang Nr. 11.

19 S. dazu unter D 2.5 „Wie finde ich den richtigen Aktienfonds?".

20 Vgl. dazu die Tabelle im Anhang Nr. 5.2. Berechnungszeitraum ist jeweils das Kalenderjahr. Emissionskosten (= Ausgabeaufschlag) von 5,75 % sind berücksichtigt worden.

21 Vgl. dazu die Tabellen im Anhang Nr. 5.3 - 5.6 sowie die Zinseszinstabelle unter Nr. 1.

6. Der Erfolg des Fonds beruht auf einer von Anfang an unveränderten Anlagestrategie, die bei Betrachtung mit gesundem Menschenverstand auch in Zukunft funktionieren wird. Die Strategie beruht im Wesentlichen auf drei Säulen:

   a. *Es wird in erster Linie in unterbewertete Aktien mit großem Wachstumspotenzial investiert.*

   b. *Eigene Analysten suchen weltweit nach günstigen Kaufgelegenheiten. Diese Streuung bietet große Chancen und reduziert das Risiko.*

   c. *Eine Aktie wird im Schnitt 5 Jahre gehalten, weil unterbewertete Aktien ihr volles Potenzial erst allmählich entwickeln.*

7. Der Fonds zeichnete sich in der Vergangenheit durch eine geringe Schwankungsbreite aus.

8. Der Fonds ist als weltweit anlegender Aktienfonds im Rahmen strukturierter Depots von der deutschen Gerichtsbarkeit als mündelsicher anerkannt.[22]

Bei allen im gesamten Buch dargestellten Berechnungen sind, wenn nicht anders angegeben, alle Kosten (Emissionskosten/Ausgabeaufschlag, Managementgebühren etc.) berücksichtigt. Dies bedeutet, dass die dargestellten Ergebnisse bzw. Renditen nach Abzug aller anfallenden Gebühren entstanden wären bzw. sind. Bei den Berechnungen über rollierende Zeiträume sind die Berechnungen grundsätzlich auf Kalenderjahresbasis erfolgt.

Letztlich dürfte jeder von Natur aus bestrebt sein, sein Geld möglichst effizient zu vermehren.[23] Solange er aber nicht weiß, welche Anlageergebnisse bzw. Renditen mit guten Produkten über Jahre kontinuierlich erzielt worden sind – wenn auch unter Schwankungen –, solange hat er auch keine Vergleichsmöglichkeit mit Produkten, die ihm heute allgemein zur Anlage empfohlen werden. Der Templeton Growth Fund hat in den Ranglisten, bei welchen Zeiträume ab

22 Vgl. dazu die Ausführungen unter Abschnitt C 4.2.

23 Ein bekannter Schweizer Ökonom hat es folgendermaßen ausgedrückt: *„Logischerweise wollen wir nicht mit möglichst viel Aufwand und möglichst langsam zu unserem Wunschziel gelangen, sondern möglichst rasch und mit möglichst wenig Aufwand.“* – Renè Egli, „Das LOL²A – Prinzip“, Editions d'Olt, 25. Auflage 1994, ISBN 3-9520606-0-7.

15 Jahre zugrunde gelegt worden sind, in der Regel einen überdurchschnitchen Platz belegt, wie die zu den Stichtagen 31.12.2007 ff. unter Abschnitt D 2.5.1. abgebildeten Tabellen über „Das Basisinvest" ausweisen.

Wichtig ist, dass Sie zunächst einen Vergleichsmaßstab haben, der Ihnen Mut machen soll, auf den Zug aufzuspringen, der mit der Einführung des Investmentgesetzes in Deutschland vor mehr als 50 Jahren in Gang gesetzt worden ist. Vor allem sind die in mehr als 5 Jahrzehnten erzielten Ergebnisse und Renditen geeignet, Ihnen die Angst vor Aktienfonds zu nehmen, wenn Sie Ihrem Geld mehr als 10 Jahre Zeit geben können, es für sich arbeiten zu lassen. Vor allem sollten Sie sich nicht mehr ins Bockshorn jagen lassen, wenn Ihnen jemand einreden will, wie groß die Risiken bei solchen Anlagen sind. Aktienfondsanlagen sind nur dann riskant, wenn Sie in die falschen Produkte investieren und die Spielregeln nicht einhalten, die für eine solche Anlage gelten. So kann es z.B. passieren, dass Sie zum falschen Zeitpunkt aussteigen, wie es Anfang 2009 bei vielen Anlegern der Fall war, kurz bevor die Kurse an den Börsen wieder kräftig anzogen.

1.5 „Wer schweigt, wird mitschuldig!"

Bereits jetzt dürften Sie ein Gefühl dafür bekommen haben, welche Wirkung die richtige Anlageplanung für Ihr Vermögen haben kann. Als ich vor einiger Zeit im Antiquariat einer Stadtbücherei kramte, fiel mir ein im Jahr 1981 erschienenes Taschenbuch von „amnesty international" mit dem oben genannten Titel in die Hand. Seitdem hat mich diese Aussage nicht mehr losgelassen. Je mehr und intensiver ich mich der Vermögensberatung verschrieben hatte, umso mehr haben meine gewonnenen Erkenntnisse mein Gewissen belastet. Mir ist immer klarer geworden, dass viele Bürger bei der Interessenlage der großen Finanzinstitute – sie sind Unternehmen und müssen Geld verdienen – wegen ihrer in Finanzdingen vorherrschenden Unwissenheit auf der Strecke bleiben. Verantwortlich sind wir letztlich nicht nur für das, was wir tun, sondern auch für das, was wir nicht tun.[24]

Diese Erkenntnisse haben mich letztlich dazu bewogen, die wesentlichen der in den letzten 7 bis 8 Jahren angestellten Recherchen und deren Ergebnisse in diesem Buch darzustellen, um den Menschen in Deutschland ihre Möglichkeiten aufzuzeigen, ihr Erspartes längerfristig sicher und dennoch mit höherer Effizienz zu mehren, als wir es allgemein gewohnt sind.

24 Aussage des chinesischen Philosophen Laotse in seiner Lehre über den Weg (Tao) und die Tugend, etwa 4. bis 3. Jahrhundert v. Chr., Der große Brockhaus, 18. Auflage 1980.

Während ich einem Menschen bei der Anlage von Geld oder der Gestaltung seiner finanziellen Angelegenheiten helfe, muss ich zusehen, wie es Tausenden, ja gar Millionen verwehrt ist, ihre Chancen auf diesem für sie so wichtigen Gebiet zu nutzen. Ich sehe die von uns als finanziell „gestrandet" an, die am Ende der Phase, welche z.B. dem Aufbau ihrer Altersversorgung diente, feststellen müssen, dass sie sich entweder arm gespart oder gerade das wertmäßig erhalten haben, was sie sich während ihres Berufslebens mühsam vom Einkommen abgezweigt und einer Versicherung oder Bank zur Mehrung anvertraut haben. Wenn ich bedenke, dass es in Deutschland über 90 Millionen Kapitallebensversicherungsverträge gibt, spielt statistisch gesehen jeder von uns ein Nullsummenspiel, mit dem zusätzlichen gravierenden Nachteil, dass die Auszahlung am Ende neuerdings auch noch zu versteuern ist, soweit sie die eingezahlten Beiträge übersteigt.[25]

Letztlich war dies der Anstoß für mich, ein Buch zu schreiben, damit jeder der bereits Gestrandeten – oder die, die es noch werden – auf diese Weise lernen kann, worauf es bei Anlagen in Finanzprodukten ankommt. Die weit überwiegende Mehrheit wird wahrscheinlich erstmals erkennen, welche Chancen im Umgang mit Geld offenstehen bzw. welche bisher nicht genutzt wurden und auf diese Weise verloren gingen. Genauer gibt der nächste Abschnitt zum Status der deutschen Privatanleger Auskunft. Wichtig ist dabei auch die Frage, welche Erwartungshaltungen Anleger mitbringen und ob diese durch die gewählte Anlageform erfüllt werden bzw. ob Aktien das können. Gleichzeitig beleuchtet der Abschnitt die Anlage-Erfolgsquote von Vermögensverwaltern und Banken.

Selbsttest

- Welche Faktoren steuern, wie viel Vermögen ich erwirtschaften kann?
- In welchem Bereich sind kleine Prozentzahlen entscheidend?

25 Bei Neuabschlüssen nach dem 01.01.2005 ist die Hälfte des Unterschiedsbetrages zwischen der Versicherungsleistung und den gezahlten Beiträgen zu versteuern, wenn die Auszahlung nach Vollendung des 60. Lebensjahres erfolgt und der Vertrag mindestens 12 Jahre bestanden hat. Bei vorzeitiger Auflösung des Vertrages unterliegt der Unterschiedsbetrag der Abgeltungsteuer mit einem Steuersatz von ca. 28 %. – Vgl. dazu auch Ausführungen unter C 7 „Kapitalanlagen bei Versicherungsgesellschaften".

B | MEIN EINSTIEG IN DAS GEHEIMNIS DER GELDVERMEHRUNG

B Mein Einstieg in das Geheimnis der Geldvermehrung

1 Erfahrungen mit Investmentfonds

1.1 Die ersten Anstöße und ein Rückschlag

Etwa 11 Jahre lang war ich als **Finanz**beamter tätig und besaß das Vertrauen des Staates als „Beamter auf Lebenszeit“. Danach wechselte ich in den Beruf des Steuer**beraters** und erwarb mir das in der Regel über mehrere Jahrzehnte währende Vertrauen meiner Mandanten. Mit 65 Jahren wagte ich als Steuerberater, mich dem Tätigkeitsschwerpunkt des **Finanzberaters** zuzuwenden, und stellte fest, dass ich das verloren hatte, was in meinem Berufsleben stets das Wertvollste war, nämlich **Vertrauen.**

Dabei müsste man mir doch zugestehen, dass ich mich sowohl in Sachen Finanzen auskenne als auch weiß, wie eine effiziente Beratungstätigkeit ausgeübt werden soll, nämlich – wie gesetzlich vorgeschrieben –

- unabhängig,
- eigenverantwortlich,
- gewissenhaft und
- verschwiegen.

Dennoch trauen die meisten Menschen einem Steuerberater nicht die entsprechende Fachkompetenz zu und es wird verkannt, wie wichtig dabei die unabhängige Beratung ist. Mit dem Beruf des Steuerberaters ist jedoch u.a. vereinbar

1. die Tätigkeit als vereidigter Buchprüfer,

2. eine freiberufliche Tätigkeit, welche die Wahrnehmung fremder Interessen einschließlich der Beratung zum Gegenstand hat, und

3. eine freie schriftstellerische Tätigkeit.[1]

Daher stelle ich Ihnen in meiner Eigenschaft als vereidigter Buchprüfer mit diesem Buch das Ergebnis meines bisher größten Prüfungsauftrags vor. Den führte ich – nur meinem Gewissen folgend – aus, um Ihnen Anlagewissen zu

1 Hinweis auf § 57 (1) und (3) Steuerberatungsgesetz.

vermitteln und Einblick in die Beratungstätigkeit von Banken und Versicherern zu geben.

Mitte der 60er-Jahre des letzten Jahrhunderts hatte ich bereits einmal einen besonderen Grund, über die Anlage in Aktienfonds nachzudenken: Eine Mandantin lebte außer von der gesetzlichen Rente ihres verstorbenen Ehemannes nur von den Erträgen eines Aktienfondsdepots. Sie war verwitwet, ihr Mann ehemaliger Bankdirektor. Das Depot hatte seinerzeit einen Wert von ca. 170.000 DM = 87.000 €. Davon hätte man damals in unserer Gegend zwei normal ausgestattete Einfamilienhäuser bauen können, ohne einen Kredit aufnehmen zu müssen. Ihr Mann hat wahrscheinlich damals schon gewusst, dass er sein Geld längerfristig nicht verlieren konnte, denn es handelte sich nach meinen heutigen Erkenntnissen um höchst konservativ anlegende Aktienfonds der ersten Stunde, nicht etwa um spekulative Werte.

Daher beschäftigte ich mich damals bereits mit Investmentfonds und dem in diesem Zusammenhang nutzbaren „Cost-Average-Effekt“. Eine für mich faszinierende Erkenntnis, dass bei regelmäßigen Einzahlungen in Aktienfonds die Rendite infolge niedriger durchschnittlicher Einstiegskosten ansteigt, wenn Kurse schwanken, sich aber längerfristig nach oben entwickeln. Hierzu später mehr.[2]

Ein schlimmes Ereignis Ende der 60er-Jahre hat aber meinen Ausflug in die Welt der Investmentfonds wieder beendet. Es war der sog. IOS-Skandal – IOS steht für „Investors Overseas Services“ –, bei dem Ende der 60er-Jahre viele Anleger ihr Geld verloren haben. Diese Gesellschaft mit Sitz auf den Bahamas vertrieb damals etwa ein Jahr lang Investmentanteile in Deutschland. Sogar bekannte Politiker, wie z.B. der damalige FDP-Vorsitzende Erich Mende, ließen sich von dem Vorsitzenden der Gesellschaft, Bernie Cornfield, vor den Karren spannen. Dieser Umstand und die in Aussicht gestellten hohen Renditen ließen viel Geld in die Kasse der Gesellschaft fließen und am Ende hieß es: „Kein Anschluss unter dieser Nummer.“ Die Verantwortlichen waren mit dem Geld auf und davon. Es war kriminelle Energie im Spiel gewesen und die Anleger hatten das Nachsehen.

Diese Vorgänge haben mich damals dazu bewogen, mein Geld nicht in solche Kanäle fließen zu lassen. Schade, denn ich hätte nur zu erkennen brauchen, dass es sich bei der IOS um einen nicht in Deutschland *registrierten* Investmentfonds handelte. Da es damals noch nicht das sog. Auslandsinvestitionsgesetz

2 Vgl. dazu Abschnitt D 2.3.11.

gab – es folgte erst aufgrund dieses Skandals –, waren die Anlegergelder bis dato nicht geschützt. Registrierung bedeutet, dass das Geld der Anleger ein *Sondervermögen* darstellt, bei einer Depotbank verwaltet wird und jeglichem Zugriff Fremder entzogen ist. Nur der Anleger selbst kann über seine Anteile verfügen. Heute sind alle Anlagen in Investmentfonds durch eine strenge Investmentgesetzgebung weltweit geschützt.[3]

Leider handelt aber der Mensch irrational, besonders wenn er sich die Finger bereits einmal verbrannt hat.

1.2 Erste Erfahrung mit Aktienfonds als Tilgungsersatz bei einer Finanzierung

Im Jahr 1998 stand bei mir die Finanzierung eines Mehrfamilienhauses an. Der Vorschlag meines Bankberaters, etwa die Hälfte der zu finanzierenden Summe mit einer Kapitallebensversicherung zu unterlegen, stieß bei mir auf offene Ohren, denn das hatte ich bereits einmal mit Erfolg gemacht.[4] Sein weiterer Vorschlag ging dahin, die andere Hälfte der zu finanzierenden Summe in Aktienfonds anzusparen. Obwohl seit Anfang der 90er-Jahre die Börse fast nur positiv von sich reden machte, bereitete mir allein der Gedanke an Aktien bzw. Aktienfonds bereits Bauchschmerzen. Dennoch sind meine Frau und ich letztlich diesem Vorschlag gefolgt, weil die Argumentation nachvollziehbar und in sich plausibel war:

- Man erziele längerfristig eine Rendite, die nach den Erfahrungen der Vergangenheit wahrscheinlich höher ausfallen werde als der für das Darlehen zu zahlende Zins, zumal Letzterer auch noch steuerlich abzugsfähig sei,

- im Vergleich zu Kapitallebensversicherungen, bei denen man mit Renditen zwischen 4 und 6 % rechnen könne, sei die Aktienfondsvariante vorteilhafter und

- die Anlage sei, bezogen auf lange Zeiträume, als faktisch sicher anzusehen. So ließen wir uns auf das „Abenteuer“ Finanzierung mit Ansparen in Aktienfonds ein, aber immer noch mit einem etwas mulmigen Gefühl im Bauch und mit der immer mal wieder auftauchenden Frage: Wird das wohl gut gehen?

3 Vgl. dazu nähere Ausführungen unter D 2.2 „Wie ist eine Investment- oder Fondsgesellschaft organisiert?“.

4 Vgl. mein eingangs geschildertes Schlüsselerlebnis.

Mein Bankberater hatte mir seinerzeit empfohlen, in acht verschiedene sog. hauseigene Fonds zu investieren – der breiteren Streuung wegen. Nach fünf Jahren habe ich einen Vergleich angestellt, was sich denn angesammelt hätte, wenn ich die Ansparung ausschließlich im Templeton Growth Fund vorgenommen hätte:

	hauseigene Fonds	Templeton Growth Fund
Einzahlungen in der Zeit vom 15.07.1998 bis 31.08.2003 =	35.075 €	35.075 €
Stand des Depots am 31.08.2003	24.385 €	33.431 €
Wertverlust per 31.08.2003	- 10.690 €	- 1.644 €

In beiden Fällen wäre ein vorübergehender Wertverlust wegen des Börsencrashs als Folge des Irak-Einmarsches der Amerikaner im Frühjahr 2003 unvermeidbar gewesen. Bei Ansparung im Templeton Growth Fund wäre der Wertverlust jedoch um 9.046 € geringer ausgefallen.

Daraufhin habe ich einen Teil der Banken-Fonds ausgetauscht. Ein aktueller Vergleich kann deshalb nicht mehr dargestellt werden.

Das Argument der Streuung auf acht verschiedene Fonds kann sinnvoll sein, ist aber bereits durch das schlechtere Ergebnis gegenüber einem international anlegenden Fonds wie dem Templeton Growth Fund ad absurdum geführt. Dieser Fonds ist durchschnittlich an 150 bis 170 der besten Firmen weltweit, gestreut über alle Branchen, beteiligt und somit so breit aufgestellt, dass ein endgültiger Ausfall wesentlicher Teile des investierten Kapitals auf lange Sicht ausgeschlossen ist.

Eine Streuung auf mehrere Fonds ist nur sinnvoll, wenn deren Renditen höhere Ergebnisse erwarten lassen als bei einer Anlage in nur *einem* international anlegenden guten Fonds.[5]

5 Vgl. hierzu auch die Ausführungen von Professor Schlotthauer unter Abschnitt D 2.3.7.

1.3 Teilnahme am Seminar „Wealth Mastery" von Anthony Robbins im Dezember 1999

Anthony Robbins war für mich bereits ein Begriff, weil ich ein Jahr zuvor an seinem Seminar „Befreie deine innere Kraft" in Genf teilgenommen hatte. Das Seminar war zwar recht teuer, aber nach dem Motto „Was nichts kostet, taugt auch nichts" war ich bereit, mich in der Bildung von Wohlstand und Lebensqualität unterweisen zu lassen.

Robbins strotzte seinerzeit vor Energie, denn er bestritt von dem insgesamt 4 Tage dauernden Seminar 3 Tage als alleiniger Referent jeweils 12 Stunden ohne längere Pausen. Gleich am ersten Tag hat er es geschafft, die etwa 3.000 Teilnehmer glauben zu machen, dass sie in der Lage seien, über 700 bis 800 Grad heiße Kohlen laufen zu können.

Nach meinen Schätzungen sind auch die meisten Teilnehmer samt meiner Person seinem Aufruf gefolgt, ohne dass sich jemand dabei verletzt hätte. Das wäre genau das gewesen, was ich nicht gewollt hätte. Die Vorhaltungen von zu Hause konnte ich mir gut vorstellen: Warum ich mir das als „alter Mann" noch antun könne, wenn ich mit Blasen an den Füßen und schwersten Verbrennungen zurückgekehrt wäre. Anthony Robbins hatte es aber geschafft, die Teilnehmer dazu zu bringen, etwa 6 bis 8 Meter gemächlichen Schrittes über tiefrot glühende Kohlen zu laufen, ohne sich zu verbrennen. Gerade deshalb war dies eine ganz besondere Lebenserfahrung, die mir vor Augen geführt hat, dass der Mensch viel mehr kann, als er gemeinhin glaubt, wenn er nur seine Angst überwindet. Geistige Konditionierung war das Schlüsselwort.

Bei dem Seminar „Wealth Mastery" ging es nun darum zu erfahren, wie man durch kluges Investieren unter Einbeziehung des Zinseszinseffektes die Zeit nutzen kann, um finanziell unabhängig zu werden. Verblüffend ist immer wieder, dass der Faktor Zeit, der nichts kostet, letztlich doch die wertvollste Komponente bei der Vermögensbildung ist. Am eindrucksvollsten für mich war die Aufforderung eines Fachreferenten am Ende des Seminars, nämlich von Chuck Mellone, etwa in folgendem Sinne: „Worauf warten Sie noch? Wenn Sie es genau so machen, wie ich es Ihnen aufgezeigt habe, dann müssen Sie reich werden. Sie haben gar keine andere Chance."

Das klang alles so gut, doch allein „mir fehlte damals noch der Glaube".

1.4 Zusammentreffen mit Dr. Klaus Jung aus München

Anlässlich einer Auszeit von ca. 8 Wochen lernte ich durch Zufall Dr. Klaus Jung auf Teneriffa kennen, als er dort einen Vortrag über Kapitalanlagen hielt. Dr. Jung sagt, es gebe keinen Zufall. Und er könnte Recht haben, wenn ich bedenke, wie Dr. Jung die letzten Jahre meines Lebens bisher schon beeinflusst hat. Es war vielleicht schicksalsbestimmt, dass ich einen Urlaub in südlichen Gefilden verbringen musste, um dort mit ihm zusammenzutreffen.

In einer deutschsprachigen Zeitung wurde sein Vortrag „Sicherung meiner Vermögenswerte im neuen Jahrtausend“ durch eine halbseitige Anzeige angekündigt. Der promovierte Volkswirt Dr. Klaus Jung wurde als der kompetente Fachmann für diesen Themenkreis dargestellt. Seit über 40 Jahren berate er mit seinen Mitarbeitern deutsche Kapitalanleger. Er sei Geschäftsführer der Dr. Jung & Partner GmbH in München und der Name sei nicht nur für Insider ein Begriff. Beispielsweise zeige Dr. Jung, wie durch intelligente Kapitalanlagen bereits *seit 1928* durchschnittlich 13,4 % Rendite p.a. erwirtschaftet worden seien.

Dr. Jung biete eine sichere, ertragsstarke, zeitgemäße und konservative Ergänzung für die finanzielle Zukunftssicherung an. „Keine Experimente“ überschreibe der von der Pike auf gelernte Vermögensberater eine seiner Kundenbroschüren. Eine wirklich gute Kapitalanlage, die nicht zuletzt auch der Altersvorsorge dienen solle, müsse ohne „Wenn und Aber“ und ohne Kündigungsfrist verfügbar sein. Der längerfristige Wertzuwachs solle durchschnittlich mehr als 10 % betragen und weitgehend steuerfrei sein.[6]

Das alles klang recht ominös und wenn ich nicht gerade in Urlaubsstimmung gewesen wäre, hätte ich wahrscheinlich alles als Scharlatanerie abgetan. Ob Vermögens- oder Finanzberater, sie waren für mich allesamt als unseriös abgestempelt und nicht vertrauenswürdig. Gerade dieser Berufsstand hatte sich während meiner jahrzehntelangen Berufstätigkeit nicht gerade einen guten Namen gemacht. Renditen im zweistelligen Bereich konnten gar nicht sein und schon gar nicht noch längerfristig sicher. Das alles war unglaubwürdig und mir hatte meine innere Stimme immer geraten: „Lass die Finger davon, dann kannst du auch kein Geld verlieren!“

Vielleicht war es die Leichtigkeit, die einen nach drei Wochen Sonnenurlaub im Januar überkommt, vielleicht war es auch nur Neugier, die mich zu diesem

6 Anzeige unter Inselnachrichten, 21.01.2000, Wochenspiegel, S. 15.

Vortrag trieb. Es hatten sich etwa 30 Interessierte eingefunden, überwiegend Deutsche. Nachdem Dr. Jung seinen etwa einstündigen Vortrag gehalten und auch mit Zahlen und Fakten unterlegt hatte, habe ich zunächst bei mir gedacht: Entweder du warst hier im falschen Film, der Mann spinnt, oder es ist in deinem Leben unwahrscheinlich viel an dir vorbeigegangen, was du einfach nicht erkannt, geschweige denn überhaupt erahnt hast.

Der langen Rede kurzer Sinn: Ich hörte mir den gleichen Vortrag von Dr. Jung, den er am nächsten Tag in einem anderen Hotel hielt, noch einmal an. Wir tauschten Visitenkarten aus, ich erhielt seinen Vortrag sogar auf Video nach Hause geschickt und ich konnte mich, nachdem ich zurückgekehrt war, in aller Ruhe erneut mit dem Inhalt auseinandersetzen.

Eine kleine Begebenheit noch am Rande: Nach Beendigung des Vortrages wurden kleine Snacks gereicht und man kam miteinander ins Gespräch. Ein Herr aus München erzählte mir, dass er sich bereits seit Längerem Dr. Jung mit gutem finanziellen Erfolg anvertraut habe. Zuvor habe er jedoch ein Gespräch mit seiner Bank geführt und sich erkundigt, wer Dr. Jung denn eigentlich sei und ob man ihm bzw. seinem Unternehmen überhaupt Vertrauen entgegenbringen könne.

Die Antwort: „Dr. Jung ist zwar nicht gerade unser Freund, aber was er sagt, stimmt!" Dieser Satz hat sich bei mir damals eingeprägt und mich bewogen, trotz anfänglicher großer Zweifel immer wieder über die so bezeichneten „intelligenten" Kapitalanlagen nachzudenken.

Dr. Jung, seit 1958 unabhängiger Investmentberater und zugleich Geschäftsführer der Dr. Jung & Partner GmbH mit damals ca. 800 unabhängigen Vertriebspartnern, stellte die Behauptung auf:

„Aktienfonds, es gibt längerfristig nichts Besseres."

Dabei hatte ich in meinem bisherigen Leben kaum einen Gedanken daran verschwendet, auf diese Weise Vermögen zu bilden. Es war irgendwie alles unfassbar. Nach etwa eineinhalb Jahren intensivster Beschäftigung mit dieser besonders für mich als diplomiertem Finanzwirt interessanten Thematik – und ich hatte als vermeintlicher Ruheständler auch noch reichlich Zeit – stellte ich nach und nach fest, dass Herr Dr. Jung recht haben könnte.

Wenn er nicht recht hätte, wäre sein Unternehmen längst vom Markt, denn dafür hätte schon die Konkurrenz gesorgt. Generell konnte ich seine These auch nachvollziehen und bestätigen, aber nicht alle Aktienfonds waren gleich gut.

Es gab in Deutschland damals etwa 4.500 Investmentfonds,[7] davon mehr als 300 weltweit anlegende Aktienfonds. Welche waren denn nun die Besten, denn als Anleger interessiere ich mich eigentlich nur für die Besten? Warum soll ich in die Zweitbesten investieren, wenn es bessere gibt? Das war aber wieder ein großes Problem, denn wie soll man herausfinden, welche die Besten sind?

Es hat mich dann noch einmal ca. eineinhalb Jahre Zeit gekostet, um festzustellen, dass es nur einige wenige sind, die zu den Besten gehören. Bereits eine gute Handvoll würde reichen, um den meisten Menschen längerfristig etwas viel Besseres zu bescheren als das, was sie bisher gewohnt waren, wie Sparbuch, Festgeld, Bausparvertrag, Kapitallebensversicherung etc.

Nachdem ich mich in der Materie ausreichend auskannte und auch noch durch meinen Sohn unterstützt wurde, der sich nach einem Zusatzstudium an der European Business School in Oestrich-Winkel der Finanzökonomie verschrieben hatte, ließ es mir inzwischen keine Ruhe, einmal meine in 1968 mit einer Kapitallebensversicherung unterlegte Finanzierung – mein eingangs erwähntes Schlüsselerlebnis – mit der Ansparung in verschiedenen Aktienfonds zu vergleichen.

Einen Vergleich konnte man natürlich nur durchführen mit Fonds, die es auch 1968 bereits gab und die der breiten Streuung wegen weltweit in Unternehmen investierten. Das Ergebnis war für mich ernüchternd, wenn nicht gar erschütternd. Es war nicht nur das exzellente Ergebnis im Templeton Growth Fund, auch die Endwerte anderer in Deutschland aufgelegter Aktienfonds ließen die Ablaufsumme aus der Kapitallebensversicherung zum Teil weit hinter sich, wie nachstehende Vergleichszahlen ausweisen:

7 Vgl. dazu FondsGuide 2001 – Stand 30.06.2000 – Schaeffer-Poeschel Verlag, Stuttgart, ISBN 3-7910-1717-9.

Anspardauer: 30 Jahre (01.04.1968 bis 31.03.1998)

	DM mtl.	Euro[8] mtl.	
Kapitallebensversicherung Beitrag	102	52,15	
abzgl. Beitragsanteil Risikoleben	5	2,55	
verbleibender Sparanteil	97	49,60	
Ablaufwert / Endwert	**T€ ca.**	**T€ ca.**	**Rendite p.a.**
Kapitallebensversicherung	89	45	4,9 %
Ansparung in verschiedenen weltweit anlegenden Aktienfonds:			
UniGlobal	108	55	6,7 %
DWS Intervest	179	91	9,4 %
ADIG-Fondis	199	102	9,9 %
DWS Akkumula	243	124	11,0 %
Templeton Growth Fund[9]	467	239	14,3 %

Die Anlage im Templeton Growth Fund hätte also *mehr als das Fünffache* an Ergebnis gebracht. Das erschien mir ungeheuerlich.

Die höheren Endwerte beim Ansparen in Fonds gegenüber dem Ablaufwert in der Kapitallebensversicherung haben mich bewogen, dieser Sache gründlich nachzugehen. Dies umso mehr, als ich während meiner steuerberatenden Tätigkeit bis Ende 1999 von meinen Mandanten immer wieder angesprochen worden war: „Was kann ich noch tun mit dem Geld, das nach Steuer übrig geblieben ist und das ich verzinslich anlegen möchte?" „Wo und wie bekomme ich

8 Umrechnungsfaktor = 1,95583.

9 **Anmerkung:** Der Templeton Growth Fund wurde im November 1954 aufgelegt. In Deutschland wurde der Fonds erst 1982 allgemein zum Vertrieb zugelassen. Davor konnten nur amerikanische Staatsangehörige, z.B. als Angehörige der amerikanischen Besatzungsmacht, in diesen Fonds investieren. Dr. Jung hat bereits 1958 damit angefangen, amerikanischen Staatsbürgern, die besonders in Süddeutschland stationiert waren, Anlagen in Fonds wie den Pioneer-Fund oder den Templeton Growth Fund zu empfehlen. De facto wäre somit eine Anlage in letzterem Fonds für deutsche Staatsbürger erst ab 1982 möglich gewesen. In Anbetracht der Gestehungskosten des Einfamilienhauses von ca. 100 TDM hätte man aber am Ende mindestens das Doppelte im Topf haben können, wenn eine Ansparung im richtigen deutschen Fonds erfolgt wäre.

die meisten Zinsen? Wie kann ich den Vorteil der Steuerbefreiung für Zinserträge nutzen?" Und immer wieder habe ich meinen Mandanten, die ich zum Teil bereits über 3 Jahrzehnte betreute, sagen müssen: „Am besten, ihr geht zu den verschiedenen Banken hier vor Ort. Dort sitzen die Experten und ihr vertraut euer Geld der Bank an, die euch die höchsten Zinsen anbietet!" Danach wurde das Geld in der Regel für eine gewisse Zeit festgelegt und nach Ablauf der Zinsfestschreibungsdauer begann das Spiel von vorne.

Hinzu kam, dass ich es während meiner gesamten Berufszeit von ca. 40 Jahren nie erlebt habe, dass mir persönlich die Ansparung in Aktienfonds empfohlen worden wäre oder auch nur einer unserer Mandanten eine Finanzierung auf Basis Tilgungsersatz mit Aktienfonds aufgebaut hätte. Wahrscheinlich immer aus den gleichen Gründen: Man wusste einfach nicht, dass gute Aktienfonds langfristig sicher sind, und es hatte einem auch niemand davon erzählt.

Heute habe ich so viele Erfahrungen gesammelt, dass ich allen Mut machen möchte, diese hoch lukrative Anlageart in die Überlegungen der eigenen Vermögensmehrung einzubeziehen. Dr. Jung hat insoweit recht, wenn er sagt: „Es gibt längerfristig nichts Besseres als gute Aktienfonds", wie tatsächlich erzielte Ergebnisse seit mehr als 5 Jahrzehnten belegen. Das Risiko wird in der Regel durch einen zeitlichen Puffer von 1 bis 3 Jahren kalkulierbar und tendiert schließlich mit zunehmender Anlagedauer gegen null, d.h., eine gute Aktienfondsanlage wird ab einer gewissen Anlagedauer faktisch sicher. Kursschwankungen gleichen sich mit zunehmender Anlagedauer aus.

2 Erste Erfahrungen mit der Vermögensberatung

2.1 Überprüfung und Begutachtung von Vermögensanlagen

Aufgrund vermehrter Nachfragen nach Depot-Checks, Überprüfung von Vermögensverwaltungen der Banken, Begutachtung von Finanzierungskonzepten etc. konnte ich allmählich feststellen, dass auf diesem Gebiet viel gesündigt wird – zulasten der Investoren. Auch die wiederholte Überprüfung von Kapitallebensversicherungsverträgen machte mir deutlich, dass die meisten Menschen überhaupt nicht wissen, was sie tun oder sich antun. Dabei gibt es zurzeit in Deutschland über 90 Mio. Lebensversicherungsverträge, obwohl die Hälfte der Verträge sogar vorzeitig storniert werden.[10] Lebensversicherungsverträge werfen in der Regel eine Rendite zwischen 4 bis 6 % ab,[11] wobei noch gar nicht berücksichtigt ist, dass sich die Renditen für ab 01.01.2005 abgeschlossene Verträge nochmals vermindern werden, weil die in den Ablaufwerten enthaltenen Gewinne künftig zu versteuern sind.

Die Rendite in dem in meinem Schlüsselerlebnis genannten Lebensversicherungsvertrag hatte 4,9 % p.a. betragen Die Rendite bei Einzahlung in einen Aktienfonds wie den Templeton Growth Fund für den gleichen Zeitraum hätte sich dagegen auf 14,3 % p.a. belaufen. Das sind nicht nur etwa 10 % im Durchschnitt mehr, sondern der mit zunehmender Rendite progressiv ansteigende Zinseszins katapultiert das Ergebnis förmlich in eine unvorstellbare Höhe.

2.2 Die Hauptursachen für nicht effiziente Vermögensanlagen

Angst, das Bedürfnis nach Sicherheit und die Befürchtung, man könne sein Geld verlieren – diese drei Beweggründe erklären, warum weit überwiegend in niedrig verzinslichen Anlagen angespart wird. Und warum ist das so?

- Es fehlt finanzielles Grundwissen.
- Es folgt keine Gesamtplanung bzw. Strukturierung bei der Vermögensbildung.
- Risiken werden falsch eingeschätzt.
- Die Inflation wird vielfach überhaupt nicht berücksichtigt.
- Steuerliche Vergünstigungen werden argumentativ missbraucht oder gar nicht erkannt.

10 S. FAZ vom 03.04.2007 „Aufruf zum Verlustgeschäft“.

11 Vgl. Ausführungen unter Abschnitt C Nr. 7 ff und Tabelle im Anhang Nr. 8.

- Auf natürliche Weise eintretende Effekte werden nicht oder nur unzureichend genutzt, wie z.B. der Zinseszinseffekt, der Durchschnittskosten oder Cost-Average-Effekt, der Hebel- oder Leverage-Effekt und andere Kräfte, die sich durch Zusammenführung gegenseitig verstärken – sog. Synergie-Effekte.

Der Bürger wird bei der Anlage von Geld mehr oder weniger alleingelassen. Es werden ihm Finanzprodukte verschiedenster Art **verkauft**, er erfährt aber keine **neutrale** Beratung.

2.2.1 Verkaufsorientierte Beratung durch Banken und Versicherer

Den Bürgern ist allgemein nicht bewusst, dass der als Vertreter einer Bank oder Versicherung auftretende Berater zwei Herzen in seiner Brust hat. Vielfach baut der Kunde zu seinem Berater ein persönliches Vertrauensverhältnis auf, das ihn glauben lässt, dass dieser es doch gut mit ihm meine, wenn er ihm ein spezielles Produkt empfiehlt. Andererseits sind aber dem Berater die Hände gebunden, denn er ist ausschließlich den Weisungen seines Arbeitgebers verpflichtet.

2.3 Gründe, weshalb Steuerberaterkollegen sich viel zu wenig um das Thema „Vermögensberatung" kümmern

Obwohl die Bundessteuerberaterkammer die Aufnahme des neuen Betätigungsfeldes „Vermögensberatung" allgemein empfiehlt – es wurden entsprechende Seminare sowohl von der Bundessteuerberaterkammer selbst als auch von verschiedenen Landesverbänden angeboten –, wird davon im Kollegenkreis kaum Gebrauch gemacht. Ich habe an einem der ersten von der Kammer ausgeschriebenen Seminare Anfang 2003 in München teilgenommen. Es waren gerade einmal ca. 30 Teilnehmer zugegen und das in einer Stadt, in deren weiterem Umfeld (Oberbayern, Niederbayern und Schwaben) sich etwa 9.500 Steuerberater niedergelassen hatten (Auskunft der Steuerberaterkammer München, Stand: Dezember 2006).

Die meisten Kollegen werden nach meiner Erfahrung für dieses neue Betätigungsfeld neben ihrer eigentlichen steuerberatenden Tätigkeit überhaupt keine Zeit haben. Was aber viel schlimmer ist: Die meisten erkennen überhaupt nicht, wie viel Nutzen sie ihren Mandanten bieten könnten, falls sie selbst die Fachkompetenz auf diesem Gebiet erwerben würden. Wahrscheinlich glauben meine Kollegen auch, wie ich es 4 Jahrzehnte lang getan habe, dass dieses Betätigungsfeld bereits von den Banken und Versicherern besetzt ist, deren Mitarbeiter Experten auf diesem Gebiet sind. Das Entscheidende dabei wird jedoch übersehen: Sie sind jeweils von ihrem Institut *abhängig* und müssen auf *seinen* Vorteil bedacht sein und nicht auf den ihres Kunden. Weder die Mandanten noch meine Kollegen erahnen, welche Potenziale hier brachliegen bzw. welchen Schaden sie ihren Mandanten durch Nichttätigwerden zufügen.

Für Steuerberater ohne entsprechende Fachkompetenz bedeutet dies aber auch, dass sie bei nachgefragten Vermögensberatungen tunlichst einen *unabhängigen* Experten hinzuziehen sollten, um nicht Gefahr zu laufen, wegen unwissentlich falscher oder unterlassener Beratung in die Haftung genommen zu werden.

2.4 Unabhängige Beratung

Den Bürgern ist meistens nicht bewusst, dass ein *unabhängiger* Finanz- oder Vermögensberater neben den Experten der Banken und Versicherer überhaupt eine Existenzberechtigung hat. Besonders dann, wenn dieser auch noch ein Honorar verlangt, glaubt man, sich dieses ersparen zu können, während der Rat bei der Bank doch umsonst zu haben ist.

Viele Bürger kennen zwar noch das Sprichwort „Guter Rat ist teuer“, realisieren aber nicht, dass schlechter Rat bei Kapitalanlagen viel, viel teurer ist und schlimmstenfalls zum Totalverlust führen kann.[12]

Jeder Rat eines Produktverkäufers, bei dem nicht das Kundeninteresse im Vordergrund steht, kann in diesem Sinne schlecht sein, solange der Beratene nicht mit einem unabhängigen Angebot vergleicht.

Nur wer vergleicht, gewinnt!

12 Ein Beispiel aus neuester Zeit war das Empfehlen von Lehman-Zertifikaten, die als sog. Inhaberschuldverschreibungen mit der Insolvenz von Lehman Brothers über Nacht wertlos wurden (ca. 40.000 Geschädigte allein in Deutschland) – FAZ vom 15.09.2009 „Lehman-Opfer demonstrieren“. Trotz des latent vorhandenen Ausfallrisikos „lebt die Zertifikatebranche weiter wie gehabt“ (FAZ 15.09.2009). Teilweise werden Zertifikate nunmehr unter anderen Namen angeboten wie „Anleihen, Inflations-Anleihen, Zinsanleihen, Europa-Anleihen, Aktien-Anleihen“ etc. Das Marktvolumen betrug im Juni 2009 knapp 90 Milliarden Euro – im Februar waren es erst 78 Milliarden gewesen.

Wer glaubt, eine Beratung bei der Bank oder der Versicherung sei kostenlos, hat recht, solange er nicht abschließt. Sobald Sie abschließen, zahlen *Sie* die Provision – und nicht etwa die Bank, die Bausparkasse oder die Versicherungsgesellschaft. Diese Gebühren werden Ihnen als Erstes belastet, bevor Sie überhaupt die erste Zahlung tätigen, oder sie sind im Ausgabepreis des von Ihnen erworbenen Wertpapiers enthalten.

Der beste Schutz für Sie stellt eine unabhängige Beratung dar, die ausschließlich auf Ihr Wohl ausgerichtet ist und bei der nicht die Provision eines „Verkäufers" eine Rolle spielt. „Banken, Bausparkassen und Versicherer sind keine Samariter, sondern Unternehmen, die auf ihren Vorteil bedacht sind ...", so hat es Volker Loomann, unabhängiger Finanzanalytiker aus Reutlingen, ausgedrückt. Jeder Verkäufer hat seinem Herrn zu dienen, deshalb muss nicht jeder Anleger glauben, was ihm ein Verkäufer erzählt. Der gesunde Menschenverstand ist und bleibt der beste Helfer bei Geldgeschäften.[13]

Hinlänglich bekannt ist der Spruch: „Im Einkauf liegt der Segen." Bei Kapitalanlagen ist es für den Anleger eher umgekehrt. Entscheidend ist immer, was am Ende trotz anfänglicher – natürlich möglichst geringer – Kosten dabei herauskommt. Vordergründig ist nicht der Preis wichtig, sondern der Wert, den man erhält.[14] Den größten Wert oder Nutzen werden Sie aber in der Regel nur von einem unabhängigen Berater bekommen, der ausschließlich Ihre Interessen vertritt.

Um es mit Helmut Kohl zu sagen:

> ***„Entscheidend ist,***
> ***was hinten rauskommt!"***

Selbsttest

- Was weiß ich über Aktienfonds?
- Was hält mich davon ab
  in Aktienfonds zu investieren?

---

13 Kolumne am 29.12.2007 in der FAZ.

14 Zitat von Warren Buffett, zurzeit einer der Reichsten und zugleich Manager einer der erfolgreichsten Investmentgesellschaft weltweit, nämlich von Berkshire Hathaway: „Fragen Sie nicht nach dem Preis, den Sie für ein Unternehmen zahlen, sondern nach dem Wert, den sie für Ihr Geld bekommen." – Vgl. WamS vom 08.06.2008 „Auf die inneren Werte kommt es an".

C | WIE WIRD GELD ÜBLICHERWEISE ANGELEGT?

C Wie wird Geld üblicherweise angelegt?

1 Das Problem der Unwissenheit in Finanzdingen

1.1 Umfrage durch Meinungsforschungsinstitute 2003 - 2009

Mein eigenes Leben zeigt: Finanzielles Grundwissen ist in Deutschland selten. Im Jahr 2003 gab dazu die Commerzbank eine Studie in Auftrag. Durchgeführt vom Meinungsforschungsinstitut NFO Infratest, begleitet vom „Institut für ökonomische Bildung" an der Universität Oldenburg, soll es die erste repräsentative Umfrage zur finanziellen Allgemeinbildung in Deutschland sein. Mehr als 1.000 Personen im Alter zwischen 18 und 65 Jahren nahmen an der Befragung teil. Das Ergebnis war nicht gerade ermutigend: Von 10 Befragten gaben 4 an, dass sie, wenn es ums Geld gehe, fremde Hilfe in Anspruch nehmen müssten. Weitere 4 glaubten, ihre Finanzen selbst regeln zu können. Anhand eines diesen Personen vorgelegten Fragebogens musste man aufgrund der festgestellten Wissenslücken jedoch annehmen, dass auch sie nicht in der Lage sein würden, ihre Finanzen einigermaßen zufriedenstellend zu regeln. Nur 2 von 10 Befragten sind offenbar fachkompetent genug, ihre finanziellen Angelegenheiten selbst in die Hand zu nehmen.[1]

Infolge der vorherrschenden Unsicherheit in Finanzfragen sei für zwei Drittel der Befragten die Bank oder die Sparkasse Anlaufstelle für entsprechenden Rat.[2]

Klar geworden sei aber auch, so Dr. Volker Brettschneider vom „Institut für ökonomische Bildung" an der Universität Oldenburg, dass die Mehrzahl der Befragten *einfachere Produkte* und *neutrale Beratung* wünschten.[3]

Interessant ist in diesem Zusammenhang auch, dass nur 3 % der Bundesbürger in der Schule etwas über den Umgang mit ihren persönlichen Finanzen gelernt haben. Finanzielle Bildung wird nicht systematisch vermittelt, sondern eher zufällig in der Familie, durch Freunde oder Bekannte oder eben durch Banken. Derartige Beratungen sind jedoch nicht umfassend oder neutral, Letztere sogar produkt- und verkaufsorientiert. Und was bleibt dem Kunden, dem das nötige Grundwissen fehlt, übrig? Er muss glauben. Das bittere Erwachen kommt

1 S. FTD vom 05.06.2003.

2 Vgl. Interview mit Stefan Seip, Hauptgeschäftsführer des Branchenverbandes BVI im Handelsblatt am 16.07.2004.

3 Interview in der Nordwest-Zeitung am 07.06.2003.

dann oft Jahrzehnte später, wenn er feststellt, dass neutrale Beratung besser gewesen wäre, aber dann ist meistens bereits das halbe Leben vorbei.

Eine im Jahr 2005 im Auftrag der Deutschen Postbank[4] vom Institut Allensbach durchgeführte Studie hat ebenfalls mangelndes Finanzwissen besonders der 16- bis 29-Jährigen ans Licht gebracht. Das ist besonders schlimm, weil gerade diese Altersgruppe sich am stärksten auf ihre private Altersvorsorge einstellen muss.

Im Jahr 2006 wurde von der Gothaer Versicherung eine Meinungsumfrage in Auftrag gegeben. Sie hat insgesamt 1.019 Personen von Forsa befragen lassen. Es heißt dort im Einzelnen: „Die Deutschen sparen zuwenig und falsch für den Ruhestand. Viele Deutsche haben den Ernst der Lage in der Altersvorsorge offenbar noch nicht erkannt. Für ein Drittel der Befragten ist vor allem der Staat für die finanzielle Vorsorge im Alter zuständig. Wer dennoch zum privaten Sparen bereit ist, will sich dafür aber heute auf keinen Fall in größerem Maße einschränken müssen, sagen drei Viertel. 67 % schauen bei der Geldanlage vor allem auf die Sicherheit statt auf den Ertrag. Gleichzeitig aber wollen die Bürger im Ruhestand nicht auf ihren Lebensstandard verzichten.“[5]

Der Vorstandsvorsitzende der Gothaer, Helmut Hofmeier, wird wie folgt zitiert:

> **„Die Bürger fürchten Armut im Alter,**
> **aber ihre Rezepte dagegen sind absolut nicht mehr zeitgemäß.“**

Eine von AXA Investment-Managers im Jahr 2007 in Auftrag gegebene Studie kam zu folgendem Ergebnis: Fast die Hälfte der Deutschen glaubten, „Rentenfonds würden für die Absicherung der gesetzlichen Rente sorgen.“[6] Etwa drei Viertel der Befragten konnten korrekt definieren, was ein Aktienfonds ist, aber 40 % der Deutschen halten Aktienfonds gleichzeitig für riskanter als Einzelaktien – eine krasse Fehleinschätzung. Am bekanntesten sind Immobilien- und Rentenfonds, aber fast die Hälfte der Deutschen weiß nicht, dass Rentenfonds nur deshalb so heißen, weil sie in „Renten-Papieren“, d.h. in renditearmen festverzinslichen Papieren, anlegen. Sie glauben auch, dass Immobilienfonds baufällige Gebäude kaufen und renovieren und nicht – wie in der Regel üblich – in lukrative Gewerbebauten investieren.

4 S. FTD vom 21.11.2005.

5 Bericht der FAS vom 23.04.2006 „Nicht zu spießig anlegen“.

6 Vgl. Artikel in Wams vom 17.06.2007 „Investieren statt sparen“, FTD vom 14.05.2007 „Gewaltige Wissenslücken“ und FAZ vom 10.05.2007 „Anlegerkenntnisse mangelhaft“.

Die Befragten gaben weiter an, dass die Bekanntheit der Fondsgesellschaft das wichtigste Kriterium bei der Entscheidung für einen Anbieter sei. 3 von 4 Befragten konnten spontan aber keine einzige Fondsgesellschaft benennen – ein (finanzielles) Armutszeugnis ohnegleichen.

Nach einer im Jahr 2009 von AXA Investment Managers bei Infratest in Auftrag gegebenen Umfrage glauben 62 % der Befragten, dass bei einem Konkurs der Fondsgesellschaft das angelegte Geld verloren geht. Dabei ist gerade der besondere Vorteil bei registrierten Fonds, dass die Anlage als sog. Sondervermögen von Gesetzes wegen gegen Konkurs geschützt ist.[7]

Im Jahr 2008 hielten 68 % der Deutschen noch Fonds als für den Aufbau einer Altersvorsorge geeignet. Laut der Umfrage ist dieser Prozentsatz besonders in Anbetracht der Finanzkrise sogar auf 42 % gefallen.[8]

Nach der sog. „Jugendstudie 2009" des Bundesverbandes Deutscher Banken[9] ergab die Befragung von Jugendlichen zwischen 14 und 24 Jahren, dass besonders infolge der Finanzkrise 3 von 4 jungen Menschen mehr über Ökonomie wissen wollten. Fast 80 % sprachen sich für ein eigenständiges Schulfach „Wirtschaft" aus.

4 von 10 Befragten wussten mit dem Begriff „soziale Marktwirtschaft" nichts Bestimmtes anzufangen. Über die Hälfte der Jugendlichen konnte nicht erklären, was eine „Inflationsrate" ist. Nur 6 % waren in der Lage, auch nur ungefähr die aktuelle Rate der Geldentwertung zu nennen.

Speziell das „Finanzwissen der jungen Generation ist eher kümmerlich", so die Studie. Fast jeder zweite Jugendliche kennt sich in Geld- und Finanzfragen kaum oder gar nicht aus, obwohl 81 % der Aussage zustimmten, dass Geld- oder Finanzthemen wichtig seien. 6 von 10 Befragten gaben an, dass sie vom Börsengeschehen keine oder nur wenig Ahnung hätten. Andererseits beteuerten 71 % der Befragten, sie legten viel oder sogar sehr viel Wert auf Sparsamkeit. Das ist mit 80 % fast ein so hoher Wert wie bei den Erwachsenen.

Mit anderen Worten: *Die Jugend will wohl sparen, aber aus eigener Erkenntnis heraus weiß sie nicht, wie sie das am besten anstellen soll. Und der Staat lässt sie, was die entsprechende Ausbildung angeht, im Stich.*

7 FAZ vom 16.06.2009 „Deutsche wissen immer weniger über Fonds".

8 FTD vom 16.06.2009 „Hilflos, ratlos, anteilslos".

9 FAZ vom 07.07.2009 „Die Jugend hat noch kein Krisengefühl".

1.2 Unwissenheit und Angst machen die Deutschen arm

Dank der Umfragen ist deutlich: Das Finanzwissen der Deutschen ist mehr als mangelhaft, und es zeichnet sich bis heute auch keine Besserung ab. Thomas Wiesemann, Chef von Allianz Global Investors, eine der größten Fondsgesellschaften in Deutschland überhaupt, stellt hierzu Folgendes fest: „Unsere Gesellschaft muss mehr in finanzielle Allgemeinbildung investieren. Das Problem ist doch: Einerseits zieht der Staat sich immer mehr zurück, sollen die Menschen immer mehr privat vorsorgen. Andererseits fehlt den meisten aber schlicht das Grundwissen dafür."[10] Selbst unser Finanzminister bleibt hiervon nicht ausgenommen. Zitat: „Als Finanzminister habe ich mir abgewöhnt, Anlage-Ratschläge zu geben. Meiner Bank sage ich immer: Machen Sie, was Sie für richtig halten; ich will es gar nicht wissen."[11]

Unwissenheit verursacht die Angst, man könne sein Geld im schlimmsten Falle verlieren. Daher sind nicht einmal 80 % der Bürger in Deutschland in Aktien oder Aktienfonds investiert. So bleibt die Frage: Haben wir nur Angst, weil wir uns nicht mit der Materie auskennen, oder wird uns vielleicht sogar noch Angst eingeredet, damit wir die Finger von Aktienfonds lassen? Wenn für zwei Drittel der Bürger Banken die Anlaufstelle sind, um sich entsprechenden Rat zu holen, dann muss man sich doch fragen, ob nicht dort eine der Ursachen liegen könnte.

Ein Beispiel aus meiner Praxis:
Ein Mandant ersuchte mich Ende 2006, ihn bei der Finanzierung eines Mehrfamilienhauses – Volumen ca. 600.000 € – zu beraten. Es stellte sich heraus, dass die Sparkasse, die zugleich auch seine Hausbank war, die günstigsten Konditionen bot. Sie war auch grundsätzlich bereit, ein Finanzierungskonzept mit Ansparung des Darlehensrückzahlungsbetrages in Aktienfonds mitzutragen.

Am Schluss des zusammen mit meinem Mandanten geführten Bankgesprächs machte der Leiter der Sparkasse jedoch eine Bemerkung, die das ganze Konzept platzen ließ: Er gab dem Mandanten zu bedenken, dass er im schlimmsten Fall sein in Aktienfonds Angespartes verlieren könne.[12] Das war's!

Obwohl der Geschäftsleiter auf meinen Einwand hin seine Aussage noch korrigierte und bestätigte, dass sich dieses Risiko in Bezug auf den Templeton

10 WamS vom 08.06.2008 „Unwissen kostet Drittel der Rente".

11 WamS vom 26.06.2011.

12 Vgl. auch „Basisinvests" unter Kapitel D.

Growth Fund praktisch auf null reduziere, kam dies beim Mandanten überhaupt nicht mehr an. Es war pure Angst, die ihn überkam, vor allem solche Worte aus dem Munde seines Bankers zu hören. Die Angst hat meinen Mandanten dann auch nicht mehr vernünftig überlegen lassen, um zu der Einsicht zu kommen, dass die in der längerfristigen Vergangenheit tatsächlich erzielten Renditen der besten global investierenden Aktienfonds bei weitem oberhalb des Darlehenszinssatzes von 4,8 % gelegen haben, von den Renditen eines Templeton Growth Fund ganz zu schweigen. Auch war ihm der Faden für die logische Überlegung, eine durch das Investmentgesetz geschützte Beteiligung (Sondervermögen) an den besten 100 bis 150 Unternehmen weltweit infolge der breiten Streuung gar nicht verlieren zu können, gänzlich gerissen. Ihm erging es wie der Katze, die sich auf die heiße Herdplatte gesetzt hat und die sich deshalb auch nie mehr auf eine kalte setzen wird. Für meinen Mandanten war das Thema durch. Die Folge war, er hat letztlich das gemacht, was man schon immer gemacht hat – er hat sich für ein klassisches Annuitätendarlehen[13] entschieden, obwohl er vielleicht noch realisiert hat, dass er mit jeder Tilgungsrate oder Sondertilgung immer nur eine Rendite erzielen kann, die dem Zinssatz für das Darlehen, in diesem Falle 4,8 %, entspricht, aber auch nie mehr. Vor allem aber fehlt es an der Wirkung des Zinseszinses, der ein solches Konzept mit Ansparung in Aktienfonds überhaupt erst interessant macht.[14]

Letztlich entsteht für den Bankkunden aller Wahrscheinlichkeit nach ein Schaden, der in der Vergangenheit über alle 25-Jahres-Zeiträume bei Ansparung z.B. im Templeton Growth Fund bereits im schlechtesten Fall die Millionengrenze erreicht hätte, ein genau genommen seitens der Bank nicht wiedergutzumachender Schaden. Als Grund kann sie natürlich anführen, sie sei nach dem Wertpapierhandelsgesetz verpflichtet, den Kunden auf das mit Aktienfondsanlagen verbundene Ausfallrisiko hinzuweisen und es habe seinem Risikoprofil entsprochen, wenn er sich gegen eine Finanzierung mit Aktienfonds entschieden habe. Es kann aber nicht der richtige Weg sein, den sog. Tilgungsersatz in Aktienfonds zunächst zu akzeptieren und im nächsten Schritt den Kunden darauf hinzuweisen, dass er im schlimmsten Fall sein Kapital verlieren kann.[15]

Ich unterstelle auch nicht, dass der Berater seine Aussage bewusst gemacht hat, um den Kunden von dieser Art der Finanzierung abzuhalten. Ihm ist möglicherweise von seiner Bank auch bereits während seiner Ausbildungszeit, die

13 Ein Annuitätendarlehen ist ein Kredit, bei welchem die Summe aus Zins und Tilgung stets gleich bleibt. Da sich die Zinsen durch die Tilgung des Darlehens stetig vermindern, nimmt die Tilgung im gleichen Maße zu.

14 Mehr dazu in Abschnitt G 2.4.3.

15 Vgl. insoweit die Ausführungen unter D 2.4.1.

ausschließlich in bankeigenen Akademien stattfindet, vermittelt worden, dass Aktienfondsanlagen in jedem Falle riskant seien. Er hat dies wahrscheinlich auch geglaubt, denn er konnte wegen der zurzeit recht niedrigen Renditen von Fonds der Sparkassengruppe (Deka-Fonds) auch nicht unbedingt davon überzeugt sein, dass diese längerfristig eine positive Differenz zu den Darlehenszinsen aufweisen würden.[16] Nur dann macht aber eine solche Finanzierungskonzeption nämlich Sinn. Es wird also auch hauptsächlich nur mit Aktienfonds funktionieren, die in der älteren Vergangenheit bereits überdurchschnittliche Ergebnisse abgeliefert haben. Und in dieser Beziehung ist das Angebot der Deka nur recht mager.[17]

Die zuvor zitierte Äußerung des Bankers steht vor allem im direkten Gegensatz zu einer Aussage, die Ullrich Gallus, Sprecher der DekaBank, der Fondsgesellschaft der Sparkassen, vertritt: In einem Artikel in der Zeitung *Die Welt* mit der Überschrift „Der Sparplan als Königsweg" wird Gallus wie folgt zitiert: „Der Fondssparplan ist der Königsweg zur privaten Altersvorsorge ... Für die Altersvorsorge konzipierte Sparpläne, die zehn Jahre oder länger laufen, sollten in der Regel auf Aktienfonds beruhen", sagt Gallus.[18]

Es drängt sich deshalb die Frage auf, ob es ggf. noch einen tieferen Grund geben könnte, weshalb sich der Geschäftsleiter der Bank so verhalten hat, wie zuvor beschrieben.

Eine Antwort hierauf werden Sie sich selbst geben können, wenn Sie dieses Buch einfach weiterlesen.

16 Nähere Ausführungen zur Vorteilhaftigkeit von Finanzierungen in Verbindung mit der Ansparung in Aktienfonds vgl. unter Abschnitt G 2.4.3.

17 Vgl. dazu die Ausführungen in Abschnitt D 2.5.1 „Das Basisinvest".

18 Vgl. dazu auch unter D 2.3.5 „Fondsgesellschaften empfehlen Sparanlagen in Aktienfonds".

1.3 Das Menschenrecht auf Bildung

In Anbetracht des durch Umfragen belegten „Finanziellen Analphabetismus“[19] der Deutschen ist der Staat dringend aufgerufen, seine Bürger zu schützen und ihnen neben allgemeiner Bildung insbesondere auch finanzielles Grundwissen zuteil werden zu lassen. Es genügt nicht, schreiben und lesen zu können, sondern auch Rechnen – insbesondere Zinseszinsrechnung – gehört dazu.

Wenn schon unser Ex-Bundespräsident wiederholt – z.B. in seiner Neujahrsansprache Ende 2007 – die Bildungspolitik angeprangert und sie mit „mangelhaft“ benotet hat, dann gilt das insbesondere auch für die finanzielle Bildung. „Gleiche Bildungschancen sind die wichtigste Form sozialer Gerechtigkeit“, so seine Aussage. Ein weiteres Zitat aus seinem Munde: **„Gute Bildung ist ein Menschenrecht.“**[20]

Aber woher nimmt Professor Horst Köhler diese Erkenntnis und was gibt ihm das Recht, eine bessere Bildungspolitik anzumahnen? Im Artikel 26 der „Allgemeinen Erklärung der Menschenrechte“, verabschiedet von der Versammlung der Vereinten Nationen am 10. Dezember 1948, heißt es folgendermaßen:

I. **Jeder Mensch hat ein Recht auf Bildung.**

II. **Die Ausbildung soll die volle Entfaltung der menschlichen Persönlichkeit und die Stärkung der Achtung der Menschenrechte und Grundfreiheiten zum Ziele haben.**

Von keinem Geringeren als Albert Einstein stammt der Ausspruch:

> **„Das Wertvollste im Leben ist die Entfaltung der Persönlichkeit und ihrer schöpferischen Kräfte.“**[21]

In Deutschland wird gerade auf dem Gebiet der finanziellen Bildung viel zu wenig getan. Obwohl jeder Staatsbürger hiernach ein absolutes, nicht abdingbares Recht hat, tut der deutsche Staat zu wenig, diesem Zustand abzuhelfen.

19 Vgl. entsprechenden Artikel in „Die Welt“ vom 22.07.2004 und Hinweis des Deutschen Instituts für Wirtschaftforschung (DIW) auf Untersuchungen der Bertelsmann Stiftung aus den Jahren 2002 und 2003.

20 ARD – Fernsehsendung vom 22.07.2007.

21 Aus „Das große Buch der christlichen Zitate“ von Martin Weimer, Pattloch-Verlag 2005, ISBN 3-629-02106-9.

Es fehlt beim Aufbau von Vermögen allgemein an der entsprechenden Effizienz, weil die meisten Menschen nicht wissen, wie es geht, und diejenigen, die es wissen, sagen es ihnen nicht. Wenn man bedenkt, wie viel Geld den Bürgern jedes Jahr verloren geht, weil sie wegen Unwissenheit ihre Chancen nicht nutzen können, dann entsteht ein volkswirtschaftlicher Schaden, den kein Politiker mit gutem Gewissen mehr verantworten kann.[22] Da helfen auch die vom Staat mit Milliarden geförderten Sparformen nur wenig, weil die Zuschüsse durch schlechte Renditen der Produktanbieter ganz oder teilweise wieder aufgezehrt werden.[23]

Finanzieller Analphabetismus ist sogar graduell messbar und führt, wie anhand der im Buch aufgeführten Beispiele nachvollziehbar, zu erschütternden Ergebnissen. Es ist ein Hauptgrund dafür, dass immer mehr Menschen verarmen, weil sie nicht wissen, dass Geld nicht nur durch Arbeit verdient werden kann, sondern auch dadurch, dass man es arbeiten lässt.

Geld bildet aber allgemein auch die Grundlage, auf welcher der Mensch seine Persönlichkeit erst richtig entfalten kann, weil er sich dadurch von materiellen Zwängen befreit und unabhängig wird. Letztlich bedeutet Geld

Freiheit

und das ist nach der Gesundheit das oberste Gut überhaupt, das der Mensch besitzen kann. Vom bekannten russischen Dichter Dostojewski stammt der Ausspruch:

„Geld ist geprägte Freiheit."

Eine sehr treffende und anschauliche Beschreibung des Wertes des Geldes.

Solange aber nur etwa 20 % der Deutschen sich im richtigen Umgang mit Geld auskennen und der Bürger in der Regel keine neutrale Beratung zu seinem Besten erhält, kann er seine Chancen nicht in vollem Umfang nutzen. Zu diesem Schluss muss man kommen in Anbetracht der zuvor zitierten Ergebnisse wiederholter Meinungsumfragen und auch aufgrund der Tatsache, dass 80 % des privaten Geldvermögens festverzinslich und somit im Wesentlichen niedrig

22 Laut einer von Minister Horst Seehofer in Auftrag gegebenen Studie verlieren die Anleger jährlich ca. 30 Mrd. Euro infolge schlechter Beratung – Artikel in der FAZ vom 18.02.2009 – vgl. dazu auch Abschnitt H 4.2: Vertrieb von Investmentprodukten in Deutschland.

23 Vgl. dazu auch „Kanon der finanziellen allgemeinen Bildung / Commerzbank Ideenlabor" Stand Juni 2004 S. 19 – erarbeitet von EVERS & JUNG, Forschung und Beratung in Finanzdienstleistungen.

verzinslich angelegt ist – vgl. nachfolgende Nr. 2.1. Und wenn in Bezug auf die Anlage in Aktien bzw. Aktienfonds als Gegenargument immer wieder das Risiko oder die Angst vor Verlust angeführt wird, dann bedarf es unbedingt einer umfassenden Aufklärung über Produkte, bei denen ein Verlustrisiko bei längerfristiger Anlage nach menschlichem Ermessen und unter Wahrscheinlichkeitsgesichtspunkten ausgeschlossen ist. Gerade diese Anlageart ist wegen der hohen Renditen geeignet, ein Vermögen zu bilden, das den Menschen finanziell frei macht.

Mittelbar stimmt somit auch der von Nikolaus Enkelmann stammende Ausspruch:

> **„Nichts hemmt und hindert einen Menschen mehr an der Entfaltung seiner Persönlichkeit als die Angst!“** [24]

Wer aus Angst nur auf Sicherheit bedacht ist, wird zum „Sklaven, der seine Freiheit eingebüßt hat. Nur ein Mensch, der Risiken eingeht, ist wirklich frei.“ [25] Entscheidend ist aber, dass er die Tragweite des Risikos einschätzen kann. Und dafür ist entsprechendes Wissen unabdingbar.

24 Aus „Die besten Zitate“ von Nikolaus Enkelmann, Gabal-management-Verlag, ISBN 3-89749-592-9.

25 Aus „Der Weg durch das dunkle Tal“ von Robert Anthony Schuller, © 2006 by Hour of Power Deutschland, Steinerne Furt 78, 86167 Augsburg.

1.4 Wie viel ist überhaupt 1 Milliarde Euro?

Inzwischen – als Folge der Finanzkrise – ist in der Politik fast nur noch von Milliarden oder Milliardenpaketen als Schutzschirm die Rede. Angesehene Banken machen Milliardenverluste oder gehen sogar in die Insolvenz. Es entsteht der Eindruck, dass man einer Milliarde, ob Dollar oder Euro, keinen großen Respekt mehr zu zollen braucht. Aber wissen Sie überhaupt, wie viel eine Milliarde ist? Das wissen Sie sicherlich, wenn Sie kurz nachdenken, aber können Sie sich auch vorstellen, wie viel Geld sich hinter einer Milliarde Euro verbirgt?

Ein langjährig mit mir befreundeter Kollege gab mir noch vor Beginn der Finanzkrise ein recht einprägsames Beispiel:

Stellen Sie sich vor, Sie spielen jede Woche im Lotto, mit Ausnahme in der Weihnachts- und der Silvesterwoche, dann spielen Sie also 50 Mal im Jahr. Nun haben Sie das sagenhafte Glück, dass Sie jede Woche eine Million Euro gewinnen. Dann haben Sie im Jahr 50 Mal eine Million, also 50 Millionen Euro gewonnen. Da Ihnen das Schicksal offensichtlich wohlgesonnen ist, machen Sie das noch ein Jahr so weiter – und Sie gewinnen wiederum jede Woche eine Million Euro, d.h., Sie verfügen jetzt schon über 2 Mal 50 Millionen Euro, zusammen in 2 Jahren also über 100 Millionen Euro.

Frage, wie lange müsste Ihnen das Glück noch hold sein, damit sie eine Milliarde beisammen haben?

Bekanntlich sind eine Milliarde 1.000 Millionen. Somit brauchen Sie noch 10 Mal solange, also insgesamt 20 Jahre, um den Betrag von 1 Milliarde Euro zu erreichen, d.h. 22 Jahre lang jede Woche 1 Million Euro Lottogewinn, die Weichnachts- und Silvesterwoche ausgespart, machen den Betrag von einer Milliarde Euro aus, eine bereits fast unvorstellbare Summe.

2 Das private Geldvermögen der Deutschen

2.1 Zusammensetzung und Entwicklung

Das private Geldvermögen per 31.12.2007 – also ohne Immobilien und sonstiges Vermögen – betrug 4.564 Milliarden oder ca. 4,5 Billionen Euro.[26] Zum 31.12.2008 verminderte es sich auf etwa 4,4 Billionen Euro.

Im Vergleich dazu:
Der Bundeshaushalt, d.h. alles, was der Bund im Jahr für Gehälter und Pensionen, Verteidigung, soziale Aufgaben etc. ausgibt, beträgt ca. 300 Milliarden Euro. Die Bundesbürger haben also etwa das 15-Fache an Geld auf der hohen Kante.

Das Geldvermögen teilte sich auf nachstehende Bereiche auf:

	31.12.2005 Mrd. €		%	31.12.2006 Mrd. €		%	31.12.2007 Mrd. €		%	31.12.2008 Mrd. €		%
Spar-, Sicht- und Termineinlagen (Festgeld) sowie Bargeld		1.499	35		1.541	34		1.621	36		1.743	40
Geldanlagen bei Versicherungen		1.099	25		1.148	25		1.205	26		1.263	28
Festverzinsliche Wertpapiere inkl. Zertifikate		423	10		482	11		333	7		304	7
Investmentfonds, Aktien	519 320	839	20	525 372	897	20	545 393	938	21	497 166	663	15
Sonstiges		446	10		460	10		467	10		439	10
Summe		4.305	100		4.529	100		4.564	100		4.412	100

Das private Geldvermögen ist durchschnittlich zu 80 % im festverzinslichen Bereich, also Sparbuch, Festgeld, Anleihen, Bundesschatzbriefen, angelegt. Nur etwa 20 % sind in Aktien bzw. Aktienfonds investiert. Auffällig ist, dass dieser Anteil zum 31.12.2008 nochmals um 5 Punkte auf 15 % geschrumpft

26 Quelle: www.bankenverband.de, Stand 31.12.2008.

ist – wahrscheinlich als Folge der Finanzkrise. Die Spareinlagen sind wie die Geldanlagen bei Versicherern dagegen erheblich angestiegen.

Nachrichtlich:[27]

	31.12.2005	31.12.2006	31.12.2007	31.12.2008
Zahl der Aktionäre u. Fondsbesitzer in Tsd.	10.796	10.314	10.317	9.317

Auch die Zahl der Aktionäre/Fondsbesitzer ist infolge der Finanzkrise von Ende 2007 bis zum 31.12.2008 drastisch zurückgegangen. Das Vermögen in diesem Bereich verminderte sich um knapp 300 Mrd. Euro. Dagegen stieg die Position „Spareinlagen, Sicht-, Termineinlagen sowie Bargeld" um 122 Mrd. € an. So berichtet der Sparkassenpräsident Heinrich Haasis, dass die Sparquote im Jahr 2008 mit 11,2 % den höchsten Stand seit 1993 und insgesamt den Betrag von 178 Mrd. € erreicht habe.[28]

Über die letzten 10 Jahre hat sich das Geldvermögen wie folgt entwickelt:

Jahr	Mrd. Euro	Jahr	Mrd. Euro
1999	3.571	2004	4.070
2000	3.642	2005	4.305
2001	3.653	2006	4.529
2002	3.660	2007	4.564
2003	3.992	2008	4.400

Danach geht es uns Deutschen wirklich nicht schlecht. Deshalb ist es auch nicht verwunderlich, wenn uns nachgesagt wird, wir klagten auf hohem Niveau. Nur das Vermögen scheint etwas ungerecht verteilt zu sein. Vielleicht liegt es einfach mit daran, dass einige Menschen mehr gelernt bzw. eine bessere Ausbildung genossen haben und deshalb etwas mehr Geld auf die hohe Kante legen können als der Durchschnitt? Nun wäre es doch durchaus möglich, dass auch die weniger Verdienenden daran teilhaben könnten, wenn sie wüssten, wie man auch aus wenig Geld viel machen kann.

27 „Die Welt" vom 30.07.2008 „Aktien rauben den Deutschen den Wohlstand". Zahl der Aktionäre und Aktienfondsbesitzer per 30.06.2008: 9.834 Tsd. Zum 31.12.2008 haben sich gegenüber dem Vorjahresschluss nochmals etwa 1 Million Aktionäre verabschiedet – so der Bericht in der WamS am 25.01.2009 aufgrund von Zahlen des Deutschen Aktieninstitutes (DAI).

28 FAZ vom 28.10.2009 „Sparerfreibetrag verdoppeln".

Deshalb mache ich Ihnen anhand von Vergleichsrechnungen mit dem Templeton Growth Fund immer wieder deutlich, dass es bereits seit über 50 Jahren für fast jeden möglich gewesen wäre, sich mit bereits kleinen Beträgen ein eigenes Vermögen sicher aufzubauen. Und es gibt auch noch andere Produkte, die genau so geeignet gewesen wären, ggf. in der Kombination mit anderen oder in einer anderen Konzeption sogar noch besser. Aber man muss eben *wissen,* wie es geht.

2.2 Warum wird so viel Geld im festverzinslichen Bereich angelegt?

a. Das Geld soll in erster Linie *sicher* sein – und alles, was mit Aktien zu tun hat, scheint unsicher zu sein, sonst würden mehr Menschen in Aktien bzw. Aktienfonds anlegen.

Aktien sind nicht risikofrei, es kommt aber auf die Art der Anlage und den Zeithorizont an, damit die bestehenden Risiken nahezu ausgeschlossen werden.

b. Das Geld soll *verfügbar* sein und das ist es, wenn es festverzinslich angelegt ist. Sie bekommen vielleicht etwas weniger an Zins als vereinbart, aber es ist in jedem Falle kündbar.

Aktienfonds oder Teile davon sind auch jederzeit kündbar. Das Geld ist in der Regel innerhalb einer Woche auf dem Konto – vom Gesetzgeber garantiert. Das Problem ist aber für die meisten Menschen, dass wertmäßig vorübergehend etwas weniger im Depot sein könnte. Doch hierfür gibt es eine Lösung: Entweder reicht ein zeitlicher Puffer von in der Regel 1 - 3 Jahren – man spricht auch von „aussitzen" – oder das Depot wird vorübergehend beliehen. Also doch vielleicht gar keine so schlechte Sache, wenn man dort zwischen 9 und 12 % Rendite bekommt.

c. Die Anlage soll *rentabel* sein – in den Augen der Bürger ist das auch einer der Hauptgründe für festverzinsliche Anlagen.

Aber was heißt denn „rentabel"? Dr. Jung sagt, dass die meisten Menschen meinen, es genüge, wenn man „etwas" für sein Geld bekomme. Zurzeit des Börsencrashs Anfang des neuen Jahrtausends waren einige Menschen schon zufrieden, dass sie ihr Geld sicher wussten, auch wenn sie überhaupt keine Zinsen bekamen. Dass aber die Rendite – zusammen mit dem Zinseszins – erst die Drehschraube für die Vermögensmehrung darstellt, scheint vielen Menschen überhaupt nicht bewusst zu sein. Dabei können 1 oder 2 % mehr an Rendite bei längerfristiger Anlage ein Vermögen ausmachen, wie bereits dargestellt. Ein Renditeunterschied von knapp 2 % bei einer Laufzeit von 50 Jahren führte zu mehr als dem doppelten Vermögen.[29]

d. Was könnte noch ein Grund sein, nur in festverzinsliche Anlagen zu investieren? Es ist angenehm, sich sein Geld bei der Bank um die Ecke vorzählen zu lassen und es dort direkt abheben zu können.

e. Und zu guter Letzt: *„Man hat es schon immer so gemacht, das haben die Großeltern so gemacht, das haben die Eltern so gemacht – und der Mann von der Bank hat auch nichts anderes gesagt"*, so Dr. Jung.

   Vielmehr statten manche Banken die Menschen, sobald sie geboren sind, sofort mit einem Sparbuch aus, meistens noch mit einem geschenkten kleinen Grundstock z.B. von 5 Euro. Das ist doch eine gelungene Kundenbindung, oder?

2.3 Aktuelle Entwicklung des Privatvermögens weltweit

Betrachten wir zunächst, wie das Anlegerverhalten Deutschlands im internationalen Vergleich ausfällt. „Die Unsicherheit an den Aktienbörsen fördert einen Trend zur Spareinlage – selbst in den börsenfreundlichen USA" – so ein Artikel in der Zeitschrift „Die Welt" vom 11.07.2009.[30] Der Bericht beruht auf einer von dem „Wall Street Journal Europe" in Auftrag gegebenen Studie, wonach das Marktforschungsinstitut GfK 11.000 Menschen im März und April 2009 in 11 Ländern befragt hat. Danach haben Anlagen in festverzinslichen Wertpapieren seit 2007 wie folgt zugenommen:

Bei den	Westeuropäern	von 43 %	auf 60 %
	Deutschen	von 40 %	auf 55 %
	Amerikanern (USA)	von 53 %	auf 68 %

Interessant ist aber der Vergleich, mit welchem Anteil die Menschen jeweils in Aktien bzw. aktienbasierten Anlagen investiert waren:

Westeuropäer	22 %
Deutsche	13 %
Amerikaner (USA)	80 %

29 Vgl. Beispiel im Abschnitt A 1.2.

30 Vgl. „Die Welt" vom 11.07.2009 „Weltweit geht der Trend zur sicheren Spareinlage".

Auffällig ist, dass die Amerikaner trotz des Trends zu festverzinslichen Papieren noch außergewöhnlich hoch im Bereich Aktien investiert sind.

Es drängt sich die Frage auf, ob nicht diese Tatsache etwas damit zu tun haben könnte, dass es in den USA im Verhältnis zur Einwohnerzahl viel mehr Millionäre[31] gibt als in Deutschland.

	Einwohnerzahl	Millionäre	%
USA	280 Mio.	4.585.000	1,6
Deutschland	82 Mio.	350.000	0,4

Und wie werden die Deutschen beraten? Das beantworten die folgenden Kapitel.

3 Erzielte Renditen bei Vermögensverwaltungen

3.1 Renditen der „Besserverdienenden"

Im Jahr 2000 veröffentlichte die Commerz Finanz-Management (CFM) GmbH – eine ehemalige Tochtergesellschaft der Commerzbank – eine Kundendatenanalyse folgenden Wortlauts:

„Vermögende und Besserverdienende in Deutschland erwirtschaften nicht die Renditen, die möglich wären. Die Gesamtrendite von nahezu der Hälfte der Vermögen liegt trotz der Hausse (= länger anhaltende steigende Börsenphase) an den internationalen Aktienmärkten und erheblichen Wertsteigerungen in anderen Teilen des Finanzmarktes bei netto 3,8 % p.a. Eine Rendite von 4 - 6 % erreichen knapp 30 % der Vermögen. Lediglich 13 % der Vermögen weisen einen Wert von mehr als 8 % p.a. aus."[32]

Die Studie betraf die Jahre 1996 bis 1999. Obwohl von den ausgewerteten Depots etwa zwei Drittel der Anleger auch in Aktien investiert waren, betrug der durchschnittliche Aktienanteil am Gesamtvermögen jeweils nur 7 %. Gegenüber einer vorhergehenden Studie hatte sich die Gesamtsituation kaum verbessert.

31 Vgl. dazu Handelblatt Nr. 191 vom 04.10.2007 „Zehn Millionen Millionäre" – s. auch Fußnote zu Abschnitt A 1.3.

32 FAZ vom 07.12.2000.

3.2 „Steigerung des Ertragswinkels"

Die Deutsche Bank hat in 2004 in einer Werbekampagne die „Steigerung des Ertragswinkels mit der Finanz & Vermögensplanung"[33] angepriesen. Sie ließ innerhalb der Anzeige Herrn Professor Dr. Stephan Paul, Lehrstuhl für Finanzierung und Kreditwirtschaft an der Ruhr-Universität Bochum, zu Wort kommen:

„Es kann nicht überraschen, dass eine systematische Planung einen großen Einfluss auf die erzielten Renditen ausübt. Untersuchungen der European Business School zeigen, dass eine sorgfältige Finanzplanung zu einem erheblichen Nettomehrertrag führen kann. So stieg beispielsweise die Nettorendite der untersuchten Vermögensanlagen Ende der 90er-Jahre binnen eines Jahres nach Steuer von durchschnittlich 3,85 % (!) auf 5,3 %."

Prozentual macht die Differenz von 1,45 % zwar knapp 40 % mehr aus, aber die durchschnittlichen Renditen von guten Aktienfonds liegen etwa beim Doppelten.

3.3 Durchschnittliche Renditen 2006 bei Vermögensverwaltungen

Die vermögenden Kunden europäischer Privatbanken haben im Jahr 2006 bei aggressiver Anlagestrategie nach Abzug aller Gebühren im Schnitt 8,2 % Rendite erzielt. Bei mittlerem Risiko lag die Rendite der Musterdepots bei 5,6 %, bei geringem Risiko bei 2,2 %.[34]

Die Daten haben sich aus der Auswertung von 12 Musterdepots von 40 europäischen Vermögensverwaltern bzw. Banken ergeben, die zusammen mehr als 1.500 Milliarden Euro verwalten.

Im Vergleich dazu: Der Templeton Growth Fund hat in 2006 eine Rendite von 9,24 % erzielt und wenn man weiß, wie der Fonds investiert, kann daraus objektiv betrachtet keine aggressive Anlagestrategie hergeleitet werden. Vielmehr ist die Strategie eher von sehr geringem Risiko geprägt. Mit zunehmender Anlagedauer – ab 7 bis 10 Jahren – tendiert das Risiko, auch nur einen vorübergehenden Verlust für das eingesetzte Geld zu verzeichnen, gegen null.[35]

33 Vgl. Anzeige in WamS vom 11.04.2004.

34 Vgl. FTD vom 09.01.2007 „Vermögende erzielen 2 - 8 % Rendite".

35 Vgl. dazu nähere Ausführungen unter D 2.4.1.

Entscheidend ist aber wiederum, dass Vermögensverwalter bei mittlerem oder durchschnittlichem Risiko nur 5,6 % Rendite erzielt haben. Es hat sich also gegenüber den 90er-Jahren offenbar nichts verändert.

Die beiden folgenden Beispiele aus meinem eigenen Mandantenkreis repräsentieren gut meine Erfahrungen mit Beratung durch Banken.

3.4 Depotverwaltung bei einer Schweizer Großbank

Ein langjähriger Mandant ließ bei einer Schweizer Großbank seit mehr als 10 Jahren ein größeres Wertpapierdepot verwalten. Dieser Mandant erzielte im Rahmen der Vermögensverwaltung eine durchschnittliche Rendite vor Steuern von 2,78 % p.a. Die Bank hatte den Mandanten auch nach seiner Risikobefindlichkeit befragt und da keiner sein Geld aufs Spiel setzen will, bestand der überwiegende Teil des Depots aus sog. Rentenwerten (festverzinsliche Papiere).

Nachdem ich in Vollmacht meines Mandanten das Depot gekündigt hatte, erhielt ich einen Anruf des Bankberaters, der sich erkundigte, ob denn die Kündigung endgültig sei und wenn ja, ob die unterdurchschnittliche Rendite der Grund sei, da es doch *heute* ertragreichere Produkte gebe, die bei längerfristiger Anlage auch sicher seien. Anmerkung des Autors: Diese Produkte gibt es schon seit Jahrzehnten!

Mein Mandant fühlte sich nicht in guten Händen, denn das hätte seine Bank, der er volles Vertrauen geschenkt hatte, ihm auch schon früher offenbaren können. Ihm sei es in erster Linie darum gegangen, sein Geld sicher zu wissen. Gegen eine gleichzeitig höhere Rendite hätte er nichts einzuwenden gehabt, zumal es ihm auch nicht um eine kurzfristige Vermögensmehrung gegangen sei.

Er werde das Gefühl nicht los, dass er von dieser Bank in Zukunft auch nicht zu seinem Besten beraten werde. Die Kündigung seines Depots war für ihn nur eine logische Konsequenz, welche die Bank selbst verursacht hatte.

Aufschlussreich ist die Vergleichsrechnung anhand faktischer Zahlen:

Die Anlage bei der Bank betrug am		31.12.1992		783.173 €
und entwickelte sich in 11 Jahren	zum	31.12.2003	auf	968.637 €

Hierin waren Einlagen von 114.094 € und Entnahmen von 222.400 €, über die Anlagedauer verteilt, berücksichtigt.

Bei einer entsprechenden Anlage im Templeton Growth Fund unter zeitlicher Berücksichtigung der Einlagen und Entnahmen

hätte der Endwert jedoch am	31.12.2003	2.746.518 €
betragen.		
Depotwert der Bank wie vorher gezeigt	31.12.2003	968.637 €
Mehrvermögen		**1.777.881 €**

Das ist knapp das Dreifache dessen, was die Bank in 11 Jahren erwirtschaftet hat. Hierbei ist noch nicht berücksichtigt, dass die Erträge aus dem Depot bei der Schweizer Großbank auch noch zu versteuern waren, weil der wesentliche Teil der Erträge Zinsen aus festverzinslichen Anlagen darstellten. Die Erträge im Aktienfonds hätten dagegen im Wesentlichen aus Kurszuwächsen bestanden, die bis dato steuerfrei waren. Der zu versteuernde Teil des Ertrages war im Durchschnitt so minimal, dass er vernachlässigt werden konnte – bei einer Gesamtrendite von z.B. 10 % wären etwa 0,5 % zu versteuern gewesen.

Dieses Mehrvermögen von knapp 1,8 Millionen Euro bedarf keiner weiteren Kommentierung.

3.5 Depotverwaltung bei einer deutschen Großbank

Ein recht vermögender Kunde (Vermögen 15 Mio. Euro), der sein Depot bei einer deutschen Großbank verwalten ließ, hatte im Kalenderjahr 2006 gerade einmal eine Rendite von 3,94 % erzielt. Hauptgrund: Überwiegend Anlagen im festverzinslichen Bereich, eine unübersehbare Zahl von Umschichtungen, deren Sinn man nicht nachvollziehen konnte. Wenn dieser Anleger auch nur die Hälfte seines Vermögens in einem oder auch mehreren breit aufgestellten guten Aktienfonds angelegt haben würde – mit einer durchschnittlichen Rendite von angenommenen 10 % – und die andere Hälfte in festverzinslichen Wertpapieren mit einer Rendite von 3 %, könnte er längerfristig mit einem Ertrag von ca. 1 Mio. Euro p.a. rechnen, wobei er steuerlich noch wesentlich günstiger dastehen würde als bei der jetzigen Depotstrukturierung. Der Ertrag im Jahr 2006 hatte dagegen gerade ca. 591.000 € betragen.

Banken können leicht damit argumentieren, dass der Kunde nichts mit Aktien zu tun haben wollte, weil er risikoavers sei. Es wirkt aber eher so, dass die Bank sich von vornherein gar keine Mühe gibt, den Kunden davon zu überzeugen, dass eine gute Aktienfondsanlage auch sicher ist, wenn er sich an die Bedingungen hält, die daran geknüpft sind.

3.6 Ausschreibung für eine „konservative" Vermögensverwaltung[36]

3.6.1 Angebotsvergleich im Rahmen einer Forschungsarbeit

Prämissen:
Angebotseinholung von 10 Privatbanken und Vermögensverwaltern, Anlagesumme 1 Mio. Euro, simulierter Kunde: 37 Jahre alt, verheiratet, ein Kind, Spitzensteuersatz, konservativ,[37] Anlagehorizont 13 Jahre.

Zweck der Untersuchung:
Aufgrund eines von der beauftragten Vermögensplanungskanzlei entwickelten Simulationsmodells sollte untersucht werden, welche Ablaufleistungen sich nach 13 Jahren besonders unter Berücksichtigung von Steuern und Gebühren aufgrund der jeweiligen Vermögensverwaltungsangebote ergeben würden.

Allgemeine Bemerkungen:
Es wird darauf verwiesen, dass die Gestaltung und Verwaltung des Vermögens privater Anleger eine komplexe Aufgabe ist, „in welcher finanztechnische, steuerliche und zum Teil auch juristische Aspekte individuell berücksichtigt werden müssen, um zu einem für den Anleger günstigen Ergebnis zu gelangen." Der Anleger selbst sei mit dieser Aufgabe meist überfordert, weil er über die erforderlichen Spezialkenntnisse im Regelfalle nicht verfüge.

Die objektiven Unterschiede verschiedener Anbieter seien „im Dickicht aus Finanzen, Steuern und Gebühren" nur schwer erkennbar und es bestehe die Gefahr, dass ein Anleger sich eher subjektiv z.B. durch die vermutete Kompetenz

36 Untersuchung von Professor Dr. Olaf und Anja Gierhake, Kanzlei für Vermögensplanung, veröffentlicht in Spezialreport 2005 „Elite der Vermögensverwalter", Hrsg. Carl Graf Hohenthal, stellvertretender Chefredakteur der WELT.

37 Der Begriff „konservativ" ist vom lateinischen Wort „conservare" ableitbar und heißt nichts anderes als „erhalten, bewahren".

des jeweiligen Ansprechpartners oder „der Ausstattung bzw. der Anmutung der Bankräumlichkeiten" beeinflussen lasse. Verschärft werde diese Problematik dadurch, dass Banken in der Beratung einen „paradoxen Zielkonflikt" auszufechten hätten: *„Wenn sie hohe Renditen für die Kunden erzielen wollen, dürfen sie eigentlich keine oder nur geringe Gebühren erheben. Dies ist allerdings schwierig, denn die Gebühren und Provisionen sind deren wesentliche Ertragsquelle"*, so die Ausführungen im Spezialreport. Dieses Problem haben jedoch nicht nur die Banken, sondern jeder Finanzdienstleister. Letztlich kommt es aber für einen Anleger darauf an, was am Ende unter dem Strich nach Kosten für ihn übrig bleibt.

Ergebnis:
Von den 10 angefragten Angebotsunterlagen wurden nur 7 zurückgegeben. Alle Depots zeichneten sich durch hohe Anteile an festverzinslichen Wertpapieren – zwischen 50 % und 74 % des Gesamtdepotwertes – aus. Anteile an aktienbasierten Anlagen waren mit Werten zwischen 21 % bis maximal 43 % enthalten. Am Ende der Laufzeit, zugleich angenommener Beginn des Ruhestandes, wiesen alle Depots einheitlich einen Anteil an festverzinslichen Wertpapieren von 80 % aus. Aufgrund der von dem Vermögensplanungsinstitut vorgenommenen Simulation ergaben sich bis zum Ablaufzeitpunkt folgende zu erwartende Endwerte:

	beim besten Anbieter	beim schlechtesten Anbieter
Gesamtvermögen nach Steuer und Gebühren	2.264.757	1.613.849
Rendite p.a.	6,01 %	3,48 %

Die Hauptgründe für die Unterschiede in den Ablaufleistungen lagen bei den verschiedenen Anbietern im Bereich der Steuern und Gebühren. So gelingt es einem Anbieter, die in dem gesamten Zeitraum anfallenden Steuern durch geschickte Strukturierung des Depots auf 90.000 € zu senken, bei mehreren Anbietern belastet ein vier Mal höherer Betrag die Nettoentwicklung des Portfolios. Aber auch die Gesamtsumme der einzurechnenden Gebühren schwankt über den gesamten Anlagezeitraum zwischen 270.000 - 540.000 €.

3.6.2 Vergleichsrechnung mit einer guten Aktienfondsanlage

Es hieße normalerweise „Äpfel mit Birnen vergleichen", wenn man die Ergebnisse einer konservativen Anlage denen eines Aktienfonds gegenüberstellt.

Offen bleibt aber, ob nicht eine gute Aktienfondsanlage bei der vorgegebenen Anlagedauer von 13 Jahren auch unter der Perspektive Sicherheit einer konservativen Anlage faktisch gleichkommt.

Wenn also ein konservativer oder risikoarmer Ansatz vorgegeben ist, heißt das noch lange nicht, dass ein großer Teil des Vermögens in festverzinslichen Wertpapieren anzulegen ist.

Vielmehr ist entscheidend, ob es vorstellbar ist, dass das angelegte Geld in der vorgegebenen Zeit ganz oder teilweise verloren gehen kann oder nicht.[38] Bei einer Anlage im Templeton Growth Fund ist seit über 50 Jahren nachvollziehbar, dass in allen rollierenden 13-Jahres-Zeiträumen seit Auflegung des Fonds noch nie jemand sein eingesetztes Geld verloren, sondern stets Geld dabei verdient hat. Nach gesundem Menschenverstand ist ein Verlust des ursprünglich eingesetzten Kapitals bei der vorgegebenen Anlagedauer von *13 Jahren* deswegen auch nicht vorstellbar. Fachleute sind sich darüber einig, dass eine Anlage in einem guten international investierenden Aktienfonds mit zunehmender Dauer faktisch sicher wird. Je geringer die Volatilität (Schwankungsbreite), umso eher verflüchtigt sich das Risiko.[39]

Interessant ist es deshalb, sich die in rollierenden 13-Jahres-Zeiträumen erzielten tatsächlichen Ergebnisse der Vergangenheit einfach einmal anzuschauen:[40]

		T€	31.12.2008 Rendite % p.a.
im schlechtesten Fall	1/96 - 12/08	1.903	5,08
im besten Fall	1/72 - 12/84	8.756	18,16
im Durchschnitt		4.704	12,28

38 So steht z.B. auch der Erwerb von deutschen „Blue Chips“ – hier Aktien der Siemens AG und Mercedes Benz AG – der Einstufung eines Anlegers als „konservativ“ nicht entgegen. LG München I, Urteil vom 16.04.2002, 23 0 1881/01. Entsprechendes sollte gelten, wenn ein Fonds – wie der Templeton Growth Fund – als mündelsicher eingestuft ist. Vgl. Ausführungen unter Abschnitt A 1.4 Nr. 8 und C 4.2.

39 Vgl. dazu die Ausführungen in Abschnitt D 2.4.1.

40 Quelle: Fonds@nalyse.Tool © 2006 EDISoft GmbH, Vers. 4.04.14/1104. Emissionskosten fallen bei der Höhe des Anlagebetrages nicht an. Die Erträge aus Aktienfondsanlagen waren nach der bis 31.12.2008 geltenden gesetzlichen Regelung im Wesentlichen steuerfrei. Datennachtrag: Der zum 31.12.2008 erreichte niedrigste Wert von 1.903 T€ hätte sich bis zum 31.12.2010 bereits wieder auf 2.799 T€ erholt.

Das Ergebnis im schlechtesten Fall per Ende 2008 läge zwar unter dem besten Angebot lt. Ausschreibung, welches 2.265.000 € betrug. Ein Aktienfondsdepot, welches zuvor einen Wert von 50 % verloren hat, trägt jedoch bereits ein Aufholpotenzial von 100 % in sich, wenn Sie sich vorstellen, dass Aktienkurse sich langfristig kontinuierlich nach oben entwickeln, nur dass niemand genau weiß, bis wann der Verlust wieder ausgeglichen sein wird.[41] Die Erfahrungen der Vergangenheit bei Anlagen im Templeton Growth Fund haben jedoch gezeigt, dass ein Zeitraum von 1 bis 3 Jahren ausgereicht hat, vorübergehende Wertverluste wieder auszugleichen.[42] Auch Klaus Kaldemorgen, Geschäftsführer der größten deutschen Fondsgesellschaft DWS, führt gegenwärtig hierzu Folgendes aus: *„Ich sehe ein erhebliches Potenzial, wenn die Wirtschaft wieder dreht.“* Wann dies genau sein wird, wagt er nicht zu prognostizieren, aber er sagt dazu: *„Auch auf Sicht von drei Jahren sind 100 % eine erhebliche Rendite“.*[43] Erfahrungen, wie man sie z.B. anhand der Entwicklung des Templeton Growth Funds bereits seit über 5 Jahrzehnten nachvollziehen kann, geben ihm recht. Nach der bisher schlimmsten Krise 1973/74 mit einem Kursverlust von ca. 45 % hat es keine 3 Jahre gedauert, bis der Verlust aufgeholt war.

Der Grund für diese Einschätzung liegt allein darin, dass die realen Werte der Unternehmen, von welchem ein Fonds die Aktien hält, entsprechend unterbewertet sind. Maßstab hierfür sind die sog. Kurs-Gewinn-Verhältnisse (KGV), welche bei weltweiten Aktien im Oktober 2008 durchschnittlich bei 8,8 lagen, deren langfristiger Durchschnitt seit 1980 aber bei 16,1 liegt.[44] Im Umkehrschluss heißt dies, dass man im Oktober 2008 Aktien bzw. Fondsanteile durchschnittlich zum halben Preis kaufen konnte – eine historisch einmalige Chance.

Andererseits ist es – speziell auf diesen Fall bezogen – in den insgesamt 42 Zeiträumen von jeweils 13 Jahren nur dreimal vorgekommen, dass die Rendite geringer war als 9 % (1/55 - 12/67 = 8,65 %; 1/62 - 12/74 = 6,23 % und 1/96 - 12/08 = 4,60 %). Die Ölkrise 1973/1974 hatte seinerzeit auch bereits zu einem Börsencrash – ein vorübergehender Einbruch der Börsenkurse[45] – geführt, der auch an guten Aktienfonds nicht spurlos vorübergegangen ist. Der Templeton Growth Fund hatte einen Kurseinbruch von ca. 45 % zu verzeichnen. Wenn

41 Vgl. dazu auch die Charts der Indices DAX, MSCI World, Dow Jones Industrial sowie des Templeton Growth Fund vom 01.01.1970 – 29.02.2008 im Anhang unter Nr. 11.

42 S. dazu Anhang Nr. 6 und 15.

43 Zitat aus „Die Welt“ vom 28.02.2009 „Klaus Kaldemorgen sieht Chance für Verdoppelung der Aktienkurse“.

44 Quelle: Datastream, UBS. Deutsche Bank Private Asset Management. Vgl. dazu auch die Grafik Nr. 24 im Anhang von Prof. Robert Shiller sowie die Ausführungen unter D 2.3.12.

45 So die Ausführungen von Dr. Klaus Jung in seinem Aktienfondsvortrag.

somit am Ende eines Betrachtungszeitraums von 13 Jahren – wie hier – 45 % an Wert fehlen, muss sich die Rendite zwangsläufig verringern. Die Frage ist aber: Wie lange hat es gedauert, um diesen doch beträchtlichen Verlust wieder aufzuholen oder – wie man allgemein sagt – ihn „auszusitzen"?

Die tatsächlichen Renditen der auf den Crash folgenden Jahre sprechen für sich:[46]

1975	+49,75 %
1976	+32,20 %
1977	+7,25 %

Die in den Jahren 1973 und 1974 eingetretenen Verluste von ca. 45 % waren innerhalb von 3 Jahren bereits mehr als aufgeholt. So hätte die Anlage von 1 Mio. Euro für die Zeit 1/62 - 12/74 zu einem Endwert von 2.194.000 € geführt.

Die darauf folgende Wertentwicklung im Einzelnen:		T€
Wert Ende	12/74	2.194
+ Wertzuwachs 1975	49,75 %	1.092
Wert Ende 12/75		3.286
+ Wertzuwachs 1976	32,20 %	1.058
Wert Ende 12/76		4.344
+ Wertzuwachs 1977	7,25 %	315
Wert Ende 12/77		4.659

Frage:
Hätte es einen so großen Nachteil bedeutet, wenn der durchschnittlich über alle rollierenden 13-Jahres-Zeiträume erzielte Wert von 4.505.000 € erst 3 Jahre später erreicht worden wäre? Entscheidend ist doch, dass der durchschnittliche Wert unter Einbeziehung eines zeitlichen Puffers von 1 bis 3 Jahren in etwa erreicht wird.

46 Vgl. dazu Tabelle im Anhang Nr. 6 einschl. Datennachtrag per 31.12.2011.

Interessant ist, dass in den 54 Jahren, seit der Fonds besteht, in ca. zwei Drittel der Jahre (39) Gewinne erzielt worden sind und die Anzahl der Verlustjahre nur ca. ein Drittel (15) ausmachten. Verluste waren in der Regel innerhalb von 1 bis 2 Jahren wieder aufgeholt. Bisher gab es nur 2 Verlustperioden, bei denen die Wertaufholung länger, aber weniger als 3 Jahre gedauert hat, nämlich nach der Ölkrise 1973/1974 und nach dem Verlust in 2002 (- 23,2 %) als Folge des Börsencrashs 2001/2002 (Zusammenbruch des Neuen Marktes, Angriff auf die Twin Towers in New York und Einmarsch der amerikanischen Soldaten in den Irak).[47]

Trotz der erheblichen Unterschiede der Ablaufwerte bei einem konservativen Depot im Vergleich zur Aktienfondsanlage muss sich ein Anleger stets fragen, ob er mit ggf. auch hohen Werteinbrüchen leben kann, vor allem wenn die Altersversorgung daraus bestritten werden soll und ein ausreichender zeitlicher Puffer nicht mehr zur Verfügung steht.

In einem solchen Falle dürfte eine qualifizierte unabhängige Beratung die beste Empfehlung sein.

Selbsttest

- Wie lange dauerte im Schnitt eine Erholung von Verlusten auf Aktienmärkten?
- In welchem Zeitfenster haben Anleger mit dem Templeton Growth Fund immer Geld verdient?

47 Vgl. dazu Anhang Nr. 6.

4 Anlagen von Stiftungen

Stiftungen verfügen über größere Kapitalmengen, sind an soliden und stabilen Renditen interessiert und werden professionell verwaltet. Wir gehen jetzt der Frage nach, ob sie besser anlegen als der durchschnittliche Privatinvestor.

4.1 Renditen deutscher Stiftungen

2005 verfügten deutsche Stiftungen über knapp 60 Milliarden Euro Vermögen. Das entspricht etwa einem Fünftel dessen, was im Bundeshaushalt jährlich verbraucht wird. Laut einer Studie der Wirtschaftsprüfungsgesellschaft Rödl & Partner, Nürnberg, sind mehr als die Hälfte der Stiftungen in Deutschland mit der Verwaltung ihres Portfolios nicht zufrieden. Knapp 90 % erreichen eine durchschnittliche *Jahresrendite von weniger als 5 %*.[1] Drei Viertel der über 1.500 Stiftungen vertrauen ihr Vermögen ihrer Hausbank an. „Weil sich nur die großen Stiftungen wie Hertie oder Volkswagen eine eigene Finanzabteilung leisten können, ist die Vermögensanlage für viele Stifter ein Problem", so Dr. Karsten Timmer, der für die Bertelsmann Stiftung 629 Stiftungen befragt hat. Das Hauptproblem sei, dass *Banken als Depotbank, Händler und Kapitalanlagegesellschaft in Personalunion agierten* – so die Studie von Rödl & Partner. So leide das Anlageergebnis häufig unter mangelnder Transparenz, überhöhten Gebühren, Quersubventionen und fehlender Motivation des beauftragten Vermögensverwalters.

Die größten Stiftungen in Deutschland sind:[2]	Vermögen ca.
Robert-Bosch-Stiftung	5,1 Mrd. €
Dietmar-Hopp-Stiftung	4,4 Mrd. €
Landesstiftung Baden-Württemberg	2,8 Mrd. €
Volkswagen-Stiftung	2,3 Mrd. €
Else-Kröner-Fresenius-Stiftung	2,4 Mrd. €
Deutsche Bundesstiftung Umwelt	1,7 Mrd. €
Klaus Tschira Stiftung (SAP-Mitbegr.)	0,8 Mrd. €
Software-AG-Stiftung	0,9 Mrd. €
Bertelsmann-Stiftung	0,6 Mrd. €
Gemeinnützige Hertie-Stiftung	0,8 Mrd. €
ZEIT-Stiftung	0,7 Mrd. €
Krupp-Stiftung	0,7 Mrd. €

1 Artikel in der WamS vom 03.07.2005.

2 Bericht in „Die Welt" vom 12.02.2009.

Seit Anfang 2007 gelten neue Steuervorteile, die förmlich zu einem Stiftungsboom in Deutschland geführt haben. Nach Angaben des deutschen Stiftungsverbandes sind in den vergangenen 9 Jahren mehr Stiftungen errichtet worden als in der 51-jährigen Geschichte der Bundesrepublik zuvor. Das Kapital der Stiftungen wird für Anfang 2009 auf insgesamt 100 Milliarden Euro geschätzt.[3]

4.2 Das Anlageproblem der deutschen Stiftungen

Eine Stiftung darf ihr Vermögen wohl gebrauchen, aber nicht verbrauchen. Im Vordergrund steht also die Erhaltung der Substanz. Deshalb war es lange Zeit gesetzlich vorgeschrieben, dass Stiftungen nur in *mündelsichere Anlagen* (§ 1807 BGB) investieren durften. Mündelsichere Anlagen sind festverzinsliche Anlagen wie Bundesanleihen, Bundesschatzbriefe, Bundesobligationen, Finanzierungsschätze des Bundes sowie vergleichbare Papiere der Bundesländer. Weiter gehören dazu Anlagen bei den Sparkassen, Volks- bzw. Raiffeisenbanken oder bei deutschen Privatbanken, die über eine entsprechende Einlagensicherungseinrichtung verfügen. Am häufigsten sind es Spareinlagen, Sparbriefe, Sparobligationen und Termingeld. Es handelt sich also um Geldanlagen, die als sicher eingestuft werden.[4]

Seit 1995 dürfen Stiftungen aber auch eine „andere Anlegung" vornehmen, wenn diese „den Grundsätzen einer wirtschaftlichen Vermögensverwaltung nicht zuwiderläuft" (§ 1811 BGB). Das Gebot der mündelsicheren Anlage ist somit dem Gebot der „sicheren und wirtschaftlichen Verwaltung des Stiftungsvermögens" gewichen. Eine Stiftung in Deutschland kann nunmehr wegen der höheren Ertragserwartung z.B. auch in gute Aktienfonds investieren. Ein besonderes Merkmal dafür kann die Anerkennung als mündelsichere Anlage durch ein Vormundschaftsgericht sein. Eine Übersicht über anerkannte mündelsichere Fonds – auch Aktienfonds – kann vom BVI (Bundesverband Investment und Asset Management e.V. Frankfurt/M.) angefordert oder über deren Internetseite abgerufen werden.

Interessant ist jedoch, dass „führende ausländische Fonds in der Vergangenheit in der Regel bei gleicher Sicherheit eine höhere Rendite als führende deutsche Anbieter erwirtschafteten."[5] So sind u.a. auch der Templeton Growth Fund,

3 Ebd.

4 Bestätigt auch im Interview mit Heinrich Haasis, Präsident des Deutschen Sparkassenverbandes – vgl. Wirtschaftsbeilage des Jeverschen Wochenblattes am 04.10.2008.

5 So in „Geldanlagen für Mündel und Betreute" von Johannes Fiala, Rechtsanwalt, MBA, und Philip Nerb, Master of Financial Consulting (MFC), Bundesanzeiger-Verlag, ISBN 3-89817-280-5.

Inc. (Dollarbasis) als auch der Templeton Growth Fund Euro seit 20.02.2002 im Rahmen eines strukturierten Depots als mündelsichere Anlage anerkannt.[6] Sie erscheinen aber nicht auf der BVI-Seite, obwohl Investmentfonds einiger ausländischer Anbieter wie auch Franklin Templeton oder Fidelity *seit 2006* in den Absatzstatistiken des BVI berücksichtigt werden. „Von einer Nennung dieser Fonds in themenbezogenen Sonderaufstellungen wie z.B. auf der Seite der mündelsicheren Fonds möchten wir aber *bis auf Weiteres* absehen, und zwar nicht wegen irgendwelcher Bedenken hinsichtlich der Fonds, sondern aus Gründen der einheitlichen Darstellung", so schrieb mir auf Anfrage der BVI am 21.03.2007.

Der BVI hat dies damit begründet, dass bislang noch nicht alle ausländischen Anbieter in den Absatzstatistiken erfasst seien und die Nennung „mehr Verwirrung stiften würde als eine grundsätzliche Begrenzung auf die Investmentfonds deutscher Anbieter." Der BVI ist aber ein Verband, in welchem im Wesentlichen die Kapitalanlagegesellschaften *deutscher* Banken zusammengeschlossen sind. Man kann es daher auch verstehen, dass der BVI nicht unbedingt ein Interesse daran hat, dass ausländische Mitbewerber ggf. mit besseren Daten aufwarten.

Für den Verbraucher ist es jedoch im Interesse einer umfassenden Transparenz und der allgemeinen Vertrauensbildung gegenüber globalen Anbietern umso wichtiger, derartige Informationen so schnell wie möglich zu erhalten.

Das Hauptproblem der Stiftungen dürfte dem des ganz normalen Anlegers entsprechen. Einerseits begrenzen sie sich selbst aus einem überhöhten Sicherheitsbedürfnis heraus, indem die Satzung bisher noch mündelsichere Anlagen im Sinne des § 1807 BGB vorschreibt. Andererseits sind für Banken gerade mündelsichere Anlagen wie Festgeld, Sparguthaben o.ä. gegenüber den sog. anderen Anlagen im Sinne des § 1811 BGB die wesentlich profitablere Anlagevariante.[7] Von den oft in den Aufsichtsgremien der Stiftungen tätigen Vertreter der Banken darf nicht erwartet werden, dass sie Anlagevorschläge machen, die für ihr eigenes Institut unvorteilhaft sind. Es liegt in Wirklichkeit eine Interessenkollision vor, weil sie als Angestellte einer Bank nicht zugleich die Interessen der Stiftung im vollen Umfang wahrnehmen können.

6 Notariat Engstingen AZ. 2 GRN 147/2000.

7 Vgl. im Einzelnen dazu Teil E „Warum legen (noch) nicht alle ihr Geld in Aktienfonds an?".

Andererseits haben die Verantwortlichen deutscher Stiftungen offensichtlich vielfach noch gar nicht begriffen, dass es für eine Stiftung eines sog. Kapitalstocks bedarf, aus dessen Erträgen bestimmte Stiftungszwecke gespeist werden, ohne dass das Kapital verbraucht wird. Anders ist es nicht zu erklären, dass z.B. im Jahr 2003 die Hochschulen Göttingen, Hildesheim, Lüneburg, Osnabrück und Hannover in Stiftungen verwandelt worden sind, ohne dass diese mit nennenswertem Stiftungskapital ausgestattet worden sind. Vielmehr belasten z.B. vom Land übertragene Liegenschaften die Hochschulen mehr, als sie einbringen. Hier ist der Sinn einer Stiftung, nämlich Vermögen anzulegen und deren Zinsen oder Erträge für Stiftungszwecke zu verwenden, ins Gegenteil verkehrt.

Um wie viel besser ist dann das Vermögen von 33 Mio. Euro angelegt, das die verstorbene Bankierswitwe Gertrud Kassel[8] der Johann Wolfgang Goethe Universität in Frankfurt vermacht hat? Da das Land Hessen der Universität in Aussicht gestellt hatte, für jeden privat eingeworbenen Euro gebe es in Form sogenannter Matching-Fonds einen weiteren obendrauf, wird sich das Vermögen wertmäßig sogar noch auf 66 Mio. Euro verdoppeln.

Und damit nicht genug: Anfang Juli hatte die Landesregierung weitere 20 Mio. Euro aus dem Verkauf von Liegenschaften (Campus Bockenheim) zugesagt. Neben diesen 86 Mio. Euro sind weitere Millionen von privaten Spendern als auch vom Land in Aussicht gestellt worden. Da die Universität alsbald in eine Stiftung umgewandelt werden soll, hätte sie so viel Geld im Kapitalstock, dass daraus tatsächlich auch Forschung und Lehre finanziert werden können. Bei durchschnittlich 9 bis 12 % Rendite in einer guten Aktienfondsanlage könnten z.B. 5 % entnommen werden, ohne dass der Kapitalstock voraussichtlich überhaupt angetastet wird.

Bei angenommenen 100 Mio. Euro sind dies 5 Mio. Euro pro Jahr – und dabei wächst das Kapital stetig weiter, wenn man sich an die Spielregeln hält.

8 Siehe Artikel in der FTD vom 18.07.2007 – Anhang Nr. 4 – „Die wundersame Geldvermehrung".

Die Anlage im Templeton Growth Fund, Inc. hätte bei einer jährlichen Entnahme von 5 % – das entspricht 416.666 € monatlich – in allen rollierenden 15-Jahres-Zeiträumen seit 1955 zu folgenden Ergebnissen geführt:

	Depotwert	**Rendite p.a.**
Bestes Ergebnis (1/75 - 12 /89)	ca. 931 Mio.	€18,50 %
Niedrigstes Ergebnis (1/94 - 12/08)	ca. 112 Mio.	€5,69 %
Durchschnittliches Ergebnis	ca. 402 Mio.	€12,45 %
Nachrichtlich:		
Zweitniedrigstes Ergebnis (1/60 - 12/74)	ca. 179 Mio.	€8,08 %

Die jeweils niedrigsten Ergebnisse waren im Wesentlichen durch die Crashs infolge der Finanzkrise 2008 und der Ölkrise 1973/74 bedingt. Der Kurseinbruch 1973/74 von ca. 45 % war seinerzeit innerhalb von 3 Jahren mehr als aufgeholt. Das angelegte Kapital hätte sich trotz Entnahme von jeweils 75 Mio. € (15 x 5 Mio. €) im Durchschnitt etwa vervierfacht. Der Kurseinbruch infolge der Finanzkrise 2008 von ca. 50 % wird ebenfalls wieder vorübergehender Natur sein und eine Wertaufholung wird sich voraussichtlich gleichermaßen in den nächsten Jahren einstellen, wie bereits dargestellt.[9]

Nachtrag:
Die Frankfurter Goethe-Universität hat ihre Finanzmarktforschungsaktivitäten seit 2008 im House of Finance zusammengeführt. Seit März 2011 gibt es eine House of Finance-Stiftung, welche überwiegend von deutschen Finanzunternehmen mit einem Stiftungskapital von 21 Mio. ausgestattet worden ist. Universitätspräsident Müller-Esterl: *„Es ist unser Ziel, mithilfe von signifikanten Zuwendungen verschiedener Förderer aus der Wirtschaft ein substanzielles Stiftungsvermögen aufzubauen, um die langfristige Finanzierung aller Aktivitäten des House of Finance zu sichern."* [10]

Die Ausführungen von Finanzprofessor Jan Krahnen werden in der FAZ [11] wie folgt wiedergegeben: *„Die Erträge aus dem Kapital stehen dem House of Finance zur Verfügung und würden auf dem gegenwärtigen Stand für die Einrichtung von fünf Stiftungsprofessuren reichen."* Weiter heißt es: *„Der Vorteil der Stiftung besteht darin, dass aus ihrem Kapital dauerhaft Erträge fließen werden, ..."*

9 Hinweis auf die Ausführungen in Abschnitt C 3.6.2.

10 Pressemitteilung http://idw-online.de /pages/de/news 415035.

11 FAZ vom 25.03.2011, S. 22.

Dr. Arend Oetker, Präsident des Stifterverbandes für die Deutsche Wissenschaft in Essen, drückt es folgendermaßen aus: „*Ich meine, dass Hochschulen und Unternehmen in den nächsten Jahren versuchen sollten, mehr Stiftungslehrstühle nach angelsächsischem Muster, sogenannte endowed chairs, einzurichten. Dort begleicht der Förderer nicht die laufenden Kosten einer Professur, sondern stellt Stiftungskapital bereit, aus dessen Erträgen die Stiftungsprofessur finanziert wird. [...] Während eine herkömmliche Stiftungsprofessur [...] im Mittel über die gesamte Laufzeit zwischen 500 000 und einer Million Euro kostet, werden für einen endowed chair mindestens drei Millionen Euro benötigt [...]*".

Wenn auch diese Summen sehr hoch erscheinen, so könnte es sich doch für die Politik lohnen, entsprechend umzudenken: Investitionen in die Autonomie der Hochschulen machen die Unterstützung für den laufenden Betrieb aus öffentlichen Mitteln auf Dauer entbehrlich. Die Goethe-Universität geht insoweit mit gutem Beispiel voran.[12]

Auch eine andere deutsche Universität machte im Zusammenhang mit der Errichtung einer Stiftung von sich reden: die VIADRINA in Frankfurt an der Oder. Präsidentin ist Frau Professorin Gesine Schwan, bekannt geworden durch die Bewerbung um das Bundespräsidentenamt im Jahr 2004 und auch im Jahr 2009. Sie erhielt im Jahr 2004 nach der verlorenen Wahl gegen Horst Köhler von der damaligen Regierung unter Bundeskanzler Schröder einen Betrag von 50 Millionen Euro für ihre Universität, um sie zu einer Stiftungsuniversität nach amerikanischem Vorbild umzuwandeln. Es sei angemerkt, dass Frau Schwan mit dem ehemaligen Weltbank-Direktor Prof. Dr. Peter Eigen verheiratet ist.[13]

Wenn dieses Prinzip bei Stiftungen funktioniert, warum sollte es dann nicht auch bei jedem von uns möglich sein?

12 Vgl.: Verlagsbeilage der Frankfurter Allgemeine Sonntagszeitung vom 13.02.2011 – „Goethe-Universität Frankfurt. Vorsprung durch Autonomie".

13 Artikel in der FTD vom 22.05.2008 mit der Überschrift „Happy Birthday, Mrs. President" und Hinweis auf die Ausführungen unter H 3.1 „Das kapitalgedeckte Rentensystem in Chile".

4.3 Erfolge von Stiftungen amerikanischer Eliteuniversitäten

Im Vergleich zu deutschen Stiftungen können die Stiftungen der amerikanischen Eliteuniversitäten mit wesentlich höheren Vermögen aufwarten:[14]

	Stiftungsvermögen Stand 2005 in USD	**in Euro**	**ø Rendite der letzten 10 Jahre in % pro Jahr**
Yale University	18 Mrd.	13 Mrd.	**17,2**
Harvard-Stiftung	29 Mrd.	23 Mrd.	**15,2**

Die aktuellen Daten zum 30.06.2008 lauteten:[15]

Yale University	23 Mrd.	16 Mrd.	**16,4**
Harvard-Stiftung	37 Mrd.	25 Mrd.	**13,8**

Die Werte für die Stiftung der Yale University werden bestätigt und kommentiert von Robert J. Shiller, Professor für Wirtschaftswissenschaften an der Yale University, USA.[16] Shiller ist regelmäßiger Teilnehmer am Weltwirtschaftsforum in Davos und u.a. bekannt geworden durch sein ins Deutsche übersetztes Buch „Irrationaler Überschwang", welches die Hintergründe für die Börseneuphorie zur Jahrtausendwende beschreibt.[17] Zurzeit gehört er zum Beraterteam von US-Präsident Obama.

Shiller hat sich – wie auch seine Kollegen von der Yale University – gefragt, wie der Vermögensverwalter der Yale-Stiftung, David Swensen, es geschafft hat, über eine Zeitspanne von 20 Jahren eine durchschnittliche Rendite von *mehr als 16 %* zu erzielen. An der Yale University wird auch die *„Theorie der effizienten Märkte"* gelehrt, wonach die Finanzmärkte auf der ganzen Welt so wettbewerbsfähig geworden seien, dass es unmöglich sei, mehr als eine normale Rendite zu erzielen.

14 FAZ vom 27.12.2007.

15 Vgl. Artikel in „Vermögen & Steuern" – 2/2009 von Gerd Bennewitz.

16 Vgl. Bericht der FTD vom 12.12.2006.

17 Campus Verlag, 2000, ISBN 3-593-36664-9.

Danach muss jeder, der den Markt schlägt, Glück haben. *„Man könnte leicht zum Schluss kommen"*, so Shiller, *„dass der Versuch, die Märkte zu schlagen, sinnlos sei. Doch dann fallen einem Menschen wie Swensen ein. Kann seine beständige Leistung wirklich auf Glück zurückgeführt werden?"*

Shiller erwähnt in seinem Bericht auch den Namen des Amerikaners Kiyosaki,[18] dem Autor von *„Rich Dad, poor Dad" (Reicher Vater, armer Vater)*. Kiyosaki ließ sich in dem zuletzt genannten Buch vom Vergleich zwischen seinem eigenen hochgebildeten Vater mit dem Vater seines Freundes, der die Schule nach der 8. Klasse verlassen hatte, inspirieren.

„Laut Kiyosaki neigte sein armer, jedoch gelehrter Vater dazu, die Fähigkeit, irgendetwas in der Welt zu erreichen, pessimistisch einzuschätzen, sodass er seinen Sohn entmutigte, es überhaupt zu versuchen. Dagegen versuchte der Vater seines Freundes leidenschaftlich, etwas Großes zu erreichen. Ist es nun Zufall, dass er reich war? Ich denke oft an Kiyosaki, wenn ich höre, dass Finanzprofessoren die Effizienz der Märkte vertreten und von der Aussichtlosigkeit sprechen, Geld an der Börse zu verdienen. Vielleicht fällt es vielen Akademikern schwer, die Initiative zu ergreifen, um etwas in der realen Welt zu erreichen – bisher habe ich noch keinen anderen Professor getroffen, der erwähnt hätte, Kiyosaki gelesen zu haben. Aber Swensen ist Akademiker und Doktor der Wirtschaftswissenschaften. Er ist von Akademikern umgeben. Irgendwie hat ihn das Gerede über effiziente Märkte nicht davon abgehalten, es zu versuchen und erfolgreich zu sein."

Als Gründe für den überdurchschnittlichen Erfolg nennt Shiller zuerst den *Langzeitfokus*. Swensen verfolge eine langfristige Strategie und konkurriere nicht mit sog. Daytradern[19], die den am stärksten übervölkerten Markt zu schlagen versuchten – den für börsennotierte Wertpapiere. Er verweist insoweit auf eine Studie aus 2004 von Barber/Odeon (University of California) und Lee/Liu (National Chengchi University), die sich auf fast eine Million Handelsdaten von Daytradern an der Börse Taiwan bezogen. Nur 1 % der Händler erzielte in zwei aufeinanderfolgenden Zeiträumen von jeweils sechs Monaten nach Abzug der Kosten überhaupt einen Gewinn. Dabei war der mittlere Gewinn kaum der Mühe wert – er betrug nur 4.000 USD.

18 Kiyosaki ist zugleich Autor des Buches „Forever rich", zu deutsch „Für immer reich", das weltweit über 16 Millionen mal verkauft worden ist. Deutsche Übersetzung: REDLINE WIRTSCHAFT bei verlag moderne industrie, ISBN 3-478-73370-7.

19 Daytrader sind Privatanleger, die Aktien binnen eines Tages kaufen und verkaufen.

Auch Professor Martin Weber kommt in seinem Buch „Genial einfach investieren"[20] unter Hinweis auf noch zwei weitere Studien zu dem Schluss, dass Versuche von Privatanlegern, auf Dauer den Markt zu schlagen, „kläglich zum Scheitern verurteilt" sind.

Letztlich bestätigen diese Studien den bekannten Börsenspruch:

„Hin und Her macht Taschen leer".

Was unterscheidet nun die Strategie von Swensen von jenen der Daytrader? Laut Shiller konzentriert Swensen sich auf *langfristige* Fundamentaldaten.

Diese könnten z.B. sein:

- das in manchen Teilen der Erde entstehende Wachstum infolge Entfaltung der Kräfte des freien Marktes wie in den Ostblockländern, China, Indien etc.
- die Ausweitung des Welthandels durch Dienstleistungen mittels Datenaustausch über das Internet
- das Setzen auf knappe Ressourcen, wie z.B. Rohstoffe (Öl, Edelmetalle, Agrarprodukte)
- das Investieren in erneuerbare Energien, z.B. Windkraftanlagen, Solaranlagen etc.
- bei Anlagen in börsennotierten Unternehmen zu wissen, dass man mit dem sog. Value Investing (Einkauf zu Schnäppchenpreisen in werthaltige Unternehmen) einen größtmöglichen Gewinn erzielen kann, wenn man langfristig investiert
- dass Aktienkursschwankungen sich nur bei längerfristiger Anlage ausgleichen und sich auf einem Niveau zwischen etwa 9 - 12 % einpendeln[21]
- zu wissen, dass breit gestreute Aktienanlagen mit zunehmender Anlagedauer faktisch sicher werden.

In diesem Zusammenhang sei noch auf die Aussage eines namhaften Verfechters einer Langfriststrategie verwiesen, die dem Empfinden eines mit gesundem Menschenverstand ausgestatteten Anlegers vielleicht am nächsten kommt:

20 Martin Weber ist Professor für Finanzwirtschaft, insbesondere Bankbetriebslehre. Das o.b. Buch ist im Campus-Verlag unter ISBN 978-3-593-38247-0 erschienen. Siehe S. 47 ff. Vgl. auch Ausführungen unter D 2.3.7 d).

21 Vgl. grafische Darstellung rollierender Zeiträume bei Anlage im Templeton Growth Fund Anhang Nr. 5.

„Niemand, der Getreide anbaut, gräbt die Saat nach einem oder zwei Tagen wieder aus, um zu sehen, ob sie aufgegangen ist. Bei Aktien aber wollen die meisten Leute mittags ein Konto eröffnen und abends den Gewinn kassieren."

Sie stammt von Edward Davis Jones, dem Mitbegründer des Nachrichtenkonzerns Dow Jones & Company, Inc.[22]

Aber auch die Vermögensstrukturierung („Asset Allocation"), d.h. die Zusammensetzung eines Portfolios, bestimmt die daraus erzielbare durchschnittliche Rendite. Wer sich im Wesentlichen auf niedrig verzinsliche Kategorien beschränkt, kann auch nur niedrige Renditen erwirtschaften. Man könnte auch sagen: Wer einen Apfelbaum pflanzt, kann nicht erwarten, dass er irgendwann davon Birnen ernten kann.

Interessant ist in diesem Zusammenhang die Zusammensetzung des Vermögens der Yale-Stiftung Ende des Wirtschaftsjahres 2005/2006: [23]

Bargeld	4 %
Renten (festverzinsliche Wertpapiere)	11 %
Aktien, Aktienfonds	30 %
Hedgefonds [24]	26 %
Private Equity [25]	15 %
Rohstoffe	19 %

Die Stiftung der Yale University erzielte mit diesem Portfolio im Wirtschaftsjahr 2006/2007 eine durchschnittliche Rendite von 25 %, die übrigen Stiftungen amerikanischer Universitäten immerhin auch noch eine Durchschnittsrendite von 10,7 %.[26]

22 Das 1882 gegründete Unternehmen gibt heute mit einer Auflage von 1,8 Mio. Exemplaren das „Wall Street Journal" heraus. In diesem Unternehmen schlug auch die Geburtsstunde des heutigen DOW JONES (1886), dem Leitindex der größten 30 US-amerikanischen Unternehmen. Es machte von sich reden, als der als Medienzar bekannt gewordene Rupert Murdoch das Unternehmen Anfang August 2007 für ca. 5 Mrd. USD übernahm.

23 Quelle: Yale Report / FAZ – aus Grafik Niebel.

24 Hedgefonds streben eine absolut hohe Rendite an, verbunden mit entsprechenden Sicherungsgeschäften, um Kursverluste zu vermeiden. Es gibt dafür keinen geregelten Markt. Sie zeichnen sich in der Regel durch eine spekulative Anlagestrategie aus.

25 Hinweis auf Teil F 1.5 betr. Private Equity.

26 Vgl. Bericht der FTD vom 05.02.2008.

Wir alle haben es am eigenen Leibe erfahren müssen, wie die Preise für Rohstoffe in den letzten Jahren in die Höhe geschossen sind, aber auch gerade die allgemein als riskanter eingestuften Anlagearten wie Hedgefonds und Private Equity führen als Beimischung zum Gesamtportfolio durch die breitere Streuung einerseits sogar zu mehr Sicherheit, andererseits langfristig aber zu einer weit überdurchschnittlichen Rendite – vereinfacht ausgedrückt:

„Lege nicht alle Eier in einen Korb!"

Stiftungsvermögen in Deutschland werden traditionell immer noch zu 80 % in Rentenpapieren angelegt mit der notwendigen Folge einer maximal halb so hohen Rendite gegenüber dem Durchschnitt der in den USA angelegten Vermögen.[27]

Inzwischen ist die Finanzkrise auch nicht spurlos an den amerikanischen Stiftungen vorbeigegangen. So schrieb die Harvard-Präsidentin Drew Faust Anfang November 2008 an ihre Mitarbeiter und Studierenden: *„Und wenn Yale im Januar 2009 einen Verlust von 5,9 Mrd. US-Dollar meldete und Harvard einen von 8 Mrd., so sind das immer nur vorübergehende Verluste. Die Zusammensetzung des Gesamtportfolios ist auch deswegen nur geringfügig geändert worden. Die Abweichungen der einzelnen Positionen machen höchstens 2 % nach unten oder oben aus."*[28] Natürlich muss eine Stiftung nach einem massiven Werteinbruch versuchen, laufende Entnahmen weitestgehend zurückzufahren, d.h. Kosten zu sparen. Mit jeder Entnahme wird auch ein dem Werteinbruch entsprechender Teilverlust realisiert – ein sog. negativer Cost-Average-Effekt.[29] So wird sich z.B. die Harvard-Stiftung von jedem vierten Mitarbeiter im Backoffice trennen und andere Stiftungen reagieren ähnlich.[30] Die Stiftung unterliegt damit den gleichen Zwängen wie die Wirtschaft auch. Dort spricht man von Restrukturierungsmaßnahmen. Sie sind die Folge von notwendigen Kosteneinsparungen, um trotz einer Krise Gewinne einzufahren. Und ohne Gewinn lässt sich ein Unternehmen in seiner Existenz längerfristig nicht sichern.

Die Maßnahmen der Harvard University ändern aber deshalb nichts an der von ihr langfristig verfolgten Vermögensstrategie. Eine andere, aber typisch deutsch gefärbte oder auch von Unwissenheit geprägte Darstellung der von Harvard und Yale verfolgten Vermögens- bzw. Anlagestrategie findet man in

27 Vgl. dazu Bericht der FTD am 05.02.2008.

28 Hinweis auf „Vermögen & Steuern" – 2/2009 – Fußnote 2 zu 5.1.1.

29 Hinweis auf Abschnitt D 2.4.5 b).

30 Hinweis auf „Die Welt" vom 10.02.2009: „Elite-Universitäten feuern ihre Investment-Experten".

einem Bericht der FAZ vom 12.09.2009, wo es unter anderem heißt: „Durch *riskante Anlagemanöver* sind Stiftungsvermögen der Universitäten geschrumpft. [...] Zusammen haben Harvard und Yale 17,8 Milliarden Dollar *verloren*. [...] Nach vielen Jahren glänzender Gewinne hat sich die *riskante Anlagestrategie* der Universitäten damit *gerächt*. [...] In der Kategorie ‚reale Vermögenswerte', die beispielsweise auch Immobilien und Bauholz umfasst, hat Harvard einen *Verlust von 40 % erlitten*. [...] Jane Mendillo, die für die Verwaltung des Stiftungsvermögens zuständig ist, *gestand ein*, Harvard sei in die ‚schwerste Finanzkrise seit der Weltwirtschaftskrise in den dreißiger Jahren' geschlittert. [...] Künftig wolle Harvard eine Barreserve von 2 % des Stiftungsvermögens vorhalten. Bislang hat die Harvard-Stiftung *sogar* Schulden aufgenommen, um ihr Anlageportfolio zu vergrößern." [31]

Es handelt sich nach Auffassung des Autors nicht um „riskante Anlagemanöver", sondern um eine in die Zukunft gerichtete, kluge Anlagestrategie. Es sind nicht 17,8 Mrd. Dollar „verloren". Das wäre nur der Fall, wenn das im Wert vorübergehend gefallene Vermögen realisiert worden wäre. Die „riskante Anlagestrategie" hat sich nicht „gerächt", sondern man wusste um die sich ständig wiederholenden Wertschwankungen, wenngleich die Stiftung auf einen vorübergehenden Verlust in dieser Höhe wahrscheinlich nicht eingestellt war. Die weltweit eingetretene Finanzkrise ist in der Schwere nur mit der Weltwirtschaftskrise 1929 und der Ölkrise 1973/74 vergleichbar. Auch die vorübergehende Aufnahme von Schulden kann sinnvoll sein, falls die vorhandenen Barmittel zur Bestreitung von Kosten nicht ausreichen, bevor man einen Teil der im Wert gefallenen Vermögenswerte verkauft und Verluste realisiert. In Anbetracht der einem Crash stets folgenden rasanten Wertaufholung macht sich eine zwischenzeitliche Aufnahme von Schulden ggf. mehrfach bezahlt. Die Aussage, dass Harvard bisher Schulden aufgenommen habe, um das Anlageportfolio zu vergrößern, mag auch stimmen, denn man konnte „einen Dollar zu 50 Cents einkaufen", wie es eine Templeton-Fondsmanagerin ausgedrückt hat.[32]

Interessant ist, dass eine der größten Fondsgesellschaften weltweit, der amerikanische Anleihespezialist Pacific Investment Management, bekannt unter Pimco, sich neuerdings das Vermögensmanagement amerikanischer Universitätsstiftungen zum Vorbild nehmen will.

31 Bericht „Harvard und Yale erleiden Milliardenverlust" [Kursivierungen durch den Autor]. Nachtrag: Vgl. im Übrigen Bericht in der FAZ vom 07.12.2011, Beilage „Chancen 2012", S. C6, in welchem die Erfolgsgeschichte der Yale-Stiftung bis in die neueste Zeit dargestellt wird.

32 FAZ vom 16.06.2009 „Im Gespräch: Fondsmanagerin Anne Gudefin"; sie verwaltet den Aktienfonds „Franklin Mutual Global Discovery".

Pimco ist eine Tochtergesellschaft der Allianz SE[33] und verwaltet ein Vermögen von mehr als 840 Milliarden Dollar. Grund für den Strategiewechsel: Die Universitätsstiftungen haben in den letzten 10 Jahren bis Juni 2008 deutlich höhere Renditen als der Durchschnitt des Marktes erzielt.[34]

4.4 Finanzzahlen der Nobelstiftung in Schweden

Bei der Nobelstiftung stieg das Nettovermögen in 2005 um 20,5 % auf 3,57 Milliarden Kronen (384 Mio. Euro) an. Im Jahr 2005 hatte die Stiftung 68 % des gesamten Portefeuilles in Aktien angelegt. Erfolgreich, denn die Rendite betrug 35,3 %. Das Obligationenportefeuille (festverzinsliche Wertpapiere), welches 25 % ausmachte, stieg dagegen nur um 4,3 %.[35] Eine Satzungsänderung erlaubt jetzt auch „alternative Investments", zu denen Hedgefonds, Private Equity und Rohstoffe gehören. Seitdem dürfen 65 % des Vermögens in Aktien, 25 % in Anleihen und 10 % alternativ angelegt werden. Es gibt insoweit aber eine flexible Regel, wonach die Gewichtung der einzelnen Posten je nach erwarteter Ertragslage um 10 % nach oben oder unten angepasst werden kann.

Sind dies nicht ausreichend Denkanstöße auch für deutsche Stiftungen, ggf. unter Zuhilfenahme fachkompetenter, unabhängiger Berater, ihre Anlagestrategien zu überdenken?

Selbsttest

- Legen deutsche Stiftungen ihr Vermögen besser, schlechter oder vergleichbar zu deutschen Privatinvestoren an?
- Ist ihre Rendite höher oder niedriger als die amerikanischer Stiftungen?
- Was ist ein entscheidender Werttreiber für die Vermögensbildung amerikanischer Stiftungen?

33 Die Allianz-Versicherungsgesellschaft, ehemals Allianz AG, ist im Jahr 2006 in eine europäische Gesellschaft, nämlich „Allianz SE", umbenannt worden.

34 Hinweis auf FAZ vom 03.09.2009 „Pimco nimmt sich Harvard zum Vorbild".

35 Bericht im Handelsblatt vom 02.05.2006.

5 Investmentvermögen im internationalen Vergleich

5.1 Der Vergleich zu ausgewählten Ländern

Das Investmentvermögen pro Kopf betrug im Vergleich zu anderen Ländern – jeweils zum Jahresende:[36]

	2003	2004	2005	2006	2007	2008	2009
Australien	21 T€	22 T€	29 T€	31 T€	40 T€	31 T€	39 T€
USA	21 T€	21 T€	26 T€	27 T€	27 T€	23 T€	26 T€
Frankreich	15 T€	17 T€	19 T€	22 T€	22 T€	19 T€	20 T€
Schweiz	10 T€	10 T€	14 T€	16 T€	16 T€	16 T€	15 T€
Deutschland	5 T€	6 T€	7 T€	7 T€	9 T€	7 T€	8 T€

Auch in Ländern wie Kanada, Dänemark, Norwegen und Schweden betrug das Pro-Kopf-Vermögen per 31.12.2009 jeweils mehr als 10.000 €.

Deutschland steht im internationalen Vergleich gerade an 13. Stelle. Dabei existiert das Investmentgesetz in Deutschland bereits seit Anfang der 50er-Jahre des letzten Jahrhunderts. Aktienanlagen kommen bei den Deutschen nicht zum Zuge, trotz aller Sicherheitsgarantien des Staates – Stichwort „Sondervermögen“ – sowie erhöhter Förderungen im Rahmen vermögenswirksamer Leistungen gegenüber anderen Anlagen, wie z.B. Bausparverträgen. Erneut stellt sich die Frage, welche Gründe dafür ursächlich sein könnten.

Nach Ausführungen des Deutschen Aktieninstituts[37] (DAI) besaßen in 2006 etwa 10,3 Millionen Deutsche Aktien oder Anteile an Aktienfonds – von insgesamt etwa 82 Millionen. Das waren etwa 12 % der Bevölkerung. Mitte 2009 waren es noch ca. 8,8 Millionen, die in Aktien oder Aktienfonds investiert hatten.[38]

36 Veröffentlichung des BVI Bundesverband Investment und Asset Management e.V. (Jahresbroschüren).

37 Bericht in der FTD vom 23.01.2007.

38 Angaben des Deutschen Aktieninstituts (DAI) in der FAZ vom 06.08.2009.

5.2 Investmentsparen als Grund für den Reichtum der Amerikaner

Aufgrund einer aktuellen Studie der Unternehmensberatung Boston Consulting Group (BCG)[39], Global Wealth 2007, gibt es derzeit weltweit 9,6 Millionen Haushalte, die jeweils mehr als eine Million US-Dollar in Bargeld, Wertpapieren oder Fonds angelegt haben (ohne Immobilienbesitz). Annähernd die Hälfte dieser Haushalte ist in den USA angesiedelt (4.585.000). In Deutschland gibt es ca. 350.000 Dollarmillionäre.

Das durchschnittliche Wachstum der Vermögen in den USA fiel im Jahr 2006 mit 8 % wesentlich höher aus als in Europa (plus 5,8 %), weil die Amerikaner regelmäßig deutlich höhere Aktienquoten aufweisen. „Speziell die vermögenden Deutschen schauen sehr stark auf eine Minimalrendite und setzen deshalb viel stärker als die Amerikaner auf Garantieprodukte", so die Aussage von Ludger Kübel-Sorger, BCG-Geschäftsführer in Frankfurt.

Kann man glauben, dass die Menschen in den anderen Ländern leichtsinniger sind als die Deutschen? Wir tun es immer gerne mit dem Argument ab, dass das soziale Sicherungssystem in anderen Ländern nicht so ausgeprägt sei wie bei uns und die Menschen, besonders in den USA, gezwungen seien, selbst etwas für ihre Altersversorgung zu tun. Vielleicht werden diese Menschen auf diesem Weg sogar zu ihrem Glück „gezwungen", oder?

Der Amerikaner Robert Kiyosaki sagt in seinem Bestseller „Forever rich"[40] , dass die meisten amerikanischen Millionäre mit *längerfristigem Investieren in gute Unternehmen bzw. gute Investmentfonds* reich geworden sind. Warum machen wir es denn nicht einfach nach? Wir sind doch klug genug, um auch solche Wege zu beschreiten, wenn andere so viel Erfolg damit erzielen. Oder fällt es uns vielleicht nur schwer zuzugeben, dass andere klüger sein könnten als wir?

Kiyosaki sagt, dass besonders die sogenannte Mittelschicht in den USA – sie macht etwa zwei Drittel der Bevölkerung aus – sich der Notwendigkeit des Investierens bewusst ist. Diese Menschen legen deshalb ihr Geld in offenen Investmentfonds, Aktien oder Aktienfonds an. Er verrät aber auch, wie sie das mit Erfolg machen: „Vor allem nutzen sie den Rat von kompetenten Finanzplanern."

39 Veröffentlicht im Handelsblatt vom 04.10.2007.

40 Vgl. dazu Fußnote 18 zu 4.3 – „Erfolge von Stiftungen amerikanischer Eliteuniversitäten".

5.3 Beratung durch den Berufstand der „Certified Financial Planner"[41] seit 1972

Die Berufsbezeichnung „Certified Financial Planner" (CFP) wurde 1972 in den USA etabliert und hat sich in über 30 Jahren zu einem Ausdruck für Qualität und Seriosität bei Finanzberatung und Finanzplanung entwickelt.[42] In Deutschland steht der CFP seit nunmehr über zehn Jahren für die langfristige, ganzheitliche und systematische Planung, Strukturierung und Sicherung aller finanziellen Angelegenheiten privater Kunden. Er hat sich durch die Zugehörigkeit zum Verband FPSB insbesondere dem Kundeninteresse verpflichtet.

Kann ein Kunde nachweisen, dass ein CFP gegen die Berufsgrundsätze des Verbandes verstoßen hat,[43] hat er das Recht, das Ehrengericht des FPSB anzurufen, welches ein öffentlich zugängliches Register führt. Zuwiderhandlungen gegen die Verbands- und Ethikregeln kann das Ehrengericht in schwerwiegenden Fällen letztlich mit der Aberkennung des Titels CFP ahnden.[44]

In den USA gibt es mehr als 70.000 Finanzplaner bei einer Gesamtbevölkerung von ca. 280 Millionen Menschen – ein Verhältnis von 1:4.000. In Deutschland gibt es derzeit etwa 1.200 zertifizierte Finanzplaner bei einer Bevölkerungszahl von gut 80 Millionen – das entspricht einem Verhältnis von 1:67.000.

Einschränkend gilt, dass etwa 60 % der zertifizierten Finanzplaner in Deutschland in einem *abhängigen* Beschäftigungsverhältnis stehen, d.h., nur etwa 40 % kommen aus dem Kreis der freien Finanzdienstleister. Mit anderen Worten:

Unabhängige zertifizierte Finanzplaner müssen Sie in Deutschland suchen wie die Stecknadel im Heuhaufen.[45]

41 Übersetzt: Zertifizierter Finanzplaner.

42 Vgl. Broschüre des Deutschen Verbandes „Financial Planner" DEVFP, neuerdings umbenannt in „Verband Financial Planning Standards Board Deutschland e.V.", abgekürzt FPSB.

43 Eine entsprechende Broschüre kann vom Verband bzw. von jedem CFP abgefordert werden.

44 Hinweis auf entsprechende Artikel in „Vermögen & Steuern" 5/2008, S. 13-16, von Prof. Dr. Rolf Tilmes, Leiter der European Business Scholl in Oestrich-Winkel, von Guido Küsters, CFP und Gründungsmitglied bzw. Vorstand des FPSB, zugleich Direktor Geschäftsbereich Vermögensverwaltung Sal. Oppenheim jr. & Cie. KGaA, von Arndt Stiegeler, CFP und Vorstand im FPSB Deutschland, sowie Ludger H. Behr, CFP und Mitglied im FPSB-Vorstand.

45 Unter http://www.fpsb.de/kunden/cfpsuche.cfm können Sie online recherchieren, wo in Ihrer Nähe ein CFP arbeitet.

Weiter zitiere ich aus dem Artikel „Elite der Vermögensverwalter Spezialreport 2004",[46] in welchem ein Interview mit dem Vorstand der Hamburger Sparkasse (die größte eigenständige Sparkasse in der Bundesrepublik), Herrn Dr. Vogelsang, veröffentlicht war. Er wurde danach befragt, wie der Anleger denn den besten Vermögensberater finden könne. Er führte aus, dass nicht nur ein gutes Gefühl ausreiche, sondern auch die Frage der Qualifikation von Bedeutung sei. Zitat: „Selbstverständlich sollte der Berater seine Expertise auch nachweisen können. Das kann etwa die Qualifikation als *Certified Financial Planner®* sein." Aus der Aussage kann man schließen, dass aus der Sicht einer Großbank dieser Berufsstand offenbar besonders geeignet ist, Vermögensberatung und Vermögensverwaltung für den Anleger durchzuführen. Entscheidend für den Beratenen ist aber, dass der CFP *unabhängig* tätig ist und nicht die Interessen einer Bank oder Versicherung wahrnehmen muss.

5.4 Das „Prinzip Gewinnen"

An dieser Stelle noch ein weiterer Hinweis darauf, warum es gerade in Amerika viele reiche Menschen gibt. Das Geheimnis könnte heißen:

Gewinnen.

Der Begriff „Gewinn" stammt aus der Wirtschaft und jeder hat vielleicht schon einmal den Ausspruch gehört: *In der Wirtschaft wird das Geld verdient!*

Ein Unternehmer weiß, dass der Unterschied zwischen Einnahmen („Umsatz") und Ausgaben („Kosten) seinen Gewinn – oder auch Verlust – ausmacht. Er weiß aber auch, dass er in der Regel zunächst in Vorlage treten, d.h. investieren muss, bevor er aus einem Unternehmen oder Betrieb einen Gewinn erzielen kann.

Zum Thema „Investieren" nun eine authentische Geschichte: Im Jahr 1977 gründete Arthur L. Williams in den USA zusammen mit 85 weiteren Personen ein eigenes Unternehmen: ein Lebensversicherungsunternehmen, das in erster Linie dem Verbraucher dienen sollte. Sie alle traten damals an mit dem Ziel, eine der größten Versicherungsgesellschaften, die Prudential – hier in Deutschland vergleichbar mit der Allianz-Versicherung – mit dem Abschluss von Versicherungsverträgen überflügeln zu wollen.[47]

46 Spezialreport 2004 „Die Elite der Vermögensverwalter", Hrsg. Carl Graf Hohenthal, Verleger: Eduard Kastner.

47 Vgl. Vorwort zum Taschenbuch „Das Prinzip Gewinnen" ISBN 3-478-81123-6.

Im Vorwort zu dem Buch „Prinzip Gewinnen" wird Dr. phil. Tim Ryles, Anwalt für Verbraucherfragen, wie folgt zitiert: *„Ich dachte mir, da will es ein Neuling mit einer der größten, ältesten, ehrwürdigsten und fest etablierten Branchen mit über 2.000 Firmen aufnehmen und sie auf den Kopf stellen, um Nummer Eins zu werden. Na, denn viel Glück!"*

Und was ist danach geschehen? 10 Jahre später schloss die A. L. Williams Lebensversicherungsverträge in Höhe von 81 Milliarden US-Dollar ab – Prudential, der bisherige Marktführer, brachte es nur auf 26,5 Milliarden USD.[48]

Was war nun das Geheimnis dieser Erfolgsgeschichte? A. L. Williams und seine Mitarbeiter beschlossen, auf die üblichen Versicherungsverträge im Versicherungsgeschäft, nämlich den Abschluss von **Kapitallebensversicherungen**, zu verzichten. Sie boten den Versicherungsnehmern stattdessen Risikoversicherungen, also reine Todesfallversicherungen, an. Diese kosteten beitragsmäßig nur etwa *ein Zehntel* des Beitrags für Kapitallebensversicherungen. Den gesparten Beitrag von neun Zehnteln – die Differenz – empfahlen sie in gute Investmentfonds zu *investieren*, statt das Geld in Sparverträge der Versicherer fließen zu lassen. Diese Idee führte in den USA zu umwälzenden Veränderungen in der Versicherungsbranche, die jahrzehntelang *von der Angst und Unwissenheit* der Verbraucher profitiert hatte.

A. L. Williams hat sich danach zum größten Verband finanzieller Dienstleistungen *der Welt* entwickelt – wirklich eine beispiellose Erfolgsgeschichte.

Warum erzähle ich die Geschichte, obwohl sie sich in den USA zugetragen hat? Lebensversicherungen in Deutschland funktionieren nach dem gleichen Prinzip, gegen das A. L. Williams anging. Etwa ein Zehntel des Beitrages deckt jeweils das Todesfallrisiko ab, neun Zehntel dienen der Ansparung von Vermögen, wobei die Versicherungsgesellschaft zuvor noch 10 - 15 % Verwaltungskosten abzweigt. Nur der danach verbleibende Teil des Beitrages wird verzinst, zurzeit garantiert mit 2,25 %. Unter Einschluss von nicht garantierten Überschüssen wird die Gesamtrendite vielleicht 4 %, eventuell sogar 5 % betragen.[49]

48 Das Unternehmen A. L. Williams ist inzwischen verkauft, firmiert heute unter Primerica und gehört zur citigroup – www.primerica.com. Damit dürfte es mit der Unabhängigkeit dieser Versicherungsgruppe, die dem amerikanischen Verbraucher so viel Gutes gebracht hat, auch vorbei sein.

49 Im Jahr 2008 lagen Renditen, die Versicherer mit ihren Kapitalanlagen erwirtschafteten, gerade einmal bei 3,51 %, die des Branchenführers Allianz bei 3,7 %. Versicherer müssen mindestens rund 3,2 % erwirtschaften, um die Garantieverzinsung einhalten zu können. – Hinweis auf Artikel in „Die Welt" vom 08.10.2009 – „Renditeträume der Versicherten platzen."

Und dennoch gibt es in der Bundesrepublik über 90 Millionen Kapitallebensversicherungsverträge mit Ablaufwerten, die in einem krassen Missverhältnis zu den Endwerten stehen, die mit guten Fondsanlagen erzielbar sind. Bestes Beispiel: mein eingangs geschildertes Schlüsselerlebnis.

5.5 Warum wird das in den USA so erfolgreiche Prinzip nicht auch in Deutschland umgesetzt?

Einfache Antwort: Deutsche Vermittler haben daran kein Interesse. Sie können an einem kombinierten Versicherungsprodukt deutlich mehr verdienen als an einem Investmentsparvertrag. Durchgerechnet zeigt sich das an diesem Beispiel:
Jemand zahlt 30 Jahre lang 100 € für den Aufbau einer zusätzlichen Altersvorsorge in eine der beiden Vertragsarten ein. Dabei ist es dem Grunde nach gleich, ob es sich um eine klassische Kapitallebens- oder Rentenversicherung oder jeweils um eine fondsgebundene Versicherung handelt. Der Vermittler erhält bei dem Versicherungsprodukt in der Regel eine Einmalprovision[50] in Höhe von 4 - 5 % auf alle Beiträge für die gesamte Laufzeit im Voraus. Empfiehlt der Vermittler dagegen einen reinen Fondssparplan direkt bei der Fondsgesellschaft, erhält er aus dem Ausgabeaufschlag eine „Kommission“[51] pro rata temporis, d.h. 4 - 6 % pro tatsächlich gezahlter Rate.

Vergleichsbeispiel:

Beiträge	Versicherungsprodukt	Fondssparplan
mtl. 100 € x 12	1.200 € p.a.	1.200 € p.a.
x 30 Jahre =	36.000	36.000 €
Vergütung 4 % =	1.440 € einmalig	5 % von 1.200 € = 60 € pro Jahr

Das ist die 24-fache Vergütung gegenüber dem Fondssparplan im Jahr des Vertragsabschlusses! Die Frage erübrigt sich eigentlich schon, was der Vermittler lieber macht, auch wenn man bedenkt, dass er zusammen mit dem Fondssparplan

50 Die Provision ist die prozentuale Vergütung oder Gewinnbeteiligung für die Vermittlung eines Geschäftes. Das Wort stammt aus dem Lateinischem, nämlich einerseits „pro“, das bedeutet vorher, vorwärts und „Vision“ = sehen, Anblick, Erscheinen, Vorstellung. Bei Versicherungsverträgen, für welche die Beiträge in der Regel ratierlich zu zahlen sind, erhält der Vermittler bereits im Voraus die Provision auf sämtliche in der Zukunft zu leistenden Beiträge, auch wenn die Vertragslaufzeit ggf. nicht eingehalten wird.

51 Die „Kommission“ ist die Gebühr für das Besorgen eines Geschäftes, in der Regel im eigenen Namen, aber auf fremde Rechnung, also die des Kunden. Meistens handelt es sich um Einmalgeschäfte wie den Kauf und Verkauf von Wertpapieren o.Ä.

vielleicht noch eine Risiko-Todesfallversicherung abschließen könnte, für die er, legte man ein Zehntel von 100 € als Beitrag zugrunde (= 120 p.a. x 30 = 3.600 €) einmalig eine Provision von 4 % = 144 € erhalten würde. Jeder Vermittler muss so viel verdienen, dass er davon leben kann, und für den Verkauf von Fondssparplänen bräuchte er einen sehr langen Atem, um daraus seine Existenz bestreiten zu können.

Nun könnte doch gesagt werden: Banken haben diesen langen Atem und könnten ihren Kunden doch etwas Gutes tun. Solange Banken aber Produkte von meistens noch mit ihnen verbundenen Versicherungsgesellschaften im Angebot haben, werden sie deren Verkauf bei ratierlichen Verträgen immer gegenüber reinen Fondsprodukten bevorzugen, weil sie daran einfach schneller Geld verdienen können.

Für den Anleger ergibt sich jedoch noch ein ganz anderer Aspekt: Sobald ein Vermittler eine Einmal-Provision für ein Versicherungsprodukt gegen laufenden Beitrag erhalten hat, ist für ihn der Auftrag erledigt. Der Vermittler eines Fondssparplans dagegen hat jedoch ein ureigenes Interesse daran, dass der Plan aufrechterhalten wird, weil sonst seine Einnahme wegfällt, d.h., er wird seinen Kunden wahrscheinlich besser betreuen, das Verhältnis zu ihm besonders pflegen und ihn weiterhin gut beraten.

Vorstehende Ausführungen gelten nur für den Regelfall ratierlich gezahlter Beiträge. Handelt es sich bei der Provisionierung von Kapitallebensversicherungen ausnahmsweise auch um ratierlich zufließende Vergütungen oder vergleicht man die Kapitallebensversicherung gegen Einmalbeitrag mit der Einmalanlage in einem Investmentfonds, gleichen sich beide Modelle in der Vergütung des jeweiligen Vermittlers ggf. an. Der Unterschied liegt jedoch wiederum darin, dass ein Vermittler einer Versicherung seine Provision von Gesetzes wegen nicht mit dem Kunden teilen darf. Der Ausgabeaufschlag bei Einmalanlagen in Investmentfonds ist jedoch dem Grunde nach ganz oder teilweise verhandelbar, abhängig von der jeweiligen Anlagesumme. Die Folge ist, dass ein Vermittler lieber eine Versicherung statt einen Investmentfonds verkauft, weil ihm die Provision in jedem Fall sicher ist.

Dieses Abrechnungsprinzip gilt gleichermaßen auch für vom Staat geförderte Produkte wie Riester- oder Rürup-Verträge, weil dafür immer eine Sofortprovision auf alle Beiträge der Vertragslaufzeit fällig wird, ob der Vertrag eingehalten wird oder nicht. Allerdings müssen Provisionen seit 01.01.2008 zeitanteilig zurückerstattet bzw. verrechnet werden, wenn ein Vertrag innerhalb von 5 Jahren storniert wird.[52] Solange der Kunde nicht bereit ist, ein angemessenes Honorar für die Beratung zu zahlen, kann er nicht damit rechnen, dass ihm zu einem Fondssparplan geraten wird, auch wenn es für ihn die bessere Wahl wäre. Wenn der Anleger seinen Fondssparplan über eine Direktbank oder beim Discounter zeichnet, hat er zwar zunächst am Ausgabeaufschlag gespart, aber er hat meistens keine Beratung und weiß nicht, ob er auch die für ihn beste Wahl getroffen hat. Er hat auch keine laufende Betreuung, aufgrund welcher er erfährt, ob die einstmals getroffene Wahl auch noch nach ein paar Jahren die richtige ist und ob es nicht inzwischen etwas Besseres gibt.

Gerade diese Betreuung, meistens lebenslang, ist aber viel mehr wert, als wenn der Anleger ein paar Prozent Rabatt beim Ausgabeaufschlag spart. Bei Investmentfonds bzw. Kapitalanlagen allgemein liegt „nicht im Einkauf der Segen", sondern in der Qualität des Produktes, in das man investiert, in erster Linie aber in der *Rendite*, denn allein sie entscheidet, was am Ende herauskommt. Daher ist es eine Überlegung wert, wo ggf. **am falschen Ende gespart** wird.

Beispiel: Sparplan über mtl. 100 € Anlage

a. bei einem Discounter – ohne Kosten –		b. bei einem Vermittler mit unabhängiger Beratung – nach Kosten –	
Ausgabeaufschlag	0 %	Ausgabeaufschlag	5 %
Nettoanlage:	100 €	Nettoanlage	95,24 €
Rendite	10 %	Rendite	10 %
Wert nach 30 Jahren	**208.085 €**	Wert nach 30 Jahren	**198.180 €**
Unterschiedsbetrag			**9.905 €**

Im ersten Moment möchte man glauben, dass es doch richtig ist, Kosten zu sparen, denn 10.000 € haben oder nicht ist schon ein beachtlicher Unterschied. Die Frage ist aber, um wieviel Prozent müsste die Rendite bei einem freien Vermittler höher sein, um trotz eines Ausgabeaufschlages von 5 % zum gleichen Ergebnis zu kommen.

52 Hinweis auf § 169 VVG und Abschnitt B 2.1.

Es sind genau 0,25 %. Nicht mehr, denn 95,24 € monatlich über 30 Jahre bei einer Rendite von 10,25 % führen zu einem Endwert von

208.085 €.

Kann Ihnen der Vermittler, weil er unabhängig berät, ggf. aber ein Produkt empfehlen, das auch nur eine um 0,5 % höhere Rendite abwirft, beträgt der Endwert bereits 218.483 €, bei 11 % Rendite sind es am Ende bereits 241.010 € – wohlgemerkt bei vollem Ausgabeaufschlag von 5 %.

Diesen Mehrnutzen macht ggf. eine gute Beratung eines unabhängigen Vermittlers aus, der nicht an hauseigene Produkte oder Weisungen gebunden ist.

Selbsttest

- Welche Gründe sprechen aus Ihrer Sicht für, welche gegen eine Beratung durch einen Certified Financial Planner?
- Warum profitieren Vermittler mehr von ratierlichen Kapitallebensversicherungen als von reinen Todesfallversicherungen?

6 Geldanlagen bei Banken

Wie kann man sich arm sparen, worin liegt dabei das Interesse der Banken? Diesen Fragen gehen wir jetzt auf den Grund.

6.1 Festverzinsliche Anlagen – „Anlagen zum Nulltarif"

Der Deutschen liebstes Kind sind festverzinsliche Anlagen. Der Hauptgrund hierfür: Sie wollen **Sicherheit**. Wer wollte das nicht. Niemand möchte, wenn er von seinem meistens sauer verdienten Geld etwas mühsam erspart hat, irgendwann feststellen müssen, dass es weg ist. Erst kommt die Sicherheit des eigenen Geldes, dann folgt der Gedanke an dessen Vermehrung. Der deutsche Bürger hat schon begriffen, dass der „Sparstrumpf" nicht der richtige Ort ist, um eigenes Geld zu deponieren. Auf jeden Fall vermehrt es sich dort nicht. Bei der Bank oder bei der Versicherung fühlt der Sparer sich **sicher** und „bekommt auch noch **etwas** dafür", wie Dr. Jung stets aus jahrzehntelanger Erfahrung zu berichten weiß.

Was passiert, wenn man es dort hinbringt? Zunächst rechnen wir die beliebtesten Anlagen wie Sparbuch, Festgeld und Bundesschatzbrief durch:

Ergebnisübersicht:

	Sparbuch	Festgeld	Bundesschatzbrief
Lgfr. Durchschnittszins	2,0 %	3,0 %	4,0 %
Inflation (lgfr. Durchschnitt)	- 3,0 %	- 3,0 %	- 3,0 %
Steuer (30 % Zinsabschlagsteuer)*	- 0,6 %	- 0,9 %	-1,2 %
Ergebnis	- 1,6 %	- 0,9 %	- 0,2 %

* Statt der Zinsabschlagsteuer in Höhe von bisher 30 % ist ab 01.01.2009 die Abgeltungsteuer eingeführt worden, die einschließlich Solidaritätszuschlag und Kirchensteuer ca. 28 % ausmacht. Es tritt dadurch also keine wesentliche Änderung ein.

Hierbei ist unterstellt, dass die Steuerfreibeträge ausgeschöpft und Steuerpflichtige einem Grenzsteuersatz von ca. 30 % unterliegen, anderenfalls besteht ein entsprechender Erstattungsanspruch hinsichtlich der einbehaltenen Steuer. Aber auch, wenn keine Steuer anfällt, verändert sich die vorstehende Berechnung nur unwesentlich.

Fazit:
Festverzinsliche Anlagen sind nach Abzug von Inflation und Steuern ***Anlagen zum Nulltarif***, wenn man sich nicht sogar arm spart. Und wer verdient letztendlich daran? Das Finanzamt und die Bank. Letztere, weil sie das Geld für den doppelten Zins wieder weiterverleiht.[1] Und der Anleger, der das Geld schwer verdient und Konsumverzicht geübt hat, *„guckt in die große Röhre"* – so Dr. Jung. Das ist erschreckend, aber wahr, und jeder kann es leicht nachrechnen.

6.2 Die Bedeutung der Inflation

Wer sein Geld z.B. auf dem Sparbuch liegen hat, merkt zunächst nicht, dass es weniger wird,

denn es kommen bei einem Guthaben von z.B.	100.000 €
jedes Jahr 2 % Zinsen hinzu =	2.000 €
Etwaige fällige Steuern sind dabei noch nicht abgezogen.	
Nach 5 Jahren stünden auf dem Konto	
– einschließlich Zinseszins – somit	110.408 €
Das entspräche betragsmäßig einem Mehrwert von	**10.408 €**
Bei 3 % durchschnittlicher Inflation	
betrüge der reale Wert aber nur noch	95.239 €
d.h., der Sparer könnte für sein Kontenguthaben von nominal	110.408 €
nach 5 Jahren nur noch Waren im Wert von	95.239 €
kaufen, obwohl ihm jedes Jahr	
2 % Zinsen gutgeschrieben worden sind.	
In Wirklichkeit hat er von seinem anfänglichen Guthaben knapp 5 % verloren.	

Viele Menschen weigern sich, das anzuerkennen. Sie können es einfach nicht glauben, dass sie sich ganz allmählich „arm" sparen.

Dr. Jung erklärt die Inflation in seinen Vorträgen immer so:

„Wir haben Gott sei Dank keine galoppierende Inflation wie in Russland oder in manchen südamerikanischen Staaten. Wir haben eine schleichende Inflation – man merkt sie fast nicht. Die Brötchen waren gestern genauso teuer wie heute. Aber wenn

1 S. hierzu unter E 1.1 „Der Kreislauf des Geldes".

Sie Preise vergleichen von vor zehn oder fünfzehn Jahren und heute, bekommen Sie einen Schlag. Sie können nehmen, was Sie wollen. Nehmen Sie Porto. Wir haben mal einen Brief verschickt für zehn, für zwanzig, für vierzig, für sechzig Pfennig, heute 55 Cents. Nehmen Sie Benzin – da hat uns die rot-grüne Regierung mit der Ökosteuer ein besonderes Kuckucksei ins Nest gelegt, nehmen Sie eine Tasse Kaffee, nehmen Sie den Friseur, nehmen Sie die Bildzeitung, die hat mal einen Groschen (= 5 Cents) gekostet und heute 60 Cents. Wenn Sie Preise vergleichen, dann wissen Sie, was Inflation bedeutet.

Ich vergleiche die Inflation manchmal mit dem morgendlichen Blick in den Spiegel: Wenn ich da heute Morgen reingeschaut habe, sage ich: Du siehst noch aus wie gestern. Kein Unterschied. Aber stellen Sie sich vor, ich hätte neben den Spiegel ein Bild geklebt von vor zehn oder fünfzehn Jahren, dann hätte ich große Bedenken gehabt, heute zu Ihnen zu sprechen."

Eine andere Aussage zur Inflation ist ebenfalls recht anschaulich: *„Inflation herrscht, wenn die Brieftaschen immer größer und die Einkaufstaschen immer kleiner werden".*[2]

Der längerfristige Durchschnitt der Inflation beträgt laut Statistischem Bundesamt mehr als 3 %. Auch wenn die Inflationsrate vorübergehend etwas niedriger war, ist sie Anfang 2008 wiederum angestiegen. Fachleute empfehlen deshalb, für längerfristige Anlagen eine Inflationsrate zwischen ca. 2,5 - 3 % zu berücksichtigen, um bei Ablauf einer Anlage einigermaßen auf der sicheren Seite zu sein.[3] Wer selbst in jüngster Zeit – besonders seit Einführung des Euro ab 2001 – beobachtet hat, wie besonders die Waren des täglichen Bedarfs im Preis gestiegen sind, weiß, was Inflation bedeutet. Wer heutzutage in einem Restaurant essen geht, stellt fest, dass sich Preise seitdem vielfach sogar verdoppelt haben. Ein Gericht für 20 DM kostet heute locker 20 Euro, das sind 100 % in 8 Jahren.

Eine Großbank hatte Anfang des neuen Jahrtausends in ihren Fenstern folgenden Spruch aushängen:

> „Das Sparbuch heißt Sparbuch,
> weil man es sich sparen kann."

2 Aus „Vertrauliche Nachrichten" Nr. 3738, Verlag Arbeit und Wirtschaft, Büsingen.

3 Vgl. dazu Inflationstabelle im Anhang Nr. 3 sowie die Ausführungen in Abschnitt D 2.3.7 e). Prof. Jeremy J. Siegel rechnet generell mit einer Inflationsrate von 3 %.

So schrieb die Bildzeitung am 11. Januar 2008 auf der Titelseite:

Rentner haben immer weniger Geld

Diese Aussage hat den gleichen Hintergrund und betrifft etwa 20 Millionen Rentenempfänger, die zwar – von wenigen Erhöhungen der letzten Jahre abgesehen, zuletzt im Juli 2007 0,54 % – fast noch immer den gleichen Betrag überwiesen bekommen, aber immer weniger an Waren dafür kaufen können. Allein im Jahr 2007 sank nach Berechnungen des Instituts für Wirtschaft und Gesellschaft (IWG) die Kaufkraft der Ruheständler um 1,93 %. Die zwischenzeitlich in 2008 erfolgte Erhöhung von 1,1 % ist unter ökonomischen Gesichtspunkten ein Witz, denn abgesehen von den dadurch verursachten Bürokratiekosten kann sich ein durchschnittlicher Rentner davon nicht einmal *ein* Essen im Monat in einem gutbürgerlichen Restaurant leisten. Die Erhöhung verschlingt für den Staat Milliarden, aber für den Rentner verpufft sie wie ein Tropfen auf dem heißen Stein.

An dieser Stelle sei auch eine Aussage der Chefvolkswirtin der Landesbank Hessen-Thüringen (Helaba), Gertrud R. Traud, zitiert:

*„Auch die Empfänger von staatlichen Sozialleistungen sind von dieser realen Kaufkraftentwertung betroffen, da in Deutschland die staatlichen Zuwendungen nicht an die Inflationsrate gekoppelt sind. [...] Deshalb ist die Inflation auch ‚**die grausamste Steuer**‘, da sie insbesondere die Einkommensschwachen trifft und keine Ausweichreaktionen erlaubt. [...] Da Spareinlagen die typische Anlageform breiter Bevölkerungsschichten sind, tragen Sparkonteninhaber einen besonders hohen Teil der Kosten der Inflation.“*[4]

Wenn Sie wissen wollen, wie sich die Inflation über längere Zeiträume auswirkt, schauen Sie sich einmal die im Anhang Nr. 3 abgebildete Tabelle etwas genauer an.

Praktisches Beispiel:
Sie haben einen Vertrag über eine Kapitallebensversicherung mit einem mtl. Beitrag von 100 € über 25 Jahre abgeschlossen und Ihnen wird am Ende ein Ablaufwert von 50.000 € in Aussicht gestellt. Sie legen den Vertrag weg und haben in der Regel während der nächsten 25 Jahre immer nur den Ablaufwert von 50.000 € im Kopf. In der Regel sagt man Ihnen aber nicht, dass Sie am Ende real nur noch die Hälfte an Kaufkraft haben, zumindest ist der Betrag

4 Artikel in der FAZ vom 26.06.2009.

nirgendwo dokumentiert. Wer wirklich am Ende über einen realen Wert von 50.000 € verfügen möchte, müsste also etwa das Doppelte einzahlen, nämlich 200 € mtl.

Vorstehende Aussagen muss man beherzigen, wenn man im Extremfall am Ende nicht mit fast leeren Händen dastehen will. In diesem Zusammenhang lohnt es sich, einen Blick auf die nur ein wenig weiter zurückliegende Vergangenheit zu werfen, auf die Jahre 1918 bis 1923. Besonders die Älteren unter uns haben es zum Teil noch miterlebt, wie ihren Großeltern das Geld nur so durch die Finger rann und der Preis für ein Brot von einem Tag zum anderen von 100 Mark auf 1.000 Mark anstieg. Sie haben ihr ganzes Geld verloren und mussten wieder von vorne anfangen. Nur Sachwerte, wie z.B. Immobilien oder auch Unternehmensbeteiligungen in Form von Aktien, stellten einen natürlichen Schutz gegen die Inflation dar.

Aber auch die Währungsreform am 21.06.1948, welche ich persönlich noch miterlebt habe, führte zu einer staatlichen Enteignung der Bürger. Jede Person erhielt anstelle des alten Geldes bzw. entsprechender Kontenguthaben in Reichsmark einmalig 40 Deutsche Mark ausgezahlt, wobei die Deutsche Mark damals eine viel höhere Kaufkraft besaß als Anfang des neuen Jahrtausends. Aber auch andere Guthaben in Form von Geldanlagen wie z.B. Kapitallebensversicherungen waren nur noch ein Zehntel des Nominalguthabens wert – neun Zehntel hatte der Staat einfach einkassiert – es war weg!

Wer damals bereits ein Grundstück besaß, musste zwar eine sog. Vermögensabgabe entrichten, die aber nur einen Bruchteil des Immobilienwertes ausmachte und auch noch ratierlich gezahlt werden durfte. Da Immobilien im Laufe der auf die Währungsreform folgenden Jahre erheblich im Wert stiegen, hatten sie sich als standhaftes Bollwerk gegen die Inflation erwiesen.

Noch viel vorteilhafter war aber seinerzeit bereits der Besitz von Aktien an guten Unternehmen. Für einen mir persönlich bekannten, aber inzwischen verstorbenen Mandanten war ein solches Aktienpaket an einem späteren DAX-Unternehmen das Startkapital für ein seinerzeit erfolgreich aufgebautes Unternehmen, das er mit entsprechenden Geldwerten nie hätte begründen können.

Das daraus im Verlaufe der Jahre geschaffene Millionenvermögen ist inzwischen einer gemeinnützigen Stiftung zugutegekommen, vermutlich mit der gleichen Renditeproblematik wie bei den meisten anderen deutschen Stiftungen auch.

Obwohl der 21.06.1948 noch gar nicht so lange zurückliegt, haben 80 % der Deutschen ihr Geld im festverzinslichen Bereich angelegt – im vermeintlichen Glauben, es sei dort sicher.

Die Frage ist nur: Wie kommt es zu solchen Anlagen, wenn doch feststeht, dass bei einem Währungsverfall der Bürger wieder der Dumme ist? Kaum jemand sagt, dass es nichts Besseres, nichts Werthaltigeres und vor allem nichts Rentableres gibt als **gute Aktienfonds**, in welche man, breit gestreut auf 100 bis 150 Unternehmen, längerfristig faktisch sicher investieren kann. Die Ergebnisse seit über 80 Jahren beweisen es.

6.3 Der Bonussparvertrag

Um diese Vertragsart zu beleuchten, führe ich an dieser Stelle die Eckdaten eines Vertrages auf, den meine Frau anlässlich der Geburt unserer Enkeltochter Kira auf eine Dauer von 18 Jahren abgeschlossen hatte:

Angebot der Bank (– VR-Vorsorgeplan –) vom 13.07.1995

Monatlicher Sparbetrag:	50 DM	25,56 Euro
Zinssatz **anfänglich**		4,75 %
Einzahlungsdauer		18 Jahre
Endbonus auf die Summe der Einzahlungen		20 %

Prognoserechnung der Bank bei gleichbleibendem Zinssatz:	DM	bzw. in	Euro
Ende des 1. Jahres	615,44		314
Ende des 9. Jahres	6.716,69		3.434
Ende des 16. Jahres	14.267,60		7.295
Ende des 17. Jahres	15.560,00		7.955
Ende des 18. Jahres – einschl. Bonus 20 %	19.075,33		9.753
Einzahlungen (18 x 600 DM)	10.800,00		5.521
Zins und Zinseszins	8.275,33		4.232
Gesamtes Guthaben	**19.075,33**		**9.753**

Wir haben dann Folgendes überlegt:

1. Das sich bei einem durchgehenden Zinssatz von 4,75 % ergebende Guthaben von 9.753 € würde unter Berücksichtigung einer Inflationsrate von 3 % gerade noch einer Kaufkraft von 5.729 € entsprechen. Man würde sich also gerade noch etwa den Wert der Einzahlungen (5.521 €) erhalten.

2. Der anfänglich in Aussicht gestellte Zinssatz von 4,75 % war an die Entwicklung der Kapitalmarktzinsen gekoppelt. Bis zum Jahr 2003 war dieser bereits auf 2,99 % gesunken.

3. Der zugesagte Bonus im 18. Jahr von 20 % auf die Summe der Einzahlungen ließ zunächst den Eindruck entstehen, dass man am Ende doch noch ein gutes Geschäft machen würde. Der Bonusbetrag von 1.104 € (20 % von 5.521 €) würde die Rendite p.a. bei durchgehendem Zinssatz von 4,75 % jedoch nur um 1,21 % auf 5,96 % erhöhen. Ein Effektivzinssatz unter Einbeziehung des Bonus war seitens des Anbieters nicht angegeben worden.

Wegen der bis 2003 bereits gefallenen Verzinsung auf 2,99 % – das waren fast 40 % weniger gegenüber dem anfänglichen Zinssatz – wäre die prognostizierte Gesamtrendite von knapp 6 % ohnehin nur ein Wunschtraum gewesen.

Jetzt aber die Vergleichsrechnung mit einer Anlage im Templeton Growth Fund über alle rollierenden 18-Jahres-Zeiträume seit Auflegung des Fonds – vor Inflation:[5]

Anlage im Templeton Growth Fund

Berechnung jeweils auf den Schluss eines Kalenderjahres:	
schlechtester Wert	10.503 €
bester Wert	31.534 €
durchschnittlicher Wert	18.866 €

Der schlechteste Wert hätte sich in dem am 31.12.1974 endenden Zeitraum ergeben.[6] Zum Höhepunkt der damaligen Ölkrise hatte der Fonds in den

5 FONDS@NALYSE.TOOLVers. 4.04.16/1210-DE, © 2008 EDISoft GmbH.

6 Die Darstellung der Ergebnisse erfolgte nur für rollierende Zeiträume bis zum 31.12.2007. Das Ergebnis per 31.12.2008 wäre infolge der Finanzkrise in etwa vergleichbar mit dem Wert am 31.12.1974, nur dass bezüglich des Wertes per 31.12.2008 die Dauer der Wertaufholung bis zum Durchschnittswert noch nicht bekannt ist.

Kalenderjahren 1973 und 1974 ca. 45 % an Wert verloren. Das Depot hätte in den beiden Folgejahren den Verlust mehr als aufgeholt.

Der Depotwert hätte betragen:	31.12.1975	15.728 €
	31.12.1976	20.793 €

Ein zeitlicher Puffer von 2 Jahren hätte also ausgereicht, um den Durchschnittswert von 18.866 €

sogar zu überschreiten. Und das ganz ohne weitere Zuzahlung – einfach durch Abwarten oder wie man im Börsenjargon sagt: durch „Aussitzen".

Vergleich der Werte nach Inflation

	Nennbeträge	Nach 3 % Inflation
Bonussparvertrag	9.753 €	5.729 €
Fondssparvertrag Durchschnittswert	18.866 €	11.082 €

Im Durchschnitt hat eine entsprechende Anlage im Templeton Growth Fund in der Vergangenheit gegenüber dem Bonussparvertrag zu einem etwa doppelten Ergebnis geführt – dieses aber auch nur, wenn der Zins von 4,75 % garantiert gewesen wäre. In Anbetracht des auf 2,99 % gesunkenen Zinses war es nur vernünftig, den Bonussparvertrag zu kündigen und auf einen guten Aktienfondssparvertrag umzustellen, was wir taten.

6.4 Praxisbeispiel Festgeld: Eine Festgeldanlage über 300.000 € zu einem Festzins von 4,25 % auf 10 Jahre

Kürzlich kam eine Mandantin zu mir, um sich bei der Anlage eines Betrages von 5.000 € für ihr Enkelkind beraten zu lassen. Seit ein paar Jahren interessierte sie sich bereits für Investmentanlagen. Sie hatte bereits einmal den Vortrag von Dr. Jung gehört, konnte sich aber nie zu einer Anlage in Investmentfonds durchringen. Vor schätzungsweise 15 bis 20 Jahren hatte ihre Bank ihr und ihrem Mann zu einer Festgeldanlage in ausländischer Währung (Dollar) geraten. Da beide sehr auf Sicherheit bedacht gewesen waren, schien „Festgeld" mit der Chance auf einen Zuwachs über den etwaigen Anstieg des Dollars das Richtige zu sein. Die Bank hatte aber wohl nicht so richtig deutlich gemacht, dass der Dollar sich – offenbar nach einer längeren ansteigenden Phase – auch nach unten entwickeln könnte. Beide glaubten sich in Sicherheit, bis sie feststellen mussten, dass sie einen Betrag von knapp einer halben Million DM verloren hatten. Es war neben festen Zinsen eine Spekulation auf den Dollar gewesen.

Dieser Schmerz über den Verlust führte dazu, dass sie nie mehr über andere Anlagen als Festgeld in heimischer Währung nachdachten. Dennoch ist es einem guten Finanzberater eigen, bei einer Beratung – wenn auch nur wegen einer Anlage von 5.000 € für den Enkel – auch noch andere Dinge zu hinterfragen. Das gilt besonders für mich als unabhängigen Steuerberater, der sich zu einer ganzheitlichen Beratung verpflichtet fühlt. Dabei stellte sich Folgendes heraus:

Die Eltern hatten ihrer Tochter, die Mutter des Enkels war, einen Betrag von 300.000 € geschenkt und natürlich aufgrund der eigenen Erfahrungen dafür gesorgt, dass dieses Geld in eine Festgeldanlage floss. Der Zinssatz betrug – auf 10 Jahre fest – 4,25 %, somit 12.750 € p.a. oder 1.063 € mtl. Die Zinsen werden monatlich entnommen, weil die Tochter u.a. darauf angewiesen ist, ihren Lebensunterhalt daraus zu bestreiten. Nachfolgende Aufstellung zeigt die Entwicklung der Festgeldanlage im Vergleich mit einer Anlage im Templeton Growth Fund (TGF) über alle 10-Jahres-Zeiträume seit 1955:

Vergleich der Anlagen:	Festgeldanlage	Anlage im TGF	
	Kosten: 0 %	Emissionsgeb.: 5,75 %	
Angelegter Betrag nominal	300.000 €	300.000 €	
angelegter Betrag nach Kosten	300.000 €	283.000 €	
Entnahme mtl.	1.063 €	1.063 €	
= p.a.	12.750 €	12.750 €	
Entnahme in 10 Jahren	127.500 €	127.500 €	
Zins / Rendite	4,25 %	– siehe nachstehend –	
	Endwert	Endwert	Rendite
Wert nach 10 Jahren	300.000 €		
im Durchschnitt	-	734.200 €	11,89 %
im niedrigsten Fall	-	358.590 €	5,86 %
im besten Fall	-	2.139.422 €	24,05 %

Wert **nach Inflation** (Kaufkraft bzw. Realwert) nach 10 Jahren entsprechend der Tabelle im Anhang Nr. 3:

	Festgeld	Fondswerte		
		Durchschnitt (ø)	niedrigster Wert (-)	bester Wert (+)
nominal	300.000€	734.000€	359.000€	2.139.000€
25% Abschlag	- 75.000€	- 184.000€	- 90.000€	- 535.000€
Realwert	225.000€	550.000€	269.000€	1.604.000€

Auch bei vorsichtiger Prognose spicht die Wahrscheinlichkeit dafür, dass eine gute Aktienfondsanlage in jedem Falle vorteilhafter gewesen wäre – besonders in Anbetracht der Möglichkeiten, die sich durch eine Anlage über 10 Jahre hinaus auftun würden.

Die Mandantin hatte bisher vermutlich nicht verstanden, was es mit dem Zinseszins auf sich hat. Der Zinseszins kommt immer nur zur Wirkung, wenn der jährliche Zins der Kapitalanlage ganz oder teilweise immer wieder zugeschlagen und nicht, wenn die Rendite – der Zins – regelmäßig entnommen wird.

Beträgt aber die Rendite bei einer Anlage wie im Templeton Growth Fund

durchschnittlich	11,89 %
und davon werden regelmäßig entnommen	4,25 %
bleiben per Saldo an Ertrag	7,64 %

übrig, mit der die Anlage weiter wachsen kann.

Nominal hat sich die Anlage im Templeton Growth Fund innerhalb von 10 Jahren auf durchschnittlich 734.200 € entwickelt und auch nach Inflation hat sie sich fast noch verdoppelt. Hieran wird nochmals deutlich, dass eine Anlage in einem guten Aktienfonds einen sicheren Schutz gegen die Inflation bietet.

Bei der Vergleichsrechnung ist eine etwaige Steuer auf den Festgeldzins noch gar nicht berücksichtigt worden. Die Entnahmen aus der Aktienfondanlage waren bislang, d.h. für Anlagen, die bis zum 31.12.2008 getätigt worden sind, im Wesentlichen steuerfrei. Festgeldzinsen waren dagegen normal zu versteuern mit dem jeweiligen individuellen Steuersatz.

Die Unterschiede zum Festgeld sind so groß, dass unabhängiger Rat empfehlenswert ist.

Legen Sie Ihr Geld, welches Sie längerfristig entbehren können, nie **fest**, sondern legen Sie es mithilfe eines unabhängigen und fachkompetenten Beraters **an**, damit nicht die Bank mit Ihrem Geld, sondern das Geld für Sie arbeitet!

6.5 Der Bundesschatzbrief

Wer Bundesschatzbriefe zeichnet, kann diese direkt bei der „Bundesrepublik Deutschland Finanzagentur GmbH" in Frankfurt am Main erwerben, weil er dort im Gegensatz zur Zeichnung über eine Bank weder Spesen beim Kauf noch beim Verkauf zu zahlen braucht. Auch eine jährliche Depotgebühr entfällt. Da die Bundesrepublik Deutschland dahinter steht, erwirbt er damit Sicherheit pur.

Nach dem Stand Mai 2009 lagen die Renditen zwischen 2,5 - 3 %.[7] Ziehen Sie die Inflation und ggf. auch noch die Steuer ab, stehen Sie mit einer solchen Anlage, wie am Beispiel des Sparbuchs gezeigt, in der Regel längerfristig auf der Verliererseite.

Sind Sie Besitzer von Bundesschatzbriefen, so sollten Sie sich in jedem Fall die Frage stellen, ob Sie mit dieser Rendite Ihre Anlageziele erreichen können.

6.6 Der Bausparvertrag

Vor etwa 15 Jahren habe ich an einem speziell für Steuerberater angebotenen Seminar teilgenommen, das von einem Investmentbanker geleitet wurde. Dieser gab einen Spruch zum Besten, den ich damals nicht verstanden habe, der mir aber wegen seiner Schockwirkung im Gedächtnis haften geblieben ist. Sein Professor habe seinen Studenten Folgendes mit auf den Weg gegeben:

> ***„Zahlen Sie nie mehr in eine Bausparkasse ein, es sei denn, Sie wollen die Bausparkasse kaufen."***

In entsprechenden Anzeigen suggerieren Bausparkassen vielfach, dass ein Bausparvertrag die Voraussetzung sei, um sich irgendwann ein Eigenheim leisten zu können. Schlagworte wie: „Erfüllen Sie sich Ihre Wohnwünsche mit Bausparen" oder „Junges Glück im Eigenheim" oder „Bausparen oder lebenslang Miete zahlen?" sind an der Tagesordnung.

Das Gute an einem Bausparvertrag ist, dass man ggf. frühzeitig mit dem Sparen anfängt. Bei einem klassischen Bausparvertrag zahlt man etwa 8 Jahre lang die Hälfte der Bausparsumme an, um damit einen Anspruch auf ein zinsgünstiges Darlehen in gleicher Höhe zu erwerben. Richtig ist, dass jemand Eigenkapital

7 www.deutsche-finanzagentur.de.

ansparen muss, wenn er irgendwann bauen oder sich ein Eigenheim kaufen will. Nur wer spart, sollte die **Rendite nicht vernachlässigen**. Bausparkassen zahlen gegenwärtig etwa 1 % Zins auf das Guthaben.

Als anschauliches Beispiel mag ein Standardangebot einer größeren Bausparkasse dienen, welches folgende Prämissen aufweist:[8]

Bausparsumme		30.000 €
Ansparphase:		
monatliche Zahlung	5 ‰ der Bausparsumme =	150 €
Abschlussgebühr – einmalig –	1 % der Bausparsumme =	300 €
Mindestsparguthaben	50 % der Bausparsumme =	15.000 €
Guthabenverzinsung	1 % p.a.	
Sparzeit	ca. 8 Jahre 3 Monate	
Darlehensphase:		
Darlehenszins p.a.	3,75 %	
Effektivzins p.a.	4,09 %	
monatliche Zahlung *	6 ‰ der Bausparsumme =	180 €
Tilgungsdauer	ca. 8 Jahre 1 Monat	

* Die monatliche Zahlung in diesem Sinne umfasst Zins und Tilgung.

Die Abschlussgebühr wird zum Beginn des Vertrages belastet und das Konto geht zunächst mit 300 € ins Minus. Das bedeutet, dass die ersten zwei Raten dazu dienen, das Konto wieder auszugleichen. Die Guthabenverzinsung beginnt also erst nach Zahlung der dritten Rate. Durch die Verrechnung der ersten beiden Raten mit der Abschlussgebühr beträgt Ihr Guthaben nach 8 Jahren und 3 Monaten 15.145 €. Eingezahlt haben Sie insgesamt 14.850 €. Die Rendite unter Berücksichtigung der Abschlusskosten beträgt damit nur noch ca. 0,5 % p.a.

Das anzusparende Mindestguthaben beträgt 15.000 €. Die Differenz zur Bausparsumme, also ein Betrag von ebenfalls 15.000 €, würde Ihnen als Darlehen zur Verfügung stehen. Das ist also ungefähr der Betrag, den Sie zuvor mit einer Miniverzinsung angespart haben.

Die Frage ist, ob es sinnvoller sein kann, ein entsprechendes Guthaben in einem Aktienfonds anzusparen und ob eine Zeitdauer von 8 Jahren ausreicht, um eine wesentlich höhere Rendite zu erzielen als 0,5 %.

8 Stand 1/2008.

Bei Ansparung von monatlich 150 € im Templeton Growth Fund hätten sich in der Vergangenheit seit 1955 in allen rollierenden 8-Jahres-Zeiträumen folgende Werte ergeben:

			Rendite
Im besten Fall	1/76 - 12/83	37.210 €	22,96 % p.a.
Im schlechtesten Fall	1/01 - 12/08	9.525 €	- 10,48 % p.a.
Im zweitschlechtesten Fall	1/67 - 12/74	13.994 €	- 0,71 % p.a.
Im Durchschnitt		22.596 €	9,84 % p.a.

Wenn Sie also den Durchschnittswert erreichen würden, bräuchten Sie theoretisch nur noch ein Darlehen von 7.500 € (30.000 € - 22.596 € = 7.404 €), d.h. etwa nur die Hälfte des Betrages, den Sie als Bauspardarlehen aufnehmen würden.

Wie wahrscheinlich ist denn nun, dass man den Durchschnittswert erreicht?

Es gab seit 1955 insgesamt 47 Zeiträume à 8 Kalenderjahre. Davon schnitten drei mit Renditen unter 1 % ab, einer mit etwa 3 % und in allen anderen Zeiträumen lagen die Renditen über 4 %.

Wie haben sich die Depots, bei denen die Renditen unter 1 % lagen, innerhalb der jeweils folgenden zwei Jahre entwickelt – und zwar *ohne weitere Zuzahlung*?

			Wert	Rendite	
A. Zeitraum	1/67 - 12/74		13.994 €	- 0,71 %	p.a.
	1975	auf	20.965 €	+ 49,75 %	
	1976	auf	27.704 €	+ 32,20 %	
B. Zeitraum	1/83 - 12/90		14.437 €	0,06 %	p.a.
	bis 12/91	auf	19.249 €	+ 33,33 %	
	bis 12/92	auf	21.374 €	+ 11,04 %	

Man sieht hieran, dass seit über 50 Jahren ein zeitlicher Puffer von in der Regel 1 - 2 Jahren ausgereicht hätte, um deutlich weniger Darlehen aufnehmen zu müssen als bei der Bausparkasse.

Die Wertaufholung des am 31.12.2008 endenden Zeitraums ist ebenfalls nur eine Frage der Zeit und wird sich wahrscheinlich auch wieder in den nächsten 3 Jahren, vielleicht auch erst innerhalb von 5 Jahren einstellen.

Niemand weiß, wann genau, aber sie wird mit Sicherheit kommen. Man braucht immer nur etwas Geduld.

Wenn Sie bedenken, dass Sie in der gleichen Zeit mit der Fondssparvariante durchschnittlich etwa 22.500 € und mit der Bausparvariante 15.000 € ansparen, können Sie diesen Verlust durch den Zinsvorteil eines vielleicht um 1 - 1,5 % unter Kapitalmarktzins liegenden Bauspardarlehens in der Regel nicht mehr aufholen. Hinzu kommt, dass ein Bauspardarlehen erheblich höhere Tilgungsbeträge erfordert (Tilgung innerhalb von 8 Jahren) als ein Kapitalmarktdarlehen, das in der Regel in 25 - 30 Jahren zu tilgen ist.

Die nachfolgende grafische Darstellung macht nochmals deutlich, wie ein Bausparvertrag vom Prinzip her funktioniert:

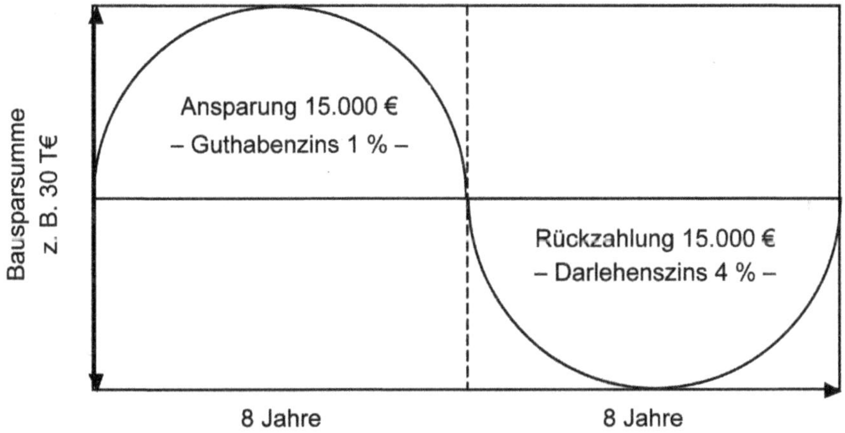

Im Ergebnis sparen Sie zunächst ein Guthaben mit einem Zins von 1 % an. Nach ca. 8 Jahren erhalten Sie dann ein Darlehen in Höhe des vorher Angesparten, für das Sie aber den 4-fachen Zins zahlen müssen. Hierbei ist die Abschlussgebühr (1 % der Bausparsumme) noch gar nicht berücksichtigt.

Noch unvorteilhafter ist es für den Bausparer, wenn er z.B. ein Sofortdarlehen aufnimmt zu einem Zinssatz von vielleicht 4,5 % und parallel dazu in einem Guthabenvertrag mit einem Zinssatz von 1,0 % anspart. Ein solches Ansparen würde sich nur rechnen, wenn der Ertrag in der Sparanlage höher wäre als der Zins für das entsprechende Darlehen. Das ist aber *nie* der Fall.

Diese Meinung vertritt auch die Verbraucherzentrale Nordrhein-Westfalen e.V.[9], die rät: *„Finger weg von der Bausparsofortfinanzierung! Beschaffen Sie sich lieber ein günstiges Annuitätendarlehen, Sie schonen dadurch Ihre Nerven und sparen eine Menge Geld."*

Volker Loomann, bekannt durch seine wöchentlichen Kolumnen in der *FAZ*, sagt dazu lapidar Folgendes: *„Anleger sollten auf neue Bausparverträge verzichten."* [10]

Sollten solche Aussagen nicht auch Ihnen zu denken geben?

Und wie handeln die Deutschen tatsächlich?

So heißt es in einer hiesigen Wirtschaftszeitung: *„LBS: Spitzenjahr 2008 – Bauspardarlehen stark nachgefragt"*. Die LBS [11] Norddeutsche Landesbausparkasse Berlin-Hannover schloss 220.522 neue Verträge mit einem Volumen von 4,2 Mrd. Euro ab. Das übertraf das Vorjahr um 14 % in der Stückzahl und um 7,1 % in der Bausparsumme. Damit erzielte die LBS ihr zweithöchstes Geschäftsergebnis in ihrer 80-jährigen Geschichte. *„Als Folge der Finanzkrise sind jetzt sichere Anlagen gefragt. Und unsere Kunden können sich besonders sicher fühlen, egal ob sie Sparer oder Kreditnehmer sind"* – erklärte LBS-Vorsitzender Rüdiger Kamp.[12]

Nachtrag:
Die Bausparkasse Schwäbisch Hall im Finanzverbund der Genossenschaftsbanken konnte als Marktführer, nachdem das Geschäft im Vorjahr 2009 um mehr als 20 % zurückgegangen war, für das erste Halbjahr 2010 einen Zuwachs von 16 % (450.000 Verträge über eine Bausparsumme von 14 Milliarden Euro) verzeichnen. Laut Aussage des Vorstandschefs Matthias Metz sind die Zahlen ein Beleg für die Attraktivität des Bausparens.

9 Buchtitel „Baufinanzierung", ISBN 3-923 214-41-3.

10 Vgl. den entsprechenden Artikel in der FAZ am 25.05.2008. Loomann ist unabhängiger Finanzanalytiker in Reutlingen. Er gab vormals Seminare u.a. für Mitarbeiter von Banken, Bausparkassen und Versicherungen sowie für Freiberufler. Der Autor dieses Buches hat bereits 1989 an einem über die DATEV angebotenen Seminar „Finanzplanung für Ärzte und Zahnärzte" mit Loomann teilgenommen. Er avancierte seinerzeit zum führenden Finanzanalytiker Deutschlands (lt. EKS-Strategiebrief 8/99, S. 3).

11 Die LBS gehört zum bundesweiten Verbund der Sparkassen.

12 Wirtschaftsecho Ausgabe März 2009 – www.wirtschaftsecho.net.

„Die eigenen vier Wände sind der beste Schutz gegen die Inflation“, sagt Metz.[13] Diese Aussage dürfte kaum jemand bezweifeln. Es ist jedoch zweifelhaft, ob nun gerade der Bausparvertrag das geeignetste Instrument ist, um sich den Traum einer eigenen Immobilie zu erfüllen.

Wissen alle diese Menschen wirklich, was sie tun?[14]

6.7 Fazit zu festverzinslichen Anlagen

Diejenigen, die längerfristig ihr Geld auf dem Sparkonto angelegt haben, verlieren jedes Jahr unter Berücksichtigung von Inflation und Steuern 1,6 %[15] – und dennoch liegt in der Bundesrepublik mehr als 1 Mrd. Euro auf Sparbüchern. Derjenige, der sein Geld als Festgeld angelegt hat und glaubt, er bekäme dort 3 %, verliert jedes Jahr 0,9 %, und auch der Anleger in Bundesschatzbriefen erhält sich gerade einmal sein Kapital – gegenwärtig allerdings eher nicht, vor allem, wenn er auch noch Steuern zahlen muss. Und dennoch sind 80 % des gesamten privaten Geldvermögens der Bundesbürger festverzinslich angelegt.[16]

Man kann es nur noch einmal wiederholen:

> Anlagen zu einem Zinssatz von 3 %
> sind nach Inflation und Steuer Anlagen zum NULLTARIF.

Dr. Jung stellt in seinen Vorträgen immer wieder die Frage an sein Publikum: *„Hat Ihnen eigentlich Ihr Bankberater dieses einmal so klar auf den Tisch gelegt und Ihnen aufgezeigt, dass es etwas erheblich Besseres gibt, wenn Sie bereit sein würden, Ihrem Geld etwas mehr Zeit zu lassen, und es trotzdem sicher ist?“*

Ist es nicht eher so, dass die Bank sich am liebsten Ihr Geld zu einem möglichst günstigen Zinssatz leiht – wie z.B. auf dem Sparbuch mit 1 - 2 % oder noch besser auf dem Girokonto, dann kostet es die Bank nichts – und sie es dann mit einem möglichst hohen Zins weiterverleiht?

13 Vgl. FAZ vom 20.07.2010 „Mehr Bausparverträge für Schwäbisch Hall“.

14 Vgl. hierzu auch den Nachtrag unter J zu C 6.6 bezüglich der Bausparkasse Schwäbisch Hall, der Bausparkasse des genossenschaftlichen Verbundes.

15 Hinweis auf Tabelle unter 6.1 „Festverzinsliche Anlagen – Anlagen zum Nulltarif.“

16 Hinweis auf Abschnitt C 2.1 „Zusammensetzung und Entwicklung“.

Keine Anlage ist absolut sicher, aber die Scheu vor Risiko hat einen so hohen Preis, dass eine Vermehrung Ihres Geldes damit ausgeschlossen ist.

Selbsttest

- Welche durchschnittliche Inflation sollten Anleger bei der Planung pro Jahr voraussetzen?
- Welches festverzinsliche Papier ist unter Einbezug von Inflation und Steuern in der Lage, Ihr Geld zu mehren?

7 Kapitalanlagen bei Versicherungsgesellschaften

7.1 Allgemeines

Allen ist klar: Versicherungsgesellschaften dienen in erster Linie dazu, typische, aber unberechenbare Wechselfälle des Lebens abzusichern, nämlich Risiken. Dass ein Großteil der Versicherungsverträge aber im Wesentlichen Sparverträge sind, wissen dabei die meisten nicht. Jeder normale Kapitallebens- und Rentenversicherungsvertrag fällt unter diese Kategorie.

Wenn Sie beim Versicherer einen bestimmten Beitrag einzahlen, kann dieser ziemlich beliebig damit umgehen. Er braucht Ihnen nicht zu sagen, wie viel er von dem Beitrag für das eigentliche Todesfallrisiko abzweigt. Er muss Ihnen neuerdings[1] zwar die Höhe der bei Vertragsabschluss anfallenden Abschlusskosten und die für die gesamte Vertragslaufzeit *einkalkulierten* Verwaltungskosten benennen. Letztere müssen aber nicht unbedingt mit den später tatsächlich verrechneten Kosten übereinstimmen. Bei den in der Regel langen Vertragslaufzeiten können sich die wirtschaftlichen Verhältnisse bei den Versicherern erheblich ändern – und mit ihnen die tatsächlichen Kosten, die zwangsläufig auf die Versicherungsnehmer abgewälzt werden müssen. Sie wissen deshalb nicht, wie viel von Ihrem Beitrag letztlich in den Spartopf fließt und was am Ende dabei herauskommt.

Außerdem stellt die Höhe der vom Versicherer deklarierten Kosten kein verlässliches Auswahlkriterium für die günstigste Versicherung dar, sondern der Erfolg des Versicherers bei der Geldanlage ist maßgeblich. Bei den Informationen, die Ihnen der Versicherer liefert (kalkulierte Verwaltungskosten, voraussichtlicher Rückkaufswert etc.), handelt es sich lt. Manfred Poweleit, dem Herausgeber des renommierten Brancheninformationsdienstes „map-report", nur um „unverbindliche Absichtserklärungen". Die tatsächlichen Kosten können am Ende darunter oder darüber liegen, so seine Ausführungen.

Sparsam arbeitende Versicherer werden nicht verbrauchte Gebühren als Teil ihrer Überschussbeteiligung wieder an ihre Kunden zurückfließen lassen. Kommt ein Versicherungsunternehmen mit zu niedrig kalkulierten Werten aber nicht aus, holt es sich das erforderliche Geld bei seinen Versicherten.[2]

1 Die Verpflichtung zur Angabe der Kosten beruht auf einer Richtlinie der Europäischen Union (MIFID) und dem daraufhin geänderten nationalen Versicherungsvertragsgesetz, das ab 01.07.2008 wirksam geworden ist. Alle davor abgeschlossenen Verträge bleiben davon unberührt.

2 Hinweis auf Artikel in der WamS Nr. 26 vom 29.06.2008 „Versicherungen müssen ab jetzt alle Vertragskosten offenlegen".

Das Einzige, wozu der Versicherer verpflichtet ist: Ihnen auf den *nach Kosten verbleibenden Sparanteil* einen garantierten Zins von derzeit 2,25 % gutzuschreiben – nicht etwa auf Ihren tatsächlich geleisteten Beitrag.

Bei einer fondsgebundenen Kapitallebens- oder Rentenversicherung erhalten Sie nicht einmal einen garantierten Zins. Noch schlechter: Das Risiko der Wertentwicklung des – meistens vom Versicherer empfohlenen – Fonds liegt allein bei Ihnen, genauso als würden Sie direkt in ihn investieren.

Sie sind also in sehr hohem Maß dem Versicherer ausgeliefert. Ich frage mich, ob unter den geschilderten Umständen dies eine zufriedenstellende Ausgangsgrundlage für eine längerfristige Kapitalanlage sein kann. Wenn Sie einen solchen Versicherungsvertrag erst einmal abgeschlossen haben, können Sie selbst – ggf. mit Ausnahme bei fondsgebundenen Produkten durch Fondswechsel – keinerlei Einfluss mehr auf den Verlauf nehmen. Sie haben die Möglichkeiten, den Vertrag – was wegen hoher Stornokosten in der Regel für Sie teuer wird – zu kündigen, ihn beitragsfrei stellen zu lassen oder den Vertrag am sog. Zweitmarkt zu verkaufen.

Auf den Punkt bringt es ein Artikel der Zeitschrift *Euro*: *„Der große Schwindel – Millionen Anleger bauen ihre Altersvorsorge auf einer Lebenspolice auf, doch von über 90 Millionen Versicherungen besteht nur eine Handvoll den Euro-Test.“*[3] Bei einer Hochrechnung der Auszahlungen nach zehn Jahren kommt der beste Versicherer auf eine Verzinsung (Rendite pro Jahr) von 5,4 %, zwei weitere schaffen es auf 5,1 % und alle anderen liegen darunter. Renditen um 5 % bei verhältnismäßig sicheren Kapitalanlagen sind sicherlich als gut einzustufen. Jeder muss für sich entscheiden, ob ihm diese Rendite in Anbetracht seiner Verhältnisse ausreicht und ob ihm vor allem noch die Zeit verbleibt, über eine rentierlichere Anlageart nachzudenken. Auf jeden Fall bedarf es einer fachkompetenten Beratung, bevor ein Schritt in die falsche Richtung getan wird.

Ähnlich verhält es sich bei unseren Nachbarn Österreich: In dem dort bereits seit 20 Jahren erscheinenden „geld-magazin“[4] fand ich zum Thema Lebensversicherungen Folgendes: *„Renditen zwischen zwei und drei Prozent, teure und häufig unnötige Zusätze, keine Offenlegung der Kosten. Klassische Lebensversicherungen punkten mit viel, nur nicht mit Vorteilen.“*

3 „Euro“ Nr. 9/2008, S. 38.

4 Siehe www.geld-magazin.at, Ausgabe 7-8/2007, S. 72-77.

Einerseits werden die Gesamtrenditen von aktuell 4 - 4,5 % kritisiert, manchmal sind es aber auch nur 2 %, und andererseits die hohen Kosten. *„Nur geschätzte 75 % der insgesamt eingezahlten Prämien bleiben nach Abzug der Kosten und der Risikovorsorge tatsächlich als Sparanteil über. Das muss man sich einmal auf der Zunge zergehen lassen."*

Auch dort werden die Versicherungsnehmer von den Gesellschaften über die genaue Höhe der Kosten nicht informiert. Vermittlerprovisionen und Verwaltungskosten sind dort ähnlich hoch wie in Deutschland: *„Geld, das gar nicht erst angelegt wird."* Über den Beitragsanteil, der auf den Risikoschutz entfällt, wird *„der Mantel des Schweigens gelegt"*.

Versicherungsnehmer bleiben zumeist ohne Durchblick, obwohl in Deutschland eine Reform des Versicherungsvertragsgesetzes stattgefunden hat. Versicherer müssen sowohl die Abschlusskosten eines Vertrages als auch die kalkulierten laufenden Verwaltungskosten dem Versicherungsnehmer mitteilen, aber es besteht immer noch die Gefahr, dass dieser nicht über alle Kosten informiert wird. Eines steht fest: Die klassische Kapitallebensversicherung – oder auch die Rentenversicherung – wird im günstigen Fall kaum die Renditemarke von 5 % überschreiten.[5]

Warum dann nicht gleich einen guten Aktienfondssparvertrag abschließen, an den man längerfristig eine Renditeerwartung zwischen 9 % und 12 % stellen kann und ggf. dazu eine entsprechende Todesfallversicherung abschließen, soweit dieses sinnvoll ist?

7.2 Die klassische Kapitallebensversicherung

Zuvor eine kleine Geschichte: Ein Junge sollte in der Schule einen Aufsatz über das Thema „Unser Hund" schreiben. Der Junge schrieb: „Wir haben keinen Hund – Ende". Lehrerin: „Thema verfehlt: Sechs." Die beiden hatten ein Kommunikationsproblem, so ähnlich verhält es sich auch, wenn Sie eine Lebensversicherung abschließen.

Sie bekommen in der Regel nicht das, was Sie wollen. Sie merken es aber erst nach 20 oder 30 Jahren, weil vorher niemand „zensiert", was Sie bekommen werden. Sie glauben, Sie schließen eine Versicherung ab, haben Ihre Familie bzw. Angehörigen für den Fall des eigenen Todes abgesichert, und man bekommt

5 Vgl. Ausführungen unter 7.2 bzw. Anhang Nr. 8.

am Ende sogar noch Geld heraus. Tatsächlich verhält es sich aber genau umgekehrt. Sie schließen einen *verkappten Sparvertrag* bei der Versicherung ab und erhalten im Beipack eine im Verhältnis bescheidene Todesfallversicherung mitgeliefert. In der Regel fließen etwa 9/10 des zu zahlenden Beitrages in den Sparvertrag und lediglich 1/10 entfällt auf die Versicherung für den Todesfall – auch als Risikolebensversicherung bezeichnet –, genauso, wie es Arthur L. Williams, bezogen auf die Verhältnisse in den USA, geschildert hat.[6]

Auf deutsche Verhältnisse übertragen zahlt man für die Risikolebensversicherung sogar noch weniger, nämlich bei Auswahl eines günstigen Anbieters nur etwa 1/20 oder 5 Prozent des Gesamtbeitrages, wie nachfolgendes Angebot[7] zeigt:

Günstigster Anbieter:

		Kapital-lebensvers.	Risiko-lebensvers.
Versicherungsnehmer:	männlich Nichtraucher		
Eintrittsalter:	30 Jahre		
Versicherungsdauer:	30 Jahre		
Beitragszahlungsdauer:	30 Jahre		
Versicherungssumme:		100.000 €	
Versicherungsschutz:			100.000 €
Mögliche Ablaufleistung		**182.716 €**	0 €
Mögliche Ablaufrendite		4,92 %	-,-
Monatlicher Zahlbeitrag		**226,26 €**	**9,59 €**

Die Ablaufrendite bzw. Beitragsrendite von 4,92 % p.a. ergibt sich, wenn man den tatsächlichen Beitrag von mtl. 226,26 € ins Verhältnis setzt zur *möglichen* Ablaufleistung. Von den 50 besten Anbietern ist nur *einer* dabei, der die 5-%-Marke knapp unterschreitet. Der schlechteste Anbieter kommt gerade einmal auf eine Beitragsrendite von 2,73 %. Der Durchschnitt liegt zwischen 3 und 4 %.[8]

6 Vgl. unter C 5.4 „Das Prinzip Gewinnen".

7 Angebot vom 18.10.2009 lt. LV-WIN 7.47© MORGEN & MORGEN GmbH im Anhang unter Nr. 8 und 9.

8 Vgl. dazu Anhang Nr. 8.

Der normale Versicherungsnehmer ist oft nicht in der Lage, zu vergleichen, abgesehen davon, dass sich in Anbetracht der mageren Renditen eigentlich ein Vergleich in dieser Kategorie eher erübrigt. Man kann besser auf jegliche Kapitallebensversicherung verzichten.

Nachtrag:
Der Vorstandsvorsitzende der Munich Re in München, eine der weltweit führenden Rückversicherungsgesellschaften, Nikolaus Bomhard, sagte in einem Interview mit der *Financial Times Deutschland*[9] Folgendes: Die Gruppe besitze eine ganze Reihe von Erstversicherern, die selbst mit Endkunden Geschäfte machten. In Deutschland sei dies der Ergo-Konzern, der einer der größten Anbieter von Lebenspolicen sei. Ergo verliere in diesem Bereich seit Jahren Marktanteile. Das beunruhige ihn aber nach eigenen Angaben nicht. Die Frage müsse doch lauten: Wie ertragreich ist die deutsche Lebensversicherung bei ökonomischer Betrachtung? Die Antwort: Nicht sehr ertragreich, wie übrigens auch in anderen Ländern.

Offenbar ist aber die Munich Re AG als Gruppe so interessant, dass der Finanzinvestor Warren Buffett sich über seine Gesellschaft Berkshire Hathaway Inc. mit 7,99 % der Aktien am Gesamtkapital von 22,3 Mrd. Euro beteiligt hat – vermutlich aber wohl nicht wegen der Erträge aus dem Lebensversicherungsgeschäft, sondern weil der Gesamtgewinn für das Geschäftsjahr 2009 2,564 Mrd. Euro[10] betragen hat (Eigenkapitalrendite = 11,05 %).

7.2.1 Alternative: Abschluss einer „Todesfallversicherung und Investieren der Differenz"

Lernen von den Besten: Versicherungsnehmer könnten einfach das nachmachen, womit Arthur L. Williams mit seiner Organisation in den USA so außerordentlich erfolgreich geworden ist. Dazu brauchen sie nur eine reine Todesfallversicherung über 100.000 € mit einem Beitrag von 9,59 € mtl. abzuschließen und die Differenz zu 226,26 €, nämlich 216,67 €, zu investieren. Zum Beispiel in einen weltweit anlegenden Aktienfonds mit einer Rendite, die mit Sicherheit weit über der des besten Anbieters einer Kapitallebensversicherung liegen wird, denn seit Einführung des Investmentgesetzes in Deutschland in den 50er-Jahren des letzten Jahrhunderts hat es *keinen* globalen Aktienfonds gegeben, der bei einer Laufzeit von 30 Jahren nicht darüber gelegen hätte. [11]

9 FTD – Interview „Munich Re zweifelt am Geschäft" vom 18.08.2010.

10 Vgl. http://de.wikipedia.org/wiki/Munich_Re, Stand 22.10.2010.

11 S. dazu auch die Ausführungen zu „Wie finde ich den richtigen Aktienfonds: Das Basisinvest" unter 2.5.

Was nun in allen rollierenden 30-Jahres-Zeiträumen seit mehr als 50 Jahren dabei herausgekommen ist, wenn man in der Vergangenheit z.B. 216 € mtl. in den Templeton Growth Fund investiert hätte, zeigen nachfolgende Zahlen (Stand 31.12.2008): [12]

			Rendite
Niedrigstes	Ergebnis (1/79 - 12/08)	252 T€	6,96 %
Bestes	Ergebnis (1/55 - 12/84)	1083 T€	14,42 %
Durchschnittl. Ergebnis		769 T€	12,52 %

Wenn Sie auch nur das niedrigste Ergebnis von 252 T€ vergleichen mit der vom Versicherer genannten Ablaufleistung von 183 T€, ist das rund 40 Prozent mehr. Legt man gar das Durchschnittsergebnis von 769 T€ zugrunde – denn der Wert wäre unter Einbeziehung eines zeitlichen Puffers von 1 bis 3 Jahren wahrscheinlicher –, dann bedarf es kaum noch einer weiteren Argumentation.

Einen so extremen Kurseinbruch wie im Jahr 2008 hat es am Ende eines 30-Jahres-Zeitraums auch in der langen Historie des Templeton Growth Fund bisher noch nicht gegeben. Und die sich speziell zum Stichtag 31.12.2008 ergebende Rendite von 6,96 % wird sich nach menschlichem Ermessen innerhalb der nächsten 3 bis 5 Jahre wieder auf einem Durchschnitt zwischen 9 und 12 % bewegen.

7.2.2 Eigene Erfahrung mit einer Kapitallebensversicherung

Erinnern Sie sich? Die in meinem Schlüsselerlebnis erwähnte Kapitallebensversicherung bei einem öffentlichen Versicherer, in welche ich für die Zeit vom 01.04.1968 – 01.04.1998 monatlich 102 DM einzahlte, führte seinerzeit zu einer Rendite von gerade einmal 4,9 %, d.h., auch in der ferneren Vergangenheit haben Versicherungen im Durchschnitt kaum mit wesentlich höheren Renditen aufwarten können als die derzeit prognostizierten.

Der Ablaufwert von seinerzeit ca. 89.000 DM entsprach 30 Jahre später etwa noch einer Kaufkraft von 40 % [13] dieses Betrages = 35.600 DM. Eingezahlt hatte ich 102 X 12 = 1.224 DM p.a. X 30 Jahre = 36.720 DM, d.h., trotz einer Rendite von 4,9 %, die am Ende zu einem Kapital von 89.000 DM geführt hatte, konnte ich mir kaufkraftmäßig gerade nur den Wert der tatsächlichen Einzahlungen erhalten – also tatsächlich auch eine **Anlage zum Nulltarif.**

12 Quelle: FONDS@NALYSE.TOOLVers.4.04.16/0910-DE, ©2008 EDISoft GmbH.

13 Vgl. Inflationstabelle Anhang Nr. 3.

7.2.3 Warum gibt es in Deutschland über 90 Millionen Kapitallebensversicherungsverträge und nur einen Bruchteil davon Fondssparverträge – eine „VISION" besonderer Art?

Die Antwort kennen Sie schon, Arthur L. Williams gab sie Ihnen – es ist die hohe Provision des Versicherungsvertreters, die er beim Abschluss einer Kapitallebensversicherung für alle Beiträge des gesamten Versicherungsverlaufs im Voraus bekommt. In der Regel sind es 4 - 5 % der Summe der Beiträge. Im Beispiel in Abschnitt 7.2.0 belaufen sich diese auf 226 € X 12 = 2.212 p.a. X 30 Jahre = 81.360 €. Bei 4 % betrüge die Provision 3.254 €, bei 5 % wären es 4.068 €.[14]
Ein Vermittler eines Fondssparplanes erhält dagegen immer nur den Ausgabeaufschlag, in der Regel maximal 5 % der *tatsächlichen* Einzahlung. Im Beispielsfall eines Betrages von 226 € mtl. oder 2.712 € jährlich sind es 135 € pro Jahr an vergleichbarer Einnahme.[15]
Solange es in der Versicherungsbranche die **„Provision"** gibt, wird jeder potenzielle Kunde, dem man einen Versicherungsvertrag verkaufen könnte, ein Leuchten in den Augen des Vermittlers hervorrufen. Es ist die **„Vision"**, eine Einmalvergütung für Leistungen zu erhalten, die der Kunde in den nächsten 20 oder 30 Jahren erst noch erbringen muss. Auch wenn er sie nicht oder nicht vollständig erbringt, darf der Vermittler die Vergütung in der Regel in voller Höhe behalten, wenn nicht ausnahmsweise ein Vertrag innerhalb der ersten 5 Jahre seit Abschluss storniert und der Vermittler zeitanteilig an den Stornogebühren beteiligt wird.[16]

Sie können vor allem von einem Versicherungsvertreter nicht den Hinweis erwarten, dass Sie bei gleichem Aufwand mit einem reinen Fondssparvertrag bei einer Kapitalanlagegesellschaft das Doppelte bis Dreifache an *Rendite* erzielen können, abgesehen von einem Vielfachen der *Ergebnisse* über den Zinseszinseffekt. Er *muss* die Interessen seines Unternehmens vertreten, sonst verstößt er gegen den mit seinem Auftraggeber geschlossenen Handelsvertretervertrag und setzt seine Existenz aufs Spiel.

Da die Versicherungswirtschaft im Laufe der Jahre erkannt hat, dass aktienbasierte Anlagen mehr Ertrag abwerfen als festverzinsliche, nutzt sie den Vorteil und bietet Fondspolicen an, die mehr Rendite versprechen als klassische

14 Nach einem Artikel in der Zeitschrift „Euro" Nr. 9/2008 und einer zuvor durchgeführten Befragung von 90 Versicherern beträgt die Abschlussprovision durchschnittlich 5,2 %.

15 Vgl. auch die Darstellung unter Abschnitt C 5.5.

16 Dem Versicherungsnehmer werden bei Kündigung innerhalb von 5 Jahren seit Vertragsabschluss die zuvor belasteten Abschlusskosten zeitanteilig vergütet – § 169 VVG, gültig für Verträge, die nach dem 01.01.2008 abgeschlossen worden sind.

Lebens- und Rentenversicherungen. Dazu gibt sie Ihnen auch noch das Gefühl der Sicherheit, da sie eben von einer Versicherungsgesellschaft angeboten werden. Die Rendite ist auch bei längerfristiger Anlage mit höchster Wahrscheinlichkeit höher als bei der klassischen Kapitallebensversicherung, nur wird sie wegen der beim Versicherer anfallenden zusätzlichen Verwaltungskosten in der Regel niedriger ausfallen als bei einer Direktanlage in einem Aktienfonds.[17]

Wenn sich an der Gesetzgebung in Deutschland nichts Entscheidendes ändert – und damit ist in absehbarer Zeit kaum zu rechnen –, dann bleibt es ähnlich wie in den USA vor 30 Jahren: „Die Versicherungsbranche profitiert bereits jahrzehntelang von der Unsicherheit und Unwissenheit des Verbrauchers."[18]

7.2.4 Kapitallebensversicherungen im Vergleich Deutschland – Großbritannien

Bei über 90 Mio. Kapitallebensversicherungsverträgen in Deutschland hat jeder Deutsche, rechnet man die Kinder und die Rentner raus, durchschnittlich 3 Verträge, die alle zwischen 3 und 5 % Rendite abwerfen. In der Vergangenheit lagen diese geringfügig höher, im Durchschnitt bei 4 bis 6 %.[19] Die deutschen Versicherungsgesellschaften werden bei klassischen (d.h. nicht fondsgebundenen) Verträgen nie höhere Renditen erwirtschaften können, weil dies im System begründet ist. Deutsche Versicherer dürfen von Gesetzes wegen maximal 35 % in Aktien investieren. Ende 1999 waren die deutschen Lebensversicherer durchschnittlich zu 26,9 % in Aktien und ähnlichen Realwerten investiert, während festverzinsliche Anlagen, Immobilien etc. 73,1 % ausmachten – so Dr. Mark Ortmann in seiner Studie „Kapitalanlage deutscher und britischer Lebensversicherer".[20]

Worin liegt nun aber, auf das Ergebnis bezogen, der Unterschied zwischen der deutschen und der britischen Anlagephilosophie? Ortmann hat durch Vergleich zweier von den Ausgangsdaten her identischer Verträge jeweils beim größten Versicherer in England, der „Standard Life", und in Deutschland, der „Allianz-Versicherung AG", festgestellt, dass bei einem 30 Jahre alten Versicherungsnehmer und einer Versicherungsdauer von 30 Jahren Laufzeit

17 Vgl. auch das Beispiel einer fondsgebundenen Versicherung unter Abschnitt 7.4.1.

18 Zitat von Dr. phil. Tim Tyles, Anwalt für Verbraucherfragen, im Vorwort zu „Das Prinzip Gewinnen" von A. L. Williams – vgl. auch C 5.4.

19 Wegen künftiger Renditen am Lebensversicherungsmarkt Hinweis insoweit auch auf Zitat des Vorstandsvorsitzenden der Munich RE, Nikolaus von Bomhard, im Abschnitt C 7.2.0.

20 Versicherungswissenschaftliche Studien Nr. 21, S. 38 ff., Nomos Verlagsgesellschaft.

(01.06.1969 - 31.05.1999) für den deutschen Kunden eine Rendite von 5,95 % entstand, für den britischen Versicherungsnehmer dagegen von 12,85 %. Bei 15-jähriger Laufzeit (01.06.1984 - 31.05.1999) war das Verhältnis ähnlich: Rendite beim deutschen Versicherten 5,84 %, beim Briten etwa die doppelte Rendite, nämlich 11,07 %.

Dies ist jedoch kein Einzelfall, denn die wichtigsten *zehn* britischen Versicherer haben bei Vertragsabläufen in den Jahren von 1989 - 1999 *im Durchschnitt* eine effektive Beitragsrendite von 12,88 % erwirtschaftet. Dabei wurde eine Laufzeit von 25 Jahren sowie ein Todesfallschutz von 100 % der Beitragssumme zugrunde gelegt. Die „Standard Life" erreichte in diesem Zeitraum eine über dem Durchschnitt liegende Rendite von 13,37 %. Zum Vergleich: Die beste Gesellschaft erreichte eine Rendite von 13,48 %, die schlechteste von 11,41 %. *Das Ergebnis von Ortmanns Untersuchung ist, dass in Großbritannien eine mehr als doppelt so hohe Rendite erwirtschaftet wird wie in Deutschland.*

Anders als in Deutschland lag die Aktienquote britischer Versicherer von 1984 - 1999 bei durchschnittlich ca. 75 %, d.h., es waren nur ca. 25 Prozent im festverzinslichen Bereich und in Immobilien angelegt. Ortmann kommt deshalb zum Schluss: „Die unterschiedliche Struktur der Kapitalanlagen britischer und deutscher Lebensversicherer mit einem *umgekehrten Verhältnis* von Aktien und festverzinslichen Wertpapieren kann damit als wesentliche Ursache für das Renditegefälle von Großbritannien nach Deutschland festgehalten werden."

Die deutschen Versicherer werden deshalb nie an die Renditen britischer Versicherer heranreichen können, nicht etwa, weil die Briten klüger sind, sondern weil die deutschen Gesetze diese Möglichkeiten nicht zulassen. Britische Versicherer haben andererseits eine jahrhundertelange Erfahrung im Umgang mit Aktienanlagen. Die britische Lebensversicherungsindustrie ist weltweit die älteste (ca. 150 Jahre älter als die deutsche).[21] Britische Versicherungsgesellschaften verstanden sich von Anfang an nicht so sehr als Versicherer, sondern als Fonds- oder Kapitalanlagegesellschaften, die ihr Hauptgewicht auf Renditeerzielung legten. So kommt Dr. Mark Ortmann zu der Feststellung, dass die „Angelsächsische Anlagephilosophie als marktbezogen, ertrags- und risikobewusst" bezeichnet werden kann gegenüber der „real- und traditionsbezogenen, sicherheitsorientierten deutschen Einstellung".

Hieran ist deutlich erkennbar, dass aktienbasierte Anlagen besser abschneiden als Anlagen mit festverzinslichen Papieren. Mit Kursschwankungen können

21 Hinweis auf „Geldanlagen für Mündel und Betreute" von Fiala/Nerb, Ausgabe 2003, S. 66, ISBN 3-89817-280-5.

britische Versicherer ebenfalls besser umgehen als die deutschen, weil sie diese im Interesse der Versicherungsnehmer glätten, d.h., für den Fall von steigenden Börsenkursen, z.B. 20 % in einem Jahr, werden dem Versicherungsnehmer beispielsweise nur 10 % gutgeschrieben. Der restliche Vermögenszuwachs kommt in eine Rücklage. Sobald Kursverluste auftreten, werden diese aus jener Rücklage aufgefangen. So wird von einer Börsenschwankung zur anderen verfahren. Auf Englisch heißt dieses Verfahren „smoothing". Dass es funktioniert hat, mag nachstehende Übersicht nochmals deutlich machen, bei der allerdings die Inflation noch nicht berücksichtigt ist. Obwohl die Inflationsraten in Großbritannien in der Vergangenheit deutlich höher waren als in Deutschland, haben sie sich in den letzten 15 Jahren jedoch immer weiter der deutschen Inflationsrate angepasst – so Ortmann.

Auch ein Vergleich der Realrenditen (Rendite nach Inflation) für den obigen Musterkunden mit 30-jährigem Vertrag, wie Ortmann sie in seinem Buch dargestellt hat, mag die Unterschiede deutlich machen:

	Rendite nominal – wie vor	**Rendite real – nach Inflation**
Deutscher Versicherungsnehmer	5,95 %	2,57 %
Britischer Versicherungsnehmer	12,85 %	5,12 %

Die Grundaussage bleibt somit gültig, dass die Renditen von Verträgen britischer Versicherer etwa doppelt so hoch ausfallen wie die der deutschen.

Nachstehend die Tabelle, aus der die nominal erzielten Renditen hervorgehen, die bei britischen Kapitallebensversicherungen erzielt worden sind, soweit die Verträge in den Jahren 1997 - 2006 zur Auszahlung fällig waren:

Renditeleistungen britischer Top-Versicherer
Beispiel: Mann, 30 Jahre; Todesfallschutz: 100 % der Beitragssumme, Rendite in Prozent, Lebensversicherungspolicen mit 25-jähriger Laufzeit, **50 Pfund Monatsbeitrag,** Ablauf jeweils zum 1. Februar.

Gesellschaft	1997	1998	1999	2000	2001	2002	2003	2004	2005	2006
Clerical Medical / CM	13,4	13,7	13,5	13,3	13,0	11,9	10,6	9,3	n.g	8,5
Scottish Mutual / SMI	13,1	13,3	13,4	13,6	13,1	12,0	9,6	9,4	7,5	7,6
Friends Provident	13,2	13,4	13,4	13,2	12,6	11,8	10,8	9,2	7,9	6,9
Standard Life	13,2	13,5	13,6	13,6	13,6	13,0	11,3	10,0	8,7	7,4
Prudential	13,0	13,1	13,4	13,0	12,5	11,9	10,9	9,4	8,8	8,7
Royal London	13,6	13,9	14,4	14,2	14,5	13,5	12,2	11,5	9,9	9,2
Scottish Life / SLI	13,0	13,2	13,2	13,1	13,9	12,7	11,1	9,2	8,4	8,2

Quelle: Zeitschrift „cash" Nr. 7-8/2004, „Money Management" 4/2001 bis 4/2003, Royal London und „Money Management" 4/2007 sowie HABSCHEID (UK) Consulting Ltd. / www.habscheid-uk.de
n.g = nicht genannt

Ergebnis ist, dass nahezu alle britischen Versicherer bei Vertragsabläufen bis 2003 **zweistellige Ablaufrenditen** erzielten. In den darauffolgenden Jahren fielen die Renditen als Folge der Börsencrashs in den Jahren 2001 - 2003 (Angriff auf das World Trade Center am 11.09.2001 und Irakkrieg) ebenfalls niedriger aus. Sie liegen aber im Durchschnitt immer noch etwa beim Doppelten dessen, was deutsche Versicherer an Renditen aufzuweisen haben.

Warum dieser kleine Schwenk zu britischen Versicherungen?

a. Britische Versicherer können bessere Ergebnisse erwirtschaften, weil das System es zulässt, theoretisch sogar bis zu 100 % in Aktien zu investieren. In dem von Ortmann untersuchten Zeitraum 1984 - 1999 lag die durchschnittliche Aktienquote bei etwa 74 %, im Zeitraum 1969 - 1999 bei 66 %.

b. Die Sicherheit für den Versicherungsnehmer ist durch eine wesentlich strengere Versicherungsaufsicht gewährleistet, die besonders die Solvabilität (Bonität) der Versicherer unter ständiger Beobachtung hat, d.h., der Versicherer muss so viele Reserven bzw. Rücklagen vorhalten, dass die Ansprüche der Versicherungsnehmer *immer* erfüllt werden können. Sieht die Aufsicht eine ernsthafte Gefährdung, wird auch schon einmal eine Versicherungsgesellschaft geschlossen, d.h., es dürfen dann keine Neuverträge mehr angenommen werden, sondern die Gesellschaft hat nur noch den Zweck, die laufenden Verträge zu erfüllen – so geschehen mit der Equitable Life, die 2001 von Clerical Medical übernommen worden ist.

c. Kritiker haben immer moniert, dass es in Großbritannien keinen „Feuerwehrfonds" wie in Deutschland gebe, der eine in die Insolvenz gehende Gesellschaft ggf. auffange, wie es z. B. mit der Mannheimer-Versicherung geschehen ist.[22] Die deutschen Versicherer haben zu diesem Zweck erst eine Auffanggesellschaft gegründet („Protektor"), welche die insolvente Mannheimer-Lebensversicherungsgesellschaft abwickelt, um so Schaden von den Versicherungsnehmern und letztlich auch einen Imageschaden von der gesamten Versicherungswirtschaft abzuwenden. In Großbritannien existierte jedoch bereits vorher ein „Feuerwehr-" bzw. Einlagensicherungsfonds, der im Falle eines Versicherungskonkurses 90 % aller Versicherungsansprüche inkl. Überschüsse garantierte (Policeholders Protection Act von 1975). Dieser Schutz gilt auch für deutsche Versicherungsnehmer, die einen Versicherungsvertrag bei einer der Aufsicht der Financial Services Authority (FSA) unterliegenden britischen Versicherung abgeschlossen haben. [23]

7.2.5 Britische Kapitallebensversicherung als Alternative?

Wer nach wie vor eine Kapitallebensversicherung wegen der vermeintlich größeren Sicherheit gegenüber einer Fondsanlage bevorzugt – z.B. Clerical Medical, die ebenfalls als mündelsichere Anlage durch die deutsche Gerichtsbarkeit anerkannt ist[24], für den stellt eine britische Versicherung wahrscheinlich eine ertragreichere Alternative dar als eine deutsche Versicherung. Im Hinblick darauf, dass der Ablaufwert für Verträge nach dem 01.01.2005 jedoch zur Hälfte zu versteuern ist, vorausgesetzt die 12-Jahres- Frist ist eingehalten und der Versicherungsnehmer hat mindestens das 60. Lebensjahr vollendet, kann eine Investition in eine gute Fondsanlage, abhängig von der individuellen steuerlichen Situation, möglicherweise sinnvoller sein.

22 Vgl. entsprechenden Bericht in der „Finanzzeitung" vom 25.10.2004.

23 Hinweis insoweit auch auf „Geldanlagen für Mündel und Betreute" von Fiala/Nerb, S. 81.

24 Vgl. dazu „Geldanlagen für Mündel und Betreute".

Neben Clerical Medical stellen andere britische Versicherer – vgl. Tabelle unter 7.2.4 –, soweit sie durch eigenständige Tochtergesellschaften in Deutschland vertreten sind, weitere Alternativen dar. Zu beachten ist aber, dass es sich dann um Verträge handelt, die dem deutschen Recht unterliegen. Die Inanspruchnahme fachkundiger unabhängiger Beratung ist unbedingt zu empfehlen.

Wenn britische Versicherer sich in erster Linie als Kapitalanlagegesellschaften verstehen, wird es verständlich, dass sie längerfristig Renditen erzielen, die mit denen global investierender Aktienfonds vergleichbar sind. Wenn sie im Vergleich mit deutschen Versicherern etwa doppelte Renditen erzielen, sind auch dafür die Gründe offenkundig. Für den Anleger oder Versicherungsnehmer bedeutet doppelte Rendite aber nicht nur doppeltes Ergebnis, sondern es kommt bei langen Laufzeiten sogar zu einer mehrfachen Verdoppelung.

Beispiel: [25]

Monatsbeitrag:	100 engl. Pfund
Laufzeit:	Dez. 1973 - Dez. 2003
durchschnittliche Ablaufleistung:	265.421 Pfund
vergleichbare Ablaufleistung eines deutschen Versicherungsnehmers:	33.300 Pfund

Doppelte Rendite bedeutet in diesem Beispielsfall das *achtfache Ergebnis*, dessen Ursache ausschließlich auf den bei langen Laufzeiten progressiv wirkenden Zinseszinseffekt zurückzuführen ist.[26]

7.2.6 Deutsche Kapitallebensversicherungen – „legaler Betrug"

Wenn Sie bereits seit Längerem Inhaber einer deutschen Lebensversicherungspolice sind, werden auch Sie in der Regel von Jahr zu Jahr über den Stand Ihrer Ablaufleistung informiert. Sie werden bei genauerem Hinsehen bemerkt haben, dass sich der ursprünglich prognostizierte Ablaufwert von Jahr zu Jahr drastisch verringert hat. Einige Versicherungsgesellschaften haben derzeit schon Probleme, den vertraglich zugesicherten Garantiezins zu erwirtschaften. Je nachdem, wann ein Vertrag abgeschlossen worden ist, liegt dieser zwischen

25 Vgl. dazu Ortmann in „cash" 7-8/2004.

26 Vgl. dazu auch die Tabelle im Anhang Nr. 2: „Die 72er-Regel i.V. mit Sparplänen".

4 % und bei neueren Verträgen 2,25 %.[27] Den Garantiezins bekommen Sie aber immer nur für den Teil Ihres Beitrages, der verbleibt, nachdem der Versicherer den auf das Todesfallrisiko entfallenden Beitragsanteil und seine eigenen Verwaltungskosten davon abgezogen hat.

Fiktive Beispielsrechnung

Beitrag:		100 €
Risikoanteil:		10 €
Verwaltungskosten:		10 €
verbleibender Sparbeitrag:		80 €
davon zurzeit 2,25 %	=	1,80 € pro Rate
tatsächliche Beitragsrendite somit nur 1,80 € von 100 €	=	**1,8 %**

„Die Lebensversicherung ist für viele eine Blackbox“, so die Aussage von Professor Hans-Peter Schwintowski.[28] Der Versicherer führt Ihnen nicht auf, wie viel von dem Beitrag auf das Todesfallrisiko und auf eine ggf. andere eingeschlossene Zusatzversicherung (z.B. Unfall) entfällt. Er ist hierzu auch nicht gesetzlich verpflichtet. Bei den neuerdings anzugebenden Verwaltungskosten handelt es sich stets um kalkulierte Beträge, die für Sie als Versicherungsnehmer jedoch keinen verbindlichen Charakter haben. Durchschnittlich können Risikobeitrag und Verwaltungskosten 15 - 25 % ausmachen, die somit nicht verzinst werden und auch nicht zur Vermögensmehrung beitragen. Der Garantiezins von derzeit 2,25 % ist demnach nur Augenwischerei. Anhand der Übersicht im Anhang Nr. 9 kann der auf die Risikoversicherung entfallende Beitrag bei einer Versicherungssumme von 100.000 € mtl. 9,59 € betragen, er kann aber auch mtl. 35,24 € ausmachen (teuerster Anbieter). Das ist mehr als das Dreifache oder 367 % mehr, ohne ein Mehr an Leistung zu erzielen, denn „tot ist tot“, wie man in Fachkreisen sagt. Wenn der günstigste Beitrag für eine Kapitallebensversicherung von 100.000 € mtl. 226,26 € beträgt (Anhang Nr. 8) und wir annehmen, dass dieser Anbieter für die darin eingeschlossene Risikoversicherung mtl. 35,24 € in Ansatz bringen würde – in der Regel erfahren Sie dies nicht –, würde allein dieser Anteil 15,57 % vom Gesamtbeitrag ausmachen. Setzt man für Verwaltungskosten nochmals 5 - 10 % an, ist man bereits

27 Nachtrag: Für ab 01.01.2012 abgeschlossene Verträge beträgt der gesetzlich vorgeschriebene Garantiezins nur noch 1,75 %.

28 Dr. Mark Ortmanns in Fachkreisen hoch angesehener Doktorvater von der Berliner Humboldt-Universität, der gleichzeitig Mitherausgeber der von Ortmann verfassten Studie ist. Schwintowski ist Vorsitzender des wissenschaftlichen Beirats des Bundes der Versicherten e.V. in Henstedt-Ulzburg und gehörte u.a. mit zur Expertenkommission der Bundesregierung, als es um die Abschaffung der Steuerfreiheit für Auszahlungen aus Kapitallebensversicherungen ging. Vgl. zur Textaussage: Zeitschrift „Euro“ 9/2008 – Titel „Der große Schwindel“.

bei 20 - 25 %, die *nicht* in die Sparanlage des Versicherungsnehmers fließen. Neben garantierter Verzinsung der in den Spartopf gelangenden Beitragsteile werden Ihnen zwar noch Überschüsse in Aussicht gestellt, die aber ebenfalls nicht garantiert sind und mit welchen sie deshalb nicht fest rechnen können.

Der amerikanischer Versicherungsaufsichtsbeamte Elizur Wright hat vor mehr als 100 Jahren bereits Folgendes gesagt:

„Da in der Lebensversicherung Dinge miteinander vermengt werden, die getrennt werden sollten, und weil das Wissen darüber, was bei einem solchen Vertrag eigentlich vor sich geht, nur auf einer Seite vorhanden ist, und weil dadurch die Möglichkeit des Schwindels so groß ist, muss man sich fragen, ob Lebensversicherungen jemals mit einem gewissen Grad von Ehrlichkeit betrieben werden."[29]

Besonders die Intransparenz der Kapitallebensversicherung hat den Bund der Versicherten e.V. (BdV) zusammen mit der Verbraucherzentrale Hamburg in einer im Jahr 1982 herausgegebenen Broschüre veranlasst, die Kapitallebensversicherung als „legalen Betrug" zu bezeichnen. Diese sei zu 90 % überhaupt keine Versicherung, sondern ein langfristiger Sparvertrag mit einer Rendite, die oft unter der Inflationsrate liege und dann einer realen Verzinsung von null entspreche.[30] Eine Klage des Verbandes der Lebensversicherungsunternehmen gegen den Bund der Versicherten wegen der öffentlich verbreiteten Kritik wurde vom Landgericht Hamburg abgewiesen.

Ein ursprünglich vom Verband der Lebensversicherungsunternehmen hiergegen eingelegter Widerspruch wurde, als die Wogen der Kritik abgeebbt waren, stillschweigend zurückgenommen. Seitdem darf jeder öffentlich behaupten, dass eine Kapitallebensversicherung **legaler Betrug** ist, ohne dafür belangt werden zu können – in Anbetracht von 90 Millionen Lebensversicherungsverträgen ein unhaltbarer Zustand.

Das Landgericht Hamburg führte seinerzeit zu dem Wortlaut der Broschüre des BdV u.a. aus: *„Die streitige Äußerung dient der Aufklärung der Verbraucher über das Wesen der Lebensversicherung zur Altersversorgung. Durch die Einstufung dieser Versicherung als ‚legaler Betrug' wird von dem Abschluss solcher Verträge abgeraten. Es ist ein öffentliches Interesse daran vorhanden, dass potenzielle Versicherungsnehmer über die verschiedenen Möglichkeiten, das Todesfallrisiko zu versichern, aufgeklärt werden. Angesichts dessen, dass in der Werbung des Klägers*

29 Hinweis auf „Ratgeber Versicherung" von Hans Dieter Meyer – ehemals Geschäftsführer des Bundes der Versicherten e.V. – HEYNE-Ratgeber 80/5058 – 14. Auflage von 1997, S. 219 ff.

30 „Ratgeber Versicherung" von Hans Dieter Meyer.

(Anmerkung des Verfassers: Kläger war der Verband der Lebensversicherungsunternehmen) *und seiner Mitgliedsunternehmen die Lebensversicherung zur Altersversorgung im Vordergrund steht, besteht ein Aufklärungsbedürfnis über die Versicherungsart Risikolebensversicherung. Die Aussagen in der Broschüre zum Thema Lebensversicherung zur Altersversorgung ergeben, dass hier ein Vergleich zwischen diesen Versicherungsarten vorgenommen und im Interesse der Verbraucher – als für diese günstiger – der Abschluss von Risikolebensversicherungen empfohlen wird.*"[31]

Vereinzelte Verbesserungen, die seitdem umgesetzt wurden, ändern nichts an der Tatsache, dass der Beitrag für eine Kapitallebensversicherung die Kosten verschleiert, die auf das eigentliche Todesfallrisiko entfallen. Der Versicherer ist nach wie vor nicht verpflichtet, Ihnen über die Aufteilung der Beitragsteile Rechenschaft abzulegen.

Auch macht man den Menschen immer noch glauben, dass die Versicherung quasi umsonst sei, denn er bekäme ja am Ende noch Geld heraus. Es fragt sich nur, im Verhältnis wozu und wie viel. Dass es am Ende nach Abzug der Inflation ggf. ein Nullsummenspiel ist, sagt Ihnen keiner.

„Trennen Sie stets Versichern und Sparen!"

So empfiehlt es der Bund der Versicherten e.V. Sie können auch nicht damit rechnen, dass der Staat einschreitet, bis jetzt hat er es nicht getan. *„Lebensversicherungsunternehmen gehören in Deutschland mit zu den größten Kapitalsammelstellen mit einer entsprechenden Bedeutung für die Volkswirtschaft: Die Kapitalanlagen in der Lebensversicherung resultieren aus langfristigen Sparprozessen und stehen daher für langfristige Investitionen zugunsten des Staates und der Privatwirtschaft zur Verfügung. Damit leisten Sie einen wesentlichen Beitrag zur Steigerung der Produktivität und des Wirtschaftswachstums und gleichzeitig auch zur Entlastung der gesetzlichen Rentenversicherung und damit des öffentlichen Haushalts, da die künftig zu zahlenden gesetzlichen Renten aus der künftigen Produktivitätszunahme finanziert werden müssen."*[32]

Sie müssen also schon selber aktiv werden, wenn Sie etwas ändern wollen, denn es gibt Anlageprodukte, die für die Altersvorsorge um ein Mehrfaches besser sind, wie Ihnen die Beispiele mit einer guten Aktienfondsanlage vor Augen führen.

31 Ebd.

32 Zitiert aus „Vermögensanlagepraxis in der Versicherungswirtschaft", in: Ortmann, „Kapitalanlage deutscher und britischer Lebensversicherer", a.a.O., S. 30.

7.2.7 Kündigung einer Kapitallebens- oder Rentenversicherung

Generell kann es sich lohnen, eine Kapitallebensversicherung aufzukündigen, wenn Sie noch mindestens 10 - 15 Jahre oder mehr Zeit haben, um für Ihre Altersvorsorge anzusparen.

Es muss auch kein Hindernis sein, wenn Sie durch die Kündigung Geld verlieren. Auch wenn die Stornogebühr schmerzt, können Sie Ihre Versicherung ggf. um 5 - 15 % günstiger am sog. Zweitmarkt verkaufen (z.B. cash.life oder Policen Direkt[33]), als wenn Sie sich mit dem Rückkaufswert zufrieden geben. Entscheidend ist allein, ob Sie **am Ende** aller Voraussicht nach über mehr verfügen oder nicht. Hier hilft nur eine unabhängige, fachkompetente Beratung. Wichtig ist aber auch, dass Sie für den Fall, dass Sie den Versicherungsschutz behalten oder gar noch aufstocken möchten, den Neuabschluss einer Risikolebensversicherung **vor** der Kündigung des Altvertrages sicherstellen, denn sonst haben Sie ggf. ein Problem, wenn Sie z.B. aus gesundheitlichen Gründen nicht mehr versicherbar sind oder einen so hohen Beitrag für die Risikoversicherung zahlen müssen, dass sich das Ganze nicht mehr lohnt. Wenn Sie allerdings Ihre Versicherung verkaufen können, bleibt der bisherige Todesfallschutz ohne weitere Beitragszahlung aufrechterhalten. Allerdings wird im Todesfall die bereits an Sie als Kaufpreis ausbezahlte Summe für die Kapitalversicherung nebst vom Übernehmer geleisteter Prämie in Anrechnung gebracht.

Die meisten stehen hilflos davor, wenn der Versicherer jedes Jahr den ursprünglich in Aussicht gestellten Ablaufwert senkt, wie das nachfolgende Beispiel eines großen Versicherers ausweist:

Beginn der Versicherung:	01.04.1977
Ablauf der Versicherung:	01.04.2017
Vierteljährlicher Beitrag	105,38 €

33 cash.life AG, Zugspitzstr. 3, 82049 Pullach, www.cashlife.de, sowie Policen Direkt GmbH, Rotfederring 5, 60327 Frankfurt, www.policendirekt.de.

Zwischenstandsmitteilungen:

Stand	01.04.2002	01.04.2003	01.04.2004	01.04.2005	01.04.2006	01.04.2007
Garantiekapital	17.303 €	17.303 €	17.303 €	17.303 €	17.303 €	17.303 €
Bisher erreichte Überschuss-betlg. - garantiert -	11.389 €	11.924 €	12.316 €	12.720 €	13.136 €	13.564 €
Künftige Überschuss-betlg. - nicht garantiert -	22.448 €	12.773 €	9.881 €	8 777 €	8.395 €	7. 967 €
Ablaufleistung	51.140 €	42.000 €	39.500 €	38.800 €	38.834 €	38.834 €

Die prognostizierte Ablaufleistung ist innerhalb von zwei Jahren um etwa 24 % geschrumpft und seitdem ist nichts mehr hinzugekommen, obwohl jedes Jahr 420 € an Beiträgen eingezahlt werden und an sich auch eine Verzinsung des bereits angesparten Kapitals erfolgen müsste.

Eine simulierte Einzahlung des zum 01.04.2007 mitgeteilten Rückkaufwertes von 21.700 € in den Templeton Growth Fund und Weiterzahlung der bisher an den Versicherer gezahlten Rate von vierteljährlich 105,38 € bis zum Zeitpunkt des Ablaufs der Versicherung – d.h. etwa 10 Jahre – hat in der Vergangenheit in allen rollierenden **10-Jahres-Zeiträumen** seit 01.01.1955 zu folgenden Ergebnissen geführt:[34]

			Rendite p.a.
Bestes Ergebnis	1/75 - 12/84	198.961 €	23,85 %
Niedrigstes Ergebnis	1/99 - 12/08	27.440 €	0,62 %
Durchschnittliches Ergebnis		76.679 €	11,55 %

Vergleicht man diese Werte mit der prognostizierten Ablaufleistung des Versicherers (38.834 €), könnte die Kündigung der Kapitallebensversicherung bereits interessant sein. Da der Versicherungsnehmer auf die Auszahlung der Versicherungsleistung bei Ablauf des Vertrages nicht angewiesen ist und bis zur Vollendung des 65. Lebensjahres noch einen zeitlichen Puffer von weiteren 5 Jahren zur Verfügung hätte, könnte er insgesamt über eine 15-jährige Anspardauer nachdenken.

34 Auswertung zum 31.12.2008, Berechnungsbasis jährlich – Quelle: FONDS@NALYSE. TOOLVers. 4.04.14/910-DE, © 2006 EDISoft GmbH.

In der Vergangenheit haben alle rollierenden **15-Jahres-Zeiträume** seit 01.01.1955 zu folgenden Ergebnissen geführt:[35]

			Rendite p.a.
im besten Fall	(1/75 - 12/89) =	260.928 €	17,21 %
im schlechtesten Fall	(1/94 - 12/08) =	44.832 €	3,54 %
im Durchschnitt		141.219 €	11,96 %

Auch in Anbetracht der noch zusätzlich erforderlichen Einzahlungen von insgesamt 2.100 € für einen Zeitraum von 5 Jahren (105 € x 4 = 420 € p.a. x 5) hätte sich die Verlängerung der Anspardauer in der Vergangenheit für den Anleger allemal gelohnt. Das durchschnittliche Ergebnis hätte sich fast noch einmal verdoppelt – dank des Zinseszinseffektes. Er könnte selbstverständlich auch schon nach 10 Jahren ganz oder teilweise über das dann vorhandene Fondsguthaben verfügen, vor allem dann, wenn der Wert des Depots nicht gerade durch ein vorübergehendes Börsentief gelitten hat. Auch die Weiterzahlung der Sparraten könnte jederzeit gestoppt werden. Er unterliegt insoweit keinerlei vertraglichen Verpflichtungen mehr. Eine Fondsanlage ist deshalb gegenüber einer Kapitallebensversicherung wesentlich flexibler.

Die auf Einzahlungen nach dem 31.12.2008 ggf. anfallende Abgeltungsteuer ist unberücksichtigt geblieben, da der Rückkaufswert aus der Versicherung noch vor diesem Zeitpunkt eingezahlt worden wäre und die nach diesem Stichtag fällig werdenden Vierteljahresraten von 105,38 € dazu von untergeordneter Bedeutung gewesen wären.

7.2.8 Risikolebensversicherung mit variablem Beitrag

Auch bei Abschluss einer Risikolebensversicherung sollte immer der durch die Inflation eintretende Kaufkraftverlust beachtet werden. Unter Berücksichtigung der Inflation hat ein Versicherungsschutz von heute in Höhe von 100.000 € in 15 Jahren nur noch einen Wert von ca. zwei Dritteln und in 25 Jahren von der Hälfte, also von etwa 50.000 €.[36] Andererseits kann es aber auch sein, dass der Versicherungsbedarf mit der Zeit abnimmt, wenn parallel dazu anderweitig Vermögen aufgebaut wird.

35 Auswertung zum 31.12.2008, Berechungsbasis jährlich Quelle: FONDS@NALYSE.TOOL-Vers a.a.O.

36 Vgl. dazu Inflationstabelle im Anhang Nr. 3.

Dem kann man begegnen durch ein Modell, das z.B. vom Bund der Versicherten e.V. in Kooperation mit der Hannoverschen Leben angeboten wird: Eine Risikolebensversicherung mit *variablem* Beitrag. Dieser Beitrag wird jedes Jahr entsprechend dem erreichten Lebensalter angepasst, ist also anfänglich sehr niedrig und steigt wegen des zunehmenden Todesfallrisikos kontinuierlich an. Der Vorteil ist, dass in jungen Jahren mit geringen Beiträgen ein hoher Versicherungsschutz erreicht werden kann und lange Laufzeiten vereinbart werden können.

Bei einer vorzeitigen, jederzeit möglichen Kündigung oder Herabsetzung des Versicherungsumfangs geht kein Beitrag verloren. Dagegen wird bei einer Versicherung mit festem Beitrag schon von Vertragsbeginn an das höhere Risiko im hohen Alter mit eingerechnet. Werden in späteren Jahren höhere Beiträge fällig, werden diese gar durch die Inflation gemildert, d.h., ein Nominalbeitrag von 100 € belastet den Beitragszahler nach z.B. 20 Jahren real nur noch mit 3/5 oder 60 €.

Der Unterschied zwischen variablem und festem Beitrag wird aus nachstehenden Zahlen deutlich.

Versicherungssumme:	100.000 €
Eintrittsalter:	30 Jahre
Endalter:	65 Jahre

	Variabler Beitrag Anfänglicher Jahresbeitrag[37] €	fester Beitrag Jahresbeitrag €
Mann:		
Nichtraucher	50	152
Raucher	66	373
Frau:		
Nichtraucherin	32	93
Raucherin	44	232

Auch sog. Restschuldversicherungen, Risikolebensversicherungen mit stetig fallender Versicherungssumme, werden vom Bund der Versicherten angeboten.

37 Stand 01.07.2009 lt. Beilage „BdV-Mitglieder-Service GmbH" – Bund der Versicherten e.V., Postfach 11 53, 24547 Henstedt-Ulzburg. Adresse: www.bundderversicherten.de, E-Mail: info@bundderversicherten.de.

In einem solchen Fall vermindert sich die Risikoversicherungssumme, indem z.B. eine Hypothekenschuld durch ratierliche Tilgung abgetragen wird.

Entscheiden Sie sich für die Variante mit einem festen Jahresbeitrag, kann es vorteilhaft sein, Angebote der Versicherer zu vergleichen, wie unter Abschnitt 7.2 aufgeführt.

Eine gute unabhängige Information erhalten Sie mit dem „Leitfaden Versicherung“, zu beziehen beim Bund der Versicherten e.V. (BdV). Der BdV ist Deutschlands größte gemeinnützige Verbraucherschutzorganisation für Versicherungsfragen. Der Leitfaden wird nach meinen Erfahrungen den meisten Menschen helfen können, damit sie nicht unnötig Geld zum Fenster hinauswerfen. Auch der BdV bestätigt, dass die Deutschen zwar durchschnittlich ca. 1.800 €[38] für Versicherungen im Jahr ausgeben, aber selten dafür bekommen, was sie wirklich brauchen oder sich vorgestellt haben.

Selbsttest

- Warum liegen die Renditen deutscher Versicherer bei gerade der Hälfte britischer Versicherer?
- Welches Selbstverständnis haben britische Versicherer?
- Welche Möglichkeiten haben Sie, eine ggf. abgeschlossene Kapitallebensversicherung aufzulösen?
- Wieso dürfen deutsche Kapitallebensversicherungen offiziell als „legaler Betrug“ bezeichnet werden?

38 Aussage von Lilo Blunck, Vorsitzende des BdV, in einem Interview mit der Zeitschrift „FOCUS“, Heft Nr. 28 vom 06.07.2009, S. 96.

7.3 Allgemeines zur klassischen Rentenversicherung

Die klassische Rentenversicherung funktioniert im Prinzip wie eine Kapitallebensversicherung, nur dass damit kein Todesfallschutz verbunden ist. *„Während des aktiven Arbeitslebens zahlt man monatlich Beiträge – später erhält man dafür eine zusätzliche private Rente vom Versicherer. Die Einzahlungen (Beiträge und ggf. Zulagen) werden dabei in der Regel mit einer garantierten Mindestverzinsung (2,25 % für Vertragsabschlüsse seit dem 1.1.2007) angelegt. Hinzu können Überschüsse kommen, die jedoch nicht garantiert sind“* – soweit Ausführungen in einer vom Bund herausgegebenen Broschüre.[39]

Der Rentenversicherungsvertrag besteht in der Regel somit aus zwei Teilen:

a. der Anspar- oder Aufschubphase zur Ansammlung des Kapitals und

b. der Rentenauszahlungsphase, in welcher das Kapital ratierlich zur Aufbesserung ggf. anderer Altersversorgungsbezüge zurückfließt.
Das Risiko des Versicherers liegt darin, dass er sich verpflichtet, Ihnen die Rente bis an Ihr Lebensende zu zahlen, auch wenn das zuvor angesparte Kapital ggf. bereits verbraucht ist.

Versicherer haben in der Vergangenheit vielfach argumentiert, dass die Renditen in Rentenversicherungen in der Ansparphase höher seien als bei der Kapitallebensversicherung, weil kein Todesfallschutz mitversichert sei. Tatsächlich gibt es jedoch bei Tod des Versicherungsnehmers nur die eingezahlten Beiträge – *unverzinst* – plus evtl. aufgelaufene Überschüsse zurückerstattet. Im Übrigen sind die Renditen während der Ansparphase mit denen der Kapitallebensversicherung vergleichbar, wenn man den Todesfallschutz unberücksichtigt lässt.

Zitiert sei hier auszugsweise ein Bericht aus der *Welt am Sonntag* vom 11.06.2006, der heute genauso aktuell ist wie damals:

„Viele Lebensversicherer verstecken ihre laufenden Überschüsse und geben sie erst ***mit der Auszahlung*** *an die Versicherten weiter. Prognosen über die Rentenhöhe werden so schwieriger. Kunden sollten Anbieter daher nach der garantierten Leistung auswählen. Sinkende Kapitalmarkterträge, verhältnismäßig hohe Garantieverzinsungen für in früheren Jahren abgeschlossene Versicherungsverträge – durchschnittlich 3,5 % – als auch die zunehmende Langlebigkeit der versicherten Personen machen den Versicherern zu schaffen. Deshalb verringern sich Gewinnbeteiligungen*

39 Bundesministerium für Arbeit und Soziales, Referat Information, Publikation, Redaktion in 53107 Bonn, Broschüre „Zusätzliche Altersvorsorge“, S. 35.

zusehends und Schlussgewinnanteile gibt es nur noch, wenn am Ende noch etwas übrig bleibt."

Das Hauptproblem der Versicherer liegt hauptsächlich in der Rentenauszahlphase, weil die Lebenserwartung der Menschen allmählich ansteigt und damit auch die Rentenzahldauer.

Und wie reagieren die Versicherer darauf? Sie könnten einerseits die Beiträge erhöhen oder andererseits die Rentenzahlungen von vornherein kürzen. Ersteres würde aber Versicherungskunden vermehrt davon abhalten, derartige Verträge abzuschließen. Man wählt somit den Weg der Rentenkürzungen, indem man die Rentenbezugszeit an die höhere Lebenserwartung anpasst. Da niemand weiß, wann er verstirbt, hilft hier das Bundesamt für Statistik mit einer stets aktualisierten sog. Sterbetafel zunächst weiter.

Beispiel:
Ein gegenwärtig 30-jähriger Mann wird im Durchschnitt etwa 82 Jahre alt. So könnte ein Versicherer wie folgt rechnen: Zahlungen für die Leibrente ab Vollendung des 65. Lebensjahres bis zum Alter von 82 Jahren ergibt eine durchschnittliche Rentenbezugsdauer für alle Versicherten von 17 Jahren. Nach dem besonders für Versicherer geltenden Vorsichtsprinzip müssen sie wegen der allmählich ansteigenden Lebenserwartung jedoch eine entsprechende Sicherheitsmarge einrechnen, damit am Ende für alle genügend übrig bleibt. Im Durchschnitt legen Versicherer deshalb als Endalter für die Rentenzahlung das 94. Lebensjahr zugrunde,[40] d.h., die Rentenbezugsdauer verlängert sich damit um weitere 12 Jahre auf insgesamt 29 Jahre. Nun kann man sich zumindest vorstellen, dass sich die Rente entsprechend vermindern muss, wenn die Auszahlung des Kapitals von 17 auf 29 Jahre gestreckt wird. Und wie machen die Versicherer das? Da sie Ihnen die garantierte Rente nicht kürzen dürfen, ergibt sich bei den nicht garantierten Überschüssen eine entsprechende Drehschraube. Auch deshalb werden Sie in Zukunft kaum noch mit höheren Rentenbezügen als den Ihnen garantierten rechnen können. Und eine Rentenversicherung rechnet sich für Sie nur, wenn Sie die Rückzahlung Ihrer Beiträge – möglichst einschließlich garantierter Verzinsung von zurzeit 2,25 % – auch erleben. Und wer wird schon 94 Jahre alt, wenn der Durchschnitt es nur bis 82 Jahre schafft?

Was geschieht aber, wenn Sie früher versterben als der Versicherer kalkuliert hat? Der nicht ausgezahlte Teil fällt dem Versicherer als sog. Sterblichkeitsgewinn zu,

40 Hinweis auf „Wie lange müssen wir leben?" in der Frankfurter Allgemeinen Sonntagszeitung (FAS) vom 12.07.2009, in welchem auf entsprechende Aussagen des Versicherungsmathematikers Axel Kleinlein, Berlin, Bezug genommen wird.

der zwar zu 75 % der Versichertengemeinschaft gutzuschreiben ist. Einen Anteil von 25 % darf aber der Versicherer für sich behalten – bis Mai 2008 waren es noch 10 % –, um damit interne Kosten abzudecken bzw. seinen Gewinn zu erhöhen. Da Versicherungsgesellschaften meistens in der Rechtsform von Aktiengesellschaften betrieben werden, fließt dieser Vorteil indirekt somit den Aktionären zu. Die Verbraucherzentrale Bremen stellt in diesem Zusammenhang die Frage, ob nicht „überlange Sterbetafeln als neue Geldquelle" der Versicherer anzusehen sind – so der gleichnamige Artikel.[41]

Es wird dem Normalbürger auch verschlossen bleiben zu beurteilen, wie hoch der Sicherheitspuffer tatsächlich sein muss. So stieg allein die Anzahl der über 95-Jährigen von 9.000 im Jahr 1965 auf 67.000 im Jahr 1996 und schließlich auf 83.500 im Jahr 1998 (heute über 100.000) an. Nach übereinstimmenden Prognosen der UNO und anderen Institutionen werden im Jahr 2030 etwa 2,2 Millionen Menschen über 100 Jahre alt sein.[42]

Das Statistische Bundesamt berichtete am 08.11.2006: Derzeit seien unter den rund 16 Millionen Menschen, die 65 Jahre und älter sind, annähernd 4 Millionen, die mindestens 80 Jahre alt sind. Doch 2050 gebe es dann rund 10 Millionen Menschen mit einem Alter von 80 Jahren und älter.[43] Es gibt somit nur eine Schlussfolgerung:

Wenn Versicherte in ferner Zukunft länger leben, werden die nicht eingeplanten längeren Rentenzahlungen nur zu Lasten der sich bei den übrigen Versicherten angesammelten Überschüsse bezahlt werden können. Und hiervor kann keiner, der sich auf einen Rentenversicherungsvertrag einlässt, seine Augen verschließen.

Das Schlimmste ist aber, dass sich die zugesagte lebenslange Rente laufend durch die Inflation dezimiert. So hat eine Rente, die heute 1.000 € beträgt, bei einer Inflationsrate von 2,5 - 3 % nach 10 Jahren – dann sind Sie, falls die Rente mit 65 Jahren begonnen hat, gerade 75 Jahre alt – noch einen realen Wert („Kaufkraft") von ca. 750 €, nach 20 Jahren nur noch von etwa 600 €. Wenn Sie aber 100 Jahre alt werden, verfügen Sie am Ende real gerade noch über zwei Fünftel der ursprünglichen 1.000 €, also ca. 400 €.[44]

41 S. unter www.verbraucherzentrale-bremen.de unter themen/geld/altersvorsorge – Stand 21.07.2009.

42 Vgl. Zukunftsforscher und Bestsellerautor Matthias Horx in „Wie wir leben werden – unsere Zukunft beginnt jetzt" – Campus-Verlag, S. 295.

43 Bericht der FAZ vom 08.11.2006.

44 Vgl. Inflationstabelle im Anhang Nr. 3.

Das ist sicherlich ein Problem, wenn Sie nicht Ihren Kindern oder dem Staat zur Last fallen wollen. Sie verlieren am Ende aber Ihre persönliche Freiheit, besonders wenn Sie im Übrigen noch vollkommen geistig fit sein sollten – ein Szenario, das nicht unbedingt Freude aufkommen lässt.

Es ist zwar möglich, eine Rente zu dynamisieren, d.h., dass die Rente mit zunehmender Zahlungsdauer allmählich ansteigt. Dafür erhalten Sie aber zum Rentenbeginn dann entsprechend weniger.

Gleiches gilt sinngemäß auch für die vom Staat geförderten Riester- und Rürup-Verträge, wenn diesen klassische Rentenversicherungen zugrunde liegen. Gegenwärtig gibt es etwa 12,4 Millionen Riester-[45] und 670.000 Rürup-Verträge.[46]

Insgesamt haben nach Angaben des Fondsverbandes BVI inzwischen nur 2,48 Millionen Bundesbürger einen Riester-Vertrag **auf Basis eines Investmentfondssparplans** abgeschlossen.[47] Das entspricht somit einem Anteil von ca. 20 %, obwohl gerade diese Variante gegenüber dem Banksparplan oder der Versicherungslösung die bessere Wahl wäre.

Zur Frage, wann sich die vom Staat geförderten Rentenverträge für Sie lohnen, heißt es in dem zuvor zitierten Artikel in der *FAZ* vom 12.07.2009: „Die meisten Riester-Renten sind so angelegt, dass sie sich erst ab stolzen 100 Jahren rechnen." Und bezüglich der Rürup-Rentenverträge: „Der Kunde muss im günstigsten Fall der untersuchten Policen ohne Todesfallleistung 84,4 Jahre alt werden, im schlechtesten Fall sind es lt. Öko-Test[48] sage und schreibe 109 Jahre."

Bezüglich der Beurteilung, ob sich speziell Riester-Renten lohnen, kommt der Riester-Experte und Professor für Wirtschaftstheorie an der Freien Universität Berlin, Klaus Jaeger, zu ähnlichen Ergebnissen.[49] „Die Riester-Rente lohnt sich für Sparer meist erst vom 90. Lebensjahr an", so seine Schlussfolgerung. Nach dem weitergehenden Bericht in der *Wirtschaftswoche* beruhen aktuell etwa 75 % aller Riester-Verträge auf Rentenversicherungsmodellen, d.h., die

45 Vgl. Handelsblatt vom 15.07.2009, Artikel „Riester: Kampf der Deckungslücke".

46 Hinweis auf Artikel von Lutz Reichl „Rürup-Rente lohnt nur im Ausnahmefall" – s. unter www.manager-magazin.de, Geld/Geldanlage, über die von „Öko-Test" durchgeführte Studie zur Rürup-Rente, auch Basisrente genannt.

47 FTD vom 31.07.2009 „Anleger verschmähen Riester-Fondsverträge".

48 Vgl. Fußnote 46.

49 Hinweis auf Artikel in der Wirtschaftswoche Nr. 31/2009 vom 22.07.2009, S. 76 ff.

meisten Riester-Sparer haben sich weder für einen Fondssparplan noch für einen Banksparplan entschieden, wobei Sie mit Letzterem eine erheblich geringere Rendite erzielen dürften.

Unabhängig davon müssen Sie stets bedenken, dass Sie persönlich über das angesparte Kapital weder bei Riester- noch bei Rürup-Verträgen frei verfügen, sondern dass sich diese nur noch verrenten lassen können. Eine Ausnahme bilden Riester-Verträge, bei denen Ihnen bei Auszahlbeginn eine einmalige Entnahme bis 30 % zugestanden wird. Auf jeden Fall sind die aus beiden Vertragsarten zufließenden Renten voll zu versteuern, die zufließenden Renten mindern sich laufend durch die Inflation – und das Geld ist am Ende immer weg, auch wenn Sie das angesparte Kapital noch gar nicht verbraucht haben.[50]

Wenn Sie einen Riester-Sparvertrag abschließen sollten, achten Sie darauf, dass dieser auf einem Investmentsparplan beruht. Nur diese machen Sinn, wenn Sie sich Ihr Geld nicht nur erhalten wollen, sondern es sich auch noch effizient vermehren soll.

Jetzt zeige ich Ihnen Fälle, wie in der täglichen Beratungspraxis Rentenversicherungsverträge abgeschlossen werden. Daran sehen Sie, worauf im Einzelnen zu achten ist und welche Ergebnisse sich im Vergleich zu einer guten Aktienfondsanlage möglicherweise ergeben würden. Diese Fälle sind nicht unbedingt repräsentativ für die gesamte Versicherungsbranche und beziehen sich auch nicht auf die besten oder schlechtesten Anbieter, sondern sind zufällig in meiner täglichen Beratung an mich herangetragen worden.

50 Bei Riester-Verträgen kann ein Hinterbliebenenschutz vertraglich vereinbart werden, sodass Erben ggf. noch einen Restanspruch über eine bestimmte Mindestleistungsdauer (Rentengarantiezeit) haben.

7.3.1 Praxisbeispiel: Aufgeschobene Rentenversicherung für einen 49-jährigen Mann

Prämissen:	
Versicherte Person = Versicherungsnehmer:	männlich
Geboren:	5/1954
Mtl. Rente:	966,70 €
Wahlweise Kapitalabfindung	195.615,30 €
Rentengarantie:	lebenslang, mindestens 14 Jahre ab Beginn der Rentenzahlung
Beginn der Versicherung:	01.12.2003
Ablauf der Beitragszahlung:	01.12.2017
Ablauf der Aufschubzeit:	01.12.2017
Beginn der Rentenzahlung:	01.12.2017
Anspardauer somit:	14 Jahre
Beitrag mtl.:	1.000 €
Überschussverwendung in der Aufschubzeit:	Ansammlung
Während des Rentenbezugs:	Dynamische Gewinnrente

Zusatz: „Das Kapitalwahlrecht gilt als vereinbart."

Allgemeine Erläuterungen des Verfassers

1. Der Versicherer weist darauf hin, dass Abschlusskosten bereits pauschal bei der Tarifkalkulation berücksichtigt sind und deshalb nicht gesondert in Rechnung gestellt werden. Diese werden vielmehr mit den ersten Beiträgen verrechnet, bis sie getilgt sind (sog. Zillmerverfahren).[51]

Es erfolgt weiter der Hinweis, dass eine Kündigung des Vertrages durch den Versicherungsnehmer mit Nachteilen verbunden und deshalb besonders in der Anfangszeit ggf. noch kein Rückkaufswert vorhanden ist, aber auch in den Folgejahren der Rückkaufswert noch nicht die Summe der eingezahlten Beiträge erreicht.

Deutlich werden dürfte hierdurch, dass ein mit einem Versicherungsvertreter geführtes Gespräch nur „kostenlos" ist, bis Sie einen Vertrag abschließen.

51 Änderung der Rechtslage für nach dem 01.01.2008 abgeschlossene Verträge nach § 169 VVG, wonach die Abschlusskosten auf die ersten 5 Jahre verteilt werden. Die Folge ist, dass in den ersten Vertragsjahren der Rückkaufswert höher ausfällt als bisher.

Dann aber zahlen Sie die Kosten – durch Verrechnung mit Ihren geleisteten Beiträgen – und nicht etwa die Versicherungsgesellschaft.

Folgende Tabelle ist beigefügt, anhand derer die „Nachteile“ bzw. Verluste bei etwaiger Kündigung abgelesen werden können. Man bekommt damit auch eine Vorstellung, wie viel Abschlusskosten ein Versicherer im Verhältnis zu den insgesamt zu zahlenden Beiträgen (14 x 12.000 € = 168.000 €) verrechnet.

Termin	Einzahlungen €	Rückvergütung (= Rückkaufswert) €	(-) Verlust bei Kündigung bzw. (+) Gewinn bei Ablauf
01.12.2004	12.000	4.083	- 7.917
01.12.2005	24.000	13.980	- 10.020
01.12.2006	36.000	24.475	- 11.525
01.12.2007	48.000	35.594	- 12.406
01.12.2008	60.000	47.362	- 12.638
01.12.2009	72.000	59.808	- 12.192
01.12.2010	84.000	72.962	- 11.038
01.12.2011	96.000	86.855	- 9.145
01.12.2012	108.000	105.265	- 2.735
01.12.2013	120.000	116.961	- 3.039
01.12.2014	132.000	128.657	- 3.343
01.12.2015	144.000	140.353	- 3.647
01.12.2016	156.000	152.049	- 3.951
01.12.2017 (Ablauf)	168.000	*195.615	+ 27.615

* Kapitalabfindung bei Laufzeitende

Würde der Vertragsnehmer (VN) diesen Vertrag z.B. nach 5 Jahren kündigen, bekäme er garantiert 47.362 € ausgezahlt. Eingezahlt sind in diesem Fall 60.000 €. Die Differenz von 12.638 € enthält die Abschluss- und sonstigen Kosten des Versicherungsvertrages, die damit verloren gehen würden. Etwaige vorhandene Überschussanteile sind hierbei nicht berücksichtigt.

2. Die „Kapitalabfindung" von 195.615 € kann nur gewählt werden, wenn der VN den Rentenzahlungsbeginn auch erlebt. Würde er davon Gebrauch machen, hätte er für sein Geld gerade einmal eine **Rendite von 2,13 %** erzielt. Würde er auch nur einen Tag vorher versterben, hätte ein Erbe lediglich einen Anspruch auf Rückzahlung der eingezahlten Beiträge – **unverzinst** –, die sog. „Beitragsrückgewähr vor Rentenbeginn", ggf. erhöht um „evtl. vorhandene Überschussanteile", die aber nicht garantiert sind.

3. Die vom Versicherer angebotene Kapitalabfindung von 195.615 € reicht bereits aus, die dem Versicherungsnehmer zugesagte Rente von mtl. 966,70 € für knapp 17 Jahre (16 Jahre, 10 Monate) zu zahlen, *ohne dass eine Verzinsung des Kapitals* überhaupt berücksichtigt ist. Deshalb bedeutet es für den Versicherer auch kein Risiko, wenn er eine Rentengarantiezeit von 14 Jahren zugesagt hat, auf welche ein Erbe ggf. Anspruch hätte.

4. Bevor ich diese Police zur Begutachtung vorgelegt bekam, war mein Mandant noch davon überzeugt, etwas Gutes für seine Rentenaufbesserung getan zu haben. Vor allem hatte er dieser Versicherungsgesellschaft großes Vertrauen entgegengebracht, weil sie in der Bundesrepublik Rang und Namen besaß. Er wusste bis dato eben noch nicht, dass es auch noch eine bessere Alternative geben könnte.

Eine Vergleichsrechnung z.B. mit einer Ansparung von mtl. 1.000 € im Templeton Growth Fund über alle rollierenden *14-Jahres-Zeiträume* (= Anspardauer lt. Versicherungsvertrag) hat in der Vergangenheit seit 1/55 zu folgenden Ergebnissen geführt:[52]

			Rendite p.a.
bestes Ergebnis	(1/74 - 12/84)	800.575 €	19,08 %
niedrigstes Ergebnis	(1/61 - 12/74)	244.789 €	5,18 %
durchschnittl. Ergebnis		428.298 €	11,81 %

Ausgehend von dem erzielten geringsten Ergebnis wäre dieses bereits erheblich besser gewesen als die von der Versicherung prognostizierte Kapitalabfindung, nämlich um die Differenz zwischen 244.059 € und 195.615 € = 48.444 €. Im Verhältnis zum Versicherungswert sind dies ca. 25 % mehr.

52 Ausgewerteter Zeitraum 1/1955 – 12/2007, Berechnungsbasis jährlich, abzgl. Emissionsgebühren, vgl. aber Nachbemerkung am Schluss dieser Ausführungen.

Legt man nur das geringste Ergebnis als ggf. erreichbares Kapital zugrunde und man hätte sich daraus die vereinbarte monatliche Rente von 966,70 € per Entnahmeplan gezahlt, wären in der Vergangenheit z.B. am Ende *aller 14-Jahres-Perioden* in Anlehnung an die Rentengarantiezeit trotz der Entnahme von insgesamt 162.405 €[53] folgende Ergebnisse aufgelaufen:

			Rendite p.a.
bestes Ergebnis	(1/75 - 12/88)	1.995 T€	18,32 %
niedrigstes Ergebnis	(1/61 - 12/74)	395 T€	7,56 %
durchschnittl. Ergebnis		918 T€	12,70 %

Hierbei tritt besonders zutage, dass sich ein Fondssparer bei ausreichend angesammeltem Vermögen nicht nur eine lebenslange „Rente" per Entnahmeplan aus der Anlage zahlen kann, sondern dass sich darüber hinaus sein Kapital längerfristig vermehrt. Er hat kein sogenanntes Langlebigkeitsproblem, vielmehr nimmt sein Vermögen mit zunehmendem Alter sogar noch zu.

Zum Vergleich die Abwandlung des Beispiels, wenn man statt einer 14-jährigen Entnahmedauer eine von 20 Jahren zugrunde legt:

In allen rollierenden 20-Jahres-Zeiträumen bei Anlage im Templeton Growth Fund haben sich trotz Entnahmen von mtl. 966,70 € folgende Endwerte ergeben:

			Rendite p.a.
bestes Ergebnis	(5/80 - 4/00)	3.517 T€	16,31 %
niedrigstes Ergebnis	(3/85 - 2/05)	562 T€	7,83 %
durchschnittl. Ergebnis		1.832 T€	12,68 %

Um die Inflation auszugleichen, könnte der Anleger sogar die Rente aus der Fondsanlage z.B. mit 3 % dynamisieren, denn es bleibt dann immer noch genug im Fondstopf, um seinen nachhaltigen Bestand zu sichern. Anderseits müsste er nicht unbedingt darauf bedacht sein, sein Vermögen im hohen Alter noch zu mehren. Es ist nur eine angenehme Begleiterscheinung, seinen Nachkommen mit dem eigenen Tod das Leben zu erleichtern, statt nur für sich selbst darauf bedacht gewesen zu sein, eine Garantie für eine lebenslange Rente zu erhalten mit der Gewissheit, dass das dafür angesparte Kapital am Ende weg ist: Entweder

53 966,70 € mtl. x 12 = 12.600,40 € x 14 Jahre = 162.405 €, Emissionskosten fallen nicht an.

ist es infolge mickeriger Verzinsung verbraucht oder der nicht verbrauchte Teil fällt dem Versicherer bzw. der Gemeinschaft aller Versicherten zu.

Dieser Mandant hat nach erfolgter Beratung folgende Überlegungen angestellt:

a. Bei Kündigung des Vertrages zum 31.12.2007

würde die Rückvergütung – lt. Tabelle –	35.594 €
ausmachen. Gezahlte Beiträge bis dahin	48.000 €
Verlust	12.406 €

b. Er könnte somit den Rückkaufswert trotz des erlittenen Verlustes als Einmalanlage und die bisher an den Versicherer geleisteten Beiträge von 1.000 € mtl. noch für die restlichen 10 Jahre in einen guten Fonds einzahlen.

Bei entsprechender Anlage im Templeton Growth Fund sind über alle rollierenden 10-Jahres-Zeiträume seit 1955 (Emissionsgebühren von 5,75 % berücksichtigt) folgende Ergebnisse dabei herausgekommen:

Bester Wert	691 T€
Niedrigster Wert	199 T€
Durchschnittlicher Wert	337 T€
Hierzu im Vergleich die Kapitalabfindung des Versicherers	195 T€

Der niedrigste Wert hätte sich per 31.12.1974 ergeben, nachdem die Kurse infolge der Ölkrise 1973/74 gerade um etwa 45 % eingebrochen waren. Dieses Depot hätte sich bereits 2 Jahre später wieder auf den durchschnittlichen Wert von etwa 337 T€ erholt.

Obwohl niemand in der Zukunft die Entwicklung eines Depots bei entsprechender Konstellation voraussagen kann, spricht jedoch eine große Wahrscheinlichkeit dafür, dass das Ergebnis auf Fondsbasis besser ausfallen dürfte als die vom Versicherer in Aussicht gestellte Ablaufleistung.

Trotz des durch die Kündigung eintretenden hohen Verlustes hat sich der Mandant daraufhin entschieden, aus einem

MINUS ein PLUS

zu machen, wenn auch auf anderer Basis. Statt eines Fondssparvertrages mit mtl. 1.000 € hat er noch vor dem 31.12.2008 eine entsprechende Einmalzahlung geleistet, um der künftigen Abgeltungsteuer zu entgehen.

Nachbemerkung:
In der Historie des Templeton Growth Fund führte bis zum 31.12.2007 die Ölkrise 1973/74 mit ca. 45 % Verlust zum größten Kurseinbruch. Seinerzeit hat die Wertaufholung weniger als 3 Jahre gedauert. Die Finanzkrise führte zu einem noch höheren Kurseinbruch. In 2007 und 2008 waren es knapp 50 %.[54] Die Einbeziehung der aktuellen Werte zum 31.12.2008 in vorstehende Vergleichsberechnungen macht wenig Sinn, weil man die darauf folgende Entwicklung noch nicht kennt. Andererseits tragen die Werte per 31.12.2008 das Potenzial der Verdoppelung bereits in sich, nur keiner weiß genau, bis wann dies geschehen wird.[55]

54 Vgl. dazu die Wertentwicklung pro Jahr im Anhang Nr. 6.

55 Vgl. Ausführungen Klaus Kaldemorgen, Geschäftsführer der DWS, unter Abschnitt C 3.6.1.

7.3.2 Praxisbeispiel: Angebot für eine aufgeschobene Rentenversicherung vom 15.09.2005 durch eine Bank

Prämissen:

Persönliche Daten:

Versicherte Person:	Mann	
Geburtsdatum:	Dez. 1985 (19 Jahre alt)	
Ausgeübter Beruf:	Kaufmännischer Assistent	
Vertragsdaten:		
Vertragsart:	Rentenversicherung mit aufgeschobener Rentenzahlung	
Versicherungsbeginn:	01.10.2005	
Rentenbeginn:	01.10.2050	
Ablauf der Garantiezeit:	01.10.2060	
Ablauf der Beitragszahlungsdauer:	01.10.2050	
Beitrag:	monatliche Beitragsrate	35,00 €
Anspardauer somit:	45 Jahre	
Garantierte Vertragsleistungen:	bei Erleben des Rentenbeginns am 01.10.2050 lebenslange garantierte monatliche Rente	116,48 €
	oder einmalig garantierte Kapitalabfindung	29.365,31 €
	bei Tod vor Rentenbeginn	
am 01.10.2050:		
	Rückzahlung der eingezahlten Beiträge der Hauptversicherung	
	bei Tod nach Rentenbeginn am 01.10.2050: und vor dem Ende der Garantiezeit am 01.10.2060	
garantierte monatliche Rente		116,48 €
	bis zum Ende der Garantiezeit am 01.10.2060	

Nicht garantierte Leistungen:	Nach der zuletzt für 2005 gültigen Überschussbeteiligung hochgerechnete Leistung *bei Erleben des Rentenbeginns* am 01.10.2050 eine monatliche Gesamtrente von	209,08 €
	oder einmalig am 01.10.2050 eine entsprechend hochgerechnete Kapitalabfindung von	22.234,99 €
	zuzüglich garantierte Leistung – wie vor –	**29.365,31 €**
Kapitalabfindung insgesamt		**51.600,30 €**
	Hierin ist die Schlussüberschussbeteiligung von	5,699,00 €
	enthalten. Diese wird jährlich neu festgelegt.	

Für die Überschussbeteiligung ist der Betrag ausschlaggebend, der für den Fälligkeitstermin festgelegt wird. Diese Leistungen sind trotz der Darstellung in Euro und Cent nur als Beispiele anzusehen und können nicht garantiert werden.

Beispielsrechung:

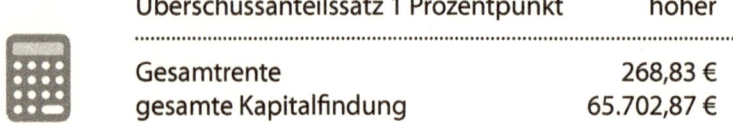

Überschussanteilssatz 1 Prozentpunkt	höher	niedriger
Gesamtrente	268,83 €	165,26 €
gesamte Kapitalfindung	65.702,87 €	41.126,42 €

Beispielhafter Verlauf der zukünftigen Leistungen bei Rückkauf bis zum Rentenbeginn:

Termin:	Garantierter Rückkaufswert €	Hochgerechneter Wert €	Gezahlte Beiträge €
01.10.2006	0	0	420,00
01.10.2007	0	0	840,00
01.10.2008	325,74	325,74	1.260,00
01.10.2009	663,82	663,82	1.680,00
01.10.2019	4.684,34	5.136,39	5.880,00
01.10.2029	10.138,30	10.277,60	10.080,00
01.10.2034	12.180,00	12.531,15	12.180,00
01.10.2049	18.480,00	23.831,37	18.480,00

Ab 01.10.2034 entsprechen die garantierten Rückkaufswerte den tatsächlich geleisteten Beiträgen. Die hochgerechneten Werte sind nicht garantiert. Sie steigen in den letzten 15 Jahren des Vertrages zwar stetig an. Der Höchstwert beträgt zum 01.10.2049 aber gerade einmal 23.831,37 €. Im Erlebensfall bekäme der Versicherungsnehmer stattdessen sogar 25.028,99 € ausgezahlt.

Die sich finanzmathematisch ergebenden Renditen auf die gezahlten Beiträge betragen:

Leistung des Versicherers	€	Rendite
a) Garantierte Kapitalabfindung	29.365	1,85 %
b) gesamte Kapitalabfindung	51.600	3,89 %
c) 1 % höhere Kapitalabfindung	65.702	4,83 %
d) 1 % niedrigere Kapitalabfindung	41.126	3,14 %

Sie finden in diesen Renditen die allgemeinen Ausführungen zur Kapital- als auch Rentenversicherung bestätigt: Infolge der vom Versicherer zuvor von Ihrem Beitrag abgezogenen Verwaltungskosten liegt die Rendite im Fall a) sogar unterhalb des Garantiezinssatzes, der allgemein als verbindlich angenommen wird.

Die Ihnen in Aussicht gestellte Rendite liegt im günstigsten Fall bei knapp 5 %, im Durchschnitt zwischen ca. 3 - 4 %.

Im Todesfall vor Rentenbeginn oder bei vorzeitiger Kündigung bis zum Jahr 2034 haben Sie ein Nullsummenspiel betrieben, weil der Versicherer praktisch keine Zinsen zahlt.

Bei vorzeitiger Kündigung des Vertrages während der Aufschubzeit treten besonders in den ersten Jahren wegen Verrechnung der Abschlusskosten mit den Beiträgen erhebliche Verluste ein. Auch wenn – rein theoretisch – der Versicherungsnehmer den Vertrag noch im letzten Jahr vor Ablauf kündigen würde, erhielte er nur ca. 25.000 €, obwohl bei Ablauf eine garantierte Leistung von ca. 29.000 € fällig würde. Warum eigentlich ca. 4.000 € weniger, wenn es sich tatsächlich um einen wenn auch verkappten Sparvertrag handelt? Das Kapital ist doch ein Jahr vorher im Wesentlichen beim Versicherer bereits angespart. Das heißt im Umkehrschluss, dass der Versicherer sich an die ihm auferlegte Garantieverzinsung nur zu halten braucht, wenn der Vertrag bis zum Rentenbeginn aufrechterhalten wird.

Und jetzt zum Vergleich eine Anlage im Templeton Growth Fund über alle rollierenden 45-Jahres-Zeiträume seit Auflegung im November 1954, die wiederum zu schier unglaublichen Ergebnissen führt:

	Rendite p.a.	
bestes Ergebnis (1/55 - 12/99)	951.315 €	13,37 %
schlechtestes Ergebnis (1/64 - 12/08)	285.135 €	9,66 %
Durchschnitt	680.288 €	12,19 %

– Emissionskosten von 5,75 % sind berücksichtigt –

Es gab bisher 10 Zeiträume von jeweils 45 Jahren, die ausgewertet werden konnten. Bezüglich einer Verrentung des am Ende der Ansparphase vorhandenen Kapitals durch den Versicherer gilt das zur Kapitallebensversicherung Gesagte entsprechend.

Bei einer „Rente vom Aktienfonds" wäre eine Entnahme zwischen 6 - 7 % des nach 45 Jahren verfügbaren Kapitals nach den Erkenntnissen der Vergangenheit der letzten 50 Jahre möglich, ohne dabei das Kapital teilweise oder ganz zu verbrauchen:

Ergebnis aller rollierenden 45-Jahres-Zeiträume bei Anlage im Templeton Growth Fund:

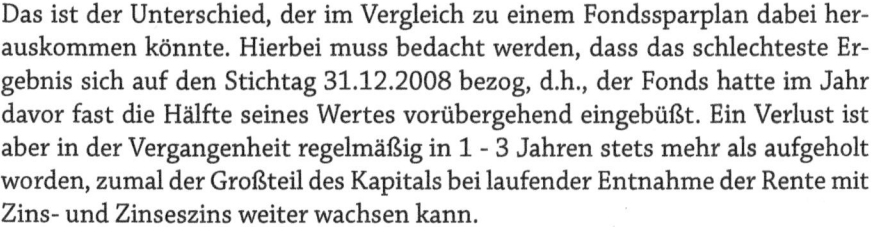

	durchschnittl. Ausgangswert	schlechtester Ausgangswert
– wie vor –	ca. 680.000 €	285.000 €
6 % Entnahme =	40.800 €	17.100 €
monatlich =	3.400 €	1.425 €
Diese Rente entspräche dann unter Berücksichtigung einer Inflationsrate von 2,5 - 3 % nach 45 Jahren noch einer Kaufkraft von ca. 30 % =	ca. 1.020 €	ca. 427 €
Bei der Versicherungsvariante beträgt die Kaufkraft der in Aussicht gestellten, aber nicht garantierten Rente von mtl. 209,08 € mtl.	63 €	
bei der garantierten Rente von 116,48 € sind es gerade noch	35 €	

Das ist der Unterschied, der im Vergleich zu einem Fondssparplan dabei herauskommen könnte. Hierbei muss bedacht werden, dass das schlechteste Ergebnis sich auf den Stichtag 31.12.2008 bezog, d.h., der Fonds hatte im Jahr davor fast die Hälfte seines Wertes vorübergehend eingebüßt. Ein Verlust ist aber in der Vergangenheit regelmäßig in 1 - 3 Jahren stets mehr als aufgeholt worden, zumal der Großteil des Kapitals bei laufender Entnahme der Rente mit Zins- und Zinseszins weiter wachsen kann.

Auch wenn niemand garantieren kann, wie hoch die Rendite eines international investierenden Aktienfonds in Zukunft ausfallen wird, sprechen die in den letzten 5 Jahrzehnten tatsächlich erzielten durchschnittlichen Renditen solcher Fonds für sich,[56] abgesehen von den bisher in allen längeren Zeiträumen – ab 15 Jahren – fast kontinuierlich erzielten zweistelligen Renditen eines Templeton Growth Fund. Wenn man bedenkt, was bereits bei einem doch

56 Vgl. Abschnitt C 2.5.1 „Das Basisinvest".

recht niedrigen Beitrag von 35 € monatlich am Ende dabei herauskommt, gilt hier besonders das nachfolgende chinesische Sprichwort:

> *„Werden keine kleinen Beträge* ***investiert,***
> *können große Summen nicht hereinkommen."*[57]

Sie müssen Ihr Geld nur jemandem an die Hand geben, der ausschließlich darauf bedacht ist, *für Sie* das Beste dabei herauszuholen, und der dabei nicht in erster Linie auf seinen eigenen Vorteil oder den seines Auftraggebers bedacht ist.

Wer Geld in Unternehmensbeteilungen in Form von guten Aktienfonds investiert, lässt es über Profis für sich arbeiten. Dabei ist es von vornherein satzungsmäßig festgelegt, wie viel die Profis daran verdienen, in der Regel laufend 1 - 1,5 % des Depotvolumens. Diese Kosten sind überschaubar und auch angemessen, denn sonst würden nicht *nach* Kosten noch durchschnittlich zweistellige Renditen dabei herauskommen mit Ergebnissen, von denen die meisten privaten Anleger bisher nur träumen.

7.4 Allgemeines zur fondsgebundenen Versicherung

Aktienfonds bescheren auf Dauer eine höhere Rendite als die Anlage in festverzinslichen Wertpapieren. Da Versicherer aber gesetzlich verpflichtet sind, Versichertengelder hauptsächlich in festverzinslichen Wertpapieren anzulegen (im Durchschnitt halten Versicherungsgesellschaften gerade einmal einen Aktienanteil von etwa 10 %[58]), haben sie neben der klassischen Kapitallebens- oder Rentenversicherung ein Konstrukt geschaffen, bei dem der Versicherungsnehmer (VN) an den Erträgen von Aktienanlagen partizipieren kann, sie selbst aber nicht ins Risiko zu gehen brauchen: die Fondspolice. Partizipieren in diesem Sinne heißt, mit dem Teil des Beitrages vom Aktienmarkt zu profitieren, der auch tatsächlich investiert wird.

Der Versicherer schlägt dem VN eine Auswahl des oder der Fonds vor, in die er investieren kann. Somit hat er ggf. die Möglichkeit, zwischen mehreren Fonds auszuwählen. Der VN trägt aber in jedem Fall selbst das volle Anlagerisiko, wie bei einer Direktansparung im Fonds auch. Der Teil des Beitrages, der in Fonds fließt – nach Abzug von einmaligen Abschlusskosten und laufenden Verwaltungskosten –, wird als Sondervermögen des VN beim Versicherer geführt, geht also nicht in das Vermögen des Versicherers ein. Im Falle einer

57 Aus „Zitatenschatz für Aktionäre" von Ernst Günter Tange, Eichborn-Verlag, ISBN 3-8218-3547-8.
58 Artikel in der FTD vom 18.06.2007.

Insolvenz des Versicherers würde dem VN sein Anteil am Sondervermögen erhalten bleiben – vergleichbar also mit Direktanlagen in Investmentfonds, die ebenfalls Sondervermögen darstellen. Die Frage ist somit: Welchen Mehrwert bietet mir die Versicherungsgesellschaft, wenn ich die Ansparung über sie vornehme?

Die bei einer fondsgebundenen Lebensversicherung anfallenden Kosten des Versicherers sind „ein Buch mit sieben Siegeln", wie es auch der regelmäßig für die *Frankfurter Allgemeine* schreibende unabhängige Finanzanalytiker Volker Loomann in einer seiner Kolumnen ausgedrückt hat. Nach seiner Aussage betragen die Kosten im Extremfall 20 % der Prämie, d.h., von 100 € kommen nur 80 € in der Fondsanlage an. Bei von Versicherern angebotenen „managed Fonds" können die Kosten auch schon einmal 25 % und mehr betragen, wie ich aufgrund eigener Recherchen feststellen konnte.

Im Übrigen gelten die zur klassischen Kapitallebensversicherung gemachten Aussagen entsprechend. Dem VN bleibt auch hier verborgen, wie viele Kosten der Versicherer von seinem Beitrag genau einbehält bzw. welcher Teil letztlich im Fonds investiert wird.[59]

7.4.1 Praxisbeispiel: Fondsgebundene Kapitallebensversicherung

Mir wurde kürzlich eine Fondspolice zur Begutachtung vorgelegt – für mich quasi ein Glücksfall, weil diese Police mit der Anlage im Templeton Growth Fund, Inc. unterlegt war. Man konnte das vom Versicherer rechnerisch dargestellte Ergebnis exakt mit einer Direktanlage im Fonds vergleichen.

Vertragsdaten:

Versicherte Person:	weiblich	Vers.-beginn:	01.09.2004
Geboren:	1/1970	Vers.-dauer:	30 Jahre
Mindesttodesfallschutz:	10.800 €	Dynamik:	nein
Nichtraucher:	ja	Mtl. Beitrag:	50 €

59 Wenn seit 01.01.2008 vom Versicherer auch die Kosten (Abschlusskosten und die kalkulierten laufenden Kosten) angegeben werden müssen, kann der VN daraus immer noch nicht schließen, welche Auswirkung sich dadurch auf *die Rendite* ergibt. Nur diese macht aber einen Vergleich mit einer anderen Kapitalanlage möglich. – Vgl. dazu insoweit auch C 7.1.

Zunächst die allgemeine Prognoseberechnung lt. Police:

Ablaufleistung der Fondsentwicklung bei einer angenommenen	
Wertsteigerung von 9 % p.a.	59.357 €
Wertsteigerung von 6 % p.a.	36.142 €
Wertsteigerung von 3 % p.a.	22.714 €
Wertsteigerung von 0 % p.a.	14.749 €
Summe der Beiträge = 50 € x 12 = 600 € p.a. x 30 =	18.000 €

Weitere Angaben des Versicherers:

Vorstehende Werte berücksichtigen die angefallenen Kosten für Risiko, Abschlüsse und Verwaltung ohne Einrechnung von Überschüssen. Dem Vertrag können in Zukunft Risiko- und Kostenüberschüsse in Form weiterer Fondsanteile gutgeschrieben werden, die das Anteilsguthaben erhöhen. Da ihre Höhe nicht voraussehbar ist, sind sie nicht mit eingerechnet. Kosten für Ausgabeaufschläge und Switchgebühren fallen nicht an.

Hieraus kann man zunächst schließen, dass die Differenz zwischen den Einzahlungen von 18.000 € und dem Ablaufwert bei 0 % Rendite im Fonds von 14.749 € = 3.251 € in etwa die Kosten des Versicherers darstellen. Der Beitragsteil für die Risikoversicherung kann hierbei vernachlässigt werden, weil dieser sich von anfänglich etwa 1 € pro Monat innerhalb von 15 Jahren allmählich auf null vermindert.

Verstürbe die Versicherungsnehmerin vorzeitig, würde der Versicherer dieses Risiko von anfänglich 10.800 € nur insoweit tragen, als sich der Gegenwert noch nicht im Fondstopf angesammelt hat. Das ist – lt. Prognoserechnung des Versicherers – etwa nach 15 Jahren der Fall. Für die restliche, verbleibende Vertragsdauer von 15 Jahren würde eine etwaige Todesfallleistung aus dem Fondsguthaben gezahlt werden. Es bestünde für den Versicherer über diesen Zeitpunkt hinaus somit auch kein Todesfallrisiko mehr.

Und jetzt die Vergleichsrechnung mit einer Direktanlage im Templeton Growth Fund, Inc.:

a. Der Rückkaufswert der Versicherung per 31.08.2007 betrug lt. Mitteilung des Versicherers vom 11.09.2007	32,35 €
– i. W. zweiunddreißig Euro, fünfunddreißig Cents –, geleistete Beiträge seit dem 01.09.2004	1.800,00 €
Verlust	-1.767,65€
Hätte man direkt in den Templeton Growth Fund, Inc. investiert, betrüge das Guthaben per 31.08.2007[60]	1.912,00 €
Rückkaufswert – wie vor –	32,35 €
Vorteil der Fondsanlage gegenüber der Anlage beim Versicherer:	ca. 1.880,00 €

b. Weiter wurde der Versicherungsnehmerin dargestellt, wie sich beispielsweise eine fondsgebundene Versicherung in den letzten 30 Jahren entwickelt hätte. Es heißt dort:

„Hätten Sie den Templeton Growth Fund, Inc. für Ihre Fondsanlage gewählt, wäre in dem von Ihnen gewählten Anlagezeitraum in der Vergangenheit untenstehendes Vermögen erwirtschaftet worden:
Templeton Growth Fund, Inc. ***81.110 €***

Das hätte einer jährlichen Rendite von 8,71 % nach Kosten entsprochen. [...]
Die angegebenen Werte beziehen sich auf die Wertentwicklung des Templeton Growth Fund, Inc. über den Zeitraum 01.08.1977 - 31.07.2007, gemessen jeweils zum Jahrestag des Vertrages. Die dargestellten Werte berücksichtigen die Kosten, die für Risiko, Abschluss und Verwaltung Ihres Vertrages angefallen wären. Überschüsse sind nicht eingerechnet.[61]

Die Ergebnisse beruhen auf realen Zahlen der Vergangenheit, sie sind keine Garantie für zukünftige Wertentwicklungen. Sie können schlechter, aber auch besser ausfallen."

60 Emissionsgebühren von 5,75 % sind berücksichtigt.

61 Bei den Überschüssen soll es sich um etwaige technische Überschüsse aus der Versicherung handeln, welche mit der Entwicklung der Fondsanlage nichts zu tun haben (Telefonat am 08.10.2008).

Aber jetzt das tatsächliche Ergebnis bei einer Direktinvestition:

Hätte man in dem vorbezeichneten Zeitraum direkt in den Templeton Growth Fund investiert,

hätte der Endwert	130.305 €[62]
betragen. Wert lt. Versicherung dagegen	81.110 €
Der Weg über die Versicherung würde somit gekostet haben.	49.195 €

Andersherum: Man hätte in den Templeton Growth Fund mtl. nur 31,12 € statt 50 € einzuzahlen brauchen, um auf den von der Versicherung dargestellten Ablaufwert von 81.110 € zu kommen.

Zum Vergleich:

Rendite bei Anlage über die Versicherung:	8,71 %
Rendite bei Direktanlage im Fonds	11,15 %

Auf diesen Unterschied ist aber wohlweislich nicht hingewiesen worden.
In diesem Fall betragen die Gesamtkosten des Versicherers 18,88 €. Bezogen auf den Beitrag von 50 € sind dies etwa **38 %**, die vom Beitrag des Versicherungsnehmers nicht zur Anlage gekommen sind.

Die Hauptursache für das extrem niedrige Ergebnis in der fondsgebundenen Versicherung liegt darin, dass die verhältnismäßig hohen Abschlussgebühren die Erträge der ersten drei Jahre im Wesentlichen aufzehren und deshalb nicht mehr in die Kapitalanlage beim Versicherer einfließen. Bei einer Rendite von 11,15 % (tatsächliche Rendite bei Anlage im Fonds) würden die Abschlusskosten von 1.800 €, die nicht zur Anlage kämen, über den Zinseszinseffekt am Ende bereits zu einem Minderergebnis von ca. 37.000 € führen. Der verbleibende Unterschied von ca. 12.000 € (49.195 € - 37.000 €) dürfte im Wesentlichen auf die zusätzlich anfallenden laufenden Verwaltungskosten des Versicherers gegenüber der direkten Fondsanlage zurückzuführen sein.

Diese extremen Unterschiede ergeben sich im Ausnahmefall dann nicht, wenn bei beiden Vertragsarten jeweils eine Einmalzahlung unterstellt wird und die Abschlussgebühren für den Versicherungsvertrag in etwa dem Ausgabeaufschlag bei der Fondsanlage entsprechen.

62 Programm EDISoft© 1993 – 2007 FAS, Vers. 4.03.43/0710 – Ergebnis unter Berücksichtigung aller im Fonds anfallenden Kosten.

Anders kann es auch sein, wenn bei einem Versicherungsvertrag gegen laufenden Beitrag ausnahmsweise die Abschlussgebühren nicht in einer Summe, sondern ebenfalls ratierlich verrechnet werden – ähnlich wie bei einen Fondssparvertrag. Es kommt also immer noch darauf an, wie die Verträge im Einzelnen gestaltet sind.

Fazit:
Gute Fonds sollten in der Regel nicht über einen Versicherer, sondern immer direkt bei der Fondsgesellschaft gezeichnet werden. Nehmen Sie dabei fachkompetente Hilfe eines Beraters oder Vermittlers in Anspruch, der verpflichtet ist, Sie ausschließlich in Ihrem Interesse zu beraten. Außerdem: Sichern Sie ein Todesfallrisiko immer getrennt ab! Bedenken Sie, dass ein Versicherer in erster Linie das Versicherungsgeschäft abdecken soll, nicht aber das Kapitalanlagegeschäft.

Durch die Einführung der Abgeltungsteuer können kostengünstige Versicherungstarife inzwischen unter steuerlichen Gesichtspunkten gegenüber einem Fondssparplan vorteilhaft sein. Eine unabhängige Beratung ist in diesen Fällen dringend zu empfehlen.

Die meisten Deutschen ahnen überhaupt nicht, welcher Schindluder mit ihnen getrieben worden ist bzw. immer noch wird. Sonst gäbe es nicht so viele Versicherungsverträge, die in Wirklichkeit Sparverträge mit Minimalrendite darstellen. Da Versicherungsverträge meistens längerfristig ausgerichtet sind, gehören derartige „Sparverträge" sinnvollerweise alle in die vom Gesetzgeber vor bereits nunmehr etwa 60 Jahren speziell für die Vermögensmehrung geschaffenen **Kapitalanlagegesellschaften** (KAG), allgemein auch als **Investmentgesellschaften** bezeichnet. Über diese Einrichtungen sollte der Wohlstand für alle ermöglicht werden, aber der Bürger hat aus Unwissenheit und damit verbundener Angst seine Chancen nicht genutzt.[63]

Der Kunde hat dabei nur auf „Sparflamme gekocht", denn er hätte erheblich mehr Rendite haben können, wenn er längerfristig sein Geld in guten Aktienfonds angelegt hätte, von einem Mehrfachen der Ablaufergebnisse – bedingt durch den progressiven Zinseszinseffekt – ganz zu schweigen.

63 Vgl. dazu Ausführungen unter E „Warum legen (noch) nicht alle ihr Geld in Aktienfonds an?".

7.5 Fachspezifische Kommentare zur rechtlichen Ausgestaltung von Versicherungsverträgen

Beantworten Sie sich einmal selbst die Frage, ob Sie das versicherungsrechtliche „Kauderwelsch“ verstehen und ob eine derart ausgestaltete fondsgebundene Rentenversicherung überhaupt die ideale Vorsorgemaßnahme für Ihre Altersvorsorgung darstellen kann.

Fachspezifische Kommentare:
In einem Artikel in Ausgabe 5/05 der speziell für Makler und Vermittler herausgegebenen Zeitschrift „Performance“ wird eine der renommiertesten Ratinggesellschaften für Versicherungen, *Franke & Bornberg Research GmbH*, wie folgt zitiert: *„Selbst dem erfahrensten Vermittler ist es kaum möglich, die unterschiedlichen FRV-Produkte (fondsgebundene Rentenversicherungsprodukte) auf ihre verborgenen Qualitäten abzuklopfen: So verklausuliert und versteckt platziert sind zum Teil die entsprechenden Regulierungen in den Vertragstexten.“*

Ähnlich berichtet die Zeitschrift *Focus* Nr. 28/2009 vom 06.07.2009: „Zuviel Kauderwelsch – Rechtsprofessor Hans-Peter Schwintowski kritisiert unverständliche Klauseln und komplizierte Versicherungsbedingungen.“[64]

Verbraucherschützer wollen sich erst gar nicht auf eine Kostendiskussion bei fondsgebundenen Versicherungen einlassen. „Ich würde solche Verträge gar nicht abschließen“, sagt Edda Castello von der Verbraucherzentrale Hamburg. Besser sei es, direkt Fondssparpläne abzuschließen ohne Versicherungsmantel. Sie kämen ohne die *zusätzlichen* Abschluss- und Verwaltungskosten aus, die bei den Versicherern anfallen. Außerdem seien sie flexibler und im Fall der vorzeitigen Kündigung weniger verlustreich.

64 Professor Schwintowski lehrt seit 1993 an der Berliner Humboldt-Universität u.a. Europäisches Versicherungsrecht. Er ist Vorsitzender des wissenschaftlichen Beirats beim Bund der Versicherten. Er war zugleich Mitherausgeber der von Mark Ortmann verfassten versicherungswirtschaftlichen Studie Nr. 21: „Kapitalanlage deutscher und britischer Lebensversicherer“. Hinweis auf Abschnitt C 7.2.4.

7.5.1 Warum schließen so viele Deutsche Lebens- und Rentenversicherungen ab?

Der berühmte Naturwissenschaftler Alexander von Humboldt scheint recht zu haben mit seiner Aussage

> ***„Die Deutschen brauchen für jede Dummheit zweihundert Jahre; hundert, um sie zu begehen, und hundert, um sie einzusehen.“***

Gegenwärtig könnte gerade die zweite Hälfte des 200-Jahres-Zeitraums begonnen haben.

Warum ist das so? Liegt es nicht meistens daran, dass uns die Produkte von Beratern empfohlen werden, die eigentlich genau wissen müssten, dass es etwas Besseres gibt? Ist dies nicht auch ein Grund dafür, dass der Beruf des Finanzberaters in Verruf geraten ist, weil die meisten Berater nicht für Beratung, sondern in erster Linie für den Verkauf von Produkten stehen? Je höher die Provision, umso eher wird zu einem Produkt geraten.

Das Verwerfliche an der Beraterzunft ist, dass mit gezinkten Karten gespielt und die Unwissenheit der Bundesbürger – man könnte schon fast sagen schamlos – ausgenutzt wird. Dieser ist zumeist blutiger Laie in Gelddingen, auch wenn er glaubt, er verstünde etwas davon. Die meisten überschätzen sich und vergessen, dass die vermeintlichen Finanzberater Profis auf ihrem Gebiet sind, denen sie gegenübertreten und die in erster Linie etwas verkaufen wollen. Allein die Tatsache, dass fast die Hälfte der Deutschen glaubt, Rentenfonds hätten etwas mit der Absicherung ihrer eigenen Rente zu tun, ist schlicht ernüchternd.[65]

Ich habe deshalb das Thema „Rentenversicherung“ etwas ausführlicher behandelt, damit derjenige, der bereits eine solche abgeschlossen hat oder dem eine solche angetragen wird, weiß, was er tut bzw. sich antut. Besonders der jeweilige Ergebnisvergleich mit einer guten international gestreuten Aktienfondsanlage, die bei so langen Laufzeiten von Fachleuten als geradezu ideal für die Altersvorsorge eingestuft wird, lässt die Frage aufkommen, warum Banken derartige Rentenversicherungsverträge überhaupt empfehlen. Zumal sich in der Regel gute hauseigene Produkte für den langfristigen Aufbau einer Altersversorgung, nämlich international investierende Aktienfonds, geradezu angeboten hätten.

65 Vgl. insoweit auch die Ausführungen unter Abschnitt C 1.1.

Ein Bankmitarbeiter aus Süddeutschland bestätigte mir kürzlich, dass Rentenversicherungen dieser Art zu den am meisten verkauften Produkten seines Instituts gehören.

Wahrscheinlich ist auch hier die Provision ausschlaggebend. Für einen Rentenversicherungsvertrag erhält die Bank die Provision auf alle in der Zukunft zu leistenden Beiträge bereits im Voraus. Bei Einzahlungen in Fonds fließt die Vergütung des Beraters als Ausgabeaufschlag dagegen jeweils mit jeder einzelnen Zahlung zu.

Eine weitere Antwort bietet der am 04.02.2008 in der „Wirtschaftswoche" erschienene Artikel: „Bankberater packen aus: Ich habe Sie betrogen". Eine Aussage eines Commerzbank-Mitarbeiters lautet: *„Die Beratung der Kunden orientiert sich daran, was die Bank will, und nicht daran, was der Kunde braucht."* Oder eine langjährige Mitarbeiterin der Dresdner Bank: *„Wenn es darauf ankommt, verkaufen wir einem Eskimo einen Kühlschrank."*[66]

Sehr aufschlussreich ist auch der kürzlich in der Zeitschrift „Focus" erschienene Bericht mit dem Titel „Nur Provision im Kopf", welcher in Zusammenarbeit mit Arno Gottschalk, dem Leiter der Verbraucherzentrale Bremen, verfasst worden ist.[67] Verdeckt wurden verschiedene Großbanken bezüglich einer *Anlage von 180.000 €* getestet. Bestimmte Laufzeiten waren nicht vorgegeben. Sie finden dort alles, aber nicht unbedingt das, was für Sie als Kunde vorteilhaft wäre und vor allem keine weltweit anlegenden Aktienfonds unabhängiger Anbieter.

Nachstehend sind die Empfehlungen der verschiedenen Banken wiedergegeben, die im Wesentlichen folgende Anlagevorschläge enthielten:

Deutsche Bank	70 T€	fondsgeb. Rentenversicherung
	40 T€	Sparbuch und Festgeld
	50 T€	Vermögensverwaltung
	20 T€	Sonstiges
	180 T€	
HypoVereinsbank	60 T€	Festgeld
	60 T€	Anleihen Zinssatz 3 - 3,8 %
	40 T€	Rürup-Rente Laufzeit 24 Jahre
	20 T€	Sonstiges
	180 T€	

66 Vgl. dazu auch den in der Zeitschrift „Wirtschaftswoche" vom 04.02.2008 erschienenen Beitrag „Bankberater packen aus: Ich habe Sie betrogen" unter http://www.wiwo.de/unternehmer-maerkte/bankberater-packen-aus-ich-habe-sie-betrogen-264071/ – 07.02.2008.

67 „Focus" Nr. 26 vom 22.06.2009, S. 98 ff.

Commerzbank	50 T€	CoBa-Schatzbrief
	100 T€	Vermögensverwaltung
	30 T€	Sonstiges
	180 T€	
Stadtsparkasse München	105 T€	Tagesgeld, Anleihen und Pfandbrief Zinssatz bis 2,25 %
	75 T€	Zinsfonds, Garantiefonds, offene Immobilienfonds aus eigenem Hause (DEKA)
	180 T€	
Citibank	90 T€	Sparbuch
	63 T€	Zinsfonds
	27 T€	Aktienfonds (Branchen- Regionenfonds)
	180 T€	

Alle Banken empfahlen, einen Großteil des Geldes festverzinslich anzulegen – mit niedriger Verzinsung für Sie. Ansonsten werden hauseigene Produkte empfohlen, die Erträge in Form von Provisionen und Honorar durch die aktive Vermögensverwaltung versprechen.

Fondsmanager machen auch aktive Vermögensverwaltung. Sie haben aber den Vorteil, dass Fonds in der Regel transparenter sind, denn sie müssen ihre erzielten Renditen Jahr für Jahr veröffentlichen und – das vergessen die meisten – bei Umschichtungen innerhalb eines Fonds fällt **keine Abgeltungsteuer** an.

Verkaufen Sie aber im Rahmen einer aktiven Vermögensverwaltung einer Bank Papiere, sind Sie jedes Mal um ca. 28 % des damit erzielten Gewinns ärmer.

Im Übrigen frage ich mich, weshalb noch so viele Menschen speziell den Versicherungsgesellschaften ihr Vertrauen schenken. Das Einzige, was immer wieder zieht, ist offenbar der in der Bezeichnung „Versicherung“ vorkommende Wortstamm „sicher“. Das eingezahlte Geld ist zwar sicher, aber es ist durchweg wegen der Inflation nach 20 oder 30 Jahren nicht einmal mehr das wert, was man eingezahlt hat. Es ist also sicher weniger. Nur wenn die Rendite höher ist als die Inflationsrate, ergibt sich ein realer Mehrwert. Lebensversicherungen stellen zum weitaus größten Teil Geldanlagen dar, die nicht substanz- oder inflationsgesichert sind, anders als Immobilien oder Aktien bzw. Aktienfonds. In der Regel sind hauptsächlich Letztere wegen der durchschnittlich erzielbaren wesentlich höheren Rendite bei längerfristiger Anlage geeignet, der Inflation am wirksamsten Paroli zu bieten. Auch die Tatsache, dass Versicherungsgesellschaften Ihnen Renditen von vielleicht 5 % in Aussicht stellen, aber gleich dazu sagen, dass Sie nur einen garantierten Anspruch haben von 2,25 % – und das auch nur auf den Teil des Beitrages, den der Versicherer schon vorher um seine eigenen Verwaltungskosten gekürzt hat –, hält die Bundesbürger nicht davon ab, weiterhin brav in Lebensversicherungen einzuzahlen, gegenwärtig jedes Jahr rd. **70 Mrd. Euro** an Beiträgen.

Eine Frage:
Würden Sie jemandem monatlich 100 € auf 25 oder 30 Jahre gegen einen Zins von 5 % zur Verfügung stellen – auch wenn das Geld durch eine Bankbürgschaft gesichert wäre –, wenn er Ihnen sagte: Ich weiß aber noch nicht, ob ich Ihnen aufgrund *meiner finanziellen Lage* am Ende 5 % auszahlen kann, aber auf jeden Fall erhalten sie 2,25 % und die auch nur auf den Teil, der übrig bleibt, nachdem ich *meine Kosten* zuvor abgezogen habe. Das würden Sie doch nicht tun, oder? Nur bei einer Versicherung machen Sie das bedenkenlos – auch wenn „Finanztest" schreibt, dass Sie bei Rentenversicherungen im Durchschnitt nur mit einer Nettorendite von etwa 2 % fest rechnen können. Wenn Sie die prognostizierten Ablaufrenditen einschließlich der Schlussgewinnanteile *Ihrer* Versicherung wissen möchten, empfehle ich Ihnen, einen Blick in den „map-report 2007"[68] Nr. 653-654 für private Rentenversicherungen und die Nr. 647-649 betr. Ablaufanalysen für Kapitallebensversicherungen 1996 - 2007 zu werfen, in welcher alle Versicherungsgesellschaften einzeln aufgeführt sind.

Wer dennoch auf Versicherungen setzen will – der Sicherheit wegen –, sollte darauf achten, dann auf die jeweils besten Anbieter zu setzen, d.h., er sollte sich von einem Versicherungsmakler[69] unabhängig beraten lassen. Einem Versicherungsvertreter ist es verboten, einen Kunden zum Mitbewerber zu schicken, weil er dort vielleicht 1 oder 2 % Rendite mehr erwarten kann. Damit würde er seinen Dienstvertrag verletzen.

Die Rente von einer Versicherung ist vergleichsweise genauso sicher wie die gesetzliche Rentenversicherung. Dass bei Letzterer künftig aber nur noch mit einer Solidarrente auf Sozialhilfe-Niveau zu rechnen ist, hat sich schon herumgesprochen. Wenn aber ein Versicherer seine Ihnen in Aussicht gestellten Leistungen je nach eigener Finanzlage bis auf eine Garantierendite von 2,25 % kürzen kann, erhält man nach Jahr und Tag ggf. nach Inflation vielleicht noch

68 map-report Verlag Manfred Poweleit, Große Str. 60, 21380 Artenburg/Elbe – www.map-report.com.

69 Zu den Unterschieden zwischen Versicherungsmakler und -vertreter vgl. Abschnitt H 4.2.

das heraus, was man vorher eingezahlt hat. Das Geld hat sich aber real nicht vermehrt. ***So kann Sparen doch keinen Sinn machen!***

An dieser Stelle möchte ich Prof. Dr. Hanno Beck zitieren, der regelmäßg Kolumnen für die „Frankfurter Allgemeine Zeitung" (FAZ) zum Thema „Finanzmarkt" schreibt.[70] *„Am meisten Spaß macht Sparen, wenn es einen ordentlichen Ertrag abwirft – doch hier scheinen die Deutschen recht humorlos zu sein, gilt es doch im Fondsbranchenmund als ausgemacht, dass die Deutschen falsch, weil renditeschwach sparen. Die drei beliebtesten Vorsorgeprodukte der Deutschen sind*

- die Lebensversicherung
- der Bausparvertrag und
- das Sparbuch,

also nicht gerade Anlageformen, die wegen ihrer Renditestärke gerühmt werden."

Gerade die „Lebensversicherung", aber auch das Bausparen und das Sparbuch haben sich längst überlebt: Sie sind – und das ist in Anbetracht der überragenden Ergebnisse von längerfristigen Investmentanlagen nicht übertrieben – seit mehreren Jahrzehnten bereits Auslaufmodelle, aber kaum jemand merkt es, weil das entsprechende finanzielle Grundwissen fehlt. Die Großeltern haben es schon so gemacht, die Eltern haben es gemacht und die Kinder machen es so weiter – weil sie es nicht besser wissen.

Als Kunde und Verbraucher können Sie von einem abhängigen Vermittler nichts anderes erwarten, als dass er Ihnen das empfiehlt, was ihm sein Auftraggeber vorgibt. Sie können eben vom Mercedeshändler nicht erwarten, dass er Ihnen einen BMW empfiehlt.

70 Vgl. Artikel mit der Überschrift „Spaß beim Sparen", erschienen in der FAZ am 19.06.2007 – Dr. Hanno Beck ist Professor für Volkswirtschaftslehre an der Hochschule Pforzheim und u. a. bekannt durch seinen Bestseller „Der Alltagsökonom".

7.5.2 Vertrauen Sie nicht leichtgläubig „Beratern", die Ihnen in erster Linie etwas verkaufen wollen!

Versuchen Sie erst gar nicht, das komplizierte Vertragswerk eines Versicherers zu entmystifizieren, sondern legen Sie Ihr Geld, wenn Sie richtig sparen wollen, direkt in guten international investierenden Aktienfonds an. Zwischen den Ergebnissen einzelner Fonds können aber nach den Erfahrungen der längerfristigen Vergangenheit auch wiederum Welten liegen: Nehmen Sie einen Fonds wie den Templeton Growth Fund als Messlatte, damit Sie sich orientieren können. Nur durch Vergleiche über längere Zeiträume – mindestens 15 Jahre[71] – können Sie sich selbst ein Bild von dem machen, was man Ihnen empfiehlt.

Glauben Sie nicht den hehren Worten irgendwelcher Verkäufer, sondern vertrauen Sie nur Zahlen. Auch wenn Sie an deren Richtigkeit keine Zweifel haben, würde ich diese sogar aufgrund meiner Erfahrungen von einem unabhängigen Experten überprüfen lassen, bevor Sie nach 20 oder 30 Jahren feststellen müssen, dass Sie mit Zitronen gehandelt haben oder es etwas wesentlich Besseres gegeben hätte. Ich gebe diesen Rat nicht ohne Grund, denn mir ist Folgendes passiert:

Anlässlich einer Beratung Anfang 2006 wurden mir im Beisein eines Mandanten von einem angeblich auf Anlageberatung spezialisierten Bankberater Charts[72] über die Entwicklung verschiedener Fonds über einen Zeitraum von ca. 10 Jahren (1/1997 -2/2006) vorgelegt. Die Charts zeigten die Entwicklung von zwei hauseigenen und zwei Fremdfonds, u.a. auch die des Templeton Growth Fund. Skeptisch machte mich, dass Letzterer über diesen Zeitraum nur einen Wertzuwachs von ca. 40 % gehabt haben sollte. 40 % in 10 Jahren entsprach einer finanzmathematischen Rendite von ca. 3,4 %.

Es gab aber keinen 10-Jahres-Zeitraum bei diesem Fonds, der nicht darüber gelegen hatte. Allein die grafische Darstellung machte einen vertrauenerweckenden Eindruck. Man dachte zunächst: Das kann ja gar nicht falsch sein – und noch von einem Experten präsentiert.

71 Vgl. dazu die Ausführungen zu 2.5 „Wie finde ich den richtigen Aktienfonds?".

72 Ein Chart ist ein Diagramm, das den Kursverlauf eines Wertpapiers oder eines Wertpapierdepots – hier innerhalb von Fonds – über einen bestimmten Zeitraum darstellt.

Nach eingehender Überprüfung der Vorlage stellten sich dann gleich drei gravierende Fehler heraus:

- Bei der Darstellung des Kursverlaufs des Templeton Growth Fund waren die jeweils wieder angelegten Ausschüttungen im Gegensatz zu den anderen Fonds unberücksichtigt geblieben.

- Die Darstellung war versehentlich auf Dollar-Basis erfolgt, obwohl ein Vergleich auf der Grundlage des Euro nachgefragt war.

- Statt für eine ratierliche Anlage war die Darstellung auf eine Einmalanlage ausgerichtet.

Der Templeton Growth Fund hatte in diesem 10-Jahres-Zeitraum nicht etwa **40 %** hinzugewonnen, sondern ca. **260 %.**

Fazit:
Als Laie hätten Sie die Fehler des Bankberaters überhaupt nicht erkannt, geschweige denn geahnt, weil Sie ihm vertraut hätten. Eine darauf aufgebaute Entscheidung könnte Sie aber ggf. nach Jahr und Tag viel Geld kosten, wenn Sie sich für den falschen Fonds oder für die falsche Anlage entscheiden.

Dagegen schützen können Sie sich nur, wenn Sie die Dienste eines fachkompetenten neutralen und unabhängigen Beraters in Anspruch nehmen, dessen vornehmlichste Aufgabe es ist, Sie vor Schaden zu bewahren und dafür zu sorgen, dass Sie die Chancen am Markt optimal nutzen. Wenn dieser einen solchen Darstellungsfehler gemacht hätte, müsste er sogar persönlich oder über eine entsprechende Vermögensschadenshaftpflicht dafür einstehen. Man kann aber davon ausgehen, dass ein neutraler unabhängiger Experte diesen eklatanten Fehler erst gar nicht gemacht hätte – so wie ich es gemerkt habe, dass da irgendetwas nicht stimmen konnte.

Beachten Sie, dass ein etwaiges Honorar für einen neutralen Berater Ihre Investition erst werthaltig macht. Nach meinen Erfahrungen zahlt es sich für Sie immer aus. Sie werden letztlich auch nie auf die Idee kommen, ein Haus ohne Architekten oder ohne guten Baumeister zu bauen, nur um das Honorar zu sparen. Dort wie hier besteht sonst die Gefahr, dass Sie auf Sand bauen, und auch das merken Sie erst, wenn es zu spät ist oder „wenn das Kind bereits in den Brunnen gefallen ist".

D | AKTIENFONDS – GIBT ES LÄNGERFRISTIG NICHTS BESSERES?

D Aktienfonds – gibt es längerfristig nichts Besseres?

1 Grundlegendes zur Kapitalanlage

1.1 Gibt es die ideale Kapitalanlage?

„Eine Kapitalanlage ist der Einsatz von Geldmitteln in Beteiligungen, Sachwerten o. ä., um Gewinn zu erzielen."[1] Das Maß für den Gewinn ist die Rendite. Aktienfonds sind Beteiligungen an börsennotierten Unternehmen. Sie punkten einerseits mit einer hohen Rendite, die etwa im Mittel zwischen 9 und 12 % beträgt, andererseits zeigen sie aber auch hohe Wertschwankungen. Die wohl wichtigste Frage ist deshalb: Ist eine Aktienfondsanlage längerfristig sicher?

1.2 Das „Sechseck" der Kapitalanlage

In Fachkreisen werden die Hauptkriterien für eine gute Kapitaleinlage als „magisches Dreieck" dargestellt. Auf der Grundseite die Sicherheit und an den beiden seitlichen Schenkeln des Dreiecks die Rentabilität und die Liquidierbarkeit. Die Bezeichnung „magisch" beruht darauf, dass alle drei Seiten voneinander abhängig sind. Fundamental dabei ist die Sicherheit, denn wenn das Geld weg ist, braucht man sich über die Rendite oder über die Liquidierbarkeit der Anlage – die beiden anderen Seiten des Dreiecks – keine Gedanken mehr zu machen.

Also ist die Sicherheit das Wichtigste. Dann kommt aber bereits als Zweitwichtigstes die Rendite. Wenn diese null beträgt, kann sich das Geld auch nicht vermehren. Aber Achtung: Null kann auch heißen, die Rendite beträgt z.B. 3 %, aber die Inflationsrate liegt gleichauf, es bleibt also faktisch bei null. Wird auch noch die Steuer einbezogen, muss die Rendite schon mindestens 5 - 6 % betragen, wenn das Kapital erhalten bleiben soll. Liquidierbarkeit hat auch einen hohen Stellenwert, denn ein Anleger möchte jederzeit über sein Geld verfügen können. Man möchte aber auch, dass die Anlage nachhaltig Bestand hat. Wenn man laufend aus der Kapitalanlage entnimmt und das Geld am Ende weg ist, nur weil man zu viel aus dem „Topf" entnommen hat, ist das auch nicht zielführend.

1 Definition nach dem Duden „Das große Wörterbuch der deutschen Sprache" 1978, Bd. 4, ISBN 3-411-01358-3, S. 1421.

Werden alle Eigenschaften einbezogen, die eine gute Kapitalanlage ausmachen, sind es sechs Dinge, die wichtig und unverzichtbar sind – deshalb habe ich es das „Sechseck" der Kapitalanlage genannt, welches folgendermaßen aussieht:

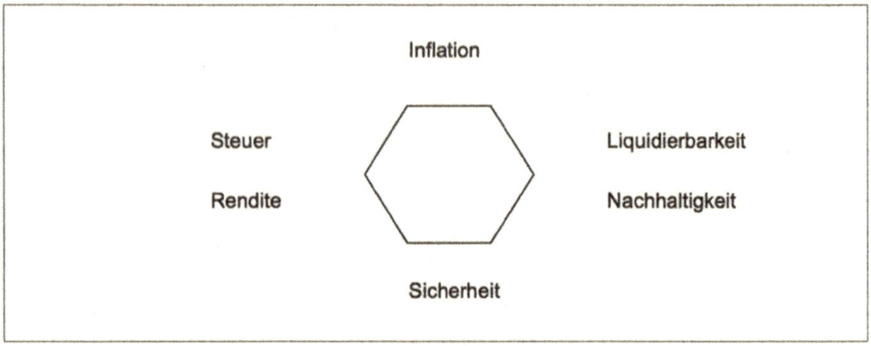

Dabei wird den Themen „Inflation" und „Nachhaltigkeit" nach meinen Erkenntnissen bislang viel zu wenig Gewicht beigemessen. Gleiches gilt für die Rendite, weil die meisten glauben, sie sei ohnehin nur gering, und der Gesichtspunkt der „Sicherheit" wird im Verhältnis übergewichtet.

Darüber hinaus sollte ein Anleger sich stets die Frage stellen, wie viel Zeit er in seine Kapitalanlage investieren will und inwieweit laufend anfallende Kosten seine zu erwartende Rendite ggf. noch zusätzlich schmälern.

1.3 Welches sind die gängigen Renditen verschiedener Anlageformen?

	Rendite vor Steuer	Art der Kapitalanlage
1	1 - 3 %	Tagesgeld, Festgeld, Sparbuch, Geldmarktfonds, Bausparverträge
2	3 - 6 %	Banksparpläne, Kapitallebens- und Rentenversicherungsverträge, Bundesschatzbriefe, vermietete Immobilien, Anleihen, Rentenfonds
3	6 - 8 %	Brit. Lebensversicherungen, Garantiefonds, Mischfonds
4	9 - 12 %	Aktienfonds
5	über 12 %	Private Equity / Venture Capital, Hedgefonds etc.

Wie schnell sich ein entsprechend angelegtes Kapital langfristig abhängig vom jeweiligen Renditesatz vermehrt, ersehen Sie aus den Anlagen im Anhang Nr. 1 (Verdoppelung nach der 72er-Regel) und Nr. 10 (grafische Darstellung einer exponentiell wachsenden Kapitalanlage).

Was Sie dazu wissen sollten:

1. Steuern sind außen vor geblieben, weil diese jeweils individuell zu berücksichtigen sind. Es ist unterstellt worden, dass etwaige Steuern nicht aus den Erträgen der Anlage entnommen, sondern persönlich getragen werden. Entscheidend ist zunächst, eine möglichst hohe Bruttorendite vor Steuern zu erzielen. Bei einer Bruttorendite von 12 % und darauf entfallender Abgeltungsteuer von 25 % behält man immer noch 9 % Nettorendite übrig, d.h. weit mehr als die konservativen Anlagen *vor Steuer* überhaupt abwerfen.

Dabei werden Sie später sehen, dass die künftig anfallende Steuer auf Aktienfondsanlagen die *laufende* Bruttorendite im Wesentlichen nicht schmälert, sondern erst am Ende zu zahlen ist, wenn über das Geld in der Fondsanlage verfügt wird. Also muss die Devise lauten:

Nicht Steuern sparen, sondern Rendite machen!

2. Die zuvor aufgeführten Renditen stellen nur Durchschnittswerte dar. Sie können im Einzelfall höher oder niedriger sein.

3. Alle Anlagen unterliegen der Inflation, d.h. einer allmählichen Geldentwertung. Sie zehrt nicht nur an den laufenden Erträgen, sondern bei reinen Geldanlagen auch an dem Wert der Anlage selbst, dem sog. Kapitalstamm.[2] Dagegen bilden Sachanlagen – hierzu zählen insbesondere Immobilien bzw. daraus gebildete Fonds, aber auch Aktien bzw. Aktienfonds – durch ihre in der Regel längerfristigen Wertzuwächse einen sicheren Hort gegen die Inflation.

4. Sämtliche unter Nr. 1 bis 4 aufgeführten Anlagekategorien unterliegen jeweils einer strengen staatlichen Aufsicht und können – z.T. abhängig von der Anlagedauer – als sicher eingestuft werden. Schwankungen in der Rendite als auch im Wert sind meistens vorübergehender Natur.

5. Eine Ausnahme hinsichtlich staatlicher Kontrolle bilden die unter Nr. 5 aufgeführten Anlagen, die schlimmstenfalls zu einem Totalausfall führen können.[3]

2 Vgl. auch das Beispiel „Festgeldanlage" unter Abschnitt C 6.4.

3 Vgl. dazu die Ausführungen in Abschnitt F 1.5 über Private Equity.

1.4 Was versteht man finanzmathematisch unter dem Begriff „Rendite"?

Die Rendite ist der Betrag, den ein eingesetztes Kapital jährlich an Ertrag vor Steuer abwirft. Dabei schließt der Ertrag Zinsen, Dividenden, sonstige Ausschüttungen als auch Wertsteigerungen ein. Außerdem wird die Wiederanlage sämtlicher Erträge unterstellt. Dagegen ist die persönlich erzielbare Rendite stets unter Berücksichtigung der eigenen steuerlichen Situation gesondert zu berechnen.

Beispiel:

Kapitaleinsatz – Einmalanlage –	10.000 €
Kapital nach 5 Jahren	20.000 €
Wertzuwachs in 5 Jahren	10.000 €

Der Wertzuwachs macht im Beispielsfall, bezogen auf den Kapitaleinsatz, 100 % aus, denn das Kapital hat sich in 5 Jahren verdoppelt. Im Mittel beträgt der Wertzuwachs 20 % pro Jahr.

Man spricht insoweit vom einfachen Mittelwert oder auch vom *arithmetischen* Mittel. Tatsächlich beträgt aber die Rendite im finanzmathematischen Sinne nur 14,87 %, also über 5 % weniger. Man bezeichnet diesen Renditesatz, der den Zinseszins mit einbezieht, auch als *geometrisches* Mittel. **Nur dieser Renditesatz macht Finanzanlagen untereinander objektiv vergleichbar.**[4]

Ausführlich gerechnetes Beispiel – wie zuvor –
mit einem Zins von 14,87 % unter Einbeziehung des Zinseszinses:

Kapitalanlage am 01.01.01	10.000 €
+ Zins 14,87 % im Jahr 01	1.487 €
Wert am 31.12. des Jahres 01	11.487 €
+ Zins 14,87 % im Jahr 02	1.708 €
Wert am 31.12. des Jahres 02	13.195 €
+ Zins 14,87 % im Jahr 03	1.962 €
Wert am 31.12. des Jahres 03	15.157 €
+ Zins 14,87 % im Jahr 04	2.253 €

4 Vgl. dazu Prof. Richard Stehle in der Zeitschrift „Kredit und Kapital", 24. Jahrgang 1991, Heft 3, S. 388 f. – Verlag Duncker & Humblot, Berlin.

Wert am 31.12. des Jahres 04	17.410 €
+ Zins 14,87 % im Jahr 05	2.590 €
Wert am 31.12. des Jahres 05	20.000 €

Von Produktanbietern und auch in der Tagespresse werden die Unterschiede zwischen dem geometrischen und dem arithmetischem Mittel oft nicht deutlich genug herausgestellt. Die Steuer bleibt dabei ganz außen vor, kann aber die individuell erzielbare Rendite massiv beeinflussen.

Oft wird der Begriff „Wertzuwachs" verwendet, aber auch Bezeichnungen wie Performance, Wertentwicklung, kumulierter Wert sind üblich. Wichtig ist zu wissen, dass Sie die Werterhöhung nicht einfach durch die Anzahl der Jahre teilen können, in welchen sie erzielt worden ist, weil Sie sich dann nur etwas vormachen. Lassen Sie sich nicht von solchen Zahlen blenden, denn die finanzmathematische Rendite ist *immer* niedriger.

Wenn Sie auf „Nummer sicher" gehen wollen, lassen Sie sich immer vorrechnen, in wie viel Jahren sich Ihr Kapital einschließlich wieder angelegter Erträge verdoppelt, teilen die Zahl 72 durch die Anzahl der Jahre und Sie erhalten in etwa den finanzmathematisch richtigen Renditesatz. Bei ratierlichen Zahlungen verwenden Sie als Hilfsmittel die im Anhang abgebildete Tabelle unter Nr. 2.

Es ist z.B. auch ein Irrglaube, Sie erzielten mit Festgeld, für welches Ihnen Ihre Bank jährlich 5 % Zinsen auf Ihrem Girokonto gutschreibt, eine Rendite von 5 %.

Beispiel:

Festgeld		10.000 €
Gutschrift 5 Jahre lang	500 € =	2.500 €

Dann haben Sie zwar innerhalb von 5 Jahren mit einer Anlage von 10.000 € exakt einen Ertrag von 2.500 € erzielt. Dieser Ertrag entspricht aber nur einer finanzmathematischen Rendite von ca. 4,6 %, denn dieser Renditesatz hätte genügt, um bei einer Wiederanlage der Zinsen innerhalb von 5 Jahren ein Kapital von 12.500 € anzusparen. Eine Rendite im finanzmathematischen Sinne von 5 % erzielt man nur, wenn das Festgeld und der jeweils gutgeschriebene Zins auch wiederum mit Zins und Zinseszins verzinst werden.

Im praktischen Leben ist diese Unterscheidung auch von Bedeutung, z.B. bei jährlichen Ausschüttungen aufgrund von Schiffsbeteiligungen oder Beteiligungen an Windkraftanlagen oder Ähnlichem, wenn diese nicht mit der gleichen Verzinsung wieder angelegt werden.

Man glaubt, man erziele eine Rendite von z.B. 8 % p.a., in Wirklichkeit entspricht die Auszahlung nur dem einfachen Zins, es sei denn, die Ausschüttung würde mit gleicher Rendite wieder angelegt.

Beispiel:

Beteiligung	100.000 €
Ausschüttung 8 % p.a.	8.000 €
in 10 Jahren also	80.000 €

Dieser Ertrag entspricht dann nur noch einer finanzmathematischen Rendite von etwa 6 %, wenn die Ausschüttungen verbraucht würden, denn eine Anlage von 100.000 € mit einem Zins von nur 6 % würde bei Wiederanlage der Zinsen zu einem Endwert von **ca. 180.000 €** führen. Bei Wiederanlage der Zinsen mit 8 % betrüge der Endwert dagegen **ca. 216.000 €**.

Umso mehr lohnt es sich für jemanden, der auf solche Ausschüttungen für seinen Lebensunterhalt nicht angewiesen ist, über die Investition in Anlagen nachzudenken, bei denen die Erträge wieder angelegt werden. In Fachkreisen spricht man insoweit auch von Thesaurierung. *Nur in diesen Fällen kommt der Zinseszins zur Wirkung.* Ansonsten erzielen Sie immer nur den „einfachen" Zins. Entsprechende Überlegungen gelten auch für die Wiederanlage von Dividenden bei Renten- oder Aktienfondsanlagen.

Fazit:
Wer bei Geldanlagen die Rendite unbeachtet lässt und nicht darüber nachdenkt, was am Ende – manchmal nach Jahrzehnten – dabei herauskommt, kann nicht reich werden, ohne dass er selbst dafür unverhältnismäßig viel arbeiten muss, statt sein Geld für sich arbeiten zu lassen. Während der zumeist unwissende konservative Anleger vor lauter Angst, er könne sein Geld verlieren, es der Bank als Festgeld überlässt, merkt er gar nicht, dass er nach Inflation und ggf. Steuer sogar an Wert verliert. Mit einer Festgeldanlage von 10.000 € und einer Rendite von 3 % verdoppelt er über den Zinseszinseffekt sein Kapital in 24 Jahren auf 20.000 €. Der Anleger in einem Fonds wie dem Templeton Growth Fund hat jedoch bei etwa 12 % Durchschnittsrendite in der

gleichen Zeit ein Kapital von ca. 160.000 € angesammelt.[5] Hierfür bräuchte der konservative Anleger mit seiner Festgeldanlage 4 x 24 Jahre mit jeweiliger Kapitalverdoppelung – dann wäre er längst tot.

Die Festgeldanlage von 20.000 € entspräche nach ca. 24 Jahren unter Abzug der Inflation nur noch einem Realwert von ca. 10.000 €, d.h., der Anleger hätte sich gerade sein Kapital erhalten. Der Aktienfondsanleger mit einem Nennkapital von 160.000 € würde dann aber über einen Realwert von 80.000 € verfügen. Das ist der Unterschied!

Rendite ist nicht alles. Aber ohne Rendite ist alles nichts!

Wer nicht auf die Rendite achtet, verschwendet wertvolle Ressourcen – er wirft Geld weg.

Alle Produktanbieter sollten gesetzlich verpflichtet werden, stets die finanzmathematisch richtige Rendite anzugeben. Alle anderen Bezeichnungen stiften nur Verwirrung beim Anleger, bei welchem zumeist teure Fehler für eigenverantwortliche Entscheidungen von vornherein vorprogrammiert sind.

2 Was macht eine Aktienfondsanlage sicher?

2.1 Der Unterschied zwischen der Anlage in Einzelaktien und Aktienfonds

Wer auf eine Einzelaktie wettet, setzt alles auf eine Karte. Würde dieses Unternehmen, auf das er gesetzt hat, in Konkurs gehen, hätte er nicht nur keine Rendite, sondern sein Geld verloren. Im Börsenjargon heißt es deshalb: Lege nicht alle Eier in einen Korb! Diese Regel klingt zwar sehr vernünftig. Ist aber der normale Anleger überhaupt dazu in der Lage, sein Geld richtig einzusetzen, wenn es um Aktien geht?

Im Normalfall hat ein Anleger, der voll in seinem Beruf aufgeht, nicht die Zeit, sich mit der Anlage seines Geldes intensiv auseinanderzusetzen. Er hat vor allem nicht das notwendige Wissen, in welche Unternehmen er investieren sollte. In der Regel hat er auch nicht so viel Geld, das er ausreichend und optimal streuen könnte, um sein Risiko zu minimieren.

5 Vgl. dazu auch die Tabelle „Zinseszins, die 72er-Regel“ im Anhang Nr. 1.

2.2 US-amerikanische Erfahrungen mit der Risikominimierung bei Aktienanlagen

Aufgrund einer Erhebung der Federal Reserve Bank of Philadelphia für die Jahre 1995 - 1999 und der folgenden grafischen Darstellung[6] kann festgestellt werden, dass die Beteiligung an nur einem Unternehmen das größte Risiko ergibt. Das liegt auf der Hand, denn wenn dieses Unternehmen in die Insolvenz geht, ist das investierte Kapital verloren – auf der Skala liegt dieses Risiko bei 0,16. Bei Beteiligung an 2 Unternehmen vermindert sich das Risiko auf 0,13 und bei 5 Unternehmen halbiert sich das Risiko bereits, nämlich von 0,16 auf 0,08. Fügt man weitere 5 Aktien hinzu, vermindert sich das Risiko auf nur noch 0,05. Und stockt man das Portfolio von nunmehr insgesamt 10 Aktien um weitere 10 auf insgesamt 20 Aktien auf, vermindert sich das Risiko nur noch um 0,01 auf 0,04. Die wichtigste Erkenntnis daraus ist:

1. Das Risiko in einem Aktienportfolio reduziert sich nicht in gleichem Maße, wie sich die Anzahl der Aktien erhöht, sondern es nimmt degressiv ab.

2. Das sich bei einer Beteiligung an 20 verschiedenen Unternehmen ergebende Restrisiko von ca. 0,04 vermindert sich nicht mehr, gleich ob Sie dem Depot noch weitere 10, 30, 50 oder auch mehr Aktien beifügen.

Dieses verbleibende Restrisiko ist das sog. Marktrisiko wie z.B. Kriege, weltweite Katastrophen etc., dem alle Aktien unterliegen. Hierzu gehört auch die letzte Finanzkrise. Fachsprachlich ist dies ein Risiko, das nicht durch Streuung auf weitere Unternehmensbeteiligungen wegdiversifiziert werden kann.

Diese statistisch nachweisbare Tatsache ist vermutlich auch der Grund für den Gesetzgeber gewesen, allen Kapitalanlage- bzw. Aktienfondsgesellschaften vorzuschreiben, in mindestens 20 Unternehmen investiert zu sein, weil dann das Vermögen besonders bei den international investierenden Aktienfonds nach menschlichem Ermessen nicht mehr in Gänze verloren gehen kann.

6 Entnommen einer Seminarunterlage von Prof. Dr. Schlotthauer für das „Fünfte finanzebs-Forum" am 19.04.2007 in Wiesbaden. Vgl. hierzu auch die unter 2.3.7 c) folgenden Ausführungen. Die sinngemäßen Ausführungen sind einem in der Zeitschrift „Business Review", 3. Quartal 2001, erschienenen Aufsatz „The Gains from International Risk-Sharing" entnommen. Autor ist Keith Sill, ein Senior-Ökonom in der Reseach-Abteilung der Philadelphia Fed. Vgl. auch www .phil.frb.org.

Dennoch investieren die meisten Aktienfonds durchschnittlich in 100 - 150 verschiedene Unternehmen, denn ein Zuviel an Sicherheit durch Streuung hat noch niemals geschadet. Dem Fondsanleger gibt es ein besseres Gefühl, denn gerade er muss die Gewissheit haben, dass sein Geld in einer guten Fondsanlage sicher ist.

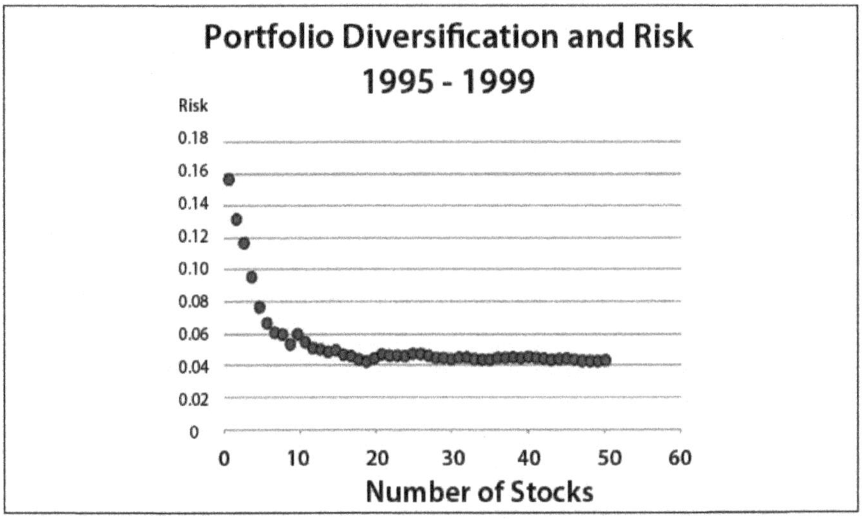

Zu Deutsch: Streuung in einer Wertpapieranlage mit Aktien und deren Auswirkung auf das Risiko, Number of Stocks = Anzahl der Aktien.

Selbsttest

- Wie ist der Unterschied bei Renditeangaben in geometrischem und in arithmetischem Mittel?
- Wie viele unterschiedliche Aktien senken das Anlagerisiko am deutlichsten?

2.3 Die Sicherheitsaspekte der Aktienfondsanlage im Einzelnen

2.3.1 Wie funktioniert ein Aktienfonds?

Viele Anleger, einer mit vielleicht monatlich 50 €, der Erbe mit einem Betrag von 100.000 €, die Versicherungsgesellschaft oder der Pensionsverein mit 100 Mio. € – alle zahlen in einen gemeinsamen Topf ein. Dieser Topf wird treuhänderisch verwaltet von einer eigens dazu bestimmten Depotbank – meistens Großbanken wie die Deutsche Bank, DZ Bank, BHF-Bank, Chase Manhattan, J.P. Morgan oder ähnliche Institute. Dieses Vermögen stellt ein sog. Sondervermögen dar, d.h., der Gesetzgeber hat bestimmt, dass ein solches Depot dem Zugriff jeglicher Gläubiger entzogen ist. Die Depotbank kann ohne Verluste für die Anleger theoretisch sogar in die Insolvenz gehen – was auch bereits tatsächlich passiert ist, wie seinerzeit das Bankhaus Herstatt 1974 in Köln. Die Bank ging in Konkurs, weil ein Mitarbeiter mit Namen Dany Dattel mit Devisen spekuliert hatte. Die Fonds des Bankhauses Herstatt gibt es heute noch. Sie sind bekannt unter der Bezeichnung „Gerling Fonds". Gleiches passierte etwa zehn Jahre später mit der Bank Schröder, Münchmeyer, Hengst & Co. Die Fonds sind sehr erfolgreich geworden unter dem Namen SMH-Fonds. Auch sie gibt es heute noch. Ein weiteres Beispiel: 1995 ging die renommierte Barings Bank in England pleite. Deren Fonds wurden von einer holländischen Gruppe übernommen und existieren ebenfalls noch.

Dies bedeutet: Der Gesetzgeber hat dafür gesorgt, dass das Vermögen des Anlegers nicht angetastet wird und ***niemand*** Zugriff hat außer er selbst. Allerdings ist eine Voraussetzung daran geknüpft: Der Fonds muss registriert sein, d.h., es muss eine sog. Wertpapier-Kennnummer (WKN) oder eine ISIN-Nummer (eine international gültige Kennnr.) vergeben sein. Solche Fonds sind in Deutschland offiziell von der BaFin[7] zum Vertrieb zugelassen. Nur über solche Fondsanteile hat der Staat einen Schutzschirm ausgebreitet und gesetzlich geregelt, dass die Anteile als sog. Sondervermögen erhalten bleiben.

Was macht nun das Fondsmanagement mit dem im Topf sich ansammelnden Geld? Es beteiligt sich nicht etwa wahllos an 100 - 150 verschiedenen Unternehmen, sondern bei international anlegenden Fonds wird weltweit ausgewählt und dabei darauf geachtet, dass auch eine Verteilung auf die verschiedensten Branchen erfolgt, z.B. Nahrungs- und Genussmittel, Informationstechnik, Automobilindustrie, Finanzdienstleistungen etc. Per Gesetz[8] ist

7 Bundesanstalt für Finanzdienstleistungsaufsicht.

8 Kapitalanlagegesetz und Auslandsinvestmentgesetz.

aber vorgeschrieben, dass nur maximal 5 % des Betrages, der im Topf ist, in ein einziges Unternehmen investiert werden darf. Im Umkehrschluss heißt dies, dass der Fonds mindestens eine Streuung auf 20 Unternehmen vornehmen muss, denn 5 x 20 sind 100 %.

Andererseits darf der Fonds sich nur bis maximal 10 % am Kapital eines Unternehmens beteiligen. Damit ist ausgeschlossen, dass ein Fonds ganze Unternehmen aufkaufen und das Fondsmanagement damit ggf. massiv auf deren Geschäftpolitik Einfluss nehmen kann.

2.3.2 Globale Aktienfonds nutzen ihre Chancen weltweit

Insgesamt greifen Aktienfonds weltweit auf etwa 35.000 Unternehmen zu, deren Aktien an der Börse gehandelt werden. Davon gibt es etwa 10.000 in den USA und 1.000 in Deutschland. Fondsmanager, also Börsen- und Branchenprofis, suchen die besten Firmen aus. Dabei werden die Bilanzen über einen längeren Zeitraum von mehreren Jahren einer gründlichen Analyse unterzogen. Es wird generell nur investiert, wenn die Unternehmen in der Vergangenheit im Durchschnitt gute Gewinne abgeworfen haben, sie unter Umständen eine marktführende Stellung innehaben und von ihnen angebotene Produkte auch morgen noch verkauft werden können, weil man sie braucht.

Das Wichtigste ist aber, dass man Beteiligungen nicht zu teuer einkauft, denn auch hier liegt im Einkauf der Segen. Wer Aktien z.B. mit einem Abschlag von 50 % einkauft, weil ein Unternehmen sich gerade in einer strukturellen Schwächephase befindet, im Übrigen aber hervorragend aufgestellt ist, hat in einem anschließend steigenden Markt die Chance, bereits 100 % zu verdienen, auch wenn der Kurs der betreffenden Aktie sich nur normalisiert bzw. den Wert vor Beginn des Kurseinbruchs wieder erreicht.

Theoretisches Beispiel:	**€**
Wert der Aktie vor Kurseinbruch	100
Verlust wegen z.B. vorübergehender struktureller Schwäche 50 %	50
Einstiegspreis	50
Das Unternehmen erholt sich aufgrund von Strukturierungsmaßnahmen z.B. nach 3 Jahren wieder und der	
Kurs der Aktie steigt wieder auf	100
dann beträgt die Wertaufholung absolut zwar nur	50
aber im Verhältnis zum Einstiegspreis sind es	100 %

Man nennt dies auch Value Investing, d.h., eine Beteiligung wird nur gekauft, wenn der Preis niedriger ist als der Wert des die Aktie verkörpernden Unternehmens. Ziel ist es somit, unterbewertete Aktien ausfindig zu machen und zu warten, dass der Markt diese Unterbewertung erkennt – als Folge steigt dann der Aktienkurs.

Ein Teil des Gewinns wird in der Regel in Form einer Dividende ausgeschüttet, die meistens jedoch relativ bescheiden ausfällt. Die darauf entfallende Steuer ist daher auch entsprechend niedrig und kann vernachlässigt werden. Viel wichtiger aber ist die Frage: Wenn z.B. ein Unternehmen wie die Allianz, die Deutsche Bank oder VW einen Gewinn von z.B. 5 Mrd. Euro erwirtschaftet und 50 % – meistens ist es erheblich weniger – ausschüttet, wo bleibt dann die Differenz? Das verdiente Geld verschwindet doch nicht einfach, sondern verbleibt im Unternehmen, um es immer auf Wachstumskurs zu halten. Investitionen, Ausgaben für Forschung und Entwicklung etc. werden hieraus bestritten, die dazu führen, dass ein gut verdienendes Unternehmen längerfristig wächst bzw. ganz einfach wachsen muss, auch wenn man dies nicht unbedingt sofort aus der Kursentwicklung ablesen kann. Börsenkurse hängen von vielen Faktoren ab, z.B. von der allgemeinen Marktentwicklung oder von positiven oder negativen Marktnachrichten. Auch nachteilige Informationen über einzelne Unternehmen können die Kursentwicklung erheblich beeinflussen. Irgendwann aber nimmt auch die Börse wieder wahr, dass inzwischen Gewinne angehäuft sind und es sich wieder lohnt, in solche Unternehmen zu investieren – und damit steigen die Kurse erneut, weil Angebot und Nachfrage auch in diesem Bereich den Preis regeln: Je mehr Menschen die Aktie kaufen, um so höher steigt der Kurs.

Ein Anleger in einem Aktienfonds, der meistens 100 - 150 Beteiligungen an den verschiedensten Unternehmen hält, ist somit nicht nur an deren Gewinn, sondern auch an deren Wachstum beteiligt. Da die Beteiligungen ständig überwacht werden – denn ein gutes Unternehmen von heute muss nicht ein gutes Investment von morgen sein –, werden die Anteile ausgetauscht, sobald eine andere Beteiligung mehr Erfolg verspricht. Dadurch entwickelt sich das Ergebnis eines guten Aktienfonds in der Regel besser als der Durchschnitt, wie er im Index abgebildet wird, z.B. DAX, Dow-Jones-Index, S&P 500 oder im MSCI World.[9] Im Index sind auch die Kurse von schlechten Unternehmen enthalten,

9 Der S&P 500 bildet die durchschnittliche Kursentwicklung der 500 größten Firmen in den USA ab. Der MSCI-World spiegelt die Entwicklung von Aktienkursen weltweit tätiger Unternehmen wider. Im Index sind derzeit ca. 1.900 Titel aus mehr als 23 Industrieländern enthalten. Als Vergleichsindex steht er erst ab 31.12.1969 zur Verfügung. Vgl. auch den Chart im Anhang Nr. 11.

die den Durchschnitt ungünstig beeinflussen. Im DAX oder Dow Jones werden jeweils die Kurse der 30 größten Unternehmen in Deutschland bzw. in den USA abgebildet. Die größten Unternehmen sind aber nicht zwangsläufig auch die besten.

Fondsmanager setzen zwar auch nicht immer auf das richtige Pferd, aber sie machen mehr richtig als falsch, sonst würde mit dieser zuvor beschriebenen Strategie ein Fonds wie der Templeton Growth Fund nicht ziemlich kontinuierlich die Gewinne erzielen, wie sie sich aus den aufgezeigten Beispielen und aus dem von der Fondsgesellschaft zur Verfügung gestellten historischen Zahlenmaterial ergeben. Dies gilt, wie immer wieder zu betonen ist, nur bei längerfristiger Anlage, denn in kürzeren Zeiträumen sind immer wieder Schwankungen auszumachen, die einem Angst und Bange machen können, wie es beispielsweise wieder als Auswirkung der Finanzkrise seit Oktober 2007 zum Tragen gekommen ist. Der Templeton Growth Fund musste in dieser Zeit einen Wertverlust von ca. 50 % hinnehmen und ein Ende der Krise ist derzeit noch nicht einmal abzusehen, obwohl die Börsenkurse bereits wieder in die richtige Richtung gehen. Wenn nun einige Banken, die glaubten, mit dem Ankauf von risikobehafteten Krediten ein großes Geschäft machen zu können, von der Börse besonders hart abgestraft worden sind und ein Aktienfonds im Bereich Banken im Verhältnis etwas höher investiert war, bedeutet dies einerseits zwar eine Kurswertminderung bezüglich dieses Invests, andererseits werden aber auch die Kurse anderer Unternehmen massiv mit nach unten gezogen, obwohl diese mit der Hypothekenkrise direkt nichts zu tun haben.

Dieses typische Geschehen wiederholt sich immer wieder, ob es nun die Weltwirtschaftskrise 1929 in den USA war, die alle Unternehmen vorübergehend mit in den Strudel hineingezogen hat, oder auch die Ölkrise 1973/74, der Zusammenbruch des Neuen Marktes im Jahr 2000, der Angriff auf das World Trade Center in New York 2001 oder die nachfolgende Nahostkrise 2003 mit dem Einmarsch der amerikanischen Truppen in den Irak. Beständig das gleiche Spiel – die Kurse aller Unternehmen fallen, um nachfolgend nicht nur die vorhergehenden Kursstände wieder zu erreichen, sondern sie zu überflügeln. Deshalb tendieren die Kurse von guten Unternehmen und besonders von guten Aktienfonds längerfristig nach oben, wie man an den Charts optisch nachvollziehen kann. So kann man z.B. an den Kurschart[10] des Templeton Growth Fund fast ein Lineal anlegen. Dies spricht für die Wahrscheinlichkeit, dass nach der seit mehr als 50 Jahren verfolgten gleichen Anlagestrategie auch in Zukunft ähnliche Ergebnisse erzielt werden. Dieses Prinzip gilt generell auch für andere

10 Vgl. Anhang Nr. 12.

gute international anlegende Aktienfonds, wenn auch die Schwankungen nach unten und nach oben stets unterschiedlich stark ausfallen. In der Fachsprache sagt man: Manche Fonds sind volatiler als andere. Maßgeblich ist letztlich die erzielte Durchschnittsrendite – das, was am Ende dabei herauskommt (vgl. dazu auch die Rangliste unter Abschnitt 2.5.1 „Das Basisinvest"). Wer allerdings in einen weniger volatilen Fonds bei gleicher Rendite investiert, kämpft ggf. weniger mit Ängsten, wenn die Entwicklung des Fonds vorübergehend so extrem nach unten zeigt.

Je kleiner die Verluste, umso größer ist auch die Chance, dass der Fonds auf Dauer eine überdurchschnittliche Rendite erzielt. Erleidet ein Fonds einen Kursverlust von z.B. 10 %, muss er 11,1 % wieder aufholen, um den Verlust auszugleichen. Beträgt der Verlust 20 %, bedarf es einer Wertaufholung von 25 % etc.

Bei einem Verlust von	33 %	beträgt die Wertaufholung	50 %
bei	50 %		100 %
bei	60 %		150 %
bei	75 %		300 %
bei	80 %		400 %
bei	90 %		900 %

Es gilt: Je geringer der Kursverlust eines Jahres, umso mehr bleibt vom Kursgewinn des Folgejahres nach Verrechnung des Vorjahresverlustes übrig. Alle im Vorfeld vermiedenen Verluste müssen nicht wieder aufgeholt werden. In einem steigenden Markt nach einem Crash ist deshalb derjenige Fonds im Vorteil, der einen kleinen oder noch besser keinen Verlust aus dem Vorjahr auszugleichen hat.[11] Aus diesem Grund ist es sinnvoll, aus Fonds mit in der Vergangenheit erzielten gleich hohen Durchschnittsrenditen stets den auszuwählen, der die geringsten vorübergehenden Verluste aufzuweisen hat.

Andererseits lassen sich Anleger immer wieder von den hohen Renditen beeindrucken, die sich nach einem Crash ergeben: Je höher vorher der Verlust im Fonds oder auch bei der einzelnen Aktie, umso höher ist die darauf folgende Rendite, auch wenn der bei Beginn des Crashs notierende Wert nur wieder aufgeholt wird. Auch deswegen ist ein 5-Jahres-Zeitraum nicht geeignet, die langfristige Rendite eines Fonds abzuleiten.

11 Vgl. insoweit auch den Chartverlauf des Templeton Growth Fund im Vergleich mit dem Metzler International nach dem Zusammenbruch des Neuen Marktes 2000/2001 – Anhang Nr. 7.

Ein Parallele lässt sich dabei zum Fußball ziehen. In einem Radio-Interview vom 16.05.2009, als es um den UEFA-CUP ging, sagte der bekannte Spieler Philipp Lahm. „Wer zwei Tore kassiert, muss drei Tore machen, um zu gewinnen." So einfach ist das. Ein Fondsmanager schießt auch nicht nur „Siegtore", aber ein guter Mann kann anhand der Vergangenheit nachweisen, dass die Anzahl der geschossenen Tore die der kassierten übersteigt. Je größer der Abstand, umso höher auf Dauer die Rendite. Und je öfter er nacheinander als Gewinner hervorgeht, umso nachhaltiger ist sein Erfolg.

Fazit:
Das von den Anlegern im Investmenttopf gebündelte Geld wird von einem Team von Profis verwaltet, die ihrerseits eine ganz sorgfältige Analyse und Auswahl jener Unternehmen vornehmen, in die man investieren könnte. Sie sorgen für eine breite Streuung und überwachen die getätigten Anlagen laufend. Dazu unterliegen alle Vorgänge einer strengen Investment-Gesetzgebung, deren Einhaltung überwacht wird – das müsste doch eine gute Sache sein!

Die Zahlen und Ergebnisse über Jahrzehnte im Zusammenwirken mit dem Zinseszinseffekt beweisen, dass es auch funktioniert hat, d.h.:

1. Die Fondsgesellschaften werden durch staatliche Aufsichtsorgane überwacht. In Deutschland von der BaFin, in Amerika von der strengsten Börsenaufsicht weltweit, der SEC.[12]

2. Große Wirtschaftsprüfungsgesellschaften testieren die Geschäftsberichte.

3. Die Fachpresse wie *EURO*, *Capital*, *FAZ* oder *Die Welt* berichtet darüber.

4. Die Kursnotierungen können Sie täglich im Wirtschaftsteil großer Tageszeitungen, in der Fachpresse sowie im Internet verfolgen.

12 Securities and Exchange Commission.

Nicht ohne Grund hat der Gesetzgeber vor etwa 60 Jahren mit den Investmentgesetzen die Rahmenbedingungen für

Kapitalanlagegesellschaften

geschaffen – das ist der gesetzlich definierte Begriff für Fondsgesellschaften –, obwohl es damals schon ausreichend Banken und Versicherungsgesellschaften gab. Er wird sich also schon etwas dabei gedacht haben, nämlich dass Sie vornehmlich Ihr Geld, das *Sie* längerfristig erübrigen können, dort **anlegen** bzw. investieren sollten, statt es bei Banken oder Versicherungen **festzulegen**.

Banken, besonders diejenigen, die hauptsächlich das Kreditgeschäft betreiben, haben ein Interesse daran, die Einlagen ihrer Kunden zu nutzen, um die Wirtschaft mit Krediten zu versorgen. Dieses Geschäftsmodell ist von jeher so konzipiert, dass sie den Kunden etwa den halben Zins geben, den sie am Markt für Darlehen durchsetzen können. Der Kunde kann deshalb nicht erwarten, dass die Bank ihm freiwillig mehr Zinsen gibt.

Fondsgesellschaften sind dagegen gesetzlich verpflichtet, „im ausschließlichen Interesse ihrer Anleger und der Integrität des Marktes zu handeln,“[13] d.h., eine Fondsgesellschaft ist per se Ihr Partner. Sie hat das gleiche Interesse wie Sie als Anleger, nämlich für Sie eine höchstmögliche Rendite zu erzielen. Und je höher diese Rendite ausfällt, umso erfolgreicher wird sie werden, weil allein aufgrund der Mund-zu-Mund-Propaganda immer mehr Anleger ihr das Vertrauen schenken. Je mehr das verwaltete Anlagevolumen ansteigt, umso höher fällt auch die Vergütung der das Vermögen verwaltenden Fondsmanager aus. Alle Beteiligten haben ein gleichgerichtetes Interesse und deshalb funktioniert es, denn jede Fondsgesellschaft hat im freien Wettbewerb das Bestreben, die beste zu sein. Da eine Kreditbank aber eben nicht das Interesse haben kann, dem Kunden möglichst viel Zinsen für seine Einlagen zu geben, andererseits ihm aber auch nicht empfehlen kann, seine Einlagen lieber bei einer Fondsgesellschaft – ob hauseigene oder fremde – anzulegen, weil sie damit ihr Geschäftsmodell gefährden würde, geraten Sie als Anleger unter die Räder.

13 Vgl. den Aufsatz in der Sonderbeilage „Investmentfonds“ zur *Börsen-Zeitung*, Ausgabe 222, vom 15.11.2008, S. B 1, von Stefan Seip, Hauptgeschäftsführer des Branchenverbandes BVI.

2.3.3 Förderung durch den Staat

a. Der Gesetzgeber hat 1998 erstmals sogenannte Altersvorsorgefonds zum Vertrieb zugelassen, die bis zu 75 % in Aktien investieren durften.

b. Der Staat fördert im Rahmen vermögenswirksamer Leistungen Aktieninvestmentsparverträge mit der höchsten Zulagequote von 20 %, bei Bausparverträgen sind es z.B. nur 9 %.

c. Der Staat fördert aktienbasierte Riester- und Rürup-Sparverträge mit Zulagen und hohen Steuerermäßigungen.

Würde der Staat diese Fördermaßnahmen aufrechterhalten, wenn er davon ausgehen müsste, dass die Sparanlagen bei längerfristiger Anlagedauer – z.B. bei vermögenswirksamen Leistungen mindestens 7 Jahre – ganz oder teilweise verloren gehen könnten?

2.3.4 Das Prinzip funktioniert seit über 200 Jahren

Bereits im Jahr 1774, so belegt eine Untersuchung des Unternehmens SJB Fondsskyline OHG 1989 aus dem rheinischen Korschenbroich[14], wurde von dem Niederländer Abraham von Ketwich der erste Fonds namens „Eendracht Maakt Magt" – **Eintracht macht stark** – gegründet, sogar mit internationaler Ausrichtung. Der Grund dafür war, dass der seinerzeit 31-jährige von Ketwich den Börsencrash von 1773 miterlebt hatte, als ein Bankenzusammenbruch in England durch eine Kettenreaktion die Finanzplätze England, Schottland und die Niederlande lahmgelegt hatte. Das kommt einem bekannt vor, wenn man an das aktuelle Börsengeschehen aufgrund der in den USA ausgelösten Hypothekenkrise im Jahr 2007 denkt.

Durch die weltweite Streuung wollte Ketwich von den Risiken einzelner Marktplätze und den allgemeinen Marktschwankungen weitestgehend unabhängig werden. Bereits 5 Jahre später wurde der „Concordia Res Parval Crescunt" aufgelegt – zu Deutsch **„In Eintracht werden kleine Werte groß"**, der von 1779 - 1893 existierte, also 114 Jahre. So heißt es in der Investmentstrategie: „Der Fonds investiert in solide Anlagen, die aufgrund eines Preisverfalls unter ihrem eigentlichen Wert günstig erworben werden können" – somit der erste

14 Verlagsbeilage der Frankfurter Allgemeine Sonntagszeitung vom Mai 2007. Im Übrigen Hinweis auf Fußnote 2 zu C 4.3 „Erfolge von Stiftungen amerikanischer Eliteuniversitäten".

Value-Fonds der Geschichte. Der Fonds erreichte damals eine Rendite von 6,3 % p.a. – es hat also auch schon damals funktioniert.

Die älteste heute noch bestehende Fondsgesellschaft, die Foreign & Colonial Investment Trust F & C von 1868, hatte in ihrem Prospekt Folgendes festgeschrieben: *„Das Ziel des Trusts ist es, dem Anleger bescheidener Mittel dieselben Vorteile wie Reichen zu ermöglichen."* Diese Idee hat sich aufgrund der tatsächlich in der Vergangenheit erzielten Erfolge in vielen Ländern durchgesetzt, weil damit längerfristig Renditen erzielbar waren, die das Doppelte und mehr von dem festverzinslicher Anlagen ausmachte. Nur die Deutschen trauen dieser Idee offenbar immer noch nicht.

Ein weiteres Beispiel ist der 1928 in den USA aufgelegte Pioneer Fund[15], der allerdings ausschließlich in den USA investiert und seit inzwischen mehr als 80 Jahren eine durchschnittliche Rendite von 12,44 % – auf Dollarbasis – erzielt hat. Die Rendite auf Eurobasis betrug ca. 10 %. In insgesamt 81 Jahren fielen 64 Jahre positiv aus und nur 17 Jahre negativ.[16]

Nicht zuletzt sei der zu Demonstrationszwecken regelmäßig zitierte Templeton Growth Fund, Inc. erwähnt, der seit Auflegung im Jahr 1954 eine Rendite auf Dollarbasis von knapp 13,62 % für seine Anleger aufzuweisen hat. Die Rendite auf Eurobasis betrug 11,33 %. Von 54 Jahren seit seiner Gründung waren 40 Jahre positiv und nur 14 Jahre negativ (Stand 31.12.2008).[17]

Speziell bei diesen, allgemein aber bei guten weltweit anlegenden Fonds hat bei längerfristiger Anlage bisher noch nie jemand Geld verloren, weil das Prinzip der Streuung, verbunden mit einem preisgünstigen Einkauf einzelner Aktien, stets funktioniert hat und die erzielten Renditen jede andere Anlageart geschlagen haben.

15 Der Fonds gehört inzwischen zum Bankenkonzern UniCredito, einer der größten Banken Italiens und durch die Übernahme der HypoVereinsbank eine der größten europäischen Banken.

16 Vgl. „Vermögensstrategie" von Dr. Klaus Jung sowie die dort einzeln für jedes Jahr ausgewiesenen Renditezahlen (Stand 31.12.2007), zu beziehen über Jung, DMS & Cie. in 65201 Wiesbaden.

17 Bezüglich Entwicklung zum 31.12.2011 auf Eurobasis. Vgl. Anhang Nr. 12.

Die Käufer von Investmentanteilen „erreichen auf diese Weise eine das Risiko senkende Streuung ihres Geldes auf eine große Zahl von Papieren, wie sie ihnen durch direkten Kauf nicht möglich ist."[18]

Selbsttest

- Was bedeutet Value Investing?
- Was spricht für die Investition in einen Index, was für ein Investment in einen aktiv gemanagten weltweiten Aktienfonds?
- Warum ist ein geringer Kursverlust pro Jahr wichtig?
- Was fördert der deutsche Staat im Rahmen vermögenswirksamer Leistungen mit der höchsten Zulagequote von 20 %: Bausparverträge oder Aktieninvestmentsparverträge?

18 Manfred Hein, Professor für Bankbetriebslehre an der FU Berlin, in Meyers Forum „Die Banken", BI-Taschenbuch-Verlag Auflage 1996, ISBN 3-411-10511-9, S. 17.

2.3.5 Fondsgesellschaften empfehlen Sparanlagen in Aktienfonds

a. Die DEKA, die Fondsgesellschaft der Sparkassenorganisation mit lt. eigenen Angaben 50 Millionen Kunden, bestätigt, dass der **Aktienfondssparplan für die Altersvorsorge den „Königsweg"** darstellt, wenn der Vertrag 10 Jahre oder länger läuft.[19]

b. Die Union Investment, die Fondsgesellschaft der Volks- und Raiffeisenbanken, verbreitete in den Medien, dass besonders der **Fondssparvertrag für Kleinsparer ideal und Investmentfonds auch für die Altersvorsorge geeignet** seien.[20] Die Volks- und Raiffeisenbanken vertreten laut eigener Zahlen etwa 30 Millionen Kunden.

c. Der BVI – Bundesverband Investment und Asset Management e.V., ein Zusammenschluss aller namhaften Investmentgesellschaften im Wesentlichen von Tochtergesellschaften deutscher Banken und Versicherungen, sagt: **„Investmentfonds sind unverzichtbarer Bestandteil einer effizienten Altersvorsorge."**[21]

Zu den Investmentfonds gehört generell immer auch die Gruppe der Aktienfonds, die einerseits zwar am meisten im Wert schwankt, andererseits aber auch die höchste Rendite abwirft.

Interessant ist, dass die Union Investment erstmals Ende 2008[22] – soweit es mir aufgefallen ist – speziell die Investition in Aktienfonds per Anzeige aktiv mit folgendem Text beworben hat:

Glück wird in Augenblicken gemessen, Sicherheit in Jahren.

- *Gerade in turbulenten Börsenzeiten sind Fonds eine gute Geldanlage.*

19 Aussage von Ullrich Gallus, Sprecher der DEKA-Bank, lt. Bericht in „Die Welt" am 07.05.2004 – Zitat vgl. Abschnitt C 1.2.

20 Aussage von Klaus Riester im „Jeverschen Wochenblatt" am 19.07.2006; in Bezug auf die Altersvorsorge gleichlautende Aussage von Hans Joachim Reinke, Vorstandsmitglied bei der Union Investment seit 2004 – „WamS" Nr. 31 vom 02.08.2009.

21 Nachzulesen in der Broschüre „Investment 2007" des BVI, 60322 Frankfurt /M. – 069/154090-0. Mitglieder des BVI sind u.a. Allianz Global Investors (Allianz AG/SE), Cominvest (Commerzbank), DekaBank (Sparkassen), Postbank, DWS (Deutsche Bank), Union Investment (Volks- und Raiffeisenbanken), um nur einige der größten Banken und Versicherer zu nennen.

22 Halbseitige Anzeige in „WamS" vom 28.12.2008. Zur Erklärung: Mit Fonds, die in „viele verschiedene Unternehmen investieren", sind speziell Aktienfonds gemeint.

- *Fonds von Union Investment investieren in viele verschiedene Unternehmen, teilweise sind es über 100. Diese breite Streuung schützt – trotz Kursschwankungen – Ihr Geld in Krisenzeiten.*

- *Investmentfonds sind so sicher überwacht wie kaum eine andere Anlageart.*

- *Lassen Sie sich jetzt persönlich beraten. In Ihrer Volksbank Raiffeisenbank.*

Grund hierfür könnten die „kräftigen Zuwächse in den zurückliegenden Monaten im Einlagengeschäft“[23] gewesen ein, weil viele Kunden den Großbanken nicht mehr vertrauten, d.h. einfach ihr Geld bei den Sparkassen und Volks- und Raiffeisenbanken in Sicherheit bringen wollten. Da man dieses Geld aber so schnell nicht wieder an Kunden ausleihen konnte, könnte sich das kommissionsträchtige Fondsgeschäft mit durchschnittlichen Ausgabeaufschlägen von einmalig 5 % angeboten haben. Man darf gespannt sein, ob eine vergleichbare Werbung künftig wiederholt wird.

2.3.6 Dr. Christoph Bruns: „Aktien kennen längerfristig nur einen Weg: Nach oben!“

Dr. Christoph Bruns[24] war von Dezember 1994 bis März 2002 nicht nur erfolgreicher Manager des bekannten weltweit anlegenden Aktienfonds der Union Investment, des UniGlobal, sondern von 1996 bis 2002 gesamtverantwortlich für deren Aktienfondsmanagement mit einem Gesamtvolumen von zuletzt ca. 100 Milliarden Euro. Allein das Volumen des UniGlobal stieg während dieser Zeit von ca. 40 Millionen Euro auf über 3 Milliarden Euro an. Für die Gesamtresultate dieses Fonds wurde ihm 1999 unter anderem der „Micropal Award“ in der Kategorie „Bester internationaler Aktienfonds“ verliehen. Ein Mann also, der wissen müsste, wovon er spricht, und der weiß, wie Aktienfonds funktionieren.[25]

23 Lt. Interview mit dem Geschäftsführer der Arbeitsgemeinschaft der Volksbanken und Raiffeisenbanken in Weser-Ems, Harald Lesch, im „Weser-Ems Manager“ 2/08, S. 18.

24 Dr. Christoph Bruns ist seit Januar 2005 Fondsmanager und Teilhaber des Loys Global, einem international anlegenden Aktienfonds mit Sitz in Oldenburg (Oldbg). Im September 2011 wurde ihm der „Sauren Golden Award“ verliehen. Der Preis wird von einer unabhängigen Jury vergeben. „Der Preisträger ist einer der langjährig erfolgreichsten Fondsmanager der Kategorie Aktien Global“ – so Eckhard Sauren.

25 Der UniGlobal konnte in dieser Zeit renditemäßig mit dem Templeton Growth Fund gut mithalten: Die Renditen betrugen vom 1.12.1994 - 31.12.2002 im Templeton Growth Fund 17,15 % p.a., kumuliert 320,21 %, und im UniGlobal 16,04 % p.a., kumuliert 298,54 % (Ergebnisse lt. Programm EDISoft © 1993 - 2008 FAS; Vers. 4.03.47/0905).

Anlässlich eines in Oldenburg am 01.10.2008 gehaltenen Vortrages präsentierte Dr. Bruns eine Folie mit einem Chart,[26] wonach ein im Januar 1802 in Aktien investierter amerikanischer Dollar bis 30.06.2005 auf 632.680 USD – und zwar **inflationsbereinigt** – angewachsen sei. Dies entspricht einer Realrendite von 6,82 % p.a. Dagegen hätten es langfristige amerikanische Staatsanleihen nur auf einen Wert von 1.115 USD – in Worten: eintausendeinhundertfünfzehn US-Dollar – gebracht, Rendite 3,53 %. Ein in Gold angelegter Dollar sei gerade einmal auf 1,38 USD angewachsen, Rendite 0,16 %. Bei dem Aktienchart wurde deutlich, dass Schwankungen sich mit zunehmender Anlagedauer stets wieder ausgeglichen haben. Man kann wirklich ein Lineal an den Chart anlegen, weil die Richtung die gleiche bleibt: stetig nach oben!

Und wer sich fragt, wie denn das möglich ist, dass aus einem Dollar ein so großes Vermögen entstehen kann, dem sei gesagt, dass die Ursache dafür einerseits die reale Rendite von knapp 7 % – nach 3 % Inflation – ist und andererseits der bei einer so langen Zeitpanne erst richtig zur Wirkung kommende Zinseszinseffekt. Rechnen Sie doch einmal selber nach der 72er-Regel: 1 Dollar verdoppelt sich bei 7 % p.a. etwa alle 10 Jahre. Nach dieser vereinfachten Rechnung ergibt sich zum 01.01.1992 ein Wert von 500.000 USD und zum 01.01.2002 von 1 Mio. USD. Das tatsächliche Ergebnis bleibt mit 632.680 USD am 30.06.2005 hinter dem durch Verdoppelung ermittelten Wert zurück, weil auch die tatsächliche Rendite mit 6,82 % niedriger ausgefallen ist.

Im Gegensatz dazu erscheint die Wertentwicklung für amerikanische Staatsanleihen mit einem Ergebnis am Ende von 1.115 USD fast nicht glaubwürdig. Bei 3,5 % Rendite verdoppelt sich ein Kapital jedoch etwa nur noch halb so schnell, also alle 20 Jahre. Machen Sie auch hier die Probe aufs Exempel. Bei dieser Berechnung werden Sie sehen, dass der Wert von 1.115 USD realistisch ist. Hier wird nochmals extrem deutlich, dass besonders bei längerfristiger Geldanlage die doppelte Rendite nicht nur etwa zum doppelten Ergebnis führt, sondern hier sogar zum etwa *600-fachen Wert*. Das ist wieder einmal das Wundersame am Zinseszins.

Warum kennen Aktien längerfristig nur einen Weg, nämlich den nach oben? Die Antwort heißt: **Wertschöpfung**. In einem Unternehmen werden Gewinne erwirtschaftet, woran der Erfolg eines Unternehmens gemessen wird. Es kommt also in der Regel mehr aus einem Unternehmen heraus, als eingesetzt wird. Sonst hätte es auch keine Chance, sich am Markt zu halten. Einen Teil dieser Wertschöpfung erhalten die Eigentümer oder Kapitalgeber als Zinsen,

26 Erläuterungen zu dem Chart im Einzelnen s. unter Abschnitt 2.3.7 e).

bei Aktiengesellschaften als Dividenden, jährlich bar auf die Hand. Der nicht ausgeschüttete Teil verbleibt stets im Unternehmen, er wird reinvestiert. Wenn das jedes Jahr erfolgt – und die Erfahrung zeigt, dass nur maximal die Hälfte der Wertschöpfung an die Kapitalgeber ausgeschüttet wird –, dann *muss* ein Unternehmen auf Dauer wertvoller werden, d.h., es wächst zwangsläufig.

Über die Dividenden hinaus nehmen die Kapitalgeber bzw. Aktionäre an diesem Wachstum über steigende Kurse, wenn auch manchmal unter starken Schwankungen, teil. Längerfristig **müssen** deshalb die Aktien von guten Unternehmen, die bereits länger am Markt sind und schon bewiesen haben, dass ihre Wertschöpfung nachhaltig ist, wachsen.[27]

Genau das spiegelt sich in dem Chart über ca. 200 Jahre Aktieninvestment wider.[28] Und das Prinzip funktioniert immer noch, wie besonders auch die Renditezahlen der unter „Das Basisinvest“[29] aufgeführten weltweit anlegenden Aktienfonds beweisen.

27 Ähnlich auch die Aussage von Wendelin Wiedeking, dem ehemaligen Porsche-Vorstand: „Jedes Unternehmen muss wachsen, soll es nicht durch Stagnation oder Rückgang dem Untergang geweiht sein. Wachstum ist ein kapitalistisches Gesetz. [...] Umgekehrt folgt daraus: Wer nicht wächst, schafft keine neuen Werte und verschwindet vom Markt. Auch das ist ein kapitalistisches Gesetz.“ – Nachzulesen in „Das Davidprinzip“, S. 18, Eichborn-Verlag, ISBN 3-8218-3974-0.

28 Vgl. Abbildung im Anhang 13 und nähere Erläuterungen unter Abschnitt 2.3.7 e).

29 S. unter D 2.5.1 „Das Basisinvest“.

2.3.7 Namhafte Wissenschaftler bestätigen die Eignung von aktienbasierten Anlagen für die Altersvorsorge bzw. für eine längerfristige Vermögensbildung

A. Professor Richard Stehle[30]

Professor Stehle, geboren in Stuttgart, beschäftigte sich seit seinem Promotionsstudium an der Stanford University in den USA mit der Funktionsweise von Kapitalmärkten und unterrichtet bzw. forscht seit 1992 an der Berliner Humboldt-Universität. Seine Aussage: **„Die Aktie eignet sich insbesondere zum mittel- bis längerfristigen Vermögensaufbau."** Bezüglich der Anlage in Rentenpapieren – festverzinslichen Anlagen – verbleiben dem Anleger nach Steuer ca. 3 % Rendite. „Real, nach Abzug der Inflation, verbleibt also fast nichts", so seine Aussage: Er hält es für realistisch, gegenüber einer durchschnittlichen Rendite von 6 % in festverzinslichen Papieren bei Aktien- oder Aktienfondsanlagen im Durchschnitt von 3 - 4 Prozentpunkten Mehrrendite vor Steuern ausgehen zu können, also 9 - 10 %.

B. Professor Dr. Hans-Peter Schwintowski[31]

Professor Schwintowski ist Versicherungsexperte und stellt sich vor, dass bereits mit der Geburt eines Menschen ein Altersrentenvertrag abgeschlossen werden sollte, entweder durch die Zahlung eines Einmalbetrages oder auch durch monatliche Zahlungen, allerdings bei einem Versicherer. *„Wenn ein Mensch von Geburt an bis zu seinem 60. oder 65. Lebensjahr einzahlt, werden verschiedene Marktmechanismen verstärkt bzw. außer Kraft gesetzt"*, so ein Zitat. Dabei spiele er insbesondere auf den **Zinseszinseffekt** an, der umso deutlicher zutage tritt, je länger Geld arbeiten kann. Vor allem weist er darauf hin, dass teure Garantien, die Versicherer in ihre Policen einbauen, verzichtbar sind.[32] Um einen massiven Verlust durch einen Kursabschwung am Ende der

30 Vgl. das Interview in der Hauszeitschrift der Sparkassen „Fonds MAGAZIN" 4/2001. Vgl. auch die Auflistung verschiedener Presseartikel von oder über Prof. Stehle unter www.wiwi.hu-berlin.de.

31 Vgl. Interview in „Cash" 12/2004. Prof. Schwintowski ist Gründungsmitglied des Forschungsinstituts „NESTOR", Berlin, das Alternativen zum bestehenden Altersvorsorgesystem entwickelt. – Vgl. auch Fußnote 2 zu Abschnitt C 7.5.

32 Man fragt sich, warum der Gesetzgeber die Anbieter von Riester-Rentenverträgen verpflichtet hat, die eingezahlten Beiträge zu garantieren, vor allem wenn es sich um lange laufende Verträge handelt, z.B. 15 Jahre und mehr. Fachleute halten diesen Zusatz für überflüssig. Garantien kosten immer wertvolle Rendite für den Versicherungsnehmer und bedeuten zusätzlichen Ertrag für den Versicherer, dem bei längerfristigen Anlagen kein tatsächlich vorhandenes Ausfallrisiko gegenübersteht. Garantien sind deshalb besonders teuer, weil die Rendite in der Spitze gekappt wird, und 1 - 2 % weniger machen bei langen Laufzeiten ggf. am Ende ein Vermögen aus – vgl. Beispiel unter A 1.2 – „Ihr Geld-Code 1,2, 4, 8, ...".

Laufzeit zu vermeiden, stellt er sich einen Glättungspool nach dem Muster britischer Lebensversicherungen vor, der etwa 10 Jahre vorher eingerichtet werden könnte.

Anmerkung: Wie gezeigt, verstehen sich britische Lebensversicherer im Wesentlichen auch als Aktien-Fondsgesellschaften, weil sie theoretisch bis zu 100 % in Aktien investieren dürfen, obwohl sie in der Regel nur zu etwa 75 % in solche investiert sind. In Anbetracht der von Versicherern – auch die britischen sind hier nicht ausgenommen – im Voraus auf die Beiträge berechneten Abschlussprovisionen und laufenden Verwaltungskosten wird eine direkte, breit gestreute globale Aktienfondsanlage wahrscheinlich eher die renditestärkere Alternative sein.

C. Professor Dr. rer. pol. Karl-Heinz Schlotthauer

Professor Schlotthauer war von 1975 - 1980 wissenschaftlicher Mitarbeiter an der Goethe-Universität in Frankfurt[33] und arbeitete seit 1981 bei der Deutschen Bank, wechselte 1991 zur Hessischen Landesbank und ist seit 1998 Professor für Wirtschaft und Recht an der Fachhochschule Frankfurt/Main, die u.a. Steuerberater zu zertifizierten Finanzplanern ausbildet. Schlotthauer bestätigt ebenfalls, dass historische Erfahrungen die langfristige Überlegenheit einer breit angelegten Aktienfondsanlage gegenüber Anleihen und Geldmarktprodukten nachvollziehbar machen. Außerdem plädiert er für einfache und transparente Produkte mit einer attraktiven Rentabilität und gleichzeitigem Schutz vor Inflation.[34] Die Schwankungsanfälligkeit von Anlagen – das Auf und Ab der Kurse – sei „bei einem Vorsorgesparer von untergeordneter Bedeutung, da er aufgrund des langen Horizonts die Wertschwankung leicht aussitzen“ könne.

Anlässlich eines Vortrags am 19.04.2002 in Wiesbaden bestätigte Professor Schlotthauer mir persönlich, dass er es bei einem Aktienfonds-Portfolio unter Risikogesichtspunkten für vertretbar halte, auch auf nur einen guten international investierenden Aktienfonds zu setzen. Eine Beimischung weiterer Fonds mache nur Sinn, wenn dadurch eine höhere Rendite zu erwarten sei, sich das Risiko aber dadurch nicht erhöhe.[35]

33 Vgl. dazu die Ausführungen unter C 4.2 im Zusammenhang mit dem Aufbau eines namhaften Stiftungsvermögens nach dem Muster amerikanischer Eliteuniversitäten.

34 Interview über das Thema Altersvorsorge im „FondsMagazin“ Juni 2005 der Sparkassenorganisation.

35 Teilnahme am Forum lt. Bescheinigung vom 19.04.2002.

D. Professor Martin Weber

Professor Weber lehrt an der Universität Mannheim Finanzwirtschaft, insbesondere Bankbetriebslehre. Er forschte als Gastprofessor in den USA und zwar an der University of California in Los Angeles, der Wharton School, der Stanford University und der Duke University. Bekannt geworden ist er mit seinem Buch „Genial einfach investieren".[36]

Weber stellt generell infrage, dass ein Privatanleger den Markt bei der Anlage in Aktien schlagen könne. Daher gibt es nach seiner Auffassung im Wesentlichen zwei Möglichkeiten, in Aktien als längerfristig interessantes Anlagesegment zu investieren:

a. in den Marktdurchschnitt über sog. Indexfonds, sog. ETFs[37], oder

b. sich Profis anzuvertrauen, die aufgrund besonderer Erfolgsstrategien ggf. besser sein können als der Markt, wobei es infolge höherer Kosten nur wenige schaffen, besser zu sein als der Index.
Beispiel:
Warren Buffett mit seiner Fondsgesellschaft Berkshire Hathaway, John Templeton etc.

Privatanleger können lt. Weber diese Strategien in der Regel nicht erfolgreich umsetzen und einen wissenschaftlichen Beweis für solche Erfolgsstrategien gebe es auch nicht. Allerdings gibt er zu, dass die Value-Strategie[38] aufgrund von Vergangenheitsrecherchen einer Erfolgsstrategie in diesem Sinne sehr nahe gekommen ist.

Es mag dahingestellt sein, welche Methode besonders auch unter Gebührenaspekten zu einem besseren Erfolg führt. Entscheidend ist immer noch, was am Ende unter dem Strich übrig bleibt. Das Investment in einen oder mehrere Indexfonds kann immer nur – auch unter Berücksichtigung extrem niedriger Transaktionskosten – zu einem durchschnittlichen Ergebnis führen, weil ein Index die Renditen von guten und schlechten Unternehmen abbildet. Dagegen

36 Campus Verlag, ISBN 978-3-593-38247-0.

37 „ETFs" steht für Exchange Traded Funds. Dies sind an der Börse gehandelte Fonds, die einen Index wie z.B. den DAX, Eurostoxx etc. möglichst kostengünstig nachbilden.

38 Sowohl Warren Buffett als auch John Templeton sind gerade durch diese Strategie sehr erfolgreich geworden. In den letzten 5 Jahren hat es sogar knapp die Hälfte der Manager internationaler Aktienfonds geschafft (47 %), besser zu sein als der Markt, in den letzten 10 Jahren waren es immerhin noch 36 %, die den MSCI-World geschlagen haben. Vgl. den Artikel „Macher statt Mitläufer" in „Das Investment" 09/09 von Astrid Lipsky – www.dasinvestment.com.

ist man in einem aktiv gemanagten Aktienfonds stets darauf bedacht, nur die besten Unternehmen ins Portfolio zu nehmen. Außerdem werden Aktien nur ins Depot genommen, wenn sie unterbewertet sind. Dadurch kann trotz höherer Kosten eine Überrendite gegenüber einem Indexfonds erzielt werden, wie tatsächliche Renditen der Vergangenheit immer wieder bewiesen haben.

Es ist sonst kaum denkbar, dass ein Fonds wie der Templeton Growth Fund, Inc. z.B. in der Zeit vom 01.01.1970 (Auflegung des MSCI World Index) bis zum 31.12.2008 im Vergleich auch zu anderen Indizes so viel besser gewesen ist. Dargestellt ist das Ergebnis einer einmaligen Anlage von 100 €:

Anlage *	kumuliertes Ergebnis €	Rendite %
Templeton Growth Fund	3.622	9,64
MSCI World	1.098	6,34
DAX	772	5,38
Dow Jones	402	3,63
S&P 500	361	3,35

* Die Angaben zum DAX, Dow Jones und S&P 500 erfolgen nur nachrichtlich, weil diese Indizes regionenbezogen und daher nicht direkt mit einem weltweit anlegenden Aktienfonds vergleichbar sind.

Auch andere gute Fonds schlagen, wenn auch nicht ständig, aber immer wieder, ihren jeweiligen Index – trotz höherer Kosten. Man muss sie nur ausfindig machen – und das funktioniert am zuverlässigsten über einen unabhängigen, fachkompetenten Berater.

Thomas Wiesemann, Chef von Allianz Global Investors, äußerte sich dazu wie folgt: „Für den, der in der Lage ist, sich sein gesamtes Portfolio allein zusammenzustellen und der auch ständig die Märkte im Auge behalten kann und will, mögen Indexfonds eine Alternative sein. Wer dagegen einen aktiv verwalteten Fonds kauft, bezahlt eben auch die Beratung. Zudem bilden Indexfonds immer nur ab, was war und ist. Ein Fondsmanager sucht nach den Chancen der Zukunft."[39]

39 Vgl. „WamS" vom 08.06.2008 „Unwissen kostet Drittel der Rendte".

E. Professor Jeremy J. Siegel

Siegel lehrt Finanzwissenschaften an der Wharton School der University of Pennsylvania. Siegel promovierte am M.I.T.[40] und lehrte zunächst 4 Jahre lang an der University of Chicago, bevor er 1976 nach Wharton ging. Er leitet u.a. die makroökonomische Abteilung des „Morgan Bank Finance Program" in New York, berät viele Firmen an der Wall Street und kommentiert regelmäßig das Börsengeschehen im Fernsehen auf *CNBC*, *PBS*, *Wall Street Week* und *NPR*.

Bekannt geworden ist Siegel besonders mit seinem 1994 erschienenen Buch „Stocks for the long Run" – Titel der deutschen Ausgabe: „Langfristig Investieren" – und dem darin veröffentlichten Langzeitchart von ca. 200 Jahren über eine Aktienanlage mit einem Wert von 1 US-Dollar, angelegt in einem diversifizierten Aktiendepot (Stammaktien) für die Zeit vom 01.01.1802 bis seinerzeit 31.12.2001 und deren inflationsbereinigte Wertentwicklung.[41]

Siegel ging damit in die Finanzgeschichte ein, nachdem die Autoren des Buches „Valuing Wall Street", nämlich Andrew Smithers, ein britischer Vermögensverwalter, und Stephen Wright, Professor an der Universität Cambridge, die durch den Chart dargestellte langfristige Aktienrendite als „Siegels Konstante" bezeichneten.[42]

Dabei spielt es keine Rolle, welche Zeitabschnitte man seit 1802 betrachtet, ob von 1802 - 1870, die Frühzeit der amerikanischen Wirtschaft, die Zeit danach bis 1926, als genaue Zahlen über Aktienrenditen, Dividenden und Gewinne verfügbar wurden, oder auch die darauf folgende Zeit mit der Weltwirtschaftskrise, dem Zweiten Weltkrieg oder der jetzigen Finanzkrise: Die reale Aktienrendite, d.h. die Rendite nach Inflation, lag stets zwischen 6,5 und 7 %.

Wenn man bedenkt, dass keine andere Anlageart, ob Zinspapiere, Gold oder der Dollar, eine derart konstante Rendite aufweist wie die langfristige Aktienfondsanlage, dann kommt auf Dauer niemand an einer solchen Anlage vorbei.

40 Massachusetts Institute of Technology.

41 Hinweis insoweit auf Abschnitt 2.3.6 und dem von Dr. Christoph Bruns im Vortrag vom 01.10.2008 präsentierten Chart.

42 Hinweis auf das Buch von Prof. Jeremy J. Siegel, „Überlegen investieren", in welchem der Chart die Entwicklung der langfristigen Aktienrendite bis 31.12.2003 umfasst. Der Chart wurde inzwischen von der Geschäftsführung der Loys Global Fondsgesellschaft in Oldenburg bis 31.12.2008 nach eigenen Recherchen ergänzt und im Anhang Nr. 13 abgebildet. Die Veröffentlichung erfolgt mit freundlicher Genehmigung von Prof. Siegel, Philadelphia, sowie der Loys Global, Oldenburg. Darstellung der Ergänzung bis 2008 insoweit ohne Gewähr. Das Buch „Überlegen investieren" ist 2008 im FinanzBuch Verlag, ISBN 978-3-89879-204-2, erschienen. Kommentar von Warren Buffett: „Dieses Buch ist ein Muss für jeden Investor."

Dies insbesondere deshalb, da es sich auch noch um eine durch Wertschöpfung bedingte Sachwertanlage handelt, welche der Inflation trotzt – vorausgesetzt, dass ein Anleger die Zeit für eine längerfristige Investition mitbringt. Je nach individueller Möglichkeit sollten mindestens 15 Jahre eingeplant werden. Dabei wird besonders dem Inflationseffekt meistens nicht genügend Beachtung geschenkt. Ein Dollar von heute (2005) hätte nur noch etwa 6 % der Kaufkraft eines Dollars von 1802. Ein seinerzeit in Aktien angelegter Dollar hat sich jedoch dank einer durchschnittlichen Rendite nach Inflation von etwa 7 % und dem Zinseszinseffekt zu einer Kaufkraft von über 600.000 USD entwickelt. Dies bedeutet aber, dass diese Realrendite ungefähr einer Nominalrendite von 10 % entsprach, denn bei einer durchschnittlichen Inflationsrate von 3 %[43] ergeben sich real 7 %. Damit ist gleichzeitig dargetan, dass Aktienanlagen längerfristig geeignet sind, die Inflation überzukompensieren.

Der in dem Buch „Langfristig investieren" veröffentlichte Chart[44] endet mit dem Jahr 2001. Seinerzeit betrug der absolute Wert eines über 200 Jahre angelegten Dollars 880.000 Dollar. Die Wertentwicklung entsprach einer Realrendite von 7,08 % p.a. Zum 30.06.2005 war dieser Wert infolge der gefallenen Kurse auf 632.680 USD gesunken[45] (Rendite = 6,82 %). Aufgrund der Finanzkrise fiel der Wert nochmals zum 31.12.2008 auf 483.874 USD. Das waren absolut ca. 45 % weniger als Ende 2001.

Die Durchschnittsrendite über nunmehr 207 Jahre (1/1802 - 12/2008) sank dadurch auf 6,53 % p.a. Das sind gerade einmal 0,55 % weniger und sie wird sich wahrscheinlich wieder der 7-%-Marke annähern, sobald der Aktienmarkt sich normalisiert hat. Hier gelten die Ausführungen bezüglich des Aufholpotenzials von 100 % bei einem vorhergehenden Wertverlust von 50 % entsprechend.[46]

Siegel legt in „Langfristig investieren" wissenschaftlich fundiert dar, dass sich traditionelle Anlagestrategien, wie sie bisher z.B. von Sir John Templeton und Warren Buffett praktiziert worden sind, durch eine langfristig sichere und überdurchschnittliche Rendite auszahlen. Und dies wird wahrscheinlich auch in Zukunft so sein, weil es bereits über Jahrzehnte funktioniert hat und mit gesundem Menschenverstand nachvollziehbar ist, wie es funktioniert. In dem Buch „Überlegen investieren" bestätigt Siegel, dass ETFs „zwar gute Renditen"

43 Prof. Jeremy J. Siegel rechnet generell mit einer durchschnittlichen Inflationsrate von 3 %.

44 FinanzBuch-Verlag 2006, ISBN 978-3-89879-085-7, S. 19.

45 Vgl. Ausführungen zu D 2.3.6 (Dr. Christoph Bruns).

46 Vgl. Ausführungen unter C 3.6.2.

ermöglichen, dass es aber „bessere Möglichkeiten gibt, reich zu werden".[47] So weist er nach, dass ein Investment in die 4 besten Aktien im Dow Jones von 1950 - 2003 zu einer Rendite von 14,9 % geführt, ein entsprechendes Investment im Index aber nur 11,44 % an Rendite erbracht hätte. Eine Anlage von 4.000 USD im Index (ein dem Dow Jones nachgebildetes Papier) hätte zu einem Wert von 1,1 Mio. Dollar, der gleiche Betrag in die vier besten Aktien investiert zu einem Wert von 6,3 Mio. Dollar geführt. Das ist in etwa der vierfache Wert.[48]

Selbsttest

- Warum kennen Aktien längerfristig nur einen Weg, den nach oben?
- Welche beiden Möglichkeiten gibt es nach Professor Siegel, um längerfristig in Aktien als interessantes Anlagesegment zu investieren?

47 „Überlegen investieren", S. 36.

48 A.a.O., S. 29 f.

2.3.8 Von der Eliteuniversität zum Milliardär

Ein Artikel in der Financial Times Deutschland am 14. April 2009 war überschrieben mit: „Wer wird Milliardär?". Das aus den USA bekannte *Forbes Magazine* veröffentlicht seit 1987 alljährlich eine Seite, in der weltweit alle Menschen aufgeführt sind, deren Vermögen 1 Mrd. US-Dollar übersteigt. Aufgrund einer seitdem angelegten Datenbank konnte man feststellen, dass diejenigen, die ihr Vermögen im Finanzbereich gemacht haben, über eine ausgezeichnete Ausbildung verfügten. 55 % haben nicht nur einen Hochschulabschluss, sondern hiervon besuchten fast 90 % eine der drei Eliteuniversitäten Harvard, Columbia oder Wharton. Kommen Ihnen diese Namen nicht bereits bekannt vor? Obwohl nicht explizit genannt, darf man hier sicherlich auch noch die Yale University mit einreihen.[49]

Prof. Jeremy J. Siegel lehrte vier Jahre lang an der University of Chicago, bevor er 1976 nach Wharton ging. Die „Chicago-Boys" – eine Gruppe liberaler Ökonomen, die ihr Studium an der Universität in Chicago absolviert hatten – führten bereits 1980 mit großem Erfolg das kapitalgedeckte Rentensystem in Chile ein.[50] Warren Buffett, einer der reichsten Männer der Welt, der sein Vermögen im Finanzbereich gemacht hat, schloss sein Studium 1949 an der Wharton School ab.[51] Prof. Martin Weber forschte als Gastprofessor u.a. an der Wharton School. Sir John Templeton war Absolvent der Yale University, an welcher er unmittelbar nach der Weltwirtschaftskrise sein Studium begann (1930) und 1932 Wirtschaftswissenschaften als Hauptfach auswählte. Als späterer Vorsitzender des Finanzausschusses der Princeton University trug er dazu bei, dass sich ihr Vermögen verdoppelte.[52] Die Yale University war es, an welcher ein Doktor der Wirtschaftswissenschaften, nämlich David Swensen, über eine Dauer von 20 Jahren eine Rendite von 16 % p.a. für deren Stiftung eingefahren hat.[53]

Sind oder waren diese Menschen aufgrund ihres Wissens nicht alle davon überzeugt, dass das Investieren in „Geschäften" – wie es in der Talmud'schen Regel heißt[54] – längerfristig die erfolgreichste Methode ist, um sein Geld zu mehren?

49 Vgl. auch die Ausführungen im Abschnitt C 4.3 „Erfolge von Stiftungen amerikanischer Eliteuniversitäten".

50 Vgl. Ausführungen im Abschnitt H 3.0.

51 Hinweis auf Jeremy J. Siegel in „Überlegen investieren", S. 12.

52 Hinweis auf Sir John Templeton, „Von der Wallstreet zur Theologie der Demut", S. 5, interna-Verlag Bonn, ISBN 3-934662-90-0.

53 Vgl. Ausführungen in Abschnitt C 4.3.

54 S. dazu Abschnitt F 1.2 „Eine goldwerte Faustregel nach dem babylonischen Talmud".

Alle sind bisher trotz Unkenrufen insbesondere aus der Bankenwelt überzeugt, dass das investierte Kapital bei längerer Anlagedauer nicht in Gänze verloren gehen kann, sondern immer nur im Wert schwankt.[55] Auch wenn es bei uns in Deutschland in allen Risikohinweisen immer wieder heißt: „Vergangenheitsergebnisse sind keine Garantie für die Zukunft“, berechtigt das noch lange nicht zu der Aussage von Bankberatern, dass man im schlimmsten Fall sein Geld verlieren könne, ohne auf den Grad der Eintrittswahrscheinlichkeit dieses Ereignisses einzugehen.

Dagegen steht eine Aussage aus dem Jahr 1775 von Patrick Henry, prominenter Vertreter der amerikanischen Unabhängigkeitsbewegung, die da lautet: [56]

> ***„Die Zukunft kann man nur anhand der Vergangenheit einschätzen.“***

Auch John Templeton stützte sich z.B. bei seinen Investitionen stets auf die Wahrscheinlichkeit, dass ein Aktiendepot, bestehend aus Investments in aller Welt, langfristig bei niedrigerer Volatilität (Schwankungsbreite) höhere Erträge abwerfen wird als ein einfaches, diversifiziertes Portfolio, das nur aus Investitionenen in einem Land besteht. Er erlernte die besondere Fähigkeit, mit Wahrscheinlichkeiten umzugehen, sogar am Pokertisch, als er sich das für sein Studium benötigte Geld hinzuverdiente.[57]

Fazit:
Es lohnt sich offenbar, von den „Besten“ zu lernen, sich neutrales Wissen zu verschaffen, frei von jeglichem Lobbyismus oder Interessen anderer. Sie brauchen es nur „nachzumachen“, auch wenn es nicht gleich zum Milliardär reichen wird, aber zum Millionär kann es fast jeder bringen, der seine Lebenszeit klug und geschickt nutzt.

Und eine Erkenntnis ist universell: Es ist von der Zeitdauer her stets das Gleiche, ob sie aufgrund einer Investition in Aktienfonds

einen Euro auf	1.000 €,	
1.000 Euro auf	1.000.000 €	(1 Million) oder
1 Million Euro auf	1.000.000 000 €	(1 Milliarde)

55 Vgl. dazu auch die zahlenmäßige Entwicklung einer Anlage von 10.000 € vom 29.11.1954 - 30.09.2009 im Templeton Growth Fund – Anhang Nr. 19.

56 Zitiert von Prof. Siegel in „Langfristig investieren“, S. 16.

57 Siehe „Die Templeton-Methode“, S. 10 u. 29, FinanzBuch Verlag, ISBN 978-3-89879-414-5.

anwachsen lassen. Jeder einzelne Kapitaleinsatz wächst um genau den tausendfachen Betrag, aber die Vermögensmehrung in absoluten Zahlen nimmt progressiv zu.

Also nutzen Sie Ihre Möglichkeiten!
Sehen Sie zu, dass Sie es baldmöglichst von 1.000 € zur ersten Million schaffen – ohne Zuzahlung natürlich –, denn dann haben Sie den halben Weg bis zur Milliarde bereits geschafft.

Und die Vorgehensweise kennen Sie schon: Bei durchschnittlicher 10-prozentiger Rendite verdoppelt sich Ihr Nominalkapital etwa alle 7 Jahre. Sie werden feststellen, dass Sie für die Stufe, nämlich von 1.000 € bis zur ersten Million, etwa 70 Jahre brauchen. Erhöhen Sie Ihren Einsatz auf 10.000 €, dann dauert es etwa 50 Jahre bis zu einer Million. Verfügen Sie aber bereits über 100.000 €, haben Sie in der halben Zeit, nämlich nach etwa 25 Jahren, bereits Ihr Ziel erreicht. Aber der Weg zur ersten Milliarde nimmt dann immer noch 70 Jahre in Anspruch, wenn Sie nicht selber dafür arbeiten wollen.[58]

2.3.9 Banken akzeptieren die Ansparung in Aktienfonds für die Rückzahlung sog. endfälliger Darlehen

Eigene Erfahrungen belegen, dass Sparkassen und Landesbanken wie z.B. Bremer Landesbank, LBBW Landesbank Baden-Württemberg, Raiffeisen- und Volksbanken, die Deutsche Hypotheken- und Genossenschaftsbank (DGHyp) sowie die Postbank über ihre Tochter DSL Bank[59], Dresdner Bank, Deutsche Bank und Westdeutsche Immobilienbank Finanzierungen nach diesem Modell akzeptieren, wenn speziell diese Art der Finanzierung nachgefragt wird. Dass es sich lohnen kann, habe ich eingangs bereits in meinem Schlüsselerlebnis anhand von realen Vergangenheitsergebnissen gezeigt.[60]

58 Falls Sie den Kaufkraftverlust bzw. die Inflation gleich mit einbeziehen wollen, verdoppelt sich Ihr Kapital nur noch etwa alle 10 Jahre (Nominalrendite 10 % abzüglich 3 % Inflation = 7 %). Vgl. insoweit auch Prof. Siegel in „Langfristig investieren", S. 27.

59 Hinweis u.a. auf ein Interview mit Wolfgang Schneider, Vorstand der Postbank, in der Zeitschrift „cash Special" im Sommer 2001.

60 Vgl. insoweit auch unter B 1.1 „Erste Erfahrung mit Aktienfonds als Tilgungsersatz bei einer Finanzierung", B 1.4 „Zusammentreffen mit Dr. Klaus Jung aus München" sowie unter G 2.4.3 „Immobilienfinanzierung: Konzeption geht vor Kondition".

2.3.10 Wann ist der richtige Zeitpunkt zum Anlegen?

Generell ist die Antwort: Jetzt.
Wer seinem Geld genügend Zeit gibt, für den ist jeder Zeitpunkt richtig, obwohl derjenige, der bei einem Kurstief einsteigt, die besseren Chancen hat, eine höhere Rendite zu erzielen. Wenn es einige auch noch schaffen, rechtzeitig vor einem Crash auszusteigen, so verpassen die meisten aber den richtigen Zeitpunkt für den Wiedereinstieg. Das führt in der Regel dazu, dass *„viele dieser Börsenpropheten niedrigere Renditen als andere Anleger erzielten, die gar nicht erst den Versuch unternommen hatten, schlauer zu sein als der Markt"* – so die Ausführungen von Prof. Jeremy J. Siegel.[61] Dennoch bewegen sich die Aktienrenditen bei guten international anlegenden Fonds längerfristig zwischen 9 und 12 %, unabhängig vom Einstiegszeitpunkt.

2.3.11 Wann ist der jeweils günstigste Ein- bzw. Ausstiegszeitpunkt?

a. Der Sparplan im Vergleich mit dem Durchschnittskosten- oder Cost-Average-Effekt

Wohl jeder Mensch hat das Bedürfnis, eine Ware zu einem möglichst niedrigen Preis zu kaufen – bei gleicher Qualität, versteht sich. Bei Aktienfonds kann der sog. „Cost-Average-Effekt" Sie davor schützen, zu viel zu bezahlen. Voraussetzung ist, Sie zahlen regelmäßig einen stets gleichbleibenden Betrag in eine Fondsanlage ein, wobei unterstellt wird, dass die Kurswerte schwanken – wie es Aktienfonds eigen ist –, die Kursentwicklung aber längerfristig nach oben tendiert.[62]

Dann kaufen Sie immer, wenn der Kurs im Fonds gesunken ist, mehr Anteile, und wenn der Kurs gestiegen ist, d.h. wenn die Anteile teurer geworden sind, weniger. Wichtig ist jedoch, dass ein solcher Sparvertrag diszipliniert und konsequent mit gleichbleibenden Raten und in regelmäßigen Zeitabständen z.B. monatlich oder vierteljährlich oder auch jährlich eingehalten wird.

61 „Langfristig investieren" von Prof. Jeremy J. Siegel, S. 45 ff.

62 Vgl. z.B. auch die Charts im Anhang 12 und 13.

Beispiel:

Zeitpunkt	Sparrate € – jährlich –	Kurs €	Anzahl Anteile
1	6.000	6	1.000
2	6.000	5	1.200
3	6.000	4	1.500
4	6.000 (24.000)	3	2.000 (5.700)
5	6.000	4	1.500
6	6.000	5	1.200
7	6.000	6	1.000
Zwischensumme	42.000		9.400

Obwohl der Kurs bis zum Zeitpunkt 4 um 50 % – statt 6 € Wert nur noch 3 € – eingebrochen war und sich bis zum Zeitpunkt 7 nur wieder auf den Ursprungswert von 6 € pro Anteil erholt, d.h. per se noch keine Kurswertsteigerung gegenüber dem Beginn des Sparvertrages stattgefunden hat, ist der dadurch entstandene Gewinn nicht unbeträchtlich:

Erworbene Anteile im Zeitpunkt 7:	9.400
Wert je Anteil	6 €
Gesamtwert der erworbenen Anteile 9.400 x 6 € =	56.400 €
eingezahlt sind	42.000 €
Gewinn	14.400 €

Dieser macht immerhin mehr als ein Drittel der Einzahlung aus. Wäre der Anleger nervös geworden und hätte seine Anlage bei einem Kurs von 3 € verkauft, wäre ein Verlust von 6.900 € entstanden. Er hätte bis dahin 5.700 Anteile zum Preis von 24.000 € erworben, die aber nur einen Verkaufswert von 17.100 € gehabt hätten (5.700 x 3 € = 17.100 €). Stattdessen hat derjenige, der brav seine Raten weitergezahlt hat, nicht nur keinen Verlust von 6.900 € realisiert, sondern einen Gewinn von 14.400 € erwirtschaftet. Das ist ein Unterschiedsbetrag von 21.300 € oder etwa 50 % mehr.

Hätte der Anleger aber einmalig – im Zeitpunkt 1 – bei einem Kurs von 6 € den Betrag von 42.000 € investiert, würde er 7.000 Anteile gekauft haben, die zwischenzeitlich um 50 % (Kurs 3 €) gefallen wären und sich zum Zeitpunkt 7 gerade wieder auf den Kaufwert erholt hätten: Der Anleger hätte also bis dahin nichts verdient.

b. Entnahmeplan mit „negativem“ Cost-Average-Effekt

Dieser Effekt tritt z.B. ein bei stetig fallenden Börsenkursen und gleichbleibender regelmäßiger Entnahme. Um diesen Effekt generell zu demonstrieren, ist die jährliche Entnahme mit 10 % des zu Beginn vorhandenen Depotwerts angenommen worden. In der Regel sollte der Entnahmesatz 5 - 6 % nicht übersteigen, für Vorsichtige sollte er eher nur 4 % betragen.

Beispiel 1

Zeitpunkt	Entnahme z.B. jährlich	Kurs €	Verkaufte Anteile	Anteilsbestand	Depotwert
				10.000	60.000
1	6.000 €	6	1.000	9.000	
2	6.000 €	5	1.200	7.800	
3	6.000 €	4	1.500	6.300	
4	6.000 € (24.000 €)	3	2.000 (5.700)	4.300	12.900
5	6.000 €	4	1.500	2.800	
6	6.000 €	5	1.200	1.600	
7	**6.000 €**	**6**	**1.000**	**600**	**3.600**
	42.000 €		9.400	600	3.600

Je stärker der Kurs fällt, umso mehr Anteile müssen verkauft werden, so im Zeitpunkt 4 bereits die doppelte Anzahl Anteile im Vergleich zum Zeitpunkt 1, nachdem sich der Kurs halbiert hat. Weil die Zahl der zu verkaufenden Anteile aber überproportional zunimmt, können die im Depot verbleibenden Anteile auch in einer steigenden Börsenphase diesen durch die Entnahme realisierten Verlust nicht mehr aufholen. Im Beispielsfall wäre am Ende nur noch eine einmalige Entnahme in Höhe von 3.600 € möglich und damit wäre das Depot abgeräumt.

Beispiel 2
Unterbrechen der Entnahmen während der fallenden Börsenphase

Zeitpunkt	Entnahme jährlich	Kurs €	Verkaufte Anteile	Anteilsbestand	Depotwert
1	-	6		10.000	60.000 €
2	-	5			
3	-	4			
4	-	3		10.000	30.000 €
5	6.000 €	4	1.500	8.500	34.000 €
6	6.000 €	5	1.200	7.300	36.500 €
7	**6.000 €** (18.000)	**6**	**1.000** (3.700)	**6.300**	**37.800 €**
8	6.000 €	7	857	5.443	38.101 €
9	6.000 €	8	750	4.693	37.544 €

Ideal ist es, wenn ein Anleger nicht unbedingt auf regelmäßige Entnahmen angewiesen ist. Er kann dann ggf. eine größere Entnahme unmittelbar nach einer aufsteigenden Börsenphase tätigen und danach solange auf laufende Entnahmen verzichten, bis ein Kurstal vollständig durchschritten ist.

Eine andere Alternative ist es ggf., ein Depot in zwei Teile aufzusplitten, nämlich in einen konservativ ausgerichteten Teil (festverzinsliche Anlagen, Geldmarktfonds o.Ä.), aus welchem die geplanten Entnahmen etwa für 3 - 5 Jahre getätigt werden, und in einen in Aktienfonds angelegten Teil. Damit kann das Aktienfondsdepot auch vorübergehend im Wert fallen, ohne dass ein negativer Cost-Average-Effekt eintritt, weil nichts hieraus entnommen werden muss. In steigenden Börsenphasen kann das konservative Depot alljährlich wieder um den Betrag aufgefüllt werden, der zuvor verbraucht worden ist, sodass stets ausreichend Mittel für die Entnahme zur Verfügung stehen.

Beispiel

Depotwert 200.000 €
Entnahmen z.B. 6 % = 12.000 € p.a.
= 1.000 € mtl.

Aufteilung	Konservative Anlage	Aktienfondsdepot
Reservierung der Entnahmen für z.B. 5 Jahre im Voraus = 5 x 12.000 € =	60.000 €	140.000 €
Nach Ablauf eines Jahres würden bei steigender oder stagnierender Börse die zuvor getätigten Entnahmen vom Aktiendepot umgeschichtet:		
Entnahmen erstes Jahr	**- 12.000 €**	
verbleiben	48.000 €	
Umschichtung vom Aktiendepot	**+ 12.000 €**	**- 12.000 €**
Erneute Reserve:	**60.000 €**	132.000 €
angenommener Wertzuwachs:		
Aktiendepot 8 % auf 140.000 €		**+ 11.200 €**
Wert Aktiendepot trotz Entnahme		**143.000 €**

Die Verzinsung für das konservative Depot ist meistens gering und kann deshalb vernachlässigt werden.

In einer fallenden Börsenphase könnte die Umschichtung vom Fondsdepot so lange ausgesetzt werden, bis der Markt wieder dreht. Hierbei war in der Vergangenheit ein zeitlicher Puffer von etwa 3 Jahren bei guten, breit streuenden und international anlegenden Aktienfonds wie z.B. dem Templeton Growth Fund ausreichend. Um auch bei schwersten Krisen wie 1929 (Weltwirtschaftskrise), aber auch bei der jetzigen außergewöhnlich schweren Finanzkrise noch entsprechenden Spielraum zu haben, sollte man mit einem 5-Jahres-Zeitraum auf der sicheren Seite sein, obwohl dafür niemand garantieren kann. Aber immerhin liegen diesen Empfehlungen die Erfahrungen für einen international anlegenden Fonds wie dem Templeton Growth Fund von bereits mehr als 50 Jahren zugrunde.

2.3.12 Welche außergewöhnliche Einstiegschance kann es noch geben?

Generell ist ein Börsencrash immer ein guter Zeitpunkt zum Investieren. Das Problem ist nur, zu erkennen, wann der Crash vorbei ist, und dann die eigene Angst zu überwinden, trotz des Börsencrashs aktiv zu werden. Aus der Vergangenheitsbetrachtung her kann es sich aber sehr lohnen, wie nachfolgende Depotentwicklung zeigt.

Beispiel aus der Zeit des Börsencrashs in den Jahren 1973/74 (Ölkrise) mit einem Kurseinbruch von ca. 45 %:[63]

Anlage eines Betrags von 10.000 € im Templeton Growth Fund zu Beginn des Crashs im Januar 1973:			
Methode	Festgeld	„Kostolany"	„Sieger"
Anlagebetrag	10.000 €	10.000 €	10.000 €
Depotstand im Dez. 1974	5.753 €	5.753 €	5.753 €
zusätzliches Invest im Januar 1975	-,-	-,-	10.000 €
Wert 31.12.2007	20.989 €	361.648 €	968.314 €
Rendite	4 %	10,8 %	12,07 %

Zum Vergleich die Wertveränderungen infolge der Finanzkrise in 2008:

Wert 31.12.2008	21.828 €	213.418 €	571.428 €
Rendite	4 %	8,87 %	10,04 %

Zur „Festgeldmethode"

Der Anleger hat es mit der Angst bekommen, die Fondsanlage aufgelöst und den verbleibenden Wert von 5.753 € zu 4 % p.a. festverzinslich unter Wiederanlage der Zinsen „angelegt". Auf die Zinsen musste er ggf. auch noch Steuern zahlen.

63 Die Berechnung ist erfolgt mit dem Fondsanalyse-Tool (c) 2006 EDISoft GmbH, Vers. 4.04.14/0808. Emissionsgebühren von 5,75 % sind berücksichtigt.

Zur „Kostolany-Methode"

Der Anleger hat die Fondsanlage einfach bestehen lassen entsprechend des Mottos von André Kostolany: „Aktien kaufen – 30 Jahre schlafen legen und am Ende ernten".

Zur „Siegermethode"

Der Anleger investierte im Januar 1975 aus vorhandener Liquidität zusätzlich 10.000 € und kaufte die Fondsanteile im Vergleich zu 2 Jahren zuvor fast zum halben Preis. Er kaufte also zum Zeitpunkt des „größten Pessimismus" oder – wie man in der Börsensprache sagt – er investierte antizyklisch. Da er mit dem Nachkauf gegenüber demjenigen, der seine Anlage einfach bestehen lassen hat, über fast die 3-fache Anzahl von Anteilen verfügte, beträgt sein Vermögen am Ende gegenüber der Kostolany-Methode mehr als das Zweieinhalbfache.

Wer die „Siegermethode" wählt, macht nichts anderes als ein Fondsmanager, der eine Aktie eines guten Unternehmens zum „Schnäppchenpreis" einkauft, weil der Kurs gerade einmal um 50 % eingebrochen ist. Auch so kann man nach „der höchstmöglichen Rendite streben", wie es Sir John Templeton in seinen Maximen ausgedrückt und bei jeder sich bietenden Gelegenheit selbst danach gehandelt hat.

Derjenige, der im Tiefstpunkt der Finanzkrise im März 2009 investiert hat, hat ähnliche Chancen wie Ende 1974. Es bleibt spannend, wie lange es diesmal dauern wird, bis sich dieser Einsatz oder auch eine bestehende Anlage im Wert verdoppelt. Kommen wird die Verdoppelung mit an Sicherheit grenzender Wahrscheinlichkeit, weil es von der Logik her nicht anders sein kann.

Wer dazu mehr wissen möchte, der möge sich mit „Überlegen investieren" von Prof. Jeremy J. Siegel vertraut machen, weil er dort auch noch zusätzliche Zukunftsperspektiven aufgezeigt bekommt.[64]

Interessant ist in diesem Zusammenhang auch zu wissen, wie lange es nach der Weltwirtschaftskrise 1929 gedauert hat, bis die Verluste in einem guten Fonds wieder aufgeholt waren, dargestellt anhand des Pioneer Fund – auf Dollarbasis.[65]

64 Vgl. Fußnote 42 zu Abschnitt D 2.3.7 e.

65 Vgl. dazu Ausführungen unter Abschnitt D 2.3.4.

Auflegung des Fonds: 1928		**USD**
Ausgangswert12/1928		**100,00**
1929 Verlust	- 2,98 %	**- 2,98**
		97,02
1930 Verlust	– 35,12 % (von 97,02)	**- 34,07**
		62,95
1931 Verlust	– 25,50 % (von 62,95)	**- 16,05**
Verbleibender Anlagewert:		46,90
Verlust nach 3 Jahren prozentual	**53,1 %**	
1932 Rendite	+ 37,28 % (von 46,90)	17,48
		64,38
1933 Rendite	+ 23.20 % (von 64,38)	14,94
		79,32
1934 Rendite	+ 27.68 % (von 79,32)	21,96
		101,28

d.h., nach 3 Jahren war der Wertverlust von ca. 53 % wieder aufgeholt.

Ein weiterer geeigneter Zeitpunkt für einen günstigen Einstieg oder für einen Nachkauf von Fondsanteilen war auch das Jahr 2003 nach dem Einmarsch der USA in den Irak, nachdem vorher bereits der Neue Markt und auch der Angriff auf die Twin Towers in New York zu einem starken Rückgang der Börsenkurse geführt hatten. Dies war nach Kostolany genau die Gelegenheit, um zu investieren: „Bei Kanonendonner kaufen, bei Harfenklängen verkaufen." Wer den Mut gehabt hat, Aktien oder Aktienfonds zu kaufen bzw. nachzukaufen, obwohl der DAX von ca. 8.000 Punkten (07.03.2000) auf ca. 2.200 Punkte (12.02.2003) gefallen war, hat auf jeden Fall zu günstigen Preisen eingekauft und bisher ein gutes Geschäft gemacht.

Das ist eine Art, wie man bei günstigen Gelegenheiten mit zusätzlich vorhandenen liquiden Mitteln Geld verdienen kann. Aber auch das Jahr 2009 mit dem tiefen Einbruch des Aktienmarktes infolge der Hypothekenkrise wird wieder günstige Gelegenheiten bieten, wie Klaus Kaldemorgen, Geschäftsführer der

Fondsgesellschaft DWS, auf der Jahrespressekonferenz Anfang 2009 dazu ausgeführt hat: Er rät, nicht auf den idealen Einstiegszeitpunkt zu warten. Denn selbst wenn die Erholung erst 2010 oder 2011 einsetzt: „Auch auf Sicht von drei Jahren sind 100 Prozent eine erhebliche Rendite“[66] – Sie wissen es, denn 72 geteilt durch 3 (Jahre) = ca. 24 % p.a.![67]

Die Chancen im Jahr 2009 sind also am ehesten mit denen der Ölkrise 1973/1974 zu vergleichen, denn im Jahr 2008 sind die Kurse im Durchschnitt auch um 40 - 50 % gefallen. Anhand rollierender Zeiträume von z.B. 15 Jahren im Zeitraum 1954 bis 2009 bei einer Anlage von 100.000 € im Templeton Growth Fund wird offenkundig, was es bedeutet hat, unmittelbar nach der Ölkrise Ende 1974 (Kurseinbruch 1973/74 ca. 45 %) investiert zu haben – Emissionskosten von 5,75 % berücksichtigt (Stand 31.12.2009):

			Rendite p.a.
Bestes Ergebnis	1/75 - 12/89	1.111.733 €	17,42 %
Niedrigstes Ergebnis	1/94 - 12/08	178.688 €	3,95 %
Durchschnittliches Ergebnis		567.086 €	11,85 %

Das beste Ergebnis ist erst dadurch möglich geworden, dass die Kurse sich am 31.12.1974 fast halbiert hatten. Ein Investor konnte dagegen für sein Geld am 01.01.1975 die doppelte Anzahl von Anteilen kaufen. Wie heißt es so schön im Plattdeutschen:

> ***„Wat den eenen sin Uhl,***
> ***is den annern sin Nachtigall.“***

Oder übersetzt: Was für den einen von Nachteil ist, birgt für den anderen einen entsprechenden Vorteil. Ein Langfristinvestor wartet nur auf den Zeitpunkt, dass andere, die soeben 50 % verloren haben, verkaufen, damit er mit einem Rabatt von 50 % wieder einsteigen kann.

Seinerzeit hat es gut 2 Jahre gedauert, bis sich das niedrigste Ergebnis wieder verdoppelt hat bzw. bis das durchschnittliche Ergebnis wieder erreicht war:

31.12.1974	:	283.274 €
31.01.1977	:	579.081 €[68]

66 Bericht in „Die Welt“ vom 18.02.2009 „Klaus Kaldemorgen sieht Chance für Verdoppelung der Aktienkurse und die Ausführungen in Abschnitt C 3.6.1.

67 Die finanzmathematische Rendite beträgt exakt 25,99 % p.a.

68 Emissionsgebühren waren nicht zu berücksichtigen.

Gegenwärtig weiß niemand, bis wann genau sich der Einsatz verdoppeln wird. Auch Klaus Kaldemorgen gibt zu, dass er nicht wagt, den genauen Zeitpunkt zu prognostizieren.[69]

Prof. Robert J. Shiller untersuchte in seinem Buch „Irrationaler Überschwang" den amerikanischen Markt für die Zeit von 1881 bis 2000 und konnte daraus einen Zusammenhang zwischen dem Kurs-Gewinn-Verhältnis (KGV) und einem daraufhin zu erwartenden Zehnjahresertrag ableiten.[70] Er stellte fest, *„dass im Allgemeinen auf Jahre mit niedrigem KGV hohe Renditen folgten und Jahre mit hohem KGV regelmäßig niedrige oder negative Renditen nach sich zogen"*. Langfristige Investoren seien persönlich gut beraten, wenn sie Märkte in Hochpreisphasen (hohe KGVs) meiden und bei niedrigen Kursen einsteigen würden.

Das KGV für *Aktien im amerikanischen Markt* schwankte in dem Zeitraum 1881 bis 2000 zwischen 5 und 45, im Mittel lag es etwa bei 16.[71] Ende März 2009 betrug das KGV ungefähr 13.

Shiller stellt auch fest, dass sich die Gewinne der Unternehmen in der Regel nach einem Crash innerhalb von etwa 5 Jahren verdoppeln, so nach der Depression von 1890, der Weltwirtschaftskrise von 1930 und nach dem zweiten Weltkrieg (1945 - 1950). In der Zeit von 1921 bis 1928 vervierfachten sich die Gewinne sogar und auch zwischen 1990 und 2000 waren wiederum ungewöhnliche Gewinnzuwächse zu verzeichnen.

Je mehr aber die Gewinne von Unternehmen steigen, umso mehr werden Aktienkäufer angelockt und nach dem Gesetz von Angebot und Nachfrage steigen entsprechend auch die Kurse. Auch diese Überlegungen rücken eine Verdoppelung der Kurse, wie von Klaus Kaldemorgen aufgezeigt, in den Bereich des Wahrscheinlichen.

Die simpelste Erklärung könnte aber eine rein rechnerische sein: Wenn die Entwicklung von Aktienkursen langfristig nach oben zeigt, wie in den Charts der Aktien weltweit agierender Unternehmen über 200 Jahre nachvollziehbar[72] sowie auch anhand der durchschnittlichen Kursentwicklungen der Indizes

69 S. dazu Ausführungen in Abschnitt C 3.6.1.

70 „Irrationaler Überschwang", S. 27.

71 Hinweis auf die chartmäßige Darstellung im Anhang Nr. 27, die zugleich die Abbildung 1.2 (S. 22) im o.g. Buch von Shiller für die Jahre 2000 - 2009 ergänzt.

72 Vgl. Anhang Nr. 13.

MSCI World, DAX und Dow Jones seit fast 40 Jahren nachgewiesen,[73] dann bedeutet die Wiederaufholung eines Werteinbruchs von 50 % zwangsläufig eine Wertsteigerung von 100 %. Dies gilt bei guten international aufgestellten Aktienfonds gleichermaßen.[74]

Selbsttest

- Wann ist ein guter Zeitpunkt, um in Aktieninvestments einzusteigen?
- Was bedeutet positiver/negativer Cost-Average-Effekt?

2.3.13 Wie sieht die Zukunft aus? Was ist für die Zukunft garantiert?

Für die Zukunft kann niemand etwas garantieren. Künftige Erträge hängen in einem Fonds letztlich von den Gewinnen der Unternehmen ab, in die der Fonds investiert hat. In der Zukunft noch zu erzielende Gewinne kann niemand garantieren.

Wenn Sie sich aber die Frage stellen, ob es auch in Zukunft noch Unternehmen geben wird, die mit guten Produkten gutes Geld verdienen, vielleicht sogar mit Produkten, die wir heute noch gar nicht kennen, dann wird man diese Frage ehrlicherweise mit „ja" beantworten müssen, wenigstens solange wir in einer freien Marktwirtschaft leben.

Dann bedarf es eigentlich „nur" noch guter Fondsmanager, die zur rechten Zeit in die richtigen Unternehmen investieren. Dass es welche gibt, die das können, haben sie bereits in mehr als 8 Jahrzehnten unter Beweis gestellt.

73 Vgl. Anhang Nr. 11.

74 Vgl. Anhang Nr. 12.

2.3.14 Zusammenfassung

Sie haben vielleicht erkennen können, dass bei der Anlage des Geldes nicht unbedingt der **Zeitpunkt** das Wesentlichste ist, sondern dass Sie überhaupt in Aktien investieren – und einfach **Zeit** mitbringen. Ein Slogan von Dr. Jung lautet:

Time, nicht timing

ist entscheidend bei der Aktienfondsanlage.

Es wird immer wieder Kurseinbrüche oder Börsencrashs geben, aber jedes Mal erholen sich die Kurse nicht nur wieder, sondern sie steigen weiter nach oben, Schritt für Schritt.[75] Seit über 8 Jahrzehnten haben sich solide Aktieninvestmentfonds sowohl in guten als auch in schlechten Zeiten ausgezahlt. Genannt sei hier wiederum der in 1928 aufgelegte Pioneer Fund, der zwar ausschließlich in amerikanische Unternehmen investiert, aber für das Funktionieren von Aktienfonds trotz schlechter Zeiten an der Börse als bestes Beispiel dienen kann. Während der Weltwirtschaftskrise 1929 ging der amerikanische Aktienindex, der Dow Jones, von 400 auf 40 Punkte zurück, ein Werteinbruch von 90 %. Dann folgte 1950 bis 1953 der Koreakrieg, danach die Kuba-Krise, der Kennedy-Mord, die Kriege im Iran/Irak, Afghanistan, der Vietnamkrieg, die Ölkrise 1973/74, der Crash 1987, der Golfkrieg, das Platzen der New-Economy-Blase in 2000, der 11. September 2001, der Einmarsch der Amerikaner in den Irak – und jetzt die Finanz- oder Bankenkrise. Trotz dieser welterschütternden Ereignisse hat es funktioniert. Trotz Kurseinbruchs durch die Finanzkrise von ca. 50 % hat der Pioneer Fund noch eine durchschnittliche Rendite aufzuweisen, die jede festverzinsliche Anlage schlägt. Gleiches gilt für den Templeton Growth Fund.

Zum 31.12.2008 betrugen die Renditen pro Jahr:

Diese betrugen im	Pioneer Fund	Templeton Growth Fund
seit 30 Jahren	9,00 %	9,83 %
seit 20 Jahren	6,35 %	6,59 %
seit 15 Jahren	4,67 %	4,06 %
seit 10 Jahren	- 2,60 %	1,41 %
seit 5 Jahren	- 4,35 %	- 5,09 %

75 Vgl. auch die Wertentwicklung des Templeton Growth Fund Inc. – Anhang Nr. 14 – mit den dort aufgeführten Verlust- und den jeweils darauf folgenden Erholungsphasen.

Wenn etwas aber seit über 50 oder gar 80 Jahren funktioniert, spricht dann etwas dagegen, dass es auch in der Zukunft funktioniert? Und dass der Markt sich dreht, zeichnet sich auch dieses Mal bereits wieder deutlich ab, denn der DAX hat seit Jahresbeginn 2009 bis 31.12.2009 um ca. 44 % und der Dow Jones ca. 40 % (auf Eurobasis) zugelegt.

Auch wenn es bei Anlagezeiträumen unter 15 Jahren vorübergehend immer mal wieder zu Minus-Renditen gekommen ist, haben langfristige Anlagen in guten Aktienfonds sich seit jeher für den Anleger ausgezahlt. Man muss nur investiert bleiben und darf nicht aus Angst bei einem Crash aussteigen, denn dann ist die Realisierung von Verlusten unumgänglich. „Ruhe bewahren und die Zeit nutzen" heißt die Devise. Die Zeit arbeitet nämlich stets für den Anleger und nicht gegen ihn.

2.4 Sind die Risiken einer Aktienfondsanlage beherrschbar?

2.4.1 Die Angst vor dem Risiko

Niemand möchte sein Geld verlieren. Trotz tatsächlich erzielter hoher Durchschnittsrenditen bei Aktienfonds mangelt es meistens an Durchblick bei dieser Anlagekategorie.

> Unwissenheit hält die meisten Menschen von ihrem „Glück" ab.

Wenn Ihnen Ihr Berater – und bei zwei Dritteln der Bundesbürger kommt dieser von der Bank – nicht von sich aus Mut macht, dann bleibt Ihnen wahrscheinlich dieses an sich lukrative Segment verschlossen. Obwohl diese Produkte sich bereits über Jahrzehnte bewährt und nachweislich gute Renditen abgeworfen haben, bei denen Sie noch nie Geld verloren hätten, wenn Sie längerfristig investiert gewesen wären. Vielmehr werden Ihnen lieber neue Produkte verkauft[76] mit dem Hinweis, das sei nun das für Sie geeignete, mit hohen Renditechancen, möglichst noch mit Garantie etc., bis das Produkt Ihrem Risikoprofil entspricht. Oftmals handelt es sich bei derartigen Produkten sogar um Wetten mit möglicherweise hohen Verlusten wie z.B. die Lehman-Zertifikate. Bei diesen verdienen mit Sicherheit die Banken, aber nicht unbedingt Sie.

Woraus schließe ich das?

76 Vgl. FTD vom 05.07.2011 „Nur neue Besen verkaufen sich gut" – Europas Fondsbranche wächst lt. einer Studie seit 2001 nur dank neu aufgelegter Produkte.

1. Dr. Jung fragt am Schluss seiner Aktienfondsvorträge immer, ob einem der Teilnehmer schon einmal von seiner Bank gute Aktienfonds empfohlen wurden, ohne dass er ausdrücklich danach gefragt habe. Es melden sich meistens weniger als 1 - 2 % der Anwesenden. Fonds unabhängiger Fondsgesellschaften werden in der Regel überhaupt nicht angeboten.

Anlässlich eines Vortrages vom Itzehoer Aktienclub in Bremen, zu dem ich persönlich zugegen war und bei welchem etwa 200 Teilnehmer anwesend waren, bejahten keine fünf Anwesenden diese auch dort gestellte Frage.[77]

2. Wenn der Bankberater Ihnen Mut machen würde, in gute Aktienfonds zu investieren, weil er aufgrund einer oft langjährigen Geschäftsverbindung Ihr Vertrauen genießt und Sie überzeugen könnte, dass Sie Ihr Geld bei längerfristiger Anlage nicht verlieren, gäbe es dann einen plausiblen Grund dafür, dass 80 % des privaten Geldvermögens bei Banken und Versicherungen festgelegt sind – **für Sie praktisch als Nullsummenspiel**?

3. Wie wird aber in der Praxis vorgegangen, wenn Sie z.B. von sich aus in Aktienfonds investieren wollen? Zunächst werden Sie nach Ihrer Risikobereitschaft befragt. Wenn Sie kein Geld verlieren wollen, werden Sie als vorsichtiger Risikotyp eingestuft und Sie machen wahrscheinlich weiterhin, was Sie immer getan haben: Sparbuch und -brief, Festgeld etc. Bleiben Sie hartnäckig und erklären, dass es Ihnen um eine langfristige Wertentwicklung geht und Sie auch bereit sind, dafür Wertschwankungen in Kauf zu nehmen, werden Sie als kontrollierter Risikotyp eingestuft. Damit dürfen Sie auch in Aktienfonds investieren. Zuvor erfolgt aber noch die Risikoaufklärung, die aus rechtlichen Gründen erforderlich ist, damit dem Vermittler nicht der Vorwurf gemacht werden kann, er habe Ihnen nicht alle Risiken genannt. Ohne die Risiken zu erläutern, enthält z.B. ein exemplarischer Fragebogen folgende einzeln aufgeführte Risiken: Währungsrisiko, Transferrisiko, Länderrisiko, Liquiditätsrisiko, Bonitätsrisiko, Zinsrisiko, Kursrisiko, Missbrauchsrisiko, Risiko des Totalverlustes, besondere Risiken beim Kauf von Wertpapieren auf Kredit, steuerliche Risiken, rechtliche Risiken, Unternehmerrisiko, Klumpenrisiko, Garantierisiko, Konjunkturrisiko, Inflationsrisiko, Informationsrisiko.

Wenn Sie darüber im Einzelnen aufgeklärt worden sind, werden Sie wahrscheinlich kaum noch den Mut haben, trotzdem einen Vertrag abzuschließen, der in irgendeiner Weise noch mit Aktien- oder Aktienfonds zu tun hat. Auf diese Art werden Sie in der Regel aber vom Besten abgehalten, wie Sie anhand der vielen Beispielsrechnungen erkennen können.

77 Börsenseminar „Erfolgreich investieren mit Fonds" am 02.11.2006.

Und so einfach könnte es sein:

In Wirklichkeit brauchen Sie von Ihrem Vermittler nur zu wissen, ob Sie bei der geplanten Anlage in einem bestimmten Aktienfonds Ihren Einsatz ganz oder teilweise verlieren können bzw. wie Sie einen Verlust bei Einhaltung bestimmter Regeln vermeiden und mit der Anlage gutes Geld verdienen können. Dadurch, dass der Gesetzgeber sowie die Rechtsprechung einem Vermittler diese umfassenden Aufklärungspflichten auferlegt, erweisen sie mittelbar den Kreditbanken einen kostbaren Dienst. Diese haben ohnehin kein besonderes Interesse an dem Verkauf von Fondsprodukten, weil es für sie lukrativere Geschäftsfelder gibt. Andererseits wird der mit dem Gesetz verfolgte Zweck, den Verbraucher ggf. vor schlechten Produkten mit hohen Risiken zu schützen, ins Gegenteil verkehrt. Hinzu kommt, dass der Kunde von seiner Bank nicht erwarten kann, dass sie ihm das bessere Produkt eines Mitbewerbers empfiehlt.

Absurd wird es erst für denjenigen, der das von der Bundesregierung herausgegebene „Checkheft Altersvorsorge" studiert. Dort heißt es:

„Ein guter Maßstab für Renditen von sicheren Anlagen ist die aktuelle Verzinsung zehnjähriger Bundesanleihen. Die bekommen Sie im Wirtschaftsteil überregionaler Tageszeitungen oder bei jedem Kreditinstitut. Liegt die versprochene Rendite höher, ist die Anlage auch riskanter: ***Renditen von zehn und mehr Prozent jährlich sind in aller Regel nur mit hochspekulativen Anlagen erzielbar – und mit dem Risiko von Teil- oder Totalverlust!"***[78]

Damit wird besonders den Banken, die an der Vermittlung von Investmentfonds eher weniger Interesse haben, geradezu der Weg vorgegeben, ihren Kunden die Produkte, wie sie z.B. im „Basisinvest" abgebildet sind, gar nicht erst anzubieten. Wenn überhaupt werden es in erster Linie hauseigene Produkte sein, die aber nicht zu den besten gehören müssen. Dabei gibt es die guten Produkte bereits länger als 20, 30, zum Teil seit über 50 Jahren, und niemand hat bei längerfristiger Anlage Geld dabei verloren. Was soll daran bei längerfristiger Anlage noch hochspekulativ sein? Der Bund möchte verständlicherweise die Aufmerksamkeit auf seine Bundesschatzbriefe lenken, die aber bei längerfristiger Anlage nicht unbedingt geeignet sind, Ihr Vermögen zu mehren. Prof. Richard Stehle kam laut einem Artikel in DIE ZEIT bei Anlage in Bundesanleihen seit Mitte der 1950er-Jahre nach Inflation und Steuern auf eine Minusrendite von 0,4 %.

78 Hervorhebung durch den Autor; vgl. dazu „Checkheft Altersvorsorge", Bundesministerium für Arbeit und Soziales, 53107 Bonn, Stand: März 2009, Best.-Nr. A 844, S. 16.

2.4.2 Das Schwankungsrisiko

Die Schwankungsbreite von Kursen – Volatilität – wird auch als „Angstbarometer" bezeichnet. Dabei empfindet man nur Angst, wenn die Kurse fallen – denn das sind die Verluste, die man vor Augen hat. Man ist auch leicht geneigt, die Entwicklung der Börsenindizes wie DAX, Dow Jones oder MSCI World mit denen guter Fonds gleichzusetzen. Dabei ist es gerade die Aufgabe eines guten Fondsmanagements, die Volatilität so niedrig wie möglich zu halten, denn 50 % Verlust bedeuten immer noch, dass 100 % wieder aufzuholen sind, um diesen Verlust wieder auszugleichen. Doch auch ein guter Fonds kann sich der allgemeinen Marktentwicklung nicht ganz verschließen, aber die Schwankungen fallen meistens niedriger aus als im Index.[79] So verlor der DAX z.B. von Anfang März 2000 (Zusammenbruch des Neuen Marktes) bis Ende März 2003 (Einmarsch der Amerikaner in den Irak) ca. 68 % an Wert. Der Templeton Growth Fund hatte in dieser Zeit nur einen Verlust von gut 16 % zu verzeichnen.

Wichtig ist, dass die Schwankungsausschläge nach oben (Erträge) die Ausschläge nach unten (Verluste) weitestmöglich übersteigen. Sonst würden längerfristig keine positiven Renditen zwischen 9 und 12 % dabei herauskommen können.[80]

Sehr informativ sind in diesem Zusammenhang auch die Grafiken bzw. Wertzuwächse pro Jahr bei Anlage im Templeton Growth Fund in rollierenden Zeiträumen von 5 - 30 Jahren in jeweils 5-Jahres-Abständen.[81] Man sieht hieran, dass in rollierenden 5-Jahres-Zeiträumen die höchsten Ausschläge zu verzeichnen waren. Dennoch haben seit Auflegung des Fonds von insgesamt 50 verschiedenen 5-Jahres-Zeiträumen 47 mit positiven und lediglich 3 mit Verlusten abgeschnitten. Dabei fielen in den Verlustzeiträumen die Negativ-Renditen noch recht moderat aus. Sie betrugen absolut:

1/70 - 12/74	- 1,29 % p.a.
1/86 - 12/90	- 0,13 % p.a.
1/04 - 12/08	- 5,41 % p.a.

Mit zunehmender Anlagedauer nehmen die Schwankungen deutlich ab. Bei allen rollierenden 10-Jahres-Zeiträumen sind schon keine Verluste mehr aufgetreten. Die niedrigste Rendite betrug 1,24 % (1/99 - 12/08) und entsprach immerhin noch etwa einer Sparbuchrendite.

79 Vgl. dazu Anhang Nr. 11.

80 Vgl. dazu Anhang Nr. 14.

81 Vgl. dazu Anhang Nr. 5 u. Nr. 16.

Erinnern Sie sich:

Die schlechtesten Ergebnisse beruhen nur auf einer Momentaufnahme und eine Wertaufholung erfolgte bisher in der Regel innerhalb von 2 - 3 Jahren, wie anhand des Templeton Growth Fund nach der Ölkrise 1973/74 bereits gezeigt.[82]

Nachfolgend noch ein rein theoretisches Beispiel, woran die Auswirkung eines Börsencrashs auf die Rendite pro Jahr nachvollzogen werden kann:

Eine Anlage von 10.000 € würde in 15 Jahren bei 12 % Rendite p.a.
zu einem Wert auflaufen von 54.735 €.

Bricht dieser Wert am Ende um 50 % ein, beträgt die Rendite pro Jahr
nur noch 6,94 %, also knapp 7 %.

Verdoppelt sich dieser halbe Wert nach weiteren 2 Jahren wieder auf den
Ursprungswert von 54.735 €, d.h. innerhalb von insgesamt 17 Jahren,
beträgt die Durchschnittsrendite bereits wieder 10,52 % p.a.

Dies ist auch ein Grund dafür, dass Fonds nicht nach den Renditen, bezogen auf eine Zeitdauer von 5 Jahren, ausgewählt werden sollten. Der Zeitraum ist zu kurz, um eine einigermaßen verlässliche bzw. aussagefähige Entscheidungsgrundlage zu erhalten.

Kurse bewegen sich auf und ab, zum einen aufgrund äußerer Rahmenbedingungen. Beispielsweise löste der Angriff auf das World Trade Center in New York nach dem 11.09.2001 einen massiven Kursrückgang des DAX aus. Solche von außen auf die Börsen wirkenden Umstände sind Beispiele für das bereits erwähnte Marktrisiko, das auch als „systematisches Risiko" bezeichnet wird. Dazu können geldpolitische Maßnahmen wie z.B. die durch die gegenwärtig infolge der Hypothekenkrise in den USA ausgelösten staatlichen Maßnahmen für die betroffenen Banken, Veränderungen des konjunkturellen Umfeldes etc. gehören.

Andererseits können Kurseinbrüche großer einzelner Unternehmen oder einer ganzen Branche Schwankungen sowohl an der Börse als auch in Fonds auslösen, wie die der Banken mit gut 50 % (Stand 3/2008). Kurse aller nicht direkt betroffenen Unternehmen werden dann automatisch wie in einem Sog mit nach unten gezogen.

82 Bezüglich der Dauer der Wertaufholung nach der Weltwirtschaftskrise von 1929 vgl. die Ausführungen im Abschnitt 2.3.12, demonstriert am Beispiel Pioneer Fund.

Wenn wirklich einmal ein Unternehmen ohne vorherige Anzeichen in die Insolvenz gehen sollte – z.B. die amerikanischen Firmen Enron oder Worldcom, bei denen kriminelle Energie im Spiel war –, dann ist das für einen Fonds mit vielleicht 100 - 150 verschiedenen Beteiligungen auch kein besonders einschneidendes Problem. Ebenso wenig wie für Sie als breit investierter Anleger.

Beispiel:
Ihr Fonds soll an 100 Unternehmen zu gleichen Teilen beteiligt sein und Sie beteiligen sich mit einem Betrag von 100 € an diesem Fonds. Angenommen, ein Unternehmen geht in die Insolvenz, dann verlieren Sie von Ihren 100 € gerade einmal 1 € oder 1 % – ein Risiko, vor dem Sie eigentlich keine Angst zu haben brauchen. Wenn andererseits ein solcher Fonds eine durchschnittliche Rendite von 10 % pro Jahr abwirft, dann vermindert sich einmalig Ihre Rendite um 1 % auf 9 % – also auch keine Katastrophe.

Berechung:

Kapitalanlage		100 €		
Rendite ø 10 %	=	10 €		
Einmaliger Ausfall		1 €		
Berichtigte Rendite		9 €	=	9 %

2.4.3 Die Unwissenheit als Ursache für das Risiko

Gefährlicher für Ihre Vermögensbildung sind die Risiken, die Sie meistens selbst verursachen – in der Regel aus Unwissenheit. Warren Buffett sagt dazu:

> ***„Risiko entsteht dann,***
> ***wenn Anleger nicht wissen, was sie tun.“***[83]

Und da die meisten von uns finanzielle Analphabeten sind, stellen wir selbst unter Umständen die größte Gefahr für unser Depot oder gar einen Rendite-Verhinderer dar.

83 Auch die Finanzanlagen deutscher Banken, besonders auch der öffentlichen Banken wie Bayern LB, Sachsen LB, West LB, der KfW über ihre Beteiligung an der IKB mit den Anlagen in forderungsbesicherten Wertpapieren – sog. ABS-Papiere mit zweifelhaften Hypothekenkrediten – und Milliardenverlusten bestätigen diese Aussage eindrucksvoll, denn die Vorstände und Manager der Banken wussten vermutlich auch nicht, was sie tun.

Praxisbeispiel:

Ein Anleger-Ehepaar zahlte von März 2002 bis April 2003 monatlich 500 € in den Templeton Growth Fund ein, stellte aber dann aufgrund der Börsenturbulenzen – Irak-Einmarsch – die Zahlungen ein.

Bei Weiterzahlung bis zum 31.05.2007 – dem Höhepunkt der ansteigenden Börsenphase seit dem Irak-Einmarsch in 2003 – hätten die Einzahlungen insgesamt 31.500 € betragen, der Depotwert 40.776 €, d.h. die Rendite bis dahin 9,75 %. Hätte man bis 31.10.2009 weiter eingezahlt, betrügen die Einzahlungen 46.000 €, der Depotwert 36.718 € – ein vorübergehender Verlust von ca. 20 %, weil auch der Templeton Growth Fund infolge der Hypothekenkrise in den USA in den Jahren 2007 und 2008 vorübergehend hohe Wertverluste hinnehmen musste.[84] Die Anleger haben aber nicht erkannt, dass man in dieser Verlustphase billig Anteile hätte einkaufen können, um beim nächsten Kursaufschwung mit einem überproportional ansteigenden Wertzuwachs dabei zu sein.[85] Wer es also mit der Angst bekommt und seine Anlage auflöst oder auch nicht die Geduld aufbringt, längerfristig zu investieren, schadet sich selbst. Aber auch derjenige, der aus einem finanziellen Engpass heraus die Anlage zur Unzeit auflösen muss, weil er das Geld braucht, hat das Nachsehen. Eine solche Phase kann man ggf. noch mit einem Kredit überbrücken, bis sich das Depot wieder erholt hat. In diesen Fällen kann ein fachkompetenter Berater helfen, damit ein Schaden vermieden oder zumindest so gering wie möglich gehalten wird.

Sollten Sie Ihre Anlage wegen eines erlittenen Wertverlustes verkaufen, um dann das verbliebene Kapital z.B. in einem Garantiefonds mit einer Rendite von vielleicht 5 - 6 % anzulegen oder gar wieder in eine Festgeldanlage zu überführen, wäre das für Sie als Anleger schlecht. Auf diese Weise holen Sie den Verlust kaum wieder auf. Für einen Vermittler könnte es dennoch interessant sein, denn er verdient am Ausgabeaufschlag für das Garantieprodukt. Eine Bank wiederum verdient an dem sog. Kreditgeschäft, wenn Sie Ihren Verkaufserlös für beispielsweise 3 % Zinsen auf einem Festgeldkonto parken. Für einen Neuanleger dagegen kann die Zeichnung eines Garantiefonds durchaus sinnvoll sein. Er erzielt zwar gegenüber einer normalen Aktienfondsanlage eine etwas niedrigere Rendite, kann aber vielleicht etwas beruhigter schlafen, wenn er sich das Aussitzen der Schwankungen nicht antun will.

Eigenartigerweise hat aber gerade derjenige, der sich überhaupt nicht traut, in einen guten Aktienfonds einzuzahlen, kein Problem damit, jede Woche seinen

84 © 2006 EDISoft GmbH Vers. 4.04.14/0912 – Emissionsgebühren berücksichtigt.

85 Vgl. auch Abschnitt 2.3.11. „Wann ist jeweils der günstigste Ein- bzw. Ausstiegszeitpunkt?“ – der „Cost-Average-Effekt“.

Lottoschein abzugeben, obwohl er davon ausgehen kann, dass das Geld weg ist. Auch wer jeden Tag seine Zigaretten raucht, geht ein Risiko ein, nämlich dass er früher stirbt als andere. Dabei würde das dafür erforderliche Geld nicht nur besser im Fondssparplan aufgehoben sein, er würde sogar sein Leben dadurch mit einiger Wahrscheinlichkeit verlängern und das sich im Fonds angesammelte Kapital später verleben können, statt es vorher durch die Lunge zu blasen. Die meisten können sich auch hier nicht vorstellen, dass man dadurch zum Millionär werden kann, man muss dabei nur früh genug anfangen.[86]

Die Welt ist zwar voller Risiken, aber auch voller Chancen. Es kommt immer darauf an, was man sehen will, entweder ist das Glas halb voll oder halb leer. Wir sollten von den Chinesen lernen – sie haben die gleichen Schriftzeichen für „Krise“ und „Chance“.[87] Wer seine Chancen nutzen will, muss zugleich bereit sein, ein entsprechendes Risiko einzugehen. Eines ist vom anderen nicht zu trennen. Und seien wir doch einmal ganz ehrlich: Wenn wir unser Risiko begrenzen, tun sich da nicht in gleichem Maße Chancen auf? Im Lottospiel begrenzen wir unser Risiko auf den Einsatz und nehmen in Kauf, dass er in der Regel weg ist. Bei einer Einzahlung in einen guten Fonds – gleich mit welchem Betrag – halten wir uns zurück, obwohl seit 5, ja sogar 8 Jahrzehnten noch nie jemand Geld verloren hat, wenn er einfach investiert geblieben ist.

Norman Vincent Peale, der Autor des Weltbestsellers „Die Kraft positiven Denkens“, hat hierzu Folgendes formuliert:
„Eine angemessene Portion Vorsicht ist vernünftig. Nur ein Narr würde es ohne machen. Doch auf seine Ängste hören, wenn man Orientierung sucht, ist etwas ganz anderes. Man soll etwas zwar vorsichtig abwägen, sich dann aber von seinen positiven Überzeugungen, nicht von seinen Ängsten, leiten lassen. Dann wird man im Leben viel besser abschneiden.“[88]

Aus England stammt ein Spruch:

> ***„Ein Schiff, das im Hafen liegt, ist sicher.***
> ***Aber dafür werden Schiffe nicht gebaut.“***

Wenn Sie ein Schiff besteigen, um damit aufs Meer zu fahren, dann wissen Sie, dass es schwanken wird. Sie verbinden doch aber damit noch lange nicht, dass

86 Anhang Nr. 2 Sparplan / 72er-Regel.

87 Fundstelle „Vertrauliche Mitteilungen aus Politik, Wirtschaft und Geldanlage“ vom 18.09.2001, Verlag Arbeit und Wirtschaft, Büsingen.

88 Aus „Heute fängt dein Leben an“, Oesch Verlag AG Zürich-Jubiläumsausgabe 1996 – ISBN 3-85833-557-6, unter dem Tagesdatum 6. April.

es untergeht. Wenn Sie Ihr Geld einem Aktienfonds anvertrauen, dann müssen Sie auch von vornherein damit rechnen, dass die Werte schwanken, und zwar der Wert jedes Unternehmens, an dem der Fonds beteiligt ist.

Aber da es nicht vorstellbar ist, dass alle Unternehmen, an welchem der Fonds sich beteiligt hat, auf einmal untergehen, ohne dass es vorher irgendwelche Anzeichen dafür gegeben hat, können Sie auch Ihr Geld nicht in Gänze verlieren. Und wenn die Börse einmal außergewöhnlich einbricht, dann ist das vergleichbar mit einem heftigen Sturm auf See, bei dem Sie seekrank werden. Sie erholen sich schnell wieder, sobald der Sturm vorbei ist. Auch bei Anlagen in Aktienfonds handelt es sich grundsätzlich um Schwankungsrisiken, aber nicht um das Risiko eines Totalausfalls, wenn Sie Ihrem Geld einfach Zeit lassen.

2.4.4 Das größte Risiko eines konservativen Anlegers

Auch ein konservativer Anleger geht ggf. ein Verlustrisiko ein, da er es aus Unwissenheit nicht erkennt. Sein eigentliches Problem ist, dass er aus Furcht davor, Geld zu verlieren, erst gar nicht darüber nachdenkt, in Aktienfonds zu investieren. Er hat die vorgefasste Meinung, dass diese Anlageart etwas Gefährliches darstellt. Weil er davon keine Ahnung hat, lässt er die Finger davon – so wie es mir persönlich auch ergangen ist.

Ich musste erst 63 Jahre alt werden, bevor ich mit der Nase darauf gestoßen worden bin. Zwei Jahre später habe ich mir die Nase dann auch noch blutig gestoßen, denn trotz Beratung durch einen vermeintlich etablierten Vermögensberater habe ich eine Menge Geld verloren. Mein Hauptfehler war seinerzeit, dass ich mit meiner Anlage ausschließlich auf zwei international anlegende Fonds gesetzt hatte, nämlich die eine Hälfte auf den Templeton Growth Fund und zwecks weiterer Streuung – so die Empfehlung – die andere Hälfte auf einen anderen global anlegenden Fonds, der, wenn man über Aktienfonds spricht, noch verhältnismäßig jung war – den Metzler International.

Der Fonds war seinerzeit etwa 8 Jahre alt und konnte bis Ende 1999 mit dem Templeton Growth Fund gut Schritt halten. Mit ersterem Fonds habe ich jedoch ab dem Jahr 2001 mehr Geld verloren, als ich mit dem anderen verdienen konnte.[89] Besonders auch aufgrund dieser Erfahrung bin ich der Frage nachgegangen, ob man das hätte besser machen können – um auch solche Teilverluste zu vermeiden.[90]

89 Vgl. dazu abgebildete Charts beider Fonds im Anhang Nr. 7.

90 Vgl. hierzu mehr unter D 2.5.1 „Das Basisinvest".

Insbesondere der konservativ eingestellte Anleger vergibt zumeist aus Unwissenheit die Chance, mit den hohen Renditen in Aktienfonds Vermögen zu generieren. Diese nicht genutzte Chance entspricht aber zugleich dem Risiko, denn sie wird nicht wahrgenommen.[91] **Das größte Risiko eines konservativen Anlegers ist, kein Risiko einzugehen.**

Selbsttest

- Welche Risiken bestehen bei Aktieninvestments?
- Welche Faktoren verringern diese?
- Welche Strategie hat sich zur Risikominimierung bewährt?

91 Beispiel: Das von mir eingangs geschilderte „Schlüsselerlebnis" und der mir daraus entgangene Vorteil aus Tilgungsersatz mittels Ansparen in Aktienfonds.

2.5 Wie finde ich den richtigen Aktienfonds?

An dieser Stelle möchte ich aus den „10 Prinzipien einer erfolgreichen Geldanlage" von Sir John Templeton zitieren. Seit mehr als 50 Jahren verfährt das Management des Templeton Growth Fund immer noch danach – und das mit gutem Erfolg, wie Sie anhand vieler Beispielsrechnungen bereits erfahren haben:

Eine der wichtigsten Maximen lautet:

„Suchen Sie weltweit! Damit Sie nicht eines Tages feststellen, alles zur falschen Zeit aufs falsche Pferd gesetzt zu haben, sollten Sie diversifizieren. Suchen Sie weltweit nach guten Werten. Dann werden Sie auch mehr und bessere Schnäppchen finden als der, der seine Suche nur auf ein Land konzentriert. Schöner Nebeneffekt: Wenn Sie diversifizieren, streuen Sie außerdem das Risiko und erhöhen so die Sicherheit Ihrer Investition."

> Je breiter die Basis,
> umso größer die Sicherheit.

Eine weitere Maxime besagt:

> „Streben Sie nach dem höchstmöglichen Gewinn!"

Man könnte auch sagen:

> So viel Rendite wie möglich,
> aber nicht mehr Sicherheit als nötig.

Wer ökonomisch denkt – und indirekt tun wir das wohl alle, obwohl es den meisten nicht unmittelbar bewusst wird –, sollte, wenn er Geld spart, auch auf dessen Mehrung bedacht sein. Geld mehren heißt aber,

a. es nicht nur in Sicherheit zu bringen (sich vor Verlust zu schützen), sondern

b. es auch effizient wachsen zu lassen.

Letzteres funktioniert aber nur über eine möglichst hohe Rendite bzw. einen höchstmöglichen Gewinn.

Die Investition in einen guten international anlegenden Aktienfonds ist sicher, wenn man sich an die Spielregeln hält. Je länger die Anlagedauer, umso sicherer wird die Anlage. Verluste treten bei guten, breit gestreuten Fonds immer nur *vorübergehend* auf und sind deshalb „aussitzbar", denn alles, was wachsen soll, braucht Zeit und Geduld. Bei weniger volatilen Fonds geht es meistens schneller, auf jeden Fall sind sie berechenbarer, weil Schwankungen – sowohl nach oben als auch nach unten – moderater ausfallen.

Das Streben nach höchstmöglichem Gewinn bedeutet andererseits, dass Sie dann auch die Anlagekategorie auswählen müssen, welche die höchsten Gewinne verspricht, nämlich Aktienfonds. Denn alle anderen als sicher geltenden Kategorien reichen aufgrund ihrer spezifischen Eigenarten an die Renditen von Aktienfonds nicht heran.[92]

Wer nun aber der eigenen Gier verfällt und deshalb Wetten eingeht, wie es z.B. vor dem Platzen der Internetblase im Jahr 2000 der Fall war, oder wer in Zertifikate oder Derivate anlegt und dabei nicht weiß, was er tut, wird mit höchster Wahrscheinlichkeit sein Vermögen nicht effizient mehren, geschweige denn überhaupt erhalten. Nur wer langfristig in Sachwerte investiert, die zwar im Wert schwanken, aber infolge breiter Streuung und staatlichen Schutzes sicher sind, wird den Erfolg davontragen. Dies gilt insbesondere, wenn er ratierlich anspart und damit gleichzeitig den Cost-Average-Effekt nutzt.

Im jüdischen Talmud heißt es hierzu:

> ***„Erhastetes Vermögen wird klein,***
> ***wer aber händeweise sammelt,***
> ***der vermehrt."*** [93]

2.5.1 Das Basisinvest

Nachstehend eine Tabelle mit den 15 besten international anlegenden Fonds, deren Renditen sich innerhalb der letzten 15 Jahre (Stichtag 31.12.2007) zwischen etwa 9 % und 12 % bewegten. Die besten Fonds lagen sogar noch etwas darüber. Der Vollständigkeit halber sind dort auch noch die Renditen der letzten 5 bzw. 10, 20 und 30 Jahre – soweit darstellbar – aufgeführt.

92 Gleichlautende Aussage in Bezug auf die Altersvorsorge von Hans Joachim Reinke, Vorstandmitglied bei der Union Investment in der WamS Nr. 31 vom 02.08.2009 „Natürlich gibt es auf dem Aktienmarkt Schwankungen. Aber wenn wir über sehr lange Perioden sprechen – und bei der Altervorsorge geht es um 20, 30 oder 40 Jahre – dann liegen die Renditen ganz klar im Plus".

93 Talmud – Erubin 54 b.

Wertentwicklungen in Euro bis zum 31.12.2007, absteigend sortiert nach Spalte: 15 Jahre und Rendite pro Jahr:[94]
Tabelle 1

Rang Nr.	Rendite p.a. in Prozent	5 Jahre %	10 Jahre %	15 Jahre %	20 Jahre %	30 Jahre %	Volumen
1	Carmignac investissement A	19,74	15,43	14,20	-	-	2,59 Mrd. € (7/08)
2	BNPP L 1 OBAM Equity World C	21,26	9,04	12,91	12,29		1,01 Mrd. € (7/08)
3	DWS Vermögensbild.fonds I	11,26	10,59	12,66	11,93	11,82	4,80 Mrd. € (8/08)
4	FMM-Fonds	17,66	10,02	12,03	11,22		295 Mio. € (7/08)
* 5	ACM Bernstein Global Growth Tr. AX $	9,60	7,59	11,57	-	-	2,53 Mrd. USD (8/08)
6	DWS Intervest	12,93	9,72	11,44	10,03	10,13	403 Mio. € (6/08)
7	Templeton Growth Fund Inc. $	8,51	6,26	10,68	11,55	12,04	27 Mrd. USD (8/08)
8	BGF Global Opportunities A 2 $	14,62	8,67	10,51	6,53	-	K.A. +
* 9	ACM Bernstein Global Gr. Tr. BX	8,61	6,57	10,49	-	-	2,53 Mrd. € (8/08)
10	DWS Akkumula	13,66	7,58	10,12	10,15	10,64	2,96 Mrd. € (8/08)
11	UniGlobal	11,68	7,41	9,58	7,95	7,31	3,82 Mrd. € (3/08)
12	DWS-Merkur-Fonds 1	14,81	2,74	9,16	8,42		169 Mio. € (8/08)
13	Templeton Global Fund A Ydis $	11,40	4,30	8,96	-	-	1,5 Mrd. € (8/08)
14	M&G Global Growth A	17,34	7,04	8,81	9,00	10,56	702 Mio. € (8/08)
15	Templeton Global (Euro) A Ydis €	11,11	4,29	8,67	-	-	632 Mio. € (8/08)
27	Nachrichtlich: DekaSpezial	7,87	4,50	7,44	5,47	-	389 Mio. € (6/08)

* Die Fonds unterscheiden sich nur in der Höhe der Verwaltungsgebühr: Nr. 5 = 1,70 % p.a., Nr. 9 = 2,06 % p.a.

\+ Nachrichtlich: Volumen 31.01.2011 = 137,41 Mio. USD

94 Die Zahlen sind dem Programm 1993 FAS, EDISoft, Vers. 4.03.46/0808 entnommen. Die Renditen p.a. berücksichtigen alle in den Fonds anfallenden Kosten, außer den Ausgabeaufschlägen (Emissionskosten), weil diese jeweils nur einmalig und in unterschiedlicher Höhe anfallen können.

Bemerkungen:

a) Die in den Fonds angesammelten Volumina sind nur nachrichtlich angeführt, weil diese vielleicht auch damit zu tun haben könnten, welchem Fonds die Anleger großes Vertrauen entgegenbringen. Große Volumina allein sind für sich aber noch kein Kriterium, für die Auswahl des „richtigen" Fonds. Für den Anleger ist es stets wichtig, Aktienfonds mit höchstmöglicher Sicherheit auszuwählen – das sind solche, die international aufgestellt sind und daneben auch noch eine höchstmögliche Rendite erwarten lassen. Je länger der Zeitraum, in welchem in der Vergangenheit überdurchschnittliche Renditen erzielt worden sind, umso größer die Wahrscheinlichkeit, dass auch in Zukunft gute Renditen erzielt werden.

b) Warum nun ein Mindestzeitraum von 15 Jahren für die Auswahl der besten Fonds? Ein Fonds muss durch Höhen und Tiefen gegangen sein, bevor man eine gewisse Stabilität und Kontinuität feststellen kann. Alle kürzeren Zeiträume können täuschen. Auf- und absteigende Börsenphasen lösen sich stets ab, wobei aufsteigende Phasen überwiegen, sonst kämen per Saldo keine positiven Renditen dabei heraus. Wird z.B. ein Fonds in einer absteigenden Phase aufgelegt und erleidet in den ersten beiden Jahren sogleich einen Verlust von z.B. jeweils 20 %, in den darauf folgenden 3 Jahren einen Gewinn von jeweils 20 %, dann beträgt die Durchschnittsrendite nur 2,03 %, wie nachstehende Berechnung zeigt:

Beispiel:		%
Anfangsinvestition	Jahr 1	100,00
- 20 %		- 20,00
Ende	Jahr 1	80,00
- 20 %		- 16,00
Ende	Jahr 2	64,00
+ 20 %		12,80
Ende	Jahr 3	76,80
+ 20 %		15,36
Ende	Jahr 4	92,16
+ 20 %		18,43
Ende	Jahr 5	110,59
Rendite in 5 Jahren pro Jahr		2,03 %

Fällt die Auflage des Fonds aber auf den Beginn von Jahr 3 mit einer anfänglichen Rendite von 20 % und setzt sich diese über Jahr 5 hinaus noch 2 Jahre fort, d.h. 5 x 20 %, weist dieser Fonds eine Durchschnittsrendite von 14,87 %[95] aus, obwohl die Leistung des Managements mit der niedrigeren Rendite ggf. viel höher einzuschätzen ist, denn es ist in der Regel schwerer, Verluste zu vermeiden, als Gewinne zu erzielen.

So sind gerade aus diesem Grunde nach dem Börsenrückgang von 2000 bis 2003 und dem Beginn der aufsteigenden Phase viele neue Fonds aufgelegt worden, die heute renditemäßig „blendend“ dastehen, aber erst noch beweisen müssen, dass sie auch bei fallenden Börsenkursen in der Lage sind, die Verluste zu minimieren und somit das Geld der Anleger vor Verlusten zu schützen.

Es sprechen aber noch weitere gewichtige Gründe dafür, einen Mindestzeitraum von 15 Jahren für die Auswahl guter Aktienfonds zugrunde zu legen.

James P. O'Shaughnessy, selbst erfolgreicher Investmentmanager, gilt als einer der führenden amerikanischen Investmentexperten. Er hat anhand der Börsenstatistiken der letzten 45 Jahre die wohl wichtigsten Erkenntnisse gewonnen, die es am Markt gibt. In seinem Bestseller „Die besten Anlagestrategien aller Zeiten“[96] äußert er sich folgendermaßen: *„Als ich vor Jahren begann, Strategien zu überprüfen, dachte ich auch, dass eine Periode von 10 Jahren lange genug wäre, um die Schlagkraft einer Anlagestrategie beurteilen zu können. Diese Meinung war falsch. Die langfristigen Daten zeigen, dass man mindestens 25 Jahre heranziehen muss, um zu aussagefähigen Ergebnissen zu gelangen. Noch länger ist hier zugleich besser.“*

Vorstehende Ausführungen beziehen sich auf die Auswahl einzelner Aktien für einen Aktienfonds.

Professor Jeremy Siegel weist in seinem Buch „Langfristig investieren“[97] nach, dass seit 1802 ein gut diversifiziertes Aktiendepot in rollierenden Zeiträumen von 17 Jahren und mehr das sicherste Investment zur langfristigen Wahrung der Kaufkraft war. „In Anlagezeiträumen von 20 Jahren sind Aktienrenditen nie hinter die Inflationsentwicklung zurückgefallen, während die Anleiherenditen in diesem Zeitraum jährlich um drei Prozent dahinter zurückgeblieben sind. Ein dreiprozentiger Jahresverlust (gemeint ist der Verlust aus der Inflation, Anm. d. Verf.) über 20 Jahre vernichtet die Hälfte der Kaufkraft eines Depots“, so seine Aussage. Wenn Sie statt einer Nominalrendite also real nur noch eine Rendite von 7 % erzielen, haben Sie am Ende etwa die Hälfte weniger.[98]

95 Vgl. dazu unter D 1.4 „Was versteht man finanzmathematisch unter den Begriff ‚Rendite‘?“.

96 Verlag „modere industrie“, ISBN 3-478-36580-5 – erschienen erstmals 1998.

97 „Langfristig investieren“, FinanzBuch Verlag, S. 42 ff.

98 Vgl. dazu auch die Tabelle im Anhang Nr. 1 „Die 72er-Regel“.

Rechnen Sie einmal mit:
Der Verdopplungszeitraum beträgt nach der 72er-Regel bei einer Rendite von 10 % 7 Jahre, bei 7 % 10 Jahre.

Rendite	10 %		7 %
Anlagewert	100		100
Verdoppelung Im Jahr 7 auf	200	Verdoppelung Im Jahr 10 auf	200
Jahr 14 auf	400		
Jahr 21 auf	800	Jahr 20 auf	400

Siegel hält aufgrund seiner Forschungsergebnisse einen Anlagezeitraum von mindestens 20 Jahren für relevant, wenn es um die Investition in ein gut diversifiziertes Aktiendepot geht.

Daher scheint es vertretbar und auch notwendig, für die Auswahl von Aktienfonds einen Mindestbetrachtungszeitraum von 15 Jahren zugrunde zu legen, um stets auf der sicheren Seite zu sein. Dies gilt besonders auch im Hinblick darauf, dass Fondsmanager von sich aus in der Regel bereits längere Zeiträume zugrunde legen, wenn es um die Auswahl einzelner Aktien geht, in die der Fonds investiert, wie zuvor beschrieben.

c) Tabelle 1 macht deutlich, dass die DWS als Nr. 1 ihrem Namen alle Ehre macht: Sie ist bei den von der Rendite her 15 besten Aktienfonds – einschließlich des von ihr verwalteten DVG-Merkur Fonds 1 – mit 5 Fonds vertreten. Die Raiffeisen- und Volksbankengruppe ist mit ihrem Flaggschiff „Uniglobal" einmal darin enthalten. Die Sparkassengruppe mit dem DEKA-Spezial ist nur „nachrichtlich" aufgenommen worden, weil sie sonst gar nicht in dieser Gruppe erschienen wäre, denn sie steht zu diesem Stichtag an 27. Stelle.[99]

Wer in nur einen der besten oder beispielsweise auch in die besten fünf Fonds investiert, macht eigentlich nichts ganz falsch, obwohl er dem ökonomischen Prinzip des Strebens nach der höchstmöglichen Rendite damit nicht unbedingt gerecht wird. Niemand weiß mit Sicherheit, welcher auf Dauer der beste Fonds sein wird. Wenn dann ein oder zwei Fonds dabei sind, deren Renditen sich unterdurchschnittlich entwickeln, erzielt ein Anleger zwar eine etwas niedrigere Durchschnittsrendite, aber er ist zumindest auf der sicheren Seite.

99 Vgl. insoweit auch Nachtrag zu D 2.5.1 „Das Basisinvest" unter f), vorletzter Absatz.

Dass sich aber Durchschnittsrenditen innerhalb eines Jahres infolge eines Börsencrashs drastisch verändern können, zeigt die nachstehende Tabelle 2. In der Spalte „Rendite 1 Jahr" wird deutlich, um wie viel ein Aktienfondsdepot in nur einem Jahr an Wert vorübergehend verlieren kann und aus dem Vergleich „Rendite 15 Jahre" per 31.12.2007 und 31.12.2008, wie sich ein solcher Verlust jeweils auf die Durchschnittsrendite für einen Zeitraum von 15 Jahren auswirkt.

Vergleich der 15-Jahres-Rendite 31.12.2007 zum Ende des Folgejahres (01.01.1994 – 31.12.2008)

Tabelle 2

Rang Nr.		1 Jahr 31.12. 2008	Rang Nr.	15 Jahre 31.12. 2008	15 Jahre 31.12. 2007	20 Jahre 31.12. 2008	30 Jahre 31.12. 2008
	Rendite p.a.	%	neu	%	%	%	%
1	Carmignac Investissement	- 29,88	1	8,54	14,20	10,34	-
2	BNPP L 1 OBAM Equity World C	- 65,40	12	3,08	12,91	5,64	-
3	DWS Vermögensbild.fonds I	-31,46	2	7,76	12,66	8,86	10,18
4	FMM-Fonds	- 22,88	3	7,45	12,03	9,20	-
5*	ACM Bernstein Global Growth Tr. AX $	- 51,04	7	4,63	11,57	-	-
6	DWS Intervest	- 39,94	4	5,96	11,44	6,28	8,36
7	Templeton Growth Fund Inc. $	- 40,99	9	4,36	10,68	6,81	9,98
8	BGF Global Opportunities A 2 $	- 36,48	8	4,53	10,51	3,94	4,53
9*	ACM Bernstein Global Gr. Tr. BX	- 51,03	11	3,69	10,49	-	-
10	DWS Akkumula	- 31,94	5	5,64	10,12	6,38	9,17
11	UniGlobal	- 35,18	6	4,81	9,58	4,88	5,88
12	DWS-Merkur-Fonds 1	- 40,52	15	2,90	9,16	4,54	-
13	Templeton Global Fund A Ydis $	- 43,30	23	2,22	8,96	-	-
14	M&G Global Growth A	- 34,85	12	3,59	8,81	5,42	8,84
15	Templeton Global (Euro) A Ydis €	- 41,40	21	2,24	8,67	-	-
25	Nachrichtlich: DekaSpezial	- 42,26	17	2,62	7,44	1,82	3,57

* Die Fonds unterscheiden sich nur in der Höhe der Verwaltungsgebühr: Nr. 5 = 1,70 % p.a., Nr. 9 = 2,06 % p.a.

Anmerkung:
Der DekaSpezial ist zum 31.12.2008 von Platz 27 auf Platz 17 aufgerückt, ausgehend wieder von der durchschnittlichen 15-Jahres-Rendite.

Vorstehende Tabellen 1 und 2 ersetzen keine Beratung im Sinne des Wertpapierhandelsgesetzes. Hierzu bedarf es immer eines fachkompetenten persönlichen Rats möglichst eines unabhängigen Finanz- oder Honorarberaters oder eines Finanzmaklers. Mitarbeiter von Banken oder Ausschließlichkeitsvertreter von Versicherungsgesellschaften oder Vertreter von Finanzvertrieben sind immer abhängig, sei es über einen Arbeitsvertrag, Handelsvertretervertrag o.Ä. Sie können als Anleger nicht erwarten, dass Sie von deren Mitarbeitern in Ihrem Interesse beraten werden. Vielmehr ist dieser Personenkreis in erster Linie dazu angetreten, Ihnen etwas aus deren Produktpalette zu verkaufen, nicht aber, um sie zu beraten.

Fortentwicklung des unter „Das Basisinvest" (D 2.5.1) abgebildeten Depots – Stichtag 31.12.2007 – bis zum 31.12.2010, die ergebnismäßige Darstellung des sog. „Aussitzens"

Tabelle 3

		31.12. 2007	31.12. 2008	31.12. 2009	31.12. 2010
Rang Nr.	Renditen p.a. in Prozent	15 Jahre %	16 Jahre %	17 Jahre %	18 Jahre %
1	Carmignac Investissement A	14,20	10,77	12,43	12,61
2	BNPP L 1 OBAM Equity World C	12,91	4,86	7,61	7,72
3	DWS Vermögensbild.fonds I	12,66	9,21	9,99	9,92
4	FMM-Fonds	12,03	9,45	9,58	9,83
5	ACM Bernstein Global Growth Tr. AX $	11,57	5,97	7,17	7,67
6	DWS Intervest	11,44	7,22	8,26	8,17
7	Templeton Growth Fund Inc. $	10,68	6,41	7,56	7,97
8	BGF Global Opportunities A 2 $	10,51	6,75	8,40	8,88
9	ACM Bernstein Global Growth Tr. BX	10,49	5,01	6,26	6,80
10	DWS Akkumula	10,12	6,86	8,01	7,80
11	Uni Global	9,58	6,04	7,44	8,01
12	DWS Merkur-Fonds 1	9,16	5,09	6,29	6,58
13	Templeton Global Fund A Ydis $	8,96	4,61	5,84	6,23
14	M&G Global Growth A	8,81	5,38	6,88	7,46
15	Templeton Global (Euro) A Ydis €	8,67	4,56	5,53	5,70
25	Nachrichtlich: DekaSpezial	7,44	3,35	4,80	5,48

d) Nachstehende Tabelle zeigt die aktuelle Entwicklung einschließlich der Finanzkrise bis zum Stand 31.12.2011.

„Das Basisinvest" der jeweils 15 besten global anlegenden Aktienfonds über jeweils 15 Jahre zu den Stichtagen 31.12.2007 bis 31.12.2010

Tabelle 4

Rang	31.12.2007		Rang	31.12.2008	
Nr.	Aktienfonds:	Rendite p.a. %	Nr.	Aktienfonds:	Rendite p.a. %
1	Carmignac Investissement A	14,20	1	Carmignac Investissement A	8,54
2	BNPP L 1 OBAM Equity World	12,91	2	DWS Vermögensb.fonds 1	7,76
3	DWS Vermögensb.fond I	12,66	3	FMM-Fonds	7,45
4	FMM-Fonds	12,03	4	DWS Intervest	5,96
5	ACM Bernstein Gl. Growth Tr. AX $	11,57	5	DWS Akkumula	5,64
6	DWS Intervest	11,44	6	UniGlobal	4,81
7	Templeton Growth Inc. $	10,68	7	ACM Bernstein Gl. Growth Tr. AX $	4,63
8	BGF Global Opportunities A" $	10,51	8	BGF Global Opportunities A2 $	4,53
9	ACM Bernstein Gl. Growth Tr. BX $	10,49	9	Templeton Growth Inc. $	4,36
10	DWS Akkumula	10,12	10	UBS (D) E.F. Global Opportunity	3,88
11	UniGlobal	9,58	11	ACM Bernstein Gl. Growth Tr. BX $	3,69
12	DWS Merkur-Fonds 1	9,16	12	M&G Global Growth A	3,59
13	Templeton Global Fund A Ydis $	8,96	13	Global Return A	3,09
14	M&G Global Growth A	8,81	14	BNPP L 1 OBAM Equity C	3,08
15	Templeton Global (Euro) A Ydis €	8,67	15	DWS Merkur-Fonds 1	2,90

Tabelle 4

Rang	31.12.2009		Rang	31.12.2010	
Nr.	Aktienfonds:	Redite p.a. %	Nr.	Aktienfonds:	Redite p.a. %
1	Carmignac Investissement A	13,44	1	Carmignac Investissement A	14,37
2	DWS Vermögensb.fonds I	9,94	2	DWS Vermögensb.fonds I	10,29
3	FMM-Fonds	9,30	3	FMM-Fonds	9,95
4	Tweedy B. International Value Euro	8,35	4	Tweedy B. International Value Euro	9,87
5	BGF Global Opportunities A2 $	8,12	5	Astra-Fonds	9,66
6	Tweedy B. International Value CHF	7,75	6	Tweedy B. International Value CHF	9,59
7	UniGlobal	7,66	7	BGF Global Opportunities A2 $	9,01
8	DWS Intervest	7,51	8	UniGlobal	8,65
9	BNPP L1 OBAM Equity World C	7,31	9	Global Advantage Major Markets	8,28
10	DWS Akkumula	7,27	10	DWS Intervest	7,58
11	Tweedy B. Value (USD)	7,03	11	DWS Akkumula	7,18
12	Templeton Growth Inc. $	6,84	12	M&G Global Growth A	7,18
13	ACM Bernstein Gl. Growth Tr. AX $	6,83	13	UBS (D) E.F. Global Oportunity	7,14
14	UBS (D) E.F. Global Opportunity	6,57	14	Templeton Growth Inc. $	7,10
15	M&G Global Growth A	6,51	15	BNPP L1 OBAM Equity World C	6,96

e) Interessant sind in diesem Zusammenhang nicht nur die Volumina einzelner Fonds, sondern die der insgesamt verwalteten Vermögen der größten Fondsgesellschaften in Deutschland überhaupt, deren Produkte in Deutschland zum Vertrieb zugelassen sind.

Zum 31.12.2008 betrugen die für institutionelle und private Anleger verwalteten Vermögen:

	DWS-Fondsvermögen insgesamt	davon in Publikumsfonds
DWS-Gruppe	156 Mrd. €	115 Mrd. €
Allianz Global Investors	149 Mrd. €	47 Mrd. €
Deka-Gruppe	145 Mrd. €	103 Mrd. €
Union-Gruppe	116 Mrd. €	76 Mrd. €

Die Franklin-Templeton-Gruppe verwaltete zum Stichtag 30.06.2009 insgesamt 290 Mrd. € weltweit.[100] Das entspricht fast 70 Prozent des von den drei größten deutschen Fondsgesellschaften insgesamt verwalteten Vermögens.

f) Nachtrag: Basisinvest für fondsgebundene Versicherungen.

Eine Studie der Ratingagentur Feri EuroRating Services[101], welche das Fondsangebot von 60 Gesellschaften mit einem Marktanteil von 90 % bei Fondspolicen umfasste – insgesamt waren es 2.994 Fonds –, führte zu folgendem Ergebnis:
82 % der Fonds in fondgebundenen Versicherungen sind älter als 5 Jahre. „Versicherer entscheiden sich vorwiegend für etablierte Produkte mit ausreichend langer Historie. [...] Sie wollen so Performance-Risiken vermeiden", sagt Andrè Härtel, Fondsanalyst von Feri.
37 von 60 Versicherern haben sich für einen europäischen Fonds, den Fidelity European Growth, entschieden. Weil dieser Fonds nur in Europa investiert („Regionenfonds"), haftet ihm objektiv betrachtet ein etwas höheres Risiko an als einem international investierenden. Weil er aber eine hervorragende Wertentwicklung seit Auflegung aufzuweisen hat, mag er als Beimischung zu einem Basisinvest geeignet sein.[102]
35 von 60 Versicherern haben den Templeton Growth Fund im Programm.

100 Veröffentlichung unter WWW.franklintempleton.de (= 451,2 Mrd. USD).

101 Fondsmagazin „Das Investment", August 2010, S. 44. S. auch www.dasinvestment.com.

102 Vgl. dazu D 2.5.2.

Bei der Bewertung des Fonds hat dieser jedoch eine unterdurchschnittliche Benotung erfahren, weil er in der Rendite im Vergleich zu den anderen Fonds, bezogen auf den von Feri zugrunde gelegten Bewertungszeitraum, nicht mithalten konnte. Das bedeutet aber nicht, dass der Fonds längerfristig aus der Spur laufen wird. Die Anlagegrundsätze des Fonds werden wie folgt beschrieben: „Das Fondsmanagement strebt nach langfristigem Kapitalwachstum. Das Erzielen von Erträgen ist ein sekundäres Anlageziel. Investitionen erfolgen weltweit in Aktien, vorwiegend Stammaktien, sowie in Schuldtitel von Unternehmen und der öffentlichen Hand."[103] Somit steht neben längerfristiger Performance Sicherheit an erster Stelle.

Nach dem Templeton Growth Fund haben 24 Versicherer den DWS Vermögensbildungsfonds I im Programm. Mit 22 Nennungen folgt dann bereits der Cominvest Fondak, ein ausschließlich in Deutschland investierender Fonds.[104] Als Regionenfonds ist objektiv gesehen das Risiko als etwas höher einzuschätzen als bei einem global anlegenden Fonds.

Viele Versicherer bieten haus- oder konzerneigene Fonds an. „Besonders im Sparkassenverbund und dem genossenschaftlichen Verbund wird eher auf Durchschnitts- denn auf Spitzenware gesetzt [...]. Im Schnitt schneiden hauseigene Fonds, bezogen auf die Fondsqualität, schlechter ab als Fremdprodukte", so Andrè Härtel.

Fazit:
Was für die Versicherungsgesellschaften recht ist, kann doch für Sie als Direktanleger nur billig sein.

2.5.2 Eine sinnvolle Ergänzung zum Basis-Invest: Das „Core-Satellite-Prinzip"

Praktischer Fall:
Eltern hatten für eine ihrer Töchter vor langer Zeit eine Kapitallebensversicherung abgeschlossen, welche zu einem Ablaufwert von ca. 200.000 € führte und Anfang 2005 ausgezahlt wurde. Die Tochter war selbst so gut situiert, dass sie – dem Wunsche der Großeltern folgend – für ihre 3 Kinder daraus je 50.000 € anlegen wollte. Die Anlagedauer sollte zunächst je 30 Jahre betragen und die Anlage selbst in guten, breit aufgestellten Aktienfonds erfolgen.

103 FVBS-Programm©1993-2010€AS, EDISoft, FVBS v.4.04.02/1008.

104 Vgl. dazu auch Abschnitt A 1.1.

Wir haben gemeinsam überlegt, ob es sinnvoll sei, jeweils den Betrag von 50.000 € in gute, international anlegende Aktienfonds in der vergleichbaren Qualität eines Templeton Growth Fund (Renditeerwartung ca. 12 %) zu investieren oder alternativ nur zwei Drittel in einem international anlegenden Fonds und ein Drittel in einem guten Regionenfonds (Europa) anzulegen, Renditeerwartung etwa 15 % p.a.

Dabei waren wir uns darüber im Klaren, dass die Renditen längerfristig möglicherweise auch 2 - 3 % niedriger ausfallen können, denn niemand kann in der Vergangenheit erzielte Renditen für die Zukunft garantieren. Bei einer Anlage im Templeton Growth Fund gab es seit Ende 1954 insgesamt 21 rollierende 30-Jahres-Zeiträume, wovon 18 Zeiträume besser abgeschnitten hatten als 12 %, 3 schlechter als 12 %, aber besser als 11 %. Der europäische Fonds hatte über die letzten 10 Jahre eine Rendite von etwa 17 % aufzuweisen.[105]

Ein wenig Zinseszins-Rechnung vorweg:

Anlagedauer: 30 Jahre	Alternative 1	Alternative 2		
	1/1	2/3	1/3	Summe
Anlagebetrag	50.000 €	33.333 €	16.667 €	50.000 €
Rendite	12 %	12 %	15 %	
Endvermögen	1.498 T€	999 T€	1.104 T€	2.103 T€

Letztlich waren Tochter und Großeltern sich einig, die zweite Alternative zu wählen. Die Mehrrendite von 3 %, bezogen auf nur ein Drittel der Anlage, führt am Ende zu einem rechnerischen Mehrvermögen von etwa 40 % im Vergleich zum ausschließlichen Basisinvest in einen international anlegenden Fonds – bedingt durch den progressiv wirkenden Zinseszins. Auch wenn das Risiko in dem europäischen Fonds als Regionenfonds etwas höher eingestuft werden muss, sind immer noch zwei Drittel längerfristig im sicheren Bereich investiert. In Anbetracht eines möglichen Mehrvermögens von ca. 600 T€ kann es sich lohnen, etwas mehr Risiko zu wagen, zumal der Fonds von einer der weltweit größten Fondsgesellschaften aufgelegt ist und man auch nicht unbedingt davon ausgehen muss, dass in Europa einmal die Lichter gänzlich ausgehen.

Das älteste Kind war etwa 15 Jahre alt, hat also nach 30 Jahren gerade das 45. Lebensjahr vollendet. Rechnen Sie einmal mit einer Kapitalverdoppelung zwischen 6 und 8 Jahren (Rendite zwischen 9 und 12 %) weiter, dann werden sie

105 Es handelte sich um den Fidelity European Growth. Vgl. D 2.5.1 f).

feststellen, dass alle Enkelkinder bereits heute für ihr Alter ausgesorgt haben – ohne Abgeltungsteuerbelastung!

Interessant ist, dass nach dem bisher bereits verflossenen Anlagezeitraum (01.05.2005 - 31.10.2009) der Regionenfonds gegenüber dem Basisinvest renditemäßig immer noch einen Vorsprung von 4,67 % aufweist und es sich trotz Finanzkrise bisher gelohnt hat, eine solche Aufteilung vorzunehmen. Diese Aufteilung eines Depots zeigt die einfachste Form des sog. Core-Satellite-Ansatzes, wobei sich das Basisinvest – quasi das Herzstück – auch aus mehreren global investierenden Aktienfonds zusammensetzen kann. Deren Anteil sollte aber immer etwa zwei Drittel bis maximal 70 % ausmachen, um damit stets auf der sicheren Seite zu sein. Das restliche Drittel bzw. 30 % kann auch noch mit weiteren Fonds bestückt werden, den sog. Satelliten, welche einzeln ggf. höhere Risiken in sich tragen, bei welchen aber die Wahrscheinlichkeit größer ist, höhere Renditen abzuwerfen als das Basisportfolio. Als Beispiel mögen hier z.B. Rohstoff-Fonds, Schwellenländer- oder auch Osteuropa-Fonds gelten.

2.5.3 Dachfonds – das „Nonplusultra"?

Dachfonds gibt es in Deutschland seit 1998. Die Besonderheit ist, dass sie sich nicht direkt an anderen Unternehmen beteiligen, sondern in andere Investmentfonds investieren. Der Vorteil liegt darin, dass sich der Anleger keine Gedanken mehr machen muss, von einem in den anderen Fonds umzuschichten, denn dies wird von Profis, nämlich von den Managern der Dachfonds, vorgenommen. In Wirklichkeit handelt es sich jeweils um eine Vermögensverwaltung mit Fonds aus einer Hand. Ein weiterer Vorteil liegt darin, dass der Fondsmanager beliebig umschichten kann, ohne dass etwaige realisierte Gewinne versteuert werden müssen. Abgeltungsteuer fällt immer erst am Ende an, wenn und soweit Sie über das Geld aus Ihrer Anlage verfügen. Bei gewöhnlichen Vermögensverwaltungen, wie z.B. auch von Banken, unterliegen alle durch Umschichtungen entstehenden Gewinne sofort der Abgeltungsteuer. Der größte Vorteil ist aber wohl besonders für einen sicherheitsbewussten, konservativen Anleger, dass eine noch viel breitere Streuung stattfindet als bei einem Investment in einen Fonds.

Wenn ein normaler Fonds an durchschnittlich 100 - 150 Unternehmen beteiligt ist, ein Dachfonds wiederum in 10 - 15 verschiedene Einzelfonds investiert, bedeutet dies für einen Anleger in einem Dachfonds, sich an einem „Tausendfüßler" zu beteiligen. Wenn 10 Beine ausfallen, laufen immer noch 990 Füße weiter. Und je breiter die Streuung, umso sicherer wird das Investment. Wer sich an einem international investierenden Aktien-Dachfonds beteiligt, handelt außerdem automatisch nach der von John Templeton aufgestellten Maxime *„Streben Sie stets nach dem höchstmöglichen Gewinn"*.[106] Denn weltweit anlegen heißt zugleich, auch weltweit mehr Chancen zu nutzen. Regionale Märkte oder einzelne Branchen sind da limitiert. Mit einem international anlegenden Aktiendachfonds versammeln Sie gleichermaßen „das ganze Universum unter einem Dach".

Weiter genießen Sie bei der Anlage in einem Dachfonds den gleichen steuerlichen Vorteil wie bei einem Einzelfonds, nämlich

Steuerstundung

bis zu dem Tag, an dem Sie über Ihre Kapitalanlage ganz oder teilweise verfügen, d.h., erst bei Auflösung der Anlage oder bei Einrichtung eines Entnahmeplans wird die 25-prozentige Abgeltungsteuer hinsichtlich der jeweils entnommenen Beträge fällig. Außerdem stellen Dachfondsanteile ebenfalls Sondervermögen dar, das – wie bei Einzelfonds auch – staatlich geschützt ist.

Wichtig zu wissen ist, ob Dachfondsmanager nur in Fonds *einer bestimmten Fondsgesellschaft,* z.B. sog. hauseigene Fonds als Tochtergesellschaften von Banken,[107] oder aus dem weltweiten Angebot auswählen können. Nach einer Studie von Fidelity Investments erzielen Dachfonds, die mehr als die Hälfte ihres Portfolios in Fremdfonds investieren, eine deutlich bessere Performance als Fonds, die auf hauseigene Produkte setzen. Vorteilhaft ist es somit, wenn Dachfonds unabhängig sind und völlig frei agieren können.

Ein stets kritisierter Punkt sind die vermeintlich doppelt anfallenden Verwaltungs- und Managementkosten. Ist diese Kritik berechtigt?

Anleger A stellt sich selbst ein Aktiendepot zusammen. Wenn er die Aktien direkt über die Börse kauft, sind die Ankaufkosten niedrig – vielleicht 0,1 - 0,2 % der Kaufsumme – und er erzielt damit längerfristig im Durchschnitt eine Rendite von angenommen 8 % p.a.

Er gibt sich damit zufrieden, weil er an seine eigenen Fähigkeiten glaubt und vor allem Kosten sparen will, die ein aktiv gemanagter Aktienfonds verursacht.

106 Vgl. auch die Ausführungen in Abschnitt D 2.5.

107 Allianz Global Investors setzt zu 80 % auf hauseigene Fonds, die Fondsgesellschaft der Sparkassen, die Deka, als größter Dachfondsverwalter Deutschlands zu 70 % auf eigene Produkte – FAZ vom 13.04.2008, Nr. 15 unter „Geld & Mehr".

Anleger B ahnt, dass es besser sein könnte, die Auswahl der Aktien denen zu überlassen, die berufsmäßig tagtäglich damit umgehen, und legt sein Geld in einem Aktienfonds an. Er sagt sich, dass es am Ende besser ist, Gebühren für diese Profis in Kauf zu nehmen, wenn sie es schaffen, die Rendite im Vergleich zum Normalanleger zu übertreffen. Das Fondsmanagement soll beispielsweise dadurch, dass es auf die Dienste eigener Börsenprofis zugreifen kann, eine um 4 % bessere Bruttorendite erzielen. Diese Mehrrendite kann die Fondsgesellschaft dem Anleger jedoch nicht voll weitergeben, denn sie muss zuvor daraus ca. 2 % für ihre Fondsmanager inkl. allgemeine Verwaltungskosten bezahlen.

Rendite Normalanleger		8 %	p.a.
Mehrrendite Fondsanleger	4 %		
abzüglich Kosten wie vor	2 %		
bleiben für Fondsanleger	2 %	+ 2 %	p.a.
Rendite Aktienfonds		10 %	p.a.

Anleger B erzielt damit schon einmal – trotz 2 % Kosten – eine um 2 % bessere Rendite.

Anleger C ist, wie es John Templeton empfohlen hat, stets auf eine höchstmögliche Rendite bedacht. Er sagt sich, dass es sich lohnen könnte, nicht nur jeweils auf einen Fondsmanager einer Fondsgesellschaft zu setzen – denn jede Fondsgesellschaft hat stets gute und weniger gute Fonds mit unterschiedlichen Renditen im Angebot –, sondern stattdessen Ausschau zu halten nach den jeweils besten Fondsmanagern weltweit, die es zugleich schaffen, Spitzenergebnisse für die Anleger abzuliefern. Da die Rangfolge dieser überragenden Fondsmanager naturgemäß öfter wechselt, überlässt er die Auswahl wiederum Profis, nämlich dem Management eines erfolgreichen Dachfonds.

Angenommen, ein guter Dachfonds schafft es, durch den Austausch einzelner Fonds eine Mehrrendite von 3 % zu erzielen. Davon zweigt dieser 1,5 % zur Bestreitung der im Dachfonds entstehenden Gebühren für aktives Management und Verwaltungskosten ab. Dann verbleibt für den Anleger wiederum eine Mehrrendite von 1,5 %. Die Rendite im Dachfonds beträgt danach trotz 1,5 % Mehrkosten 11,5 % p.a.

Fazit:
Im Prinzip investieren die Anleger A bis C alle in gleichartige Produkte, nämlich in Aktien. Diese unterscheiden sich aber in der Wertigkeit bzw. im Renditepotenzial, das sie in sich tragen. Durch den Einsatz von Profis wird die jeweilige Produktgruppe „veredelt" und bei jedem Schritt haben die Akteure bereits

ihren gerechten Lohn davongetragen. Gewinner sind aber im Besonderen die Anleger, die ihre Chancen erkennen, sich nicht durch vermeintlich „doppelte Kosten" davon abhalten lassen, ihre Rendite zu verbessern.

Längerfristig sind Sie es, der bzw. die bei jeweils auch schon geringer Mehrrendite möglicherweise den doppelten oder gar mehrfachen Nutzen davonträgt – infolge des progressiv wirkenden Zinseszinseffektes.[108]

So werden z.B. aus einem Anlagebetrag von 10.000 € nach 25 Jahren

bei	8 % Rendite	ca. 70.000 €
bei	10 % Rendite	ca. 110.000 €
und bei	11,5 % Rendite	ca. 150.000 €

Man kann immer nur wieder davor warnen:

Sparen Sie nicht – aus Unwissenheit – am falschen Ende,
sondern achten Sie darauf, was am Ende herauskommt.

Selbsttest

- Wie finde ich mein Basisinvest?
- Wie ergänze ich das sinnvoll?
- Welche Aspekte sprechen für, welche gegen Dachfonds?

108 Vgl. dazu auch die Ausführungen im Abschnitt A 1.2 (Praxisbeispiel).

2.6 Die Abgeltungsteuer

2.6.1 Die Unwissenheit der Bürger vor Einführung der Abgeltungsteuer

Fast zwei Drittel der Deutschen haben noch nie etwas von der Abgeltungsteuer gehört – so eine Umfrage des Marktforschungsinstitutes GfK im Auftrag der WGZ-Bank.[109] Rund ein Drittel der Befragten hat den Begriff schon einmal gehört, aber nur 4 % halten sich für informiert. Das heißt, der Sinn der Abgeltungsteuer ist den meisten Menschen überhaupt nicht klar – so der Stand zu Beginn des Jahres 2006.

2.6.2 Wen trifft die Abgeltungsteuer hauptsächlich?

Viele haben bisher Kapitalerträge gar nicht zu versteuern brauchen, weil sie die entsprechenden Einkommensgrenzen unter Einbeziehung der Freibeträge nicht überschritten haben. Diejenigen, die bisher Kapitaleinkünfte zu versteuern hatten, zahlen in Zukunft auch nicht mehr als vorher. Wenn nämlich deren Grenzsteuersatz unter 25 %[110] liegt (= Abgeltungsteuersatz), können sie sich die Differenz vom Finanzamt erstatten lassen. Wer den Grenzsteuersatz von 25 % überschreitet, erlangt mit der Abgeltungsteuer sogar noch einen Vorteil, weil er Kapitalerträge künftig nur noch mit 25 % zu versteuern braucht. Das gilt besonders für diejenigen, die den Höchststeuersatz von 42 % erreicht haben, denn Sie sparen künftig 17 %, die Differenz zum Abgeltungsteuersatz. Abgeltungsteuerpflichtige Kapitalerträge brauchen in Zukunft in der Steuererklärung nicht mehr angegeben zu werden.

Man hat den Eindruck, dass die größte Gruppe der Deutschen von der Abgeltungsteuer gar nicht tangiert ist und der anderen Gruppe der Besserverdienenden eine Wohltat zugute gekommen ist, obwohl gerade diese eine steuerliche Entlastung gar nicht nötig gehabt hätte. Wer ein so hohes Einkommen bezieht, dass er 42 %[111] Steuer zahlen muss und auch noch erhebliches Kapitalvermögen angesammelt hat, der hätte die normale Steuer auf die Zinsen auch noch zahlen können.

109 S. Zeitschrift „KURS" vom Februar 2006 aus der Verlagsgruppe Handelsblatt.

110 Ein Erstattungsantrag kann sich daher für diejenigen lohnen, die den Grenzsteuersatz von 25 % nicht überschreiten (Alleinstehende 15.000 € bzw. Verheiratete 30.000 €).

111 Die Grenzsteuerbelastung von 42 % beginnt für Alleinstehende bereits bei einem zu versteuernden Einkommen in Höhe von ca. 55.000 €, für Verheiratete liegt die Grenze bei 110.000 €.

2.6.3 Was waren die Hauptgründe für die Einführung der Abgeltungsteuer?

Sie sollte einer Vereinfachung dienen – **„auf alles 25 %“** – und das wäre es gewesen.

Sie sollte alle Zinsen erfassen – auch solche, die bisher vielleicht nicht angegeben worden sind, aus welchen Gründen auch immer. Deshalb wird der Steuerabzug künftig bereits an der Quelle erfasst. Das jeweilige Finanzinstitut führt sie direkt an das Finanzamt ab. Wer sie zurückhaben will, muss einen entsprechenden Antrag stellen. (Anmerkung: Die bisherigen Erfahrungen bei der Lohnsteuer haben gezeigt, dass viele keinen Antrag auf Lohnsteuerjahresausgleich stellen – man schätzt ein Drittel –, obwohl ihnen eine Steuererstattung zugestanden hätte – aus Unwissenheit, aus Bequemlichkeit oder weil die Erstellung der Steuererklärung durch einen Steuerberater möglicherweise zu teuer gewesen wäre, zumal man diese Kosten steuerlich auch nicht mehr als Sonderausgaben vom Einkommen abziehen kann.) In dieser Verhaltensweise der Bürger sieht der Fiskus ggf. noch einen zusätzlichen, wenn auch nicht bezifferbaren Vorteil.

Für mich bleibt es fraglich, ob dadurch die Wettbewerbsfähigkeit des Standortes Deutschland wirklich effizient verbessert wird.

Sind nicht in Wirklichkeit alle einer Erwerbstätigkeit nachgehenden Menschen wichtig? Sie tragen mit ihren Steuern zur Deckung des Staatshaushaltes bei. Verdienen sie nicht die Chance, für ihren eigenen Wohlstand zu sorgen, statt ihnen am Ende mit der Abgeltungsteuer das wieder wegzunehmen, wofür sie ggf. jahrzehntelang gespart und gearbeitet haben?

2.6.4 Was hat die Politik aus der Abgeltungsteuer im ursprünglichen Sinne gemacht?

Dem Grunde nach kann noch jeder nachvollziehen, was der Gesetzgeber mit der Abgeltungsteuer gewollt hat: Vereinfachung und etwas mehr Steuergerechtigkeit. Auch diejenigen sollten ihre Zinsen versteuern, die bisher vielleicht damit etwas leichtfertig umgegangen sind oder entsprechende „Steuerschlupflöcher“ gefunden hatten, um sich der Steuer zu entziehen.

Aber was ist passiert? „Das Kind wurde mit dem Bade ausgeschüttet“, wie man im Volksmund sagt. Eine „Aktienkultur“ wurde verhindert. Vor etwa 60 Jahren wurde diese Aktienkultur durch die Einführung des Investmentgesetzes verfeinert,

um dem „Kleinanleger" die effiziente Bildung von Vermögen zu ermöglichen. Dabei sollte er nicht in das einer Aktienanlage anhaftende Verlustrisiko laufen. Schutz vor Verlust war das Ziel. Das Zauberwort hieß, Aktien ja, aber Streuung auf viele, möglichst gute Unternehmen, verbunden mit einer professionellen Verwaltung dieser Anteile. Durch eine solche langfristig ausgerichtete Anlage waren Kursschwankungen „aussitzbar" und durch eine breitestmögliche Streuung waren Totalausfälle faktisch ausgeschlossen.
Der Staat bemüht sich andererseits auch durch hohen finanziellen Einsatz in Form von Prämien, Zulagen, Steuerabzügen etc. den Menschen in Deutschland nahezubringen, besonders diesen Weg für ihre zusätzliche private Altersversorgung zu beschreiten. Allein, es gelingt ihm nicht, dies in das Bewusstsein der Bürger zu implementieren. Wie wäre es sonst zu erklären, dass von 82 Mio. Bürgern nur erst etwa 9 Mio. in Aktien bzw. Aktienfonds investiert sind?[112] Es scheint auch bisher kaum jemand auf die Idee gekommen zu sein, einmal gründlich zu hinterfragen, woran das wohl liegen könnte.

Dieses „zarte Pflänzchen" Aktienkultur wurde nun mit der Einführung der Abgeltungsteuer zum 01.01.2009 nicht nur wieder zertreten, sondern es lässt auch jegliches Gespür dafür, wie man die Menschen motivieren könnte, überhaupt in Aktienfonds zu investieren, vermissen. Gerade die Steuerfreiheit der sich in Aktienfonds längerfristig ansammelnden Kursgewinne wäre eines der wichtigsten Argumente gewesen, den Bürger an diese für ihn interessante Anlageart heranzuführen.

In diesem Zusammenhang ein passendes Zitat des Redakteurs der Zeitschrift *Hörzu*, Stefan Vogt, zur Abgeltungsteuer (4/2008) mit dem Titel

Wir werden abgezockt

„Wissen unsere Politiker eigentlich noch, was sie wollen? Erst ermuntern sie die heutigen Arbeitnehmer, eine private Zusatzrente aufzubauen. Doch wer sich dummerweise für einen Sparplan auf Aktienfonds-Basis entschieden hat, steht jetzt vor einem Scherbenhaufen: Die neue Abgeltungsteuer dezimiert solche Privatrenten erbarmungslos. Reine Willkür! Und ein Schlag ins Gesicht aller Arbeitnehmer, die ohnehin nicht wissen, wovon sie im Alter leben sollen."

Solange wir in Deutschland – wie auch in anderen europäischen Ländern – nicht lernen, generationenüberdauerndes Vermögen aufzubauen, müssen alle jeweils wieder von vorne anfangen. Gegenwärtig fällt ein aufgebautes Vermögen,

112 S. dazu Abschnitt C 2.1.

sei es in Form eines Anspruches auf gesetzliche Altersversorgung oder einer privaten Zusatzversorgung, beim Tod des Berechtigten stets an den Staat oder den Versicherer zurück. Die Erben beginnen jedes Mal wieder aufs Neue, sich eine Versorgung aufzubauen – durch harte Arbeit und hohe Beiträge –, und jedes Mal ist am Ende das Geld wieder weg.

Ist das mit dem im Grundgesetz verankerten Recht auf Eigentum überhaupt vereinbar, wenn es inzwischen vermögenserhaltende Lösungen gibt?

Abgesehen davon ist die Abgeltungsteuer auf Kursgewinne mit dem Prinzip der persönlichen Freiheit unvereinbar, weil sie die Bildung von Kapital in privater Hand geradezu verhindert.

Wenn etablierte Parteien den

Wohlstand für alle

propagieren, sind sie spätestens mit der Verabschiedung des Abgeltungsteuergesetzes in der jetzigen Form unglaubwürdig geworden.

Auch Experten, die sich mit Anlagen in Aktien oder Aktienfonds beschäftigen, vertreten die Ansicht, dass die Abgeltungsteuer insoweit abgeschafft werden muss. So Rüdiger von Rosen, geschäftsführender Vorstand des Deutschen Aktieninstituts: *„Die Benachteiligung der Aktienanlage gegenüber allen Anlageformen durch die Abgeltungsteuer muss schnellstmöglich beendet werden.“*[113]

113 FAZ vom 06.08.2009 „Zahl der Aktionäre fällt auf 21-Jahres-Tief“.

2.6.5 Wie wirkt sich die Abgeltungsteuer nun tatsächlich aus?

Ein Beispiel auf der Grundlage der Tabelle zur 72er-Regel[114] mag Ihnen dieses verdeutlichen:

Einmalanlage mit Wiederanlage der Erträge:

	Bruttorendite	3 %	6 %	9 %	12 %
1	Anlagebetrag	10.000	10.000	10.000	10.000
2	Wert nominal nach 24 Jahren	20.000	40.000	80.000	160.000
3	nach Inflation ./. 50 %	10.000	20.000	40.000	80.000
4	Realrendite *vor* Steuer	0 %	3 %	6 %	9 %
5	Zuwachs real (Zeile 1-3)	0	10.000	30.000	70.000

Auswirkung der Abgeltungsteuer

6	Anlagebetrag (Zeile 1)	10.000	10.000	10.000	10.000
7	Wert nach 24 Jahren (Zeile 2)	*20.000*	*40.000*	*80.000*	*160.000*
8	Zuwachs nominal	10.000	30.000	70.000	150.000
9	davon Steuer 28 % = ca.	*- 3.000*	*- 8.000*	*- 20.000*	*- 42.000*
10	bleiben nominal (7 - 9)	17.000	32.000	60.000	118.000
11	Wert real nach Inflation*	8.500	16.000	30.000	59.000
12	Rendite real *nach* Steuer	- 0,67 %	1,98 %	4,68 %	7,68 %

* Vgl. Inflationstabelle Anhang Nr. 3 – nach 25 Jahren etwa 50 % Abschlag.

Bei vorstehender Beispielrechnung ist unterstellt, dass die Wertzuwächse keine laufend zu versteuernden Erträge wie Zinsen und Dividenden enthalten, sondern dem Kapital immer wieder zugeschlagen werden (Kursgewinne), d.h., die Versteuerung erfolgt erst bei Auflösung der Anlage. Wer dagegen z.B. eine Festgeldanlage von 10.000 € tätigt, sich die Zinsen von 3 % = 300 € jährlich auszahlen lässt, diese ggf. noch versteuern muss, verfügt am Ende nominal immer noch über 10.000 €, die aber nach 24 Jahren durch die Inflation nur noch 5.000 € wert sind. Entsprechend haben sich seine ausgezahlten Zinserträge von 300 € p.a. von der Kaufkraft her am Ende ebenfalls halbiert.

Weiter ist ersichtlich, dass bei einer abgeltungsteuerpflichtigen Anlage mit 6 % Rendite – z.B. Garantie- oder entsprechende Mischfonds – gerade noch eine Realrendite von knapp 2 % übrig bleibt. Man muss also schon in den Bereich

114 Vgl. Anhang Nr. 1.

einer Bruttorendite von 9 - 12 % kommen, um am Ende wenigstens eine Realrendite zwischen 5 - 8 % zu erzielen.

Ein weiteres Beispiel bei einer ratierlichen Anlage mit monatlich 100 €, ausgehend wiederum von dem Tableau zur 72er-Regel in Verbindung mit einem Sparplan:[115]

	Rendite 6 % p.a.	Rendite 9 % p.a.	Rendite 12 % p.a.
Wert nach 24 Jahren	65.000 €	100.000 €	150.000 €
Einzahlungen – 28.800 €	ca. 30.000 €	ca. 30.000 €	30.000 €
Wertzuwachs nominal	35.000 €	70.000 €	120.000 €
Steuer 28 % = ca.	-10.000 €	-20.000 €	-34.000 €
	55.000 €	80.000 €	116.000 €
Wert real, d.h. nach Inflation (ca. 50 %)	28.000 €	40.000 €	58.000 €
Rendite real ca.	-0,23% p.a.	2,63 % p.a.	5,41 % p.a.

Fazit:
Wer eine Rendite in seiner Anlage von 9 % erzielt, erhält sich gerade einmal den Nennbetrag seiner Einzahlungen. Wer 12 % Bruttorendite erzielt, kommt gerade einmal auf eine Realrendite von 5,41 % p.a. – und wer schafft das schon! Bei dieser Gelegenheit noch ein kleiner Abstecher zu der von den Deutschen so geliebten Kapitallebensversicherung. Wenn die prognostizierten Renditen im Durchschnitt zwischen 3 - 4 % liegen,[116] können Sie sich jetzt vielleicht noch besser vorstellen, wie viel für Sie am Ende real übrig bleibt. Statt die Auszahlungen aus diesen Versicherungen künftig auch noch zu besteuern, hätte der Gesetzgeber die Kapitallebensversicherung in ihrer jetzigen Form abschaffen müssen, statt den „legalen Betrug“[117] am Bürger in die Zukunft fortzuschreiben. Fairerweise muss man an dieser Stelle anmerken, dass Lebensversicherungen vielfach erst im rentenfähigen Alter fällig werden, wenn die Einkünfte ohnehin bereits niedrig sind und deshalb keine Steuer anfällt.

Diese Beispiele sollten nachdenklich stimmen, und zwar sowohl die Politiker, die für dieses Gesetz gestimmt haben, als auch die Bürger, die sich eigentlich fragen müssten, für wie dumm wir eigentlich gehalten werden. Oder wissen die

115 Vgl. Tabelle im Anhang Nr. 2.

116 Vgl. dazu Ausführungen unter E 7.2.

117 Vgl. dazu auch Abschnitt C 7.2.6.

Entscheidungsgremien etwa auch nicht, was sie tun? Hier gilt vielleicht wieder die Aussage der – leider anonymen – Bankerin: *Alle gehen mit Geld um, aber die meisten verstehen nichts davon.*[118]

Wir vergessen zu leicht, dass wir alle glauben, mitreden zu können, wenn es um Fragen der Ökonomie, also auch der Finanzökonomie, geht. Dabei ist dies eine sehr anspruchsvolle Materie, die eine hohe berufliche Qualifikation voraussetzt. Experten sind besonders Bank- und Versicherungskaufleute, Betriebswirte sowie auch die Wirtschafts- und Finanzwissenschaftler, die ein entsprechendes Studium absolviert haben. Diese müssen nur auf der richtigen Seite stehen und man muss vor allem deren Fachkompetenz anerkennen. Sie verstehen einfach mehr von diesen Dingen, als wir uns als normale Bürger eingestehen wollen oder auch vorstellen können, nur weil wir glauben, in der Schule rechnen gelernt zu haben.

Mir passierte vor einiger Zeit im Gespräch mit einem von mir persönlich geschätzten Banker Folgendes: Als ich ihm sagte, dass man aus „nichts" ein Vermögen aufbauen könne, man brauche nur solvent zu sein, man brauche dazu nicht einmal eigenes Geld, erwiderte er nur: Das wisse er schon lange.[119] Hierzu passt auch die Aussage von Robert Kiyosaki, wenn dieser bemerkt:

Banker lügen nicht,
sie sagen Ihnen nur nicht die ganze Wahrheit![120]

Ich selbst habe den Eindruck, dass mit der Einführung der Abgeltungsteuer das im Keim erstickt wird, was nach fast 60 Jahren erst so ganz allmählich zu wachsen beginnt, nur weil die Steuer von der Politik missbraucht wird. Es folgt eine Milchmädchenrechnung auf die andere – Politik ist nicht in der Lage, Geld zu vermehren, sondern nur zu verteilen. Das sogenannte kameralistische System – eine in öffentlichen Verwaltungen übliche Einnahmen-Ausgaben-Rechung, welche ich persönlich in der Finanzverwaltung noch erlernt habe – hängt offenbar besonders den Beamten in den Ministerien nach.

118 Vgl. dazu das Buch „Argentarius: Vom Gelde", Briefe eines jüdischen Bankdirektors an seinen Sohn, Verlag der Sammlung Bokelberg, Hamburg (1982) – Kopp Verlag, Pfeiferstr. 52, 72108 Rottenburg, besonders interessant auch in Bezug auf die Inflation.

119 Wenn Sie die Frage beantwortet haben möchten und wenn Sie aus den Beispielrechnungen noch nicht haben erkennen können, wie es geht, dann schicken Sie mir eine E-Mail.

120 Hinweis auf Abschnitt C 4.2 „Erfolge von Stiftungen amerikanischer Eliteuniversitäten" und das Buch „Forever rich" von Robert Kiyosaki, S. 144.

Anders ist nicht zu erklären, weshalb unser Rentensystem hierauf beruht: Man nimmt das Geld, das die Erwerbstätigen einzahlen, um damit diejenigen, die aus dem Erwerbsleben ausgeschieden sind, zu bezahlen. Das ist eine typische Milchmädchenrechnung, nämlich „von der Hand in den Mund zu leben", die auf Dauer nicht aufgehen kann. Nur weil es dem Juristen und ehemaligen Verwaltungsbeamten Adenauer seinerzeit gelang, seinen hoch qualifizierten und fachkompetenten Wirtschaftsminister Ludwig Erhard überstimmen zu lassen, haben wir heute die Misere, dass ein Loch mit einem anderen gestopft wird, das noch größer wird. Denn die letzten Löcher sind noch gar nicht aufgedeckt, wie z.B. die aus dem laufenden Haushalt zu deckenden Verpflichtungen für künftige Beamtenpensionen.[121] Sie kommen erst ganz allmählich ans Tageslicht, ähnlich wie die horrenden Verluste der deutschen Banken aus der Hypothekenkrise in den USA.

Durch die Einführung der Abgeltungsteuer auf Kursgewinne droht „Deutschland der schlimmste Aderlass an Kapital seit dem zweiten Weltkrieg" – so Ekkehard Wenger, renommierter Professor für Betriebswirtschaftslehre an der Universität Würzburg.[122]

Roman Herzog, der frühere Bundespräsident, bezeichnete die von der Politik praktizierte Reformpolitik der letzten zehn Jahre als „dilettantisch". Das Volk müsse mehr Geld in der Tasche haben und eine Entlastung spüren, dann würde dies auch eine gewisse Reformbereitschaft schaffen. Die Nettolöhne seien seit mehr als zehn Jahren wegen Abgaben, Steuern und Inflation nicht mehr gestiegen. Deshalb sei ein Linksruck in der Bevölkerung nicht verwunderlich.[123]

Ist es mit den sog. Rentenreformgesetzen nicht auch so, dass jedes „Reförmchen" lediglich zu einer versteckten Rentenkürzung geführt hat, ob es sich nun um die Verlängerung der Arbeitszeit oder die Einführung bestimmter „Faktoren" gehandelt hat? Kommissionen wurden jeweils berufen, um dem Kind einen Namen zu geben. Das Ergebnis war jedes Mal das gleiche. Die Politik hat bisher keine Perspektive aufzeigen können, wie man das Problem „Rentenreform" sinnvoll lösen könnte.

In diesem Zusammenhang will mir ein Dialog aus dem Bestseller von Andreas Eschenbach, „Eine Billion Dollar", nicht aus dem Kopf gehen. Obwohl es sich um einen Roman handelt, spiegelt sich darin auch, auf die Verhältnisse in

121 Vgl. FAZ vom 09.07.2009 „Die Last für die nächste Generation wächst stark".

122 Vgl. FAZ vom 28.06.2007 „Für deutsche Aktionäre heißt es Koffer packen".

123 Hinweis auf Bericht in der Nordwest-Zeitung am 16.04.2008, S. 3.

Deutschland bezogen, eine uralte Wahrheit wider.[124] *„Das erzielbare Einkommen folgt einer Hierarchie. Auf der untersten Stufe dieser Hierarchie steht einfach Arbeit. Sie tun etwas für jemanden, und dieser gibt Ihnen Geld dafür. Das kann eine Arbeit als Angestellter sein oder als selbstständiger Handwerker, das spielt keine Rolle, Man nennt das im Volksmund ‚ehrliche Arbeit', und die Einnahmen, die Sie damit erzielen, werden ihre Ausgaben nie ernstlich übersteigen. Das hängt mit der Steuer zusammen. Der Staat will Ihr Geld, und am liebsten würde er Ihnen alles wegnehmen. Aber da Sie dann verhungern würden oder zumindest darauf verzichten müssten, Kinder in die Welt zu setzen, neue Staatsbürger und Steuerzahler also, lässt er Ihnen genug zum Leben. Mehr nicht. Kein Staat und keine Gesellschaft hat ein Interesse an einer finanziell unabhängigen Bevölkerung. Ehrliche Arbeit, also das, mit dem die meisten Menschen ihre Zeit verbringen, bringt einem nur immer gerade den allgemein üblichen Lebensstandard ein, mehr nicht."*

Ist der „Wohlstand für alle" eventuell doch nur noch eine Illusion?

Drastischer ist da noch die Aussage des ehemals an den renommierten amerikanischen Universitäten Harvard und Berkeley lehrenden C. Northcote Parkinson, der durch das nach ihm benannte Parkinson'sche Gesetz bekannt geworden ist:

*„Es gibt Steuern, die einfach mit dem Prinzip der persönlichen Freiheit unvereinbar sind. Das sind Steuern, [...] welche die Bildung von Kapital in privater Hand ausschließen sollen. [....] Die Selbstverwirklichung eines ganz normalen Menschen, der weder kreativer Künstler noch Wissenschaftler ist, besteht darin, Räume zum Einrichten, Gärtchen zum Pflegen, Bäume zum Pflanzen und Kinder zum Aufziehen zu haben. Gehen jedoch auch diese Ausdrucksmöglichkeiten verloren, so verlieren sich **Individualität, Freiheit** und **Hoffnung** gleichermaßen."*[125]

Nichts ist entwürdigender, als wenn ein Mensch irgendwann auf Almosen des Staates angewiesen ist. Der Staat sollte deshalb alles tun, damit der Bürger in die Lage versetzt wird, sich selbst zu helfen und unter Nutzung ökonomischer Prinzipien zu Wohlstand zu gelangen. Es kann nicht richtig sein, wenn man dem Bürger auf dem Weg dorthin bereits immer wieder einen erheblichen Teil dieser Grundlage wegnimmt, die gerade für eine effiziente Vermögensbildung unverzichtbar ist. Wenn jemand nach 10 Jahren konsequenten Sparens merkt, dass er auf das falsche Pferd gesetzt hat und deshalb sein Depot umschichten möchte, nimmt

124 „Eine Billion Dollar" – Gustav Lübbe Verlag, ISBN 3-7857-2049-1, Originalausgabe von 2001, S. 261.

125 „Parkinsons neues Gesetz", rororo-sachbuch Nr. 7848, Rowohlt-Verlag, ISBN 978-3-4991-7848-1, Abschnitt 5: „Grenzen der Besteuerung oder der Strangulierungsprozess", S. 65.

man ihm künftig erst einmal etwa drei Zehntel des bis dahin erreichten Vermögenszuwachses weg. Er hat dann zwar die Möglichkeit, mit dem verbliebenen Rest von ca. 70 % eine ggf. höhere Rendite zu erzielen. Da aber fast 30 % infolge des Steuerabzuges im Portfolio fehlen, wird sich eine aus ökonomischer Sicht ggf. sinnvolle Umschichtung des Depots kaum noch lohnen. Also hindert die Steuergesetzgebung den Anleger an der für ihn allein sinnvollen Vermögensbildung, nämlich dem Streben nach höchstmöglicher Rendite und Nutzung des Zinseszinseffektes. Wie hoch der dadurch eintretende Vermögensverlust sein kann, mag anhand des nachfolgenden einfachen Beispiels erahnt werden können, wenn jemand im Verlaufe seines Lebens ein Aktien- oder Aktienfonds-Portfolio unter ökonomischem Aspekt auch nur *ein einziges Mal* umschichten würde:

Beispiel ohne Abgeltungsteuer:

Ein *22-jähriger* junger Mann hat sich mühsam einen Betrag von zusammengespart und erzielt in einem guten Fonds eine Rendite von angenommen 9 %, dann verdoppelt sich das Kapital alle 8 Jahre (72 : 9 = 8), d.h., bei einem erreichten Alter von *30 Jahren*	10.000 €
beträgt sein Kapital ca. und der Wertzuwachs bis hierher 10.000 €.	20.000 €

Zu diesem Zeitpunkt schichtet er um und hat das sagenhafte Glück, dass die neue Anlage im Durchschnitt sogar 12 % Rendite abwirft, d.h., die Anlage verdoppelt sich alle 6 Jahre.

Im Alter von 36 Jahren verfügt er über		40.000 €
	mit 42 Jahren	80.000 €
	mit 48 Jahren	160.000 €
	mit 54 Jahren	320.000 €
und	mit 60 Jahren nennt er nominal	640.000 €
sein Eigen.		

Jetzt nehmen wir an, er müsste, weil er nach 8 Jahren umschichtet, Abgeltungsteuer auf den Wertzuwachs zahlen, dann

vermindert sich seine Anlage um 28 % von 10.000 €	= 2.800 €
und es verbleiben in der Anlage noch 20.000 € - 2.800 €	= 17.200 €

Die sich nunmehr alle 6 Jahre vollziehende Kapitalverdoppelung bei 12 % Rendite führt im Alter von 60 Jahren zu folgendem Ergebnis:

Alter	30 Jahre	17.200 €
	36 Jahre	34.400 €
	42 Jahre	68.800 €
	48 Jahre	137.600 €
	54 Jahre	275.200 €
	60 Jahre	550.400 €

Vor Abgeltungsteuer betrug das Ergebnis noch	640.000 €
Vermögensverlust infolge nur einmal zwischenzeitlich erfolgter Depotumschichtung	90.000 €

Die im Alter von 30 Jahren an den Fiskus abzuführende Abgeltungsteuer kostet somit nicht nur 2.800 €, sondern es fehlt am Ende mehr als der 30-fache Betrag in seiner Vermögensanlage – wegen des sich erst in der Zukunft auswirkenden Zinseszinseffektes. Sollte der junge Mann am Ende auch noch in einer Summe über seine Vermögensanlage verfügen, weil er z.B. ein Darlehen daraus zurückzahlen will, muss er nochmals Abgeltungsteuer zahlen auf den bis dahin erzielten Wertzuwachs.

Endwert wie vor im Alter 60:	550.400 €
anfänglicher Einsatz nach Abzug erstmals gezahlter Abgeltungsteuer	17.200 €
Wertzuwachs	533.200 €
davon 28 % =	149.296 €
d.h. Minderung infolge Steuer nochmals	150.000 €
um die sich seine Vermögensanlage schmälert,	
d.h., es verbleiben nominal	ca. 400.000 €

Die Inflation ist hierbei noch gar nicht berücksichtigt. Soweit ein Darlehen damit zurückgezahlt wird, wirkt sie sich auch nicht aus, weil der Darlehensbetrag kaufkraftmäßig auch weniger wert geworden ist. Nach Rückzahlung eines Darlehens von angenommen 200.000 € verbliebe somit noch ein zur freien Verfügung stehender Betrag von 200.000 €, der aber nach 30 Jahren nur noch weniger als die Hälfte wert wäre, nämlich ca. 45 % von 200.000 € = 90.000 €.[126]

Frage: Ist das noch normal? Dabei ist bewusst unterstellt, dass die Anlage mit einer Gesamtlaufzeit von angenommenen 38 Jahren nur ein einziges Mal umgeschichtet und nur einmal eine Abgeltungsteuer von „läppischen" 2.800 € vom

126 Hinweis auf die Inflationstabelle im Anhang unter Nr. 3.

Staat einbehalten wird. Man kann den Politikern nur zugutehalten, dass sie diese Konsequenzen möglicherweise nicht erkannt haben, aber es gab doch kluge und studierte Menschen, die dieses Gesetz vorbereitet haben. Verstehen sie etwa auch nur wenig vom richtigen Umgang mit Geld und können sich nicht vorstellen, welche Konsequenzen dieses Gesetz in der Zukunft haben wird?

Fazit:
Die Abgeltungsteuer ist ein Monster, das einer Aktienfondsanlage „die Luft zum Atmen" nimmt. Es handelt sich um ein Gesetz, dass zwar erst in der Zukunft wirkt, aber derart massiv, dass ein Aufschrei durch das Volk gehen müsste – allein, die Politik schweigt und auf einen fachlich ausgebildeten und erfahrenen Wirtschaftsminister, der die rein fiskalischen Interessen eines Finanzministers mit denen der Bürger sozialverträglich zum Ausgleich bringen könnte, warten wir schon viel zu lange.

Es gibt kein Konzept, um für alle eine in der Zukunft ausreichende Altersversorgung sicherzustellen. Mit der Einführung der Abgeltungsteuer auf Kursgewinne steigt die Gefahr, dass kommende Generationen mehr und mehr in eine Armutsfalle hineinlaufen – und wir lassen das zu!

2.6.6 Die Abgeltungsteuer in Deutschland im Vergleich mit anderen europäischen Staaten

Die Bundesregierung hat dem deutschen Bürger die Abgeltungsteuer unter anderem auch mit dem Hinweis schmackhaft gemacht, dass andere europäische Staaten diese bereits eingeführt hätten. Das stimmt auch. Sie hat dabei nur verschwiegen, dass die meisten Staaten nur Zinserträge auf diese pauschale Art steuerlich erfassen, aber eben nicht die Kursgewinne. Diese Länder werden sich doch auch etwas dabei gedacht haben, wenn kursbedingte Wertzuwächse nicht erfasst werden, weil Inflationsverluste bereits eine indirekte Steuer[127] darstellen. Deshalb verzichten sie auf eine direkte Versteuerung – unter Einbeziehung der „Scheingewinne" –, wie unter Abschnitt 2.6.5 ausgeführt.

Die *Süddeutsche Zeitung* schreibt: „Nirgends in Europa werden Anleger durch die Abgeltungsteuer stärker belastet als in Deutschland."[128]

Und nun die Aufzählung der Länder, in welchen auf die Versteuerung der Kursgewinne verzichtet wird oder in welchen die Besteuerung viel moderater geregelt ist:[129]

Niederlande	steuerfrei
Belgien	steuerfrei
Schweiz	steuerfrei
Luxemburg	steuerfrei nach 6 Monaten
Österreich	steuerfrei nach 12 Monaten
Frankreich	steuerfrei bis 20.000 €, bei Haltedauer über 8 Jahren generell steuerfrei
Großbritannien	bis 8.800 Pfund (ca. 12.500 €) steuerfrei,[130] Bemessungsgrundlage reduziert sich langfristig auf 60 %

127 Vgl. dazu Ausführungen unter C 6.2, wonach die Inflation von einer Chefvolkswirtin einer großen Landesbank als „grausamste Steuer" bezeichnet wird.

128 „Ein Viertel weg – einfach so", Süddeutsche Zeitung Nr. 208 vom 06./07.09.2008.

129 Hinweis auf das von Focus Money und dem BVI herausgegebene „Gemeinschafts-Spezial" 3/2008, Titel: „Langfristig investieren mit Fonds", S. 26, sowie den Artikel in FTD vom 13.06.2008, „Teure neue Einheitlichkeit".

130 Der bisher geltende Spitzensteuersatz von 40 % auf Kursgewinne wurde für Veräußerungen ab 06.04.2008 auf 18 % gesenkt und der Freibetrag von 8.800 auf 9.600 Britische Pfund für die Jahre 2008 und 2009 angehoben. Im Gegenzug wurde die Regelung, wonach sich die Bemessungsgrundlage langfristig reduziert, abgeschafft – Schreiben des BVI vom 18.04.2008.

Die Bundesregierung hat die Allgemeinheit offiziell am 17.07.2007 im Internet wie folgt über die Einführung der Abgeltungsteuer aufgeklärt:[131]

„Die generelle Besteuerung von privaten Veräußerungsgewinnen aus Kapitalanlagen ist kein deutscher Sonderweg. Ein Blick über die Landesgrenzen zeigt, dass die Besteuerung von privaten Veräußerungsgewinnen eher die Regel als die Ausnahme darstellt. In 17 EU-Staaten sind die Veräußerungsgewinne auch außerhalb der Jahresfrist steuerpflichtig.“

Man fragt sich: An welchen EU-Ländern hat sich die Ministerialbürokratie in Deutschland orientiert? Kann man das mit gesundem Menschenverstand noch nachvollziehen? Grenzt das nicht schon an bewusste Irreführung der Bürger? Müsste nicht derjenige, der für diese Desinformation verantwortlich zeichnet, darüber Rechenschaft ablegen?

Im Übrigen ist die ab 01.01.2009 eingeführte Abgeltungsteuerregelung gerade dazu angetan, Deutschlands Mittelschicht aus dem Land zu vertreiben. „Steueroasen“ liegen quasi vor der Haustür. Können Sie z.B. einsehen, warum Sie künftig knapp 40 % mehr für Ihre Altersversorgung oder allgemein für den Aufbau von Vermögen ansparen müssen, um am Ende genauso viel herauszubekommen wie Ihr europäischer Nachbar nebenan? Es wird so viel von der Europäischen Union gesprochen, aber in diesem Punkt hat die Politik die Deutschen ausgegrenzt, obwohl Deutschland paradoxerweise den Löwenanteil der Kosten trägt, welche durch die Zusammenführung der europäischen Staaten verursacht werden.

Warum beträgt der Mehraufwand knapp 40 %, obwohl die Abgeltungsteuer doch nur ca. 28 % ausmacht?

Wenn Sie ein Anlageziel von z.B.	100 €
haben, zieht man Ihnen künftig	28 €
an Steuer ab – bleiben netto	72 €
Um aber das Anlageziel von	100 €
zu erreichen, müssen Sie künftig etwa 39 % mehr ansparen =	39 €
	139 €
um nach Einbehalt von 28 % Abgeltungsteuer =	- 39 €
über netto	100 €
verfügen zu können.	

131 Bundesministerium der Finanzen, Startseite Steuern, hier: Einkommensteuer, Abgeltungsteuer „Ausführungen für Jedermann“ Nr. 9.

Wie lange wollen wir uns das noch gefallen lassen?

Wie steht es denn um die Großindustrie, um die großen Konzerne in Deutschland, welchen Anteil tragen sie zum Staatshaushalt bei? Abgesehen davon, dass Großunternehmen ihre Aktivitäten immer mehr in Niedriglohnländer verlagern und sich auch die im Inland zu zahlenden Steuern verringern, hat seinerzeit die rot-grüne Bundesregierung unter Bundeskanzler Schröder dem Großkapital ein einzigartiges Steuergeschenk gemacht. Kapitalgesellschaften und Konzerne dürfen seit 01.01.2001 ihre Beteiligungen an anderen Unternehmen in Form von Aktienpaketen steuerfrei verkaufen. Das heißt, die zum Teil innerhalb von Jahrzehnten entstandenen immensen Wertzuwächse – sogenannte stille Reserven – brauchen seitdem nicht mehr versteuert zu werden. Der vermeintliche Grund hierfür war die Entflechtung der „Deutschland AG". Besonders Großunternehmen haben sich an anderen Unternehmen beteiligt, um Gewinne zu generieren, für die man nichts zu tun brauchte – wie der ganz normale Anleger auch, der in Aktien oder Aktienfonds angelegt hatte. Man brauchte nur die Dividenden zu versteuern, aber der größte Teil des Ertrags, nämlich der Wertzuwachs, blieb steuerfrei. In den Bilanzen mussten immer nur die ursprünglichen Anschaffungskosten der Beteiligungen ausgewiesen werden, d.h., die Wertzuwächse traten gar nicht in Erscheinung. Um sich vor Vermögensverlusten zu schützen, wurden jeweils fachkompetente Personen in die Aufsichtsräte der Beteiligungsunternehmen entsandt und nur im Falle von Schieflagen einzelner Unternehmen trennte man sich notgedrungen von deren Beteiligungen und nahm die Versteuerung etwaiger Gewinne in Kauf.

Von diesem einmaligen Steuergeschenk ist seitdem reichlich Gebrauch gemacht worden. Es sind Milliardenbeträge über den Tisch gegangen, die gerade in der Zeit, als die Staatskasse leer war, einen ganz wesentlichen Teil dazu hätten beitragen können, die öffentlichen Finanzen wieder in Ordnung zu bringen. Stattdessen bürdete besonders die Große Koalition dem Bürger immer mehr Steuern oder Kürzungen steuerlicher Förderungen auf, z.B. die Streichung von Zulagen für eigengenutzte Wohnbauten, Kürzung von Renten, Heraufsetzung der Altersgrenze für den Rentenbezug, um nur einige zu nennen.

Um Ihnen vor Augen zu führen, was der steuerfreie Verkauf von Beteiligungen die Staatskasse gekostet haben könnte, ein Beispiel:

Die Allianz Versicherungs AG besaß eine Beteiligung an Beiersdorf, bekannt durch Produkte wie Nivea, Tesa etc., welche sie im Jahr 2003 steuerfrei veräußert hat; Erlös: ca. 3,9 Milliarden Euro.

Mir ist nicht bekannt, wie hoch die Anschaffungskosten gewesen sind, aber in der Regel machen sie, wenn eine Beteiligung über lange Zeit gehalten worden ist, nur einen Bruchteil des Erlöses aus. Bei vorsichtiger Schätzung hätte die darauf entfallende Steuer – einschließlich Gewerbesteuer – leicht 2 Milliarden betragen können. Diese Steuer aus nur einer Beteiligung hätte bereits fast 1 % des gesamten Bundeshaushalts (ca. 250 Mrd. Euro) ausgemacht. Die Allianz besaß aber lt. Bilanz 1997 für rund 30 Mrd. Euro Beteiligungswerte, Investmentanteile und Aktien, die sich auf 55 inländische und 249 ausländische Unternehmen bzw. Beteiligungen hieran bezogen, welche in den Konzernabschluss der Allianz AG einbezogen waren. Ende 2001 umfasste der Konzernabschluss bereits 163 (Vorjahr 104) inländische und 1.021 (Vorjahr 660) ausländische Unternehmen bzw. Unternehmensbeteiligungen. Die konzerneigenen Kapitalanlagen betrugen 527 Mrd. Euro, der Jahresertrag aus Kapitalanlagen ca. 2 Mrd. Euro. Die Deutsche Bank besaß Ende 1997 allein im Nichtbankenbereich Beteiligungen von ca. 18 Milliarden Euro (35.811 Mio. Deutsche Mark).[132] Sie hielt Anfang 1998 einen Anteilsbesitz an über 830 Gesellschaften, wovon ca. 30 sog. 100-%-Beteiligungen an in- und ausländischen Banken darstellten. 2002 umfasste der Anteilsbesitz über 2.100 Gesellschaften.

Der Energieriese E.ON trennte sich nach 2001 steuerfrei von Beteiligungen und Tochterfirmen für ca. 30 Milliarden Euro.[133] Bayer Leverkusen verkaufte am gleichen Tag, als das Steuerbefreiungsgesetz in Kraft trat, nämlich am 01. Januar 2001, seine Anteile an der EC-Erdölchemie an den Ölmulti BP. Steuerfreier Erlös: 300 Millionen. So könnte man die Reihe beliebig fortsetzen.

Höchst interessant ist auch, wie sich der Anteilsbesitz am Produktivvermögen von Privatpersonen an Unternehmen in 6 Jahrzehnten verschoben hat:

Im Jahr 1950 besaßen Unternehmen, Banken und Versicherungen erst 22 % aller deutschen Aktien, im Jahr 1996 waren es 67 %.[134] Dagegen besaßen Privatpersonen 1950 rund 47 % aller deutschen Aktien, 1999 waren es nur noch 12,9 % der Bevölkerung, d.h., es hatte eine massive Umschichtung zugunsten von Großunternehmen stattgefunden, welche seit 2001 die Gunst der Stun-

---

132 „Wem gehört die Republik?" von Rüdiger Liedtke, Eichborn-Verlag 1998, ISBN 3-8218-1431-4.

134 Vgl. „Asoziale Marktwirtschaft" von Weiss/Schmiederer, Verlag Kiepenheuer & Witsch 2006, Köln, 5. Auflage, ISBN 3-462-03643-2.

135 Vgl. Max Otte, „Investieren statt sparen", 2. Auflage 2000, sowie darin angegebene Fundstellen: DAI Factbook 1998, 08.1-2 und Deutsches Aktieninstitut, DAI Kurzstudie 1/2000.

de nutzten, sich von diesen Unternehmen oder Beteiligungen steuerfrei zu trennen – und das sogar zeitlich unbeschränkt über den 01.01.2009 hinaus. Dem „Kleinanleger“, der vielleicht erst jetzt merkt, dass Unternehmensbeteiligungen in Form von Aktienfonds „den Königsweg“ darstellen, wird der Weg der steuerfreien Vereinnahmung von Wertzuwächsen seit dem 01.01.2009 versperrt. Sieht so das Vermächtnis von Ludwig Erhard aus, der seinerzeit für den Wohlstand für alle plädierte? Hätte hier nicht auch ein starker Bundeswirtschaftsminister nach dem Schlage Ludwig Erhards das tun müssen, worauf dieser 14 Jahre lang 80 % seiner Kraft verwendet hat, nämlich „gegen Unfug anzukämpfen“[135]? Aber das setzt in erster Linie eigene Fachkompetenz und entsprechendes Durchsetzungsvermögen voraus. Beides hat wahrscheinlich gefehlt, als die Abgeltungsteuer eingeführt wurde. Bezeichnend hierfür ist ein Leserbrief in der *FAZ* vom 13.02.2009, verfasst von Erich Stüven, Brühl:

Als die Betreffenden Wirtschaftsminister waren, kursierte die Aussage: *„Nach Bangemann, Haussmann und Möllemann hätten wir jetzt gerne mal einen Fachmann.“ Als Möllemann (FDP), von Beruf Lehrer, Wirtschaftsminister war, fragte ich einen Beamten im Wirtschaftsministerium, der SPD-Mitglied war, wie sie denn mit ihrem Minister klarkämen und erwartete eine spöttische Antwort. Aber die Antwort war: „Wir kommen sehr gut klar.“ Auf meinen erstaunten Einwand, dem Lehrer fehle doch jegliche Kompetenz, antwortete er: „Der Minister braucht keine Kompetenz. Die Kompetenz hat das Haus. Wir brauchen einen Minister, der von uns erarbeitete Strategien im Kabinett durchsetzt, und das kann Möllemann weit besser als alle seine Vorgänger nach Lambsdorff.“*

In ähnliche Richtung geht ein Beitrag von Günther Nonnenmacher, Mitherausgeber der *FAZ*, *„dass Parlamente heute darauf angewiesen sind, sich die Informationen, die sie für ihre Arbeit brauchen, insbesondere für die Gesetzgebung, in weiten Teilen aus der Ministerialbürokratie zu holen.“*[136]

Müssen wir nicht besonders in der letzten Zeit vermehrt feststellen, dass Politiker an verantwortungsvoller Stelle überfordert sind, wenn die entsprechende Fachkompetenz fehlt? Ob es um die Führung der bundeseigenen KfW-Bank ging, als Ingrid Matthäus-Maier mit dem Desaster der IKB-Bank total überfordert war, oder denken wir an die Landesbanken, ob Bayerische Landesbank, die Berliner Bank, die LBBW, West LB, die Sächsische Landesbank etc., deren aus Politikern bestehende Aufsichtsgremien versagen mussten, weil die entsprechende Fachkompetenz fehlte.

135 „Die Welt“ vom 12.02.2009, „Der Wirtschaftsminister braucht ein starkes Herz“.

136 FAZ vom 03.08.2009 „Die Sorge der Richter“.

Umso mehr gilt dies für einen Wirtschaftsminister der Bundesrepublik Deutschland, der ein ausgewogenes Gegengewicht zum Finanzminister bilden sollte. Letzterer ist für Einnahmen und Ausgaben des Haushaltes, ein Wirtschaftsminister aber für das Wohl der Menschen verantwortlich, und zwar in erster Linie er persönlich. Ein Ministerium hilft ihm nur bei der Umsetzung. Dieses Gegengewicht hat bei der Durchsetzung der Abgeltungsteuer durch den Finanzminister, der offenbar in der Versteuerung der Kursgewinne noch eine günstige zusätzliche Chance gesehen hat, Mehreinnahmen zu generieren, gefehlt.

Aber jetzt ist die Abgeltungsteuer eingeführt worden und wenn der Staat meint, er könne die Steuern immer noch weiter erhöhen, jedes „Steuerschlupfloch" schließen, dann ist es mit Sicherheit der falsche Weg, weil der Bürger umso mehr darüber nachdenken wird, diesem Moloch „Staat" auf irgendeine Weise zu entkommen.

Besonders ungerecht ist es aber, dass man dem Großkapital seit 01.01.2001 erst die Möglichkeit geschaffen hat, sich steuerfrei von Beteiligungen zu trennen, dem normalen Bürger dieses aber durch die Einführung der Abgeltungsteuer seit 01.01.2009 verwehrt. Hier ist die Politik dringend gefordert, eine sozial verträgliche Abhilfe zu schaffen.

Wenn das Großkapital es bis 2001 verstanden hat, die Versteuerung von Wertzuwächsen bei Beteiligungen an anderen Unternehmen über Jahrzehnte hinauszuschieben, so werden auch Privatanleger bei Aktienfondsanlagen künftig gleichermaßen reagieren. Auch sie werden versuchen, die Realisierung von Gewinnen möglichst zu vermeiden bzw. auf unbestimmte Zeit in die Zukunft zu verschieben. Dann sollte der Staat aber auch den Mut haben, bei der langfristigen Vermögensbildung von Privatanlegern ganz auf die Abgeltungsteuer zu verzichten und ökonomisch sinnvollen Umschichtungen im Depot nicht durch die Abgeltungsteuerfalle im Weg stehen.

2.7 Die nachhaltige Kapitalanlage

2.7.1 Was bedeutet Nachhaltigkeit bei einer Kapitalanlage?

Der Begriff „Nachhaltigkeit“ kam mehr und mehr in aller Munde, nachdem der „Club of Rome“ Anfang der 70er-Jahre des letzten Jahrhunderts einen Prozess des Umdenkens angestoßen hat, allerdings in Bezug auf den Verbrauch natürlicher Ressourcen auf unserem Planeten.

Der Tenor: Man solle schonend mit den Ressourcen umgehen, damit die Lebensqualität künftiger Generationen noch gewährleistet sei. Im Millennium-Projekt der UN-University heißt es: Nachhaltigkeit sei die Chance Nr. 1 für das 21. Jahrhundert. Die Expo-Planer 2000 haben es ähnlich formuliert: „Eine nachhaltige, auf Dauer angelegte Entwicklung muss den Bestand an natürlichen Ressourcen so weit erhalten, dass die Lebensqualität zukünftiger Generationen erhalten bleibt.“ Angestrebt werden Lösungen, die ökologisches Gleichgewicht, ökonomische Sicherheit und soziale Gerechtigkeit zusammenführen. Aus diesem Grunde spricht man auch vom Drei-Säulen-Modell der Nachhaltigkeit, das die genannten drei Komponenten immer gleichberechtigt berücksichtigt.

Der ökonomische Begriff „Nachhaltigkeit“ stammt ursprünglich aus der Forstwirtschaft und wurde geprägt von dem um 1700 lebenden Oberberghauptmann Hans Carlo von Carlowitz. Er bezeichnete damit eine Bewirtschaftungsweise des Waldes, bei der dem Wald nur so viel Holz entnommen wird, wie nachwächst. In Bezug auf den Erhalt der Umwelt, sogar bezogen auf Investments im ökologischen und ethischen Sinne, ist bereits viel getan worden. Aber wo bleibt eigentlich der Mensch, wenn es um den Erhalt seiner Kapitalanlagen geht?

In Deutschland, überhaupt in den westlichen Ländern ist alles darauf angelegt, dass sich besonders steuerlich geförderte Anlagen am Ende eines Lebens wieder verflüchtigen und entweder an den Staat oder an die Versicherung zurückfallen. Die gesetzliche Rente vermindert sich bereits, wenn der Ehepartner wegfällt, und ein etwaiger Rest geht der Nachfolgegeneration gänzlich verloren, wenn der letzte Empfänger verstirbt. Die inzwischen staatlich geförderten, aber freiwilligen Versorgungsrenten wie „Rürup, Riester und Co“ lösen sich mit dem Ableben des Sparers in Wohlgefallen auf. Die Auszahlung aus einer Kapitallebensversicherung wird entweder verrentet, dann fällt das mit dem Ableben des Berechtigten noch nicht verbrauchte Kapital in der Regel an den Versicherer. Wird eine Kapitallebensversicherung in einer Summe ausgezahlt, wird sie meistens im festverzinslichen Bereich angelegt und stellt wieder eine Anlage zum Nulltarif dar, die sich meistens schnell verbraucht, wenn sie in die zusätzliche Altersvorsorge eingeht, wofür sie in der Regel gedacht sein dürfte.

Die überwiegende Mehrheit der Bürger glaubt, eine Rendite von 6 % sei schon etwas Besonderes, und dabei sparen Sie sich in der Regel arm, merken es aber nur nicht. Und wer verdient? Der Fiskus, denn er holt sich inzwischen bei fast jeder Anlagekategorie die Steuer. Und es verdient der jeweilige Produktanbieter, in der Regel die Bank, die Versicherung oder auch die Fondsgesellschaft entweder über die Provision oder über die Anlage selbst.

Und der Anleger erhält sich zu Lebzeiten nicht einmal sein Kapital. Wir fördern angeblich die Bildung der Bürger und dabei sind 80 % finanziell unwissend. Kann der Bürger so überhaupt zu Wohlstand kommen, wenn die überwiegende Zahl der Anbieter Produkte empfiehlt, die für die effiziente Bildung von Vermögen in Wirklichkeit gar nicht geeignet sind, weil nach Inflation und Steuer nichts übrig bleibt? Dies bezieht sich besonders auf Festgeldanlagen mit Renditen von vielleicht 3 - 4 % oder auf die klassischen kapitalbildenden Versicherungsprodukte, die in Wirklichkeit niedrig verzinsliche verkappte Sparverträge darstellen. Nun kann eine Bank immer argumentieren, dass die Inflation bei einer Festgeldanlage keine so große Rolle spiele.

Das ist dem Grunde nach auch richtig, wenn der Kunde sein Geld auch nur für ein paar Monate festlegen will, weil er es danach unbedingt braucht. Meistens werden aber derartige Anlagen immer wieder neu angelegt[137] mit den dann aktuell gültigen Konditionen, denn sonst lägen nicht allein Sparguthaben von ca. 550 Milliarden Euro auf den Konten der Banken, davon ca. 280 Mrd. € bei den Sparkassen und 160 Mrd. € bei den Volks- und Raiffeisenbanken, ca. 60 Mrd. € bei den Großbanken wie Deutsche Bank, Commerzbank etc. und etwa 40 Mrd. € bei den Regionalbanken. Insgesamt waren am 31.12.2007 von dem Geldvermögen der Deutschen ca. 1.600 Mrd. Euro bei Banken geparkt – ohne Wertpapiere jeglicher Art.[138]

Warum sagt Ihnen eine Bank nicht, dass Sie das 3 - 4-Fache an Ertrag erzielen können, wenn Sie bereit sind, Ihrem Geld von vornherein etwas mehr Zeit zu lassen, nämlich es in gute Aktienfonds zu investieren?

137 Vgl. dazu auch E 1.2 „Die volkswirtschaftliche Aufgabe der Banken".

138 Vgl. dazu Darstellung in der FAZ vom 30.03.2008 „Die Einlagensicherung ist längst nicht so sicher".

Und das ist wiederum das, was die Bank Ihnen verschweigt, ohne sie damit anzulügen – es sei denn, Sie würden ausdrücklich danach fragen und bereits wissen, was Sie wollen. Warum ist das so? – Lesen Sie einfach weiter, dann werden Sie sich diese Frage selbst beantworten können.

2.7.2 Die nachhaltige Quelle des Wohlstandes – gibt es sie?

Gab es bisher eine Vermögensanlage, die geeignet war, daraus Erträge zu generieren, ohne dass sie sich selbst verbraucht hat – im Sinne der Nachhaltigkeit?

Das waren bzw. sind Sachanlagen wie Immobilien – wobei diese sich mit Ausnahme des Grund und Bodens längerfristig durch die natürliche Abnutzung auch verbrauchen – und Aktienfonds. Letztere deshalb, weil dahinter Beteiligungen an Unternehmen stehen, die von Fondsmanagern stets nach dem Bestenprinzip wieder ausgetauscht werden, Sie wissen schon:

***„Die guten ins Töpfchen,
die Schlechten ins Kröpfchen."***

Und nur wenn Sie dann einen Fonds haben, der auf Dauer höhere Erträge abwirft als das, was Sie herausnehmen – Inflation und künftige Abgeltungsteuer einbezogen –, dann haben Sie eine

nachhaltige Kapitalanlage

im Sinne des Oberberghauptmann Hans Carlo von Carlowitz hinsichtlich der Bewirtschaftung eines Waldes.

Es ist interessant, dass auch von Carlowitz das auf kurzfristigen Gewinn ausgerichtete Denken seiner Zeit kritisiert hat. Ein Kornfeld bringt jährlichen Nutzen – vergleichbar mit der Festgeldanlage oder der Spekulation bzw. Wette auf einen Ertrag –, auf das Holz des Waldes müsse man dagegen Jahrzehnte warten, vergleichbar mit dem Wertzuwachs in einer Aktienfondsanlage.[139] Weiter heißt es im zitierten Artikel: Der gemeine Mann würde die jungen Bäume nicht schonen, weil er spüre, dass er deren Holz nicht mehr selbst genießen könne. Er gehe verschwenderisch damit um, weil er meine, es werde nicht alle.

Wie viele Menschen geben schnell erlangtes Geld, vielleicht infolge einer Erbschaft, sofort für andere Dinge des täglichen Lebens aus, ohne darüber

139 Vgl. dazu Ulrich Grober „Der Erfinder der Nachhaltigkeit" in DIE ZEIT Nr. 48/25.11.1999 S. 98 (Printausgabe).

nachzudenken, was daraus werden könnte, wenn man es entsprechend mit einer Rendite von 9 -12 % anlegen würde! Weiter heißt es: „Zwar kann man aus dem Verkauf von Holz in kurzer Zeit ziemlich viel Geld haben. Aber wenn die Wälder erst einmal ruiniert sind, so bleiben auch die Einkünfte daraus auf unendliche Jahre zurück [...], so dass unter dem scheinbaren Profit ein unersetzlicher Schaden liegt." Wie wahr ist diese Aussage, wenn man sie auf eine Aktienfondsanlage bezieht. Ist der Kapitalstamm erst einmal verbraucht, weil zuviel entnommen worden ist, dann dauert es lange, einen solchen wieder neu aufzubauen.

Weiter heißt es: Der Mensch müsse in dem „großen Welt-Buche der Natur studieren. Er müsse erforschen, wie die Natur spielet", und dann „mit ihr agieren und nicht wider sie." Ist der Zinseszinseffekt nicht ebenfalls eine natürliche Ressource, derer sich der Mensch nur zu bedienen braucht, den er „erforschen" muss, um zu wissen, wie er funktioniert?

Weiter heißt es: Man müsse das Holz „mit Behutsamkeit nutzen, so dass eine Gleichheit zwischen An- und Zuwachs und dem Abtrieb des Holzes erfolgt" und die Nutzung „immerwährend", „continuirlich" und „perpetuirlich" stattfinden könne.

Noch ein weiteres einfaches Beispiel, das die Nachhaltigkeit einer Geldanlage veranschaulicht:

Wenn ein Eierhändler jeden Morgen 10 Eier in einen Korb hineinlegt und jeden Abend 9 Eier herausnimmt, was wird dann geschehen? Mit der Zeit wird der Korb überquellen, weil er jeden Tag ein Ei mehr hineinlegt, als er herausnimmt.[140] Eine Kapitalanlage quillt jedoch nicht über, sondern sie wächst einfach weiter.

Ist das nicht, auf eine gute Aktienfondsanlage bezogen, genau das, was man eine unerschöpfliche Geldquelle nennen könnte? Um den aus dem Lateinischen stammenden Begriff „perpetuirlich" aufzugreifen: Man könnte eine solche Anlage auch als

„Perpetuum mobile pecuniae"

bezeichnen.

140 Beispiel sinngemäß entnommen aus „Der reichste Mann von Babylon" – Die Erfolgsgeheimnisse der Antike von George Samuel Clason, Conzett-Verlag / Oesch-Verlag, ISBN 3-905267-012, erstmals erschienen 1926, erreichte Millionenauflagen.

Hört sich doch gut an, oder? Nun sagt natürlich jeder, es gibt kein „Perpetuum mobile", das sei sogar wissenschaftlich bewiesen. Bei der Kapitalanlage funktioniert es trotzdem, weil Menschen das „Betriebssystem" immer in Bewegung halten:

Unternehmen erzielen mit ihren Mitarbeitern kontinuierlich Gewinne.
Fonds halten 100 - 150 Beteiligungen an solchen Unternehmen.
Fondsmanager sorgen dafür, dass immer nur die Besten im Topf sind.
Solange es gute Unternehmen und gute Fondsmanager gibt, funktioniert es.

Da wir von guten Unternehmen leben – auch der Staat –, wird es auch in der Zukunft funktionieren. Erfahrungen und Ergebnisse aus mehr als 8 Jahrzehnten beweisen es.

Auch Warren Buffett betrachtet „Kapital als Geld, das wie eine Art Diener arbeitet, um einen reich zu machen". In dem Buch „Das Leben ist wie ein Schneeball",[141] das sein Leben wie auch seine verfolgte Investmentstrategie beschreibt, wird er als 26-Jähriger wie folgt zitiert:

„Ich hatte ungefähr 174.000 Dollar und wollte in den Ruhestand gehen. Ich mietete ein Haus in 5202 Underwood in Omaha für 175 Dollar im Monat. Wir brauchten im Jahr 12.000 Dollar. Mein Kapital wurde immer mehr." Dies war im Jahr 1956, nachdem er sein Geld, seit er zur Columbia Universität kam (1956), um ca. 60 % pro Jahr vermehrt hatte.

Aber auch eine Anlage im Templeton Growth Fund, Inc. hätte einen Anleger mit einem Kapital von 174.000 $ in der Vergangenheit reich gemacht – es hätte sich vor allem nie verzehrt. Die Ergebnisse über z.B. alle rollierenden 20-Jahres-Zeiträume mögen dies verdeutlichen: Ergebnisse nach Entnahmen von 240.000 USD - 12.000 USD p.a. x 20 Jahre – jeweils am Ende der Zeiträume:

	Auf Dollarbasis T-USD		**Auf Eurobasis T-Euro**	
Im besten Fall	3.464	8,97 %	2.143	16,58 %
Im schlechtesten Fall	398	9,56 %	267	8,29 %
Im Durchschnitt	1.820	15,32 %	970	12,49 %

141 FinanzBuch Verlag 2009, ISBN 978-3-89879-412-1, S. 172 u. 265.

Dieses Prinzip haben seit Einführung der Investmentgesetze die wenigsten erkannt, weil

a. der Bürger unwissend war und deshalb Angst hatte, diese Chancen zu nutzen,

b. die Hauptanbieter solcher Produkte gegenüber dem Bürger genau entgegengesetzte Interessen hatten und

c. der Staat nichts getan hat, um dem Bürger entsprechende finanzielle Bildung zukommen zu lassen – dabei ist dies ein Menschenrecht[142] –, und jetzt schlägt er mit der Abgeltungsteuer auch noch richtig von oben drauf.

Wo bleibt hier eigentlich das Ansehen des „ehrbaren Kaufmannes"? Auch Banken sind doch Kaufleute, sonst würde man dort nicht zum „Bankkaufmann" ausgebildet werden. Eine Geschäftsstellenleiterin einer Sparkasse äußerte vor ein paar Jahren mir gegenüber in einem persönlichen Gespräch, die Geschäftsleitung habe die Parole herausgegeben, dass man in erster Linie Bankkaufleute, d.h. Produktverkäufer, ausbilde, aber *keine Bankberater*.

Der Begriff des „ehrbaren Kaufmannes" geht auf die Führung italienischer Handelsbücher zurück, wonach Familienpatriarchen geschäftliche Erfahrungen an ihre Nachfolger weitergaben. So schrieb Luca Pafioli, der Erfinder der doppelten Buchführung, Ende des 15. Jahrhunderts, nichts gelte höher als das Wort eines guten Kaufmannes.[143] So wurde eine Art Tugendkatalog definiert, der über Jahrhunderte festgeschrieben wurde. Er sollte insbesondere dazu dienen, eine vertrauensvolle Beziehung zu seinen Geschäftspartnern aufzubauen. Wie aber kann Vertrauen gedeihen, wenn nicht die wesentlichen Verhaltensmerkmale wie Anstand, Ehrlichkeit, Verlässlichkeit und Verantwortung darin einfließen?

Hätten die Kreditbanken, zuvorderst Sparkassen und Volksbanken, nicht längst dem Kunden offenbaren müssen, dass sie ihnen gegenüber ein entgegengesetztes Interesse haben, solange es bereits die Investmentgesetze gibt? Hat das nicht etwas mit Anstand zu tun? Müssten sie nicht offen sagen, dass der Kunde tatsächlich gar nicht erwarten kann, dass er von der Bank fair beraten wird?

142 Aussage des Bundespräsidenten Horst Köhler s. unter Abschnitt C 1.3.
143 Hinweis auf FAZ vom 26.01.2008 „Leitbild des ehrbaren Kaufmannes".

Jeder Anwalt, jeder Steuerberater ist gesetzlich verpflichtet, eine Beratung seines Mandanten abzulehnen, wenn eine Interessenkollision vorliegt. Eine Bank braucht das nicht, weil sie ein kaufmännisches Unternehmen betreibt. Unternehmen verkaufen Produkte. Keiner erwartet, dass ein Unternehmen ihn neutral berät und er vielleicht sogar noch den Tipp bekommt, ein besseres Produkt doch lieber bei der Konkurrenz zu kaufen.

Jeder Bankberater müsste – im Klartext – dem Kunden sagen, dass die Bank lieber sein Geld für eine bestimmte Zeit gegen einen möglichst niedrigen Zins kaufen möchte, um für die Bank möglichst viel mit seinem Geld zu verdienen, statt es möglichst gewinnbringend für ihn anzulegen.

Zu guter Letzt noch ein paar treffende Worte eines Sparkassendirektors im Zusammenhang mit dem Begriff „Nachhaltigkeit“:[144]

„Wachstum um jeden Preis hat als Maxime ausgedient. Gefragt ist heute eine Ökonomie der Nachhaltigkeit, deren Erfolgsrechnung nicht nur Umsatz und Gewinn erfasst, sondern auch Faktoren wie Umwelt und Sozialverträglichkeit, Unternehmenskultur sowie den respektvollen Umgang mit Mitarbeitern.“

Hinzuzufügen wäre hier nur noch: *„und den respektvollen Umgang mit dem Kunden“*. Solange für den langfristigen Vermögenssaufbau „sichere“ Anlagen mit Renditen angeboten werden, die nach Inflation und Steuer Anlagen zum Nulltarif darstellen, wird das Geldverdienen der Bank einseitig auf dem Rücken des Kunden ausgetragen. Fehlt es hier nicht eindeutig an dem Faktor „Sozialverträglichkeit“ im obigen Sinne?

Dabei ist der Kunde bei den Kreditbanken der Sicherheitsfaktor Nr. 1, denn zöge der Kunde seine Einlagen ab, hätte die Bank keine Geschäftsgrundlage mehr – oder besser gesagt: Sie wäre pleite. Vernünftigerweise würde jedoch kein Mensch alle seine Einlagen abziehen. Einen angemessenen Teil seines Geldes in Unternehmensbeteiligungen (Aktienfonds) zu investieren, *ist* jedoch *notwendig*, um längerfristig den progressiv wirkenden Zinseszinseffekt für sich zu nutzen.

144 Vgl. HUNTE-Report vom 13.06.2007, S. 8.

E | WARUM LEGEN (NOCH) NICHT ALLE IHR GELD IN AKTIENFONDS AN?

E Warum legen (noch) nicht alle ihr Geld in Aktienfonds an?

1 Die gegenseitige Abhängigkeit zwischen Bank und Kunden

1.1 Der Kreislauf des Geldes

Manch einer mag mit seiner Bank nicht zufrieden sein, aber eines steht fest: Banken brauchen wir. Wir wüssten gar nicht, wohin mit dem Geld, das am Ende des Monats noch übrig ist bzw. welches wir sparen. Und was normalerweise mit Ihrem Geld geschieht, ergibt sich vereinfacht dargestellt aus nachfolgendem Schaubild:

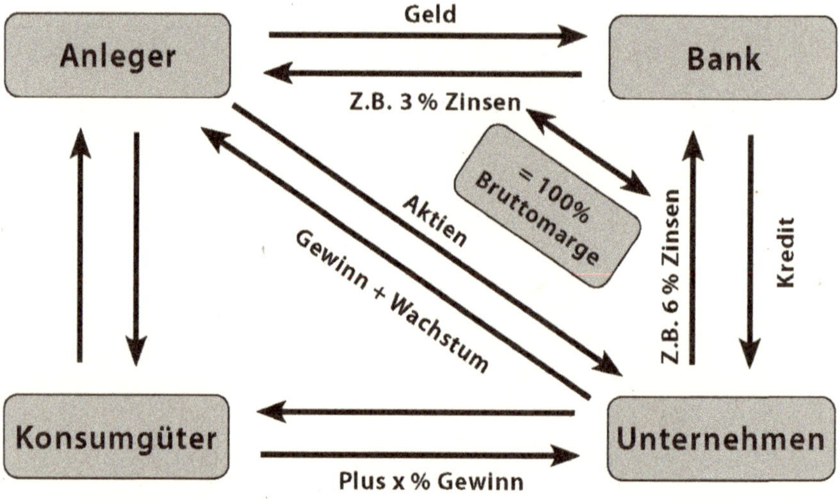

Im Normalfall bringen Sie als Anleger Ihr Geld zur Bank und bekommen beispielsweise dafür 3 % Zinsen. Die Bank reicht dieses Geld als Darlehen an ein Unternehmen bzw. an die Industrie für z.B. 6 % Zinsen weiter und von der Differenz betreibt sie im Wesentlichen ihr Geschäft.

Trotz der an die Bank gezahlten Zinsen erwirtschaftet die Industrie normalerweise Gewinne aus der Herstellung irgendwelcher Produkte, beispielsweise Autos, Immobilien oder eine „Maß Bier", wie Dr. Jung es ausdrückt, denn sonst würde sie das Darlehen gar nicht erst aufgenommen bzw. bekommen haben. Der Anleger kauft nunmehr das Produkt und es drängt sich eigentlich wie von selbst die Frage auf, ob es für ihn nicht interessanter wäre, sein Geld direkt einem Unternehmen zur Verfügung zu stellen, nämlich mittels Kauf von Aktien. Damit wäre ein Anleger am Unternehmen beteiligt und das, was am Ende dabei herauskommt, sind in der Regel mehr als 3 %.

Der Anleger dürfte sich aber nie an nur *einem* Unternehmen beteiligen, sondern der Streuung wegen immer nur an mehreren. Und wo ist die Streuung immer garantiert? Bei einer Anlage in guten Investmentfonds. Und wenn er sich an mehreren Unternehmen über Investmentfonds beteiligt, ist er nicht nur an deren Gewinnen, sondern gleichzeitig auch an deren Wachstum beteiligt. Die Unternehmen ersparen sich insoweit Zinszahlungen an die Bank und können auf Dauer einen um diese ersparten Zinsen höheren Gewinn an die Aktionäre ausschütten.

Und dass es funktioniert, haben Sie anhand der Renditen, die gute Aktienfonds in der längerfristigen Vergangenheit abgeworfen haben, bereits erfahren.

1.2 Die volkswirtschaftliche Aufgabe der Banken

Banken sind wichtig und in einer Volkswirtschaft unverzichtbar. Eine gute Bankverbindung ist ein wichtiges Fundament für fast jeden kaufmännischen Erfolg. Und doch darf gesagt werden: Nicht alles, was an Geldgeschäften getätigt wird, müssen Sie bei einer Bank machen.

In einer Volkswirtschaft nehmen Banken eine Sonderstellung ein: Sie „produzieren" Leistungen, die sie an andere Wirtschaftseinheiten in der Absicht verkaufen, dadurch Gewinne zu erzielen. Damit sind sie Unternehmen wie jedes andere auch, die Gewinne erwirtschaften müssen, denn sonst würden sie bald vom Markt verschwinden.

Einerseits dienen sie dem Bürger, denn sie bilden einen sicheren Hort für seine Ersparnisse. Andererseits versorgen sie die Wirtschaft daraus mit Krediten. Der überwiegende Teil der Bürger gibt sein laufend verdientes Geld zumeist nicht gänzlich für seinen Lebensunterhalt aus, sondern er legt einen Teil „auf die hohe Kante", d.h., er spart. Die Sparquote liegt bei den Deutschen im Durchschnitt immer um etwa 10 - 11 %, wobei manche mehr, andere unter Umständen auch gar nicht sparen, weil sie es sich nicht leisten können.

Unternehmen muss es geben, weil wir davon leben. Diese brauchen aber zunächst Geld, um überhaupt Leistungen und Güter produzieren und am Markt anbieten zu können. Sie investieren in Gebäude und Maschinen und brauchen dafür Kredite. Die Banken müssen somit einen gerechten Ausgleich schaffen zwischen denen, die sparen, und denen, die einen Kredit haben wollen. Der Sparer wünscht sich möglichst viel Zinsen für sein Geld und der Kreditnehmer möchte möglichst wenig Zinsen für sein Darlehen zahlen. Diesen Interessengegensatz muss die Bank ausgleichen und versucht dabei, aus der Differenz einen eigenen Gewinn abzuzweigen.

Damit das Geld der Sparer sicher ist, hat der Staat Vorkehrungen zum Schutz der Einleger getroffen: die sog. Einlagensicherungsfonds.[1] Daher wissen wir, dass unser Erspartes bei den bekanntesten deutschen Banken sicher ist. Die Banken haben dabei noch das Problem, dass Sparer ggf. kurzfristig wieder über ihr Geld verfügen wollen, Kredite aber längerfristig in Anspruch genommen werden. Die Erfahrung zeigt aber, dass die Sparer ihre Gelder den Banken in der Regel längerfristig überlassen, d.h., Fest- oder Termingeldanlagen werden immer wieder verlängert. Es kommt den Menschen in erster Linie darauf an, im Notfall kurzfristig über das Geld verfügen zu können.

Tatsächlich kann man aber feststellen, dass sich von Einlegern vorgenommene Einzahlungen und Abhebungen in etwa ausgleichen und sich der Bestand an Einlagen längerfristig nur unwesentlich verändert.[2]

Banken, die in erster Linie das Kreditgeschäft betreiben, hätten ein Problem, wenn alle Kunden ihre Einlagen zu einem Krisenzeitpunkt auf einmal abziehen würden. Einerseits sind die Kunden jedoch bei den meisten Geldanlagen durch vereinbarte Kündigungsfristen daran gehindert und andererseits: Warum sollten sie es tun, wenn sie wissen, dass ihr Geld dort sicher ist, denn wo wollen sie sonst damit hin? Deshalb hat unsere Bundeskanzlerin auf dem Höhepunkt der Finanzkrise in einem Aufruf ausdrücklich bekräftigt, dass das Geld bei den deutschen Banken sicher ist, um einen panikartigen Abzug von Einlagen zu vermeiden, denn damit könnte jede Kreditbank zu Fall gebracht werden.

An dieser Stelle muss aber auch gesagt werden, dass nicht nur Einlagen bei den Banken, sondern auch Anteile an Investment-Fondsgesellschaften von

1 Hiernach beträgt die Mindestsicherung 90 % der Einlagen, höchstens aber 20.000 €. Dieser Betrag erhöhte sich seit 01.07.2009 auf 50.000 € und ist ab 2011 auf 100.000 € angehoben worden – FTD vom 15.06.2009 und www.bundesfinanzministerium.de-Einlagensicherung. Darüber hinaus zahlen die meisten deutschen Banken freiwillig in zusätzliche Sicherungseinrichtungen ein, die Einlagen in Millionenhöhe absichern. Sparkassen und Genossenschaftsbanken bilden zusätzlich jeweils ein gemeinsames Sicherheitsnetz, in welchem jeder für jeden einsteht.

2 Vgl. dazu Meyers Forum „Die Banken" von Prof. Dr. Manfred Hein, a.a.O.

Staats wegen als Sondervermögen geschützt und damit sicher sind.[3] Vielfach haben Anleger wiederum aus der Angst, sie könnten ihr Geld verlieren, ihr Investmentdepot aufgelöst, nicht wissend, was sie tun. Zum einen war es der ungünstigste Moment, sich von Wertpapieren zu trennen, weil sie stark im Kurs gefallen waren, andererseits ist die einmalige Chance vertan, sich für die Zukunft steuerfreie Erträge zu sichern. Und die Banken wussten gar nicht, wo sie[4] das Geld aus dieser überbordenden Liquidität gewinnbringend anlegen sollten.

1.3 Kreditgeschäft – das Kerngeschäft der Banken

Die meisten Banken betreiben als sog. Geschäftsbanken die Kreditvergabe als ihr Kerngeschäft. Daneben werden zwar noch andere Geschäfte wie z.B. Wertpapieran- und -verkäufe getätigt, wofür Ordergebühren bzw. Kommissionen zufließen. Aber auch die Vermittlung von Versicherungen, Bausparkassenverträgen und von Krediten über Hypothekenbanken, für welche die Banken Provisionen vereinnahmen, gehören zu deren Geschäftsbereich. Letztere sind aber im Vergleich zu den Erträgen aus dem Kerngeschäft eher von untergeordneter Bedeutung.

Das einträglichste Geschäft ist und bleibt das Kreditgeschäft, auch wenn die Margen in absoluter Höhe in den letzten Jahren infolge der vermehrten Präsenz ausländischer Banken in Deutschland und durch den Wettbewerb mit Direktbanken etwas geschrumpft sind. Den Vorteil hatte der Kreditnehmer, dem bereits seit Jahren günstige Kreditkonditionen geboten wurden.

Allerdings erhielt der Sparer für seine Einlagen auch weniger an Zinsen gutgeschrieben. Längerfristig beträgt der Einlagenzins etwa 2,5 - 3 %, wobei der durchschnittliche Darlehenszins sich auf etwa 5 - 6 % beläuft, also das Doppelte des Einlagenzinses. Aber auch in tiefster Vergangenheit war das Prinzip stets das gleiche. So schrieb Erich Kästner bereits in seinem 1929 erschienenen Buch „Lärm im Spiegel" unter der Geschichte „Hymnus auf die Bankiers":

> ***Der kann sich freuen, der die nicht kennt!***
> ***Ihr fragt noch immer: Wen?***
> ***Sie borgen sich Geld für fünf Prozent***
> ***und leihen es weiter zu zehn.***

3 Hinweis auf die Ausführungen unter D 2.3 „Die Sicherheitsaspekte der Aktienfondsanlage im Einzelnen".

4 Vgl. die Ausführungen in D 2.3.5 – letzter Absatz.

Sie sehen: Nur das Verhältnis hat sich etwas geändert. Heute zahlen die Banken für das von Kunden „geborgte Geld" etwa 2,5 % und verleihen es wieder für 5 %.

Bei der nachfolgenden Betrachtung spielen die Groß- bzw. Privatbanken wie z.B. die Deutsche Bank, Commerzbank, Postbank, Dresdner Bank und andere Privatbanken eher eine untergeordnete Rolle. Die meisten Bürger sind nämlich Kunden der Sparkassen und Genossenschaftsbanken – etwa 50 Millionen bei den Sparkassen und 30 Millionen bei den Volks- und Raiffeisenbanken.

Dabei hat Deutschland nur 82 Millionen Einwohner, aber viele Menschen haben auch gleichzeitig Konten bei mehreren Banken. Im Umkehrschluss heißt dies aber, dass die Sparkassen und Genossenschaftsbanken den gesamten Markt in Deutschland im Wesentlichen abdecken.

Dies deckt sich auch mit den bei diesen Instituten eingelagerten Sparguthaben der Deutschen. 50 % vertrauen ihr Geld den Sparkassen an und 30 % den Raiffeisen- und Volksbanken. Ca. 80 % der klassischen Sparanlagen der Bundesbürger in Höhe von 550 Mrd. Euro sind auf diese beiden Bankengruppen vereinigt und nur 20 % verteilen sich auf alle anderen noch verbleibenden privaten Banken.

1.4 Wie verdienen die Banken (Kreditbanken) hauptsächlich ihr Geld?

Sparkassen und Genossenschaftsbanken betreiben das Kreditgeschäft als Hauptgeschäft. Dieses Geschäft funktioniert nach dem ganz einfachen Prinzip:

> Geld zum halben Preis einkaufen und
> zum doppelten Preis wieder verkaufen.

Für Festgeld zahlt die Bank Ihnen vielleicht um die 3 - 4 %, für Sparguthaben etwas weniger und für Ihr Guthaben auf Girokonto zahlt sie nichts. Wenn die Bank somit für Ihr Geld durchschnittlich 3 % zahlt und es für etwa 6 % weiter verleiht, spricht sie insoweit von einer „Marge" – in diesem Fall von 3 % –, was nichts anderes heißt als „Unterschied" oder „Preis- oder Verdienstspanne".

Dr. Jung bezeichnet diese Differenz scherzhaft als „Trinkgeld", aber stimmt denn das überhaupt?

Wenn Sie bei der Bank ein Festgeldkonto von z.B. 100.000 € besitzen und bekommen dafür 3 % Zinsen, dann hat sich doch die Bank dieses Geld bei Ihnen für 3.000 € pro Jahr geliehen, d.h., die Bank zahlt dafür, dass sie das geliehene Geld zum

eigenen Nutzen verwenden darf,	3.000 € pro Jahr
Sie erhält im Gegenzug von einem Darlehensnehmer, dem sie Ihr Geld weiterreicht, einen Zins von 6 % =	6.000 € pro Jahr
d.h., sie verdient genau das Doppelte dessen, was sie selber eingesetzt hat, nämlich	3.000 € pro Jahr
Das sind nach „Adam Riese" nicht 3 %, sondern entspricht einer Marge von	**100 %.**

Welche Berechnungsmethode ist denn nun die richtige? Die Antwort lautet: beide. Es kommt nur darauf an, wozu man was ins Verhältnis setzt. Bezieht man das Geschäft auf Ihre Einlage, welche die Bank aber nur treuhänderisch verwaltet, die also nicht ihr eigenes Kapital darstellt, dann verdient sie 3 %. Bezieht man die Marge aber auf den eigenen Kapitaleinsatz der Bank, wie es in der Betriebswirtschaft bzw. im Kaufmännischen allgemein üblich ist, dann sind es 100 % – das ist der feine Unterschied.

In ihren Bilanzen weisen die Banken die Kundeneinlagen auch richtigerweise als Fremdkapital aus, nämlich als „Verbindlichkeiten an Kunden". Entsprechend werden die von der Bank ausgeliehenen Gelder (Kredite) als „Forderungen an Kunden" ausgewiesen. Dennoch beziehen Banken ihre Margen immer auf die absolute Differenz zwischen dem Prozentsatz, den sie einerseits für Einlagen ihrer Kunden zahlen und andererseits als Darlehenszinsen bekommen.

Und warum machen die Banken das? Es scheint branchenüblich zu sein. Vielleicht will man nicht unnötig Aufsehen erregen, denn von einer Marge in Höhe von durchschnittlich 100 %, und das Jahr für Jahr, können die meisten Kaufleute nur träumen.

Den Unterschiedsbetrag zwischen den insgesamt im Jahr für Darlehen vereinnahmten und für Einlagen gezahlten Zinsen nennen die Banken „Zinsüberschuss". Von diesem sog. Rohertrag müssen sie dann zwar noch ihre Personal-, Sach- und Verwaltungskosten sowie Steuern bezahlen, aber was übrig bleibt, ist – wie bei anderen Unternehmen auch – deren Gewinn.

1.5 Vereinfachte Darstellung der laut Bilanzen veröffentlichten Zahlen der Banken

Nachstehend eine zahlenmäßige Darstellung anhand von drei typischen Bilanzen a) einer mittleren Volksbank, b) einer mittelgroßen Sparkasse und c) einer einem Privatbankenkonzern zugehörigen, selbstständigen Kreditbank aus dem Jahre 2005:[5]

		a. Mio. €	ø	b. Mio. €	ø	c. Mio. €	ø
1	Kundeneinlagen	500		6.000		7.500	
2	dafür gezahlte Zinsen	15	3,0 %	200	3,3 %	200	2,7 %
3	Darlehen an Kunden	500		5.800		7.500	
4	dafür erhaltene Zinsen	33	6,6 %	360	6,2 %	400	6,1 %
5	Zinsüberschuss (Zeile 4-2)	18		160		200	
6	Marge lt. Bank		3,6 %		2,9 %		3,4 %
7	Marge betriebswirtschaftlich	120 %		80 %		100 %	
8	Nachrichtlich: Provisionserträge	7		40		80	

Erläuterung:

1. Die Marge laut Bank ergibt sich aus der Differenz zwischen den gezahlten und erhaltenen Zinsen, jeweils in Prozent.

2. Die betriebswirtschaftliche Marge ist das prozentuale Verhältnis des Zinsüberschusses (5) zu den an Kunden gezahlten Zinsen (2) – der jeweilige eigene Kapitaleinsatz der Bank, auch als Rohgewinnaufschlagsatz bezeichnet.

Ideal für eine Bank ist es, wenn sich Forderungen und Verbindlichkeiten an Kunden in etwa ausgleichen, d.h. wenn alle Kundeneinlagen auch wieder mit doppeltem Zins ausgeliehen werden können. Sind die Einlagen höher, schmälert dies die durchschnittliche Marge, weil bei der Anlage am Kapitalmarkt ein doppelter Zins wie bei Darlehen allgemein nicht durchgesetzt werden kann.

5 Wenn nicht ganz besondere Umstände eintreten, ändern sich die Höhe der Einlagen als auch der Kredite im Verlaufe der Jahre nur unwesentlich. Jedoch hat z.B. die Finanzmarktkrise 2008/2009 zu einem Überhang an Einlagen geführt, weil Kunden ihr Geld „nur noch" in Sicherheit bringen wollten.

Sind die Einlagen niedriger, muss die Bank sich entsprechende Gelder am Kapitalmarkt leihen, die teurer sind als die Zinsen, welche sie durchschnittlich für die Einlagen ihrer eigenen Kunden zahlen muss.[6]

Selbsttest

- Womit verdienen Banken im Kerngeschäft ihr Geld?
- Welche Differenz liegt zwischen dem Zins, den die Bank Anlegern gewährt, und dem Zins, den sie von Kreditnehmern üblicherweise einnimmt?

2 Die Interessenkollision zwischen den Kreditbanken und ihren Kunden

2.1 Der Unterschied zwischen einer Festgeld- und einer Aktienfondsanlage

Beispiel: Sie besitzen ein Festgeld von 100.000 € und beabsichtigen, dieses Geld in eine Aktienfondsanlage umzuschichten. Bisher verdiente die Bank an

Ihrem Geld eine Marge von 3 % pro Jahr, also	3.000 €,
hochgerechnet in 12 Jahren	36.000 €.

Das ist in Ordnung, denn jedes Unternehmen muss Geld verdienen und solange die Bank im Rahmen eines normalen Wettbewerbs eine Marge von 100 % durchsetzen kann, ist dies nicht zu beanstanden. Man darf hierbei nicht vergessen, dass die Bank ggf. auch hohe Ausfallrisiken hat, wenn Kreditkunden in die Insolvenz gehen und die Bank sich nicht entsprechend abgesichert hat. Sie verliert in diesem Fall nicht nur den jährlichen Ertrag von 3.000 €, sondern das von Ihnen geliehene Geld von 100.000 €, welches im Beispielsfall mehr als das Dreißigfache des eigenen Kapitaleinsatzes von 3.000 € ausmacht.[7]

6 Die Originalbilanzen Ihrer Bank finden Sie übrigens unter www.ebundesanzeiger.de.

7 Bei Kreditnachfragen, in welchen der Kreditnehmer keine ausreichenden Sicherheiten stellen kann, können die Banken jedoch Aufträge ganz oder teilweise an die staatseigene Bank KfW weiterreichen. Damit tragen sie das Kreditausfallrisiko nur zu einem Anteil von 20 %. 80 % trägt dann die KfW – oder mittelbar der Steuerzahler.

Jetzt kommen Sie mit dem Ansinnen, Ihr Festgeld in einen Aktienfonds umschichten zu wollen. Zunächst wird der Bankberater versuchen, Ihnen das „große Risiko“ aufzuzeigen, das mit einer solchen Anlage verbunden sei. Sie werden auf Ihre Risikobefindlichkeit hin befragt und wenn man Ihnen glaubhaft machen kann, dass Sie Ihr Geld im schlimmsten Fall verlieren können, hat die Bank bereits gewonnen – und Sie haben verloren. Warum ist das so?

Ich zeige Ihnen beispielhaft auf, was die Bank in diesem Falle noch verdient, je nachdem, ob Sie in einen Fonds der Bank („hauseigener Fonds“) oder in einen unabhängigen Fonds (sog. Fremdfonds) investieren. Es ist wichtig zu wissen, dass die Bank für die Vermittlung eines Aktienfonds wie jeder andere Finanzvermittler auch in der Regel den sog. Ausgabeaufschlag von etwa 5 % und danach eine jährliche Bestandsprovision von etwa 0,3 - 0,5 % als Kostenersatz für die Verwaltung des Depots sowie für die laufende Betreuung des Kunden erhält.

Andererseits erhält eine Fondsgesellschaft selbst eine Vermögensverwaltungsgebühr, Management-Fee, die etwa durchschnittlich 1,5 % des jeweiligen Depotwertes ausmacht und aus welcher das Management sowie alle Verwaltungskosten des Fonds bezahlt werden. Verwalten die Fonds hohe Vermögen, fällt die Management-Fee tendenziell eher niedriger aus.

Die Darstellung erfolgt anhand eines Zeitraumes von 12 Jahren, weil ein solches Engagement ohnehin längerfristig ausgerichtet sein sollte. Erst über einen längeren Zeitraum wird deutlich, um wie viel schlechter die Bank bei der Empfehlung von Aktienfondsanlagen gestellt ist.

Ertrag für eine Anlage von 100.000 €

Jahr	Festgeldanlage		Aktienfondsanlage			
	Wert 31.12.	Einnahme Bank[a]	Wert einschl. Zuwachs 31.12.[b]	Einnahme Bank		Einnahme Fondsgesellschaft
	1	2	3	4		5
		Zinsüberschuss 3 %	Rendite 9 %	a) Ausgabeaufschlag b) Bestandsprov. 0,5 %		Management-Fee (Verm.-Verw.-Gebühren) 1,5 %
	€	€	€	€		€
1	100.000	3.000	103.550	a)	5.000	
				b)	475	1.425
2	100.000	3.000	112.869	b)	517	1.553
3	100.000	3.000	123.028	b)	564	1.693
4	100.000	3.000	134.100	b)	615	1.845
5	100.000	3.000	146.169	b)	705	2.011
6	100.000	3.000	159.324	b)	723	2.192
7	100.000	3.000	173.663	b)	796	2.390
8	100.000	3.000	189.293	b)	868	2.605
9	100.000	3.000	206.330	b)	946	2.839
10	100.000	3.000	224.900	b)	1.032	3.095
11	100.000	3.000	245.140	b)	1.125	3.374
12	100.000	3.000	267.203	b)	1.226	3.677
Summe		36.000			14.592	28.699
				a)	5.000	
				b)	9.592	
					14.592	

a In Spalte 2 ist der Unterschied zwischen gezahltem Festgeldzins (3.000 €) und erhaltenem Darlehenszins (6.000 €) ausgewiesen, bankentechnisch als „Zinsüberschuss" oder „Marge" bezeichnet.

b Netto-Anlagebetrag im Fonds: 100.000 € abzgl. 5.000 € Ausgabeaufschlag = 95.000 €. Die Bestandsprovision sowie die Management-Fee sind jeweils auf den Depotwert zum 01.01. eines Jahres berechnet worden.

2.1.1 Der Unterschied für die Bank

Ertrag (Zinsüberschuss) aus der *Festgeldanlage*		36.000 €
Ertrag aus einer *Aktienfondsanlage* mit hauseigenen Fonds		
a. Ausgabeaufschlag – einmalig –	5.000 €	
b. Bestandsprovisionen – 0,5 % p.a.	9.592 €	14.592 €
Unterschied		21.408 €
weniger an Ertrag ca. 55 % oder etwa		21.000 €

Auch wenn die Bestandsprovision noch um 0,1 - 0,2 % höher sein sollte, erzielt die Bank, sobald sie dem Kunden eine Aktienfondsanlage empfiehlt, etwa nur noch den halben Ertrag gegenüber einer Festgeldanlage. In den ersten beiden Jahren der Anlage gleichen sich die Erträge der Festgeldanlage (6.000 €) noch ungefähr mit denen der Fondsanlage aus, einmalig 5.000 € und lfd. 0,5 % Bestandsprovision. In den Folgejahren verdient die Bank im Vergleich zum Zinsüberschuss von jeweils 3.000 € im Durchschnitt weniger als ein Drittel.

2.1.2 Der Ausgleich innerhalb des Bankenkonzerns bei hauseigenen Produkten

Ertrag Bank – wie vor –	14.592 €
Ertrag der hauseigenen Fondsgesellschaft:	28.699 €
(Management-Fee) bei einem Prozentsatz von 1,5 %	43.291 €

Der in den Gesamtkonzern fließende Rohertrag beträgt zwar im Mittel ca. 43.000 € und liegt sogar über dem Ertrag, den die Bank für sich allein für eine Festgeldanlage erzielen würde. Da jede Bank aber ein selbstständiges Unternehmen ist, muss sie darauf bedacht sein, Geld zu verdienen. Will aber ein Kunde unbedingt in einen Aktienfonds investieren, dann wird die Bank darauf hinwirken, dass die Einzahlung in einen hauseigenen Fonds fließt, allein schon aus dem Loyalitätsgedanken dem Konzern gegenüber bzw. einfach, um den Verdienst im eigenen Hause zu behalten.

2.1.3 Nachteile des Bankenkonzerns bei Anlagen in Fremdfonds

Die Bank erhält für die Vermittlung des Fonds ebenfalls einen Ausgabeaufschlag und gleichermaßen die Bestandsprovision. Was aber für den Konzern wegfällt, ist die Management-Fee, die direkt der fremden Fondsgesellschaft zugute kommt, im Beispielsfall ca. 28.000 €, bezogen auf die Anlagedauer von nur 12 Jahren. Diese Beträge fehlen dann in der Kasse des Bankenkonzerns.

2.2 Der Unterschied für den Anleger, für Sie

Bei der Festgeldanlage verfügen Sie am Ende des 12-Jahres-Zeitraums auf jeden Fall nominal noch über	100.000 €
und Sie hätten den Betrag an Zinsen vereinnahmt, den die Bank verausgabt hat, nämlich	36.000 €
Nominalwert und Zinsen zusammen	**136.000 €**

Dabei sei es zunächst dahingestellt, ob Sie als Anleger auf die Erträge hätten Steuern zahlen müssen – was in der Regel bei demjenigen der Fall sein dürfte, der über ein Festgeld von 100.000 € verfügt – und ob die Zinserträge wiederum mit vielleicht 3 % verzinslich angelegt werden. Beides dürfte sich in etwa ausgleichen.

Was aber hätten Sie als Anleger am Ende, wenn Sie Ihr Festgeld in eine Aktienfondsanlage eingezahlt hätten? Bei einer angenommenen Rendite von 9 % hätten Sie nach 8 Jahren bereits etwa das Doppelte des eingesetzten Kapitals (189.293 €), nachvollziehbar anhand der 72er-Regel, denn 72 geteilt durch 9 ergibt 8, und nach 12 Jahren beläuft sich der Wert der

Fondsanlage – Spalte 3 – bereits auf ca.	267 T€[8]
abzüglich Kapitaleinsatz	100 T€
Wertzuwachs	167 T€

Das ist knapp das ***Fünffache*** des Ertrages im Vergleich zur Festgeldanlage.

8 Ausgehend von einer Nettoanlage nach Ausgabeaufschlag von 95.000 €.

Betrüge die Rendite in der Aktienfondsanlage aber 12 %, würde sich ein eingesetztes Kapital von 100 T€ in 12 Jahren sogar

zweimal verdoppeln, also vervierfachen, d.s. dann	380 T€
abzgl. eingesetztes Kapital	- 100 T€
verbleibt ein Wertzuwachs von	280 T€.

Dieser entspricht etwa dem ***Achtfachen*** des Ertrages aus der Festgeldanlage.

Niemand weiß, wie viel Sie tatsächlich erreichen werden. Aber nach den Regeln der Wahrscheinlichkeit sollten Sie bei guten Aktienfonds mindestens mit 9 % Rendite p.a. rechnen können, vor allem wenn Sie einen zeitlichen Puffer von 2 - 3 Jahren oder ggf. auch etwas länger einplanen.

Fazit:
Sobald Ihnen Ihre Bank die Anlage in Aktienfonds empfiehlt, verdient sie im Jahr der Anlage einmalig zwar noch mehr als bei der Festgeldanlage, danach jedoch aber nur noch jährlich etwa **ein Drittel.**

Ich frage Sie:
Warum sollte Ihre Bank Ihnen diese für Sie zwar höchst lukrative Anlageart empfehlen? Für die Bank gibt es doch kein besseres Geschäft als das mit dem Zinsüberschuss und einer Marge von 100 %, offiziell bezeichnet als Kreditgeschäft.

Liegt es für die Bank da nicht näher, ihr seit Jahrhunderten erfolgreich betriebenes Geschäftsmodell zu verteidigen? Und das macht sie mit dem vom Gesetzgeber generell vorgegebenen Risikohinweis, dass Sie Ihr Geld im schlimmsten Fall verlieren können, wenn Sie es in Aktienfonds investieren. So einfach ist das, zumal für drei Viertel der Bürger die Bank Anlaufstelle ist, wenn es um die Anlage von Geld geht. Mit dem obligatorischen Risikohinweis erreicht der Gesetzgeber genau das Gegenteil dessen, was er tun sollte: Er schürt die Angst des Bürgers vor derartigen Anlagen und er stärkt der Finanzindustrie den Rücken dadurch, dass er ihr die Verantwortung für schlechte Leistung abnimmt und sie den Bürgern auferlegt.

Unter diesem Aspekt kann eine Bank, deren Hauptgewicht auf dem Kreditgeschäft liegt, nicht an besonders guten Ergebnissen ihrer Fonds interessiert sein.

Sie wissen ja: 90 % aller Fonds schlagen nicht ihren Index.[9]

Warum könnte das wohl so sein?

Banken müssen bislang einen Spagat machen. Empfehlen sie uns, aktiv in Fonds zu sparen, laufen sie Gefahr, dass wir auch unsere Einlagen dorthin abziehen. Also verzichten die Banken lieber darauf, uns klug zu machen und halten uns in dem Glauben, dass aktienbasierte Anlagen etwas Gefährliches seien. Ihr Selbsterhaltungstrieb zwingt sie mehr oder weniger dazu, uns bezüglich Aktienfondsanlagen Angst einzuflößen und stets auf die Sicherheit der bei ihr verwahrten Einlagen zu verweisen, um sich ihr Geschäftsmodell zu erhalten. Wie heißt es im Volksmund:

Wasser predigen und Wein trinken.

Denken Sie dabei an den Bankier, der seiner Witwe ein hohes Investmentvermögen hinterlassen hatte.[10]

Für Sie persönlich gilt letztlich: **Sie finanzieren mit Ihren Einlagen Ihre Bank, aber bekommen dafür nur so viel Zinsen, dass Sie sich im günstigsten Fall gerade Ihr Kapital erhalten, sich im schlechtesten Fall sogar – nach Inflation und Steuer – arm sparen. Es müsste also etwas geändert werden, und wer soll es ändern, wenn nicht Sie!**

Und wenn Sie wissen, warum etwas so ist, können Sie handeln – den ersten Schritt tun.

Fangen Sie einfach an!

9 Diese Tatsache könnte auch einer der Hauptgründe sein, dass der Indexfonds-Markt – sog. ETFs – boomt. Lt. einer Studie des Anbieters Barclays Global Investors waren per Ende August weltweit 605 Mrd. € in ETFs investiert. Das verwaltete Vermögen ist seit Jahresbeginn um 25,3 % gestiegen. ETF-Anbieter sammelten im ersten Halbjahr 49 Mrd. USD ein, Publikumsfonds dagegen nur 5 Mrd. USD – und das hauptsächlich, weil man Kosten sparen kann, statt auf Rendite zu setzen. Hoffentlich sparen da nicht die meisten am falschen Ende, statt sich auf die Suche nach Fondsmanagern zu begeben, die trotz höherer Kosten bessere Ergebnisse erzielen. Vgl. Ausführungen von Prof. Martin Weber unter Abschnitt D 2.3.7 und Hinweis auf FTD vom 18.09.2009 „Volumen der Indexfonds klettert auf Rekordhoch".

10 Vgl. dazu Abschnitt B 1.1.

2.3 „Bestätigung der Interessenkollision aus berufenem Munde“

Dass sich die Interessen der Bank und des Kunden diametral gegenüberstehen, wird bestätigt von einem Mann, der es wissen muss: Wolfgang Reuter. Er war der erste Geschäftsführer der Union Investment, der Fondsgesellschaft der Volks- und Raiffeisenbanken und heute drittgrößten Fondsgesellschaft in Deutschland. Reuter, inzwischen 79 Jahre alt, wurde anlässlich des 50-jährigen Bestehens von Investmentfonds in Deutschland interviewt und führte sinngemäß Folgendes aus:[11] Die neue Investmentidee bestand darin, mit kleiner Stückelung in Form von Fondsanteilen Leuten mit geringerem Einkommen den Zugang zu diesem Markt zu öffnen. Das war modern, das klang innovativ. Und doch ist die Geschichte der ersten Jahre zunächst eine Geschichte von Widerständen, die es zu überwinden galt. So betrachteten die Banken ihre hauseigenen Fondsgesellschaften eher zwiespältig. Der Investmentsparidee mochten sie sich einerseits nicht verschließen, sahen sie andererseits aber als eine Konkurrenz für ihr Einlagengeschäft an. Zitat von Reuter: „Es heißt, die Effekten[12] nehmen Spareinlagen als billige Quelle für das Kreditgeschäft weg.“

Das aber ist genau der wunde Punkt im System. Daran hat sich seit damals nichts geändert. Wenn Sie einmal darauf achten, dann bewerben Fondsgesellschaften von Kreditbanken – wenn überhaupt – auch nur allgemein das Sparen in Investmentfonds.[13] Oder haben Sie schon einmal eine Werbung gesehen, in welcher eine bankeigene Fondsgesellschaft Ihnen empfiehlt, Ihre Einlagen bei der Bank abzuziehen und in deren Fonds einzuzahlen?

Durch die Werbung für das Fondssparen entstehen den Banken noch keine direkten Nachteile, denn Sparen erfolgt in der Regel aufgrund von Konsumverzicht. Das Geld würde anderenfalls verbraucht und ohnehin nicht zur Bank gebracht werden. Dennoch lohnt sich das Fondssparen auf Dauer sowohl für die Bank als auch für die Fondsgesellschaft als Zusatzgeschäft. Die Bank erhält den Ausgabeaufschlag für die laufenden Einzahlungen und die Fondsgesellschaft die Vermögensverwaltungsgebühr auf das stetig ansteigende Depotvolumen. Wo auf Dauer kleine Beträge hereinkommen, sammelt sich mit der Zeit auch ein großer Haufen an.

11 Vgl. FAZ vom 29.12.2006.

12 „Effekten“ sind Wertpapiere, die frei handelbar und zur Kapitalanlage geeignet sind. Sie tragen quasi den Effekt in sich, dass sie Erträge abwerfen oder im Wert wachsen, wie z.B. Aktien. Auch Anteile an Aktien oder allgemein an Investmentfonds rechnen deshalb zu den Effekten im obigen Sinne. Je größer der einem Wertpapier innewohnende Effekt, umso effizienter ist es, in ein solches zu investieren. vom 29.12.2006.

13 Vgl. dazu die Aussage der Sprecher der Deka-Bank sowie UNION-Investment unter D 2.3.5.

a) Auswirkung auf die Einnahmesituation der Bank:

	Einnahme
Kunde zahlt mtl. 100 € = Ausgabeaufschlag	5 €
pro Jahr =	60 €
1.000 Kunden = 1000 x 60 €	60.000 €
1.000.000 (1 Mio.) Kunden = 1000 x 60.000 =	60 Mio. €

Rechnen Sie doch einmal selber, wie viel Einnahmepotenzial bei rd. 80 Millionen Kunden allein bei unseren Banken noch schlummert.

b) Auswirkung bei der Fondsgesellschaft:

	Einnahme
1 Kunde zahlt mtl.	100 €
im Jahr	1.200 €
1.000 Kunden zahlen pro Jahr	1.200.000 €
1000.000 (1 Mio.) zahlen pro Jahr	1.200.000.000 €
oder	1,2 Mrd. €
davon Management-Fee	
bei 1,5 %	18.000.000 €,

Und jetzt multiplizieren Sie das Ganze wiederum mit 50 bzw. 30, denn 50 Mio. sind Kunden der Sparkassen und 30 Mio. Kunden der Volksbanken.
Dennoch bleibt dieses Einnahmenpotenzial offenbar weit zurück hinter dem Zinsüberschuss, der durch die 100-%-ige Marge im Kreditgeschäft bei der Muttergesellschaft, der Bank, erzielt werden kann. Geschweige denn, dass es an das um ein Vielfaches bessere Provisionsgeschäft heranreichen könnte.[14]

2.4 Folgewirkungen des Verbundprinzips zwischen den Volks- und Raiffeisenbanken und der Fondsgesellschaft Union Investment

Nach Einführung der Abgeltungsteuer wurde der einstige Umsatzträger „Uni Opti 4" für Anleger, denen vorher daraus steuerfreie Kapitalerträge zugeflossen waren, uninteressant. Das Fondsvermögen daraus reduzierte sich von 24 Mrd. Euro zu Spitzenzeiten auf inzwischen 9 Mrd. Euro. Ein Teil des abgezogenen Geldes wurde nicht in andere Fonds von Union Investment reinvestiert, sondern landete auf Einlagenkonten der Genossenschaftsbanken. Dies ist weiter nicht verwunderlich, weil die Beratung bei Ausstieg aus dem Fonds ausschließlich durch Mitarbeiter der Banken erfolgt.

14 Vgl. auch die Ausführungen unter Abschnitt C 5.5.

Unions-Chef Reinke sieht diese Entwicklung jedoch nicht als dramatisch an: **„Das genossenschaftliche Verbundprinzip ist ein System kommunizierender Röhren zwischen dem Einlagengeschäft der Volks- und Raiffeisenbanken und unseren Fonds.“**[15] Die Umschichtung auf Konten der Volks- und Raiffeisenbanken ermöglicht es diesen wiederum, das gewinnträchtige Kreditgeschäft mit einer durchschnittlichen Marge von 100 % zu betreiben.

Es ist höchst zweifelhaft, ob nicht ein unabhängiger Berater bessere Verwendungsmöglichkeiten für das Geld gehabt hätte.

2.5 Die sog. „Open Architecture“ unserer Banken in Bezug auf Fremdfonds

Wenn Banken hauseigene Fonds im Angebot halten, können Sie als Kunde normalerweise nicht erwarten, dass sie Ihnen auch Fonds unabhängiger Fondsgesellschaften von sich aus anbieten. Wenn Sie zu einem VW-Händler gehen, wird Ihnen dort auch kein BMW angeboten, nur weil das Auto bei gleichem Preis vielleicht besser ist. Banken des Sparkassen- und Genossenschaftslagers bieten vereinzelt schon einmal gute Fremdfonds an, um ihren Kunden etwas Gutes zu tun oder weil sie sich davon ggf. neue Kunden versprechen und dafür auch einen niedrigeren Verdienst in Kauf nehmen als beim Kreditgeschäft. Üblich ist, dass man sich das Geschäft teilt: Die eine Hälfte einer Einlage wird in einen Spitzenfonds wie z.B. den Templeton Growth Fund oder den DWS Vermögensbildungsfonds I eingezahlt und die andere Hälfte in Festgeld, Sparbrief oder dergleichen festgelegt. Dadurch wird dem Kunden mehr Sicherheit suggeriert, als wenn er alles in nur einen Aktienfonds einzahlt, was auch richtig ist. Er merkt aber gar nicht, dass ihm damit eine Möglichkeit, bei längerfristiger Anlage mehr für sein Geld zu bekommen, entgeht.

15 FAZ vom 20.07.2010 „Union bewegt sich auf Vorkrisenniveau“.

Beispiel:

	1/1 Aktienfonds €	½ Aktienfonds €	½ Festgeld €
Anlage	20.000	10.000	10.000
Ausgabeaufschlag 5 %	1.000	500	
	19.000	9.500	
Rendite 9 % Wert nach 10 Jahren	47.348	23.674	
Festgeldzins, z.B. 4 % p.a. bei Wiederanlage der Zinsen 10 x 400 Auszahlung	–	–	4.802
Werte im Vergleich	47.348	23.674	14.802
		+ 14.802	
Wert am Ende	47.348	38.476	
Weniger für den Kunden		ca. 9.000	

1) Nur bei Wiederanlage der Zinsen betrüge der Wert am Ende 14.802 €.

Wenn diesem Kunden gesagt würde, dass er bei Anlage in einen guten, global investierenden Aktienfonds, wie im Beispielsfall dem Templeton Growth Fund, sein Geld nicht verlieren kann, wenn er es nicht genau am Ende der 10-Jahres-Frist benötigt, würde er ggf. auch den gesamten Betrag entsprechend angelegt haben.

Bei höherer Rendite im Fonds klafft der Unterschied noch weiter auseinander. Bei 12 % Rendite beträgt der Wert im Aktienfonds nach 10 Jahren statt 47.348 € bereits 62.116 €, der Unterschied für den Kunden beläuft sich dann bereits auf etwa 15.000 €.

Wenn Sparkassen und Volksbanken immer wieder mal in Aussicht stellen, man würde generell auch Fremdfonds mit im Haus vertreiben – die sog. „Open Architecture" –, dann wird das in der Regel ein leeres Versprechen bleiben. Sie haben gesehen, dass die Anlage in hauseigenen Fonds *den Bankkonzern* als solchen im Wesentlichen noch vor Verlusten gegenüber einer Festgeldanlage schützt, bei Anlage in Fremdfonds aber in etwa eine Halbierung des Verdienstes eintritt. Welches Unternehmen würde sich das schon selber antun wollen?

Wenn Sie aber als Kunde einen Fremdfonds kaufen möchten, kann die Bank ihn „besorgen", denn warum sollte sie sich den Ausgabeaufschlag und die Bestandsprovisionen entgehen lassen, vor allem wenn die Gefahr besteht, dass Sie sonst zur Konkurrenz wechseln könnten.

2.6 Warum verfolgen die privaten Banken eine andere Strategie?

Die privaten Banken, voran die Deutsche Bank, haben längst erkannt, dass Bürger den Löwenanteil ihrer Ersparnisse bei den Sparkassen und den dem Genossenschaftsverbund zuzurechnenden Volks- und Raiffeisenbanken verwahren, wie gezeigt insgesamt etwa 80 %.[16] Sie haben nur eine Möglichkeit, diesen Banken die Kundeneinlagen streitig zu machen: durch den Lockreiz höherer Rendite. Sie kennen die Angebote auf höhere Zinsen für Tagesgeldkonten oder Festgeld aus den Zeitungen und dem Fernsehen. Sie gelten aber meistens immer nur für eine kurze Zeit und haben besonders den Zweck, Sie erst einmal als Kunden zu gewinnen. Den hohen Zinssatz können sich diese Banken auf Dauer auch nicht leisten, denn damit machen sie sich ihr eigenes Kreditgeschäft kaputt. Es sind jeweils nur Lockangebote, um Sie danach, wenn Sie erst Kunde geworden sind, mit anderen Produkten zu versorgen, an welchen diese Banken dann wiederum mehr Geld verdienen können. Das ist auch legitim, genauso wie Sie vom Supermarkt immer wieder mit Sonderangeboten gelockt werden.

Bedenken Sie stets, dass eine ggf. in Aussicht gestellte „Finanzoptimierung" meistens nur bedeutet, dass man Ihnen Produkte anbietet, die kurz- oder mittelfristig eine vielleicht um 2 - 3 % über dem Einlagenzins liegende Rendite versprechen, in der Regel aber keine „Beratung" zu Ihrem Besten beinhaltet. So hat z.B. die Deutsche Bank hervorragende Fonds, in die es sich lohnt, längerfristig zu investieren. Sie können aber nicht darauf bauen, dass Sie nur die *für Sie* besten Produkte angeboten bekommen. Dabei werden zumindest auch Produkte sein, an welchen die Bank mehr verdienen kann, was aus Sicht der Bank verständlich ist. Eine neutrale Beratung, die in erster Linie auf Ihr Wohl ausgerichtet ist, können Sie nicht erwarten.[17]

16 Vgl. Ausführungen zu D 2.7.1 und E 1.1.

17 Vgl. auch Ausführungen unter C 7.5.1 bezüglich eines verdeckt durchgeführten Tests bei Großbanken für eine Anlage von 180.000 €.

Es zeichnet die Privatbanken wie Deutsche Bank, Commerzbank etc. aber schon einmal aus, dass sie Aktienfondsanlagen allgemein bewerben. Sie bezieht sich nicht hauptsächlich auf Altersvorsorgeprodukte mit ratierlicher Zahlung. Dennoch gibt es für Kleinanleger, die vornehmlich Kunden der Sparkassen und Genossenschaftsbanken sind, eine große Hemmschwelle, zu einer privaten Großbank zu wechseln. Geld bleibt Vertrauenssache und man wechselt nicht einfach seine Bank. Man kennt sich, man vertraut sich, obwohl viele vielleicht das Gefühl haben, dass sie nicht unbedingt zu ihrem Besten beraten werden. Man kann es nicht durchschauen und beurteilen, man findet sich einfach damit ab, dass nicht alles ideal sein kann nach dem Motto:

> „Lieber das bekannte Unglück
> als das unbekannte Glück."

Besonders skeptisch steht der Kleinanleger allen Angeboten von Privatbanken auf aktienbasierte Anlagen gegenüber, denn seine Bank hat ihm ggf. noch nie Aktienfondsanlagen angeboten. Das kann also nichts Gutes sein. Für sein Festgeld einmal 1 oder 1,5 % Zinsen mehr zu bekommen, das ist gelernt, das versteht jeder. Deshalb sind auch manche Direktbanken so erfolgreich im Anwerben von Kunden, weil sie wegen niedrigerer Personalkosten mit einer niedrigeren Marge als die normalen Kreditbanken auskommen und attraktivere Festgeldkonditionen anbieten können.

2.7 Kann man den Banken (noch) vertrauen?

Anders gefragt: War eine Bank überhaupt schon einmal die richtige, wenn es um die Geldvermehrung des Kunden ging? Ist nicht gerade deshalb vor bereits etwa 60 Jahren die Institution **„Kapitalanlagegesellschaft"** vom Gesetzgeber geschaffen worden, damit der Bürger sein längerfristig nicht benötigtes Geld dort anlegen sollte? Die Investmentgesetze bzw. Fondsgesellschaften sind *für die Bürger* geschaffen worden, wenn dies auch nicht unbedingt im Interesse der Banken war. Aber dadurch, dass sie selbst berechtigt waren, eigene Fonds aufzulegen bzw. Kapitalanlagegesellschaften zu gründen und sie zugleich Vertriebspartner dieser Gesellschaften waren, konnten sie sich vor allem ihr erfolgreiches Kreditgeschäftsmodell im Wesentlichen erhalten.

Es kam ihnen weiter zugute, dass für etwa drei Viertel der Bundesbürger Banken und Sparkassen die Anlaufstelle sind, wenn es um die Anlage von Geld geht. Das bestätigt auch eine Studie, welche die Gesellschaft für Konsumforschung

(GfK) im Auftrag der Branchenvereinigung BVI erstellt hat.[18] Es hat sich insoweit gegenüber 2003 auch kaum etwas geändert.[19] Damals waren es etwa zwei Drittel und heute sind es sogar noch mehr, welche die Beratung bei der Bank suchen, nicht wissend, was sie tun.

Die Banken sammeln aber teilweise mehr Geld ein, als sie im Kreditwege wieder ausleihen können, d.h., Geld liegt zum Teil brach. Sie müssen somit andere Wege finden, damit Kundengeld wieder Geld verdient. Die Lösung heißt: Geld muss ständig in Bewegung bleiben, wenn es nicht schon mit einer Marge im Kreditgeschäft von 100 % arbeitet. Und so werden vielfach Umschichtungen empfohlen, die für den Kunden unter Umständen wenig Sinn machen, für die Bank aber jeweils eine Kommission oder Provision bedeuten.

Für die Bank ist es am besten, wenn Sie als Anleger möglichst wenig von der Wirkung des Zinseszinses verstehen, denn dann sind Sie auch nicht auf die langfristige Anlage von Geld bedacht. Viele Banken – sowie die vielfach durch sie beeinflussten Medien – machen Sie immer wieder glauben, dass Sie besonders durch „Spekulation", durch das Nutzen günstiger Kauf- und Verkaufsgelegenheiten, Geld verdienen könnten. Der Hintergrund ist, dass jedes Mal bei Umschichtung eine Kommission für sie abfällt, deren finanzmathematische Rendite ins Unendliche gehen kann.
Die Erfahrung zeigt aber, dass Sie als Kunde dabei in der Regel den Kürzeren ziehen, denn es gilt immer noch die alte Börsenregel:

„Hin und her macht Taschen leer."

Und wenn Sie dennoch eine Langfristanlage anstreben, dann aus Sicht der Bank am besten die Festgeldanlage – für Sie der Sicherheit wegen, für die Bank aber der Marge wegen.

So schreibt eine größere Stadtsparkasse in ihrem Geschäftsbericht:
„**Ihr Geld ist bei uns sicher** – der Haftungsverbund der Sparkassen-Finanz-Gruppe sichert den Bestand der Institute und schützt zugleich die Kunden vollständig vor dem Verlust ihrer Einlagen."

Keine Frage, diese Aussage ist korrekt. Aber warum wird Ihnen nicht gesagt, dass zum Sparkassenverbund auch eine Kapitalanlagegesellschaft – (DEKA)

18 S. FTD vom 22.02.2008.

19 S. unter C 1.1 – Interview mit Stefan Seip, Hauptgeschäftsführer des BVI, im Handelsblatt vom 16.07.2004.

– gehört, dass Ihr dort angelegtes Geld besonders in breit streuenden Fonds längerfristig ebenfalls sicher ist und Sie dort das Doppelte und mehr verdienen können, statt es der Sparkasse als Einlage mit einem Festgeldzins von 2 oder 3 % zu überlassen?

Noch einmal Kiyosaki:[20]

> ***„Banker lügen nicht,***
> ***sie sagen Ihnen nur nicht die ganze Wahrheit!“***

Interessant ist in diesem Zusammenhang, einmal die historische Entwicklung speziell des Sparkassenwesens zu betrachten. In einem Hand- und Lehrbuch von 1928[21] fand ich folgende Aussage:

Der eigentliche Zweck der Sparkassen ist, „die ärmere Klasse zur Sparsamkeit anzureizen. [...] Ihnen zu Nutz sollen sie arbeiten und dabei alles tun, um diesen möglichst große Vorteile zuzuführen. [...] Zum Vorteil der Sparer ist sodann das Kreditgeschäft zu gestalten, und zwar ebenfalls wieder in gemeinnütziger Weise. Die Sparkassen sollen eben nicht zu Kapitalverwaltungsanstalten von reichen Leuten ausarten, während die eigentlichen Arbeiten zu kurz kämen; dies vor allem auch nicht deshalb, weil [...] die Anlegung derartiger großer Kapitalien mit mehr Arbeit und Kosten als Vorteilen für die Sparkassen und damit die Sparer verknüpft war.“ Weiter heißt es: „Untersagt ist im Geschäftsverkehr jede ‚unangebrachte‘ Anpreisung von Diensten, insbesondere jede ‚unaufgeforderte‘ Ratserteilung durch die Sparkassenbeamten und Angestellten (Min. Erl. vom 15.04.1921). Diese Vorschrift soll nicht schematisch angewendet werden, etwa in der Art, dass die Beamten der Sparkasse überhaupt jede Beratung der Kunden ablehnen, auch wenn diese ausdrücklich darum bitten oder ihnen nach Lage des Falles irgend welche feststehenden Tatsachen von Wichtigkeit sind, die sie nicht kennen. [...] Das Anpreisen von Diensten soll sich in den Grenzen des Anstandes halten ...“
Kommt Ihnen das nicht alles irgendwie bekannt vor, obwohl gut 80 Jahre seit der Veröffentlichung dieses Buch verstrichen sind?

So wird man generell von einer Bank – auch unter dem Gesichtspunkt von „Anstand und Moral“ – nicht erwarten können, dass sie Ihnen Tipps und Ratschläge gibt, mit welchen sie sich selbst schadet. Kreditbanken müssen zwar „anstandshalber“ zu erkennen geben, dass sie auch Investmentfonds im Angebot

20 Vgl. „Forever rich“, S. 144.

21 „Grundriss des Sparkassenwesens“ von Dr. jur. Helmut Nicolai, Regierungsassessor, Kommissions-Verlag Graß, Barth & Comp. W. Friedrich in Breslau, 1928, S. 25 u. 50.

haben. Sie werden diese aber nicht besonders aktiv bewerben, auch wenn Sie als Kunde dabei längerfristig ein Mehrfaches verdienen können. Eine Kreditbank wird immer wieder das Festgeld oder das Sparbuch anpreisen müssen, für sich selber, um sich ihr Geschäftsmodell zu erhalten und für Sie „der Sicherheit wegen".

Die Bank weiß, dass Sie nach Sicherheit dürsten, und dafür hat sie die Lösung. Dale Carnegie hat in seinem Buch „Wie man Freunde gewinnt"[22] – seit 1936 ein Bestseller der praktischen Psychologie – Folgendes geschrieben: „Man muss im anderen immer zuerst das Bedürfnis wecken, das zu tun, was wir von ihm wünschen. Wem das gelingt, der hat die ganze Welt auf seiner Seite. Der andere wandelt auf einsamem Pfad."

Die Banken haben dieses Bedürfnis der Menschen erkannt und bieten deshalb **Sicherheit pur**. Und weil die Kunden von Rendite und der Wirkung des Zinseszinses kaum Ahnung haben, funktioniert es.

Als im Jahr 2000 die sog. „New-Economy-Blase" geplatzt war und einige Menschen sehr viel Geld verloren hatten – oft auch noch auf Empfehlung oder zumindest unter Mithilfe der Bank –, waren viele sogar bereit, ihr Geld für 0 % Rendite aus der Hand zu geben – Hauptsache: Sicherheit. Unabhängige Berater und Vermittler, welche die breit aufgestellte Aktienfondsanlage als um ein Vielfaches lukrativere Anlage für den Kunden erkannt haben, wandeln dagegen immer noch „auf einsamem Pfad". Solche Anlagen sind vermeintlich riskant, sonst hätte die eigene Bank diese „mit Sicherheit" bereits angeboten – so glauben die meisten.

Im Gegensatz zum Kunden kann die Bank den Zinseszinseffekt für sich im Wesentlichen nicht nutzen. Sie muss als Unternehmen aktiv ins Geschäft einsteigen. Sie muss *für Geld arbeiten*, wobei ein Großteil des Rohertrages wieder ausgegeben wird für Personal- und Verwaltungskosten sowie Steuern, bevor ein angemessener Gewinn übrig bleibt, der in der Regel 10 - 15 % auf das eingesetzte Eigenkapital ausmacht. Sie als Anleger können Ihr Geld dagegen *arbeiten lassen*. Gewinne erwirtschaften andere für Sie, Unternehmen, an welchen sich ein Fonds beteiligt hat und deren Manager Profis sind. Außerdem haben Sie Banken gegenüber den zusätzlichen Vorteil, dass Sie Ihr Geld in voller Höhe längerfristig im Fonds belassen und damit bereits den Wachstumsturbo „Zinseszins" nutzen können.

22 Scherz Verlag, Bern – München – Wien.

An dieser Stelle ein paar Zeilen aus der Bibel, die Ihnen die Zwiespältigkeit in punkto „Vertrauen“ vielleicht noch etwas klarer vor Augen führen:

Ungeteilter Dienst: ***„Niemand kann zwei Herren zugleich dienen. Er wird den einen vernachlässigen und den anderen bevorzugen. Er wird dem einen treu sein und den anderen hintergehen.“***[23]

Ein Bankmitarbeiter ist seinem Dienstherren, der Bank, verpflichtet. Ihr muss er treu sein. Er kann nicht etwas tun, womit er seinem Dienstherren Schaden zufügt. Er ist von ihm existenziell abhängig und wer würde schon seinen Job deswegen aufs Spiel setzen. Jeder ist sich insoweit selbst der Nächste – eine Erkenntnis, die der Mensch offenbar durch Erfahrung gewonnen hat und die universell zu sein scheint.

Mitarbeiter sagen, dass es sie belastet, unter dem immer größer werdenden Erfolgsdruck dem Kunden nicht das verkaufen zu können, was er braucht, sondern was ihnen seitens ihres Dienstherrn vorgegeben wird. Die Bank kann Sie nicht auf Ihre Chancen aufmerksam machen, wenn sie sich selbst damit schaden würde. Andererseits wird es aber auch dem Bankmitarbeiter auf Dauer zusetzen, wenn er bei zunehmendem Erfolgsdruck dem Kunden Produkte verkaufen muss, die nur der Kommissionen bzw. Provisionen wegen anzubieten sind. Letztlich ist auch er aus seinem Selbsterhaltungstrieb heraus gezwungen, das Vertrauen des Kunden, das vielfach über Jahre aufgebaut worden ist, überzustrapazieren. Dies mag sich u.a. auch darin zeigen, dass die Anzahl der Tage, die Bankmitarbeiter in Deutschland wegen psychischer Erkrankungen fehlten, zwischen 1995 und 2006 um 43 % zugenommen haben, die Zahl der einzelnen Fälle gar um 70 % – so der Fehlzeitenreport der AOK.[24]

Banken bezeichnen ihre Mitarbeiter, die den unmittelbaren Kontakt mit den Kunden pflegen, auch landläufig als „Bankberater“. Dieser kann aber kein echter Berater sein, weil ein Interessenkonflikt besteht. Er kann nicht die Interessen eines Kunden vertreten, weil er seinem Dienstherren gegenüber verpflichtet ist und somit nur dessen Leistungen verkauft. Er ist quasi ein „Verkäufer“. Ein echter Berater wie der Standesberufler – und deswegen gibt es den Berufsstand der Rechtsanwälte, Steuerberater, Wirtschaftsprüfer etc. – würde Ihnen sagen müssen: „Ich habe da ein Problem. Ich bin nicht unabhängig und muss deshalb die Beratung ablehnen. Ich vertrete bereits die Firma ‚XY‘ und kann

23 Matthäus 6,24 – Gute Nachricht Bibel 2000.

24 Aus Wirtschaftswoche: „Bankberater packen aus: Ich habe Sie betrogen“ – Beitrag vom 04.02.2008. http://www.wiwo.de/unternehmen/banken-bankberater-packen-aus-ich-habe-sie-betrogen/5346846.html.

somit Ihre Interessen gegen dieses Unternehmen nicht wahrnehmen. Ich bin von Gesetzes wegen dazu verpflichtet, Ihnen das zu sagen und mache mich strafbar, wenn ich Ihren Auftrag annehmen würde." Ein „Bankberater" braucht Ihnen das nicht zu sagen. Sie müssen nur wissen, dass es sich so verhält.

So besagt z.B. das Wertpapierhandelsgesetz (WpHG), dass ein Wertpapierdienstleister (z.B. die Bank), „sich um die Vermeidung von Interessenkonflikten zu bemühen und dafür zu sorgen hat, dass bei unvermeidbaren Interessenkonflikten der Kundenauftrag unter der gebotenen Wahrung des Kundeninteresses ausgeführt wird. Er ist ferner verpflichtet,

1. *von seinen Kunden Angaben über ihre Erfahrungen oder Kenntnisse [...], über ihre mit den Geschäften verfolgten Ziele und über ihre finanziellen Verhältnisse zu verlangen [und]*

2. *seinen Kunden alle zweckdienlichen Informationen mitzuteilen [...]."*[25] *„Einem Wertpapierdienstleistungsunternehmen [...] ist es verboten, Kunden [...] den Ankauf oder Verkauf von Wertpapieren, Geldmarktinstrumenten oder Derivaten zu empfehlen, wenn und soweit die Empfehlung nicht mit den Interessen der Kunden übereinstimmt."*[26]

Die Bank muss somit einen Antrag nicht ablehnen, auch wenn er mit ihren Interessen kollidiert. Sie hat insoweit nur eine *Informationspflicht,* deren Umfang von Ihren Erfahrungen und Kenntnissen in Wertpapiergeschäften abhängig ist. Haben Sie explizit um eine Beratung gebeten, entsteht daraus die Pflicht zu einer anleger- und objektgerechten Beratung, die eine konkrete Empfehlung und eine Aufklärung über sämtliche Risiken der beabsichtigten Anlage beinhalten muss, damit *Sie als Kunde eigenverantwortlich* darüber entscheiden können.[27] Die Bank ist aber in keiner Weise verpflichtet, Ihnen das für Sie Beste bzw. das beste Produkt zu empfehlen.

Hiermit bekommen Sie in der Regel wegen der Abhängigkeit des „Bankberaters" von seinem Institut hauseigene Produkte empfohlen oder man verweist hauptsächlich auf das „große Risiko", damit Sie erst gar nicht auf die Idee kommen, längerfristig besonders größere Beträge aus Ihren Einlagen in Aktienfonds zu investieren – aus den vorgenannten Gründen –, wodurch Ihnen aber das Beste vorenthalten bleibt.

25 § 31 Absatz 1 Nr. 2 WpHG

26 § 32 Absatz 1 Nr. 1 WpHG.

27 Vgl. hierzu im Einzelnen die vom Bundesamt für den Wertpapierhandel – heute BaFin – verfassten „Wohlverhaltenregeln" vom 23.08.2001 (Quelle: Haufe Versicherungs und Finanz Office Pro, Version 5.3.0.0, Stand: 16.06.2009).

Ein unabhängiger Berater dagegen hat ausschließlich Ihre Interessen wahrzunehmen und wenn er Sie falsch berät, muss er persönlich dafür einstehen. Deshalb hat er dieses Risiko meistens über eine entsprechende Vermögensschaden-Haftpflichtversicherung abgedeckt. Wenn Sie ihm nicht vollkommen vertrauen oder er es Ihnen nicht sagt, fragen Sie ihn vorsichtshalber danach. Die „schwammige" Regelung im WpHG, dass ein Wertpapierdienstleister sich nur um die Vermeidung von Interessenkonflikten *zu bemühen* hat, ist auch der Hauptgrund dafür, dass Sie eine Bank kaum für eine Falschberatung haftbar machen können, wenn es sich nicht gerade um sehr eklatante Fehler in der Beratung zu dem Ihnen empfohlenen Produkt handelt.

Fazit:
Man konnte Banken noch nie vertrauen im Sinne von „sich anvertrauen", alles zu offenbaren, denn die Bank ist Ihr Geschäftspartner. Wer aber ein Geschäft machen will, legt normalerweise nicht alle Karten auf den Tisch. So wie jedes Unternehmen jede Gelegenheit nutzt, an jedem Kunden Geld zu verdienen, so nutzt auch jede Bank jede Gelegenheit, Ihnen etwas anzudienen, woran sie Geld verdienen kann.

Sie können wohl einer Bank vertrauen, soweit Sie mit ihr etwas vertraglich geregelt haben, und wenn Sie Glück haben und der Bankmitarbeiter Ihnen persönlich zugetan ist, erhalten Sie auch schon einmal einen für Sie vorteilhaften Tipp – aber da hört dann meistens schon die „Freundschaft" auf.
Auch wenn Sie das Gefühl haben, dass Sie sich bei Ihrer Bank gut aufgehoben fühlen und man sich um Sie ganz persönlich bemüht, immer nett und hilfsbereit ist, egal, was für eine Frage Sie auch immer haben – fragen Sie sich immer, ob Ihre Bank *von Ihnen* nur das Beste will, nämlich Ihr Geld, oder ob sie das Beste für Sie will, nämlich Ihr Geld bestens *für Sie* arbeiten lassen. Das ist der feine Unterschied.

Wer einen ehrlichen Rat sucht, hat auch verdient, eine ehrliche Antwort zu bekommen. Und wer keinen echten Rat in Ihrem besten Interesse erteilen kann, sollte es Ihnen auch sagen. Letztlich kann Vertrauen nur daran gemessen werden, ob jemand das tut, was er sagt.[28]

Der BVI-Bundesverband Investment und Asset Management e.V., das gemeinsame Sprachrohr der deutschen Fondsgesellschaften, veröffentlichte in der Investmentbroschüre 2009 folgende auszugsweise wiedergegebenen Beiträge: „Mitarbeiterbeteiligung als Wegbereiter für die Aktienkultur [...]: Schon

28 Vgl. dazu Gertrud Höhler „Warum Vertrauen siegt", Econ-Verlag, 2. Auflage 2003, ISBN 3-430-14714-X, S. 62 ff.

im Konzept der sozialen Marktwirtschaft, in der Erhard'schen Leitidee vom ‚Wohlstand für Alle', hatte die Beteiligung der Arbeitnehmer am Produktivvermögen von Anfang an ihren Platz. *Bundespräsident Köhler* entfachte vor wenigen Jahren erneut die Diskussion um eine von ihm als wünschenswert bezeichnete ‚Gesellschaft von Teilhabern'.[29] [...] In einem weiteren Beitrag heißt es: „Staat und Arbeitgeber fördern die ‚Gesellschaft von Teilhabern'.[30] Im Konzept der sozialen Marktwirtschaft hat die Beteiligung der Arbeitnehmer am Produktivvermögen, also der Gedanke, dass jeder am Vermögen einer Volkswirtschaft partizipieren soll, ihren festen Platz. Angestoßen durch *Bundespräsident Köhler* [31] und *Bundeskanzlerin Angela Merkel* ist die ‚Gesellschaft von Teilhabern' wieder stärker in den öffentlichen Fokus gerückt."

Weiter heißt es: „Kernelement ist die Ausgestaltung von Investmentfonds als Sondervermögen, wodurch die Anlegergelder auch bei Konkurs der verwaltenden Kapitalanlagegesellschaft nicht gefährdet sind. Vorschriften zur Risikostreuung sorgen dafür, dass Verlustrisiken bei einzelnen Vermögenswerten *nicht zum Totalverlust der Anlagegelder führen können* [...]."

Die Fondsgesellschaften Deka und Union Investment gehören als Tochtergesellschaften der Sparkassen und Volks- und Raiffeisenbanken zu den bedeutendsten Mitgliedern des BVI. Warum empfehlen diese Banken als deren Muttergesellschaften ihren Kunden nicht aktiv die BVI-Broschüren, wenn darin so wichtige Informationen sogar von den höchsten Repräsentanten des Staates enthalten sind, die Ihnen Mut machen sollen, den aufgezeigten Weg zum Wohlstand zu beschreiten? Meine Erfahrungen sind, dass auch Bankberater – sogar in führenden Positionen – diese Broschüre nicht kennen.

Solange die Mütter (Banken) als Vertriebsgesellschaften ihrer Töchter (Fondsgesellschaften) nicht aktiv mit allen Mitteln das fördern, was ihre Töchter Gutes anzubieten haben, solange dürfte es dem Kunden schwer fallen, seiner Bank zu vertrauen.

29 BVI-Broschüre, S. 54.

30 A.a.O., S. 83 u. 59.

31 Prof. Köhler ist Ökonom und Kapitalmarktexperte, war von 1993-1998 Präsident des Deutschen Sparkassen- und Giroverbandes und von 2000-2002 Direktor des Internationalen Währungsfonds. – Hinweis auf die Biografie „Offen will ich sein – und notfalls unbequem" von Hugo Müller-Vogg, Hoffmann und Campe Verlag, 2005.

3 Das sich selbst erklärende System der Banken

3.1 Die Marktmacht der Banken

Um es sinngemäß mit den Worten von Ludwig Erhard zu sagen: Versuchen nicht die Banken, die in erster Linie das Kreditgeschäft als Kerngeschäft betreiben, ihre Machtpositionen für sich zu nutzen? Müssten sie sich nicht dabei bewusst sein, dass sie damit andere Volkskreise und andere Bevölkerungsschichten in ihrem sozialen Sein hindern und schädigen?[32]

Dieses Geschäft ist – wohlverstanden – volkswirtschaftlich wichtig und auch vollkommen legal. Sobald es aber um die Vermögensbildung der Kunden geht, haben die das Kreditgeschäft betreibenden Banken nun einmal ein gegensätzliches Interesse.

3.2 Das „Drei-Säulen-System" in Deutschland

Unter den im Kreditgeschäft tätigen Banken gibt es im Wesentlichen drei Gruppen – auch Säulen genannt. Es sind dies

1. die Sparkassen,
2. die Genossenschaftsbanken und
3. die Privatbanken.

Zunächst muss man sich wiederum folgende Fakten vor Augen führen:

50 Millionen Einwohner sind Kunden der Sparkassen und 30 Millionen von Genossenschaftsbanken – bei 82 Millionen Gesamteinwohnern decken diese bereits fast 100 % des gesamten Marktes in der Bundesrepublik ab. Die Sparkassengruppe ist nicht nur der größte Allfinanzdienstleister in Deutschland, sondern die größte Finanzgruppe in Europa. Im Unternehmensverbund der Sparkassenfinanzgruppe – einschl. Bausparkassen, Versicherungen etc. – sind in Deutschland dafür 750 Unternehmen mit 24.700 Geschäftsstellen und 392.000 Mitarbeiter tätig. Sie weisen zusammen ein Geschäftsvolumen von 3.000 Milliarden (3 Billionen) Euro auf.[33] Im reinen Bankgeschäft erzielen die Sparkassen einen Zinsüberschuss von ca. 22 Milliarden und einen Provisionsüberschuss von ca. 6 Milliarden Euro, Stand jeweils 2006.

32 Zitat unter H 1.1, Fußnote 13.

33 Heinrich Haasis als Präsident des Deutschen Sparkassen- und Giroverbandes in einer Veröffentlichung der Süddeutschen Zeitung – undatiert.

Die Sparkassen weisen per 30.06.2007 eine Bilanzsumme von ca. 1.000 Milliarden Euro, die Genossenschaftsbanken (12/2006) eine solche von ca. 600 Milliarden Euro aus. Die Zins- bzw. Provisionsüberschüsse der Genossenschaftsbanken machen im Verhältnis zu den Sparkassen ca. 64 %, die Bilanzsumme etwa 60 % aus. Diese Zahlen entsprechen ungefähr wieder dem Verhältnis der Gesamtkundenzahlen mit 30 : 50 Mio. = 60 %. In Bezug auf die Bilanzsumme des gesamten Bankensektors haben die Banken des Sparkassenverbundes (Sparkassen und Landesbanken) in Deutschland einen Anteil von etwa 36 %, die genossenschaftlichen Banken von 12 % und die privaten Banken kommen auf 28 %. Der Rest entfällt auf Zentralbanken und andere Institute – Stand 2005.[34] In den Genossenschaftsbanken und deren Verbundunternehmen sind ca. 190.000 Arbeitnehmer beschäftigt (Stand 2007).[35]

1. Im Allgemeinen wird überhaupt nicht wahrgenommen, dass die jeweils im Verbund operierenden Sparkassen und Genossenschaftsbanken mit zu den größten Banken in Deutschland gehören.

Bestätigt wird dies in einem Artikel in der Frankfurter Allgemeinen Zeitung vom 08.07.2010.[36] Dort heißt es: „Die 1.156 Volks- und Raiffeisenbanken und ihre beiden Zentralbanken DZ und WGZ haben im Jahr 2009 einen Gewinn vor Steuern von zusammen 6,6 Mrd. Euro erzielt. Damit schnitt der genossenschaftliche Finanzverbund so gut ab wie in den vergangenen fünf Jahren nicht und war 2009 sogar erfolgreicher als die Deutsche Bank, die vor Steuern 5,12 Mrd. Euro verdient hat."

Der Finanzverbund verfügt über 62,1 Milliarden Euro an Eigenmitteln – nach 60,7 Milliarden im Jahr zuvor. „Wir stehen bereit, den Aufschwung zu finanzieren", so der BVR-Präsident Uwe Fröhlich anlässlich der Vorstellung der konsolidierten Bilanz der Bankengruppe vor Journalisten in Frankfurt.

In Deutschland verfügen ca. 450 Sparkassen über rund 16.000 Geschäftsstellen und ca. 1.500[37] Genossenschaftsbanken über ca. 14.000 Bankstellen (Stand Ende 2006). Im Vergleich dazu die größten Privatbanken: Die Dresdner Bank[38] unterhielt 1.074, die Deutsche Bank 980, die Commerzbank 820, die Citibank

34 FTD vom 15.03.2005 „Banken und Sparkassen zanken um die Zukunft – „Das Drei-Säulen-Modell der deutschen Kreditwirtschaft wackelt".

35 VR info Ausgabe 6/2007.

36 Artikel „Genossenschaftsbanken machen mehr Gewinn als die Deutsche Bank".

37 Aktuell gibt es 1186 Volksbanken, vor 10 Jahren waren es noch mehr als 2000. – FAZ vom 24.08.2009 „Ein Belohnungssystem für die Volksbanken".

38 Inzwischen wurde die Dresdner Bank von der Commerzbank übernommen (Mai 2009).

340 Geschäftsstellen.[39] Zu den Privatbanken zählt auch die Postbank, die genauso viele Außenstellen wie die Post selbst hat (ca. 14.000 Filialen).

2. Insgesamt betreiben deutsche Finanzinstitute etwa 54.000 Automaten, die sich wie folgt verteilen:

Sparkassenverbund	25.700
Genossenschaftsverbund	18.600
Private Banken	10.000
Summe	54.300

„Mehr als 90 % aller Abhebungen in Deutschland sind gebührenfrei, da sie innerhalb der eigenen Bankengruppe erfolgen", so Verbraucherministerin Ilse Aigner. Bei Fremdabhebungen fallen aber, obwohl diese seit Mitte 2010 billiger geworden sind, immer noch Gebühren von 4 – 6 € an, wenn Kunden anderer Institute die Geldautomaten in ländlichen Gebieten, die vor allem von Sparkassen sowie Volks- und Raiffeisenbanken betrieben werden, benutzen. Private Banken haben sich seit dem 15.01.2011 auf eine einheitliche Gebührenobergrenze von 1,95 € geeinigt. Es könne aber auch nicht sein, dass sich Privatinstitute vermehrt aus der Fläche zurückzögen und Bankkunden zwangsläufig ihr Bargeld an den Automaten abheben müssten, die zur Verfügung stünden, nämlich die der Sparkassen oder der Genossenschaftsbanken.[40]

Die kartellrechtliche Überprüfung der Angelegenheit ist noch nicht abgeschlossen.

Die wenigen konzernunabhängigen privaten Bankhäuser sind vom Beginn des 20. Jahrhunderts von insgesamt ca. 1.300 auf nur noch etwa ein Dutzend zusammengeschrumpft.[41] Hierzu zählen Adressen wie die Berenberg Bank in Hamburg (gegr. 1590), Bankhaus Metzler, Frankfurt (gegr. 1674) und Hauck & Aufhäuser in München (gegr. 1796/1842), um nur einige zu nennen. Man sieht hieran aber auch, dass die Großbanken die kleineren Privatbanken nach und nach ganz aus dem Markt verdrängen – zum großen Nachteil des Verbrauchers. Aktuelles Beispiel der Übernahme der bis dahin sogar größten unabhängigen Privatbank ist die Übernahme von Sal. Oppenheim durch die Deutsche Bank.

39 Stand Oktober 2008 lt. Rheinischem Sparkassen- und Giroverband, Bernd Küppers, Abtlg. Betriebswirtschaft.

40 Vgl. FAZ vom 07.07.2010 „Kartellamt weist Banken zurück" und vom 12.01.2012 „Auf dem Land bleiben Geldautomaten teuer".

41 FAZ vom 05.08.2009 „Die Zahl der Privatbankiers geht immer weiter zurück".

Das Kerngeschäft der meisten Banken, speziell aber das der Sparkassen und Genossenschaftsbanken, ist das Kreditgeschäft, denn sie haben in erster Linie den öffentlichen Auftrag, die Wirtschaft mit Kapital zu versorgen, d.h. Darlehen bzw. Kredite zu vergeben.

In Bezug auf das eigentliche Kreditgeschäft funktioniert generell auch der freie Wettbewerb, denn Sie als Kunde können sich Vergleichsangebote von den verschiedenen Banken einholen, um somit den Anbieter mit dem günstigsten Zinssatz auszuwählen. Jede einzelne Bank oder Zweigstelle entscheidet über die Kondition in der Regel eigenständig. Dabei richtet sich der Darlehenszinssatz im Wesentlichen nach den vorhandenen Kundeneinlagen und dem, was man dem Kunden dafür an Zinsen geben muss.

In der Praxis spielt es sich aber meistens so ab: Wenn Sie Kunde einer Sparkasse sind und Sie bekommen vom Wettbewerber günstigere Konditionen angeboten, dann steigt Ihre Bank in der Regel auf dieses niedrigere Angebot ein oder man kommt Ihnen etwas entgegen mit dem Ergebnis, dass Sie Ihrer Bank treu bleiben. Weil sie Ihre Hausbank ist, soll sie schließlich auch helfen, wenn Sie einmal in Not sind. Sind Sie Kunde einer Volks- oder Raiffeisenbank, geschieht im Prinzip das Gleiche. Somit können Sie, wenn Sie ein Darlehen aufnehmen wollen, vom freien Wettbewerb profitieren.

Wenn Sie sich aber bei Ihrer Hausbank wegen etwaiger Vermögensanlagen „beraten" lassen, bekommen Sie in der Regel nur Empfehlungen oder Informationen über deren eigene Produkte. Angenommen, Sie wollen eine Lebensversicherung abschließen, dann erhalten Sie bei der Sparkasse nur Unterlagen von einer jeweils dem Verbund angehörigen öffentlichen Versicherung. Sie erfahren aber nicht, dass es noch viele andere Versicherer gibt, die ggf. weit Besseres im Angebot haben – die Tarifunterschiede, wie sie im Anhang Nr. 8 und 9 dargestellt sind, geben darüber Aufschluss. Dabei sind in diesen Listen noch nicht einmal alle Versicherer in Deutschland aufgeführt, weil es wegen des sich nach unten hin verschlechternden Preis-Leistungs-Verhältnisses müßig ist, weitere Renditevergleiche anzustellen.

Entsprechendes gilt, wenn sie Kunde einer Volksbank sind. Sie erhalten dort z.B. Informationen oder eine Empfehlung auf Abschluss bei der zum Verbund gehörenden R + V Versicherung. Vom Preis-Leistungs-Verhältnis steht diese aber z.B. bei den Kapitallebensversicherungen nicht an vorderster Stelle[42], obwohl die R + V Versicherung eine der größten Versicherungsgesellschaften in

42 Vgl. Tabelle im Anhang Nr. 9, Seite 2, Nr. 45.

Deutschland überhaupt ist. Größe bedeutet zunächst einmal, dass viele Bürger dort versichert sind. Sie sagt aber offensichtlich wenig darüber aus, ob Sie im Vergleich mit anderen Versicherern dort auch am besten aufgehoben sind. Vorstehende Ausführungen gelten gleichermaßen auch für Rentenversicherungen oder fondsgebundene Kapitallebensversicherungen.
Aber auch beim Abschluss von Bausparkassenverträgen erhalten Sie bei Ihrer Sparkasse jeweils ein Vertragsangebot von der jeweiligen Landesbausparkasse (LBS) und bei Ihrer Volksbank von deren Bausparkasse Schwäbisch Hall. Niemand sagt Ihnen aber, ob solche Verträge überhaupt sinnvoll sind oder es sich für Sie ggf. lohnt, auf andere Weise effizienter zu sparen. Sie erhalten eben keine Beratung, sondern jeweils ein Kaufangebot. Wenn Sie sich darüber im Klaren sind und Sie ein solches Angebot dennoch annehmen, ist das in Ordnung.

Nicht in Ordnung ist jedoch, dass die Banken Sie in dem Glauben lassen, dass man Sie berät, obwohl sie Ihnen in Wirklichkeit ein Produkt verkaufen wollen.

Auch die ab 01.01.2010 eingeführte Dokumentationspflicht für „Beratungsgespräche", die in Wirklichkeit reine Verkaufsgespräche sind, schützt Sie vielleicht noch vor fehlerhaften Beratungen in Bezug auf das Ihnen empfohlene hauseigene Produkt. Sie können aber nicht erwarten, dass der Bankberater Ihnen das bessere Produkt des Mitbewerbers empfiehlt. Die Bank ist nun einmal kein Sozialinstitut, sondern ein Unternehmen, das auf seinen eigenen Vorteil bedacht sein *muss, wie jedes andere Unternehmen auch.* Die „Berater" haben den Beruf des Bankkaufmanns gelernt und für das Verkaufen werden sie auch bezahlt.

In der Praxis bedeutet dies aber, dass zwischen dem „Rat" der Bank und einem unabhängigem Rat, der ausschließlich in Ihrem Interesse erfolgt, am Ende Welten liegen können. Angenommen, Sie sind 20 Jahre alt und Ihre Bank empfiehlt Ihnen einen Aktienfondssparvertrag abzuschließen, der gegenüber einem Spitzenfonds, den sie selber nicht im Angebot hat, möglicherweise eine Mehrrendite von 3 % erzielt. Dann bedeutet das, dass Sie z.B. bei einer Spardauer von 40 Jahren von vornherein auf die Chance verzichten, das Doppelte und mehr im Fondstopf zu haben – für das gleiche Geld und bei gleichem Risiko!

Beispiel:
Ergebnis eines Sparvertrages mit einer mtl. Rate von 100 € abzüglich 5 % Ausgabeaufschlag:

Rendite p.a.	Ergebnis	Rendite p.a.	Ergebnis
z. B. 8 %	308 T€	z. B. 9 %	404 T€
oder 11 %	703 T€	oder 12 %	931 T€

Unabhängig davon kann man berechtigte Zweifel haben, ob Ihre Bank Ihnen überhaupt einen Aktienfondssparvertrag empfiehlt, ohne dass Sie direkt danach gefragt haben – aus den bereits dargestellten Gründen.

4 Sind die Interessengegensätze zwischen den Finanzinstituten und ihren Kunden überbrückbar?

4.1 Manager im Spannungsfeld zwischen ökonomischem Handeln und ihrem Gewissen

In diesem Zusammenhang sei ein Name erwähnt, dessen Todestag sich am 30.11.2009 zum zwanzigsten Mal jährte. Es handelt sich um Alfred Herrhausen, der am 30.11.1989 von der „Rote Armee Fraktion“ (RAF) ermordet wurde, der seit 01.01.1970 Vorstandsmitglied und seit 11.05.1988 alleiniger Vorstandsprecher der Deutschen Bank war. Alfred Herrhausen wurde seinerzeit bekannt als Moralist und Ethiker und bemühte sich um ein besseres Image der Banken und ihrer Manager. Er sagte:

> **„Natürlich haben wir Macht.**
> **Es ist nicht die Frage, ob wir Macht haben oder nicht,**
> **sondern die Frage ist, wie wir damit umgehen,**
> **ob wir sie verantwortungsbewusst einsetzen oder nicht.“**[43]

Er vertrat die Auffassung, dass man nicht nur nach dem ökonomischen Prinzip handeln könne, nämlich mit dem geringsten Aufwand den größtmöglichen Effekt zu erzielen, sondern man müsse auch stets die Folgen für andere moralisch mit ins Kalkül einbeziehen. So heißt es in dem nachfolgend zitierten Buch: „Genau das forderte Alfred Herrhausen von sich und seinen Mitarbeitern immer

43 Vgl. dazu http://de:wikipedia.org/wiki/Alfred_Herrhausen – Arte Programmarchiv zu „Black Box BRD“.

wieder".[44] Die Ära Herrhausen liegt nunmehr 20 Jahre zurück. Zu der Zeit haben sich viele Manager noch eher dem Gemeinwohl verpflichtet gefühlt. Heute hat sich ein Unternehmen vor allem nach den Interessen seiner Eigentümer zu richten – also bei Aktiengesellschaften die Aktionäre, die Gewinne sehen wollen. Man kann auch geteilter Ansicht sein, ob eine z.B. von der Deutschen Bank angestrebte Rendite von 25 % überzogen ist oder nicht. Eines muss man dieser Bank anrechnen: dass sie im Interesse des Bürgers einige hervorragende Aktienfonds im Angebot hat, nur sind die meisten Bürger eben nicht Kunden dieser Bank, sondern der Sparkassen und Volks- und Raiffeisenbanken. Deren wirtschaftliches Tun unterliegt aber besonderen Sachzwängen. Das System bestimmt in erster Linie, sich selbst zu erhalten, unabhängig davon, was nach dem Gewissen der Führungskräfte geschehen sollte und was nicht. Wenn man allerdings die Folgen bedenkt, die für den Bürger dadurch eintreten, dass er aus systemrelevanten Gründen an die Vermögensbildungspotenziale des Investmentgesetzes – speziell Aktienfonds – erst gar nicht herangeführt wird, geschweige denn an Fremdfonds mit vielfach sogar höheren Renditen, dann ist dadurch bereits ein volkswirtschaftlicher Schaden entstanden, der ins Unermessliche geht.[45]

Ähnliches gilt aber auch für die Manager von Versicherungsgesellschaften, wenn Sie es zulassen, dass tagtäglich Kapitallebensversicherungen und Rentenversicherungen von ahnungslosen, unwissenden Bürgern abgeschlossen werden, deren Renditen nicht halbwegs an die guter Aktienfonds heranreichen. Sie verkaufen den Bürgern eher fondsgebundene Versicherungen, obwohl sie wissen müssten, dass dem Kunden in der Regel große Nachteile gegenüber einer Direktanlage in Fonds entstehen. Man weiß das natürlich, dennoch lässt man es geschehen – man muss ja selbst auch leben.[46] Vor allem aber denke ich auch an die immensen Schäden, die durch die Rückdeckung betrieblicher Altersversorgungszusagen mit Kapitallebensversicherungen bereits entstanden sind und auch noch in der Zukunft entstehen werden. Um wie viel besser wären die Ergebnisse gewesen, wenn in guten Aktienfonds angelegt worden wäre. Hier muss man aber auch den Gesetzgeber mit in die Verantwortung nehmen, der zu einem Großteil „sichere" Anlagen vorgeschrieben hat, aber wahrscheinlich deshalb, weil Politiker sich in der Regel mit guten Investment- bzw. Aktienfondsanlagen, auch wenn sie sogar als mündelsicher anerkannt sind, auch nicht auskennen.

44 Vgl. dazu „Mit Platon zum Profit" von Alois und Wolfram Weimer (Hrsg.), Verlag Frankfurter Allgemeine Zeitung, ISBN 3-929 368-29-3, 3. Auflage unter VI „Gutes Geld mit gutem Gewissen – Der Manager und die Ethik".

45 Vgl. hierzu auch die Ausführungen zu Abschnitt C 2.1 bezüglich des bei deutschen Banken zu Festgeldkonditionen geparkten Geldvermögens der Bundesbürger.

46 Hinweis auf Abschnitt C 7.4.1 „Praxisbeispiel: Fondsgebundene Kapitallebensversicherung".

Es bleibt dahingestellt, ob ein entsprechender Appell an die Manager der betreffenden Finanzinstitute bezüglich bestimmter ethischer bzw. moralischer Verhaltensweisen Erfolg versprechend wäre – m. E. eher nicht –, denn sie handeln formal korrekt im Interesse des ihnen erteilten öffentlichen Auftrages. Dennoch wird „menschliches Verhalten nicht von den Bedingungen diktiert, die der Mensch antrifft, sondern von Entscheidungen, die er selbst trifft“[47]. Er muss sich die Frage gefallen lassen, ob er seine Verhaltensweise der Gemeinschaft gegenüber verantworten kann, wenn der ihr gegenüber entstehende Schaden um ein Vielfaches größer ist als ein durch seine Entscheidung entstehender einseitiger Nutzen für seine Institution. Die Beantwortung dieser Frage hat letztlich auch etwas mit dem Gewissen des Einzelnen zu tun und mit der Überlegung, ob es nicht eine andere, für die Gemeinschaft verträglichere Lösung gäbe, um diesem Gewissenskonflikt zu entgehen. Die offene Ansprache dieses Problems wäre auf jeden Fall der ehrenhaftere Weg für eine sozialverträglichere Lösung.

4.2 Wie Sie Ihrem „Bankberater“ eine Brücke bauen können

Zeigen Sie Verständnis für die Situation, in der sich Ihr Berater befindet. Er ist seinem Dienstherrn verpflichtet, möchte Ihnen aber andererseits auch gerne helfen, wenn er nur könnte.

Sagen Sie ihm, was Sie wollen. Inzwischen wissen Sie, worauf es ankommt. Bei der Vielzahl der am Markt angebotenen Produkte wählen Sie die für Sie besten und sichersten aus.

Sagen Sie ihm, dass Sie ein Basisinvest brauchen, eine Beteiligung an den besten Unternehmen weltweit, breit gestreut über alle Branchen, und lassen Sie sich von der Rangfolge, wie unter „Basisinvest“ aufgeführt, leiten. Lassen Sie sich nie wieder Angst einjagen, dass Ihnen ein solches Invest verloren gehen könnte. Bei einer Langzeitanlage von ca. 10-12 Jahren, besser 15 Jahre und mehr, können Sie bei sorgfältiger Auswahl der dort aufgeführten Aktienfonds Ihr Geld nicht verlieren, wie die Erfahrungen der letzten 30, 50 oder gar 80 Jahre gezeigt haben. Wissenschaftliche Untersuchungen[48] – im Fall Jeremy Siegels gar über einen Zeitraum von mehr als 200 Jahren – haben bewiesen, dass sich in Aktien investiertes Kapital bei einer durchschnittlichen Rendite von 10 % nominal etwa alle 7 Jahre verdoppelt hat, wenn auch immer unter

47 Victor E. Frankl, ehemaliger Psychiatrieprofessor an der Universität Wien, in „Der erfolgreiche Weg“ 11/12-2010 – Enkelmann Institut Königstein/Ts.

48 Vgl. Abschnitt D 2.3.7.

Schwankungen, die Sie aber nicht sonderlich stören sollten, wenn Sie einen entsprechenden zeitlichen Puffer haben. In der Regel sind die durch einen alle Jahre wieder eintretenden Börsencrash verursachten Verluste in etwa in der gleichen Zeit wieder aufgeholt worden, in der sie zuvor eingetreten sind.

Ihr Bankberater wird Ihnen in erster Linie hauseigene Produkte empfehlen. Wenn sie in der Rangliste unter Basisinvest aufgeführt sind – warum nicht? Anderenfalls sollten Sie darauf bestehen, die Fonds anderer Anbieter, die in Ihren Augen besser sind, zeichnen zu wollen. Ihr Berater wird, wenn u.U. auch nicht gerne, Ihnen diesen Wunsch nicht verwehren.

Sie schlagen damit zwei Fliegen mit einer Klappe: Sie können Ihrer Bank nach wie vor Ihr Vertrauen schenken, denn für den Notfall brauchen Sie Ihre Hausbank. Ihre Bank erhält sich die Beziehung zu Ihnen, denn sie braucht Sie andererseits auch – wegen Ihrer Einlagen, die Grundvoraussetzung für ihr Kreditgeschäft –, zumal Sie weder unter dem Gesichtspunkt der Streuung noch unter dem des Vorhaltens notwendiger Reserven je Ihre gesamten Einlagen in Aktienfonds investieren werden.

Sie persönlich profitieren von den ggf. besseren Produkten anderer Anbieter, seien es die Privatbanken mit z.T. sehr guten Angeboten im Aktienfondsbereich oder seien es unabhängige Fondsgesellschaften, die im freien Wettbewerb beweisen müssen, wie gut sie sind. Diesen stehen nicht die Vertriebswege offen, von denen hauseigene Fondsgesellschaften profitieren, nämlich über den Bankschalter. Sie können sich nur durch gute Leistungen hervortun, wenn sie der Öffentlichkeit bekannt gemacht werden.

Sie als Kunde einer der öffentlich-rechtlichen Banken, die im Wesentlichen im Besitz der Einlagen sind, können auf diese Weise eine beiden Seiten dienende Brücke besonders zu den privaten Banken bauen, welche ggf. die besseren Fonds im Angebot haben, denen aber die Kunden mit den entsprechenden Einlagen fehlen.[49] Das Gute daran ist, dass alle Beteiligten daran profitieren können:

- Ihre Hausbank erhält einen Ausgabeaufschlag auf den vermittelten Fonds. Darüber hinaus fließt ihr eine Bestandsprovision zu, solange Sie im Fonds investiert bleiben.

49 Leitende Mitarbeiter versicherten dem Autor, dass Kunden dort – wenn sie es wünschen – auch Fremdprodukte wie z.B. von Franklin Templeton, Fidelity oder DWS ordern können. Sie haben die Wahl und können auch direkt zur Fondsgesellschaft oder einem unabhängigen Finanzberater gehen.

- Der Fondsgesellschaft fließen neue Mittel zu, an welchen Sie als auch das Fondsmanagement verdienen.
- Insbesondere Sie profitieren jedoch von einer Anlageart, die die meisten bisher nur vom Hörensagen kennen und mit der Sie auf Dauer Ergebnisse erzielen, von welchen die meisten unter Ihnen bisher nicht einmal geträumt haben.

Eine pragmatische Lösung wäre, wenn Sie zu mindestens zwei Banken Geschäftsbeziehungen unterhalten. Bei einer deponieren Sie Ihre Einlagen und nehmen ggf. Kredite auf, bei der anderen verfolgen Sie die Aufgabe, Ihr mittel- bis langfristig nicht benötigtes Geld bestmöglich zu mehren.

4.3 Vertrieb von Investmentprodukten in Deutschland

In Deutschland sind – anders als in den USA – Fondsgesellschaften fast immer Tochtergesellschaften von Banken, sodass am Bankschalter überwiegend verbundeigene Investmentprodukte vertrieben werden. Lt. Statistik des Bundesverbandes Investment und Asset Management e.V. (BVI) wurden im Jahr 2007 knapp drei Viertel (72 %) aller Investmentanlagen über die Filialen der Mutterbanken, 11 % durch Makler, Finanzvermittler und Vermögensberater und 4 % durch Versicherungsvermittler vertrieben.[50] Diese 72 % relativieren sich aber durch die Tatsache, dass nur 20 % der Bevölkerung überhaupt Fonds besitzen. 80 % haben offenbar keinerlei Bezug dazu. Dennoch erkennt man hieran deutlich, dass der Vertrieb hauptsächlich in der Hand der Banken liegt.

Und wenn Sparkassen und Genossenschaftsbanken im Wesentlichen den Markt in Deutschland abdecken – und das gilt ganz besonders in Bezug auf den Kleinanleger –, dann dürfte hier auch der Hauptgrund liegen, weshalb es in Deutschland Ende 2008 nur knapp 9 Millionen Aktien- bzw. Aktienfondsbesitzer[51] gab. Gerade diese Bankengruppen haben systembedingt keinerlei Interesse daran, überhaupt Aktienfonds zu verkaufen. Dass sie kein oder kaum Interesse am Verkauf besonders auch von größeren Einmalanlagen haben, erkennen Sie auch daran, dass weder Fonds der Deka (Sparkassen) noch

50 Lt. Studie des Bundesministeriums für Ernährung, Landwirtschaft und Verbraucherschutz von Evers & Jung – Stand September 2008, abrufbar unter: http://www.bmelv.de/cae/servlet/contentblob/379922/publication File /42378/StudieFinanzvermittler.pdf.

51 Vgl. auch Fußnote zu Abschnitt C 2.1 „Zusammensetzung des privaten Geldvermögens". Die Zahl der Besitzer von *Aktienfonds* ist seit Ende 2005 von 5,29 bis Ende 2009 auf 3,87 Millionen nochmals deutlich zurückgegangen (FTD vom 08.02.2010 „Privatinvestoren verpassen Aktienrally)."

die der Union Investment (Genossenschaftsbanken) frei am Markt erworben werden können.

Dadurch können Sie selber steuern, wann und ob überhaupt insbesondere Aktienfonds, am besten noch Garantiefonds, angeboten werden. Rabatte auf Ausgabeaufschläge werden generell nicht gewährt, um wenigstens noch eine Art „Schmerzensgeld" (5 % Ausgabeaufschlag) zu bekommen, wenn der Kunde denn schon seine Einlagen in Fonds umschichtet.

4.4 Sinngemäße Anwendung des „Glass-Steagall-Gesetzes" aus den USA?

In den USA wurde jahrzehntelang ein sog. Trennbankensystem praktiziert. Das auf die Trennung von Geschäftsbanken[52] und Investmentbanken hinauslaufende Gesetz – der sog. Glass-Steagall-Act, benannt nach den Namen der Senatoren, die das Gesetz seinerzeit eingebracht haben – wurde am 16.06.1933 von Präsident Franklin D. Roosevelt erlassen. So sollte verhindert werden, dass Geschäftsbanken zunächst Investitionen von Unternehmen finanzieren und für den Fall einer eintretenden Schieflage unverantwortlich hohe Kredite nachschießen, um die Investition zu retten bzw. einen endgültigen Kreditausfall zu verhindern. Damit wollte man erreichen, dass die gewöhnlichen Guthaben von Privatpersonen oder kleineren Unternehmen nicht leichtfertig aufs Spiel gesetzt würden. Dieses Gesetz über die Bankentrennung wurde Ende 1999, als Bill Clinton Präsident war, abgeschafft. Über eine Wiederbelebung wurde ernsthaft im amerikanischen Senat diskutiert.[53] Auch im Expertengremium für eine weltweite Finanzmarktregulierung nach der Krise wird über die Trennung von Geschäftsbanken – manchmal auch Universalbanken genannt – und Investmentbanken nachgedacht – so auch auf dem Weltwirtschaftsforum in Davos Ende Januar 2010 lt. Wissenschaftlichem Dienst des Deutschen Bundestages Nr. 5/10 vom 04.02.2010 – . Wirksame Beschlüsse in dieser Hinsicht sind m. W. bisher nicht gefasst worden. Den Amerikanern hat das Trennbankensystem zumindest nicht geschadet, denn nicht ohne Grund gibt es dort im Verhältnis zur Gesamtbevölkerung mehr Reiche als woanders auf der Welt.[54]

Wie sind diese Menschen reich geworden? Die Antwort gibt Kiyosaki: Besonders die Mittelschicht in den USA, etwa zwei Drittel der Gesamtbevölkerung, ist

52 Geschäftsbanken sind Banken, die im Wesentlichen das Kreditgeschäft betreiben.

53 Berichte in der FTD vom 13.11.2009 („Zurück in die Zukunft") und vom 29.12.2009 („Wiederbelebung einer alten Idee").

54 Vgl. Abschnitt C 2.3.

reich geworden ist durch die Anlage in Aktien und Aktien-Investmentfonds.[55] Einen wesentlichen Teil könnte das Trennbankensystem dazu beigetragen haben, weil Investmentbanken das Bewusstsein, derartige Anlagen seien längerfristig sicher, vorbehaltlos in die Bevölkerung hineintragen konnten.

Ein neuerdings von den Senatoren McCain und Cantwell im amerikanischen Senat eingebrachter Vorschlag sieht vor, dass Banken, die Einlagen sammeln (kreditgebende Banken), unter anderem keinen Eigenhandel betreiben und nicht im Wertpapier-Provisionsgeschäft tätig sein dürfen.

Letzteres ist aber gerade der Punkt, der dem Verbraucher die Perspektive eröffnen würde, dass ihm künftig überhaupt Aktienfonds von Banken angeboten würden, bei denen keine Interessenskollisionen vorliegen, nämlich von speziellen Investmentbanken.[56]

Investmentbanken in diesem Sinne nehmen dem Bürger die Angst vor einer Investition in Aktienfonds, weil sie sich damit auskennen und diese auch verkaufen wollen. Universal-, Geschäfts- bzw. Kreditbanken haben dagegen Angst vor dem Kunden, dass er seine Einlagen abräumen könnte, wenn er auf die Idee käme, in Aktienfonds zu investieren. Das ist der feine Unterschied!

Man fragt sich immer wieder, warum die den großen öffentlichen Bankengruppen verbundenen Fondsgesellschaften, Deka und Union Investment, nicht auch die besten Fonds aufzuweisen haben. Lässt man seinen gesunden Menschenverstand walten, dann muss man sich sagen, dass niemand, der etwas nicht mit Herzblut macht, auch nie außergewöhnlich gute Leistungen hervorbringen wird. Es gleicht mehr dem Dienst nach Vorschrift, der jegliche Kreativität und Motivation, besser zu sein als andere, im Keim erstickt.

Interessant war in diesem Zusammenhang auch ein Artikel in der Financial Times Deutschland aus dem Jahr 2005, der seinerzeit den weltgrößten Finanzkonzern Citigroup in den USA betraf. Es heißt dort:
„US-Regulierungsbehörden drängen darauf, die Finanzsupermärkte wegen Interessenskonflikten aufzubrechen. Der Vorwurf: Banken beraten ihre Kunden nicht unabhängig, wenn sie alle Leistungen selbst anbieten. So trennte sich die Citigroup im Januar von ihrem Lebensversicherungsgeschäft Travelers Life & Annuity.“[57]

55 Vgl. dazu auch die Ausführungen in Abschnitt C 5.2 „Investmentsparen als Grund für den Reichtum der Amerikaner“.

56 FTD vom 29.12.2009 „Wiederbelebung einer alten Idee“.

57 FTD vom 27.06.2005.

Eine solche Trennung wäre auf deutsche Verhältnisse bezogen für den Verbraucher gleichermaßen nicht nur segensreich, sondern auch notwendig. Nur so könnte das Ideal, dass Banken für die Bürger da sein sollten, verwirklicht werden. Gegenwärtig scheint es bei den öffentlich-rechtlichen Banken eher umgekehrt zu sein, zumindest was die Angebote auf Bildung von Vermögen bzw. dessen Vermehrung angeht.

Selbsttest

- Wie viel weniger verdient Ihre Bank mit Ihnen,
  wenn Sie langfristig in Aktienfonds investieren?
- Wofür wurde das Vehikel
  der Kapitalanlagegesellschaft geschaffen?
- Muss Ihre Bank Sie objektiv beraten?

F | MIT DEN ERFAHRUNGEN DER ALTEN …

F Mit den Erfahrungen der Alten ...

1 Erkenntnisse in der Antike

1.1 Allgemeine Erkenntnisse

In überlieferten Lern- und Handlungsidealen zeigen sich anwendbare Regeln zur Mehrung des eigenen Wohlstands. Diesen Regeln gehen wir gezielt auf den Grund.

Schon Konfuzius hat einmal folgenden weisen Ausspruch getan:

> ***„Der Mensch hat dreierlei Wege, klug zu handeln:***
> ***durch Nachahmen – das ist der Leichteste***
> ***durch Nachdenken – das ist der Edelste***
> ***durch Erfahrung – das ist der Bitterste."***

Mit „Erfahrung" ist hier die eigens erlebte Erfahrung gemeint. Das Rad braucht nicht noch einmal neu erfunden zu werden, auch Rückschläge muss man nicht nachahmen. Klüger ist es, von der Erfahrung anderer zu lernen, sie sich selbst zunutze zu machen.

So werden hilfreiche Ansätze oft von Generation zu Generation weitergegeben. Das können allgemeine Lebenserfahrungen sein, das kann technisches oder wirtschaftliches Know-how sein, und je länger dieses zurückreicht, umso verlässlicher wird es im Allgemeinen.

1.2 Eine „goldwerte" Faustregel nach dem babylonischen Talmud

Sie lautet:

> ***„Lass jeden Mann sein Geld in drei Teile teilen***
> ***und je ein Drittel in Grundbesitz,***
> ***ein Drittel in Geschäften investieren und***
> ***ein Drittel lass ihn als Reserve behalten."***[1]

1 Zitat zum Vorwort des Handbuches der privaten Finanzplanung „Der Finanzplaner" von Böckhoff/Stracke, ISBN 3-7938-7207-6, sowie Arbeitsunterlagen der Fachhochschule Frankfurt am Main, Fachbereich Wirtschaft und Recht – Prof. Dr. Karl-Heinz Schlotthauer – Modul „Vermögensmanagement" WS 2006/7, S. 11; Original im Talmud: Babamezia 42 a.

Beim Talmud handelt es sich um ein nachbiblisches Lehrwerk der Juden, nach welchem auch noch heute an den jüdischen Universitäten gelehrt wird. Er ist entstanden, indem Erfahrungen aus etwa tausendjähriger mündlicher und schriftlicher Überlieferung niedergeschrieben worden sind. Abgeschlossen wurde er etwa 500 n. Chr. Der Talmud existiert in zwei nach den Orten des Entstehens bezeichneten Versionen, nämlich dem palästinensischen bzw. jerusalemischen und dem dreimal so umfangreichen und heute maßgeblichen babylonischen Talmud. Er stellt eine Sammlung allen Wissens des Judentums dar, d.h. in Geschichte, Medizin, Mathematik, Astronomie, Landwirtschaft, Handel etc., und ist Grundlage allgemeiner jüdischer Erziehung und Bildung.

Interessant ist es, einen Blick in die Geschichte der Juden ein Jahrtausend zuvor zu tun, etwa die Zeit, in welcher bereits die Grundlagen für den Talmud gelegt worden sind.[2] Im Jahr 587 v. Chr. zerstörte der babylonische König Nebukadnezar den salomonischen Tempel in Jerusalem und ließ große Teile der Bevölkerung der Juden, besonders die damalige Elite,[3] nach Babylonien, in das sog. Zweistromland zwischen Euphrat und Tigris (der heutige Irak), zwangsweise umsiedeln. Sie wurden dort hauptsächlich als Arbeitskräfte des Staates eingesetzt, entweder in der Bauwirtschaft oder für die Urbarmachung von brachliegendem Land. Die ehemaligen jüdischen Beamten und Kaufleute, die es dorthin verschlagen hatte, durften als halbfreie Bauern auch selbst Ländereien bewirtschaften und Handel treiben. Da das Land fruchtbar war, erzielten viele dort bald ein gutes Auskommen und passten sich den Lebensgewohnheiten als auch den kulturellen Gepflogenheiten der Babylonier an. Eine bestimmte Gruppe von Männern und Frauen fühlte sich jedoch von ihrem Gott Jahwe berufen, die für das Judenvolk eingetretene Krise zu nutzen und deren Glauben zu erneuern: Der Glaube, welcher vorher unmittelbar mit Opfergaben und dem Tempel in Jerusalem verbunden war, wird jetzt im babylonischen Exil in Schriftform niedergelegt. So werden religiöse Texte, Gebote, Sitten und Gebräuche der Juden dokumentiert. Priester und Gelehrte schaffen es hierdurch, dem Stamm der Juden unter der Bevölkerung der Babylonier eine eigene Identität zu geben und zu bewahren. So entstanden in dieser Zeit die Grundlagen jüdischen Glaubens, die später im Talmud ihren Niederschlag gefunden haben.

Das Buch „Der reichste Mann von Babylon"[4] gibt darüber Auskunft, mit welchen Methoden und Konzepten die Babylonier reich geworden sind. Da die

2 Vgl. dazu u.a. GEOEPOCHE „Die Geschichte des Judentums" – Gruner + Jahr AG & Co. KG, www.GEO.de.

3 Vgl. auch die Bibel, Buch des Propheten Daniel 1,4.

4 George Samuel Clason (1926), Neuauflage 1998, Conzett Verlag / Oesch Verlag, ISBN 3-905267-01-2.

heutigen Methoden des Reichwerdens sich aber gegenüber damals im Wesentlichen nicht geändert haben, hat dieses Buch bisher an Aktualität nichts eingebüßt.

Es darf vermutet werden, dass die zuvor genannte Faustregel bereits aus dem Erfahrungsschatz der Babylonier stammen könnte. Wenn die Juden in Babylonien nach und nach gesellschaftlich eingegliedert worden sind, dann haben sie auch an deren Wissen und Erfahrungen partizipiert. Und die Zinseszinszahlung war den Babyloniern nachweislich nicht fremd.

1.2.1 Mit der richtigen Vermögensaufteilung (Asset Allocation) zum kalkulierbaren Risiko

Nie konnte jemand sein ganzes Vermögen verlieren, wenn er zwei Drittel seines Vermögens im sicheren Bereich (Immobilien und Reserven wie Liquidität, Bankguthaben, Festgeld etc.) angelegt hatte. Das mit dem „in Geschäften investieren" verbundene Risiko wurde stets auf ein Drittel des Vermögens begrenzt und dadurch kalkulierbar.

1.2.2 Mit niedrigem Risiko und hoher Rendite zur Vermögensmehrung

Die auf Sicherheit oder Kapitalerhalt ausgerichteten Vermögensteile – zwei Drittel – werfen zwar nur verhältnismäßig geringe Renditen ab, nach Steuer vielleicht nur 2 - 3 %, sie wurden aber durch das andere Drittel im Bereich der „Investitionen in Geschäften" – heute in Aktien – und den damit einhergehenden hohen Renditen sowie dem progressiv ansteigenden Zinseszins bei Weitem überkompensiert.

Die Babylonier bzw. die Menschen, die den Talmud verfasst haben, wussten offenbar damals schon, dass in der Wirtschaft das Geld verdient wird. Derjenige, der sich an Unternehmen beteiligen wollte, musste jedoch viel Geld in die Hand nehmen, abgesehen davon, dass auch das Verlustrisiko als sehr hoch einzustufen war.

Es gab damals noch keine Aktienfonds, an welchen man sich bereits mit kleineren Beträgen hätte beteiligen können, bei denen Beteiligungen etwa per Gesetz als Sondervermögen geschützt gewesen wären und sich das Ausfallrisiko bei längerfristiger Anlage nach und nach sogar ganz verflüchtigt hätte, wie es nach Einführung der Investmentgesetzgebung heute der Fall ist.

Wie wirkt sich denn nun die höhere Rendite bei Anlage eines Drittels des Vermögens in Unternehmensbeteiligungen auf die Gesamtvermögensentwicklung aus?

Beispiel: Ein junger Mann erbt von seinen Eltern 90.000 € und legt es konservativ in sicheren Vermögensteilen an, die nach Steuer durchschnittlich 3 % Rendite abwerfen. Er lässt die Nettoerträge immer wieder dem Vermögen zuschreiben, um sich daraus eine zusätzliche Altersversorgung aufzubauen.

Der Betrag von 90.000 € (90 T€) wächst nach der 72er-Regel in 24 Jahren auf ca. 180 T€ an, d.h., das Kapital verdoppelt sich in dieser Zeit ein Mal. Die nächste Verdoppelung ergibt sich nach weiteren 24 Jahren auf ca. 360 T€. Wenn jemand also mit 18 Jahren das Erbe antritt, würde er mit 66 Jahren etwa über einen Betrag von nominal ca. 360 T€ verfügen.

Der gleiche Fall wie zuvor, aber der junge Mann legt nur zwei Drittel des Erbes, also 60 T€, konservativ mit einer 3-prozentigen Rendite an und ein Drittel (30 T€) investiert er in einen oder mehrere gute Aktienfonds – mit einer durchschnittlichen Rendite von 9 %. Was jetzt passiert: Der Betrag von 60 T€ verdoppelt sich wie zuvor alle 24 Jahre, d.h. zunächst auf 120 T€ und nach weiteren 24 Jahren auf 240 T€. Das restliche Drittel, das nur den halben Betrag von 60.000 € ausmacht, wächst aber aufgrund des bei 9 % wesentlich progressiver wirkenden Zinseszinses überproportional an.

Tabellarische Übersicht zum vorstehenden Beispiel – Rendite 9 %

Spalte	1	2	3	4	5
Vermögens-aufteilung	1/1 konservativ „Grundbesitz/ Reserven"	2/3 konservativ „Grundbesitz/ Reserven"	1/3 alternative „Investition in Geschäften"	Summe Spalte 2 + 3	Unter-schied Spalten 1 zu 4
Rendite	3 % p.a.	3 % p.a.	9 % p.a.		
Anlage-betrag	90 T€	60 T€	30 T€	90 T€	
Wert Jahr 8			60 T€		
Wert Jahr 16			120 T€		
Wert Jahr 24	180 T€	120 T€	240 T€	360 T€	+ 180 T€
Wert Jahr 32			480 T€		
Wert Jahr 40			960 T€		
Wert Jahr 48	360 T€	240 T€	1.920 T€	2.160 T€	+ 1.800 T€

Das durch eine solche Vermögensaufteilung erreichbare Mehrvermögen beträgt bei dieser Strukturierung gegenüber einer konservativen Anlage nach 24 Jahren bereits das Doppelte (360 T€ statt 180 T€), nach 48 Jahren aber bereits 1,8 Mio. €.

Hiermit bekommt man zugleich wieder einen Eindruck davon, was Zinseszinseffekt bedeutet. Dann wird es vielleicht auch verständlich, dass der Privatbankier Baron de Rothschild ehemals den Ausspruch getan hat, der Zinseszins sei das 8. Weltwunder.

Noch interessanter wird es aber, wenn von Renditen um 12 % die Rede ist, wie sie bei längerfristiger Anlage (ab etwa 12 - 15 Jahren) u.a. in der Vergangenheit im Templeton Growth Fund wie auch in anderen global investierenden, guten Fonds tatsächlich zu verschiedenen Ablaufzeitpunkten erzielt worden sind.[5] Bei diesem Renditesatz verdoppelt sich ein Kapital bereits etwa alle 6 Jahre.

Rechnen Sie doch einfach selber mit:
Nach 24 Jahren hätte sich Ihr „in Geschäften" investiertes Kapital bereits einmal mehr verdoppelt – statt 240 T€ nunmehr 480 T€ – und nach 48 Jahren sind es insgesamt 8 Verdoppelungen des eingesetzten Kapitals von 30 T€. Der Endwert betrüge dann statt 1.920 T€ nunmehr 7.680 T€.

Wenn Sie verinnerlicht haben, dass das Risiko auf diese Weise begrenzbar und damit kalkulierbar wird, dann liegt Ihre größte Sicherheit darin, sofort mit dem Planen zu beginnen und zu handeln, um damit frei und unabhängig zu werden, besonders wenn Sie noch viel **Zeit** vor sich haben.

1.3 Warum ist es mit der zweiten Million leichter als mit der ersten?

Der im Volksmund bekannte Ausspruch, dass reich werden leichter sei mit der zweiten Million, wenn man die erste Million erst einmal besitze, wird durch vorhergehendes Beispiel nachvollziehbar: Es ist insbesondere der Zinseszinseffekt, der je nach Höhe der Rendite früher oder später zwangsläufig immer wieder zur Verdoppelung des Kapitals führt.

Genau dies bildet ebenfalls den Hintergrund der Äußerung von Chuck Mellone anlässlich meiner Teilnahme am Seminar „Wealth Mastery" von Anthony

5 Vgl. dazu Abschnitt D 2.5.1.

Robbins.[6] Mellone richtete seinerzeit den folgenden Satz an die Seminarteilnehmer:

> ***„Worauf warten Sie noch? Wenn Sie genau das machen, wie ich es Ihnen aufgezeigt habe, dann müssen Sie reich werden. Sie haben gar keine andere Chance."***

Albert Einstein, Physiker und Nobelpreisträger, hat es einstmals auf seine Weise ausgedrückt, als er feststellte:

> ***„Der Zinseszinseffekt ist die größte mathematische Entdeckung aller Zeiten."***

Dem Zinseszins wohnt eine besondere Wirkung inne, die wir „Effekt"[7] nennen, die aber naturgegeben ist. Man musste ihn nur entdecken. Und wer erkennt, wie er funktioniert, sollte klug genug sein, ihn zu nutzen. Nur eines darf man nicht erwarten: Er führt nicht zum schnellen Geld, sondern er wirkt nur langfristig, aber dann in immer größer werdenden Schritten.

1.4 Die Wirkung des Zinseszinses am Beispiel „Wasserhyazinthe"

Eine tropische Pflanze, die an der Oberfläche von Seen und Teichen z.B. am afrikanischen Viktoriasee zur Größe von vielleicht einer Hand heranwächst, hat die Eigenart, dass sie sich jeden Tag verdoppelt: Aus jeder Pflanze wächst über Nacht wieder eine neue.

Aus einer werden zwei, aus zwei werden vier usw. Sogar auf einem Fluss oder einem großen See kann unter günstigen Bedingungen innerhalb von z.B. 30 Tagen die gesamte Oberfläche bedeckt sein. Das Gewässer kann dann u.U. nicht mehr befahren werden, weil die Hyazinthe so schnell wächst, dass sie übermächtig wird.

Das Interessante daran ist aber: Am 29. Tag ist der See erst zur Hälfte bedeckt – und am 30. Tag bereits die gesamte Oberfläche. Das ist der Weg von der ersten zur zweiten Million, nur dass die nächsten Millionen auch noch nachwachsen können, denn dem Wachstum einer Kapitalanlage sind keine Grenzen gesetzt – anders als bei einem See.

6 Vgl. B 1.3.

7 Aus dem Lateinischen „effectus" = Wirkung, Erfolg.

Das ist zugleich wiederum auch die Macht des Zinseszinses. Unabhängig, wie viel Kapital Sie einsetzen können:

Nutzen Sie Ihn!

1.5 Ein Exkurs zu „in Geschäften investieren" in neuester Zeit (Private Equity)

Der private Anleger hat, wenn er sich an Unternehmen beteiligen will, generell zwei Möglichkeiten

– einerseits die Beteiligung an börsennotierten Unternehmen über Aktienfonds. Dies ist die sichere Variante, weil der Staat mit der Einstufung als sogenanntes Sondervermögen garantiert, dass die Anteile des Anlegers vor dem Zugriff Dritter geschützt sind und eine solche Anlage mit zunehmender Anlagedauer und breitestmöglicher Streuung faktisch sicher wird. Dafür erzielt der Anleger aber auch „nur" eine durchschnittliche Rendite zwischen 9 - 12 %.

– andererseits die Beteiligung an Unternehmen, bevor sie an der Börse notiert sind. Aus der Vergangenheit bekannt gewordene Beispiele beziehen sich hauptsächlich auf Firmen, deren Inhaber ursprünglich neue, aussichtsreiche Ideen hatten und mangels verfügbarer Sicherheiten gegenüber Banken auf privates Kapital angewiesen waren, wie z.B. Microsoft (Bill Gates), Apple Computer, Hewlett-Packard (HP), Compaq Corporation, ausnahmslos Firmen, die sehr erfolgreich geworden sind und deren Namen hauptsächlich mit dem Silicon Valley in Verbindung gebracht werden.

Um sich an solchen Firmen zu beteiligen, gibt es ebenfalls Fondsgesellschaften

– sog. Private Equity Fonds. Sie sammeln zunächst das Geld von vielen privaten und ggf. auch von institutionellen Anlegern wie Banken und Versicherungen ein. Deren Management zahlt dann das Geld meistens in mehreren Tranchen nach vorheriger sorgfältiger Auswahl und laufender Überwachung an die betreffenden Unternehmen aus, um damit z.B. noch erforderliche Forschungs- und Entwicklungsmaßnahmen zu finanzieren oder sie aktiv hinsichtlich der Erschließung von Märkten zu unterstützen.

Dabei gibt es einerseits Fonds, die direkt in eine überschaubare Zahl von Unternehmen – vielleicht 10 bis 15 Zielunternehmen – investieren, und andererseits Dachfonds, die nicht in einzelne Unternehmen, sondern in vielleicht 10 bis 20 andere Private-Equity-Fonds investieren. Der Nachteil bei Letzteren ist, dass doppelte Managementkosten anfallen, einmal auf der Fondsebene des Zielunternehmens und andererseits auf Dachfondsebene, man aber mangels entsprechender Transparenz nur schwer abschätzen kann, ob die doppelten Kosten am Ende auch zu einem besseren Ergebnis führen.

Es ist fraglich, ob sich die Sicherheit des Investments dadurch erhöht, dass man als Investor über einen Dachfonds mittelbar vielleicht an 100 oder 200 Unternehmen beteiligt ist. Die Dachfondsmanager müssen sich auf die Fachkompetenz des Managements der Einzelfonds mehr oder weniger verlassen, womit wiederum zusätzliches Risiko verbunden ist. Dachfonds haben ggf. auch das Problem, dass sie über viel Liquidität verfügen, die nicht investiert werden kann, weil die Zielfonds es aufgrund eines Investitionsstaus nicht aufnehmen können. Liquidität aber bringt keine Renditen, die im Bereich Private Equity aber in hohem Maße erwartet werden. Der Anleger im Dachfonds gibt sein Geld in eine „Blackbox", weil er insbesondere nicht weiß, in welche Firmen letztlich investiert wird. Im Fall der Beteiligung an einem Einzelfonds kann er sich dagegen genauestens informieren, an welchen Firmen sich der Fonds beteiligt. Damit ist die Transparenz größer und er hat als Investor möglicherweise ein besseres Gefühl, wenn er weiß, wohin sein investiertes Geld fließt. Auch dürften die Renditen in der Regel höher sein als im Dachfonds.

Wichtig ist, Folgendes zu wissen:
Bei den privates Kapital einsammelnden Fondsgesellschaften handelt es sich um privatrechtlich organisierte Gesellschaften, die nicht der staatlichen Aufsicht unterliegen, wie es bei den vom Gesetzgeber ins Leben gerufenen „Kapitalanlagegesellschaften" der Fall ist.

Trotz oder gerade wegen der höheren Renditeerwartung gegenüber Aktienfonds muss sich jeder Investor darüber im Klaren sein, dass es sich um Risiko- oder Wagniskapital handelt und er sein Geld im schlimmsten Fall verlieren kann – wie beim Lottospiel oder bei der Lotterie auch. Am besten ist es deshalb, sich emotional auf einen Verlust einzustellen, weil man dann nur noch gewinnen kann.

Niemand sollte deshalb mehr als 10 %, max. 15 % seines Vermögens einsetzen, um sich nicht existenziell zu gefährden, d.h., er sollte seinen Einsatz und damit auch sein Risiko von vornherein begrenzen.

Die Wahrscheinlichkeit, seinen Einsatz zu verlieren, ist dennoch verhältnismäßig gering, wenn das Fondsmanagement in der Lage ist, mit entsprechender Fachkompetenz die finanziell geförderten Unternehmen bis zur Erlangung der Börsenreife effektiv zu begleiten.

Die Renditen in diesem Bereich des Private Equity liegen nach den Erfahrungen am amerikanischen Markt (sog. „Capital Pools") in den Jahren 1979 bis 1999 im Durchschnitt bei 20,1 % p.a., 1994 bis 1999 infolge des New-Economy- Booms vorübergehend sogar bei 34,3 %.[8]

Eine Studie der Citigroup, die untersucht hat, inwieweit in Europa Private Equity die Aktienmärkte geschlagen hat, kam zum Ergebnis, dass in einem 10-Jahres-Zeitraum mit Aktien 10,6 % verdient werden konnte, mit Private Equity dagegen 14,3 %. Interessant ist aber, dass das oberste Viertel der Fonds sogar im Durchschnitt 36,6 % erwirtschaftete.[9]

Für den Fall einer solchen Investition sollte man also auch die von Sir John Templeton aufgestellte Maxime beachten: ***„Streben Sie stets nach dem höchstmöglichen Gewinn"***, indem man sich möglichst die Fonds aussucht, die zum besten Viertel gehören.

Von Interesse ist in diesem Zusammenhang, dass auch die Stiftungen der größten US-amerikanischen Universitäten wie z.B. Harvard, Princeton, Stanford und Yale bedeutende Private-Equity-Investoren sind. Besonders die Yale University mit ihrem Finanzchef Swensen investiert einen Anteil von etwa 15 % des Stiftungsvermögens in dieses Segment und ist damit, wie bereits unter C 4.3 „Erfolge von Stiftungen amerikanischer Eliteuniversitäten" dargestellt, sehr erfolgreich.

„Zwischen 1973 und 1997 konnte er mit dem Private-Equity-Portfolio bei geringer Volatilität eine Rendite von durchschnittlich 30 % p.a. erzielen. In den letzten zehn Jahren konnte Yale insgesamt eine Rendite von knapp 17 % p.a. erwirtschaften."[10]

8 Vgl. dazu das Buch „Private-Equity-Beteiligungen" von Thomas A. Jesch, Gabler Verlag 2004, ISBN 3-409-11796-2.

9 Artikel in der FTD vom 22.11.2006.

10 Vgl. dazu Jesch, „Private-Equity-Beteiligungen", S. 28.

Wer sich generell über Investitionsmöglichkeiten am deutschen Markt informieren möchte, dem sei das Buch der u.a. auf Private Equity spezialisierten Claudia Eckstaller und Ingrid Huber-Jahn, Professorinnen für Betriebswirtschaft an der Fachhochschule München (University of Applied Sciences), empfohlen.[11]

Wegen spezieller Anlageempfehlungen können Sie sich direkt an die dort aufgeführten Fondsgesellschaften wenden oder – was vielleicht vernünftiger ist – sich entsprechend von fachkompetenten unabhängigen Finanzdienstleistern beraten lassen, die als Profis durch Vergleich der einzelnen Anbieter in der Lage sind, Sie zu Ihrem Besten zu beraten.

1.6 Kann es sich trotz des vermeintlich hohen Risikos lohnen, einen Teil seines Geldes im Bereich Private Equity anzulegen?

Wenn eine Private-Equity-Gesellschaft in etwa 10 - 15 verschiedene Unternehmen investiert, ist es eher unwahrscheinlich, dass alle Unternehmen in die Insolvenz gehen, zumal das Geld den betreffenden Unternehmen jeweils nach und nach in mehreren Teilbeträgen zufließt. Durch die enge Zusammenarbeit bzw. wirtschaftliche Betreuung und Überwachung hat das Fondsmanagement jederzeit Einblick in die Geschicke der sog. Zielunternehmen und es wird sicherlich kein gutes Geld schlechtem hinterhergeworfen, wenn man feststellen muss, dass man „aufs falsche Pferd" gesetzt hat.

Es gelten in diesem Fall auch die US-amerikanischen Erfahrungen, die besagen, dass ab etwa 12 Beteiligungen in einem Fonds bereits eine Sicherheitsschwelle erreicht ist, an der man das Ausfallrisiko eines Depots durch Hinzunahme von weiteren Beteiligungen nur noch marginal verringern kann.[12]

Es ist wissenschaftlich bewiesen,[13] dass eine moderate Beimischung eines risikobehafteten Segments zu einem Gesamtdepot nicht zu einem höheren

11 Vgl. „Private Equity und Venture Capital", Verlag Wissenschaft und Praxis, ISBN 3-89673-283-8. Eine interessante Adresse könnte die im Buch angesprochene Private-Equity-Gesellschaft MIG Alfred Wieder AG sein, welche direkt in Unternehmen investiert, die vor allem 3 Auswahlkriterien erfüllen müssen: Erfolg versprechende Geschäftsidee, Alleinstellungsmerkmal und Potenzial für eine klare Weltmarktführerschaft, hervorragende Zukunftsaussichten in einem wachsenden Markt. Die Fondsgesellschaft ermöglicht es besonders auch Kleinanlegern, mittels niedriger Einstiegsbarrieren (Einmalanlagen ab 5.000 €) sowie moderaten ratierlichen Beiträgen, sich an vorbörslichen Unternehmen mit hohen Ertragschancen zu beteiligen. – Vgl. www.mig.ag.

12 Vgl. dazu D 2.2.

13 Moderne Portfolio-Theorie nach dem Nobelpreisträger Markowitz.

Gesamtrisiko des Depots führt. Vielmehr sinkt es sogar, wenn die Entwicklungen der einzelnen Anlagen in einem Depot gegenläufig sind. So wird es zwischen der Entwicklung einer Aktienfondsanlage und Beteiligungen an noch nicht börsennotierten Unternehmen keinen Gleichlauf geben, weil Letztere von der Börsenentwicklung unabhängig sind.

Über den progressiv zunehmenden Zinseszinseffekt bei höherer Rendite rechnet sich eine solche Investition auch noch, wenn man einen angemessenen Risikoabschlag für etwaige Teilausfälle berücksichtigt.

In Private Equity sollte nur derjenige anlegen, der sein Geld länger nicht benötigt. Ein vorzeitiger Ausstieg innerhalb der vom Investor meistens vorgegebenen Zeitdauer von in der Regel 7 - 10 Jahren ist entweder gar nicht oder nur mit hohen Abschlägen möglich.

Beispiel – wie zuvor unter 1.2.2:
Ein junger Mann, der 90.000 € geerbt und bislang 30.000 € in einem Aktienfonds angelegt hat, drittelt diesen Teil noch einmal, belässt 20.000 € im Aktienfonds und legt 10.000 € in Private Equity an. Sein Risiko hat er damit auf 1/9 seines geerbten Vermögens begrenzt, d.h., mehr kann er hier nicht verlieren.

Nachstehend eine tabellarische Übersicht der Ergebnisse in Anlehnung an die 72er-Regel:

Tabelle 1: Rendite in der Private-Equity-Anlage: **18 %**

Spalte	1	2	3	4	5
Vermögens-aufteilung	1/1 Aktien-fonds	2/3 Aktien-fonds	1/3 Private Equity	Summe Spalte 2 + 3	Mehr-vermögen Spalte 4 zu 1
Rendite	9 %	9 %	18 %		
Anlagebetrag	30 T€	20 T€	10 T€	30 T€	30 T€
Wert Jahr 2					
Wert Jahr 4			20 T€		
Wert Jahr 6					
Wert Jahr 8	60 T€	40 T€	40 T€	80 T€	+ 20 T€

Tabelle 2: Rendite in der Private-Equity-Anlage: **36 %**

Spalte	1	2	3	4	5
Vermögens-aufteilung	1/1 Aktien-fonds	2/3 Aktien-fonds	1/3 Private Equity	Summe Spalte 1 + 3	Mehr-vermögen Spalte 4 zu 1
Rendite	9 %	9 %	36 %		
Anlagebetrag	30 T€	20 T€	10 T€	30 T€	30 T€
Wert Jahr 2			20 T€		
Wert Jahr 4			40 T€		
Wert Jahr 6			80 T€		
Wert Jahr 8	60 T€	40 T€	160 T€	200 T€	+ 140 T€

Spalte 1 weist das Ergebnis aus, wenn er seinen Drittel-Anteil ausschließlich in Aktienfonds beließe – mit einer Renditeerwartung von 9 %.

Die Summe aus Spalte 2 und 3 (Spalte 4) zeigt die Alternative, wenn 2/3 im Aktienfonds investiert bleiben und 1/3 in Private Equity mit einer Renditeerwartung von 18 % (Tabelle 1) bzw. 36 % (Tabelle 2) angelegt würden. Rein rechnerisch ergäbe sich bei 18 % Rendite bereits nach 8 Jahren ein Mehrvermögen von 20 T€. Bei einer Rendite von 36 % betrüge das Vermögen bereits 40 T€ + 160 T€ = 200 T€, immerhin ein Mehrvermögen gegenüber der Aktienfondsanlage von 140 T€. Selbst ein Risikoabschlag bis zu 70 % auf 200 T€ würde noch zu keinem schlechteren Ergebnis führen als bei der Investition ausschließlich in Aktienfonds. Ein Ausfall in dieser Höhe ist jedoch kaum vorstellbar.

Zusammengefasst: Die Umsetzung der alten Drittelungsregel kann tatsächlich den Impuls zur Bildung von Wohlstand liefern.

Selbsttest

- Wie sieht eine gute Aufteilung der Anlage aus?
- Warum braucht der Zinseszinseffekt Zeit?
- Welche Vorteile bringt eine Investition in Private-Equity-Fonds?
- Welches Risiken birgt sie?
- Senken oder erhöhen Private-Equity-Dachfonds die Risiken?

Abschließend noch eine Bemerkung zum Steuerstandort Deutschland in Bezug auf Private Equity:

Im Zeitalter der Globalisierung stellen unternehmerische Innovationen die Basis für nachhaltige wirtschaftliche Prosperität dar. Was wäre aus den weltweit bekannt gewordenen Firmen wie Microsoft, Dell, Apple, Google etc. geworden, wären sie nicht mit privatem Beteiligungskapital gefördert worden – wir hätten die Namen nie gehört und die Volkswirtschaft der Vereinigten Staaten von Amerika hätte davon nicht so kräftig profitiert. Im europäischen Ausland sind dafür teilweise steuerliche Anreize geschaffen worden. So kann in Österreich die Investition als Sonderausgabe steuerlich abgezogen werden und Gewinne aus späteren Beteiligungsverkäufen sind steuerfrei. Auch in Großbritannien herrschen günstige steuerliche Regelungen.[14]

In Deutschland waren Gewinne aus dem Verkauf von im Privatvermögen gehaltenen Beteiligungen außerhalb der Spekulationsfrist von einem Jahr ebenfalls steuerfrei. **Ab 01.01.2009 unterliegen diese Gewinne ebenfalls der Abgeltungsteuer von ca. 28 %.**

Ist diese Maßnahme etwa für den Investitionsstandort Deutschland, besonders auch für Unternehmensgründer mit visionären Geschäftsideen, zuträglich, zumal Neugründungen ohnehin in beträchtlichem Maße rückläufig sind? Dabei wollen wir in Zukunft auch noch von global herausragenden Unternehmen leben – von Unternehmen, die es vielleicht heute noch gar nicht gibt – und die Banken geben ihnen unter Verweis auf Basel II kein Geld, aber mit eigenem

14 Vgl. dazu Eckstaller/Huber-Jahn in „Private Equity und Venture Capital", s. Fußnote 3 zu 2.5 Ziffer 7.

Geld gehen sogar Banken des öffentlichen Sektors (z.B. Landesbanken als auch die KfW) so leichtfertig um, das Milliardenbeträge versenkt wurden.

Sind dies nicht Entwicklungen, die dem gesunden Menschenverstand eindeutig widersprechen? Die Unterstützung visionärer Ideen schafft eine hohe wirtschaftliche Dynamik. Wirtschaftliche Dynamik schafft wiederum mehr Arbeitsplätze, als sie zerstört. „Um eine hohe Dynamik zu erreichen, sind Geldgeber erforderlich – [...] Wagniskapitalgeber und dergleichen mit großer Erfahrung, damit aussichtsreiche Ideen nicht deshalb abgelehnt werden, weil sich kein Geldgeber findet [...].“[15]

Die seit 01.01.2009 eingeführte Versteuerung der später daraus resultierenden Gewinne trägt jedenfalls nicht dazu bei, vermehrt Geldgeber – außerhalb der Banken – zu begeistern und zeugt auch nicht von wirtschaftlichem Weitblick unserer Politiker, welche die Besteuerung beschlossen haben.

In die Zukunft gedacht bleibt der Appell, von anderen funktionierenden Modellen zu lernen. In Deutschland könnte auf diese Weise das Vermächtnis Ludwig Erhards in Erfüllung gehen, wenn Politiker den Mut finden würden, sich zu den vor etwa 60 Jahren geschaffenen Investmentgesetzen zu bekennen, statt sich von Lobbyisten und Nicht-Fachleuten einreden zu lassen, dass z.B. auch ein kapitalgedecktes Rentensystem nicht funktionieren könne. Jahrzehntelange Erfahrungen und Ergebnisse, die mit gesundem Menschenverstand nachvollziehbar sind, sprechen eindeutig dagegen.

Zur Illustration folgt im nächsten Abschnitt ein Beispiel, bei dem einfach 10 % des Bruttoarbeitslohns in einen Aktienfonds investiert werden.

15 Prof. Edmund Phelps, Nobelpreisträger für Ökonomie, in Vortrag VI. Ludwig Erhard-Lecture der INSM (Initiative Neue Soziale Marktwirtschaft) in Berlin unter http://www.hans-tietmeyer.de/professoredmundphelpstrgerdesnobelpreisesfrwirtschaftswissenschaften.html.

1.7 Die kapitalgedeckte Altersversorgung, zurückgerechnet dargestellt an einem Fall aus der Praxis

Ein jahrelang von mir steuerlich betreuter Mandant stellte mir freundlicherweise seine Rentenunterlagen zur Verfügung, die Folgendes auswiesen:

Erwerbstätigkeit vom 01.04.1947 - 30.11.1992:
Monatliche Rente ab 01.12.1992 : 2.223,94 DM = 1.137 €
Monatliche Rente Stand 30.06.2008[16] = 1.313 €

Die insgesamt bezogenen Entgelte betrugen über die Dauer der gesamten Erwerbstätigkeit 984.542 DM bzw. 503.388 €. Die rentenversicherungspflichtigen Beitragsbemessungsgrenzen wurden nie überschritten und die Einkünfte wiesen auch keine großen Schwankungen auf. Es handelt sich also um einen ganz normalen Fall eines Mannes, der stets pflichtbewusst ehrlicher Arbeit nachgegangen ist. Es ist simuliert worden, dass von den in den einzelnen Jahren nachgewiesenen Entgelten laut Rentenbescheid jeweils **nur 10 %**, umgerechnet auf Eurobasis, in den Templeton Growth Fund eingezahlt worden wären. Als Einzahlungszeitpunkt ist jeweils der 31.12. eines jeden Jahres angenommen worden. Für den Zeitraum 01.04.1947 bis 31.12.1954 ist unterstellt worden, dass die Einzahlungen in einer Summe zum 31.12.1954 in den Fonds eingeflossen sind.[17] Da die Entgelte infolge der anfänglichen Ausbildungszeit verhältnismäßig niedrig waren, wirkt sich die zeitliche Verschiebung des Einzahlungszeitpunktes nicht wesentlich aus. Der sich auf diese Weise ergebende Wert ist dadurch sogar noch etwas niedriger, als wenn es zu einer zeitgleichen Anlage gekommen wäre.

Das Kapital bei Anlage im Templeton Growth Fund, Inc. hätte bei Renteneintritt am 01.12.1992

364.590 €[18]

betragen.

16 Nachtrag: Die Rente beträgt seit 01.07.2011 mtl. 1.373,15 €. Nach Abzug des halben Kranken- und Pflegeversicherungsbeitrages werden 1.233,77 € ausgezahlt.

17 Der Templeton Growth Fund wurde erst im November 1954 aufgelegt.

18 Vgl. insoweit Anhang Nr. 18.1 ff. Auch der von der Landesversicherungsanstalt aufgeführte Versicherungsverlauf ist hier im Einzelnen dargestellt (18.1, S. 3 f.).

Würde mein Mandant aus diesem Depot die ihm aus der gesetzlichen Versicherung gezahlte Rente von 1.137 € monatlich entnommen haben – sogar mit einer angenommenen jährlichen Erhöhung von 3 % –, hätte der Depotwert trotz Kurseinbruchs infolge der Finanzkrise am 31.12.2008 immer noch einen Betrag von

732.328 €[19]

ausgemacht.

	2008	2011
Die gesetzliche Rente betrug im Mittel mtl.	1.320 €	1.366 €
Der mit 3 % dynamisierte mtl. Entnahmebetrag würde sich errechnet haben auf (21.310 : 12)	1.776 €	1.940 €
Mehr durch „Rente vom Aktienfonds" mtl.	456 €	574 €

Zur Verdeutlichung:

1. Dieser Rentner würde bei einer entsprechenden kapitalgedeckten Rente – wie zuvor beispielhaft aufgeführt – ca. 450 € mtl. mehr im Portemonnaie haben.

2. Mit der jährlichen Erhöhung der Rente um 3 % wäre eine durchschnittliche Inflationsrate in gleicher Höhe ausgeglichen.

3. Für diese Rente hätte der Arbeitnehmer tatsächlich nur 10 % seines Bruttolohnes anzusparen brauchen.

4. Ein zusätzlicher Beitrag des Arbeitgebers würde entfallen, mit anderen Worten: Es würden darüber hinaus auch noch 10 % Lohnnebenkosten beim Arbeitgeber eingespart.

5. Der Staat hätte mit diesem Rentner auch kein Langlebigkeitsproblem. Sein Kapital würde nachhaltig weiter wachsen, weil der Entnahmebetrag trotz Dynamisierung stets niedriger wäre, als durchschnittlich an Wert im Kapitalstock nachwächst:

19 Vgl. Anhang Nr. 18.2 im Durchschnitt p.a. = 7,97 %. Die Entnahmewerte für jedes einzelne Jahr einschließlich Dynamisierung vgl. Anhang 18.2, S. 2. Nachtrag: Die Wertentwicklung ist bis zum 31.12.2011 aktualisiert. Der Depotwert hätte sich per 31.12.2011 auf 965.563 € belaufen.

Zum Beispiel:

Entnahme 1993 = 13.678 €
(1.137 € x 12)

Entnahme im Verhältnis zum Depotwert am Jahresschluss von 521.272 € = 2,6 %

Entnahme 2008 = 21.310 €
(1.313 € x 12)

Entnahme im Verhältnis zum Depotwert am Jahresschluss von 732.328 € = 2,9 %

Die Zahlung der Rente von Ende 1992 bis Ende 2008 (16 Jahre) wäre bisher nie ernsthaft in Frage gestellt gewesen, obwohl sich der Depotwert von Ende 2006 (1.394 T€) bis Ende 2008 (732 T€) infolge der Finanzkrise fast halbiert hätte (Minderung ca. 47 %).[20]

Die Zahlung der Rente wäre auch in allen rollierenden 16-Jahres-Zeiträumen[21] seit 1955 (Auflegung des Fonds 11/54) – einschließlich 3 % Dynamik – nie gefährdet gewesen, auch nicht 1973/74, als die Börse um ca. 45 % eingebrochen war.[22] Hätte die Rente zu Beginn des Jahres 1973 zu laufen begonnen, wäre der Depotwert zum 31.12.1974 zwar auf 195.769 € gefallen. Trotz dieses zwischenzeitlichen Wertverlustes von insgesamt ca. 54 % (Kursverlust von 45 %, erhöht um die während dieser Zeit gezahlten Renten) wäre der Depotwert bis zum 31.12.2008 trotzdem auf

1.302.201 €[23]

angewachsen. Wer in Anbetracht dieser Zahlen immer noch behauptet, eine kapitalgedeckte Rentenversicherung funktioniere nicht, dem möchte ich nochmals den weisen Spruch Buddhas in Erinnerung rufen:

> ***„Glaube nichts, was Deiner Vernunft widerstrebt.***
> ***Aber verwirf auch nichts als unvernünftig,***
> ***bevor Du es selbst nicht gründlich untersucht hast!"***

---

20 Vgl. Anhang Nr. 18.2 und Nachtrag zu Fußnote 19. Der Entnahmebetrag in 2011 (1.940 € mtl. x 12 = 23.280 €) im Verhältnis zum Depotwert 31.12.2011 macht gerade 2,4 % aus.

21 Rollierende 16-Jahres-Zeiträume, weil die bisherige Rentenbezugsdauer diesen Zeiträumen entspricht (1992 – 2008).

22 Vgl. Anhang Nr. 18.3.

23 Vgl. Anhang Nr. 18.4 – vgl. auch den dort ausgedruckten Chart für die Wertentwicklung des Depots.

G | … DIE ZUKUNFT GESTALTEN

G ... die Zukunft gestalten

1 Vorbild sein und Orientierung geben

1.1 Mit gutem Beispiel vorangehen

Viele haben den populären Ausspruch, der von Luther stammen soll, schon einmal gehört: *„Und wenn ich wüsste, dass morgen die Welt unterginge, würde ich heute noch ein Apfelbäumchen pflanzen"*. Welch unerschütterlicher Optimismus steht hinter dieser Aussage, zugleich Uneigennützigkeit und Nächstenliebe. Es steht dahinter der Glaube, dass die Welt morgen auch noch besteht und wir für die Menschen, die uns nachfolgen, etwas tun können, damit sie auch für diese noch lebenswert bleibt. Man pflanzt ein Bäumchen, das irgendwann nahrhafte Früchte trägt, von denen Menschen, die es vielleicht heute noch gar nicht gibt, sich wiederum ernähren, ja ggf. sogar überleben können.

Das Entscheidende ist, dass es Früchte trägt, die dem Menschen einfach zuwachsen, ohne dass er dafür etwas zu tun braucht, bis auf eine geringe Pflege, und dann kann ein guter Baum in der Regel sehr alt werden. Die nachfolgenden Generationen gehen dann erneut mit gutem Beispiel voran – und pflanzen wieder ein Apfelbäumchen.

So ähnlich könnte es auch mit einer guten Kapitalanlage geschehen, nur sie hat den entscheidenden Vorteil, dass sie kaum der Pflege bedarf, wenn Profis sich um sie kümmern. Sie muss zwar sorgsam behütet werden, damit ihr Bestand nicht durch unachtsames Verhalten gefährdet wird, z.B. wenn mehr entnommen wird als nachwächst. Noch besser ist es, immer eine gewisse Reserve vorzuhalten, damit sie auch einmal schwerste Stürme durchstehen kann.

Und wer sich mit der Handhabung einer solchen Anlage nicht ausreichend auskennt, tut gut daran, sich von einem echten *Berater* in Sachen Finanzen betreuen zu lassen, der ausschließlich auf zwei Dinge bedacht ist, nämlich 1. Ihr Kapital zu erhalten – die vornehmlichste Aufgabe überhaupt – und 2. eine höchstmögliche Rendite anzustreben, ohne dadurch den Kapitalbestand zu gefährden, nach dem Prinzip:

> „So viel Rendite wie möglich,
> aber nicht mehr Sicherheit als nötig."

1.2 Orientierung mithilfe des gesunden Menschenverstandes

Wenn wir von Lebensgestaltung oder Zukunftsplanung sprechen, dann ist es schon immer sinnvoll gewesen, die Lehren aus der Vergangenheit zu ziehen. Und welche grundsätzlichen Lehren können wir nun aus der Vergangenheit ziehen, so wie wir es auch in der Regel tun?

Wir vertrauen dem, was immer wieder auf gleiche Weise geschieht, je öfter, umso fester wird der Glaube, dass es gar nicht anders sein könne. Bei finanzanalytischer Betrachtung beginnt hier der Versuch, Prognoserechnungen aufzustellen und damit die Frage zu beantworten, welche künftigen Ergebnisse aufgrund von Vergangenheitserfahrungen und Plausibilitätsüberlegungen wahrscheinlich zu erwarten sind. Und je länger der Vergangenheitszeitraum, umso stärker wird naturgemäß der Glaube, dass sich künftige Ergebnisse hieraus herleiten lassen.

Die Araber haben dafür ein Sprichwort, das dieses Glaubensphänomen einfach und anschaulich auf den Punkt bringt:

> ***„Alles, was dir einmal passiert,***
> ***passiert dir möglicherweise nie wieder.***
> ***Aber alles, was zweimal passiert,***
> ***wird sicher auch ein drittes Mal passieren.“***[1]

Wenn also, wie im Falle des Templeton Growth Fund, Inc., seit nunmehr über 50 Jahren, oder auch beim Pioneer Fund seit über 80 Jahren oder ganz allgemein bei den als „Basisinvest“ geeigneten Fonds noch nie jemand Geld verloren hat, wenn er bereit gewesen ist, längerfristig zu investieren, warum soll dies dann nicht auch in der Zukunft funktionieren? Man hat aber nicht nur nie Geld verloren, sondern darüber hinaus gutes Geld verdient. Beim Templeton Growth Fund lässt sich das dank der Möglichkeit, Ergebnisse über rollierende Zeiträume darstellen zu können, einfach nachvollziehen:

Eine Anlage von 10.000 € hat seit Januar 1955 in den insgesamt 50 rollierenden 5-Jahres-Zeiträumen 47 Mal zu positiven Ergebnissen und nur 3 Mal zu Verlusten geführt, d.h., die Wahrscheinlichkeit, in einem 5-Jahres-Zeitraum einen Gewinn zu erzielen, lag bei einer Trefferquote von 94 %.

1 Vgl. Paul Coelho in „Der Alchimist“, Diogenes Verlag (1996), S. 162, ISBN 3-257-061269.

Die Verluste im Einzelnen bei einer Anlage von 10.000 €:

	Depotwert nach 5 Jahren	Vorübergehender Verlust	Rendite p.a.
1/70 - 12/74	9.374 €	- 626 €	- 1,29 %
1/86 - 12/90	9.935 €	- 65 €	- 0,13 %
1/04 - 12/08	7.571 €	- 2.429 €	- 5,41 %

Ergebnisse jeweils 5 Jahre später:

	Depotwert nach 10 Jahren	Wertzuwachs	Rendite p.a.
1/70 - 12/79	24.626 €	14.626 €	9,34 %
1/86 - 12/95	20.887 €	10.887 €	7,64 %
1/04 - 12/13	?	?	?

Es bleibt spannend, wie der zuletzt aufgeführte 10-Jahres-Zeitraum, endend 12/2013, letztlich aussehen wird. Im Prinzip wird es mit höchster Wahrscheinlichkeit ähnlich funktionieren wie nach der Ölkrise 1973/74, wonach derjenige am meisten profitiert hat, der auf dem Tiefpunkt der Krise Anfang 1975 „mit hohem Rabatt" eingekauft hat.[2] Im Übrigen sind in allen rollierenden 10-Jahres-Zeiträumen bisher keine Verluste entstanden, was den Schluss zulässt, dass die Verluste in allen 5-Jahres-Zeiträumen stets wirklich nur vorübergehender Natur waren.

Nachstehende Tabelle gibt Ihnen eine Gesamtübersicht über die in der Vergangenheit tatsächlich erzielten Ergebnisse über rollierende Zeiträume von 5, 10, 12, 18, 24 und 30 Jahren.[3]

2 Hinweis auf das Beispiel unter D 2.3.12 (Vergleich Festgeld, „Kostolany" – und Siegermethode).

3 S. im Einzelnen Tabellen im Anhang Nr. 5.1 - 5.6.

Rollierende Zeiträume	5 Jahre	10 Jahre	12 Jahre	18 Jahre	24 Jahre	30 Jahre
insgesamt:	50	45	43	37	31	25
davon: Renditen < 9 %	26 (52 %)	33 (73 %)	36 (84 %)	34 (92 %)	29 (94 %)	25 (100 %)
Renditen 6 - 9 %	11	10	6	3	2	0
Renditen 0 - 6 %	10	2	1	0	0	0
Verluste	3	0	0	0	0	0
ø Rendite	10,51 %	11,61 %	11,81 %	12,14 %	12,47 %	12,62 %

In allen 10-Jahres-Perioden hätte die niedrigste Rendite einmal bei 1,24 % gelegen (01.01.1999 - 31.12.2008). Einerseits wäre diese Rendite kein Beinbruch gewesen, auch wenn Sie exakt zu diesem Zeitpunkt ausgestiegen wären, denn auf dem Sparbuch hätten Sie kaum mehr gehabt. Andererseits ist dies nur einmal in 45 aufeinander folgenden 10-Jahres-Perioden vorgekommen und passiert möglicherweise nie wieder – und wenn, dann wird es die Ausnahme sein. Außerdem würde ein vernünftig denkender Mensch auch nicht am Tiefstpunkt der Börsenkrise, nämlich zum 31.12.2008, aus seiner Anlage aussteigen, nachdem die Kurse um ca. 50 % eingebrochen waren. In den insgesamt 45 10-Jahres-Perioden lag die Rendite in 33 Perioden über 9 %. Die Wahrscheinlichkeit einer Rendite von mehr als 9 % lag somit bei knapp 3/4 oder 73 %. Obwohl niemand etwas garantieren kann, geht es bei einem guten Fonds aber immer weiter in die richtige Richtung: **nach oben!**

In allen 12-Jahres-Perioden von insgesamt 43 sind in 36 Perioden Renditen von mehr als 9 % erzielt worden, d.h., die Wahrscheinlichkeit einer mehr als 9%igen Rendite lag bei 84 %.

Wer sich die 18-Jahres-Perioden anschaut, kann feststellen, dass von den insgesamt 37 Perioden nur 3 dabei waren, bei welchen die Rendite unter 9 % lag. Die niedrigste Rendite von 7,65 % ergab sich in dem Zeitraum 1/91 - 12/08. Man kann feststellen, dass die Wahrscheinlichkeit, in allen 18-Jahres-Zeiträumen eine Rendite von mehr als 9 % zu erzielen, bei etwa 92 % lag. Das Risiko, weniger als 6 % zu erreichen, lag quasi bei null, weil es bisher in allen rollierenden 18-Jahres-Zeiträumen noch nicht ein einziges Mal vorgekommen ist.

Für alle 24-Jahres-Zeiträume gilt Entsprechendes: Die Wahrscheinlichkeit, eine Rendite unter 6 % zu erreichen, liegt bei null und die einer Rendite zwischen 6 % und 9 % gerade bei 6 %. Da die Renditen dieser zwei rollierenden Zeiträume aber derzeit noch durch die Finanzkrise 2007/2008 beeinflusst sind, wird sich die durchschnittliche Rendite nach Erholung des Marktes in 2 bis 3 Jahren wahrscheinlich ebenfalls wieder auf über 9 % einpendeln. Auch dafür gibt es keine Garantie, genauso wenig dafür, dass Sie morgen noch leben werden. Aber der gesunde Menschenverstand sagt einem, dass es so sein wird, wenn etwas schon über 5 Jahrzehnte oder gar über 8 Jahrzehnte (Pioneer Fund) funktioniert. Eigenartigerweise versucht man uns immer wieder einzureden, dass die Zukunft nicht aus der Vergangenheit – auch nicht aus der längerfristigen – herleitbar sei. So heißt es in jedem Risikofragebogen, weil das Wertpapierhandelsgesetz es so vorschreibt: „Vergangenheitsrenditen sind keine Garantien für künftige Ergebnisse." Als ob das nicht jeder, der seinen gesunden Menschenverstand walten lässt, wüsste. Niemand kann die Zukunft garantieren, aber dennoch können Wahrscheinlichkeiten aus sich stets wiederholenden Vorgängen hergeleitet werden. Mehr brauchen auch Sie nicht zu tun.

Um gleiche Betrachtungen bei anderen Fonds anzustellen – besonders bei den als Basisinvest geeigneten Fonds –, müsste man sich von den Gesellschaften ebenfalls die Ergebnisse über die entsprechenden rollierenden Zeiträume geben lassen. Leider mangelt es bei den meisten Fonds an dieser für einen Anleger sehr wichtigen Transparenz.[4] Man erhält zwar die Renditen über verschiedene Zeiträume wie 5, 10 oder 20 Jahre, aber meistens immer nur bezogen auf einen aktuellen Stichtag. Diese sind aber mit den Ergebnissen rollierender Zeiträume nicht vergleichbar, weil man daraus nicht die Renditeschwankungen über jeweils gleichlange Zeiträume ersehen kann und auch kein Gefühl dafür bekommt, wie lange es jeweils gedauert hat, bis ein vorübergehender Verlust wieder ausgeglichen war.

Wenn Sie jetzt wissen, dass die Wahrscheinlichkeit, sein Geld bei längerfristiger Anlage zu verlieren, mit zunehmender Anlagedauer gen null tendiert, dann ist nur noch etwas Mut Ihrerseits erforderlich, den ersten Schritt zu tun. Und erstmals aufgebrachter Mut hat es an sich, mit dem Beginnen zu wachsen. Nutzen sie diese Eigenart.

4 Nach Aussage der EDISoft GmbH,, 82041 Oberhaching, wird das Fonds@nalyse-Tool, mit welchem die Ergebnisse rollierender Zeiträume darstellbar sind – das gilt besonders bei Fonds-Ratensparverträgen –, ausschließlich von Franklin Templeton genutzt.

Goethe hat einmal gesagt:

> ***„Was immer du tun kannst oder träumst es zu können,***
> ***fang damit an! Mut hat Genie, Kraft und Zauber in sich.“***[5]

Viele kennen auch den Spruch: *„Wer nicht wagt, der nicht gewinnt!“* – Also tun Sie es doch, denn wagen in diesem Sinne ist nicht Waghalsigkeit.

2 Wege in eine erfolgreiche Zukunft

2.1 Das Schlüsselwort heißt Motivation

Wir leben in der Gegenwart, gestern ist bereits Vergangenheit, und alles, was ab heute folgt, ist Zukunft. Sie ist die Zeit, in der wir noch leben werden. Nikolaus Enkelmann sagt:

> ***„Wer nicht über seine Zukunft nachdenkt, hat keine.“***

Das geht schon damit los, dass die meisten Menschen, wenn man sie befragt, gar nicht wissen, was oder wohin sie wollen. Wer aber kein Ziel hat, wird nirgendwo ankommen. Er ist wie das Treibholz auf dem Wasser – irgendwo wird ihn sein Schicksal hinverschlagen. Viele Menschen erkennen überhaupt nicht, dass sie ihr Schicksal selbst in die Hand nehmen und die Richtung vorgeben können, wo es hingehen soll.

So heißt das erste Grundgesetz der Lebensentfaltung von Nikolaus Enkelmann:

> ***„Nur der Mensch hat die Kraft,***
> ***bewusst zu denken, zu gestalten.***
> ***Nur er kann sich selbst und damit sein Schicksal***
> ***und seine Zukunft gezielt beeinflussen.“***

Also ist in erster Linie „Vorausdenken“ angesagt, und wenn wir über Geld sprechen, ist dies die bewusste Planung Ihrer Finanzen. Mit einer Finanzplanung, ggf. in einfachster Form, kann jeder die Zukunft in die Gegenwart hineinholen.

5 Aus: „Wer sagte was?“, Compact Verlag München 2007, S. 126.

Dass es tatsächlich funktioniert, belegt eine in den 50er-Jahren durchgeführte Studie an der Yale-Universität (USA). Studenten, die im Jahre 1953 ihr Studium beendeten, wurden befragt, ob sie über klare, spezifische, *schriftlich fixierte Ziele* und eine Planung für die Erreichung dieser Ziele verfügten. Nur 3 % der Befragten konnten diese Frage bejahen. 20 Jahre später wurden die ehemaligen Studenten wiederum von den Forschern befragt.

Das Ergebnis war, dass diese 3 %, die anfangs genau wussten, was sie wollten, mehr verdienten als alle anderen zusammen, die zunächst davon noch keinerlei Vorstellungen hatten.[6]

Bisher ist es eher so, dass niemand Sie gefragt hat, was *Sie* gerne wollen: Die meisten von Ihnen sind als abhängig Erwerbstätige pflichtversichert, haben sich die einzuzahlenden Rentenversicherungsbeiträge mit Ihrem Arbeitgeber geteilt – zusammen etwa 20 % – und *„Ihre Rente war sicher"*. So werden etwa 20 % – genau sind es 19,9 % – in „die Rentenversicherung" eingezahlt, nur Sie merken erst ganz allmählich, dass Sie nicht in Ihre eigene Rentenversicherung einzahlen. Das Geld erhalten andere, nämlich die heutigen Rentenempfänger – und die leben aufgrund der medizinischen Fortschritte immer länger. Es werden in Deutschland immer weniger Kinder geboren und die Anzahl derer, die wiederum mit ihren Beiträgen einmal Ihre Rente bezahlen sollen, nimmt immer mehr ab. Deshalb ist es schon fast nachvollziehbar, dass junge Leute heute als „Beruf" Hartz IV wählen, denn viel mehr werden die meisten der heute Erwerbstätigen voraussichtlich später nicht als Rente erhalten, auch wenn sie das ganze Leben lang dafür gearbeitet und zusammen mit ihrem Arbeitgeber hohe Rentenversicherungsbeiträge eingezahlt haben.

Der Staat sieht dieses Dilemma natürlich kommen, möchte Ihnen aber noch höhere Pflichtversicherungsbeiträge nicht zumuten – nur das würde die Rente „sicher" machen können –, und er versucht Sie nun mit Zuschüssen und steuerlichen Anreizen (Riester und Rürup) zu animieren, *neben* den unvermindert hohen Pflichtbeiträgen zusätzlich noch selbst für den Teil des Lebens vorzusorgen, in dem das aktive Leben für viele mehr oder weniger bereits vorbei ist. Mit anderen Worten: Man kränkelt schon, man kann keine großen Reisen mehr unternehmen, man kann das Leben nicht mehr so genießen wie in jüngeren Jahren. Der Erfolg ist, dass viele Menschen von den „großzügigen" Angeboten des Staates keinen Gebrauch machen, denn sie wollen heute leben. Es macht

6 Vgl. dazu Helmut Lautner in „Nimm Dir einfach mehr vom Leben", Georg Thieme Verlag 1998, ISBN 3-89373-4600-0. Davon abweichend Jörg Wichmann, Itzehoer Aktien-Club, der von einer Harvard-Studie spricht, aber inhaltlich die gleiche Aussage trifft.

einfach keinen Spaß, für die Zeit des Ruhestandes zu sparen, wenn man keine reizvolle Perspektive hat und weiß, dass der Staat ohnehin niemanden verhungern lässt.

Die einzige Lösung, wie man Menschen motivieren kann, ist eine bereits von dem Bestsellerautor Dale Carnegie[7] aufgezeigte Methode, die zeitlos ist und auf der ganzen Welt funktioniert: Mit den Menschen „über das sprechen, was *sie* gerne haben möchten, und ihnen zeigen, wie *sie* es bekommen können". In seinem Buch „Wie man Freunde gewinnt" erzählt er eine kleine Geschichte von Ralph Waldo Emerson[8] und seinem Sohn, in der beide ein Kalb in den Stall bringen wollten.

Beide dachten nur an das, was sie beide wollten. Sein Sohn zog das Tier und Emerson schob von hinten. Das Kalb wollte aber etwas anderes, machte die Beine steif und weigerte sich hartnäckig, die Weide zu verlassen. Das zufällig anwesende Dienstmädchen erfasste die Lage augenblicklich. Sie konnte zwar keine gelehrten Abhandlungen oder Bücher schreiben, aber sie hatte mehr gesunden Menschenverstand – oder besser „Kälberverstand" – als Emerson: „Sie wusste genau, was das Kalb gern hätte. Sie steckte ihm die Finger ins Maul und ließ es daran lutschen, während sie es sanft in den Stall führte."

Wenn man jemanden befragt, ob es Spaß macht, für das Alter vorzusorgen, dann dürfte die Antwort eher lauten, dass es lästig sei, ein notwendiges Übel. Dies gilt umso mehr, wenn man dann auch noch weiß, dass man nicht einmal der Nachfolgegeneration bzw. seinen Kindern damit etwas Gutes tun kann. Sobald man stirbt bzw. der Partner, ist das Geld in der Regel weg. Und die Zeit, in der man die Rente nutzen kann, ist manchmal sehr kurz. Also sollte sich der Staat doch fragen, ob es nicht eine bessere Lösung gibt, als

1. den Bürgern 20 % ihres Einkommens abzuverlangen, das für viele nicht einmal ausreicht, eine angemessene Versorgung bis zum Lebensende zu garantieren,

2. gutes Geld „provisionsgetriebenen" Produkten hinterherzuwerfen, das in erster Linie Banken und Versicherern hilft, ihren Vertrieb zu finanzieren, aber nicht den Bürgern selbst zugute kommt.

So werden Ihnen ggf. die staatlichen Zulagen für Ihre Riester-Rente im Nachhinein gestrichen, nur weil Sie sich irgendwann entschließen, Ihren

7 „Wie man Freunde gewinnt" mit dem Untertitel „Man muss den Fisch mit einem Köder locken, der ihm schmeckt."

8 Emerson war ein bekannter amerikanischer Philosoph und Dichter (1803 - 1882).

Lebensabend auf einer Südseeinsel zu verbringen. Auch die Rürup-Rente können Sie sich nicht etwa in einer Summe auszahlen lassen, sondern Sie müssen sie als *Rente* verleben – wiederum die aufgezwungene Geld-weg-Methode. Letztlich stellen diese Regelungen eine unerträgliche Bevormundung des Bürgers dar.

Weiter nimmt sich der Staat heraus, beide Renten bei Zufluss voll zu besteuern, nur weil er z.B. bei der Riester-Rente einen verhältnismäßig geringen Zuschuss geleistet hat, der unter Umständen nicht einmal Ihnen als Versicherungsnehmer zugute gekommen ist. Alles das, was Sie nicht verbraucht haben, fällt dann auch noch an den Versicherer zurück – mit welchem Recht eigentlich? Und wenn es sich gar um eine fondsgebundene Versicherung handelt, haben Sie anhand eines bereits dargestellten Beispiels[9] gesehen, welche Benachteiligung dem Bürger gegenüber einer direkten Fondsanlage möglicherweise zugemutet wird, abgesehen davon, dass jede Kapitallebens- und Rentenversicherung ohnehin schon „legaler Betrug“[10] ist. Darauf wird von Staats wegen aufgebaut und man versteht einfach die Politiker nicht, die dies mit ihrem Votum auf den Weg gebracht haben bzw. heute noch daran festhalten.

Und wie könnte nun die Motivation aussehen, damit Sie von sich aus interessiert sind, etwas zu tun? Es würde Ihnen doch viel mehr Spaß machen, wenn Sie wüssten, dass Sie „fürs Leben“ sparen, statt nur noch für den restlichen Abschnitt, der mit dem Tod endet. Wenn Sie dann noch wüssten, dass das, was Sie nicht verbraucht haben, Ihren Kindern oder irgendwelchen lieben Menschen zufallen könnte, die Sie ins Herz geschlossen haben, denen Sie etwas Gutes tun möchten, damit sie es später besser haben, dann wäre das doch eine für Sie viel reizvollere Perspektive, oder?

Wenn Sie wüssten, Sie könnten bereits mit 50 aufhören zu arbeiten oder besser, sie müssten dann nicht mehr arbeiten, um davon zu leben, sondern Sie könnten dann noch etwas tun, wozu Sie sich berufen fühlen oder sich einmal den großen Traum Ihres Lebens erfüllen, z.B. eine Weltreise oder ein Haus im Süden, wäre das nicht Motivation genug, auch ohne Zuschüsse des Staates „vorzusorgen“? Sie brauchten keine Angst zu haben, dass Ihnen der Staat Ihre mühsam erworbenen Ersparnisse wegnimmt – als „Lohn“ dafür, dass Sie vielleicht schon über 30 Jahre gearbeitet haben und unverschuldet in die Arbeitslosigkeit geraten sind. Sie wären dann irgendwann, aber in einer absehbaren Zeit – jeder nach seinen Verhältnissen – ein freier Mensch, der mit dem auskäme, was er sich an Vermögen angespart hat. Das ist doch die finanzielle

9 Vgl. Beispiel unter C 7.4.1.

10 S. unter C 7.2.6.

Freiheit, die sich jeder erträumt – nur der Staat hat bisher keine Lösung parat, wie er die Menschen auf „sanfte“ Art dorthin lenken könnte.

Auf jeden Fall bewirkt die neu eingeführte Abgeltungsteuer genau das Gegenteil davon, und deshalb gehört sie abgeschafft. Die entsprechende Gegenfinanzierung könnte heißen: Abschaffung aller Zuschüsse und Förderungen für zweitklassige Produkte, wenn es bessere gibt, die ohne Förderung höheren Nutzen abwerfen.

Hier ist der Staat dringend gefordert, den in der Regel unwissenden Bürger an die Hand zu nehmen und ihm eine verlässliche Orientierung zu geben. Warum kann man nicht z.B. eine von der Regierung bestellte Kommission von unabhängigen Fachleuten beauftragen, alljährlich eine von der längerfristig erzielten Rendite her gestaffelte Bestenauswahl für vielleicht 10 - 15 international investierende Aktienfonds zu treffen, die auch aufgrund ihrer branchenmäßigen Streuung als Basisinvest geeignet sind? Damit würde man dem Bürger die Auswahl erleichtern und ihm gleichzeitig die Sicherheit geben, sein Geld bei längerfristiger Anlage nicht verlieren zu können. Die Briten machen es uns doch vor, wenn sie die Ablaufwerte von Policen der jeweils besten Versicherer über mehrere Jahre im Zeitablauf öffentlich machen.[11]

Dort treten die Versicherer untereinander in echten Wettbewerb und die durchschnittlich fast kontinuierlich erzielten Renditen beweisen, dass kluge Menschen, wenn sie gefordert werden, sehr wohl in der Lage sind, zum Wohle der Menschen bessere Ergebnisse abzuliefern, als wir es allgemein in Deutschland besonders von den Fondsgesellschaften unserer öffentlich-rechtlichen Banken gewohnt sind.[12]

Dies wäre ein sofort wirksam werdender Ausweg aus dem Dilemma, dass der Bürger einerseits ein sogar nach der Menschenrechts-Charta als auch nach dem Grundgesetz einklagbares Recht auf Bildung – einschließlich finanzieller Bildung – hat. Andererseits ist ihm seit Jahrzehnten bereits unsäglicher Schaden entstanden, dem im Grunde nur begegnet werden kann, wenn man ihn vor Instituten schützt, die verkaufen wollen und müssen und eben nicht dem Bürger zu seinem Glück verhelfen.

Gegenwärtig ist es leider für etwa 80 % der Bevölkerung so, dass die kürzlich in einer Zeitung verwendete Überschrift – allerdings in einem anderen Zusammenhang –

11 Vgl. dazu Ausführungen unter C 7.2.4

12 S. Tabelle über die Renditen britischer Versicherer unter C 7.2.4

„Beraten – und verkauft"

zutrifft. Richtiger wäre noch:

„Beraten – und **für dumm verkauft!**"

Aber das kann es auf die Dauer doch nicht sein – und die Lösung gibt es bereits seit Jahrzehnten. Der Staat muss dafür nur noch die Rahmenbedingungen schaffen, dass fachkompetente Leute, die „ein Herz für den Bürger haben", dieses Wissen an sie herantragen. Vor allem darf er die Idee „des Wohlstands für alle" mittels Investmentfonds nicht mit der Abgeltungsteuer ad absurdum führen.

Unter diesen Aspekten wird es verständlich, wenn Alt-Bundespräsident Roman Herzog, der seinerzeit besonders mit seiner „Ruckrede" bekannt geworden ist, die Reformpolitik der letzten 10 Jahre als dilettantisch bezeichnet.[13]

Der Freiburger Professor Bernd Raffelhüschen, Experte für Renten- und Gesundheitspolitik, sagt hierzu: „Für die Politik wäre wichtig, dass sie endlich die Hände von der Rente lässt und nicht ständig irgendwelchen Murks macht, wie wir es in den vergangenen Monaten gesehen haben. Außerdem werden wir nicht um einen *Zwang zur privaten Vorsorge* herumkommen, wenn künftige Studien zeigen, dass die Menschen freiwillig nicht genug tun."[14]

2.2 „Erst denken, dann handeln!"

Dieser Satz ist einer von Nikolaus Enkelmann empfohlenen Autosuggestion entnommen. In Bezug auf den Umgang mit Geld bedeutet dieser, im Voraus über die Effizienz nachzudenken, die man mit „Sparen" bzw. „Vorsorgen" bewirkt und ob es noch Möglichkeiten gibt, diese Wirkung mit einem Hebel oder einem sonstigen Effekt zu verstärken. Wie bei einem Auto, so können Sie bei Geldanlagen meistens immer noch 2 oder 3 Gänge zulegen, bis Sie im letzten Gang angekommen sind. Hier sind Sie aber zugleich auch in Ihrer Eigenverantwortung gefordert, denn nichts gibt es in diesem Leben umsonst. Und wenn es um Finanzen geht, müssen Sie die einfachsten Rechenarten beherrschen. Von der größten Hürde, den Zinseszins nach der Formel

13 S. Nordwest-Zeitung vom 16.04.2008.

14 Interview in der WamS am 02.08.2009. Professor Raffelhüschen war von 2002 - 2003 Mitglied der Rürup-Kommission zur Zukunft der sozialen Sicherungssysteme.

$$Kn = Ko\,(1 + i)^{n}$$ [15]

berechnen zu müssen, sind Sie mit der 72er-Regel schon einmal befreit. Um die Inflation stets mit einzubeziehen, haben Sie eine einfache Tabelle[16] zur Hand, mit der jeder umgehen kann. Also gehen Sie voll motiviert an die Arbeit, Ihre erste einfache Finanzplanung auf den Weg zu bringen.

Es wäre übrigens eine Ehrerbietung an die kommende Generation, wenn alle Mathematiklehrer sich dieser Aufgabe verschreiben würden und ihren Anempfohlenen beibringen, worauf es beim Umgang mit Geld ankommt, bevor man Sie ins eigentliche Leben entlässt. Vielleicht lässt sich so etwas Ähnliches wie eine kleine Yale- bzw. Harvard-Studie daraus machen, nach dem Motto

Was will ich?
Wo will ich hin?
Wie komme ich am besten dort hin?

Sie erinnern sich – die 3 %, die eine klare Vorstellung davon hatten, was sie wollten, waren nach 20 Jahren wohlhabender als die verbleibenden 97 %, die kein klares Ziel vor Augen hatten.[17]

Bedenken Sie immer, dass sich ein Kapital, abhängig von der Rendite, innerhalb von 24 Jahren nur etwa *einmal verdoppelt*, wenn Sie sich für Festgeld, Bundesschatzbriefe oder Staatsanleihen mit Renditen um 3 % entscheiden. Mit einer Kapitallebensversicherung erreichen Sie in der gleichen Zeit nicht einmal das *4-Fache*, denn eine Rendite von 6 % ist bereits längst Vergangenheit. Ein Aktienfonds mit einer durchschnittlichen Rendite von beispielsweise 9 % bringt es in 24 Jahren auf das *8-Fache* des Einsatzes. Setzen Sie sogar auf einen Aktienfonds, der längerfristig gar den Index schlägt, kann sich Ihr Vermögen bei 12 % Rendite in der gleichen Zeit *versechzehnfachen*. Niemand kann Ihnen die Garantie geben, wie hoch das Endergebnis genau sein wird, aber mit der sorgfältigen Auswahl eines Fonds haben Sie gute Chancen, einen Wert zwischen dem 8- und 16-Fachen innerhalb eines 24-Jahres-Zeitraums zu erreichen.[18]

Wer dem gegenwärtigen Trend folgt und auf Sicherheit setzt, muss dennoch nicht auf Rendite verzichten, denn gute Aktienfonds sind längerfristig sicher.

15 Kn = Endkapital nach n Jahren, Ko = angelegtes Anfangskapital, i = Zinsfaktor (Zinssatz in Prozent), n = Laufzeit in Jahren.

16 Vgl. Anhang Nr. 3.

17 Vgl. dazu die Ausführungen unter 2.1.

18 Vgl. hierzu die Zinseszinstabelle nach der 72er-Regel unter Nr. 1 im Anhang.

Wenn Sie eine höhere Rendite wollen, ist der Einstieg in Aktienfonds zum Zeitpunkt eines Kurstiefs wie Ende 2008/Anfang 2009 einmalig günstig. Auch wenn die Kurse vorübergehend noch einmal einbrechen sollten, so konnte ein Neueinsteiger die 50 %, um die andere bestehende Depots durchschnittlich bereits geschmälert waren, schon nicht mehr verlieren. Einsteiger zu Beginn des Jahres 2009 kauften sich somit durchschnittlich mit einem Rabatt von 50 % und einer Aufholchance von 100 % ein. Eine historisch nahezu einmalige Gelegenheit, obwohl sich die Kurse tatsächlich noch einmal vorübergehend nach unten bewegt haben.

„Wer sich jetzt nicht an Unternehmen beteiligen will, braucht es nie zu tun", hieß es in einem Artikel der Zeitschrift „FONDS exklusiv" mit der Überschrift „Zurück zu den Wurzeln".[19] Weiter hieß es: Eine Aktie ist nicht einfach ein (Wert)-Papier. Vielmehr steht dieses Papier für eine *reale Beteiligung am Unternehmen* dahinter. „Der Aktionär partizipiert am Produktivkapital, das organisch und durch Zukäufe wächst, echte Werte schafft und regelmäßig Dividenden ausschüttet", wird der Fondsmanager Winfried Walter von Albrecht & Cie. zitiert. „Über längere Zeiträume sind Erträge von 10 % jährlich realistisch", so auch seine Aussage. Und weiter heißt es: „Aktuell ist es dringend angeraten, Sachwerte zu kaufen. Ich rechne fest damit, dass wir in einigen Jahren zweistellige Inflationsraten sehen werden und der Sparer dann Sachwerte benötigt, um sein Vermögen zu erhalten."

John Templeton hat in seinen „10 Prinzipien einer erfolgreichen Geldanlage" u.a. empfohlen: „Kaufen Sie in pessimistischen Phasen."[20] Weiter stammt von ihm der Ausspruch:[21]

> ***„Hat der Pessimismus sein Höchstmaß erreicht,***
> ***so ist es Zeit zu kaufen,***
> ***und herrscht maximaler Optimismus,***
> ***so verkauft man am besten."***
>
> (Sir John Templeton, September 2007)

Mit dieser Verhaltensweise ist John Templeton sehr erfolgreich gewesen, wie die Ergebnisse seines so bekannt gewordenen Templeton Growth Fund beweisen. Er ist damit zwar direkt gegen den Strom geschwommen, hat es aber

19 FONDS exklusiv Nr. 1/2009 März/Mai, 9. Jahrgang, S. 20.

20 Aus „Die Templeton Maximen" Nr. 7, zu beziehen bei Franklin Templeton Investment Services GmbH, Mainzer Landstr. 16, 60053 Frankfurt a. M.

21 Aus „Die Templeton-Methode – Die Strategie der Investmentlegende, mit der Sie jeden Markt schlagen".

geschafft, in der Regel immer wieder zu Schnäppchenpreisen einzukaufen und damit klug den Hebel genutzt, der sich hinter dem Kaufmannsspruch verbirgt:

> ***„Im Einkauf liegt der Segen."***

Auch seine Maxime, stets nach der höchsten Rendite zu streben, geht in die gleiche Richtung. Wenn Aktien – oder auch Fondsanteile – zu Schleuderpreisen angeboten werden, ist Zeit zum Kaufen. Und warum werden sie zu Schleuderpreisen angeboten? Aus nur einem Grund: Weil andere Angst bekommen haben und verkaufen. Als kluger Investor müssten Sie eigentlich denen dankbar sein, die verkaufen – und je mehr verkaufen, desto günstiger wird für Sie der Einstiegspreis, weil die Kurse dadurch immer noch mehr fallen. Nicht alle Unternehmen verlieren aber real so viel an Wert, wie der Kursverfall es nahelegt. Es kommt vielmehr auf dem Höhepunkt einer ansteigenden oder dem Tiefstpunkt einer fallenden Börsenphase immer zu einer Übertreibung. Deswegen gehen Fachleute davon aus, dass die sich in der Wirtschaft erst noch realisierenden Umsatz- und Ertragsrückgänge der nächsten Monate bereits in die Kurse von heute eingepreist sind.

In Bezug auf die auslaufende Finanzkrise wird gern ein Vergleich gezogen mit der Weltwirtschaftskrise. Der Dow Jones (Industrial Average) verlor von 1929 bis 1932 insgesamt 89 %, er erholte sich aber von 1932 bis 1937 um 372 %, vom Tiefstpunkt aus betrachtet.[22] Also war doch der Zeitpunkt des maximalen Pessimismus Ende 2008 eine optimale Einstiegschance. Man brauchte nur etwas Mut – und das Wissen, wie es geht. Dieses Wissen haben aber gute Fondsmanager, die Sie nur noch finden und für sich arbeiten lassen müssen.[23]

Noch ein Beispiel aus neuester Zeit: Nach dem Debakel am „Neuen Markt" und dem darauf folgenden Irakkrieg im März 2003 war die Stimmung am Boden. Der DAX notierte bei etwa 2.200 Punkten und ein weiterer Kursrückgang schien unausweichlich – der Zeitpunkt des maximalen Pessimismus schien noch nicht erreicht. Was passierte? Der Markt drehte. Bis Mitte 2007 legte der DAX um ca. 250 % zu. Diese Steigerung entsprach einer Rendite von 35 % pro Jahr. Aber auch wenn der DAX vom 01.01.2009 an von ca. 4.800 auf nur 6.000[24] Punkte steigen würde, entspräche dies einem Wertzuwachs von 25 % oder einer Rendite von ca. 8 % pro Jahr. Zehnjährige Staatsanleihen bringen zurzeit knapp 3 % Rendite. Und eines ist sicher: Die Wirtschaft wird sich drehen, auch

---

22 S. „Die Templeton-Methode", Abbildung 2.1, S. 34.

23 Vgl. Abschnitt D 2.5.1 und den Nachtrag zu Abschnitt D 2.3.12.

24 Zum 31.10.2009 war der DAX bereits auf ca. 5.600 Punkte angestiegen, welches einem Wertzuwachs von ca. 15 % entsprach. (Nachtrag: Am 31.12.2011 waren es 5.898 Punkte.)

wenn keiner genau weiß, wann. Unternehmen muss es geben, denn wir leben von ihnen. Sie werden die Waren liefern, die wir zum Leben brauchen. Und sie werden auch Gewinne machen, wie es schon immer der Fall gewesen ist. Nachweislich haben sich seit mindestens 200 Jahren Menschen über Fonds an solchen Unternehmen beteiligt und mehr an Rendite erzielt, als man an festverzinslichen Papieren oder allgemein an konservativen Anlagen verdienen konnte. Und so wird es auch in der Zukunft sein. Aber „gebratene Tauben fliegen Ihnen nicht ins Maul" – Sie müssen schon selbst zur Tat schreiten, denn es macht sonst niemand für Sie.

In diesem Zusammenhang ein Zitat aus Prof. Jeremy Siegels Buch: „Langfristig investieren": ***„Der Zusammenbruch des Aktienmarktes in den frühen dreißiger Jahren – Weltwirtschaftskrise – führte dazu, dass eine ganze Generation von Anlegern Aktien mied, lieber in Staatspapiere oder gesicherte Bankeinlagen investierte und die Renditen so nach unten drückte. Zudem spielte der Vermögenszuwachs der Mittelklasse eine Rolle, deren Anlageverhalten wesentlich konservativer war als das der Reichen des 19. Jahrhunderts. Auch dieser Faktor drückte wahrscheinlich die Renditen kurz- und langlaufender Anleihen."***

Befinden wir uns heute nicht in einer vergleichbaren Situation? Die Renditen von Anleihen, besonders die von Staatsanleihen, sind im Keller, sie werden aber dennoch gekauft – nur der „Sicherheit" wegen, und keiner erkennt, dass es sich um Nullsummenspiele, wenn nicht sogar um Verlustgeschäfte handelt. Dabei sind Kurserhöhungen von Aktien- bzw. Aktienfondsanlagen unausweichlich, aber mit Renditen, die konservative Anlagen wieder einmal total in den Schatten stellen werden, wie der Rückblick in die längerfristige Geschichte der letzten 200 Jahre lehrt.[25] Dr. Christoph Bruns, ehemaliger erfolgreicher Aktienfondsmanager von Union Investment und heutiger Manager der LOYS AG in Oldenburg, erklärte am 25.03.2009, dass Anteile an gut diversifizierten Aktienfonds derzeit sicherer seien als jegliche Zinspapiere, von den zu erwartenden Renditen ganz zu schweigen.[26]

Das Geld liegt auf der Straße, Sie brauchen es nur aufzuheben!

25 S. dazu insbesondere die detaillierten Ausführungen von Prof. Jeremy Siegel in „Langfristig investieren", a.a.O.

26 Aussage anlässlich eines Investorentreffens in Oldenburg am 25.03.2009 – vgl. auch Ausführungen zu Abschnitt D 2.3.6. Inzwischen hat der DAX ausgehend vom tiefsten Stand am 06.03.2009 mit ca. 3.600 bereits wieder mehr als 50 % zugelegt – Stand Ende Oktober 2009. (Siehe den Nachtrag in Fußnote 24.)

Tun Sie es doch, vielleicht nur um der verhältnismäßig kleinen Mühe willen, dass Sie sich erst einmal bücken müssen. Das wäre der berühmte erste Schritt, den aber nur Sie tun können.

Selbsttest

- Bei welcher Anlageform kann sich Ihr Geld innerhalb von 24 Jahren nur etwa *einmal verdoppeln*, anstatt auf das 8- bis 16-Fache zu wachsen?
- In der Phase von Marktpessimismus sollten Sie als kluger Anleger was tun?

2.3 Grundlegende Prinzipien nutzen

„... die einzigen Prinzipien, denen wir vertrauen können, sind die, die geprüft und für gut befunden worden sind. Viele von uns, die diese Zeilen lesen, haben keine Zeit mehr, herumzuexperimentieren. Ihre Kraft und ihre Reserven nähern sich dem Ende. Sie müssen sicher gehen, dass das Nächste, was sie versuchen, kein kurzlebiger und flüchtiger Modetrend ist.“[27]

Diese Zeilen stammen von einem der bekanntesten Prediger der Welt, Dr. Robert Schuller, der selbst harte Zeiten durchgemacht und den Satz geprägt hat:

***„Harte Zeiten vergehen,
zähe Menschen bestehen.“***

Er ist der Verfasser von über 30 Büchern, inzwischen über 83 Jahre alt, seit 1950 ordinierter Pfarrer der reformierten Kirche in den USA und hat neben Theologie auch Psychologie studiert. Mit seinem Fernsehgottesdienst[28] erreicht er jeden Sonntag in 165 Ländern schätzungsweise 10 Millionen Zuschauer, ob sie nun einer Religionsgemeinschaft angehören oder nicht. Laut Nikolaus Enkelmann ist er der wohl größte positive Motivator überhaupt.[29]

27 Dr. Robert Schuller, „Mit Flügeln des Adlers“ ISBN 3-86591-041-6.

28 Die aus der Crystal Cathedral in Garden Grove / Kalifornien übertragene Sendung „Hour of Power“ kann auch in Deutschland u.a. sonntags um 10:30 Uhr auf TELE 5 oder um 17:00 Uhr auf Bibel TV in deutscher Sprache empfangen werden.

29 Zitiert in „Die Formel des Erfolgs“, mvg-Verlag, ISBN 3-478-08609-4.

Mit der Kraft des gesprochenen Wortes gibt er den Zuschauern Hoffnung, Mut und Zuversicht – und alles das brauchen wir heute wieder einmal mehr denn je. Dr. Schuller schrieb aber vorige Zeilen nicht etwa heute, sondern im Jahre 1983, als in den USA gerade eine schlimme Wirtschaftskrise zu Ende ging. „Vielen Amerikanern erschien es seinerzeit, als sei das Rad der Geschichte zurückgedreht worden, zurück zu den 30-er Jahren in die Zeit der großen Depression, der sog. Weltwirtschaftskrise. Ein Unternehmen nach dem andern musste in Konkurs gehen. Die Arbeitslosigkeit erreichte schwindelerregende Höhen."[30]

Professor Jeremy J. Siegel bezeichnete diese Zeitspanne von 1966 - 1981 als „die schrecklichen 15 Jahre", in welchen die Realrendite von US-Aktien bei jährlich -0,4 % lag.[31] Als Folge der Finanzkrise könnten auf uns ähnliche Zeiten zukommen und auch deswegen ist es interessant, die Entwicklung der US-Börse von damals mit den Ergebnissen aktiv gemanagter internationaler Aktienfonds wie dem Templeton Growth Fund, Inc. zu vergleichen.

Eine Anlage von 10.000 € in der Zeit vom 01.01.1965 bis 30.11.1983 hätte in einem dem Dow Jones nachgebildeten Depot zu einem Endwert von 10.055 € geführt, d.h. zu einem Zuwachs von nahezu null.

Die gleiche Anlage im Templeton Growth Fund hätte aber einen Endwert von 143.450 € erreicht. Der Wertzuwachs von ca. 133.000 € entspricht einer Rendite von 15,11 %.[32] Das ist ein Beispiel für den Unterschied zwischen der Entwicklung eines regionenbezogenen Börsenindex wie dem Dow Jones und einem aktiv gemanagten global investierenden Aktienfonds.

Und nun zu den Prinzipien im Einzelnen, „denen wir vertrauen können, die geprüft und für gut befunden sind" und die nachweislich funktionieren:

1. Vertrauen

Vertrauen Sie denen, welche ein gleichgerichtetes Interesse an Ihrem Geld haben wie Sie selber,

– das sind die **Manager** besonders unabhängiger Aktienfondsgesellschaften, die ständig bestrebt sind, mit Ihrem Geld möglichst hohe Renditen *für Sie* zu erzielen und deren Erfolg seit Auflegung lückenlos, manchmal über Zeiträume von mehreren Jahrzehnten, belegt ist. Je höher die im Fonds kontinuierlich erzielte Rendite, umso mehr Anleger vertrauen ihr Geld dem Fonds an. Je mehr

30 Schuller, „Mit Flügeln des Adlers", Kapitel 1.

31 Jeremy J. Siegel in „Langfristig investieren", S. 27.

32 S. dazu Anlage 20 im Anhang.

das Fondsvermögen wächst, umso mehr verdient auch der Fondsmanager. Er hat deshalb naturgemäß das gleiche Interesse wie der Anleger.

– das sind die **Unternehmen**, in welche die Fondsgesellschaft Ihr Geld investiert, weil sie nach sorgfältigen Analysen als die Besten ausgewählt worden sind. Denn – um es mit den Worten von Dr. Jung zu sagen – worüber denkt das Management dieser Unternehmen den ganzen Tag nach:

- Wie können wir mehr Umsatz machen?
- Wie können wir einen höheren Gewinn erzielen?
- Wie können wir besser sein als die Konkurrenz?

– das ist der **unabhängige Finanzberater**, der nur Ihre Interessen vertritt und nicht gleichzeitig die einer Bank oder Versicherung, der Sie betreut und Ihnen in schweren Börsenzeiten zur Seite steht.

2. Streuen Sie!

Sie kennen vielleicht den Spruch *„Legen Sie nie alle Eier in einen Korb!“* Verteilen Sie z.B. 10 Eier auf 10 verschiedene Körbe und fällt Ihnen ein Korb herunter, geht nur eines der 10 Eier kaputt. Befinden sich aber alle 10 Eier in einem Korb und Sie lassen diesen fallen, bleibt nur noch eine Verwendung: Rührei. Die Verteilung auf mehrere Körbe gibt Sicherheit. Die Erfahrungen von Jahrhunderten, wie sie z.B. in der talmudschen Regel manifestiert sind, können Ihnen dabei als verlässliche Orientierung dienen.[33] Es ist auch richtig, wenn man sagt: Das Geld, das sich in einem breit gestreuten Aktien-Investmentfonds befindet, ist längerfristig sicher. Jahrzehntelange Erfahrungen sowohl deutscher als auch ausländischer in Deutschland zum Vertrieb zugelassener Aktienfonds beweisen es.

3. Handeln Sie nach dem „Bestenprinzip“ und geben Sie sich nicht mit „Mittelmaß“ zufrieden, denn das Beste sollte für Sie gerade gut genug sein. Ein Wertpapier, das nur einen Index nachbildet, ist immer nur Mittelmaß.

4. Streben Sie stets nach der höchstmöglichen Rendite, ohne die Sicherheit Ihrer Anlage infrage zu stellen, denn Rendite ist Ihr Gradmesser für eine effiziente Vermögensbildung.

5. Spekulieren bzw. wetten Sie nicht, sondern investieren Sie. Wer spekuliert, überlässt es dem Zufall, doch wer investiert, baut auf das Prinzip von

33 S. dazu Ausführungen unter F 1.2.

Ursache und Wirkung. Für Aktienfonds gilt: Je länger der Investitionszeitraum, umso mehr verringert sich das Risiko. Bleiben Sie investiert, auch wenn die Kanonen donnern. Geben Sie Ihrer Vermögensanlage die Chance, sich zu entwickeln und langfristig zu wachsen.

6. Legen Sie Ihr Geld nicht in Geldwerten an, sondern investieren Sie in *Sachwerte*. Geldwerte fließen Ihnen längerfristig infolge von Inflation und Steuer nur so durch die Finger, ohne dass es Ihnen bewusst wird.

7. Nutzen Sie die Zeit, sie kostet nichts – ist aber die kostbarste Zutat bei der Vermögensbildung. Je früher Sie beginnen, umso größer ist Ihre Chance.

8. Vertrauen Sie dem Staat, was die Sicherheit einer Aktienfondsanlage angeht. Er garantiert Ihnen das Eigentum an den von Ihnen über einen Fonds erworbenen Unternehmensbeteiligungen. Gleichzeitig ist er der Garant dafür, dass es auch in ferner Zukunft noch gute Unternehmen geben wird, in welchen Menschen das Geld verdienen, aus welchem er sich über Steuern finanziert. Jeder Politiker wird deshalb darauf bedacht sein, sich nicht selbst das Wasser abzugraben. Das würde er aber tun, wenn er die Hauptsteuerquelle versiegen ließe.

9. Beweisen Sie Mut – und nutzen Sie Ihre Chancen in einer ansteigenden Börsenphase. Solche Chancen bieten sich evtl. nicht so bald wieder. Werden Sie „Schnäppchenjäger" und nutzen Sie den Renditehebel, der sich durch einen „unter Preis" liegenden Einkauf ergibt. Bedenken Sie: „Risiko ist die Bugwelle des Erfolgs!" (Carl Amery) – besonders wenn dieses Risiko kalkulierbar ist.

10. Investieren Sie nur, wenn Sie damit leben können, dass der Wert Ihrer Aktienfondsanlage immer mal wieder massiv einbricht und sich ggf. auch halbiert. Kursschwankungen sind nach dem Prinzip „Angebot und Nachfrage" völlig normal. Dennoch bleibt Ihnen der innere Wert Ihrer Anteile erhalten. Kurse erholen sich auch immer wieder, meistens sogar schneller, als Sie denken.

11. Beachten Sie, dass nach Adam Smith „weniger die Arbeit und der Fleiß als die Sparsamkeit die unmittelbare Ursache der Kapitalbildung" darstellt.[34] Oder man könnte auch sagen: „Von nichts kommt nichts." Sparsamkeit heißt aber nicht nur Sparen im üblichen Sinne, sondern ggf. auch Einsparen – sich bewusst machen, wofür man sein Geld ausgibt. Sparen kann man letztlich nur das Geld, das man *nicht* ausgibt.

12. Bedenken Sie: Das Sparen in Aktienfonds stellt die effizienteste Art der Vermögensbildung dar, bei der Sie Ihr Geld arbeiten lassen können. Die meisten müssen nämlich selber für ihr Geld arbeiten. Das nennt sich: Klug sparen, wie es die Amerikaner machen. Die meisten Deutschen sparen dagegen dumm.[35]

13. Alle *Aktien*börsen dieser Welt kennen längerfristig nur einen Weg: den nach oben. Das gilt für gute Aktienfonds gleichermaßen. Dann muss aber einem Kurseinbruch von z.B. 50 % zwangsläufig stets eine Wertaufholung von 100 % folgen, was in der Regel bei guten Aktienfonds innerhalb von 1 bis 3 Jahren erfolgt.

14. Nutzen Sie die sog. Effekte. Gerade auf dem Gebiet der Finanzen und der Wirtschaft spielen sie eine eminent wichtige Rolle. Das sind z.B. die Effekten[36] selber oder der bereits herausgestellte Zinseszins- oder der Cost-Average-Effekt. Es gehören aber auch dazu der Leverage- und der Synergieeffekt, welche anhand von nachfolgenden Beispielen noch erläutert werden.

15. Nutzen Sie Ihre Möglichkeiten. Schon in der Bibel steht: „*Alle Dinge sind möglich dem, der glaubt ...*". Die meisten Menschen bleiben aber weit hinter ihren Möglichkeiten zurück, weil sie sie nicht nutzen. Dabei gibt es ständig viel mehr Chancen, als sie überhaupt nutzen können. Sie brauchen nur einen gesunden Menschenverstand und den Mut, es zu versuchen, d.h. überhaupt den ersten Schritt zu tun – und zwar jetzt! Wenn nicht jetzt, wann dann? „Kluge Menschen lernen aus ihren eigenen Fehlern, die klügsten unter uns lernen jedoch aus den Fehlern der anderen."[37]

34 Adam Smith (1723-1790) war einer der bekanntesten Philosophen des 18. Jahrhunderts. Zitat in Helmut Nicolai, „Grundriss des Sparkassenwesens", Ausgabe 1928, S. 3.

35 Dr. Christoph Bruns in seinem am 07.10.2008 in Oldenburg gehaltenen Vortrag.

36 S. Abschnitt E 2.3, Fußnote.

37 Zitat von John Templeton in „Die Templeton-Methode".

2.4 Ökonomisches Denken

Nachfolgend nun einige praktische Beispiele, um Ihnen die faktisch umsetzbaren Möglichkeiten aufzuzeigen, die sich Ihnen bieten und die auch in Zukunft funktionieren werden. Besonders aber wird daran das dahinter stehende ökonomische Prinzip deutlich, wonach jeder bestrebt sein sollte, nämlich entweder

- mit geringstem Einsatz ein bestimmtes Ergebnis („Minimalprinzip") oder
- mit vorgegebenem Einsatz ein möglichst hohes Ergebnis („Maximalprinzip")

zu erzielen.

Alles andere hieße, naturgegebene Ressourcen zu verschwenden.

2.4.1 „Auf Schulden reitet das Genie zum Erfolg"[38]

Falls Sie Vermögen aufbauen wollen, können Sie mit einem normalen Sparvertrag von z.B. mtl. 100 € beginnen. Nach der im Anhang unter Nr. 2 dargestellten Tabelle können Sie erkennen, dass es zunächst sinnvoll ist, Ihr Geld in eine Anlage zu investieren, die eine möglichst hohe Rendite abwirft. Aber getreu dem Spruch *„Mühsam ernährt sich das Eichhörnchen"* wissen Sie auch, dass der Zinseszins seine Wirkung erst richtig entfaltet, wenn Sie ihm entsprechend Zeit geben. Die zu Beginn des Sparplanes geleisteten Raten vermehren sich also im Verhältnis mehr als die zuletzt gezahlten Raten.

Nun könnten Sie doch überlegen, dem Zinseszinseffekt von Anfang an eine noch größere Chance zu geben. Statt der Sparrate von 100 € monatlich zahlen Sie den gleichen Betrag an Zinsen für ein bei der Bank aufzunehmendes Darlehen, das dieser Zinsrate entspricht. Den Ihnen aus dem Darlehen zufließenden Betrag investieren Sie in einen guten Aktienfonds. Damit lassen Sie von vornherein einen größeren Betrag für sich arbeiten, als wenn Sie ratierlich ansparen. Dabei sollte der Darlehenszins auf mindestens 10 Jahre, besser 15 Jahre oder länger, festgeschrieben sein, weil diese Zeitdauer für die Erzielung einer überdurchschnittlichen Rendite in einem guten Aktienfonds erforderlich ist. Es müssen zusätzlich zwar noch einige Formalien beachtet werden, aber Sie machen damit nichts anderes als auch Ihre Bank: Sie leiht sich Geld für

38 Dieser Ausspruch stammt von dem ehemaligen österreichischen Finanzminister und späteren weltbekannten Harvard-Professor Alois Joseph Schumpeter – Fundstelle: „Rhetorische Kommunikation" von Prof. Gerhard Lange, 18. Auflage 2000, S. 70, Tasso-Verlag Bonn – vgl. Fußnote 1 zu Abschnitt C 6.6.

durchschnittlich 3 % und versucht, es möglichst für etwa den doppelten Zins wieder zu verleihen. Sie brauchen dieses Prinzip nur nachzuahmen. Wenn Sie dabei auch keine Marge von 100 % erzielen, rechnet es sich doch auch schon, wenn sie ein Darlehen für z.B. einen Zinssatz von 6 % aufnehmen und in der Fondsanlage eine Rendite von beispielsweise 9 % erzielen. Besser ist es natürlich, wenn Sie auch die doppelte Rendite, nämlich 12 % und damit auch eine Marge von 100%, erreichen können, denn dann sind Sie in der Regel auf der sicheren Seite.

Wie sich diese Alternativen für Sie mithilfe des Zinseszinseffektes rechnen, sei Ihnen wiederum anhand einer Zeitdauer von 24 Jahren – in Anlehnung an die Systematik der 72er-Regel – dargestellt:

Ergebnisvergleich:

Sparen mit Kredit – Vergleichsrechnung –	Variante I – Rendite 9 % –		Variante II – Rendite 12 % –	
	Sparplan	Einmal-anlage aus Kredit	Sparplan	Einmal-anlage aus Kredit
Sparrate mtl.	100 €		100 €	
Anlage aus Darlehen		20.000 €		20.000 €
Zinsrate: 6 % = 1.200 € p.a.*	–	**100 €**	–	**100 €**
Monatliche Belastung	100 €	100 €	100 €	100 €
Ergebnis nach 24 Jahren	100.000 €+	160.000 €x	150.000 €	320.000 €
abzüglich Darlehen		20.000 €		20.000 €
Endvermögen	**100.000 €**	**140.000 €**	**150.000 €**	**300.000 €**
Mehrvermögen durch Kredit	40.000 €		150.000 €	
Rendite p.a.	9 %	11,5 %	12 %	16,47 %

* Der durchschnittliche Zins für Darlehen am freien Kapitalmarkt betrug in den letzten 20 Jahren bei 10-jähriger Zinsbindung im Durchschnitt 5,74 % (Betrachtungszeitraum 18.08.1989 - 18.08.2009).

\+ Vgl. dazu Tabelle im Anhang Nr. 2.

x Vgl. dazu Tabelle im Anhang Nr. 1. Wert bei Anlage von 10.000 € nach 24 Jahren und 9 % Rendite = 80.000 €, bei Anlage von 20.000 € ergibt sich der doppelte Wert. Bei der Rendite von 12 % gilt dies entsprechend. Vgl. insoweit auch die Ergebnisse bei Anlage von 20.000 € im Templeton Growth Fund über alle rollierenden 24-Jahres-Zeiträume im Anhang Nr. 22.

Bei der Kreditvariante I verfügen Sie am Ende der 24-Jahres-Periode nach Saldierung mit dem Darlehen gegenüber der Ansparvariante II über ein Vermögensmehr von 40.000 €. Das sind 40 % mehr bei gleichem Kapitaleinsatz. Die Rendite pro Jahr auf Ihr tatsächlich eingesetztes Kapital (Summe der Zinsraten = 28.800 €) erhöht sich dadurch von 9 % auf 11,5 %.

Erzielen Sie in Ihrer Fondsanlage aber tatsächlich eine Rendite von 12 %, verdoppelt sich sogar Ihr Vermögen gegenüber der Ansparvariante von 150 T€ auf 300 T€. Die Rendite auf Ihren Einsatz erhöht sich damit auf 16,47 % p.a. Man spricht insoweit auch von einer Hebelung der Rendite auf Ihr eingesetztes Kapital („Eigenkapitalrendite"), die eintritt, wenn das Fremdkapital weniger an Zinsen kostet, als die daraus resultierende Kapitalanlage an Rendite einbringt. Die dadurch erzielbare höhere Eigenkapitalrendite bezeichnet man in der Fachsprache als „Leverage-Effekt".

Im unternehmerischen Bereich ist eine solche Hebelung nichts Besonderes, denn die traditionelle Denkweise, dass Darlehen nur eingesetzt werden sollen, wenn nicht genügend Eigenkapital zur Verfügung steht, ist zugunsten einer betriebswirtschaftlichen Denkweise längst aufgegeben worden. Warum sollte aber das, was für Unternehmen gilt, nicht auch für Sie gut sein, wenn Sie dadurch gleichermaßen einen Turbo einschalten können, statt mit Normalgas zu fahren? Auch das wäre Verschwendung natürlicher Ressourcen. Den mechanischen Hebel gibt es seit Menschengedenken und ohne seine Anwendung hätte der Mensch z.B. Monumentalbauten wie die ägyptischen Pyramiden überhaupt nicht errichten können. Warum soll derjenige, der sich einen endfälligen Kredit leisten kann, die Hebelkraft bei der Geldvermehrung deshalb nicht nutzen, wenn er mag?

Damit Sie sich aber auch vergewissern können, dass es in der Vergangenheit mit einer Investition in gute Aktienfonds, wie z.B. dem Templeton Growth Fund, auch funktioniert hat, hier nun die rollierenden Ergebnisse über alle 24-Jahres-Zeiträume in einer zusammengefassten Übersicht.[39]Die Zahlen sind bis zum 31.12.2011 aktualisiert.

39 Bezüglich der Einzelergebnisse über alle rollierenden Zeiträume vgl. Anhang Nr. 21 u. 22.

Ergebnisse im Vergleich						
Einsatz	mtl. 100 €			mtl. 100 € Zinsen		
28.800 €	für Sparplan			für investiertes Darlehen von 20.000 €		
	Zeitraum	€	Rendite p.a.	Zeitraum	€	Rendite p.a.
bestes	1/61 -12/84	260.239 €	15,56 %	1/76 - 12/99	606.234 €	20,95 %
schlechtestes	1/85 -12/08	53.100 €	4,76 %	1/85 - 12/08	78.871 €	7,60 %
Durchschnitt		156.734 €	11,75 %		336.636 €	17,20 €

So hätte man die Rendite für den Eigenkapitaleinsatz von 28.800 € = 100 € mtl. 24 Jahre lang mittels Fremdkapitaleinsatz im Durchschnitt von 11,75 % auf 17,20 %, also um 5,45 %, steigern können. Für Ihr Ergebnis bedeutet das, mehr als das Doppelte an Vermögen im Topf zu haben – und das Entscheidende ist immer, was am Ende übrig bleibt. Natürlich müssen Sie noch Ihr Darlehen von 20.000 € abziehen, aber Sie bestimmen bei einer solch komfortablen Vermögenssituation, wann Sie oder ggf. Ihre Nachkommen es zurückzahlen. Stellen Sie sich vor, das am Ende des 24-Jahres-Zeitraums aufgelaufene Kapital würde sich in den nächsten 24 Jahren noch 3 - 4 Mal verdoppeln, dann stört Sie ein Darlehen von 20.000 € nicht mehr – und warum wollen Sie es dann zurückzahlen, wenn die Bank es Ihnen sogar noch gerne weiterhin überlässt?

Bei vorstehender Berechnung ist die Abgeltungsteuer außen vor geblieben, denn sie wird Ihnen bis zum „Sankt-Nimmerleinstag" gestundet, es sei denn, Sie zahlen das Darlehen aus der Fondsanlage zurück.[40]

Sie müssen sich jedoch darüber im Klaren sein, dass Sie mit der Kreditvariante ein sog. Zinsdifferenzgeschäft betreiben, und Banken warnen in der Regel davor, ein solches einzugehen. Die Banken selbst machen jedoch nichts anderes und können seit Jahrhunderten gut davon leben. Interessant ist, dass bei ratierlicher Ansparung in Aktienfonds die Summe der Beiträge 1.200 € p.a. x 24 = 28.800 € ausmacht, die per Darlehen finanzierte Einmalanlage in diesem Fall aber nur 20.000 € beträgt. Dennoch führt die Kreditvariante bei gleich hohem Eigeneinsatz – 100 € mtl. – jeweils zu erheblich höheren Ergebnissen, weil der Zinseszins von Anfang an auf einen größeren Kapitalbetrag wirken kann als auf kontinuierlich gezahlte Raten, die erst in der Zukunft zu einem größeren Kapitalbetrag auflaufen.

40 Hinweis insoweit auch auf die Ausführungen im Abschnitt D 2.6.5 „Wie wirkt sich die Abgeltungsteuer nun tatsächlich aus?".

Fazit:
Lassen Sie „fremdes Geld“ für sich arbeiten, wie die Bank es auch macht. Sie müssen sich den Kredit natürlich leisten können, denn Sie bekommen ihn nur, wenn Sie auch kreditwürdig sind, d.h. wenn die Bank glaubt, dass Sie künftig in der Lage sind, die Zinsen pünktlich zu entrichten, und sie sicher sein kann, dass sie ihr Geld auch zum vereinbarten Fälligkeitszeitpunkt zurückerhält. Sie investieren in einen Sachwert, der längerfristig wächst und mit zunehmender Zeitdauer faktisch sicher wird. Sie brauchen deshalb auch kein schlechtes Gewissen zu haben, dass Sie für ein vermeintlich riskantes Geschäft einen Kredit aufgenommen haben, denn das Risiko ist nach den Erfahrungen der Vergangenheit kalkulierbar. Bedenken Sie aber auch, dass jede Kreditaufnahme stets mit Risiken verbunden ist, deren Tragweite man selbst beurteilen können muss. Sie sollten sich in Ihrem Interesse von einem unabhängigen Experten beraten lassen und nicht vom Kreditgeber (Bank), der in der Regel nur seine Interessen wahrnimmt. Bedenken Sie stets: Finanzmathematisch funktioniert es, aber Sie müssen dabei auch noch gut schlafen können.

2.4.2 Der Faktor „ZEIT“

> ***„Als Gott die Zeit machte,***
> ***hat er genug davon gemacht.“***
> (Irisches Sprichwort)

Wenn der Spruch stimmt, kann es doch nur noch darum gehen, sie zu nutzen und das ist auch bereits der wichtigste Punkt, denn der französische Zisterzienser-Abt Bernhard von Clairvaux (1091 - 1153), hat bereits vor ca. 1.000 Jahren erkannt:

> ***„Es gibt nichts Kostbareres als die Zeit.***
> ***Und doch: Nichts wird geringer geachtet als sie.“***

Besonders in Bezug auf Kapitalanlagen und die Wirkung des Zinseszinses ist die Zeit unverzichtbare Beigabe – wie der Sauerstoff zum Leben! Ohne Beigabe von Zeit können Sie ein Vermögen auf seriöse Art nicht vermehren. Deswegen auch immer wieder der Hinweis darauf, dass es nur funktioniert, wenn Sie Ihr Geld langfristig anlegen bzw. besser: investieren.

Von Leo Tolstoi, dem großen russischen Dichter, stammt der Ausspruch:

> ***Wir schätzen die Zeit erst,***
> ***wenn uns nicht mehr viel davon geblieben ist.***

Fangen Sie so früh wie möglich mit dem Investieren an, damit Ihnen das nicht passiert – oder hoffen Sie darauf, dass jemand so früh wie möglich für Sie damit anfängt oder damit angefangen hat.[41]

1. Beispiel: Ratensparvertrag
Für ein Kind wird ein Sparvertrag auf eine Dauer von 24 Jahren mit mtl. 100 € eingerichtet. Über diesen Zeitpunkt hinaus soll das angesammelte Kapital einfach weiterwachsen, d.h. ohne weitere Zuzahlung. Angenommene Rendite: 9 %, d.h. Kapitalverdoppelung nach der 72er-Regel alle 8 Jahre.

Anlage mtl.	100 €	100 €	100 €
Beginn im Alter	Geburt	8 Jahre	16 Jahre
Wert im Alter: 24	100 T€ *		
32	200 T€	100 T€	
40	400 T€	200 T€	100 T€
48	800 T€	400 T€	200 T€
56	1.600 T€	800 T€	400 T€
64	3.200 T€	1.600 T€	800 T€

* Vgl. angelaufener Wert entsprechend der Tabelle im Anhang Nr. 2 „Der Sparplan i. V. mit der 72er-Regel".

Die Tabelle bedarf keiner Kommentierung. Bei einer Rendite von angenommen 12 % verdoppelt sich das Kapital sogar alle 6 Jahre. Rechnen Sie doch einfach einmal selber – Sie werden erstaunt sein.

2. Beispiel: Einmalanlage
Wer für die kommende Generation etwas im Voraus tun will, könnte sich überlegen, wie viel er einmalig anlegen müsste, um ein entsprechendes Versorgungskapital wie im Beispiel zuvor aufzubauen. Rechnen wir doch einfach zurück:

41 Lassen Sie sich Ihre Fantasie dadurch anregen, dass Sie das spannend geschriebene Buch von Andreas Eschenbach mit dem Titel „Eine Billion Dollar" lesen, auf welches bereits im Abschnitt D 2.6.5 verwiesen ist – vgl. dort Fußnote 125.

Wenn im Alter von 24 Jahren ein Kapital von 100.000 € aufgelaufen sein soll, hätte sich das Kapital bis dahin bei 9 % Rendite alle 8 Jahre, also dreimal, verdoppelt:

Alter	24 Jahre	100.000 €
	16 Jahre	50.000 €
	8 Jahre	25.000 €
	0 Jahre	12.500 €

Das heißt, bei 9 % Rendite müsste bei der Geburt eine Einmalanlage von 12.500 € getätigt werden. Bis zum Alter von 64 Jahren würde dieses Kapital auf etwa 3.200 T€ anwachsen. Natürlich gilt es auch hier die Inflation zu berücksichtigen. Die Kaufkraft würde noch etwa einem Sechstel von 3.200.000 € = 720.000 € nach heutigem Wert entsprechen.

Daraus ließe sich aber eine gute Rente darstellen. Angenommen, Sie würden 6 % p.a. aus der Aktienfondsanlage entnehmen, wären Sie bei 43.200 € jährlich oder 3.600 € mtl., abzüglich 28 % Abgeltungsteuer = ca. 1.000 €, verblieben mit der Kaufkraft von heute ca. 2.600 € mtl. an Rente. Hört sich doch nicht schlecht an, oder?[42]

Nun müssen Sie aber erst einmal jemand finden, der für Sie entsprechend vorsorgt. Es gibt jedoch heute viele Ältere, die gerne etwas für ihre Kinder und Enkelkinder tun würden, wenn sie nur wüssten, wie?

3. Beispiel: Einmalanlage mit „fremdem" Geld
Um eine Einmalanlage von 12.500 € bei z.B. einem Zins von 6 % zu finanzieren, benötigen Sie 750 € p.a. oder 62,50 € mtl. Das sind schon einmal 37,50 € mtl. weniger als im ersten Beispiel des Ratensparvertrages und man käme zum gleichen Ergebnis wie zuvor mit der Rente von ca. 2.600 € monatlich. Natürlich könnte die Bank irgendwann die Rückzahlung des Darlehens fordern, aber dieses fällt bei mit der Zeit auflaufendem Fondsvermögen kaum noch ins Gewicht.

42 Ein Abzug des geleisteten Eigenkapitaleinsatzes (Raten = 28.800 € bzw. 20.000 € Einmaleinlage) ist bei der Berechnung der Abgeltungsteuer unberücksichtigt geblieben, da unwesentlich.

Rechnen wir nun mit einer Anlage, die im Durchschnitt vielleicht eine Rendite von 12 % abwerfen könnte – wie es z.B. in 21 von insgesamt 31 rollierenden Zeiträumen bei Anlage im Templeton Growth Fund seit mehr als 50 Jahren der Fall war. Möglicherweise ergibt sich in der Zukunft auch ein Wert, der irgendwo in der Mitte zwischen einer Rendite von 10 % und 12 % liegen könnte.[43]

Dennoch soll es für die nachfolgende Demonstration bei einer angenommenen Rendite von 12 % bleiben, denn es könnte auch noch Fonds geben, die dieses Ziel erreichen.

Jetzt machen wir einfach eine Rückrechnung. An Ergebnis erwarten wir, wie im zweiten Beispiel, nach 64 Jahren einen Betrag von 3.200 T€. Damit die Zahlen besser teilbar sind, gehe ich von einem Rentenbeginn mit 66 Jahren aus, zumal das gesetzliche Rentenalter ohnehin auf das Alter 67 hochgesetzt worden ist. Bei dem angenommenen Renditesatz von 12 % halbiert sich bei umgekehrter Anwendung der 72er-Regel alle 6 Jahre der Depotwert:

Alter	Wert €
66	3.200.000
60	1.600.000
54	800.000
48	400.000
42	200.000
36	100.000
30	50.000
24	25.000
18	12.500
12	6.250
6	3.125
0	1.562

Das würde bedeuten, dass bei 12 % Rendite p.a. eine Einmalanlage von ca. 1.500 € ausreichen würde, um einen Bürger in diesem Staat sogar mehr als gut zu versorgen, wenn seine Lebenszeit voll genutzt würde, d.h. Anlage ab dem Zeitpunkt seiner Geburt.

43 Bei einer Anlagedauer von 24 Jahren ergeben sich 31 rollierende Zeiträume seit 1/1955. Bei einer Anlage im Templeton Growth Fund gab es nur drei Zeiträume, die unter 10 % lagen: 1/55 - 12/78 = 9,94 %; 1/84 - 12/07 = 8,99 % und 1/85 - 12/08 = 5,88 %. – Vgl. auch Anhang Nr. 5.5, S. 1 und 2.

Nun hat wahrscheinlich nicht jeder, dem ein Kind geboren wird, diesen wenn auch verhältnismäßig kleinen Betrag hierfür übrig, zumal auch noch einige andere Anschaffungen notwendig sind, wenn ein neuer Erdenbürger zur Welt kommt.

Fantasieren wir ein wenig weiter und fragen uns, was denn ein entsprechender Kredit von der Bank kosten würde. Bei einem Zins von 6 % wären dies 90 € im Jahr oder 7,50 € mtl. Gehen wir noch einen Schritt weiter und wählen eine vorsichtigere Variante, weil man nicht unbedingt mit 12 % Rendite rechnen kann – man würde den doppelten Betrag leihen, nämlich 3.000 €,[44] dann würden die Zinsen hierfür mtl. 15 € betragen. Dieser Betrag entspricht weniger als einem Zehntel des derzeit gezahlten Kindergeldes. Sollte es nicht jedem möglich sein, diesen Betrag abzuzweigen – zumal das Kindergeld kürzlich vom Staat um etwa diesen Betrag erhöht worden ist?[45]

Nun könnte man natürlich wieder einwenden: Nicht jeder bekommt hierfür einen Kredit von seiner Bank. Wie wäre es denn, wenn der Staat hierfür auch einen Schutzschirm aufspannen oder eine Ausfallgarantie übernehmen würde, wie er es für Not leidende Banken gerade erst getan hat? Der Staat müsste sich natürlich das Zugriffsrecht auf ein solches Depot vorbehalten. Das Ganze müsste auch auf irgendeine Art in die gesetzliche Rentenversicherung einbezogen werden – aber eines steht fest:

Wenn nicht entsprechende Ordnungsregeln bzw. Rahmenbedingungen geschaffen werden, verpassen wir das Beste, nämlich, dass wir die *Zeit nutzen* oder sie *für uns genutzt* wird, damit alle im Alter versorgt sind. Es gibt genug kluge Menschen in Deutschland, die ein solches Konzept umsetzen könnten, um es aus einem Zehntel des Kindergeldes zu finanzieren. **Beiträge vom Arbeitseinkommen, sowohl für den Arbeitnehmer als auch für den Arbeitgeber, würden ersatzlos wegfallen – und damit die Wirtschaft beleben, wie wir es wahrscheinlich noch nie erlebt haben.**

Wenn schon die Abwrackprämie – zwar nur kurzfristig – einen Boom ausgelöst hat, weil die Menschen den sich für sie ergebenden Vorteil leicht und einfach

44 Um mit einem Einsatz von 1.500 € am Ende auf einen Wert von 3,2 Mio. Euro zu kommen, bedarf es exakt einer Rendite von 12,32 % p.a. Für den gleichen Endwert bedarf es bei doppeltem Kapitaleinsatz von 3.000 € einer Rendite von 11,14 % p.a., d.h., die Rendite dürfte dann um 1,18 % p.a. niedriger ausfallen, um zum gleichen Endergebnis zu gelangen. Wer auf „Nummer sicher" gehen will, muss ggf. den anfänglichen Einsatz erhöhen oder später nachlegen.

45 Das Kindergeld betrug bis 2009 für das erste und zweite Kind 164 € und wurde ab 01.01.2010 um 20 € auf 184 € erhöht.

errechnen konnten, warum sollte eine solche grundsätzliche Entscheidung auf Umstellung des Systems, die zwar erst in den nächsten Generationen zur Auswirkung käme, nicht auch einen

„Ruck durch Deutschland"

gehen lassen, wie der ehemalige Bundespräsident Roman Herzog ihn angemahnt hat?

Der Staat hätte sich eines großen Problems entledigt:

- Durch den Einsatz nur eines Zehntels des Kindergeldes und unter Zuhilfenahme der Banken würde für jeden bereits seine Altersversorgung gesichert sein. Der Staat brauchte nur noch eine Überwachungsfunktion einzunehmen. Dabei bleibt dahingestellt, ob das Zehntel vom jetzigen Kindergeld einbehalten oder die nächste Erhöhung dafür verwendet würde.

- Der Staat würde dem vernunftgemäßen ökonomischen Prinzip folgen, mit den geringsten Mitteln einen bestimmten Erfolg oder mit einem bestimmten Betrag einen höchstmöglichen Erfolg zu realisieren.

- Ein Milliardenzuschuss von zurzeit 80 Milliarden Euro **jährlich**, den der Steuerzahler letztlich aufbringen muss, würde für alle Zeiten vermieden werden. Eventuell könnte einmal eine Überbrückung notwendig werden, um ein vorübergehendes Börsentief zu überstehen.

- Auf sich anbahnende Renditeveränderungen in der längerfristigen Kapitalanlage könnte rechtzeitig unter Einbeziehung der Bürger reagiert werden.

- Der Staat brauchte im Normalfall nicht selbst zu zahlen, sondern nur die Rahmenbedingungen zu setzen.

Selbsttest

- Unter welchen Vorzeichen kann ein Darlehen als Basis von Vermögensaufbau dienen?

- Welche Faktoren außer Zeit bestimmen, wie viel Sie aus Ihrer Anlage machen?

2.4.3 Immobilienfinanzierung: Konzeption geht vor Kondition – Synergieeffekt nutzen!

Viele Menschen träumen davon, irgendwann eine Bleibe für die Familie ihr Eigen nennen zu können. Besonders von den Bausparkassen wird immer wieder suggeriert, dass ein Bausparvertrag bereits die „halbe Miete“ sei. Einerseits ist das auch richtig, denn niemand kommt um die Ansparung von Eigenkapital herum, das man einbringen muss, will man einen Kredit bei der Bank aufnehmen. Andererseits ist aber eine Bausparkasse nicht gerade die Institution, bei welcher Sie für die Ansparung von Eigenkapital hohe Zinsen erhalten.

Nun ist es höchst interessant, über mögliche Alternativen bei der Baufinanzierung nachzudenken, bei welchen Sie die Wirkung des Zinseszinses besonders bei höheren Renditen nutzen können. Warum wollen nicht auch Sie von ihm profitieren, wenn der Zinseszins von einem so berühmten Privatbankier wie dem Baron de Rothschild schon als „8. Weltwunder“ bezeichnet worden ist?[46] In Wirklichkeit stellt er doch etwas Naturgegebenes dar, dessen Nutzung jedem offensteht – er muss nur wissen, wie es geht.

Nachfolgend drei verschiedene Finanzierungskonzepte im Vergleich:

Prämissen:

Höhe der Investition (Anschaffungs-/Herstellungskosten)	100.000 €
Vorhandenes Eigenkapital (EK) 25 % =	25.000 €
Darlehenszinssatz	6 %
Tilgungssatz / Ansparung	2 %
Laufzeit des Darlehens ca.	24 Jahre

46 Hinweis auf Abschnitt F 1.2.2.

	Variante		
	A	B	C
	Annuitätendarlehen	Endfälliges Darlehen mit	
		Ansparung	Einmalanlage
	€	€	€
Investitionssumme	100.000	100.000	100.000
Finanzierung			
Eigenkapital	25.000	25.000	[25.000]*
Fremdkapital/ Darlehen	75.000	75.000	100.000
Kapitaldienst Darlehen	anfänglich		
Zinsen p.a.	4.500	4.500	6.000
Tilgung p.a.	1.500		
Tilgungsersatz / Ansparung p.a.		1.500	
Summe p.a.	6.000	6.000	6.000
Zahlungen inges.: 24 à 6.000 =	144.000	144.000	144.000
davon Tilgung	75.000	-	-
Ansparung	-	24 x 1.500 = 36.000	-
Zinsen	69.000	24 x 4.500 = 108.000	24 x 6.000 = 144.000
Darlehen nach 24 Jahren	0	75.000	100.000

* Das Eigenkapital wird als Einmalanlage in einen Aktienfonds eingezahlt, d.h., die Investition wird zu 100 % mit Fremdkapital finanziert. Die Anlage muss ggf. an den Kreditgeber als Sicherheit verpfändet werden.

	Variante										
	A	B					B				
	T€	Ren-dite p.a.	T€				Ren-dite p.a.	T€			
Vermögen aus Ansparung bzw. Anlage des Eigen-kapitals (Fonds-Endwerte)		9 %	120				9 %	200			
		10 %		140			10 %		240		
		11 %			160		11 %			300	
	0	12 %				190	12 %				400
abzüglich Darlehen	0		75	75	75	75		100	100	100	100
zusätzliches Vermögen vor Steuer	0		45	65	85	115		100	140	200	300

Errechnung Abgeltungsteuer										
bei Rückzahlung des Darlehens nach 24 Jahren Fondsendwerte wie vor (9-12 % Rendite)		T€					T€			
		120	140	160	190		200	240	300	400
- Einzahlungen		36	36	36	36		25	25	25	25
zu versteuern		84	104	124	154		175	215	275	375
Steuer 28 %		24	29	35	43		49	60	77	105
zusätzliches Vermögen vor Steuer wie oben		45	65	85	115		100	140	200	300
Saldo zusätzliches Vermögen nach Steuer		21	36	50	72		51	80	123	195

Erläuterungen:

Bei den einzelnen Varianten A, B und C ist der jährliche Kapitaldienst, bestehend aus Zins und Tilgung bzw. Tilgungsersatz (Ansparung), jeweils gleich hoch, nämlich 6.000 €. Tatsächlich erfolgen die Zahlungen in der Regel monatlich, in diesen Fällen jeweils 500 €. Die Laufzeit von ca. 24 Jahren leitet sich ab von einem Annuitätendarlehen,[47] welches bei dieser Zins- und Tilgungskonstellation innerhalb von 24 Jahren zurückgezahlt ist. Würde die Tilgung beispielsweise nur 1 % p.a. betragen, dauert es etwa 33 Jahre bis zur restlosen Tilgung.

47 Vgl. auch Fußnote 13 zu den Ausführungen in Abschnitt C 1.2.

Bei der *Variante A* des Annuitätendarlehens vermindert sich der Zins stetig durch die laufende Tilgung. Dennoch bleibt die monatliche Rate gleich hoch, weil sich der Tilgungsanteil jeweils um genau den Betrag erhöht, der an Zinsen erspart wird. Man sagt auch, dass die sich aus Zins und Tilgung zusammensetzende Kapitaldienstrate – oder Annuität – stets gleich hoch bleibt.

Bei der *Variante B* geht es um ein sog. endfälliges Darlehen, d.h., die Tilgung wird bis zum Ende der Laufzeit ausgesetzt und im Gegenzug wird z.B. eine Kapitallebensversicherung – s. mein Schlüsselerlebnis –, ein Bausparkassenvertrag oder auch ein Aktienfondssparvertrag abgeschlossen. Dabei hat sich in der Vergangenheit der Abschluss einer Kapitallebensversicherung dann gelohnt, wenn die Darlehenszinsen steuerlich abzugsfähig waren und der reale Darlehenszins dadurch erheblich niedriger war als die Rendite in der Versicherung. Der Abschluss eines Bausparvertrags war dann interessant, als Kapitalmarktdarlehen noch um 8 - 9 % p.a. Zinsen kosteten, man sich aber einen wesentlich günstigeren Zins mittels eines Bauspardarlehens für die gesamte Laufzeit des Darlehens im Voraus sichern konnte.

Die Variante mit der Ansparung in Aktienfonds erschließt nunmehr ganz andere Dimensionen, gleich, ob die Zinsen nun steuerlich abzugsfähig sind oder nicht. Mit der Einführung der Abgeltungsteuer ist diese Version zwar erheblich ungünstiger geworden, lohnt sich im Normalfall aber immer noch, vor allem dann, wenn man über die Laufzeit von 24 Jahren hinaus noch einen zeitlichen Puffer von 5, 10 oder mehr Jahren nutzen kann. Dabei kann man die Darlehenszinsen ggf. per Entnahmeplan aus der Fondsanlage bestreiten, wenn das darin in späteren Jahren angewachsene Vermögen eine entsprechende Entnahme zulässt.[48] Es würde den Rahmen dieses Buches sprengen, die sich aus einer Finanzierung ergebenden weiteren Möglichkeiten im Einzelnen darzustellen.

Deutlich wird aber das Prinzip, wonach die Variante C die günstigste Variante darstellt, nämlich sein Eigenkapital anzulegen. Dadurch wird eine laufende Tilgung bzw. Ansparung überflüssig. Der Grund: ökonomisch wirksamste Variante durch maximale Nutzung des Zinseszinseffektes für den Teil eigenen Geldes („Eigenkapital"), das für die Rückzahlung des für die Investition aufgenommenen Fremdkapitals eingesetzt werden kann.

Dass sowohl die ratierliche Ansparung als auch die Anlage des Eigenkapitals in der Vergangenheit tatsächlich funktioniert hat, sei wiederum anhand aller

48 S. Abschnitt D 2.7.1 „Was bedeutet Nachhaltigkeit bei einer Kapitalanlage?".

rollierenden 24-Jahres-Ergebnisse[49] bei Anlage im Templeton Growth Fund demonstriert:

Fondswerte bei:	ratierlicher Ansparung 1.500 € p.a. / 125 € mtl.			Einmalanlage EK 25.000 €		
	Zeitraum	Ergebnis	Rendite p.a.	Zeitraum	Ergebnis	Rendite p.a.
bestes Ergebnis	1/61-12/84	325 T€	15,56 %	1/76-12/99	758 T€	15,27 %
schlechtestes Ergebnis	1/85-12/08	66 T€	4,76 %	1/85-12/08	99 T€	5,88 %
Durchschnitt		207 T€	12,30 %		447 T€	12,47 %
Rechnerische Fondsendwerte lt. vorheriger tabellarischer Übersicht bei Renditen zwischen 9 -12 %.	120 - 190 T€			200 - 400 T€		

Der Ende 2008 erreichte Wert bei Anlage im Templeton Growth Fund ist wiederum nicht repräsentativ, weil die Kurse infolge der Finanzkrise gerade einmal um ca. 50 % eingebrochen waren und es nur eine Frage von wahrscheinlich 2 oder 3 Jahren ist, bis eine Wertaufholung von 100 % wieder eingetreten ist.[50]

Nachtrag: Zum 31.12.2011 hätten sich die schlechtesten Ergebnisse beim Ansparplan ohne weitere Zuzahlung bereits wieder von 66 T€ auf 74 T€ erholt. Die Eimalanlage wäre bereits wieder von 99 T€ auf 176 T€ angewachsen.

Im Übrigen schlägt man mit den Finanzierungsvarianten B und C zugleich „mehrere Fliegen mit einer Klappe“:

1. Sie investieren doppelt in Sachwerte, nämlich einerseits in die Immobilie und andererseits in Anteilen an Unternehmen („Aktienfonds“), die quasi zweifach einen sicheren Hort gegen die Inflation darstellen – ein Problem, das

49 Vgl. Anhang Nr. 23 und 24.

50 Vgl. dazu Ausführungen unter Abschnitt D 2.3.12.

besonders aufgrund der Finanzkrise und den massiv in den Markt gebrachten Milliardensummen an Staatsanleihen auf uns zukommen könnte.

2. Sie zahlen Ihr Darlehen erst dann zurück, wenn es infolge der Inflation am meisten an Wert verloren hat, nämlich in einer Summe am Ende der Laufzeit.

3. Sie bauen sich aufgrund des sich langfristig über das Darlehen hinaus ansammelnden Vermögens eine zusätzliche Altersversorgung auf, für welche sie keinen Cent zusätzlich bezahlen müssen – ein typischer Synergieeffekt.

4. Demjenigen, bei welchem Zinsen steuerlich abzugsfähig sind, weil er z.B. die Immobilie vermietet hat, hilft noch zusätzlich der Staat: Bei einem Steuersatz von z.B. 42 % auf Zinszahlungen von 144.000 € vermindern sich diese um knapp 60.000 €, bei niedrigerem Steuersatz oder auch in der *Variante B* ist es entsprechend weniger. Paradoxerweise hat ggf. derjenige den größten Vorteil, der die höchsten Zinsen zahlt, obwohl doch die meisten darauf bedacht sind, möglichst geringe Zinsen zu zahlen, d.h. Kosten zu sparen.

Wer sich hierauf irrigerweise einlässt, spart mit Sicherheit am falschen Ende.

Fazit:
Der Aufbau exponentiell wachsenden Vermögens[51] ist einer annuitätischen Tilgung, mit der nur Zinsen eingespart werden, d.h. die sich nur summieren, stets überlegen. Deshalb wird die Finanzierung mit Ansparung in guten Aktienfonds mit überdurchschnittlichen Renditen einem Annuitätendarlehen langfristig stets den Rang ablaufen.

Aber: Bedenken Sie immer wieder die Aussage Schumpeters, dass nur ein „Genie" auf Schulden zum Erfolg reitet. Wenn Sie selbst nicht fachlich vorgebildet sind, lassen Sie sich unabhängig beraten – und zwar von den Besten. Lassen Sie sich nicht etwas verkaufen, was nicht hält, was es verspricht. Guter Rat ist nur teuer, wenn er nichts taugt. Und die böse Überraschung kommt immer erst am Ende, wenn Sie nichts mehr ändern können. Nicht ein günstiger Zinssatz macht eine gute Finanzierung aus, sondern hier gilt der Grundsatz:

Konzeption geht vor Kondition

51 Exponentiell wachsend heißt, das Vermögen wächst im Verhältnis schneller, als es der Zeitdauer entspricht. Beispiel: Eine Anlage von 100 T€ wächst bei 12 % Rendite nach 6 Jahren auf 200 T€, nach weiteren 6 Jahren (insgesamt somit 12 Jahre) bereits auf 400 T€ etc. Vgl. dazu auch Anhang 10.

Und wie sieht nun das Ergebnis nach Inflation aus?
Bei der *Variante A* dürfte sich der Wert Ihrer Immobilie nach 24 Jahren in etwa verdoppelt haben – so die Erfahrungen der Vergangenheit der letzten 50 Jahre –, somit auf ca. 200 T€.
Ziehen Sie aber jetzt den Kaufkraftverlust von ca. 50 % ab,[52]
dann verbleibt ein Realwert von 100 T€,
d.h., Sie haben sich den Wert Ihrer Immobilie nach Inflation gerade erhalten. Das Darlehen steht nach dieser Zeit auf null und weitere zusätzliche Werte haben Sie sich nicht geschaffen.

Die *Variante C* dagegen ist schon interessanter, denn auch hier haben Sie sich mit der Immobilie einen Sachwert geschaffen von *real* 100 T€, wie in der *Variante A*. Darüber hinaus ergäbe sich aus der Anlage des Eigenkapitals abzüglich Darlehen aber ein zusätzliches Vermögen zwischen 100 - 300 T€, wovon nach Abzug des Inflationsabschlages von 50 % reale Werte zwischen 50 - 150 T€ herauskämen.

Mit dieser Variante würde man sich somit zusätzliches Vermögen gegenüber dem üblichen Annuitätendarlehen schaffen, das sich je nach erzielter durchschnittlicher Rendite im Fondsdepot zwischen 50 und 150 % des Wertes der finanzierten Immobilie belaufen kann – ganz nebenbei ohne zusätzliche Zahlung.

Sie merken hieran aber auch, dass Ihr Eigenkapital das Wertvollste ist, das Sie möglichst nie aus der Hand geben sollten. Wenn Sie es bei der *Variante A* und *B* quasi als „erste Tilgung" einsetzen, sparen Sie während der Laufzeit des Darlehens zwar die darauf entfallenden summierten Zinsen – ohne Zinseszinseffekt – d.s. 6 % von 25.000 € = 1.500 € p.a. x ca. 25 Jahre = 37.500 €. Legen Sie Ihr Eigenkapital aber an, sind es zwischen 200 und 400 T€, je nach Rendite zwischen 9 - 12 %, die Sie nominal verdienen können. Und wer sagt: „Aber ohne Eigenkapital bekomme ich doch kein Darlehen von der Bank", der könnte dann immer noch überlegen, das mit dem Eigenkapital angelegte Depot der Bank zu verpfänden, oder Sie haben eine so gute Bonität, dass die Bank darauf sogar verzichtet. Ihr Eigenkapital bedeutet in erster Linie einen Sicherheitspuffer für die Bank, wenn Sie Ihr Objekt vorzeitig unter Preis verkaufen müssten. Dieses Risiko ist bei guter Einkommensgrundlage für Sie eher gering. Und gegen das wirkliche Risiko des Todesfalls des Ernährers schließen Sie für wenig Geld einfach eine entsprechende Risikoversicherung ab.[53]

Was sollte diesem Konzept dann noch entgegenstehen?

52 Vgl. Inflationstabelle im Anhang Nr. 3.

53 Hinweis auf Abschnitt C 7.2 „Die klassische Kapitallebensversicherung" und Tabelle im Anhang unter Nr. 9.

Selbsttest

- Kann ein Immobilienkauf über eine Aktienanlage finanziert werden?
- Was spricht für einen unabhängigen Finanzberater zur Planung?

2.5 Ein Finanzierungskonzept, das auch der Staat nutzen könnte

2.5.1 Staatsfonds – die Lösung für die intelligente Rückführung der Staatsschulden?

Eine Beispielrechnung anderer Art: Was bedeutet die Umsetzung der Idee für Deutschland? Der Staat hatte Ende 2008 Schulden von ca. 1.500 Milliarden Euro, für die Bund, Länder und Gemeinden pro Jahr ca. 66 Milliarden Euro an Zinsen zahlen müssen. Diese Schulden wuchsen seit 1950 bis 1990 von 10 Milliarden Euro auf ungefähr 500 Milliarden Euro an. In den 18 Jahren danach, d.h. in etwa der halben Zeit, verdreifachten sich die Schulden nochmals auf 1.500 Milliarden Euro. Sie teilen sich wie folgt auf:

		Zinsen p.a.
Bund ca.	950 Milliarden Euro	43 Milliarden Euro
Länder ca.	480 Milliarden Euro	
Gemeinden ca.	80 Milliarden Euro	23 Milliarden Euro
	1.510 Milliarden Euro	**66 Milliarden Euro**

Berücksichtigt werden muss hierbei zwar die Wiedervereinigung, die hohe Schulden verursacht hat. Die Zahl der Bundesländer hat sich von seinerzeit 11 auf insgesamt 16 erhöht. Bereits in 2008 musste jeder siebte Euro des Bundeshaushaltes für Zinsen ausgegeben werden – so die Bundeskanzlerin in einem Beitrag im Handelsblatt.[54]

Die Gesamtschulden werden sich im Lauf des Jahres 2009 nochmals um ca. 80 Milliarden Euro erhöhen (Konjunkturpaket II und voraussichtliches

54 Beitrag vom 31.12.2008 unter dem Titel „Der Teufelskreis“ von Georg Paul Hefty.

Haushaltsdefizit infolge des Rückgangs des Bruttoinlandsproduktes), sodass die Staatschulden Ende des Jahres 2009

ca. 1.600 Milliarden Euro

betragen werden, wenn nicht noch weitere unvorhersehbare Dinge eintreten, welche die Schulden erneut in die Höhe treiben.[55]

Es stellt sich die Frage, ob nicht der Staat auf ähnlich intelligente Weise das Kapital ebenfalls längerfristig ansparen könnte, welches für die Rückzahlung der Staatschulden irgendwann fällig wird, ohne die nächsten Generationen damit zu belasten – nach dem Motto: „Nach uns die Sintflut!“ Wer als Politiker verantwortungsbewusst handelt, kann sich nicht mit dem so oft zitierten Generationenvertrag herausreden, denn diesen gibt es in Wirklichkeit gar nicht.[56] Wir können uns nicht auf einen Vertrag mit Menschen berufen, die erst noch geboren werden sollen. Wir – deren Sprachrohr unsere Politiker sind – können nicht von Managern und Bankern Werte wie besonders auch Verantwortungsbewusstsein einfordern, wenn wir selbst nicht mit gutem Beispiel vorangehen, nämlich ernsthaft nach einer sozialverträglichen, generationenübergreifenden Lösung zu suchen.

Mit etwas Fantasie, die aber sicher nicht Hirngespinsten gleichkommt, könnte man sich folgendes Szenario vorstellen: Der Bund würde sich in den besten Unternehmen weltweit mit jeweils geringen prozentualen Anteilen einkaufen – der breiten Streuung wegen – und diese Investitionen durch Kreditaufnahme bei Großbanken oder durch entsprechende Anleihen finanzieren. Alle Beteiligungen würden in einem oder mehreren Fonds („Staatsfonds“) gebündelt und man würde sie einfach mit der „Macht des Zinseszinses“ wachsen lassen.

Zahlenmäßig könnte sich das folgendermaßen darstellen:

Aufzunehmendes endfälliges Darlehen zwecks Auflegung eines entsprechenden Tilgungsfonds	200 Milliarden Euro
Laufzeit des Fonds:	ca. 25 - 30 Jahre

55 Nachtrag: Insbesondere infolge der Maßnahmen zur Finanzmarktstabilisierung – gemeint ist insbesondere die Bankenrettung der sog. Bad Banks (Hypo Real Estate HRE und West LB) – ist inzwischen die 2-Billionen-Grenze bereits überschritten (Handelsblatt vom 14.04.2011). Für die nachfolgende Darstellung ist die genaue Höhe der Staatschulden von untergeordneter Bedeutung, weil es um eine prinzipielle Lösung der Schuldenrückführung geht.

56 Artikel von Professor Volker Gerhardt, Humboldt-Universität Berlin „Der Generationenvertrag – eine bestenfalls naive Idee“ – WamS Nr. 11 vom 15.03.2009.

Längerfristig zu finanzieren:			
jetzige Schulden			ca. 2.000 Milliarden Euro
neue Schulden			200 Milliarden Euro
insgesamt zu finanzieren			ca. 2.200 Milliarden Euro

Angenommene Rendite:	**9 %**	**12 %**	**Vermögen**
Angelegtes Fondsvermögen			200 Milliarden Euro
Wert nach	8 Jahren	6 Jahren	400 Milliarden Euro
	16 Jahren	12 Jahren	800 Milliarden Euro
	24 Jahren	18 Jahren	1.600 Milliarden Euro
	32 Jahren	24 Jahren	3.200 Milliarden Euro

Das aufzunehmende endfällige Darlehen würde zwar zusätzlich zu verzinsen sein. Dafür würden aber laufende Tilgungen in Zukunft ganz entfallen können, weil der Gegenwert der ggf. in einer Summe fällig werdenden Staatsschulden sich im Fonds ansammeln würde.

Die angenommenen Renditen zwischen 9 - 12 % sind nicht unrealistisch – vgl. dazu z.B. die im Pensionsfonds Chile innerhalb der letzten 25 Jahre erzielte Rendite von ca. 10 %[57], aber auch die Renditen amerikanischer Stiftungsfonds[58] mit durchschnittlichen Renditen jeweils erheblich oberhalb der 12-%-Grenze.

Es bedarf jetzt nur noch kluger Köpfe, die in der Lage sind, ein solches Konzept umzusetzen. Wenn die Amerikaner Präsident Obama lt. Umfrage „zutrauen, ein neues Amerika zu schaffen", und Peer Steinbrück bestätigt, dass „für die Amerikaner ihre Fähigkeit spricht, sich schnell wieder aufzustellen"[59], andererseits aber die jetzige Vormachtstellung sich in 10 Jahren relativieren wird und „Länder wie China, Indien, islamische Staaten vor allem entlang der Golfregion, Russland oder Singapur eine größere Rolle im Weltfinanzsystem spielen" werden[60], warum kann dann nicht auch Deutschland mit von der Partie sein oder gar eine Vorreiterrolle spielen?

57 Vgl. Abschnitt H 3.1 „Das kapitalgedeckte Rentensystem in Chile".

58 Vgl. Abschnitt C unter 4.3.

59 FTD vom 29.04.2009 Artikel „In 100 Tagen um die Welt".

60 FAZ vom 29.10.2008 Artikel „Die Lage ist noch schlechter geworden".

2.5.2 Staatsfonds anderer Länder[61]

Allgemein herrscht offenbar bei uns die Meinung vor, dass Staatsfonds von solchen Ländern unterhalten werden, die über besondere Einnahmequellen wie Öl, hohe Deviseneinnahmen etc. verfügen, d.h. Fonds, in welchen Kapital nur gesammelt bzw. gebündelt wird. Dass diese Fonds aber auch ihr Kapital mehren können, ohne dass stets neues Geld nachfließen muss, gerät leicht in Vergessenheit, zumal eine entsprechende Transparenz dieser Fonds in der Regel zu wünschen übrig lässt, aber auch nicht erwartet werden kann. Eine rühmliche Ausnahme bildet hier Norwegen. Nachstehend eine Auflistung der größten Staatsfonds der Welt:

		Milliarden Dollar
	Stand: 31.12.2008[62]	Stand: Dez. 2011[63]
Vereinigte Arabische Emirate	957	627
China (div. Gesellschaften)	764	1.406
Singapur	464	405
Saudi-Arabien	433	473
Norwegen	301	560
Kuwait	264	296
Russland	225	k. A.
Sonstige	*492*	*k. A.*
Gesamt	**3.900**	**k. A.**

Staatsfonds sind neben Pensionsfonds (25.000 Milliarden Dollar), Investmentfonds (22.000 Milliarden Dollar) und Versicherern (17.000 Milliarden Dollar) zu einer wichtigen Investorengruppe geworden. Der größte Staatsfonds der Welt, der zuvor unter den Vereinigten Arabischen Emiraten erfasst ist, wurde bereits 1976 gegründet – Abu Dhabi Investment Authority (ADIA). Er verfügte Ende 2008 über ein geschätztes Vermögen von 875 Milliarden Dollar. 1974 beteiligte sich bereits der Staatsfonds von Kuwait mit einer Einstiegssumme von 800 Millionen DM an Daimler-Benz und hält immer noch 7,6 % der Anteile. Abu Dhabi hat sich erst kürzlich erneut mit 2 Milliarden Euro bei Daimler eingekauft und ist seitdem mit 9,1 % beteiligt.[64] Man beabsichtige auch, sehr lange investiert zu bleiben, etwa 50 oder 100 Jahre, so der Sprecher des Staatsfonds. Kürzlich wurde bekannt, dass Katar Investment Authority sich an Porsche/VW beteiligt hat.

61 Vgl. hierzu aktuelle Entwicklungen unter J „Nachtrag" zum norwegischem Staatsfonds und der Temasek-Holding, dem Staatsfonds von Singapur.

62 FAZ vom 10.03.2009 „Die Staatsfonds wachsen auch in der Finanzkrise".

63 FAZ vom 05.01.2012 „Die norwegische Spardose".

64 FAZ vom 26.03.2009 „Staatsfonds setzen Wachstum fort".

Entscheidend ist, zu erkennen, dass Staatsfonds – wie normale Investmentfonds auch – besonders dann investieren, wenn es billig ist. Fonds, bei denen nicht ständig neue Gelder aufgrund besonderer Einnahmequellen wie z.B. Öl u.Ä. nachfließen, sind zwar benachteiligt, weil sie den Hebel günstigen Zukaufs ggf. nicht optimal nutzen können,[65] aber längerfristig sind auch sie erfolgreich, weil die Entwicklung langfristig gut gestreuter Unternehmensbeteiligungen bzw. Aktienanlagen immer in die richtige Richtung zeigt: nach oben!

Ein gutes Beispiel hierfür ist die Temasek-Holding, der Fonds des Stadtstaates Singapur. Ursprünglich wurde die Holding zwecks Bündelung der staatlichen Beteiligungen an Banken, Fluglinien und Häfen gegründet. Singapur konnte als Stadtstaat auch nicht auf besondere Einnahmen aus natürlichen Ressourcen wie Öl und andere Rohstoffe zugreifen. Dennoch hat die Holding seit Gründung im Jahr 1974 eine durchschnittliche Rendite von 17 % p.a. erzielt. Das am Ende des Geschäftsjahres am 31.03.2010 ausgewiesene Vermögen betrug 186 Mrd. Dollar, nachdem im Jahr zuvor ein Wertverlust von 55 Mrd. Dollar verkraftet werden musste. Das im Jahr 2009/10 erzielte Ergebnis schlug mit einem Ertrag von 42 % zu Buche. Dass Temasek auf eine langfristige Strategie ausgerichtet ist, mit der einerseits der bei Unternehmensbeteiligungen eintretende Zinseszinseffekt, aber auch der bei günstigen Gelegenheiten auftretende Hebel genutzt wird, ergibt sich auch aus den nachstehenden Worten des Geschäftsführers dieser Gesellschaft, Simon Israel, auf einer Pressekonferenz: *„Die Schuldenkrise einiger Länder, aber auch die zur Verringerung dieser hohen Schulden aufgelegten Sparprogramme [...] machten es weiterhin erforderlich, eine hohe Liquidität zu behalten. Nur so sei die Geschwindigkeit von Zu- und Verkäufen mit ruhiger Hand zu steuern.“*[66]

An dieser Stelle sei kurz auf den erfolgreichen norwegischen Staatsfonds „Statens pensionsfonds-utland“[67] hingewiesen, der in 2007 an rund 8.000 Unternehmen weltweit beteiligt ist und der von dem EU-Kommissionspräsidenten José Manuel Barroso wegen seiner Transparenz und der verbindlichen ethischen Kriterien für seine vorbildlichen Investitionen gelobt worden ist. Der Staat gibt klare Regeln vor, wie der Fonds investieren darf, z.B. mit welchen Anteilen je Unternehmen und in welche Länder, wie hoch der Anteil in Aktien einerseits und in Anleihen andererseits sein darf – seit Sommer 2007 dürfen bis zu 60 % in Aktien und 40 % in Zinspapieren angelegt werden, davor war das Verhältnis umgekehrt. Obwohl die Finanzkrise den Fonds auch mit voller

65 Vgl. dazu Abschnitt D 2.3.12 „Welche außergewöhnliche Einstiegschance kann es noch geben?“.

66 Bericht in der FAZ vom 09.07.2010 „Asiens Aufschwung erfreut Staatsholding Temasek“.

67 Vgl. „Staatsfonds mit Auslandsregeln“ in der FAZ vom 10.11.2007.

Wucht getroffen hat – Ende 2007 erreichte der Fonds noch seinen Höhepunkt nach etwa 10 Jahren tatsächlichen Investierens – und etwa eineinhalb Jahre Finanzkrise haben genügt, um den bis dahin eingefahrenen Gewinn vorübergehend im Wesentlichen wieder aufzuzehren. Dennoch ließen sich weder der Chefverwalter des Fonds, Yngve Slyngstad, noch die damals noch amtierende Finanzministerin Kristin Halvorsen in der eingeschlagenen Strategie beirren: 60 % sollen nach wie vor in Aktien und 40 % in festverzinsliche Papiere investiert werden.[68] Und sie wissen sicherlich, warum: Die nächste Wertaufholung kommt bestimmt und nicht nur das, es wird auch weiter nach oben gehen – wie es seit mehr als 2 Jahrhunderten nachweislich der Fall ist.[69]

Hierzu berichtet die FAZ im März 2010 wie folgt: Der norwegische Staatsfonds „Statens pernsionsfonds-utland" hat im Jahr 2009 eine Rendite erzielt, die so groß ausfiel wie nie zuvor seit der Gründung des Fonds in 1990. Der Wert ist gegenüber dem Vorjahresschluss um 25,6 % auf 328 Milliarden Euro gestiegen, obwohl die Entwicklung des Wechselkurses zwischen Euro und Kronen mit einem Minus von 418 Mrd. Kronen zu Buche geschlagen hat. Dagegen betrug die Investitionsrendite 613 Mrd. Kronen. Der Zufluss neuer Mittel aus dem Ölgeschäft bleibt dagegen hinter den Vorjahren zurück und nimmt sich gegenüber dem erzielten Wertzuwachs aus dem investierten Vermögen eher bescheiden aus.[70] Besonders profitiert habe der Fonds davon, dass er seine Strategie, nämlich 60 % auf Unternehmensbeteiligungen zu setzen – statt bisher 40 % –, nicht aufgegeben habe.

Inzwischen denken aber auch andere kleinere Staaten über die Auflegung eines Staatsfonds ernsthaft nach, zumal bereits schon heute etwa *ein Drittel* der weltweit bestehenden Staatsfonds eben *nicht* auf Einnahmen aus Rohstoffen wie Öl u.ä. basieren.[71]

Frankreichs Präsident kündigte im November 2008 an, einen Staatsfonds mit 20 Milliarden Euro auflegen zu wollen, um die Schlüsselindustrien des Landes in Anbetracht der stark gefallenen Aktienkurse zu schützen. Geplant seien jeweils Minderheitsbeteiligungen an Unternehmen, um ausländische Investoren aus „strategischen Unternehmen" fernzuhalten und gleichzeitig Firmen zu unterstützen, die seit der Finanzkrise nur noch schwer an Kredite kommen.[72]

68 FAZ vom 05.05.2009 „Gebündelte Staatsfonds: Auch die staatlichen Investmentvehikel haben Hunderte Milliarden Verlust gemacht".

69 Hinweis auf Abschnitt D 2.3.7 E. Prof. Jeremy J. Siegel und den im Anhang unter Nr. 13 abgedruckten Chart seit dem Jahr 1802.

70 Vgl. Artikel in der FAZ vom 06.03.2010 „Rekordgewinn für den norwegischen Ölfonds".

71 Bericht in der FTD vom 21.08.2008 „Stille Begleiter mit tiefen Taschen".

72 Hinweis auf FTD vom 21.11.2008 „Sarkozy schützt Frankreichs Industrie".

Die Mittel für den Fonds stammen zum Teil aus einem Rentenfonds für Staatsdiener und Industriebeteiligungen sowie *aus neu aufzunehmenden Schulden des Staates.* Als Vorbild dienen Sarkozy Staatsfonds aus Öl- und Gasförderstaaten, die sich weltweit Unternehmensanteile gekauft haben. „Es gibt keinen Grund, dass Frankreich nicht im Interesse einer ihres Namens würdigen Industriepolitik auch tut, was Ölproduzenten, Russen und Chinesen tun", sagte Sarkozy. Solche Fonds haben etliche Not leidende Banken in den USA und Europa vor dem Bankrott bewahrt – so die FTD[73] –, wenn auch nicht ohne einen entsprechenden Eigennutz, weil es nämlich billig war, deren Anteile zu kaufen.

Aber auch „Japan findet Gefallen an Staatsfonds" – so ein Bericht in der FTD im Anschluss an die Berichterstattung über Sarkozys Vorhaben. Ein entsprechender Beschluss im Oberhaus sei bereits gefasst worden. Die Idee stammt von dem Oberhaus-Abgeordneten Tamura. Das Geld in Höhe von umgerechnet geplanten 240 Milliarden Euro solle von den Großbanken geliehen werden. Dabei betonte Tamura, dass ein Staatsfonds auch „eine Gelegenheit zum Geldverdienen ist". Der Staat kaufe, wenn der Markt am Boden liege, und verkaufe, wenn die Kurse sich wieder erholt haben.[74]

Vergleicht man diese Idee mit den Erfahrungen ganz normaler Fondsgesellschaften, dann klingt das doch alles sehr vernünftig, als ob es gar keine andere Wahl gäbe. Aber in Deutschland macht der Staat Investmentgesetze, denen er selbst offenbar nicht traut. Man fragt sich: Wer hat uns eigentlich eingeredet, dass Aktien – und damit gleichzeitig Aktienfonds – etwas Gefährliches sind? Dabei sind Letztere nichts anderes als Beteiligungen an den besten Unternehmen hier und weltweit und nichts anderes als das „Investieren in Geschäften", wie es im Talmud vor bereits ca. 2.000 Jahren dokumentiert ist und die Babylonier es wahrscheinlich vor 5.000 - 6.000 Jahren bereits praktiziert haben.

Die sog. Deutschland AG – das Großkapital – hat vor 50 - 60 Jahren bereits das lukrative Geschäft der gegenseitigen Beteiligung an anderen guten Unternehmen betrieben. Nur der Staat selbst als führende Wirtschaftsmacht in Europa und weltweit ist außen vor geblieben, weil nicht fachkompetente Politiker diesen Weg der Geldvermehrung für staatliche Zwecke nicht erkannt haben.

73 Vgl. FTD vom 24.10.2008 „Sarkozy schafft französischen Staatsfonds".

74 Dem Verfasser ist nicht bekannt, ob das Vorhaben tatsächlich umgesetzt worden ist, zumal inzwischen ein Regierungswechsel stattgefunden hat.

Vielleicht hat es auch nur mit einer menschlichen Schwäche zu tun, die Albert Einstein wie folgt formuliert hat:

> ***„Es ist schwieriger, eine vorgefasste Meinung zu zertrümmern als ein Atom!"***

In einer Demokratie genügt es, wenn stets ausreichend Leute dagegen sind, um eine gute Idee immer wieder im Keim zu ersticken. Deutschland – als auch die Deutschen allgemein – sollte doch vielleicht etwas „mehr Kapitalismus wagen", wie der bekannte CDU-Politiker Friedrich Merz es in seinem gleichnamigen Buch überzeugend dargestellt hat.[75] Es lohnt sich auf jeden Fall, es zu lesen, denn die Erfahrungen der Vergangenheit geben ihm dem Grunde nach recht. Wer soziale Gerechtigkeit anstrebt, kann den Kapitalismus in diesem Sinne nicht außen vor lassen, sondern er ist Teil der Lösung für den Wohlstand für alle im Sinne Ludwig Erhards.

2.6 Beispiele, die Ihre Fantasie beflügeln sollten

2.6.1 Ein Beispiel aus unserer Familie: Das besondere Geburtstagsgeschenk

Als unsere Enkelin Kira wieder einmal Geburtstag hatte, – Sie erinnern sich noch an den Ihnen geschilderten Wanderurlaub, als sie 8 Jahre alt war[76] – habe ich meiner Frau vorgeschlagen, ihr neben anderen persönlichen Kleinigkeiten einen Geldbetrag von

100 €

zu schenken, allerdings mit einer Auflage, dass sie dieses Geld nämlich erst bekomme, wenn sie selbst aus ihrem Taschengeld einen gleich hohen Betrag angespart habe. Dann solle sie den Gesamtbetrag von 200 € in einen guten, breit gestreuten Aktienfonds einzahlen und selber ausrechnen, was bei einer angenommenen Rendite von 12 % dabei herauskomme, bis sie einmal „in Rente" gehe – das Geld also einfach nur stehen und wachsen lassen, sonst nichts. Sie solle dabei unterstellen, dass sie noch etwa 50 Jahre Zeit habe, denn sie wurde im Jahr 2007 gerade 12 Jahre alt. Sie wusste noch, dass sich das Kapital nach der 72er-Regel etwa alle 6 Jahre verdoppelte, denn

72 geteilt durch 12 = 6

75 „Mehr Kapitalismus wagen", Piper Verlag GmbH, München 2008, ISBN 978-3-492-05157-6.

76 Vgl. Abschnitt A 1.1.

Berechnung:

Wert:	Alter	€	Wert	Alter	€
Alter zu Beginn	12	200 €	nach 30 Jahren	42	6.400 €
nach 6 Jahren	18	400 €	nach 36 Jahren	48	12.800 €
nach 12 Jahren	24	800 €	nach 42 Jahren	54	25.600 €
nach 18 Jahren	30	1.600 €	nach 48 Jahren	60	51.200 €
nach 24 Jahren	36	3.200 €	nach 54 Jahren	66	102.400 €

Je nachdem, ob sie im Alter von 60 oder 66 Jahren in Rente gehen wird, hat sie noch 48 bzw. 54 Jahre Zeit.

Und jetzt tatsächliche Zahlen aus der Vergangenheit bei Anlage im Templeton Growth Fund über alle rollierenden Jahres-Zeiträume von 48 Jahren. Die Darstellung darüber hinausgehender rollierender Zeiträume ist nicht mehr repräsentativ, da der Fonds erst seit 11/54 besteht und sich bei 48 Jahren ohnehin nur noch 7 verschiedene rollierende Zeiträume ergeben.[77]

Ablaufwerte bei Anlage eines Einmalbetrages von 200 €: *

			Rendite
bestes Ergebnis	(1/58 - 12/05)	60.874 €	12,65 %
niedrigstes Ergebnis	(1/55 - 12/02)	38.051 €	11,55 %
Durchschnitt		44.763 €	11,90 %

– Auswertungszeitraum 1955 - 2006 –

* Emissionskosten von 5,75 % sind berücksichtigt.

Die von Kira angestellte überschlägliche Berechnung für den Zeitraum von 48 Jahren lag mit 51.200 € durchaus im realen Bereich, denn im Durchschnitt sind in der Vergangenheit bei einer Rendite von knapp 12 % 45.000 € dabei herausgekommen. In weiteren 6 Jahren würde sich dieses Kapital noch einmal auf dann etwa 90.000 € verdoppeln. Die eine Hälfte davon, nämlich 45.000 €, würde auf ihr Geburtstagsgeschenk, die andere Hälfte auf ihren eigenen Einsatz entfallen.

Auch wenn dieser Betrag nach gut 50 Jahren real nur noch etwa ein Viertel[78] an Wert hat – ca. 11.250 € –, so haben sich 100 € real mehr als verhundertfacht

77 Darstellung auf Kalenderjahresbasis.

78 Wert nach Inflation ca. 25 % nach Tabelle 3 im Anhang.

– „nur“ durch eine Zugabe von

48 Jahren Zeit,

die aber letztlich nichts kostet für den, der sie hat.

Vorbezeichnete Überlegungen haben wir noch vor dem Beginn der Finanzkrise angestellt. Inzwischen fragt man sich, wie denn die Ergebnisse bei Anlage im Templeton Growth Fund aussähen, wenn man die Jahre 2007 und 2008 mit einbezöge.

Die rollierenden Ergebnisse betragen dann:

			Rendite p.a.
bestes Ergebnis	1/58 - 12/05	60.874 €	12,65 %
niedrigstes Ergebnis	1/61 - 12/08	18.896 €	9,94 %
Durchschnitt		39.883 €	11,55 %

Obwohl das bisher niedrigste Ergebnis von 38.051 € (1/55 - 12/02) nochmals um ca. die Hälfte niedriger ausgefallen ist, ergibt sich mit 9,94 % immerhin noch eine Durchschnittsrendite, die man mit keiner festverzinslichen Anlage hätte erzielen können. Da in dem Wert von 18.896 € aber ein Kursverlust von etwa 50 % enthalten ist und eine Wertaufholung auf 100 % und mehr innerhalb der nächsten 2 - 3 Jahre wahrscheinlich ist,[79] läge die Durchschnittsrendite dann bereits wieder über 10 %.

		Rendite p.a.
Wert der Anlage nach 48 Jahren =	18.896 €	9,94 %
Angenommene Verdoppelung nach 51 Jahren =	37.792 €	10,82 %

Übrigens hat Kira den Betrag von 200 € tatsächlich in den Templeton Growth Fund etwa 6 Wochen nach ihrem Geburtstag eingezahlt. Inzwischen hat sie aber das Depot in den von ihrem Onkel gemanagten Dachfonds,

S&H Globale Märkte[80]

übertragen.

79 Aussage von Klaus Kaldemorgen in „Die Welt“ vom 18.02.2009 und Ausführungen im Abschnitt C 3.6.1.

80 Hierzu mehr unter „Dachfonds“ – D 2.5.3.

Erstens ist sie damit in einem „Tausendfüßler“ investiert. Weiter kann der Fonds auch in Zukunft jeweils in einen besseren Fonds umschichten, ohne dass der Staat jedes Mal mehr als ein Viertel (28 % Abgeltungsteuer) vom ggf. aufgelaufenen Zuwachs einkassiert.

Interessant ist in diesem Zusammenhang aber auch die Antwort auf die Frage: Hat Kira mit dem Tausch ihrer Anlage vom Templeton Growth Fund in den Dachfonds S&H Globale Märkte ihrem Onkel nicht zuviel Vertrauen geschenkt, denn Letzterer ist erst am 01.10.2007 aufgelegt worden? Obwohl die Gesamtanlagedauer nur verhältnismäßig kurz war (15.10.2004 - 26.10.2007 Anlage im Templeton Growth Fund, danach im S&H Globale Märkte), hat sie durch den Wechsel in den Dachfonds immerhin ein um ca. 8 % besseres Ergebnis (Stand 25.09.2009) erzielt.

Sie hat das getan, was Sir John Templeton immer gepredigt hat, nämlich:

Streben Sie stets nach der höchstmöglichen Rendite

– und das hat sie mit Erfolg gemeistert.

Dennoch ist sie mit dem S & H Globale Märkte der Kapitalanlagegesellschaft Franklin Templeton dem Grunde nach treu geblieben, denn im S&H Dachfonds sind wiederum ein paar der besten Fonds der Fondsgesellschaft Franklin Templeton enthalten.

In diesem Zusammenhang noch eine Antwort auf die Frage, wie wesentlich ein Ausgabeaufschlag bei einer Aktienfondsanlage ist:

Ergebnisvergleich (1955 - 2006)		mit Ausgabe-aufschlag – wie vor –		ohne Ausgabeaufschlag	
Anlage von 200 € in rollierenden 48-Jahres-Zeiträumen		5,75 % €	Rendite %	0 % €	Rendite %
bestes Ergebnis	1/58 - 12/05	60.874	12,65	64.588	12,79
niedrigstes Ergebnis	1/55 - 12/02	38.051	11,55	40.372	11,69
Durchschnitt		44.763	11,90	47.494	12,04

Sie ersehen daraus, dass es relativ unwichtig ist, ob Sie einen Ausgabeaufschlag wie in diesem Fall von 5,75 % zahlen oder nicht, denn er führt nur zu einer geringeren Rendite von ca. 0,14 %. Glauben Sie nicht auch, dass es viel wichtiger ist, eine Anlage empfohlen zu bekommen, die trotz Ausgabeaufschlag eine vielleicht um 0,5 - 1 % höhere Rendite erwarten lässt?

Wesentlich sind bei einer Kapitalanlage somit nicht die Kosten, sondern der Wert, den man für sein Geld bekommt. Dies bestätigt auch Warren Buffett, einer der erfolgreichsten Investoren der Welt.[81] Bei einer Kapitalanlage bekommen Sie nicht den höchsten Wert, wenn Sie in erster Linie Kosten sparen wollen. Wenn Sie klug sind, folgen Sie dem Rat eines Experten und versuchen nicht, selbst einer zu sein. Und bedenken Sie: Guter Rat muss nicht unbedingt teuer sein, aber alles, was umsonst ist, taugt meistens auch nichts.

Nachfolgende Zeilen sollten Sie noch einmal anregen, über vorstehende Aussage nachzudenken:

Es gibt kaum etwas auf dieser Welt, das nicht irgendjemand ein wenig schlechter machen und etwas billiger verkaufen könnte, und die Menschen, die sich nur am Preis orientieren, werden die gerechte Beute solcher Machenschaften.

Es ist unklug, zu viel zu bezahlen, aber es ist noch schlechter, zu wenig zu bezahlen. Wenn Sie zu viel bezahlen, verlieren Sie etwas Geld, das ist alles. Wenn Sie dagegen zu wenig bezahlen, verlieren Sie manchmal alles, da der gekaufte Gegenstand die ihm zugedachte Aufgabe nicht erfüllen kann. Das Gesetz der Wirtschaft verbietet es, für wenig Geld viel Wert zu erhalten.

Nehmen sie das niedrigste Angebot an, müssen sie das Risiko eingehen, etwas hinzuzurechnen. Und wenn Sie das tun, dann haben Sie auch genug Geld, um für etwas Besseres zu bezahlen.

John Ruskin
engl. Sozialreformer
(1819 - 1900)

81 Originalzitat: „Price is what you pay, value ist what you get."

2.6.2 Vermögenswirksame Leistungen

Eigentlich sind Vermögenswirksame Leistungen (VWL oder VL) bereits „ein alter Hut", so die Aussage im „FondsMagazin", der Hauszeitschrift der Sparkassen, vom August 2007. Weiter heißt es: *„Seit mehr als 4 Jahrzehnten fördert der Fiskus die Kapitalbildung speziell für Arbeitnehmer, und gut die Hälfte der Förderberechtigten greift zu."*

Das ist zugleich das Problem: Der Staat zahlt allen Arbeitnehmern, die weniger als 20.000 € im Jahr an zu versteuerndem Einkommen haben – bei Eheleuten sind es 40.000 € –, eine steuerfreie Zulage auf den Betrag, der aufgrund eines Vertrages über die Bildung von Vermögen eingezahlt wird. Bei den Einzahlungen kann es sich um Leistungen handeln, die der Arbeitgeber zusätzlich zum Arbeitslohn erbringt – quasi dem Arbeitnehmer schenkt – oder um solche, die der Arbeitnehmer aus seinem Nettoarbeitslohn zahlt. Da vom Arbeitgeber zu erbringende Vermögenswirksame Leistungen in Deutschland praktisch in allen Tarifverträgen enthalten sind, wird angenommen, dass etwa 90 % aller Arbeitnehmer in den alten Bundesländern einen entsprechenden Anspruch gegenüber ihrem Arbeitgeber haben.[82]

Diese Ansprüche bestehen auch dann, wenn obige Einkommensgrenzen überschritten werden. Die Arbeitgeberleistungen erhalten aber nur die Arbeitnehmer, die einen entsprechenden Vertrag im Sinne des 5. Vermögensbildungsgesetzes abgeschlossen haben – und hier ist der Arbeitnehmer gefordert: Wer keinen VL-Vertrag abschließt, verschenkt in jedem Falle Geld, entweder den Anspruch auf die Vermögenswirksame Leistung selbst und ggf. auch noch die Sparzulage dazu.

Geld zu verschenken kann sich aber in Wirklichkeit niemand leisten. Deshalb überschreibt die Sparkasse den Artikel in vorzitierter Hauszeitschrift auch mit **„Leisten Sie sich ein Vermögen!"**. Und hierfür gilt nicht nur, dass Sie kein Geld verschenken, sondern Sie müssen sich auch noch Gedanken machen, wie sich dieses Geld bestmöglich vermehrt.

82 Hinweis auf „Elektronisches Wissen Lohn und Personal", Stand 01.05.2008, Hüthig Jehle Rehm Verlagsgruppe GmbH – Dokument 53 00 525, S. 3 ff.

Zunächst eine Übersicht über die möglichen VL-Varianten mit staatlicher Zulage:

zu versteuerndes Einkommen bis 20.000 € / 40.000 €	Bausparen	Beteiligungssparen
Begünstigter Höchstbetrag p.a. ab 01.01.2009	470,00 € 480,00 €	mtl. 400,00 € (33,34 €) 408,00 € (34,00 €)
Staatliche Prämie / Zulage bisher ab 01.01.2009	9 % 10 %	18 % 20 %
Zulage p.a.bis 2008 ab 01.01.2009	42,30 € 48,00 €	72,00 € 81,60 €

Beide Prämien sowohl für Bau- als auch für Beteiligungssparen können nebeneinander beantragt werden, zusammen somit aktuell 129,60 €, für Eheleute ggf. 259,20 € p.a.[83] Die Mindesteinzahlungsdauer beträgt 6 Jahre. Jedoch darf erst nach Ablauf von 7 Jahren (sog. Sperrfrist) über das angesammelte Guthaben verfügt werden. Die Auszahlung der Sparzulage erfolgt deshalb erst zum Ende des siebten Jahres. Danach hat jeder die Wahl, ob er das Angesparte einschließlich Zulage vielleicht für eine außergewöhnliche Reise, ein schönes Auto ausgeben oder einfach verprassen will. Die Verlockungen sind entsprechend groß. Sie könnten in Zukunft aber auch zu den bisher wenigen Cleveren gehören, die den **Zinseszinseffekt** nutzen. Wie, das wird noch aufgezeigt.

Das VL-Sparen schließt aber auch noch Sparformen ein, die der Staat nicht fördert, nämlich Kapitallebensversicherungen (Mindestlaufzeit 12 Jahre) und Banksparpläne.

Interessant ist, dass der Staat doppelt so hohe Prämien zahlt für das Segment, das längerfristig auch die höchsten Renditen abwirft, nämlich die Beteiligung am Produktivkapital der Wirtschaft, z.B. Aktienfonds. Wenn Bausparverträge unter Einbeziehung der Prämien vielleicht eine Rendite von 3 - 4 % abwerfen, so kann man bei Aktienfondssparverträgen längerfristig von einer etwa doppelten Rendite ausgehen.

83 Hinweis auf § 13 (2) des 5. Vermögensbildungsgesetzes, letzte Änderung vom 07.03.2009 – BGBl. I S. 451.

Umso bedenklicher ist es, dass verhältnismäßig wenige hier engagiert sind. So gab es lt. Angaben des BVI[84] per

	31.12.2006	5,1 Mio.
	31.12.2007	4,5 Mio.
und	31.12.2008 *nur noch*	3,9 Mio.

VL-Verträge auf Investmentfondsbasis.

Die Anzahl derartiger Verträge ist hiernach sogar drastisch zurückgegangen, obwohl es für den Arbeitnehmer langfristig gesehen gerade das Beste wäre, investiert zu sein bzw. zu bleiben.

Wenn somit nur „gut die Hälfte" der Arbeitnehmerschaft überhaupt die Segnungen des Gesetzes über Vermögenswirksame Leistungen in Anspruch nehmen und nur knapp 4 Millionen in der Bundesrepublik die Chancen erkennen, die Aktienfondsanlagen in sich bergen, dann stimmt irgendetwas nicht.

Dass etwa 80 % der Deutschen sich speziell auf diesem Gebiet nicht auskennen, ist schon bekannt. Dies ist auch in anderen, besonders europäischen Ländern ähnlich ausgeprägt. Wenn aber für etwa drei Viertel[85] der Bürger Banken die Anlaufstelle in Fragen der Vermögensmehrung sind, dann spricht in Anbetracht der bereits aufgezeigten Interessenskollisionen vieles dafür, dass hier eine der Hauptursachen liegen könnte, weshalb Arbeitnehmer ihre diesbezüglichen Chancen nicht wahrnehmen.

So schreibt der BVI in seiner Broschüre „Investment 2009" auf S. 50 dazu Folgendes: „Die Risikoaversion ist bei den Bundesbürgern längst nicht so ausgeprägt, wie häufig vermutet. Für ein Mehr an Rendite sind die Bundesbürger durchaus bereit, etwas mehr Risiko einzugehen. Soweit die Theorie. Doch die Praxis zeigt, dass das Vermögen immer noch zum großen Teil konservativ, das heißt, in niedrig verzinslichen Sparformen und in Versicherungen angelegt wird."
Dennoch sprachen sich aufgrund im Jahr 2008 durchgeführter Umfragen 70 % der Arbeitnehmer für eine Beteiligung am Produktivkapital aus. Dabei würden **zwei Drittel** eine indirekte Beteiligung – d.h. über Fonds – einer direkten Beteiligung an nur einem Unternehmen vorziehen.[86]

84 Broschüre des BVI 2007 - 2009 „Daten, Fakten, Entwicklungen". 30.09.2011: 3,4 Mio.

85 Lt. Broschüre des BVI „Investment 2008", S. 75 – Lt. Grundlagenstudie des BVI gemeinsam mit der Gesellschaft für Konsumforschung (GfK) Ende 2007 kaufen 72 % der Deutschen ihre Investmentfonds bei Banken und Sparkassen. – Vgl. auch Ausführungen unter E 2.7 „Kann man den Banken (noch) vertrauen?".

86 Broschüre des BVI „Investment 2009", S. 54.

Und was könnte wiederum der einfache Grund sein, weshalb der Anleger nicht in seinem Interesse beraten wird? Für einen Bausparvertrag erhält die Bank eine Abschlussgebühr in Höhe von 1 % der Bausparsumme, für eine Kapitalversicherung wird eine Provision auf alle vertraglich in der Zukunft zu zahlenden Beiträge von ca. 4 % fällig. Ein Banksparplan ebnet den Weg für das margenträchtige Kreditgeschäft der Bank, die günstige Einkaufsquelle für anderweitig wiederum verliehenes Geld, und bei einer Beteiligung am Produktivkapital der Wirtschaft (Fondssparplan) erhält die Bank immer nur den Ausgabeaufschlag von ca. 5 % auf jede tatsächlich gezahlte Rate.

Und wenn Sie Ihren Arbeitgeber fragen, worin Sie am besten Ihre Vermögenswirksamen Leistungen anlegen, dann hat dieser in der Regel auch keine Erfahrung mit Aktienfonds.

Aber jetzt zunächst zu einem Fall, wie er sich im Rückblick dargestellt hat. Der BVI brachte in seiner Broschüre „Investment 2007“[87] folgendes Beispiel:

Ein Arbeitnehmer, der in der Vergangenheit, nämlich seit 01.01.1976, regelmäßig 40 € Vermögenswirksame Leistungen pro Monat in Aktienfonds anlegte, verfügte nach 31 Jahren – das sind nacheinander fünf VL-Verträge plus 1 Jahr Wartezeit – bei Einzahlungen von insgesamt 14.400 € (30 x 480 €) zum Stichtag 31.12.2006 über einen Depotwert von

77.055 €.

Dieser Wert entsprach dem *Durchschnitt* aller Aktienfonds mit Anlageschwerpunkt Deutschland. Die Rendite betrug 9,1 % p.a.

Die Vergleichswerte[88] über jeweils 31 Jahre zum Ende der Folgejahre betrugen:

01.01.77 - 31.12.2007	87.803 € Rendite ø	9,8 % p.a.
01.01.78 - 31.12.2008	45.773 € Rendite ø	6,5 % p.a.

Die Zulagen des Staates sind hierin nicht enthalten.

Der zum 31.12.2008 stark gefallene Wert spiegelt die Auswirkungen der Finanzkrise wider, aber der Werteinbruch, der alle Unternehmen, ob gut oder schlecht, mit in den Strudel hineingezogen hat, wird auch dieses Mal wieder vorübergehender Natur sein – wie bereits wiederholt gezeigt.

87 Broschüre des BVI „Investment 2007“, S. 89.

88 „Investment 2008“, S. 83, und „Investment 2009“, S. 83.

Die Deka-Bank hat für den Zeitraum 01.01.76 - 31.12.2006 eine Gegenrechung mit einem ihrer Fonds aufgemacht, der hauptsächlich auf deutsche Standardwerte wie z.B. DAX-Unternehmen sowie auf lukrative Nebenwerte setzt, nämlich dem DekaFonds (ISIN-Nr. DE0008474503). Sie kam dabei zum Stichtag 31.12.2006 auf einen aufgelaufenen Wert von

86.813 €.

Dieser Wert entsprach einer Rendite von durchschnittlich 9,7 % p.a. Der Fonds lag also um 0,6 % oder im Ergebnis um knapp 10.000 € besser als der Durchschnitt der deutschen Aktienfonds mit 77.055 €.

Die Frage ist aber: Kann es sich lohnen, nicht nur auf eine Region begrenzt – hier Deutschland –, sondern weltweit nach Chancen zu suchen, um zugleich auch das Risiko breiter zu streuen, d.h. auf noch mehr Sicherheit zu setzen?

Hierbei sind drei verschiedene international anlegende Fonds zum Vergleich herangezogen worden, die es am 01.01.1976 bereits gab, die seinerzeit zwar noch nicht mit VL-Leistungen besparbar waren, dennoch aber prinzipiell eine Antwort auf die zuvor gestellte Frage geben können:

	Vergleichsfonds	Zugehörigkeit	WKN	Wert 31.12.2006
1	Templeton Growth Fund	Unabhängige Fondsgesellschaft	971.025	131 T€
2	DWS-Vermögens-bildungsfonds	Deutsche Bank Gruppe	847.652	127 T€
3	Uniglobal	Volks- u. Raiff.- Gruppe	849.105	51 T€
4	Deka Fonds – wie vor –	Sparkassen Gruppe	847.450	87 T€
5	Durchschnitt deutscher Aktienfonds *			77 T€

* Wert lt. BVI-Broschüre „Investment 2007" wie vor angegeben.

Hiernach kann es sich schon lohnen, in globale Fonds zu investieren, indem Sie nach höchstmöglicher Rendite streben.

Und nun zu dem Modell, wie sich ein VL-Vertrag über mtl. 34 € in der Zukunft entwickeln könnte, wenn jemand einen Vertrag an den anderen anschließt, mit 18 Jahren mit dem Sparen beginnt und mit Vollendung des 67. Lebensjahres in Rente geht:

VL-Leistungen = 408 € p.a. =	34,00 € mtl.
angenommene Rendite im Fonds:	10 %

Entwicklung einer Anlage in einer Periode von jeweils 6 Jahren:

Aufgelaufener Wert inkl. Zins und Zinseszins	3.318,48 €
Wert jeweils nach einem Jahr Wartezeit (inkl. 10 % Zuwachs)	3.650,33 €

Der clevere Sparer nutzt den Zinseszinseffekt und bleibt investiert. Nach Ablauf einer Periode von jeweils 6 Jahren schließt er stets einen neuen VL-Vertrag ab.

Vertrag	Lebens-alter	Jahre	Aufgelaufener Wert €	Restlaufzeit bis Alter 67	Endwert €
1	18 - 24	6	3.318 €	43 Jahre	199.876 €
2	24 - 30	6	3.318 €	37	112.825 €
3	30 - 36	6	3.318 €	31	63.686 €
4	36 - 42	6	3.318 €	25	35.949 €
5	42 - 48	6	3.318 €	19	20.292 €
6	48 - 54	6	3.318 €	13	11.454 €
7	54 - 60	6	3.318 €	7	6.465 €
8	60 - 66	6	3.318 €	6	3.318 €
(Sperrfrist)	66 - 67	1	(10 % Zuwachs)	1	332 €
Summe		49			454.197 €

Wichtig:
Wer z.B. den ersten Zeitraum vom 18. - 24. Lebensjahr verpasst, dem fehlen am Ende 199.876 €, also knapp 200.000 €, im Depot. Hier gilt also auch wieder:

Carpe diem –
oder
„Nutze die Zeit"

Löst ein Arbeitnehmer dagegen den Vertrag über Vermögenswirksame Leistungen jeweils nach Ablauf des 7. Jahres auf, erhielte er gerade einmal 8 x 3.650 € =

29.200 €

in der Summe ausgezahlt. In diesem Fall kostet Nichtwissen viel Geld.

Aber damit nicht genug. Bei vorstehenden Berechnungen sind die staatlichen Zulagen von 20 % auf 408 € je Jahr = 81,60 €, welche jeweils zum Ende des 7. Jahres (Sperrjahr) ausgezahlt werden, noch nicht berücksichtigt. Diese machen über die gesamte Laufzeit bei 8 aufeinander folgenden Verträgen 6 x 81,60 € = 489,60 € x 8, insgesamt somit

3.916,80 €

aus.

Legt nunmehr der clevere Sparer diese Zulagen ebenfalls mit an, erstmals somit nach Ablauf des 7. Jahres des ersten Vertrages und danach alle 6 Jahre, dann ergibt sich bei der angenommenen Rendite von 10 % daraus nochmals ein zusätzliches Vermögen von

60.926 €.

Berechnung:

Vertrag	Auszahlung	Restlaufzeit	Endwert
1	489.60 €	42 Jahre	26.812 €
2	489.60 €	36 Jahre	15.135 €
3	489.60 €	30 Jahre	8.543 €
4	489.60 €	24 Jahre	4.822 €
5	489.60 €	18 Jahre	2.722 €
6	489.60 €	12 Jahre	1.536 €
7	489.60 €	6 Jahre	867 €
8	489.60 €	0 Jahre	489 €
Summe	3.916,80 €		60.926 €

Viele werden sich fragen: *Kann denn das überhaupt sein?* Die Zahlen stimmen. Es ist im Wesentlichen „nur“ der Zinseszinseffekt, der bei diesen langen Laufzeiten zu fast wundersamen Ergebnissen führt.

Das ist der Unterschied zwischen „klug“ und „dumm“ sparen. Und wenn jemand das alles von seinem Arbeitgeber bzw. vom Staat noch geschenkt bekommen kann, er aber keinen formal erforderlichen Vertrag abschließt, verschenkt er damit ggf. ***über eine halbe Million Euro***, einfach so.

Dennoch bleiben bei Anlagen in Aktienfonds die diesen anhaftenden Unwägbarkeiten bestehen, dass z.B. die durchschnittliche Rendite von 10 % überschritten wird und möglicherweise auf 11 % ansteigt oder vielleicht auch nur 9 % beträgt. Es könnte auch sein, dass Sie zum Ende der Laufzeit gerade einmal wieder einen Börsencrash erleben, der die durchschnittliche Rendite vorübergehend auf z.B. 6,5 % fallen lässt, wie es bei dem vom BVI simulierten Beispiel für die Zeit vom 01.01.1978 - 31.12.2008 der Fall war. Aber meistens werden Sie das Geld am Ende nicht in einer Summe benötigen, sodass Sie es einfach noch 2 - 3 Jahre stehen lassen können, bis der Wertverlust wieder aufgeholt ist.
Andererseits wäre doch eine Rendite von 6,5 % auch noch kein Beinbruch, denn wo bekommen Sie die sonst? Aber davon abgesehen wäre es eine nicht wieder gutzumachende Sünde, wenn Sie über das Geld wirklich im Börsentiefsstand verfügten und es vermeintlich in Sicherheit bringen würden, wie es bei jeder Crashsituation viele Menschen immer wieder tun – aus **Angst und Unwissenheit**.

Der Vollständigkeit halber seien hier noch die Endwerte genannt, die sich bei einer um jeweils 1 % höheren oder niedrigeren Rendite ergeben würden – Zulagen und Prämien bleiben unberücksichtigt:

Rendite	**Endwert**
9 %	ca. 319.000 €
10 %	ca. 454.000 €
11 %	ca. 649.000 €

Wenn Sie nun aber glauben, Sie könnten am Ende vielleicht über etwa eine halbe Million verfügen, dann müssen Sie sich von dieser Illusion ganz schnell wieder verabschieden:

Ein Endwert von z.B.	500.000 €
vermindert sich, falls Sie das Depot gänzlich auflösen, zunächst um die Abgeltungsteuer:	

Berechnung:

Depotwert	500.000 €	
– Einzahlungen		
34 x 12 = 408 € x 48 Jahre =	19.584 €	
bleiben zu versteuern ca.	480.000 €	
– Abgeltungsteuer ca. 28 % =		ca. 134.000 €
bleiben		366.000 €
– Inflation 75 %[89]		ca. 275.000 €
bleiben real		**91.000 €**

Hieran wird nochmals deutlich, wie der Staat die Vermögensbildung zu einem Großteil wieder zunichte macht, wohl wissend, dass die Inflation zu berücksichtigen ist, aber nicht sagt, in welcher Höhe. Führen Sie sich dann noch vor Augen: Wenn Sie Ihre Vermögenswirksamen Leistungen in Produkten anlegen, die es gerade auf eine Rendite von 3 - 5 % bringen, dann kommt keine Freude mehr auf, auch wenn Sie als Arbeitnehmer die Leistungen gänzlich „geschenkt" bekommen haben. Auch dann hat der Arbeitgeber dafür gezahlt und der Staat die Zulagen draufgelegt – und der Staat, das sind wir, die Steuerzahler.
Nun könnte es aber auch sein, dass Sie genauso gut am Ende vielleicht 1 % mehr an Rendite erzielen als 10 %. Der Templeton Growth Fund hat über Laufzeiten von 48 Jahren Renditen erzielt, die im

besten Fall	12,23 % p.a.
schlechtesten Fall	9,82 % p.a.
und im Durchschnitt	11,68 % p.a.

betrugen.

Die Ergebnisse von 8 aufeinanderfolgenden VL-Verträgen hätten nach dem 48. Jahr (Alter 66) betragen:[90]

im besten Fall	1/58 - 12/05	1.060.498 €
im schlechtesten Fall	1/61 - 12/08	456.791 €
im Durchschnitt		900.048 €

Die jeweils nach dem 7. Jahr ggf. zufließenden Sparzulagen sind hierbei noch gar nicht berücksichtigt. Ähnlich gute Ergebnisse dürften auch andere international anlegende Fonds erwarten lassen, die nach dem Stand 31.12.2007 nach

89 Vgl. dazu Tabelle 3 im Anhang.

90 Ergebnisse in 7 rollierenden 48-Jahres-Zeiträumen seit Auflegung des Fonds; Emissionskosten von 5,75 % sind berücksichtigt – Fonds@nalysetool EDISoft GmbH Vers. 04.04.14/0907.

30 Jahren eine Rendite von mehr als 10 % abgeworfen haben – vgl. Tabelle 1 unter D 2.5.1 der als Basisinvest geeigneten Aktienfonds.

Bei dieser Gelegenheit noch ein kurzer Schwenk zur „Mitarbeiterkapitalbeteiligung", eingeflossen in das Investmentgesetz (InvG) am 12.03.2009,[91] wonach Unternehmen ihren Arbeitnehmern statt einer direkten Beteiligung am Unternehmen auch solche an sog. *Mitarbeiterbeteiligungsfonds* anbieten dürfen. Diese unterliegen den allgemeinen Vorschriften des Investmentgesetzes, d.h., das Ersparte ist Sondervermögen und der Grundsatz der Risikostreuung ist beachtet. Die Verwaltung erfolgt ebenfalls durch spezielle Kapitalanlagegesellschaften, die ihrerseits verpflichtet sind, nach einer Anlagezeit von 3 Jahren seit der Auflegung mindestens 60 % des Fondsvermögens in diejenigen Unternehmen zu investieren, deren Mitarbeiter sich am Fonds beteiligen. Das Problem ist, dass die Beteiligung zusätzlich zum ohnehin geschuldeten Arbeitslohn aus *freiwilligen Leistungen* des Arbeitgebers gewährt werden muss. Außerdem muss die Beteiligung *allen* Mitarbeitern angeboten werden, die ein Jahr und länger im Dienstverhältnis zum Arbeitgeber stehen.

Unter diesen Voraussetzungen fließen die freiwillig erbrachten Leistungen von maximal 360 € – bisher 135 € bei direkten Beteiligungen – steuer- bzw. abgabenfrei dem Arbeitnehmer zu. Der Arbeitgeber schafft sich auf diese Weise längerfristig eine günstige Finanzierungsquelle, statt teure Bankkredite in Anspruch nehmen zu müssen.

Es mag dahingestellt sein, ob es überhaupt eines solchen neuen Gesetzes bedurft hätte, denn die meisten Arbeitnehmer haben vermutlich noch gar nicht begriffen, welche fantastischen Möglichkeiten es aufgrund des bisher geltenden Investmentgesetzes bereits seit Jahrzehnten gibt.

In einem Artikel der Zeitschrift „Capital" heißt es: „Weder bei Gewerkschaften und Arbeitgeberverbänden noch in der Fondsbranche stoßen die neuen Investmentvehikel auf große Gegenliebe. Der Gesetzgeber wollte mit der Neuerung gerade für Beschäftigte kleinerer und mittlerer Betriebe größere Chancen schaffen, Beteiligungskapital aufzubauen. Doch Branchenkenner halten bereits bestehende Möglichkeiten wie Mitarbeiteraktien und Vermögenswirksame Leistungen für sinnvoller. Der Fondsverband BVI kritisiert die neuartigen Titel als wenig praxistauglich und sieht in ihrer jetzigen Ausgestaltung kein geeignetes Geschäftsmodell für Fondsgesellschaften."[92]

91 BGBL. I S. 470.

92 Vgl. capital.de, 03.04.2009 von Brigitte Watermann.

Die Zukunft muss es zeigen, ob sich dieses neue Mitarbeiterbeteiligungsmodell bewährt. Die Frage bleibt aber, ob es wegen der viel breiteren Streuung eines international anlegenden Fonds und wegen der damit gleichzeitig verbundenen höheren Renditechancen nicht sinnvoller sein kann, auf solche bereits seit Jahrzehnten bestehende Aktienfonds zu setzen, statt sein Anlagespektrum von vornherein auf nur eine bestimmte Anzahl von Unternehmen, eine bestimmte Branche oder auf eine bestimmte Region – hier Deutschland – zu begrenzen. Man wird das Gefühl nicht los, dass hier versucht worden ist, das Rad noch einmal neu zu erfinden.

Selbsttest

- Warum sollten Sie stets nach der höchstmöglichen Rendite streben?
- Wie sichern Sie dabei Ihre Anlage?
- Sind Vermögenswirksame Leistungen in Aktienfonds etwas für Sie?

2.6.3 Wie verbringe ich meinen Lebensabend auf der „AIDA" statt im Altersheim?

Wenn auch die Idee etwas absurd ist, fasziniert allein der Gedanke, das Modell einmal zu rechnen. Darum bringe ich hier die kleine Geschichte eines von der ehemaligen Gesundheitsministerin Ulla Schmidt frustrierten Zeitgenossen:

„Danke, Ulla!

Wenn ich einmal alt und klapprig bin, werde ich nicht in ein Altersheim gehen, – sondern auf ein nobles Kreuzfahrtschiff. Die Gründe dafür hat mir unsere Gesundheitsministerin Ulla Schmidt selbst geliefert. Nach ihren eigenen Angaben nämlich betragen die durchschnittlichen Kosten für einen Altersheimplatz rund 200 € ! Pro Tag, versteht sich.

So habe ich eine Langzeit-Reservierung für das Kreuzfahrtschiff ‚AIDA' geprüft und werde als Rentner nur 135 € pro Tag zahlen. Nach Adam Riese bleiben mir demnach noch 65 € pro Tag übrig. Davon verwende ich 10 € für Trinkgelder und habe 55 € Taschengeld. Pro Tag, versteht sich.

Weitere Gründe, die für meine Entscheidung sprechen:

Ich habe mindestens 10 freie Mahlzeiten, wenn ich in eines der Bordrestaurants wackele oder mir sogar das Essen vom Room Service auf das Zimmer, also in die Kabine, bringen lasse.

Das heißt mit anderen Worten: Ich kann jeden Tag der Woche mein Frühstück im Bett einnehmen. Die ‚AIDA' hat drei Swimmingpools, einen Fitnessraum, freie Benutzung von Waschmaschinen und Trockner und sogar jeden Abend Shows. Es gibt auf dem Schiff kostenlos Zahnpasta, Rasierer, Seife und Shampoo. Das Personal behandelt mich wie einen Kunden, nicht wie einen Patienten. Und für 5 € extra pro Tag lesen mir die Stewards jeden Wunsch von den Augen ab.

Alle 8 bis 14 Tage lerne ich neue Leute kennen. Fernseher defekt? Glühbirne kaputt? Die Bettmatratze ist zu hart oder zu weich? Kein Problem, das Personal entschuldigt sich, wechselt es kostenlos und bedankt sich für mein Verständnis. Frische Bettwäsche und Handtücher jeden Tag sind selbstverständlich und ich muss nicht einmal danach fragen. Wenn ich im Altersheim falle und mir eine Rippe breche, dann komme ich ins Krankenhaus und muss gemäß der neuen Krankenhausreform täglich zuzahlen.

Auf der ‚AIDA' bekomme ich für den Rest der Reise eine Suite und werde vom Bordarzt kostenlos versorgt. Ich habe noch von keinem Fall gehört, bei dem zahlende Passagiere eines Kreuzfahrtschiffes vom Personal bedrängt oder gar misshandelt worden wären. Auf Pflegeheime trifft das nicht im gleichen Umfang zu. Und nun noch das Beste.

Mit der ‚AIDA' komme ich auf meine alten Tage nach Südamerika, Afrika, Australien, Japan, Asien ... wohin auch immer ich will. Darum sucht mich in Zukunft bitte nicht in einem Altersheim, sondern „anywhere offshore".

Auf der ‚AIDA' spare ich also jeden Tag auch noch 50 €, die ich nicht einmal für meine Beerdigung ansparen muss. Mein letzter Wunsch ist dann nur:

> *Werft mich einfach über die Reling ...*
> *auch das ist nämlich kostenlos!"*

Leider ist mir die Quelle dieser netten Geschichte nicht bekannt. Ich habe sie auf einem Geburtstag eines guten Freundes gehört.

Könnte es tatsächlich machbar sein, den Lebensabend auf der AIDA zu verbringen?

Nach dem derzeitigen Stand bräuchten Sie gegenwärtig 200 € pro Tag,

d.s. mtl.	6.000 €
oder pro Jahr	72.000 €

Wenn Sie aus einem guten Aktienfonds etwa 6 % jährlich entnehmen können, ohne dass der Kapitalstock gefährdet wird und um damit gleichzeitig einen Schutzwall gegen die Inflation errichten zu wollen, benötigen Sie heute ein Kapital von

1,2 Mio. €,

denn 6 % von 1,2 Mio. € = 72.000 €.[93]

Die Abgeltungsteuer ist hierbei unberücksichtigt geblieben, denn einerseits lebt der Urheber und als Finanzminister Verantwortliche Peer Steinbrück dann nicht mehr und ein kluger Wirtschaftsminister wird sie hoffentlich bis dahin wieder abgeschafft haben.
Und jetzt kommt es darauf an, wann Sie mit dem Sparen beginnen und wie viel Sie einsetzen müssen, um sich im Alter unter Berücksichtigung der Inflation auch den komfortablen Aufenthalt auf der AIDA leisten zu können.

Wir haben gesehen, dass jemand, der Vermögenswirksame Leistungen von monatlich 34 € klug anlegt und mit 18 Jahren beginnt, bis zum Renteneintrittsalter mit einem Kapital im Mittel von ca. 400 T€ rechnen kann, je nach Höhe der Rendite. Auf das mit 10 % Rendite hochgerechnete Ergebnis von 454 T€ wäre dann immerhin bereits ein Sicherheitsabschlag von etwa 10 % berücksichtigt. Für den, der die steuerlichen Zulagen in Anspruch nehmen kann, betrüge der Sicherheitspuffer sogar 22 %, um die das Ergebnis niedriger ausfallen könnte (454 T€ + 61 T€ = 515 T€ - 22 % = ca. 400 T€). Längerfristig dürften 10 % Rendite aber auch noch einigermaßen realistisch sein, obwohl – das muss man immer wieder betonen – niemand hierfür garantieren kann.

Wer also mit 18 Jahren anfängt zu sparen, hat bis zum 67. Lebensjahr 49 Jahre Zeit. Bemüht man die Statistik, wird man im Durchschnitt mit dem 82. Lebensjahr pflegebedürftig und damit reif fürs Altersheim, d.h., Sie hätten nach

93 Wenn 6 % oder 6/100 von Kapital X = 72.000 € sind, dann ist X = 72.000 € x 100 geteilt durch 6 = 7,2 Mio. : 6 = 1,2 Mio. €.

Vollendung des 67. Lebensjahres noch weitere 15 Jahre, um ein Kapital anzusparen, das *nach Inflation* dem heutigen Wert von 1,2 Mio. Euro entspräche.

Aus der Inflationstabelle[94] ersehen Sie, dass 1.000 € nach etwa 65 Jahren nur noch ein Sechstel oder 16,6 % nach heutiger Kaufkraft wert sind. Sie müssen also Ihr Kapital von heute mit dem Faktor 6 malnehmen und kommen somit auf den Betrag, den Sie bei Antritt Ihrer Reise auf der AIDA benötigen:

1,2 Mio. Euro x 6 = 7,2 Mio. €.

Man meint im ersten Moment: *Das schafft man ja nie.* Aber rechnen Sie doch einmal mit: Die bei Renteneintrittsalter vorhandenen 400 T€ verdoppeln sich bei der angenommenen Rendite von 10 % etwa alle 7 Jahre (72 geteilt durch 10), d.h.,

im Alter 67 beginnen Sie mit	400 T€	
im Alter 74 haben Sie	800 T€	im „Topf"
und im Alter 81 sind es etwa	1.600 T€	
	oder 1,6 Mio. €.	

Sie brauchen aber 7,2 Mio. €, also teilen Sie 7,2 Mio. € durch 1,6 Mio. € und kommen auf den Vervielfacher 4,5. Wenn Sie also Ihren Monatsbeitrag von 34 € mit 4,5 malnehmen, ergibt sich Ihr Einsatz,

nämlich ca. 150 € mtl.

Nun ist es natürlich einigermaßen unrealistisch, diesen Einsatz nur dafür aufzubringen, um mit 80 Jahren seinen Lebensabend auf der AIDA zu verbringen.

Das Ganze hätte aber einen netten Nebeneffekt:

Wenn Sie bei diesem Einsatz von mtl. 34 €, den ggf. sogar noch Ihr Arbeitgeber für Sie bezahlt, mit 67 Jahren bereits über 400.000 € verfügen und Sie legen von sich aus nochmals die Differenz zu 150 € = 116 € drauf, dann können Sie mit einiger Wahrscheinlichkeit bereits *zum 67. Geburtstag* den viereinhalbfachen Depotwert Ihr Eigen nennen, nämlich, 400 T€ x 4 =

1,8 Mio. €.

94 Anhang Nr. 3.

Nach Inflation[95] beträgt der Realwert dann zwar nur noch etwa 25 %, entsprechend einer heutigen Kaufkraft von

450.000 €.

Mit einem solchen Vermögen könnten Sie dann aber schon früher die Welt bereisen – vor allem, wenn Ihr Lebenspartner das Gleiche gemacht hat – und kaufen sich mit dem verbleibenden Rest vielleicht später in einem guten Altersheim ein. Es ist doch sicherlich ein etwas geruhsameres Leben, das man sich im Allgemeinen zum Ausklang auf dieser Welt vorstellt – als ständig mit der „AIDA" auf den Weltmeeren unterwegs zu sein.

2.6.4 Vom Nichtraucher zum Millionär

Glücklich, der noch nie geraucht hat, so sagt man. Aber Millionär ist er deshalb auch nicht geworden. Dennoch träumen viele davon, ahnen aber nicht einmal, dass es tatsächlich auch geht. Ich selbst habe das Rauchen nie gelernt, obwohl ich es in jungen Jahren eine Woche lang versucht habe, und die Zigaretten fingen auch bereits an zu schmecken. Das Ganze spielte sich auf einer Rhein-Mosel-Ahr-Reise ab, als mir als Alleinunterhalter einer Reisegruppe immer wieder Zigaretten zum Mitrauchen angeboten wurden. Als ich dann wieder zu Hause und die weinselige Stimmung verflogen war, habe ich eine ganz nüchterne Überlegung angestellt:

Ich verdiente damals als Finanzanwärter (Ausbildung zum Steuerinspektor) etwa 170 DM monatlich und die Schachtel Zigaretten kostete 1 DM. Wenn ich also im Laufe der Zeit eine Schachtel täglich verrauchen würde, wären das monatlich 30 DM gewesen, also knapp 20 % meines monatlichen Verdienstes – und das war es mir nicht wert. Ich wusste, wie eine Zigarette schmeckte und hätte mich auch daran gewöhnen können, aber andere Dinge waren mir wichtiger: ein Fotoapparat (Kodak Retina III C), der damals gebraucht noch 500 DM kostete; ein erstklassiges Akkordeon, nämlich eine Hohner Morino VM, für das ich als Gebrauchtinstrument damals bereits 1.200 DM bezahlt habe; ein schönes Motorrad – 250er Triumph de Luxe, vergleichbar seinerzeit mit einer 250er BMW etc. Sie sehen schon: Ich habe mich einfach entschieden, nicht zu rauchen – und habe mir Dinge geleistet, die mein Leben schöner machten, also andere Prioritäten gesetzt.

95 Vgl. Inflationstabelle Anhang Nr. 3 – Wert nach etwa 50 Jahren ca. 25 %.

Hätte ich damals gewusst, dass ich mit 30 DM im Monat auch Millionär werden kann, wäre auch eine Entscheidung in dieser Richtung fast sicher gewesen, denn die hätte ich dann noch zusätzlich abgezweigt oder aufgebracht. Die übrigen Anschaffungen hätten einfach etwas warten können.

Nun werden Sie sich als Raucher sagen: Der kann gut reden, denn der war ja noch gar nicht der Rauchsucht verfallen – und das stimmt. Und dennoch ist es eine Entscheidung, die sich auch bei Ihnen im Kopf abspielt, wenn Sie wirklich mit dem Rauchen aufhören wollen.

Heute kostet eine Schachtel Zigaretten etwa 5 €, macht bei täglich einer Schachtel im Monat 150 €. Gerechnet worden ist weiter mit einer Verteuerung – entsprechend der allgemeinen Inflationsrate – von 3 %. Außerdem ist unterstellt, dass Sie noch etwa 45 Jahre Zeit haben, um die erste Million anzusparen, z.B. im Alter 18 bis 63, 20 bis 65 oder 22 bis 67.

Bei Ansparung im Templeton Growth Fund über alle rollierenden 45-Jahres-Zeiträume (10 verschiedene Zeiträume von 1/55 - 12/2008) sind bei Einzahlungen von insgesamt 167.000 €[96] folgende Ergebnisse herausgekommen:

			Rendite p.a.
im besten Fall	1/55 - 12/99	ca. 5.374.000 €	13,47 %
im schlechtesten Fall	1/64 - 12/08	ca. 1.574.000 €	9,40 %
im Durchschnitt		ca. 3.796.000 €	12,16 %

Um für den schlechtesten Zeitraum die Millionengrenze zu überschreiten, hätte bereits eine Anlagedauer von 42 Jahren ausgereicht (Wert 1.093 T€). Um *durchschnittlich* mehr als eine Million im „Topf“ zu haben, wäre bereits eine Anlagedauer von 34 Jahren ausreichend gewesen (Rendite 12,37 % p.a. bei Einzahlungen von insgesamt 104.174 €).

Bei den Endergebnissen müsste zwar noch jeweils ein Abschlag wegen Kaufkraftverlust entsprechend der Inflationstabelle[97] gemacht werden, wie wiederholt anhand von Beispielen dargelegt.

96 Die Summe der Einzahlungen von ca. 167.000 € ergibt sich, wenn die mtl. Sparrate von anfänglich 150 € an die durchschnittlich mit 3 % angenommene Verteuerung von Zigaretten angepasst wird. Für die Vergangenheit lag diese Rate sogar noch höher: Legt man den Preis pro Schachtel von vor ca. 50 Jahren mit 1 DM (0,50 €) zugrunde, beträgt die Teuerungsrate auf den heutigen Preis von 5 € sogar 4,8 % pro Jahr.

97 Vgl. Anhang Nr. 3.

Sie sehen aber:
Der Weg zur ersten Million ist nicht so weit, wie Sie denken. Nur müssen Sie diesen ersten Schritt selbst tun, indem Sie nicht fragen, „Warum?", sondern „Warum nicht?" Ihrer Gesundheit wäre es auf jeden Fall zuträglicher, nicht zu rauchen und bedenken Sie:

„Das Leben ist schön"

und es ist ein Geschenk, mit welchem Sie behutsam umgehen sollten.

H | „WOHLSTAND FÜR ALLE“

H Wohlstand für alle

1 Soziale Marktwirtschaft[1]

1.1 Die Vision des Ludwig Erhard

Ludwig Erhard hatte nach dem zweiten Weltkrieg einen Traum: Er wollte ein System etablieren, mit dem es allen Bürgern gut geht. Wirtschaft sollte nicht Selbstzweck sein, sondern zu Wohlstand führen und den Frieden erhalten. Die soziale Marktwirtschaft sollte individuelle Freiheit und soziale Sicherheit miteinander verbinden. Daraus entstand letztlich das von ihm geprägte Leitbild „Wohlstand für alle".

Diese Leitidee von der sozialen Marktwirtschaft beruhte von Anfang an auf zwei Säulen:

1. Für gutes Geld bei erfolgreichen Unternehmen zu arbeiten und
2. einen Teil dieses Geldes in guten Unternehmen arbeiten zu lassen.[2]

Je erfolgreicher ein Unternehmen arbeitete, umso mehr würde ein Arbeitnehmer daran partizipieren. Dass es überhaupt Unternehmen geben muss, beruht auf dem einfachen Prinzip der Arbeitsteilung: Da ohnehin jeder Mensch arbeiten muss, um leben zu können, ist es der wirksamste Weg, wenn ein jeder sein Talent und seine Fähigkeiten in ein Team oder Unternehmen einbringt. Gemeinsam entsteht ein größerer Mehrwert gegenüber Einzelanstrengungen, bei denen jeder für sich arbeitet. Da jedes Unternehmen wiederum aber auch Kapital benötigt, sollten idealerweise Arbeitnehmer sich auch hieran beteiligen. Auf diese Weise können sie am Wert beteiligt sein, eigenes Vermögen schaffen und vermehren, um zugleich fürs Alter vorzusorgen.

Teil 1 hat auch funktioniert, denn im Zuge des Wiederaufbaus Deutschlands hat zunächst jeder vom „Wirtschaftswunder" profitiert. Es ging allen gut, solange die Wirtschaft sich stetig nach oben entwickelte. Diese Phase dauerte von Anfang der 50er- bis etwa Mitte der 70er-Jahre. Dann rutschte Deutschlands Wirtschaft in eine erste tiefere Krise. Am meisten betroffen schien damals der

1 Urheber des Begriffs und Mitbegründer der „Sozialen Marktwirtschaft" war Alfred Müller-Armack, der ab 1952 im Wirtschaftsministerium unter Ludwig Erhard als Leiter der Grundsatzabteilung arbeitete.

2 Vgl. dazu auch die Ausführungen im Abschnitt E 2.7. „Kann man den Banken (noch) vertrauen?".

Autohersteller VW zu sein, als 1974 der letzte Käfer vom Band lief und der damalige Vorstandsvorsitzende Toni Schmücker am 15.04.1975 verkündete, dass 2.500 Mitarbeiter mittelfristig gehen und 10.000 ihren Job sofort verlieren sollten. Trotz späterer Horrormeldungen, dass sogar mit Massenentlassungen zwischen 30.000 - 40.000 Mitarbeitern gerechnet werden müsse, kam dieses Thema dank des steigenden Dollarkurses und des überraschenden Erfolges mit dem Käfer-Nachfolgemodell, dem Golf, dann doch vom Tisch. Aber auch andere Unternehmen, wie z.B. Ford, Opel, die Stahlunternehmen Thyssen, Hösch und Klöckner oder BASF und Bayer, mussten damals Tausende in die Kurzarbeit schicken. Darüber hinaus vervierfachte sich innerhalb von zwei Jahren die Zahl der Arbeitslosen in Deutschland.

In den Jahren 1979 - 1989 traf der dann weltweit eintretende Strukturwandel besonders die im Steinkohlebergbau und in der Stahlindustrie tätigen Unternehmen, wie z.B. Krupp in Rheinhausen. Zwischen 1980 und 2002 gingen dadurch allein im Ruhrgebiet etwa die Hälfte der 1 Million Arbeitsplätze im produzierenden Gewerbe verloren.

Solche sich stets wiederholenden konjunkturellen wie strukturellen Veränderungen in der Wirtschaft mögen für Ludwig Erhard mit die Hauptgründe dafür gewesen sein, dass Arbeitnehmer sich einerseits am Unternehmen beteiligen sollten, z.B. „in Kleinaktien oder anderen Formen der Gewinnbeteiligung"[3], um für den Notfall nicht vom Arbeitseinkommen abhängig zu sein, andererseits aber auch, um „ein höheres Maß von Wertbeständigkeit der Sparmittel zu erreichen"[4]. So wäre es ein Instrument gegen die Inflation. Aus den daraus zufließenden Erträgen sollte der Anleger sich im Bedarfsfall über Wasser halten und – was für Erhard besonders wichtig war – sich eine ergänzende eigene Altersversorgung aufbauen.

Es kam anders: Trotz Schaffung des Gesetzes über die Kapitalanlagegesellschaften (= Investmentgesellschaften) und des „Vermögensbildungsgesetzes" sowie erhöhter Arbeitnehmerprämien speziell für die Investition in Unternehmensbeteiligungs- bzw. Aktienfonds haben die meisten Deutschen die vom Staat beabsichtigte Wohltat nicht erkannt. Der „Spatz in der Hand war ihnen offenbar lieber als die Taube auf dem Dach". Sie wollten erst einmal das verleben, was sie verdienten.

3 Vgl. Ludwig Erhard, „Gedanken aus fünf Jahrzehnten: Reden und Schriften", Hrsg. Karl Hohmann, ECON-Verlag, ISBN 3-430-12539-1; Rede auf dem 1. Bundesparteitag der CDU in Goslar, 22.10.1950, S. 266.

4 Rede vor dem deutschen Bundestag, 14.03.1951, a.a.O., S. 284.

Wenn überhaupt vermögenswirksames Sparen erfolgte, dann vornehmlich in reine Geldanlagen wie Bau- und Banksparverträge, Kapitallebensversicherungen etc., hauptsächlich der Sicherheit wegen. Es fehlte einfach das Vertrauen in Aktien bzw. Aktienfonds – und die Banken haben sie auch nicht empfohlen.

Dies bekommen heute besonders die Menschen zu spüren, die von Anfang an versäumt haben, auf diese Weise vorzusorgen. Aber auch das private Sparen in Aktienfonds außerhalb des „Vermögensbildungsgesetzes" fand bei den Deutschen keinen Anklang. Dabei ist es seit Einführung der Investmentgesetze die lukrativste Art zu sparen und damit zu Wohlstand zu kommen bzw. zugleich auch für das Alter vorzusorgen. Es stellt sich die Frage: Woran hat das gelegen? War es wirklich die Angst, welche die Deutschen von derartigen Anlagen abgehalten hat? Hätte man ihnen die Angst durch entsprechende Aufklärung nehmen können?

Zunächst ein paar prinzipielle Aussagen zu dem Buch „Wohlstand für Alle" von Ludwig Erhard.[5] Lothar Späth schreibt in seinem Vorwort:[6] *„Ludwig Erhards zentrale wirtschaftliche Orientierungspunkte waren das Privateigentum und der Wettbewerb. [...] Bereits vor über 40 Jahren warnte er schon vor dem ‚modernen Wahn des Versorgungsstaates'. Er erkannte schon zur damaligen Zeit, ‚dass ein überbordender Sozialstaat die Leistungsbereiten demotiviert und die wirtschaftlichen Aktivitäten lähmt'"*

Den Sinn des Wohlstandes für alle sah Erhard darin, dass „der Mensch [...] sich seiner Persönlichkeit und Würde erst bewusst werden kann, wenn er nicht von materiellen Sorgen, von den kleinen Nöten des Alltages, geplagt ist, das heißt also, wenn das Materielle dank der Möglichkeiten einer Befriedigung keine übermächtige Rolle zu spielen braucht."[7] Hierbei spielte er besonders auf die in unserer Verfassung in den Artikeln 1 und 2 genannten Grundrechte der „Unantastbarkeit der Würde des Menschen" und auf die „freie Entfaltung der Persönlichkeit" an. Weiter setzte Ludwig Erhard auf den freien Wettbewerb, weil „das Prinzip des ‚laissez faire' ungeahnte Wirtschaftskräfte"[8] entfalte. Er gehe nach den „durch die wirtschaftswissenschaftliche Forschung erhärteten wirtschaftspolitischen Erfahrungen davon aus, dass die Wettbewerbswirtschaft die ökonomischste und zugleich die demokratischste Form der Wirtschaftsordnung

5 Zitiert wird aus dem erstmals 1957 erschienenen Buch „Wohlstand für Alle", Neuauflage 2000 im ECON-Verlag, ISBN 3-430-12537-5, S. 5.

6 A.a.O., S. 5.

7 Vgl. a.a.O., S. 138.

8 A.a.O., S. 168; laissez faire heißt sinngemäß: sich frei betätigen.

ist und dass der Staat nur insoweit in den Marktablauf lenkend eingreifen soll, wie dies zur Aufrechterhaltung des Wettbewerbsmechanismus oder zur Überwachung derjenigen Märkte erforderlich ist, auf denen die Marktform des vollständigen Wettbewerbs nicht erreichbar erscheint."[9]

In einer Rede vor der Versicherungswirtschaft im Januar 1956 stellte Ludwig Erhard fest: „Die Marktwirtschaft ist damit die Wirtschaftsordnung, die ein Maximum an Produktivität, Wohlstandsmehrung und persönlicher Freiheit verbindet."[10]

Unter dem Abschnitt „Alle müssen am Erfolg teilhaben" sagt er: *„Das ist der soziale Sinn der Marktwirtschaft, dass jeder wirtschaftliche Erfolg, wo immer er entsteht, dass jeder Vorteil aus der Rationalisierung, jede Verbesserung der Arbeitsleistung, dem Wohle des ganzen Volkes nutzbar gemacht wird und einer besseren Befriedigung des Konsums dient."*[11]

Ludwig Erhard hat seine Wirtschaftspolitik auf den Grundsatz der Freiheit und Freizügigkeit gestellt. Er sagt dazu: ***„Wenn wir schon eine freie Wirtschafts- und Gesellschaftsordnung haben wollen, dürfen wir niemanden und keiner Gruppe das Recht einräumen, die Freiheit individuell nach Geschmack und Belieben auszudeuten und sie dann auch einzuengen."***[12] Weiter heißt es: *„Wer Machtpositionen auszunutzen versucht, muss sich bewusst sein, dass er damit andere Volkskreise und andere Bevölkerungsschichten in ihrem sozialen Sein behindert und schädigt."*[13]

Nach Erhard wird der Mensch erst frei und reif für ein „höheres Tun", wenn die materielle Basis geordnet ist. Weiter sagt er – und das ist aktueller denn je: ***„Wenn wir heute um neue Formen der Zivilisation und der Kultur ringen, dann werden wir in dieser großen geistigen Auseinandersetzung […] nur dann eine Chance haben, wenn die Menschen zu jener inneren Unabhängigkeit und Gelöstheit hinfinden, die die wahre Freiheit verbürgen kann. Eine Wirtschaftspolitik, die sich zum Ziel gesetzt hat, den Wohlstand zu mehren, muss insoweit ein Gott wohlgefälliges Beginnen darstellen."***[14]

9 A.a.O., S. 167.

10 Vgl. „Gedanken aus fünf Jahrzehnten: Reden und Schriften", S. 461.

11 Vgl. „Wohlstand für Alle", S. 169.

12 A.a.O., S. 170 – Hervorhebung durch den Autor.

13 A.a.O., S. 222.

14 A.a.O., S. 228 – Hervorhebung durch den Autor.

Der Wohlstand in diesem Sinne könne nicht durch einen Versorgungsstaat geschaffen werden, denn alles, was das Kollektiv – der Staat – dem einzelnen Bürger zuwendet, muss er ihm – oder anderen – zuvor in Form von Steuern oder in bar abgenommen haben. Wenn dieses System anfänglich vielleicht noch einigermaßen funktioniert hat, so hat sich die Anzahl der „Bar-Zahler“ als auch der Steuerzahler immer mehr verringert. Die Folge: Die ehemals den Bürgern zugesagte Versorgung kann nur noch durch immer mehr Steuern und Kürzungen der Versorgungszusagen bzw. Renten im Lot gehalten werden. Wenn Norbert Blüm 2002 behauptet hat, die Rente sei sicher, man brauche doch nur die Rentenbeiträge von zurzeit knapp 20 % auf 25 % anzuheben, dann fragt man sich, ob das vom System her überhaupt noch bezahlbar ist.

Ludwig Erhard äußerte seinerzeit bereits zu dem in seinen Augen ausufernden Versorgungsstaat Folgendes: *„Hier ist mit Fug und Recht an jeden Einzelnen die Gretchenfrage zu stellen: Hat denn das Eindringen des Staates, der öffentlichen Hand und der sonstigen großen Kollektive in das menschliche Leben, – hat die damit verbundene Aufblähung der öffentlichen Haushalte und die wieder dadurch bewirkte immer größere Belastung des einzelnen Staatsbürgers nun wirklich zur Vermehrung seiner Sicherheit und zur Minderung seiner Lebensangst beigetragen? Wenn ich diese Frage absolut stelle, dann möchte ich sie auch mit absoluter Deutlichkeit verneinen. Die Sicherheit des einzelnen Menschen – oder mindestens das Sicherheitsgefühl – hat mit der Überantwortung seines Schicksals an den Staat oder an das Kollektiv nicht zugenommen, sondern abgenommen.“*[15]

Was Ludwig Erhard sagen würde, wenn er heute, etwa 50 Jahre später, feststellen müsste, dass die ihm nachfolgenden Politiker immer noch nichts hinzugelernt haben, bleibt der Fantasie überlassen. Jedes Jahr zahlt der Staat aus Steuermitteln kräftig drauf und findet keine Lösung, diesem immer größer werdenden Dilemma wirksam zu begegnen.

Erhard sprach damals bereits davon, *„dass z.B. der innere Zusammenhang zwischen* ***Verbrauchen, Sparen und Investieren*** *nur selten richtig und voll erkannt“*[16] würde. An anderer Stelle spricht er davon, dass *„wirtschaftliche Freiheit und totaler Versicherungszwang […] sich denn auch wie Feuer und Wasser [vertragen].“*[17] Und was den Versicherungszwang angeht, haben wir genau diesen bis zum Exzess ausgeweitet. Wir haben weitere Berufsgruppen einbezogen, Bezieher von gesetzlichen Renten, die einstmals krankenversicherungsfrei waren, wurden

15 A.a.O., S. 251.

16 A.a.O., S. 239.

17 A.a.O., S. 247.

zwangsversichert. Meine persönliche gesetzliche Rente hat sich dadurch im Ergebnis etwa halbiert. Darüber hinaus werden Renten nicht nur massiv besteuert – die Ertragswertbesteuerung wurde von einem Jahr zum anderen von 20 % auf 50 % angehoben –, es wurde die Pflegeversicherung eingeführt, weil der normale Rentner diese Kosten aus seinen Versorgungsansprüchen nicht mehr aufbringen konnte. Das wäre alles nicht nötig, wenn jeder frühzeitig dazu angehalten worden wäre, für sich selbst ausreichend vorzusorgen. Der Staat hätte hierfür die Rahmenbedingungen für eine verlässliche Orientierung setzen müssen.

Ludwig Erhard hat sich hierzu wie folgt geäußert: Das ihm vorschwebende Ideal beruhe auf der Stärke, dass jemand sagen könne: ***„Ich will mich aus eigener Kraft bewähren, ich will das Risiko des Lebens selbst tragen, will für mein Schicksal selbst verantwortlich sein. Sorge du, Staat, dafür, dass ich dazu in der Lage bin."***

Der Ruf dürfe nicht lauten: ***„Du, Staat, komm mir zu Hilfe, schütze mich und helfe mir"***, *sondern umgekehrt:* ***„Kümmere du, Staat, dich nicht um meine Angelegenheiten, sondern gib mir soviel Freiheit und lass mir von dem Ertrag meiner Arbeit so viel, dass ich meine Existenz, mein Schicksal und dasjenige meiner Familie selbst zu gestalten in der Lage bin."***[18]

Inzwischen fühlt sich der Bürger in Bezug auf seine gesetzliche Altersvorsorge immer mehr enteignet, entmündigt und dazu noch orientierungslos. Er wird wie in einer Herde Lemminge von Banken und Versicherern vor sich hergetrieben, weil er hilflos und unselbstständig geworden ist.

Mit gesundem Menschenverstand ist das alles nicht mehr nachvollziehbar, denn zur Versorgung eines jeden Arbeitnehmers erhält der Staat ca. 40 % seines Gehalts (Arbeitnehmer- und Arbeitgeberanteil, je zur Hälfte) Monat für Monat bar ausgezahlt, davon allein schon etwa die Hälfte (19,9 %) für die Altersversorgung. Und dennoch wird dem Arbeitnehmer zugemutet, zusätzlich privat vorzusorgen, z.B. in Form des Riestersparens, verbunden mit entsprechenden Zulagen, nur weil der Staat es nicht schafft, die durch das jetzige Rentensystem später entstehenden Versorgungslücken anderweitig zu schließen.

Der Staat ist besonders in den letzten Legislaturperioden dabei, uns allmählich unser Wertvollstes zu nehmen, nämlich unsere **Freiheit**.

18 A.a.O., S. 251 f.

Er wirkt inzwischen selber hilflos, weil ihm außer Rentenkürzungen und Steuererhöhungen für die noch verbliebenen Steuerzahler – mit zum Teil weit in die Zukunft reichenden massiven Auswirkungen wie die Versteuerung von fälligen Kapitallebensversicherungen, Abgeltungsteuer etc. – nichts anderes mehr einfällt. Die Bürger werden damit ganz allmählich stranguliert. Und wie wehren wir uns dagegen? Überhaupt nicht: Auch das haben wir offenbar verlernt.

Abraham Lincoln (1809 - 1865), der besonders durch sein bürgerliches Freiheitsideal bekannt gewordene ehemalige amerikanische Präsident, hat seinerzeit folgende Worte verfasst, die einige Politiker sich hinter den Spiegel klemmen sollten:

> ***„Ihr werdet die Schwachen nicht stärken, indem ihr die Starken schwächt.***
>
> ***Ihr werdet denen, die ihren Lebensunterhalt verdienen müssen, nicht helfen, indem ihr die ruiniert, die ihn bezahlen.***
>
> ***Ihr werdet keine Brüderlichkeit schaffen,***
> ***indem ihr Klassenhass schürt.***
>
> ***Ihr werdet mit Sicherheit in Schwierigkeiten kommen,***
> ***wenn ihr mehr ausgebt, als ihr verdient.***
>
> ***Ihr werdet kein Interesse an den öffentlichen Angelegenheiten und keinen Enthusiasmus wecken,wenn ihr dem Einzelnen seine Initiative und seine Freiheit nehmt.***
>
> ***Ihr könnt den Menschen nie auf die Dauer helfen,***
> ***wenn ihr für sie tut, was sie selber für sich tun sollten und können."***

Diese Zeilen sollten alle Bürger im Lande nachdenklich stimmen und wir sollten bei der nächsten Wahl diejenigen abstrafen, die sich an diesen Grundsätzen vergangen haben. Dies gilt besonders für den Mittelstand als die Betroffenen, welche bei uns die Hauptlast im Staat tragen.

Aber auch der im März 2009 verstorbene und hoch angesehene Professor Dr. Ernst Benda, ehemaliger Präsident des Bundesverfassungsgerichts, hat sich zum im Grundgesetz verankerten Freiheitsverständnis Anfang der 80er-Jahre auf verblüffend ähnliche Weise geäußert wie Ludwig Erhard in seinem Buch „Wohlstand für Alle".*„Je stärker der Einzelne vom Staat abhängt, desto* *eher verkümmert seine Fähigkeit, für sich selbst zu sorgen, und desto eher gerät er in die Gefahr der Abhängigkeit. Auch der wohlwollende, fürsorgerische Sozialstaat, der dem Einzelnen nahezu jedes Lebensrisiko abnimmt, ist eine Gefahr, zumal wenn die an ihn gestellten Leistungsansprüche nicht mehr erfüllt werden können. Ein Übermaß an staatlicher Fürsorge bedeutet die Unmündigkeit des Einzelnen und damit der Verlust an individueller Freiheit.*"[19]

An dieser Stelle stehen wir heute. Der Staat ist allein mit den Rentenzahlungen bereits überfordert, denn er muss jetzt schon jährlich einen Zuschuss aus Steuergeldern in Höhe von ca. 80 Milliarden Euro zahlen. Auch die Gesundheitsversorgung wird den Staat laut Ex-Ministerin Ulla Schmidt nochmals 20 - 25 Milliarden Euro pro Jahr kosten. Das heißt, bei einem Haushaltsvolumen von ca. 280 Milliarden Euro sind allein 100 Milliarden Euro für die Versorgung der Bürger erforderlich. Das sind ca. 36 % des Gesamtvolumens – und das, obwohl fast alle Bürger bereits vorweg hohe Beiträge in die gesetzliche Renten- und Krankenversicherung eingezahlt haben. Und es ist abzusehen, dass die Deckungslücke immer größer wird. Man spricht heute schon über die Anhebung der Rentenversicherungsbeiträge von derzeit knapp 20 % auf 22 %. Die Gesundheitskosten laufen ebenfalls so schnell davon, dass es nur noch eine Frage der Zeit ist, bis die Beiträge wieder steigen müssen, will man den Weg der Umlagefinanzierung wie bisher weitergehen.

Wir wählen Politiker, weil sie unser Vertrauen genießen. Damit tragen sie die Verantwortung, schnellstmöglich eine tragfähige Lösung für die kommenden Generationen zu finden. Die Schriftstellerin Edith Hamilton (1867 - 1963) drückte es folgendermaßen aus: „Verantwortung ist der Preis, den wir alle für unsere Freiheit bezahlen müssen."[20] Gefordert sind wir alle, aber die Politik ist in besonderer Weise berufen, zu handeln.

---

19 Zitiert in „Freiheit, was ist das?" von Dietrich Wellershoff, Verlag E.S. Mittler & Sohn GmbH, Herford 1984, ISBN 3-8132-0175-9, S. 213. Ähnlich in einem Interview mit dem Nobelpreisträger für Ökonomie 2006, Edmund Phelps, Professor an der Columbia University, unter www.zeit.de/online/2006/41nobelpreis-interview: „Wenn Sie jedem Menschen kostenlos alle Güter und Dienstleistungen zur Verfügung stellen, die er sich jemals wünschen kann, ohne einen Finger zu bewegen, dann hat das einen sehr schlechten Einfluss auf seine Privatinitiative"

20 Harenberg Kalender Verlag (07.10.2010), PF 100311, 68003 Mannheim.

2 Vergangenheitserfahrungen mit der Politik im Umgang mit Geld

2.1 Mögliche Lehren aus Fehlern der Vergangenheit

Wenn etwa 80 % der deutschen Bundesbürger finanziell ungeschult sind, wie Umfragen immer wieder bestätigt haben, dann wird das vermutlich auch auf unsere Politiker zutreffen, ohne damit jemand brüskieren zu wollen. Unabhängig davon neigen wir Menschen auch noch dazu, unsere Fähigkeiten leicht zu überschätzen, vor allem, wenn es um den Umgang mit Geld geht. Und wenn nicht, ist für 75 % der Bürger Anlaufstelle die Bank, um sich beraten zu lassen. Wenn es aber nicht gerade um einen Festgeldzinssatz geht, um den man feilscht, sondern um echte Geldvermehrung, ist die Bank in der Regel nicht die richtige Adresse, wie bereits dargestellt.

Bezeichnend ist auch ein Zeitungsbeitrag von Bernd Ziesemer[21] mit der Überschrift: „Viele Politiker haben keine Ahnung von Wirtschaft". Diese Feststellung trifft generell auf alle Deutschen zu, aber wie sollte es auch anders sein. Politiker müssen nicht fachlich vorgebildet sein, sondern sie kommen aus allen Gesellschaftsschichten. Aber ein Wirtschafts- oder Finanzminister, der die Finanzgeschicke der Bundesrepublik führt, sollte schon eine hohe Fachkompetenz und möglichst auch praktische Erfahrung mitbringen, damit er nicht nur Einnahmen und Ausgaben verwaltet, sondern aus Geld wiederum Geld zu machen versteht.

Das beste Beispiel bleibt für mich Ludwig Erhard, der seine Idee persönlich nicht mehr vollständig umsetzen konnte. Aus heutiger Sicht fehlte vielleicht sogar das Wichtigste, nämlich eine individuelle und eigenverantwortlich aufgebaute Altersversorgung durch die Bildung von Eigentum und Vermögen, um damit auch künftige nachhaltige Einkünfte für jeden zu sichern.

1949 holte Konrad Adenauer Ludwig Erhard, damals Direktor des Frankfurter Wirtschaftsrats, als Wirtschaftsminister in sein Kabinett. Beide hatten den festen Willen, eine Wirtschafts- und Sozialordnung zu schaffen, die das Prinzip der Freiheit des Marktes mit dem des sozialen Ausgleichs verband. Dennoch waren sie in entscheidenden Fragen der Umsetzung des „Wohlstands für Alle" nicht immer einer Meinung. Als es 1957 um den Einstieg in das heute noch gültige Rentensystem ging, setzte sich Adenauer als Jurist gegenüber seinem fachkompetenteren Ökonomieprofessor durch – was dabei herausgekommen

21 Nordwest-Zeitung vom 11.04.2007; Bernd Ziesemer ist Chefredakteur des Handelsblattes und hat ein Buch geschrieben mit dem Titel „Eine kurze Geschichte der ökonomischen Unvernunft" – Campus Verlag.

ist, war von vornherein eine „Milchmädchenrechnung", die nicht aufgehen konnte, denn es war ein „Von der Hand in den Mund leben", wie es Ludwig Erhard seinerzeit schon erkannt hatte.

Er warnte damals bereits vor dem „Sicherheits- und Rentendenken" der Deutschen. Man könne damit später einmal **„in fragwürdiger Harmonie wachsender Armut"** untergehen.[22] An dieser Schwelle könnten wir heute stehen, wenn man aktuelle Medienberichte und politische Diskussionen aufmerksam verfolgt.

Was bedeutete die Rentenreform 1957, der sog. „Generationenversorgungsvertrag", nun tatsächlich? Der Staat hatte das Problem, dass während der Kriegsjahre viele nicht oder nicht ausreichend in die Rentenversicherung eingezahlt hatten, dazu noch viele Kriegerwitwen zu versorgen waren und das Geld dafür im Staatshaushalt fehlte. Aus Sicht eines Juristen war es wahrscheinlich eine geniale Idee, die Einnahmen aus Pflichtbeiträgen der Erwerbstätigen für die Bezahlung der Rentenempfänger zu verwenden. Da man sich als eine Solidargemeinschaft verstand, wurden rechtliche Bedenken einfach vom Tisch gewischt, denn in Wirklichkeit handelte es sich um eine Veruntreuung von Beiträgen von denjenigen, die sich damit eine *eigene* Altersversorgung aufzubauen glaubten. Beitragszahler erwarben somit keinen Anspruch aus eigenem, angespartem Kapital, sondern nur einen rein rechnerischen gegenüber dem Staat.

Man nahm es gelassen hin, denn der Zeitpunkt des Renteneintritts lag noch weit in der Zukunft und die Rente war, wie Politiker später immer wieder aufs Neue behauptet haben, *sicher.* Man sprach offiziell auch von einer „Rentenversicherung", aber allenfalls war sie ein Anspruch auf staatliche Versorgung mit der Tendenz einer gleich hohen „Rente" für alle. Ein Versicherer oder auch ein Unternehmen mit einem betrieblichen Versorgungssystem hätte es sich nie leisten können, die Beiträge der einen für die Renten der anderen zu verwenden. Für die jeweiligen Versorgungsansprüche hätten von Gesetzes wegen Rücklagen gebildet werden müssen. Aus diesen hätten später die aufgrund der jeweils geleisteten Beiträge erworbenen Rentenansprüche gezahlt werden können. Anderenfalls hätte mit Sicherheit der „Staatsanwalt" ein Wort mitzureden gehabt.

Nur der Staat kann es sich leisten, in Wirklichkeit seine Bürger zu betrügen, und die Politik findet bis heute keinen Ansatz, dieses Problem für künftige Generationen zufriedenstellend zu regeln. Helmut Schmidt, der ehemalige

22 Bericht des „Stern" 13/2006 „Wohlstand für alle".

Bundeskanzler (1974 - 1982), sagte in einem Interview in der „ZEIT" zu dem Thema „Unsere Rentensünden":[23] *„Die Sicherung der Rente, die Organisation einer angemessenen finanziellen Versorgung der Bürger im Alter gehört zu den kompliziertesten politischen Problemen. Eine einfache, elegante und zugleich dauerhafte Lösung dafür gibt es* ***nicht.***"

Wenn alle Politiker das glauben – und Helmut Schmidt besaß dazu auch noch eine hohe Fachkompetenz in wirtschaftlichen Fragen –, dann finden sie auch keine Lösung. Sie bremsen sich selbst aus. In dieser Weise waren uns schon die Römer überlegen, wie es in folgendem Spruch zum Ausdruck kommt:

> ***Es gibt für alles einen Weg***
> ***und wenn nicht, dann bauen wir ihn!***

Das muss doch der Ansatz sein und dann versetzt der Glaube auch heute noch Berge, wie es in der Bibel schon geschrieben steht. Der Weg wird nicht kurzfristig begehbar sein, aber Rom ist auch nicht an einem Tag erbaut worden. Aber es gibt ihn – wir müssen ihn nur noch finden.

2.2 Mögliche Lehren aus verpassten Chancen der Vergangenheit

2.2.1 Der „Juliusturm"

„Kapitalstöcke in die Hand von Politikern zu geben, ist etwa so, als ob man einen Fuchs in den Hühnerstall tut, um die Hühner zu bewachen."[24]

Während Ludwig Erhard von 1949 - 1963 Wirtschaftsminister war und die Politik des „Maß halten und wachsen" anmahnte, verfolgte der damalige Finanzminister Fritz Schäffer (1949 - 1957) eine an der Geldwertstabilität orientierte Politik des „knappen Geldes". Schäffer hatte von 1952 - 1956 Rücklagen im Bundeshaushalt von 7 Milliarden Deutsche Mark angesammelt, die damals als „Juliusturm" bezeichnet wurden.[25] Dieser ursprünglich für Verteidigungszwecke bei der Bundesbank angesparte Betrag floss, weil der Zweck weggefallen

23 Die ZEIT Nr. 32 vom 04.08.2005.

24 Adrian Ottnad, Institut für Wirtschaft und Gesellschaft, Jeversches Wochenblatt vom 29.03.2006.

25 Die Bezeichnung „Juliusturm" ist zurückzuführen auf den Turm der früheren Zitadelle in Spandau, in welchem bis 1914 der aus der französischen Kriegsentschädigung stammende Reichskriegsschatz aufbewahrt wurde.

war, nach und nach in den Bundeshaushalt ein und ging in den allgemeinen Ausgaben unter, obwohl er damals in dem in stetigem Aufstieg befindlichen „Wirtschaftswunderland" einer besseren Verwendung hätte zugeführt werden können. Die Wirtschaft nahm einen enormen Aufschwung, sodass sich das Volkseinkommen seinerzeit wie folgt entwickelte:[26]

1954	63 Milliarden Euro
1958	95 Milliarden Euro
1962	144 Milliarden Euro
1966	194 Milliarden Euro

Innerhalb von 12 Jahren verdreifachten sich die Einkommen – eine wirklich fast ans Wundersame grenzende Entwicklung.

Wenn man der freien Marktwirtschaft schon den Vorrang eingeräumt hat, Arbeitnehmer animierte, vermögenswirksam u.a. auch in Investmentfonds zu sparen und dafür noch die höchsten staatlichen Prämien aussetzte, warum ist dann seinerzeit niemand auf die Idee gekommen, auch für den Staat auf Unternehmensbeteiligungen oder besser auf Investmentfonds zu setzen? So hatte es der Bankdirektor der von mir steuerlich betreuten Witwe Anfang der 50er-Jahre gemacht, sonst hätte sie Mitte der 60er-Jahre neben einer guten Rente nicht bereits über ca. 170.000 DM Investmentvermögen verfügt.[27] Hat man den vom Gesetzgeber selbst geschaffenen Investmentgesetzen etwa nicht getraut? Bereits seit Anfang der 50er-Jahre gibt es in Deutschland aufgelegte, mit sehr gutem Erfolg geführte Investmentfonds, die auch heute noch existieren wie z.B. Adifonds (1958), Concentra (1956), Dekafonds (1956), Fondak (1950),[28] Fondis (1955), Industria (1959), Intervest (1959), Investa (1956), Unifonds (1956) und Akkumula (1961), um nur einige zu nennen. Es hat doch seitdem schon immer funktioniert – oder wurde uns die Gefährlichkeit von Aktienfonds immer nur eingeredet?

Der Staat hätte hier mit gutem Beispiel vorangehen können, um dem Bürger die Angst vor solchen vermeintlich riskanten Anlagen zu nehmen und sich selbst eine handfeste Rücklage für schlechte Zeiten zu schaffen. Rein hypothetisch hätte der Staat somit bereits zum 01.01.1957 in ein aus nachstehenden Aktienfonds bestehendes Depot investieren können, das zu folgenden Renditen geführt hätte:

26 Zeitschrift „UNION" der CDU Deutschlands, Ausgabe 2/2007.

27 Vgl. meine Ausführungen unter B 1.1.

28 Vgl. auch die Ausführungen unter „Mein Schlüsselerlebnis".

	Rendite p.a. zum Stichtag:			
	31.12.2007 %	31.12.2008 %	31.12.2009 %	31.12.2010 %
Concentra	10,46	8,22	8,66	8,84
Dekafonds	9,84	8,32	8,70	8,91
Fondak	10,45	8,87	9,28	9,48
Fondis	7,60	6,14	6,50	6,74
Investa	10,46	9,02	9,45	9,59
Unifonds	9,77	8,46	8,76	8,88
Rendite p.a. ø	**9,79**	**8,34**	**8,74**	**8,91**

Bei Anlage des Ende 1956 im Bundeshaushalt angesparten Betrages von 7 Milliarden DM oder umgerechnet 3,579 Milliarden Euro in vorstehende Fonds bei gleicher Gewichtung wären folgende Ergebnisse erzielt worden:[29]

31.12.2007	31.12.2008	31.12.2009	31.12.2010
419 Mrd. Euro	231 Mrd. Euro	303 Mrd. Euro	360 Mrd. Euro

Nachtrag: Wert 31.12.2011 – 298 Mrd. Euro

Zur besseren Veranschaulichung, welche Ergebnisse in der Vergangenheit bei Anlage in einem der besten international anlegenden Aktienfonds erzielbar gewesen sind, nachfolgend die Darstellung anhand einer Anlage im Templeton Growth Fund. Um das Ganze zu relativieren: Dieser Fonds wäre in Deutschland erst ab 1982 besparbar gewesen, aber für Amerikaner war er seit Auflegung in 1954 zugängig. Andererseits würde man bei einem Staatsfonds nie alles auf eine Karte setzen. Es soll Ihnen nur eine Vorstellung geben, welche Ergebnisse in der Vergangenheit möglich gewesen sind.
Die Vergleichsanlage hätte zu folgenden Ergebnissen geführt:[30]

Stichtag	31.12.2007	31.12.2008	31.12.2009	31.12.2010
	971 Mrd. €	573 Mrd. €	732 Mrd. €	843 Mrd. €
Rendite p. a. =	11,61 %	10,25 %	10,56 %	10,64 %
Rendite deutscher Fonds – wie vor –	9,79 %	8,34 %	8,74 %	8,91 %
Unterschied	- 1,82 %	- 1,91 %	- 1,82 %	- 1,73 %

Nachtrag: Wert Anlage im Templeton Growth Fund 31.12.2011 – 815 Mrd. Euro

29 Datenmaterial von © 2006 EDISoft GmbH, Vers. 4.04.14/0804.

30 Lt. Fonds@nalyse Tool EDISoft GmbH © 2006, Vers. 4.04.14/1004, Anhamg 17.1 u. 17.2.

Obwohl sich die Renditen in der Spitze „nur" um noch nicht einmal 2 % unterscheiden, liegen zwischen den Ergebnissen „Welten", die sich aus der langen Anlagedauer in Verbindung mit dem progressiv wirkenden Zinseszinseffekt erklären.

Generell sieht man aber, dass sich die deutschen Fonds gleichläufig entwickelt haben wie der Templeton Growth Fund, Letzterer nur auf höherem Niveau. Der vom 31.12.2007 bis zum 31.12.2008 eingetretene Verlust hätte zwar eben einmal 40 % oder 389 Milliarden € ausgemacht, bedingt durch die nachlaufenden Auswirkungen der Hypothekenkrise in den USA, aber er wird auch dieses Mal wieder nur vorübergehender Natur sein.

Der Kursverlust entspricht prozentual etwa dem Kurseinbruch während der Ölkrise 1973/74. Damals hat es nicht einmal zwei Jahre gedauert, bis der Verlust von über 40 % nicht nur wieder aufgeholt war, sondern den Ausgangswert bereits wieder erheblich überholt hatte.

Auch die Aktie von Berkshire Hathaway, der Fondsgesellschaft von Warren Buffett, einer der reichsten Männer der Welt, lag Mitte November 2008 mit mehr als 40 % im Minus.[31] Warren Buffett hat aber keine Angst, Geld zu verlieren, weil er weiß, wie der Aktienmarkt funktioniert. Von ihm stammt deshalb auch der Ausspruch:[32]

> ***„Kaufe nie eine Aktie, wenn du nicht damit leben kannst, dass sich der Kurs halbiert."***

Hieraus spricht aber auch die Gewissheit, dass Schwankungen bei der Anlage in Aktien normal sind und man längerfristig kein Geld verlieren kann. Vor allem dann nicht, wenn man an den besten Unternehmen weltweit, besonders in Form breit aufgestellter Aktienfonds, beteiligt ist. Bei all den zwischenzeitlichen Wertschwankungen hätte in dem zuvor aufgezeigten hypothetischen Fall der Staat stets auf eine Notfallreserve zurückgreifen können, die im Minimum in etwa dem Wert des normalen Bundeshaushaltes entsprochen und vor allem gegen die massiven Auswirkungen der jetzigen Finanzkrise ein beachtliches Bollwerk dargestellt hätte. Außerdem wäre dies die Gelegenheit gewesen, einen der ersten Staatsfonds zu begründen, der nicht aus dem Verkauf von Öl und sonstigen Rohstoffen gespeist worden wäre, sondern aus der *einmaligen Anlage von gespartem Geld* – ohne jegliche weitere Zuzahlung.

31 Notiz in der FAZ am 20.11.2008 (Quelle: Bloomberg).

32 Entnommen einer Präsentation vom DWS Investment-Vortrag von Andreas Tetzlaff am 03.11.2008 in Bad Zwischenahn.

2.2.2. Die Entflechtung der „Deutschland AG"

Ein eklatanter Fehler war bereits, dass der damaliger Bundeskanzler Schröder im Jahr 2005 einen in Steuerfachkreisen hoch angesehenen Mann mit einer flapsigen Bemerkung politisch kaltgestellt hat, nämlich mit den Worten „der Professor aus Heidelberg" – in dem Sinne: Was kann und will der schon? Es handelte sich um Professor Dr. Paul Kirchhof, der als ehemaliger Richter am Bundesverfassungsgericht in der Lage gewesen wäre, ein vereinfachtes und dabei noch gesellschaftspolitisch verträgliches Steuerrecht zu schaffen, das wir Deutsche so bitter nötig gehabt hätten.[33]

Kaum ein Bundesbürger ist heute noch in der Lage, für sich selbst eine „richtige" Steuererklärung abzugeben. Und wenn er fachlichen Rat in Anspruch nimmt, kann er die Kosten nicht einmal mehr als Sonderausgaben abziehen, weil die Regierung nicht in der Lage war, ein vernünftiges Reformkonzept auf den Weg zu bringen.

Nur eine generelle Vereinfachung der Steuergesetzgebung, verbunden mit einer gerechteren Verteilung der Steuerlast, sowie eine große Rentenreform wären geeignet gewesen, eine Aufbruchstimmung im Sinne Roman Herzogs in Deutschland zu bewirken und besonders der Jugend eine für die Zukunft hoffnungsvolle Perspektive aufzuzeigen – statt der ständigen Flickschustereien, wie sie den Bürgern laufend präsentiert werden.

Wenn man bei den Steuergesetzen mittlerweile schon gewohnt ist, jeweils parallel dazu ein sog. Missbrauchsgesetz mitgeliefert zu bekommen, sollte der Bürger auch das Recht haben, die Befolgung dieser vom gesunden Menschenverstand her manchmal unsinnigen Gesetze, wie es z.B. die Abgeltungsteuer auf Kursgewinne darstellt, zu verweigern oder deren Abschaffung zu verlangen. Wenn schon die gesetzliche Rente keine Perspektive aufzeigt, ist gerade die Abgeltungsteuer dazu angetan, der Jugend die Zukunft zu verbauen, weil sie dem effizienten Aufbau einer privaten Altersversorgung entgegensteht.

Man hat uns Deutschen schon nachgesagt, dass wir uns selber blockieren. Und hier mag auch Einiges dran sein, wenn man an die sich ständig ausweitende Bürokratie denkt – besonders an die Steuergesetzgebung, bei der mit Akribie alle Einzelheiten geregelt werden, die vielfach im Gesamtkontext unwichtig sind. Verwaltungsanweisungen, Durchführungsbestimmungen, Erlasse etc. nehmen einen weit größeren Umfang ein als die Gesetze selbst.

33 Hinweis auch auf die Ausführungen zu D 2.6.5 „Wie wirkt sich die Abgeltungsteuer nun tatsächlich aus?".

Deutschland soll Weltmeister sein beim Verbrauch von Papier, auf dem die Gesetze gedruckt sind.[34]

Dies sollte aber zugleich für Sie auch ein Denkanstoß sein, sich an guten Unternehmen zu beteiligen, denn dann profitieren Sie bereits von Anfang an von einem Wirtschaftsaufschwung. Sind Sie dagegen nur Arbeitnehmer, erfolgt zumeist eine Anpassung Ihrer Vergütung mit erheblicher zeitlicher Verzögerung – nämlich erst dann, wenn offenkundig geworden ist, dass ein Unternehmen sich im Aufwind befindet und zumeist die Gewerkschaften den Anstoß zu einer Erhöhung gegeben haben.

Wenn Sie aber in Beteiligungen an Unternehmen investieren wollen, setzen Sie nie alles auf *eine* Karte, sondern wählen Sie den Weg über breit streuende Investmentfonds – der Sicherheit wegen. Eine vom Gesetzgeber vorgeschriebene breite Streuung verhindert einen Totalausfall und die Behandlung derartiger Beteiligungen als Sondervermögen garantiert Ihnen den Erhalt Ihrer Anteile durch den Staat. Sie schaffen sich damit eine Reserve, auf welche Sie im Notfall zurückgreifen können, und längerfristig hilft der Zinseszinseffekt, dieses Vermögen – wenn auch unter Schwankungen – überproportional zu mehren.

Auch die von der Politik kürzlich wieder ins Spiel gebrachte „Mitarbeiterbeteiligung" ist zwar im Prinzip gut gemeint, aber in Wirklichkeit nicht gut. Es wird nämlich gegen den wohl wichtigsten Grundsatz bei Kapitalanlagen überhaupt verstoßen, nämlich den der breitestmöglichen **Streuung**.

Nicht, dass die Politiker dieses Problem nicht erkannt hätten, denn im Konkursfalle werden die Ansprüche der Mitarbeiter über den Pensionssicherungsverein (PSV) abgedeckt. Man vergisst aber dabei, dass die Mittel des PSV zuvor von der Solidargemeinschaft aller Wirtschaftsunternehmen eingesammelt werden müssen. Per se trägt somit der Steuerzahler die Kosten, weil Gewinnminderungen der Unternehmen auf die Einkommen aller in der Wirtschaft Beschäftigten durchschlagen müssen.

Wäre die Beteiligung an guten, breit aufgestellten Publikumsfonds deshalb nicht sinnvoller? Ein Ausfallrisiko würde von vornherein vermieden und volkswirtschaftlicher Schaden von den Bürgern abgewendet. Noch absurder

34 Die Große Koalition hat beispielsweise in ihrer vierjährigen Regierungszeit 608 Gesetze und 1.638 Rechtsverordnungen beschlossen, u.a. auch das sog. „Steuerhinterziehungsbekämpfungsgesetz", das sich mehr oder weniger in Luft auflösen wird, da sich die als Steueroasen bezeichneten Länder auf Druck der OECD bereit erklärt haben, ihr Bankgeheimnis durchlässiger zu machen. Artikel in der FTD vom 24.09.2009 „Die Aufregung war umsonst" von dem freien Steuerfachautor Robert Kracht.

wird es, wenn der Staat, dieses „Alles auf eine Karte setzen" mit Steuermitteln fördert. Er verführt damit die Arbeitnehmer zu Wetten darauf, dass es seinem Unternehmen in Zukunft gut gehen wird. Er persönlich kann dabei zwar nichts verlieren, weil die Gemeinschaft aller Bürger für einen daraus entstehenden Verlust aufkommt, aber ökonomisch gedacht ist es nicht.

3 Möglichkeiten zur Umgestaltung des Sozialversicherungssystems

3.1 Das kapitalgedeckte Rentensystem in Chile

Was können wir von den Chilenen lernen? Ein Mensch gibt nicht gerne zu, dass ein anderer mehr wissen könnte, denn damit würde er sich selbst erniedrigen, und wer tut das schon gerne. Kluge Menschen wissen aber, dass man immer noch dazulernen kann und es im Leben eminent wichtig ist – um es mit Einstein zu sagen –, immer neugierig zu bleiben.

Es lohnt sich, dem Rentensystem Chiles intensiv Aufmerksamkeit zu widmen. Zumal wir von dem Umstand profitieren können, dass ein „neugieriger" Student bereits mit einer hervorragend benoteten Diplomarbeit in Vorlage getreten ist.[35] Interessant ist, dass ein in Chile bis 1980 praktiziertes Umlageverfahren, vergleichbar mit unserem jetzigen Rentensystem, auf ein kapitalgedecktes System umgestellt worden ist. Unlösbare Probleme haben sich nicht ergeben, die Kapitaldeckung funktioniert seit über 25 Jahren. Und das, obwohl der Kapitalmarkt in Chile seinerzeit noch längst nicht soweit entwickelt war wie der unsrige heute. Es hat funktioniert, obwohl in dieser Zeit ebenfalls weltweite Krisen zu meistern waren.

Nachstehend aufgeführte Krisen führten zu Rückschlägen an der Börse, die sich im weltweiten Aktienindex, dem MSCI World, wie folgt niederschlugen:[36]

Iran-Irak-Krieg	01.12.1980 - 31.08.1982	- 14,95 %
Börsencrash	01.08.1987 - 31.03.1988	- 18,76 %
2. Golfkrieg	01.07.1990 - 31.10.1990	- 15,09 %

35 Kristian Niemitz, „Die kapitalgedeckte Altersvorsorge am Beispiel Chile" ISBN 978-3-8366-0667-7, Diplomica Verlag, Hamburg 2008 – www.diplom.de. Niemitz wurde von der wirtschaftswissenschaftlichen Fakultät der Humboldt-Universität zu Berlin, Professor Dr. Charles B. Blankart, bei der Erstellung der Diplomarbeit betreut. Der Notendurchschnitt der vom Diplomica-Verlag veröffentlichten Arbeiten liegt im Prädikatsbereich 1,5.

36 Quelle: Franklin Templeton Investments, Stand 31.12.2007 / Jung, DMS & Cie, Wiesbaden.

Börsencrash	01.07.1998 - 31.08.1998	- 15,57 %
New-Economy-Crash	01.03.2000 - 31.03.2003	- 37,93 %

Dennoch haben die Rentenfonds in Chile – sog. AFPs – von 1981 bis einschließlich 2005 eine reale Rendite von durchschnittlich **10 %** erreicht. Lediglich in den Jahren 1995 und 1998 sind in den Pensionsfonds der Chilenen Verluste von 2,5 bzw. 1,1 % eingetreten. Das Vermögen der AFPs bestand 1983 noch aus 97 % Staatsanleihen und Anlagen im heimischen Finanzsektor – hier Hypothekenkredite. Im Wesentlichen handelte es sich somit um Anlagen im festverzinslichen Bereich. Zum Zeitpunkt der Abfassung der Diplomarbeit (2007) betrug dieser Anteil nur noch 46 %, während Anlagen in der Privatwirtschaft 23 % und Auslandsinvestitionen 30 % ausmachten, d.h., dieser Anteil ist in den Jahren 1983 - 2007 von 3 % auf 53 % hochgefahren worden.[37]

Die Rentenfonds in Chile, deren Aktienquote[38] vom Gesetzgeber festgelegt ist, haben in der Zeit von September 2002 - Juli 2006 folgende reale Renditen erzielt:

Fondsklasse	Aktienquote	Renditen p.a.	Anteil der Beitragszahler
A	40 - 80 %	15,2 %	1 %
B	25 - 60 %	10,2 %	44,4 %
C	15 - 40 %	7,4 %	43,9 %
D	5 - 20 %	5,7 %	10 %
E	0 %	3,1 %	0,8 %

Man sieht hieran deutlich, dass einerseits nur verhältnismäßig wenige die Variante A mit der höchstzulässigen Aktienquote gewählt haben, diese Gruppe andererseits aber auch die höchsten Renditen erzielt hat. Diese Variante ist besonders für Jüngere geeignet, weil sie noch Zeit haben, größere Schwankungen am Aktienmarkt auszusitzen. Dementsprechend können über 55-Jährige diese Fondsgruppe nicht mehr wählen. In der Variante E mit ausschließlich festverzinslichen Anlagen (Staatsanleihen etc.) wurde naturgemäß auch die niedrigste Rendite erzielt.

37 Vgl. dazu Diplomarbeit Niemitz, S. 20/21.

38 In der Diplomarbeit als „Aktiva mit variabler Verzinsung" bezeichnet.

Welche Hauptvorteile haben sich dadurch für die Volkswirtschaft, aber besonders auch für den chilenischen Bürger ergeben?

1. Ende der 60er-Jahre des vorigen Jahrhunderts konnten die chilenischen Rentenkassen nur noch etwa zwei Drittel ihrer Ausgaben (Umlagesystem) durch Beiträge decken. Die Beiträge zu den verschiedensten Rentenkassen lagen zwischen 16 und 26 % und konnten nicht mehr beliebig erhöht werden. Die Staatszuschüsse betrugen etwa 30 % des Bruttosozialproduktes – mit steigender Tendenz.

2. Mit der Umstellung des Systems entledigte sich der Staat eines großen Problems: **Jeder sorgte für sich selbst vor**.

3. Der Rentenversicherungsbeitrag verminderte sich einheitlich für alle auf **10 %** des jeweiligen Bruttoeinkommens. Dieser Beitrag ist seit Anbeginn unverändert geblieben.

4. Mit der Umstellung des Systems auf Ansparung in Fonds konnte jeder Bürger den Zinseszinseffekt nutzen. Bei einer durchschnittlichen Rendite in den Fonds von 10 % verdoppelte sich jede eingezahlte Sparrate im Durchschnitt etwa alle ***7 Jahre entsprechend der 72er-Regel: 72 geteilt durch 10 = 7,2.***

5. Jeder wurde dadurch in die Lage versetzt, sich mit maßvollen Beiträgen – nämlich einem Zehntel seines jeweiligen Verdienstes – ein seinen Einkommensverhältnissen entsprechendes Vorsorgevermögen zu schaffen.

6. Jeder ist berechtigt, zusätzlich freiwillige Beträge in die Altersvorsorge einzuzahlen, in sog. APVs. Über ein solches Konto kann der Einzahler jederzeit frei verfügen. Vor allem hat er die Sicherheit, dass er dieses Geld nicht verlieren kann, weil der Staat seine schützende Hand darüber hält.

7. Jeder in das Erwerbsleben eintretende Arbeitnehmer wurde nach Einführung der neuen Gesetze verpflichtet, in einen Fonds seiner Wahl einzuzahlen, wobei der Staat die Rahmenbedingungen für die Arten der Fonds vorgab. Die erzielten Ergebnisse der Fonds wurden jährlich veröffentlicht. Ein Wechsel war jederzeit möglich.

8. Altersvorsorgefonds wurden von privatrechtlich organisierten Institutionen geschaffen, die *im freien Wettbewerb* zueinander standen und *staatlich kontrolliert* wurden.

9. Das Vermögen der Anleger ist staatlich geschützt – ähnlich wie in Deutschland das sog. Sondervermögen der Fondsgesellschaften.

10. Wer mindestens 20 Jahre in die Altersversorgung eingezahlt hat, erwirbt einen Anspruch auf eine gesetzliche Mindestrente.

11. Ein nach Ableben des Berechtigten verbleibendes Altersvorsorgeguthaben ist vererbbar.

12. Die Altersarmut ist seitdem in Chile von 30 % auf etwa 10 % zurückgegangen.

13. Das logistische Problem der Umstellung des Umlageverfahrens auf Kapitaldeckung ist ohne große Schwierigkeiten gemeistert worden.

14. Das neue System ist von den Chilenen innerhalb kürzester Zeit angenommen worden. Trotz einer angebotenen Übergangszeit von 5 Jahren hatten sich innerhalb des ersten Jahres seit Einführung bereits zwei Drittel für das Kapitaldeckungsverfahren entschieden.

Bislang gibt es noch nicht viele Chilenen, die seit Einführung des Kapitaldeckungssystems in Rente gegangen sind. Diese wenigen beziehen aber bei deutlich niedrigeren Beiträgen eine höhere Rente als diejenigen, die sich entschieden hatten, in der staatlichen Rentenversicherung (Umlageverfahren) zu verbleiben.

Alle können spätestens mit 65 Jahren – Frauen mit 60 – in Rente gehen oder sogar früher, wenn sie vorweg freiwillig höhere Beiträge eingezahlt haben und das angesparte Guthaben die Zahlung der Mindestrente zulässt. Chile hat kein sogenanntes Langlebigkeitsproblem mit den „Alten", welche ihr Leben in Würde bis zum Ende leben können.

Das größte Problem für den Bürger, seine Unwissenheit in finanziellen Fragen, war in Chile gleichermaßen ausgeprägt wie in Deutschland. Der chilenische Staat hat dafür eine pragmatische Lösung gefunden. Er hat dem Bürger eine verlässliche Orientierung dadurch gegeben, dass er die Zulassung als Vorsorgefonds an strenge Kriterien hinsichtlich der Strukturierung der jeweiligen Portfolios festgemacht und somit den Vorsorgesparern Sicherheit gegeben hat.

Das von Chile 1981 auf Kapitaldeckung umgestellte System wurde später von der Weltbank[39] als vorbildhaft angepriesen und verbreitete sich seit den frühen 90er-Jahren in verschiedenen Varianten besonders in Lateinamerika, aber auch in Osteuropa.[40] Auch der ehemalige US-Präsident George Bush propagierte dieses Rentenmodell als Vorbild für eine Reform des amerikanischen Rentensystems,[41] konnte sich letztlich damit bei den Politikern aber nicht durchsetzen.

Woher hatten die Chilenen die Idee der Umstellung auf das Kapitaldeckungsverfahren? Bereits 1974 legten die „Chicago Boys",[42] welche nach dem Militärputsch gegen den Präsidenten Allende wesentlichen Einfluss auf die Wirtschaft Chiles nehmen konnten, erstmals einen Plan vor, der bereits damals die Umstellung des Rentensystems auf eine individuelle Kapitalbildung vorsah, zunächst aber auf Ablehnung stieß. Erst als das staatliche Rentensystem den Staatshaushalt immer stärker belastete, nahm der damalige Arbeits- und Sozialminister José Piñera diese Ideen wieder auf und das Vorhaben fand am 11. September 1980 in einer Verfassungsabstimmung breite Zustimmung. Die „Chicago Boys" konnten sich letztlich mit ihrer Liberalisierungspolitik unter dem Druck der monetären Zwangslage des Staates durchsetzen. Man könnte auch lapidar sagen: Die Chilenen wurden unter dem Druck der Verhältnisse zu ihrem Glück gezwungen. Zuvor hatten einige Angehörige des bisherigen Systems wie Sozialexperten, Angestellte der Rentenkassen, Oppositionspolitiker und Gewerkschaften, aber auch Mitglieder der Regierung, den Reformvorschlag öffentlich kritisiert und abgelehnt. Erst aufgrund der Verfassungsabstimmung mit einer Mehrheit von 65,7 % konnte die Reform noch im gleichen Jahr erfolgreich durchgesetzt werden.

39 Ein fachkompetenter Ansprechpartner in diesem Zusammenhang könnte der ehemalige Weltbankdirektor Prof. Dr. Peter Eigen sein, der mit Frau Gesine Schwan verheiratet ist – ehemalige Anwärterin auf das Amt des Bundespräsidenten. Vgl. auch Ausführungen unter C 4.2.

40 Hinweis auf Wikipedia, „Chile" (http:/de. wikipedia.org/wiki/chile).

41 FTD vom 20.11.2008 „Pinochets Rentenmodell rettet Chile".

42 Die „Chicago Boys" wurden in Chile zunächst mit ihren liberalen ökonomischen Ideen als „Fremdkörper" angesehen, galten andererseits – weil sie ihre Ausbildung an der Universität in Chicago absolviert hatten – als unparteiisch und neutral. Wenn bereits 1974 entsprechende Vorschläge für die Umstellung des Rentensystems auf Fondsbasis gemacht worden sind, dann ist das wieder nicht verwunderlich, denn in den USA lagen bereits gesicherte Erkenntnisse über das Funktionieren guter Aktienfonds vor: Der bereits 1928 gegründete Pioneer Fonds konnte bis einschließlich 1973 schon Ergebnisse für 46 Jahre vorweisen, davon 9 Verlustjahre und 37 Gewinnjahre. Die durchschnittliche Rendite – auf Dollarbasis – betrug zum 31.12.2007 trotz zwischenzeitlich erheblicher Rückschläge 12,44 % p.a.. Der Templeton Growth Fund existierte seit 1954, also bis 1973 auch bereits 20 Jahre, hatte davon 5 Verlustjahre aufzuweisen und 15 Gewinnjahre. Bis 31.12.2007 hatte dieser Fonds eine durchschnittliche Rendite von 13,82 % p.a. – ebenfalls auf Dollarbasis – aufzuweisen. Diese Zahlen sind der „Vermögensstrategie" von Dr. Klaus Jung entnommen.

Wäre dieses Modell für Deutschland nicht auch die grundlegende Reform, die wir bitter nötig hätten und die erkennen ließe, dass wir als Land der klugen Köpfe uns zu der wohl wichtigsten ökonomischen Erkenntnis durchringen können, dass nämlich **Geld wiederum Geld erzeugt**? Wer den Zinseszinseffekt bei der Anlage von Geld nicht nutzt, muss sich Verschwendung vorhalten lassen.

Die Sparkassenbeamten haben vor der Weltwirtschaftskrise 1929 bereits gewusst, welche Gefahr ihnen aus dem Zinseszins erwachsen könnte. Sie bestimmten: „Die Zinszahlung soll aufhören, wenn der Einleger sich 30 Jahre lang nicht bei der Kasse meldet (Reglement Stück 16)."[43] Sonst hätte ein Konto nämlich ins Unermessliche wachsen können und das konnte auf diese Weise vermieden werden.

Wer die Medien aufmerksam verfolgt hat, konnte dort Folgendes lesen: „Argentinien will private Rentenfonds verstaatlichen"[44]. Schon kommt vielleicht der Einwand, dass das nach dem Muster Chile dort eingeführte Kapitaldeckungssystem nicht funktioniert.

Interessant ist die Frage, wie Argentinien bei der Umstellung seines Rentensystems auf das Kapitaldeckungssystem vorgegangen ist. So kann man den Medien entnehmen, dass die Rentenfonds in Argentinien – 1994 eingeführt – nur zu einem Anteil von 11 % in Aktien investiert sind, zu 55 % in argentinischen Staatsanleihen und der Rest verteilt sich auf andere Finanzprodukte. Nur 6,5 % der Mittel sind im Ausland angelegt.[45] So ist es nicht verwunderlich, dass die Präsidentin Argentiniens de Kirchner in ihrer Ankündigung der Verstaatlichung vom „unrentablen" privaten Rentensystem sprach, zumal die Kurse von argentinischen Staatsanleihen kurz zuvor auch noch um ca. 15 % gefallen waren. Außerdem brach der argentinische Aktienindex Merval um 11 % ein, der niedrigste Stand seit 4 Jahren. Der Hauptfehler dürfte somit darin liegen, dass man das Rentensystem nur halbherzig bzw. unprofessionell übernommen hat. Man hat nicht erkannt, dass gerade ein möglichst hoher Anteil an Aktien oder aktienbasierten Anlagen dafür sorgt, dass das System überhaupt funktioniert. Im Übrigen wirft die Opposition der Regierung unter Verweis auf die internationale Finanzkrise die „Ausplünderung der Rentner" vor. Der Regierung gehe es in Wahrheit nur darum, ihren Finanzbedarf zu decken und ihre „Kriegskasse" für den nächsten Wahlkampf zu füllen.

43 Helmut Nicolai, „Grundriss des Sparkassenwesens".

44 FAZ vom 23.10.2008 „Argentinien will private Staatsfonds verstaatlichen" sowie FTD vom 23.10.2008 „Argentinien verstaatlicht private Renten".

45 Argentinien ist seit dem Staatsbankrott in 2001 vom internationalen Finanzmarkt abgekoppelt – FTD vom 23.10.2008.

Gerade diese „Umverteilung" sollte nach Umstellung auf ein kapitalgedecktes System – unter welchem Vorwand auch immer – der Politik nicht mehr möglich sein. Dafür bleibt der Staat auf Dauer aber auch davon verschont, laufend Zuschüsse in die gesetzliche Rentenversicherung zahlen zu müssen, wie in Deutschland zurzeit noch mit ca. 80 Milliarden Euro jährlich. Dieser Betrag entspricht etwa 30 % des gesamten Bundeshaushaltes, obwohl der Staat sich besonders in den letzten 10 Jahren krampfhaft bemüht, das Loch zu stopfen. Dafür nimmt er den Bürgern Steuererleichterungen jeglicher Art weg – das kommt indirekt Steuererhöhungen gleich – und erhöht andererseits Steuern zum Teil kräftig, angefangen bei der Ökosteuer, der Mehrwertsteuer, der Abgeltungsteuer etc. Statt Geld wachsen zu lassen, wie es andere Staaten mittels Staatsfonds längst praktizieren, wird es ausgegeben.

Solange beim Rentensystem nicht über eine Kapitaldeckung nachgedacht wird, bürdet man dem Bürger unnötige Lasten auf, die er besser für den effizienten Aufbau seiner eigenen Altersversorgung nutzen sollte, damit er dem Staat später nicht zur Last fällt, wie es derzeit bereits der Fall ist.

Die andere Frage ist: Wie hat sich dieses in den lateinamerikanischen Staaten eingeführte Rentensystem infolge der Finanzkrise bewährt? In Chile brach das Pensionsvermögen im Vergleich zum Vorjahr wertmäßig um 27 % auf ca. 69 Milliarden USD ein. Dennoch seien laut Aussage des Ökonomen Julio Espinoza von der Banco Bice in Santiago weder das Rentensystem noch die Rentenzahlungen in Gefahr, weil alle Rentenanwärter verpflichtet seien, ihr Geld vor allem in *sichere* Fonds zu investieren. Von dem Werteinbruch seien besonders die 50-Jährigen betroffen, in deren Fondsvermögen noch hohe Aktienanteile enthalten seien, doch Verluste bräuchten auch sie nicht zu befürchten. Nach Aussage der Fondsgesellschaften seien alle fünf Fonds mit Laufzeiten zwischen 6 und 27 Jahren rentabel.

Nach Auffassung von Walter Molano, Analyst von BCP Securities, müssen sich in ganz Lateinamerika Regierungen und Unternehmen somit keine großen Sorgen machen, dass der globale Finanzmarkt abgewürgt wird. Das große Polster der Rentenfonds ist für diese Länder sogar von Vorteil. So haben sich auf den Konten der Rentenfonds in Mexiko, Brasilien, Kolumbien, Peru, Argentinien und Chile insgesamt ca. 450 Milliarden USD angesammelt, die sowohl den Ländern als auch den Unternehmen helfen werden, Engpässe auf den Kapitalmärkten zu überbrücken. „Unternehmen werden sich künftig stärker über die Fonds und weniger international finanzieren" – so die Aussage von Julio Espinoza.[46]

46 Vgl. FTD vom 22.11.2008, Artikel „Pinochets Rentenmodell rettet Chile" – Private Pensionsfonds erweisen sich in der Finanzkrise als Glücksfall – Liquidität für Unternehmen.

3.1 Aus den Fehlern der Schweden bei der Umstellung des Rentensystems lernen

Im Frühjahr 2000 begannen die Schweden ihr Sozialversicherungssystem zu privatisieren. Die Umstellung sollte auf Investmentfonds erfolgen. Oberstes Gebot war, den Menschen möglichst viele Wahlmöglichkeiten zu geben, um sie so wenig wie möglich in ihrer Entscheidungsfreiheit zu beschränken.

Jeder konnte bis zu fünf Fonds aus einer Liste vom Staat geprüfter Anbieter selbst auswählen. Am Anfang standen 456 Einzelfonds zur Auswahl, im August 2007 waren es 783.

Für alle, die sich nicht entscheiden konnten, wurde ein vom Staat, nämlich ein von Fachleuten sorgfältig zusammengestellter Standardfonds – ein sog. Default-Fonds – angeboten.

Die einzelnen Fonds stehen im freien Wettbewerb untereinander. Sie dürfen Werbung machen, um Kunden zu gewinnen. Der Standardfonds war hiervon ausgenommen.

Anfangs ermunterte die Regierung die Bürger in großen Werbekampagnen, vermehrt selbst eigene Portfolios zusammenzustellen. Etwa zwei Drittel folgten diesem Rat. Von später in die Sozialversicherung eintretenden Arbeitnehmern (Stand April 2006) wählten aber nur noch 8 % ein eigenes Portfolio, d.h., knapp 90 % entschieden sich für den vom Staat angebotenen Standardfonds. Warum ist das so?

Zunächst eine tabellarische Übersicht über die seit Inkrafttreten des Reformwerks (31.10.2000) tatsächlich erzielten Renditen im Vergleich[47]

47 Die sinngemäßen Ausführungen sind dem Buch „Nudge“ – übersetzt „Schubs“ – von Richard H. Thaler und Cass R. Sunstein entnommen, Econ-Verlag Berlin ISBN 978-3-430-20081-3, S. 206. Gleiches gilt für die Zahlen in den Tabellen 1 und 2 – ausgenommen Spalte 3 in Tabelle 1 –, die lt. Angaben der Autoren auf Angaben der Ratingagentur Morningstar beruhen. Die Zahlen in der Tabelle 1 Spalte 3 basieren auf dem An@lyse-Programm © 2006 EDISoft GmbH Vers. 4.04.14/0909.

Tabelle 1

Art der Anlage	Default-Fonds (Standard)	durchschnittliches aktiv zusammen-gestelltes Portfolio	Vergleichsanlage im Templeton Growth Fund
	1	2	3
Rendite 31.10.2000 bis 31.10.2003	- 29,9 %	- 39,6 %	- 19,69 %
Rendite 31.10.2000 bis 01.07.2007 (bis 31.07.2007)	+ 21,5 %	+ 5,1 %	+ 24,01 % * (+ 18,37 %)

* Die Renditen bis 01.07. (24.01 % p.a.), und bis 31.07. (18,37 %) sind alternativ angegeben, da die Angabe „Rendite bis Juli" beide Deutungen zulässt.

Anmerkung:
Man kann feststellen, dass der von Fachleuten zusammengestellte Default-Fonds erheblich bessere Renditen hervorgebracht hat als das durchschnittliche individuell zusammengestellte Depot. Der Verlust in den ersten drei Jahren war ca. 10 % niedriger, der Ertrag seit Anbeginn bis Juli 2007 um mehr als 16 % p.a. besser.

Nachfolgend noch Angaben zur Portfoliostruktur (Zusammensetzung des Depotvermögens)[48] als Vergleich zwischen dem vom Staat angebotenen Default-Fonds und einem durchschnittlichen individuell gewählten Portfolio.

Tabelle 2

Portfoliostruktur	Default-Fonds (in Prozent)		durchschnittliches individuell zusammengestelltes Depot (in Prozent)	
Aktien:		82		96,2
Schweden	17		48,2	
Amerika	35		23,1	
Europa	20		18,2	
Asien	**10**	82	**6,7**	96,2
Obligationen		10		3,8
Hedgefonds		4		-
Private Equity		4		-
davon indiziert		60		4,1
laufende Gebühren		0,17		0,77

48 Vgl. „Nudge".

Anmerkungen:

1. Man erkennt, dass der Aktienanteil des durchschnittlichen Anlegers sogar noch höher ist als bei dem professionell gemanagten Fonds. Der Grund hierfür mag darin liegen, dass der Aktienmarkt bis ca. 2000 boomte. Für die Berechnung des durchschnittlichen aktiv zusammengestellten Portfolios sind Marktanteile aus dem Jahr 2000 zugrunde gelegt.

2. Weiter haben die schwedischen Bürger fast die Hälfte in heimischen Unternehmen angelegt (48,2 %), obwohl Schweden nur etwa 1 % der Weltwirtschaft repräsentiert. Kein anderer Anleger würde 48 % seines Vermögens ausschließlich in schwedische Unternehmen investieren. Investieren in global anlegende Fonds lautet generell die Devise.

3. 60 % des Default-Portfolios sind indiziert, also sog. Passiv-Produkte, die nur dem jeweiligen Index nachgebildet sind, wie z.B. ETFs. Die laufenden Gebühren betragen dadurch nur 0,17 %, beim individuell zusammengestellten Depot betragen diese dagegen 0,77 %. Bei einem Anlagebetrag von 10.000 € würden die Kosten im Default-Fonds somit 17 €, im anderen Fall 77 € p.a. betragen.

4. Dennoch werden aktiv gemanagte international investierende Aktienfonds trotz höherer Gebühren wahrscheinlich die bessere Wahl sein, wenn sie zu den „Besten" gehören, wie in der Rangliste „Basisinvest" dargestellt.[49] Nicht nur, dass der Templeton Growth Fund in den ersten drei Jahren um ca. 10 % besser abgeschnitten hat als der Default-Fonds der Schweden, sondern er lag sogar 20 % über dem Ergebnis der durchschnittlichen individuellen Depots – trotz höherer laufender Kosten für das aktive Management.

Damit aber nicht genug:
Unter den aktiv gemanagten international anlegenden Aktienfonds, welche unter „Basis-Invest – 15 Jahre und Rendite pro Jahr" zum Stichtag 31.12.2007/2008 aufgeführt sind,gab es zwei weitere Fonds, die speziell in dieser Zeit neben dem Templeton Growth Fund besser waren als der Default-Fonds der Schweden, der zu 60 % passiv gemanagt wurde:

49 Vgl. unter D 2.5.1 „Das Basisinvest" – dortige Tabelle 1.

Tabelle 3[50]

Vergleichszeitraum	3-Jahres-Zeitraum 31.10.2000 - 31.10.2003	Gesamtzeitraum 31.10.2000 - Juli 2007	
		Stichtag	
		01.07.	31.07.
Templeton Growth Fund	- 19,69 %	+ 24,01 %	+ 18,37 %
Carmignac Investissement	- 12,77 %	+ 60,15 %	+ 66,87 %
FMM-Fonds	- 19,77 %	+ 69,83 %	+ 64,10 %
Im Vergleich lt. Tabelle 1:			
Default-Fonds	- 29,90 %	+ 21,5 %	
Individuelles Depot ø	- 39,60 %	+ 5,1 %	

Fazit:
Wäre es nicht besser gewesen, den Menschen von vornherein eine Hilfestellung zu geben, statt sie erst ins offene Messer laufen zu lassen? Auch der schwedische Durchschnittsbürger ist größtenteils ahnungslos, was das Investieren in Aktien oder auch Aktienfonds angeht – ähnlich ahnungslos wie die Deutschen, als seinerzeit Telekom-Aktien in den höchsten Tönen staatlicherseits angepriesen wurden, die im Nachhinein für viele ein Flop geworden sind.

Folgt man den Ausführungen des Verhaltensökonomen Thaler[51] in dem zitierten Buch „Nudge", geht es im Wesentlichen allen Menschen auf dieser Welt so – mit Ausnahme der ökonomisch Vorgebildeten –, dass die meisten nicht in der Lage sind, Vermögen effizient und systematisch anzusparen bzw. es zu vermehren. Entweder benötigen sie fachmännischen, echten, d.h. unabhängigen Rat oder der Staat muss den Menschen einen kleinen „Schubs" geben, damit sie teure Fehler, wie sie derzeit nicht nur in Deutschland begangen werden, vermeiden.

50 Emissionskosten (Ausgabeaufschläge) sind nicht berücksichtigt, wohl aber laufende Gebühren. Die Renditen sind immer *nach* Gebühren ausgewiesen.

51 Der Autor Richard H. Thaler ist Professor für Verhaltensökonomie an der Universität von Chicago – zugleich Berater von Barack Obama und Cass R. Sunstein, Jurist und Inhaber des Felix-Frankfurter-Lehrstuhls an der Harvard Law School. Das Buch behandelt im Wesentlichen die Frage, inwieweit der Mensch, der von Natur aus kein rational handelndes Wesen ist, gelegentlich von außen angestoßen werden darf, das Richtige zu tun – zu seinem eigenen Nutzen und zum Wohle der Allgemeinheit, ohne ihn zu bevormunden bzw. ihn in seiner freien Entscheidung einzuschränken – ein sog. libertärer Paternalismus. Econ-Verlag Berlin, ISBN 978-3-430-20081-3.

Bestes Vorbild ist Chile sowie auch andere südamerikanische Staaten, die der Empfehlung der Weltbank gefolgt sind. Das System Schweden lehrt uns, dass die größtmögliche Auswahlmöglichkeit an entsprechenden Finanzprodukten – wie in Deutschland auch – die Menschen eher verwirrt als ihnen hilft.

Schenkt man aber den Verhaltensforschern Glauben, dann ist der Mensch eben kein „Homo oeconomicus", sondern in der Regel ein „Homo sapiens". Er ist ein Mensch mit Stärken, aber auch mit all seinen Fehlern, und die meisten von uns werden sich eingestehen müssen, dass sie selber auch so sind. Unter diesen Vorzeichen können Staat oder Politik dieses Problem aktiv angehen, um dem Bürger zu seinem Glück zu verhelfen.

In Deutschland könnte auf diese Weise das Vermächtnis Ludwig Erhards in Erfüllung gehen, wenn Politiker den Mut finden würden, sich zu den vor etwa 60 Jahren geschaffenen Investmentgesetzen zu bekennen, statt sich von Lobbyisten und Nicht-Fachleuten einreden zu lassen, dass ein kapitalgedecktes Rentensystem ohnehin nicht funktionieren könne. Jahrzehntelange Erfahrungen und Ergebnisse, die mit gesundem Menschenverstand nachvollziehbar sind, sprechen eindeutig dagegen.

3.2 Kapitaldeckung als Lösung für ein neues Rentensystem

Die Lösung kann nur lauten: säen und ernten. Wir können es uns nicht mehr leisten, den Zinseszinseffekt zu ignorieren. Es erfordert Zukunftsdenken, weil er nur funktioniert, wenn der Faktor Zeit mit einbezogen wird. Wir müssen dem Geld die Chance geben, sich zu vermehren, um am Ende dem Menschen die Früchte zuteil werden zu lassen, dem sie gehören, der gesät hat.

Wir müssen endlich damit aufhören, Geld nur umzuschichten – aus vermeintlicher Solidarität den einen mit den Mitteln zu versorgen, die der andere verdient. Diese Lösung ist einfach, erprobt und bewährt: Jeder Manager eines breit aufgestellten Aktienfonds kann Ihnen anhand eines langfristigen Ansparplanes und eines daran anschließenden Entnahmeplans eine Lösung „aus dem Ärmel" ziehen, die bereits seit Jahrzehnten funktioniert und aus welcher eine nachhaltige Altersversorgung als lebenslange Rente darstellbar ist. Daraus folgend brauchte man nur das seit mehr als 25 Jahren funktionierende Rentensystem in Chile zu kopieren. Nur etwas Umdenken ist gefragt.

Es scheint für viele höchste Zeit zu sein, über den eigenen Schatten zu springen und sich von Fakten – und nicht mehr von Lobbyisten – leiten zu lassen. Und die Fakten aus der Vergangenheit demonstriert wieder am besten der Templeton Growth Fund, weil es anhand der langen Historie möglich ist, die Ergebnisse über rollierende 40-Jahres-Zeiträume abzurufen. Sie sollten für die Darstellung von Altersvorsorgeplänen – oder ganz allgemein für den Aufbau von Wohlstand – mindestens zugrunde gelegt werden. Es gibt inzwischen vergleichbare global investierende Fonds, die in der längerfristigen Vergangenheit renditemäßig noch besser waren,[52] bei denen aber noch keine Ergebnisse über so lange Zeiträume verfügbar sind.

Beispiel:
Ein Anleger, 25 Jahre alt, soll 40 Jahre lang, d.h. bis zum Lebensalter 65, mtl. 33,33 € angespart haben, aber mit einer 3-%-igen Beitragsdynamik, um damit einen Teil des am Ende eintretenden Kaufkraftverlustes aufzufangen. Die rollierenden Ergebnisse über alle 40-Jahres-Zeiträume seit 1/55 – 12/2008 haben betragen:[53]

			Rendite p.a.
Im besten Fall	(1/60 - 12/99)	686.756 €	13,79 %
Im schlechtesten Fall	(1/69 - 12/08)	189.423 €	8,84 %
Im Durchschnitt		**484.402 €**	**12,32 %**

Die anfänglichen Beiträge von mtl. 33,33 € sind durch die 3-%-ige Dynamik allmählich angestiegen und betragen im letzten Ansparjahr jeweils mtl. 105,56 €. Dieser Beitrag entsprach gut dem 3,5-Fachen des Anfangsbeitrages und könnte in Anbetracht der in 40 Jahren angefallenen Einkommenssteigerungen sicher getragen werden. Wenn jemand heute nur etwa 1.000 € mtl. verdienen würde, wäre er in der Regel auch in der Lage, einen Beitrag von etwa einem Zehntel abzuzweigen, ohne deshalb hungern zu müssen.

Simuliert man jetzt die Rente in der Entnahmephase mit etwa 6 % von ca. 400.000 € – dieser Wert berücksichtigt den obigen Durchschnittswert mit einem Sicherheitsabschlag von ca. 20 % –, dann ergäbe sich heute eine Jahresrente von 24.000 €
oder eine monatliche Rente von 2.000 €.

52 Vgl. Ausführungen in Abschnitt D 2.5.1 „Das Basisinvest".

53 Vgl. Anhang Nr. 25.

Für die Entnahmephase wird wiederum ein rollierender Zeitraum von 40 Jahren zugrunde gelegt, damit jeder ohne Angst 100 Jahre alt werden kann. Auch hier ist eine Dynamisierung von 3 % einbezogen, um dem Kaufkraftverlust vorzubeugen.

Folgende Endergebnisse sind in der Vergangenheit dabei herausgekommen: *Trotz Entnahmen* von insgesamt 1.814.154 € über 40 Jahre[54] ist das Anfangskapital von 400.000 € in der Vergangenheit aller rollierenden 40-Jahres-Zeiträume seit 1/55 wie folgt angewachsen:[55]

			Rendite p.a.
Bestes Ergebnis	(1/58 - 12/97)	31.583 T€	13,95 %
Schlechtestes Ergebnis	(1/69 - 12/08)	4.727 T€	10,55 %
Durchschnitt		14.341 T€	12,19 %

Diese Endwerte mögen zwar sehr hoch erscheinen, sie sind aber noch um die Inflation zu bereinigen, d.h., nach 40 Jahren sind die vorstehenden Beträge alle nur noch etwa ein Drittel[56] an Kaufkraft wert.

Wert nach Inflation			
	Nominalwert – wie vor –	Ein Drittelwert *	Genauer Wert +
bestes Ergebnis	31.583 T€	10.572 T€	8.996 T€
schlechtestes Ergebnis	4.727 T€	1.575 T€	1.453 T€
Durchschnitt	14.341 T€	4.477 T€	4.222 T€

* Vgl. Inflationstabelle Anhang Nr. 3 – vereinfachte Berechnung.

\+ Wert nach Inflation unter Zugrundelegung der tatsächlichen vom Statistischen Bundesamt mtl. veröffentlichten Zahlen – vgl. Anhang Nr. 26.2. Die Abweichungen gegenüber der vereinfachten Berechnung (Ein Drittelwert lt. Tabelle) sind in Anbetracht der langen Laufzeit nur unwesentlich.

Sie sehen: So einfach ist es, Millionär zu werden – Sie müssen nur alt genug werden. Auf jeden Fall hätten Ihre Nachkommen einen Vorteil davon, denn die staatliche Rente ist bisher am Ende immer „weg", die Rente aus einem Aktienfonds ist dagegen vererbbar.

54 Unter Berücksichtigung der Dynamisierung würde sich die monatliche Auszahlung von anfänglich 2.000 € im 10. Jahr auf ca. 2.600 €, im 20. Jahr auf 3.500 €, im 30. Jahr auf 4.700 € und im 40. Jahr auf 6.300 € steigern – Inflation unberücksichtigt.

55 Vgl. Anhang Nr. 26.

56 Vgl. Inflationstabelle Anhang Nr. 3 – vereinfachte Berechnung.

Abgesehen davon ist das jeweils schlechteste Ergebnis per 12/08 in Höhe von 4.727 T€ wiederum zu relativieren. Der Endwert hat sich speziell zu diesem Zeitpunkt infolge der Finanzkrise in etwa halbiert. Mit einer Aufholung des Kursverlustes, d.h. mit einem Wertzuwachs von 100 %, ist unter Wahrscheinlichkeitsgesichtspunkten – im Vergleich mit 1929 sowie auch 1973/74 – innerhalb einer verhältnismäßig kurzen Zeitspanne zu rechnen. Somit ist auch das durchschnittliche Ergebnis wahrscheinlicher als das schlechteste, wenn auch ein zeitlicher Puffer von etwa 2 - 3 Jahren dafür einzukalkulieren sein wird.[57]

Wer sich heute eine Altersversorgung nach gleichem Modell über 40 Jahre aufbauen möchte, muss am Ende wieder die Inflation berücksichtigen.

Wer heute mit dem dreifachen Beitrag von 33,33 € = 100 € mtl. beginnt und ebenfalls eine 3-%-ige Dynamisierung einhält, braucht nur alle Zahlen des ersten Beispiels zu verdreifachen:
Beitrag anfänglich: 33,33 € x 3 = 100 €; allmähliche Steigerung durch Dynamisierung in 40 Jahren auf 105,56 € x 3 = 315 € (monatlich).[58]

Wichtig ist die Erkenntnis, dass auch derjenige in der Lage ist, der nur 1.000 € im Monat verdient, sich bereits mit einem Zehntel seines Einkommens ein Vermögen aufzubauen, das ihn fürs Alter ausreichend absichert.

Rollierende Ergebnisse der Vergangenheit bei Anlage im Templeton Growth Fund:

	bei Beitrag von 33,33 €	bei Beitrag von 100 €	Nach Inflation 1/3
im bestes Ergebnis	687 T€	20.161 T€	687 T€
im schlechtestes Ergebnis	189 T€	568 T€	189 T€
im Durchschnitt	484 T€	1.453 T€	484 T€

Aus den Werten nach Inflation können Sie sich entsprechend dem vorhergehenden Beispiel durchschnittlich wiederum eine Rente von 2.000 € monatlich zahlen, welcher der dann gegebenen Kaufkraft wiederum entspricht.

57 Vgl. dazu Ausführungen im Abschnitt D 2.3.12.

58 Obwohl der Beitrag zum Ende hin auf 315 € ansteigt, belastet er Sie kaufkraftmäßig nur mit 105 €, d.h., er bleibt real über die gesamte Laufzeit fast unverändert (Ansatz lt. Inflationstabelle – Anhang 3 – mit 33 % von 315 € = 105 €).

Fazit:
Wer sich dem Gedanken der Kapitaldeckung beim Aufbau der Altersversorgung verschließt, dem muss man entgegenhalten, dass er die Ergebnisse von guten Aktienfonds, die nunmehr seit mehr als 8 Jahrzehnten vorliegen, einfach nicht wahrhaben will. Gute Investmentfonds, in erster Linie Aktienfonds, sind diejenigen, die sich am freien Markt dem Wettbewerb gestellt und bewiesen haben, dass sie in der Lage sind, besser als der Durchschnitt zu sein, d.h. die längerfristig ihre Benchmark schlagen.

Es gibt keine bessere Lösung für die Forderung Ludwig Erhards, jeden Vorteil aus der Rationalisierung und jede Verbesserung der Arbeitsleistung in Unternehmen dem Wohle des ganzen Volkes nutzbar zu machen: Ein jeder sollte sich an guten Unternehmen beteiligen und nicht überwiegend Großunternehmen und institutionelle Anleger wie Banken, Versicherer, Pensionseinrichtungen u. Ä.

3.3 Kapitaldeckung – Warum nicht auch für die Kranken- und Pflegeversicherung?

Wenn die Altersversorgung für einen Normalbürger aus der Vergangenheit der letzten 40 Jahre bereits mit einem anfänglichen Monatsbeitrag von 33,33 € und einer jährlichen Steigerungsrate von 3 % aufgebaut werden konnte, warum dann nicht auch ein entsprechendes Kapital ansammeln für den Krankheits- und Pflegefall? Besonders Krankheitskosten fallen in jungen Jahren kaum an und bis zum etwaigen Eintritt eines Pflegefalls steht in der Regel noch *viel Zeit* zur Verfügung – die Voraussetzung überhaupt, Geld für sich mit Hilfe des Zinseszinses effizient wachsen zu lassen. Auf jeden Fall wächst ein solches Kapital auf diese Weise schneller, als die in diesen Bereichen anfallenden Kosten ansteigen können. Um nicht missverstanden zu werden: Gesetzliche Pflicht zur Kapitalansparung ja, aber nicht deren Vermehrung durch den Staat. Bisher hat dieser das Geld nur aus den Taschen der einen herausgezogen, um es in die der anderen wieder hineinzustecken, ohne den Geldvermehrungseffekt zu nutzen. Deshalb sollte man, wie es schon in der Bibel steht, das Geld dem wegnehmen, der nichts aus dem Geld gemacht hat, und es demjenigen geben, der „aus einem Pfund Silberstücke weitere 10 Pfund erwirtschaft hat"[59]. Dafür gibt es Profis, die seit mindestens 8 Jahrzehnten bewiesen haben, dass sie dazu in der Lage sind und ihr Handwerk verstehen.

59 Vgl. Lukas 19, 16 und 24, Gute Nachricht Bibel – „Das Gleichnis vom anvertrauten Geld".

Die Umstellung des Umlageverfahrens auf eine individuelle Kapitaldeckung könnte aber noch einen ganz anderen Anreiz darstellen, nämlich, dass endlich mehr Motivation aufkäme, mit seiner Gesundheit achtsamer umzugehen. Ich denke dabei an die größten Sünden, die hauptsächlich zu den heutigen Zivilisationskrankheiten führen, deren Kosten aber wie selbstverständlich auf die Solidargemeinschaft abgewälzt werden. Hierzu gehören insbesondere falsche Ernährung und dadurch bedingtes Übergewicht, zu wenig Bewegung, Rauchen und übermäßiger Alkoholgenuss. In dem Augenblick, in welchem die dadurch verursachten Kosten aus dem eigenen Portemonnaie zu zahlen wären, könnte es bei vielen zu einem heilsamen Umdenken kommen. Bereits heute sind viele schon bereit, für eine gesunde Kost mehr Geld im Bioladen auszugeben. Aber auch das seit mehreren Jahrtausenden bewährte Fasten würde vielleicht wieder in Mode kommen. Es kostet wenig – denn Sie brauchen in dieser Zeit nichts zu essen –, es richtet nachweislich keinen Schaden an und ist eine Wohltat für Leib und Seele.

Ein bekannter Fastenarzt hat einmal den Satz geprägt, dass man sich danach wieder „wie neugeboren"[60] fühle. Und was braucht man dafür?

Den Mut, es zu versuchen, es einfach zu tun
oder neugierig zu sein, ob es wohl funktioniert.

Auf jeden Fall würden individuelle, für die Versorgung im Krankheitsfalle aufgelegte Fonds eher den Namen „Gesundheitsfonds" verdienen als das staatliche Pendant, in welchem es wiederum nur um Umverteilung von Kosten von einer Krankenkasse zur anderen geht.

Albert Schweizer, der bekannte Urwaldarzt, hat einmal gesagt, dass wir für unsere Gesundheit selbst verantwortlich sind: *„Auf die Füße kommt unsere Welt erst wieder, wenn sie sich beibringen lässt, dass ihr Heil nicht in Maßnahmen, sondern in neuen Gesinnungen besteht."*[61]

Interessant ist in diesem Zusammenhang, dass die Situation in Amerika ähnlich ist. Die USA gaben für die Rentenversicherung und die Krankenversicherung

60 Dr. med. Lützner in „Wie neugeboren durch Fasten", Gräfe & Unzer-Verlag, ISBN 978-3-8338-0-7008, sowie Dr. med. Andreas Buchinger in „Das Original: Buchinger Heilfasten", u.a. „Dem Leben eine neue Richtung geben". Ich selbst bin zum Fasten gekommen, weil meine jüngere Schwester es mir vorgemacht hat. Dadurch kam bei mir Ehrgeiz auf, es ihr nachzumachen. Ich hätte es vorher nie geglaubt, dass man 2 - 3 Wochen wirklich auf Essen verzichten kann, ohne dabei zu hungern. Man muss nur wissen, wie es geht.

61 Dr. Waltraud Sladky, „Kraft von innen", Josef Schmidt Verlag, 2. Auflage 1988, ISBN 3-926258-03-9, S. 58.

für Senioren im Jahr 2008 mehr als eine Billion (1.000 Milliarden) Dollar aus, was mehr als einem Drittel des amerikanischen Bundeshaushaltes entsprach.[62] Der Vorsitzende im amerikanischen Finanzausschuss, Max Baucus, wird hinsichtlich der Gesundheitskosten wie folgt zitiert: *„Wir müssen davon wegkommen, immer mehr für die Gesundheit auszugeben. Wir müssen Geld für eine bessere Gesundheit ausgeben. Wir zahlen in Amerika doppelt so viel wie anderswo für die Gesundheit, aber wir sind nicht doppelt so gesund."*
Der Grund hierfür könnte darin liegen, dass die Verhaltensweisen hinsichtlich falscher Ernährung durch Fastfood, mangelnder Bewegung und Übergewicht in den USA noch viel ausgeprägter sind als in Deutschland, bei uns aber auch immer mehr zunehmen. Bereits 1985 haben sich zwei amerikanische Ernährungswissenschaftler erstmals der Frage angenommen, ob hierin die Ursache für viele vermehrt auftretende Krankheiten wie Diabetes, Krebs etc. liegen könnte. Sie haben in ihrem Buch „Fit for Life" – in deutscher Übersetzung „Fit fürs Leben"[63] – plausibel nachgewiesen, dass der Mensch durch naturgegebene Verhaltensweisen oder auch unter Mitwirkung seines Arztes viel tun kann, um auf verhältnismäßig einfache Weise gesund zu werden oder sich seine Gesundheit zu erhalten. Letztlich sind wir fast alle gesund auf diese Welt gekommen und wenn heute die Krankheitskosten derart explodieren, dann ist zu einem Großteil der Mensch dafür selbst verantwortlich.

Auch hier gilt: Wenn der Mensch infolge der Umstellung des Versorgungssystems selber für die Bezahlung der Krankheitskosten aufkommen müsste, wäre er vielleicht eher geneigt, seine Lebensweise zum Positiven zu verändern. Im Notfall müsste der Staat zwar für den Einzelnen immer noch einstehen, aber ansonsten hätte es zwei wesentliche Vorteile:

- Die Lebensqualität des Menschen würde zunehmen, denn bei guter Gesundheit lebt es sich besser.

- Die Lebenserwartung würde sich verlängern, aber niemand brauchte Angst zu haben, im Alter krankheitsmäßig nicht versorgt zu sein – denn das exponentielle Wachstum einer entsprechenden Fondsanlage würde auf Dauer immer größer sein als der Anstieg der Gesundheitskosten.

Vielleicht gäbe es vielen Menschen doch den Anstoß, sich freiwillig gesundheitsbewusster zu verhalten. Vielleicht würde vermehrt wieder darüber nachgedacht, zunächst altbewährte Hausmittel anzuwenden statt gleich wegen

62 FAZ vom 14.05.2009 „Amerikanische Sozialversicherungen in Schwierigkeiten".

63 Harvey und Marilyn Diamond, „Fit fürs Leben", Goldmann Verlag, ISBN 3-442-13533-8.

jeder Kleinigkeit zum Arzt zu rennen. Zumal die Kosten hierfür meistens nur einen Bruchteil dessen ausmachen, was für ärztlich verschriebene Medikamente zu zahlen ist. Das gilt besonders für diejenigen, die erkennen und sich dessen bewusst sind, was eine verhaltensbedingte Krankheit kostet. Heute kann bei uns in Deutschland jeder beliebig oft zum Arzt gehen – „es kostet ja nichts" –, denn der Beitrag muss ohnehin bezahlt werden. Die meisten Betroffenen werden darüber kaum nachdenken, dass in vielen Fällen von vornherein vermeidbare Kosten der Gemeinschaft aller Versicherten wie selbstverständlich aufgebürdet werden und darüber hinaus auch noch der Staat – und das sind wir alle gemeinsam – kräftig zuzahlen muss.

Wenn das sich daraus ergebende Einsparpotenzial auch nur teilweise dazu beitragen würde, die von der ehemaligen Gesundheitsministerin Ulla Schmidt angekündigten Kostensteigerungen von 20 - 25 Milliarden Euro aufzufangen, würden sich entsprechende Maßnahmen der Politik in dieser Richtung bereits lohnen.

4 Lösungsansätze auf dem Weg zum „Wohlstand für Alle"

Hier möchte ich zunächst die Worte von John F. Kennedy zitieren:

> ***„Frage nicht, was Dein Land für Dich tun kann;***
> ***frage, was Du für Dein Land tun kannst!"***

Im Grundgesetz der Bundesrepublik Deutschland heißt es: „Alle Staatsgewalt geht vom Volke aus"[64]. Jeder von uns hat aber nur wenig direkten Einfluss, weil wir diese Macht immer nur mittelbar ausüben können: über die Wahl der politischen Entscheidungsträger. Dennoch hat jeder das Recht auf freie Meinungsäußerung [65] und kann deshalb etwas anstoßen, an dem sich jeder beteiligen kann, wenn er es für sich als gut empfindet und es anderen nicht schadet. Hierfür ist kein umständlicher und langwieriger Dienstweg erforderlich. Vielmehr gebe ich Ihnen mit diesem Buch das Rüstzeug und Sie können sich mit mir auf den Weg machen, wenn Sie wollen.

Abgewandelt könnte der Ausspruch von Kennedy auch lauten: *Frage nicht danach, was andere – der Staat oder auch die Banken – für Dich tun können, frage, was Du für Dich tun kannst*.

64 Artikel 20 (2) Grundgesetz.

65 Artikel 5 Grundgesetz.

4.1 Der erste Schritt

„Auch ein Weg von 1.000 Meilen beginnt mit dem ersten Schritt“, so lautet ein bekannter Spruch. Holen Sie die Zukunft in Ihre Gegenwart und fangen Sie an, Ihre Finanzen zu planen. Machen sie es wie Warren Buffett und nutzen Sie konsequent den Zinseszinseffekt. Sie werden dadurch nicht zum Träumer, sondern Sie verwirklichen sich Ihren Traum. Sie wissen heute schon, wo Sie in 10, 20, 30 Jahren oder zu einem bestimmten Zeitpunkt in der Zukunft in etwa stehen werden – punktuell mit einer Schwankungsbreite zwischen 50 und 100 %. Wenn Sie immer mindestens 100 % haben möchten, setzen Sie einfach das Doppelte ein, und Sie können sich stets einen vorübergehenden Werteinbruch von 50 % leisten. Inzwischen wissen Sie, dass dem Zinseszinseffekt die Tatsache zugrunde liegt, dass Tag und Nacht, zu jeder Stunde und Minute rund um den Erdball nicht etwa „Heinzelmännchen“, sondern Menschen unaufhörlich Werte schaffen, die sich in den Gewinnen guter Unternehmen niederschlagen.

Und die jeweils in den Unternehmen verbleibenden reinvestierten Gewinnanteile führen zwangsläufig dazu, dass die Unternehmen längerfristig wachsen müssen – das „Gesetz der Wirtschaft“, wie Porsche-Chef Wendelin Wiedeking es ausgedrückt hat.[66] Das Investmentgesetz macht es möglich, dass Sie, jeder von Ihnen, sich an den jeweils besten Unternehmen weltweit beteiligen können, und dann wachsen auf lange Sicht auch die von Ihnen erworbenen Anteile überproportional an, wie die Renditen der besten Fonds beweisen. Verlassen Sie sich auf Ihren gesunden Menschenverstand und fangen Sie einfach an, vielleicht auch erst einmal mit kleinen Beträgen in gute Aktienfonds zu investieren. Mit dem Ihnen an die Hand gegebenen Basisinvest, welches die besten global anlegenden Aktienfonds enthält, sind Sie zunächst einmal gut aufgestellt. Seien Sie nicht gierig nach Rendite und nehmen Sie bewusst in Kauf, dass die Entwicklung ggf. bei kurzfristiger Betrachtung unbefriedigend oder auch langweilig ist.

Es kann Ihnen sogar passieren, dass Sie nach 10 Jahren nicht mehr in der Anlage angespart haben, als wenn Sie Ihr Geld unters Kopfkissen gelegt hätten. Dies wäre z.B. dann der Fall, wenn Sie infolge eines Crashs vorübergehend die Hälfte an Wert weniger haben – so wie es vielen Anlegern in den letzten gut zehn Jahren ergangen ist.

66 Vgl. Fußnote zu Abschnitt D 2.3.6.

Seien Sie aber gewiss, dass Sie dann nur ein paar Jahre – nach Vergangenheitserfahrungen 1 bis 3 Jahre – zu warten brauchen, bis nicht nur der Werteinbruch wieder aufgeholt ist, sondern es weiter nach oben geht. Entscheidend ist, dass Sie sich an die Spielregeln halten und Ihre Anlage möglichst nie zur Unzeit auflösen.

Bringen Sie Zeit mit und haben Sie Geduld. Es gibt kaum Menschen, die über Nacht reich geworden sind, es steht in der Regel eine langfristige Strategie dahinter. Langfristig deshalb, weil sich einerseits Schwankungen im Laufe der Zeit ausgleichen und andererseits der Zinseszinseffekt sich erst mit zunehmender Dauer zu einer Art Turboeffekt entwickelt. Dies ist die für Sie verlässlichste Variante, ein Vermögen aufzubauen, selbst wenn Sie im Wesentlichen auf fachkompetente Beratung verzichten.

Die unter Abschnitt D 2.5.1 „Das Basisinvest“ abgebildete Tabelle über die jeweils 15 besten international anlegenden Aktienfonds, jeweils jährlich aktualisiert, wird Ihnen auch künftig jeder gute unabhängige Finanzdienstleister zur Verfügung stellen können, anderenfalls wenden Sie sich an die fikon Finanz-Konzepte GmbH.[67]

Ich weise ausdrücklich darauf hin, dass die alljährlich abrufbare Tabelle *keine* Beratung im Sinne des Wertpapierhandelsgesetzes ersetzt, sondern lediglich Ihrer möglichst zuverlässigen Orientierung dienen soll.

Es bleibt Ihnen unbenommen, wo Sie die Fonds erwerben. Entscheidend ist, sich des Risikos bewusst zu sein, dass Aktienfonds keine „Einbahnstraße“ darstellen, wie Dr. Jung es ausdrückt, sondern dass sie im Wert schwanken werden. Sie müssen bereit sein, diese Schwankungen auszusitzen, wie Ihnen anhand von vielen Beispielen in diesem Buch immer wieder vor Augen geführt worden ist. Und wenn Sie selbst nicht mehr ausreichend Zeit haben, das Geld aber nicht brauchen, dann überlassen Sie das „Aussitzen“ Ihren Kindern.

67 Fikon Finanz-Konzepte GmbH, Am Park 5, 26419 Schortens, E-Mail: info@fikon.de.

4.2 Wie finden Sie den richtigen Finanzberater?

Sie brauchen in erster Linie jemanden, der Ihnen sagt, was Sie nicht brauchen. Das sind die vielen Finanzprodukte, die es zwar gibt, die aber vielfach für den wirksamen Aufbau von Vermögen nicht geeignet sind. Das sind all die Anlagen, die in der Regel Wetten darstellen oder solche, bei denen Sie nach Inflation und Steuer „mit Zitronen gehandelt" haben oder bei denen Sie sich sogar arm sparen, im schlimmsten Fall Ihr Geld verlieren.

Und wer sagt Ihnen so etwas? Nur der Berater, der nicht in erster Linie vom Verkauf von Produkten leben muss, sondern für seine Beratung von Ihnen bezahlt wird, damit er Schaden von Ihnen fernhält. Das ist der Berater, der Ihnen aus dem gesamten Marktangebot die Produkte aufzeigt, die für die Erreichung Ihrer Ziele am besten geeignet sind.

Und wo finden Sie diesen Berater? Das ist das eigentliche Problem in Deutschland.

„Standardmäßig findet Finanzberatung in Deutschland im Rahmen des Produktverkaufs statt. Dies ist historisch gewachsen, hat aber Grenzen bezüglich der Beratungsqualität", so die Aussage in der bereits zuvor zitierten, von der Bundesregierung in Auftrag gegebenen Studie von Evers/Jung.[68] Wie soll das also gehen, wenn der Vorteil, den ein Verkäufer seinen Kunden zukommen lassen wollte, zugleich sein Nachteil oder der seines von ihm vertretenen Institutes ist? Und täglich sind in Deutschland allein mehr als 400.000 Vermittler unterwegs, die versuchen, Ihnen Produkte zu verkaufen, die Sie zu einem Großteil gar nicht brauchen.[69]

Die Studie von Evers/Jung gibt über die Anzahl der Personen, die in Deutschland mit der Vermittlung und Beratung von Versicherungsprodukten oder Investmentanlagen zu tun haben – nachfolgend Finanzdienstleister genannt –, wie folgt Auskunft:[70]

68 Studie Evers/Jung, S. 113 – vgl. auch Fußnote zu C 1.3.

69 Angaben im GdV Jahrbuch 2006 – 407.000 Versicherungsvermittler, davon 7.000 Versicherungsmakler, 3.000 Mehrfachvertreter: Im Außendienst tätig: 397.000, davon hauptberuflich 79.000, nebenberuflich 318.000 – veröffentlicht in Zeitschrift „Finanztest" – Jahrgang und Seite unbekannt.

70 Lt. Studie Evers/Jung, S. 86, 113, 118.

Anzahl der Finanzdienstleister in Deutschland (Stand 2003) ca.	450.000
Dieser Markt wird im Wesentlichen von Versicherungsvermittlern dominiert. Nach Expertenaussagen, die dieser Studie zugrunde gelegt worden sind, gibt es derzeit weniger als	10.000,
die nicht Versicherungsvermittler sind, und wahrscheinlich weniger als	2.000,
welche Anlagevermittler sind.	
Die Zahl der Honorarberater beträgt ca.	1.350.

Weiter heißt es: „Anlagevermittlung außerhalb des Banksektors fand zum größten Teil durch Versicherungsvermittler statt, darunter große Finanzvertriebe wie AWD oder MLP [...]. Dass freie Investmentvermittler so selten sind, ist historisch bedingt: **Fondsgesellschaften in Deutschland hatten nie einen eigenen Vertrieb, sondern vermittelten fast durchweg über ihre Mutterbanken.**"

Soweit man im Zusammenhang mit dem Verkauf von Finanzprodukten überhaupt von echter Beratung sprechen kann, ist es in Anbetracht der zuvor geschilderten Umstände deshalb nicht verwunderlich, dass sich diese zum weitaus überwiegenden Teil auf kapitalbildende Versicherungsprodukte (KLV, RV) erstreckt.

Besonders nachdenklich stimmen sollte aber, dass weit mehr als 50 % der Verträge, die „explizit darauf angelegt sind, *nicht* wieder aufgelöst zu werden (Rentenversicherungen und andere Altersvorsorgeprodukte)", dennoch vorzeitig abgebrochen werden. „Offensichtlich passen die vermittelten Produkte in dieser Vielzahl von Fällen nicht dauerhaft zu den Kunden" – so die Studie. Weiter heißt es: „Aus dem angelsächsischen Raum ist belegt, dass solche Produktabbrüche finanziell schwache Haushalte überdurchschnittlich hart treffen und Schwellenhaushalte dadurch leichter in die sozialen Sicherungssysteme fallen. Da diese Fakten hinreichend bekannt sind, erstaunt die Tatsache, dass Staat wie Gesellschaft diese hohen Fehlerquoten tolerieren."[71]

Mittlerweile beschäftigt sich auch eine EU-Kommission[72] mit der Frage, wie besonders dem Kleinanleger ein leichter Zugang zu den Finanzmärkten verschafft werden kann. „Dabei soll sichergestellt werden, dass die Märkte für die genannten Produkte [Anlageprodukte für Kleinanleger – der Verfasser] transparenter werden, die Anlageberatung verbessert und der Vertrieb stärker auf die Interessen der Anleger abgestellt wird. Am Ende dieses Prozesses wird ein

71 A.a.O., S. 115.

72 Mitteilung der Kommission an das Europäische Parlament und den Rat betr. Anlageprodukte für Kleinanleger vom 30.04.2009.

Markt stehen, auf dem die Ersparnisse nicht durch Arbitrage[73] in bestimmte Produkte gelenkt werden."

Der Produktverkauf an Privatanleger erstreckt sich nach Ausführungen der EU-Kommission im Wesentlichen auf folgende Produktfamilien:

1. Investmentfonds

2. Anlagen in Form von Lebensversicherungen
- einschließlich fondsgebundener Versicherungen

3. Strukturierte Wertpapiere für Kleinanleger
- beispielsweise Derivate, Zertifikate, Optionsscheine

4. Strukturierte Termineinlagen
- Derivatgeschäfte wie Zins- und Währungsoptionen

Generell sei die Hauptfunktion dieser Anlageprodukte die Vermögensbildung, wenn einige unter Umständen auch nur dem Kapitalerhalt dienten. Der EU-Kommission ging es insbesondere darum, dass Anbieter von Finanzprodukten den Anleger durch entsprechende „Beipackzettel" besser informieren sollten, um seinem relativ geringen Kenntnis- und Erfahrungsstand Rechnung zu tragen. Die Anlegerinformationen sollten Produktvergleiche ermöglichen und es sollte dadurch vermieden werden, dass Anleger „in die Irre geführt werden".

Umfragen haben – wie eingangs im Buch geschildert[74] – immer wieder zu dem Ergebnis geführt, dass zwei Drittel bis drei Viertel der Bundesbürger nicht in der Lage sind, ihre finanziellen Angelegenheiten selbst zufriedenstellend zu regeln, und deshalb auf fremde, fachkompetente Hilfe angewiesen sind. Solange aber noch Produkte angeboten werden, die er in Wirklichkeit nicht braucht, weil sie entweder im Vergleich zu guten Investmentfonds nicht einem effizienten Vermögensaufbau dienlich sind – wie z.B. die unter Nr. 2 aufgeführten Versicherungen – oder gar Wetten darstellen, bei denen in der Regel der Anbieter der Gewinner ist und der Einsatz im schlechtesten Fall verloren gehen kann (z.B. Lehman-Zertifikate), solange wird der Verbraucher auch der Verlierer sein.

73 Unter Arbitrage sind die Vergütungen an die Vermittler zu verstehen (Provisionen, Ausgabeaufschläge o.ä)

74 Vgl. Ausführungen in Abschnitt C 1.1 ff.

Wer kann nun überhaupt Ihr Gehilfe sein, wenn es um die *Vermittlung von Produkten* geht, die für den Aufbau einer wirksamen Altersversorgung besonders geeignet sind?

Vermittler sind entweder

1. **Vertreter** eines Instituts oder einer Organisation oder
2. **Makler**

Zu Nr. 1: **Vertreter**
Vertreter ist, wer z.B. von einer Versicherung, einer Bank oder von einem Finanzvertrieb wie DVAG, AWD oder OVB ständig damit betraut ist, für das jeweilige Unternehmen Verträge zu vermitteln.

Ein Vertreter ist stets von seinem Unternehmen abhängig und verpflichtet, in seinem Interesse tätig zu werden. Er ist somit Erfüllungsgehilfe seines Unternehmens. Bei jedem Beratungs- oder Verkaufsgespräch befindet sich ein Vertreter in einem Interessenkonflikt zwischen den Weisungen seines Instituts oder seiner Organisation einerseits und den Wünschen des Kunden nach einer unabhängigen Beratung andererseits. So wird z.B. ein Versicherungsvertreter Ihnen deshalb auch keine Ranglisten von Tarifen verschiedener Anbieter vorlegen, weil er damit seinem Auftraggeber schaden und den mit diesem abgeschlossenen Handelsvertretervertrag (§ 84 HGR) verletzen würde. Er hat nur die Pflicht, Sie als Kunden bedarfs- und anlegergerecht zu beraten, aber auch nur über das Ihnen angebotene einzelne Produkt. Es ist die Information, die der Gesetzgeber mit dem sog. „Beipackzettel" einfordert. Mehr können Sie von einem Vertreter nicht erwarten.

Entsprechendes gilt für den Bankberater, der Ihnen gleichermaßen nicht zu sagen braucht, wenn es um den Abschluss einer Versicherung oder um die Zeichnung eines Investmentfonds geht, dass die Konkurrenz ggf. bessere Produkte im Angebot hat. Es geht immer nur um die Darstellung des hauseigenen Produktes. Sie erhalten von dort in der Regel auch keine vergleichenden Aufstellungen, aus welchen Sie z.B. die unterschiedlichen Renditen und Ablaufwerte innerhalb einzelner Produktkategorien ersehen könnten.

Ein Vertreter in diesem Sinne haftet auch nicht für Schäden, die Ihnen ggf. entstehen, dass er Ihnen nicht das bessere Produkt des Mitbewerbers empfohlen hat. Sein Unternehmen haftet nur, wenn er Sie falsch beraten, z.B. nicht ausreichend über das mit dem Abschluss des Vertrages verbundene Risiko oder die Funktionsweise des Produktes aufgeklärt hat etc. Dies war das Hauptanliegen der EU-Richtlinie MIFID, Sie vor Schaden aus solch mangelhafter Beratung zu bewahren, *nicht* aber vor Nachteilen, die Ihnen z.B. aus dem Ihnen empfohlenen hauseigenen Produkt erwachsen, wenn die Konkurrenz ein besseres im Angebot hat.

Zu Nr. 2: **Makler**
Ein Makler ist stets *Ihr* Erfüllungsgehilfe. Zu den Maklern gehört speziell der Versicherungsmakler sowie der Finanzmakler.[75] Sie vermitteln neben Versicherungen ggf. auch alle anderen Finanzprodukte wie z.B. Investmentfonds, geschlossene Fonds u.Ä. Ein Makler ist unabhängig und nicht vertraglich an eine Versicherungsgesellschaft oder Fondsgesellschaft gebunden. Er erhält stattdessen vom Kunden einen Beratungs- und Vermittlungsauftrag, ist also *Ihr* Vertreter im Markt. Die Entlohnung erfolgt bei Versicherungsverträgen in der Regel durch eine Provision und bei Investmentprodukten über den Ausgabeaufschlag. Bei einem Makler sollte, wenn es um Vermögensanlagen geht, stets hinterfragt werden, ob er aufgrund seiner nachgewiesenen Expertise in der Lage ist, dem Kunden unabhängig von Provisionsinteressen wirklich eine Auswahl der besten Produkte zu empfehlen.

Von Maklern wird vereinzelt auch Honorarberatung angeboten, d.h., es wird bei der Empfehlung von Investmentfonds teilweise oder ganz auf den Ausgabeaufschlag verzichtet und ein Honorar in Rechnung gestellt. Im Gegenzug kann ggf. eine regelmäßig zu zahlende Vermögensverwaltungsgebühr vereinbart werden. Wenn Sie einen Makler beauftragen, können Sie generell davon ausgehen, dass dieser auf die Wahrung *Ihrer* Interessen bedacht ist. Er trifft eine gezielte Vorauswahl aus der *ganzen* Palette der am Markt angebotenen Produkte, die unter Beachtung Ihrer speziellen Wünsche für Sie in Betracht kommen. Nach entsprechender Erörterung können Sie dann entscheiden, welches das auf Ihre Verhältnisse passende Produkt ist.

Speziell Versicherungsmakler sind als solche in einem öffentlichen Register bei der zuständigen Industrie- und Handelskammer eingetragen. Unterlaufen einem Makler trotz größter Sorgfalt Fehler bei einer Beratung, haftet er für etwaige Schäden. Er ist deshalb gesetzlich verpflichtet, eine entsprechende Vermögensschadenshaftpflichtversicherung abzuschließen, die ggf. solche Schäden abdeckt. Ein Finanzmakler, der aufgrund § 34 c der Gewerbeordnung nur die Zulassung hat, öffentlich zugängliche Investmentfonds zu vermitteln, ist nicht registierungspflichtig und auch nicht gesetzlich verpflichtet, eine Vermögensschadenshaftpflichtversicherung abzuschließen.

75 Hierher gehören ggf. auch die Certified Financial Planner (CFP), soweit sie selbstständig in der Finanzberatung tätig sind und auch Finanzprodukte vermitteln.

Die meisten werden allerdings in ihrem eigenen Interesse eine solche Versicherung abgeschlossen haben. Wenn Sie sichergehen wollen, sollten Sie sich über das Bestehen einer solchen Versicherung informieren und auch über die Höhe der Deckungssumme.

Vermittelt ein Versicherungsmakler auch Finanzprodukte, deckt seine Versicherung Schäden aus deren Vermittlung ebenfalls mit ab.

Neben den Maklern gibt es noch die Gruppe der *unabhängigen Berater,* die ausschließlich Beratungsleistungen gegen Honorar erbringen. Dazu noch die der *Standesberufler* – wie besonders Angehörige der steuerberatenden Berufe, soweit sie sich ggf. auch der Finanz- und Vermögensberatung zugewandt haben.[76] Letzteren ist die Vermittlung von Produkten gesetzlich untersagt.[77] Die Abrechung erfolgt ausschließlich auf Honorarbasis. Für Standesberufler ist der Abschluss einer Vermögensschadenshaftpflichtversicherung obligatorisch, sodass Sie bei etwaiger fehlerhafter Beratung und dadurch verursachten Schäden stets abgesichert sind. Bei anderen freien Beratern sollte nach einer entsprechenden Versicherung vorsorglich nachgefragt werden, um als Kunde stets auf der sicheren Seite zu sein.

Außerdem gibt es noch den gesetzlich geschützten Beruf des „Versicherungsberaters", der insoweit ebenfalls zu den Standesberufen zählt und ebenfalls keine Versicherungsprodukte vermitteln darf.[78]

Fazit:
In Deutschland gibt es nicht nur einen Wissensnotstand, sondern auch einen Beraternotstand. So kann der Verbraucher nie zu Wohlstand kommen, wenn der Gesetzgeber nicht die entsprechenden Rahmenbedingungen verändert. Eine gute vertretbare Lösung könnte mittelfristig sein, dass besonders Angehörige der steuer- und wirtschaftsprüfenden Berufe, bei denen die betriebswirtschaftliche Beratung von Untenehmen ohnehin zum Tagesgeschäft gehört, eine dem Certified Financial Planner entsprechende Zusatzqualifikation[79] erwerben und sich vermehrt der allgemeinen Finanzberatung zuwenden.

76 Kontakt ggf. Deutscher Verband vermögensberatender Steuerberater e.V., Rankestr. 5/6, 10789 Berlin, Tel. 030/8967 70; www.dvvs.eu.de.

77 Da dieser Beruf staatlich geschützt ist, darf sich ein Mitarbeiter oder Agent einer Versicherung, auch wenn er überwiegend beratend tätig ist, nicht Versicherungsberater nennen.

78 § 59 (4) Versicherungsvertragsgesetz.

79 Zu erwerbendes Zertifikat des Zert_FP an der Fachhochschule Frankfurt am Main/University of Applied Sciences, Nibelungenplatz 1, 60318 Frankfurt, besonders angeboten für diesen Berufsstand.

Eine weitere wichtige Maßnahme wäre, dass bezüglich der Vermittlung von Investmentprodukten eine vergütungsmäßige Angleichung an die von Versicherungsprodukten, die dem Kapitalaufbau dienen, erfolgen müsste. Solange einem Versicherungsvermittler eine Provision für alle auf die Vertragslaufzeit bezogenen Beiträge im Voraus gesetzlich zusteht, bei einem Investmentsparvertrag die Vergütung jedoch erst mit jeder tatsächlich gezahlten Rate zufließt (Ausgabeaufschlag), hat der Verbraucher nur eine geringe Chance, Letzteren von einem Vermittler von Finanzprodukten angeboten zu bekommen. Derzeit werden noch 90 % aller Finanzprodukte (Versicherungsverträge) gegen einmalige Provision verkauft.[80]

Und eines sollten Sie sich besonders merken:
Ihr Finanzberater sollte fachkompetent und möglichst unabhängig sein, damit er Ihnen das sagen kann, was Vertreter der Finanzinstitute Ihnen verschweigen müssen, ohne dabei zu lügen.

4.3 Indirekte Einlösung des Menschenrechtes auf finanzielle Bildung durch den Staat

Wir werden einsehen müssen, dass der größte Teil der Menschen – das gilt weltweit – nicht in der Lage ist, Geld professionell zu mehren geschweige denn zu erhalten, denn dieses Können ist einem bestimmten Berufszweig vorbehalten. Jeder ist in seinem Beruf erfahren und tüchtig und die gesamte Menschheit ist darauf angewiesen, sich gegenseitig zu helfen, jeder nach seinem Talent und dem erlernten Fachwissen. Das Schlimmste ist allerdings, wenn spezielles Wissen eines Berufsstandes anderen vorenthalten wird, um sich selbst daraus Vorteile zu verschaffen.

Die dringend notwendige Lösung kann nur sein, dass der Staat Bürgern schnellstmöglich hilft. Dazu gehört, dass besonders die Altersversorgung der heutigen Jugend auf verhältnismäßig einfache Art und Weise gesichert wird. Bei nüchterner Betrachtung besteht gegenwärtig die große Gefahr, dass der Staat unter den sich bereits angesammelten ungedeckten Versorgungslasten in absehbarer Zeit kollabiert. Er darf es auch nicht mehr länger zulassen, dass wir am langen Arm verhungern, obwohl für alle genügend Geldmittel vorhanden sind. Es ist nur ungleich verteilt – eine Folge des insoweit ungezügelten Kapitalismus.

80 Angabe lt. „Checkheft Altersvorsorge" S. 12, Herausgeber: Die Bundesregierung Best.Nr. A 844, Bundesministerium für Arbeit und Soziales, 53107 Bonn, Stand März 2009.

Folgen wir doch den Denkanstößen von Verhaltensökonomen. Die Amerikaner Thaler und Sunstein sind hier Vorreiter.[81] Sie plädieren dafür, dass der Mensch sich von anderen helfen lassen soll, das Richtige zu tun, ohne ihn bevormunden zu wollen. Das beste Negativbeispiel ist das Verhalten der Deutschen in Bezug auf vermögenswirksame Leistungen. Sie nehmen das Angebot einfach nicht an, aus Schludrigkeit, Nachlässigkeit, Schusseligkeit …

Ähnlich verhält es sich mit dem Abschluss von Verträgen für die zusätzliche Altersversorgung, wie z.B. Riester-Verträge. Auch diese werden vielfach nicht deshalb nicht abgeschlossen, weil man es nicht will, sondern man kommt einfach nicht in die Gänge, es zu tun. Und wenn man einen solchen Vertrag abgeschlossen hat, dann wird der Antrag auf die gesetzlich zustehenden Förderzulagen auch noch verbummelt.

Wer das Buch „Nudge“ liest, wird feststellen, dass dieses Verhalten erdumspannend ist – gleiches haben die Wissenschaftler z.B. für die USA und auch für Großbritannien festgestellt.[82]

Wie wäre es denn, wenn der Staat einfach das Rentenmodell „Chile“ einführen würde – allen Unkenrufen von Lobbyisten zum Trotz, der Empfehlung der Weltbank folgend? Er würde es ganz einfach machen.

Kapitalanlagegesellschaften mit den 10 oder 15 besten international aufgestellten Aktienfonds bilden z.B. den Grundstock des Deckungskapitals. Daneben kann jeder Einzahler wählen, wie viel festverzinsliche Papiere in Form von ebenfalls durch den Staat ausgewählten Rentenfonds er beigemischt haben möchte. Jeder würde darüber informiert, dass die Stabilität in einem Depot mit zunehmendem Anteil an festverzinslichen Papieren zwar steigt, die Rendite auf Dauer aber entsprechend abnimmt, und dass der Aktienanteil ab einem bestimmten Alter nicht mehr frei gewählt werden kann.

Wir sollten nicht mehr fragen, warum das nicht geht. Dass es geht, ist längst bewiesen, wir sollten uns über die Umstellung des Systems Gedanken machen – und das möglichst sofort. Es gibt genügend Menschen, die dieses Problem aktiv angehen und professionell lösen können.

Durch die Umstellung des Systems würden sich viele Probleme in der Zukunft wahrscheinlich handhaben lassen: Hartz IV, Altersarmut, Pflegenotstand, Bekämpfung von Steueroasen – wir können dann selbst eine werden.

81 Vgl. das Buch „Nudge – Wie man kluge Entscheidungen anstößt“ – zitiert unter Abschnitt H 3.1 „Aus den Fehlern der Schweden bei der Umstellung des Rentensystems lernen“.

82 Thaler und Sunstein, „Nudge“, S. 152 ff.

Wir sollten vor allem aufhören, generell „den Unternehmer" oder „die Unternehmen" zu verdammen, denn sie bilden die Grundlage für die Produkte und Leistungen, die wir zum Leben brauchen. Es wird auch immer wieder gute und schlechte Unternehmen geben, aber wir als Verbraucher bestimmen letzten Endes, wessen Produkte wir kaufen. Und wenn wir unser Einkommen bereits etwas aufgebessert haben, können wir es uns auch erlauben, einem guten Unternehmen für seine Ware etwas mehr zu zahlen und das schlechte zu meiden.

Der Staat ermöglicht es seit über 5 Jahrzehnten jedem, sich mit einem geringen Teil des laufenden Einkommens an den besten Unternehmen weltweit zu beteiligen und daraus langfristig ein Vermögen aufzubauen, aus welchem er Einkünfte generieren kann, ohne später noch arbeiten zu müssen, wohl aber zu können. Sie müssen nur eines tun: beginnen und das frühestmöglich. Auf diese Weise könnten wir längerfristig ein Volk von Teilhabern werden, wie es der Wunschvorstellung unseres ehemaligen Bundespräsidenten Horst Köhler entsprach. Vor allem könnten wir das Verhältnis wieder ins Gegenteil verkehren, sodass das Beteiligungskapital am Produktivvermögen nicht mehr überwiegend vom Großkapital gehalten wird, sondern von den Arbeitnehmern, die auch die Hauptarbeit in den großen Unternehmen weltweit verrichten. Für sie ist es geradezu ideal, sich über professionell verwaltete Aktienfonds an den besten Unternehmen weltweit zu beteiligen, um sich neben der abhängigen Betätigung ein zweites Standbein zu verschaffen und damit in einer überschaubaren Zeit finanziell unabhängig zu werden.

Fazit:
Bemühen wir Friedrich Schiller in diesem Zusammenhang, dann finden wir dort bereits grundlegende Erkenntnisse, die sich auch bis heute nicht überholt haben und dem Grunde nach nichts anderes aussagen: *„Es ist dem Menschen eigen, das Höchste und das Niedrigste in seiner Natur zu vereinigen. Der gebildete Mensch macht die Natur zu seinem Freund und ehrt ihre Freiheit, indem er bloß ihre Willkür zügelt."*[83]

Hier sind die Politiker, denen wir unser Vertrauen geschenkt haben, gefordert, besonders der Jugend eine Perspektive einer besseren Welt zu bieten.

83 Vgl. Friedrich Schiller, „Ausgewählte Kostbarkeiten", Nr. 92411, SKV-Edition Lahr (Schwarzwald), ISBN 3-87729-016-7.

Auch einem künftigen Wirtschaftsminister kann man nur wünschen, dass er aufgrund eigener Fachkompetenz in der Lage ist, einen gerechten Interessenausgleich zwischen den Bürgern einerseits und den Hauptakteuren des Finanzmarktes andererseits herbeizuführen.

Wenn es ihm gelingt, sich mit den klügsten Köpfen im Lande zu umgeben, die ausschließlich der Wahrheit verpflichtet sind (Wissenschaftler) und keine anderen Interessen haben, als das Geld der Anleger zu vermehren (Fondsmanager unabhängiger Gesellschaften), hat er eine echte Chance, das Vermächtnis Ludwig Erhards zu erfüllen und seine Vision nachträglich umzusetzen.

Wir sollten endlich denen Glauben schenken, die „Ja" sagen, und uns nicht von den Bedenkenträgern die Zukunft verbauen lassen. Wir brauchen Menschen, die aufstehen und uns Zuversicht geben, dass wir diese Probleme lösen können. Die gleiche Botschaft, wie sie Barack Obama mit dem Slogan „Yes we can" vermittelt, sollte uns motivieren, etwas zu bewegen.[84]

Helfen wir gemeinsam, dass dieses Buch der Investmentidee neuen Auftrieb verleiht. Mögen auch die Worte eines weisen Mannes, der vielen Menschen unter dem Namen Konfuzius bekannt sein dürfte, wahr werden. Von ihm stammt folgender Ausspruch:

„Aus einem winzigen Funken entspringt ein großes Feuer."

Der von diesem Buch hoffentlich ausgehende Funke sollte alle wachrütteln und zu einem großen, aber dennoch beherrschbaren Feuer werden, das der Menschheit und nicht den Interessen einzelner Gruppen dient, denen es in erster Linie darum geht, ihre Pfründe zu sichern.

Zünden wir alle es an – denn:

Auch Du bist Deutschland! [85]

Im Dezember 2009

Werner Stubenrauch

84 Der Fernsehprediger Dr. Schuller spricht in seinem Büchlein „Wenn du es träumen kannst, kannst du es auch tun", davon, dass man die Menschen inspirieren müsse, sich von Kann-nicht-Menschen in Kann-Menschen zu verwandeln.

85 Wenn wir dieses Ziel erreichen, hätte sich der von den Medien in Deutschland mit viel Aufwand gestartete Aufruf für alle gelohnt.

I | EPILOG

I EPILOG

1. Ein Wunsch an meine Leser

Kürzlich sprach ich mit einem Banker über mein Buch. Er meinte nur lapidar, es seien bereits 199 Bücher ähnlichen Inhalts am Markt. Dieses Buch sei das zweihundertste.

Das hat mich etwas betroffen gemacht, aber dennoch habe ich die Zuversicht nicht verloren, dass es ein ganz besonderes Buch ist, welches es noch nicht am Markt gibt. Ich persönlich weiß, dass es das Buch ist, das mir vor 30 bis 40 Jahren gefehlt hat – und mein Leben hätte heute ganz anders ausgesehen.

Wenn Ihnen das Buch gefällt und Sie es für wertvoll halten, sorgen Sie mit dafür, dass es Verbreitung findet: Wenn jeder, der es in die Hand bekommt, es an zwei liebe Bekannte, Freunde oder Verwandte weiterverschenkt, ist es wahrscheinlich das wertvollste Geschenk, das er jemals bekommen hat. Dann verbreitet sich dieses Buch ähnlich, wie es in dem Beispiel „Wasserhyazinthe" geschildert ist[1], und jedem steht die Tür zum Wohlstand offen. Je früher er damit anfängt, umso schneller und wirksamer kann er dieses Ziel erreichen.

2. Was hat mich letztlich angetrieben?

Ich habe lange mit mir gerungen, dieses Buch zu schreiben, so manches Mal hat mich der Mut verlassen, es zu tun. Einerseits hat mich eine von Nikolaus B. Enkelmann stammende Aussage beflügelt, die wie folgt lautet:

> ***„Der Schöpfer hat dem Menschen den Verstand gegeben, damit er mit ihm die wunderbare Ordnung in der Natur erkenne und das Erkannte zur Grundlage der Ordnung der eigenen Verhältnisse mache."***[2]

Naturgegebene Wirkungen wie Zinseszinseffekt, Hebeleffekt, Synergieeffekt und auch der Cost-Average-Effekt existieren. Sie sind wahr. Jeder Mensch sollte diese Erkenntnisse für sich nutzen können.

1 Vgl. Abschnitt F 1.4 „Die Wirkung des Zinseszinses am Beispiel ‚Wasserhyazinthe'".

2 Motivations-Kassette „Werde Sieger im eigenen Leben" Nr. 676.

Andererseits haben mir Worte Mut gemacht, die Mutter Theresa, der Engel der Armen, in einem Waisenhaus in Kalkutta hängen hatte:[3]

Menschen sind unvernünftig, unlogisch und selbstbezogen –
liebe sie dennoch!

Wenn du Gutes tust, wird man dir versteckte selbstsüchtige
Motive unterstellen – tu dieses Gute dennoch!

Wenn du erfolgreich bist, wirst du falsche Freunde und
wirkliche Feinde haben – suche den Erfolg dennoch!

Das Gute, das du heute tust, wird morgen vielleicht schon
vergessen sein – tu es dennoch!

Wenn du ehrlich und offen bist, wirst du verletzt sein –
sei es dennoch!

Menschen lieben Außenseiter, aber sie folgen den Erfolgreichen
– folge diesem einen Außenseiter dennoch!

Was du in Jahren aufgebaut hast, kann über Nacht zugrunde
gehen – baue dennoch auf!

Menschen brauchen Hilfe, aber sie können über dich herfallen,
wenn du ihnen zu helfen versuchst – hilf ihnen dennoch!

Wenn du der Welt dein Bestes gibst, wird man dir vielleicht
einen Fußtritt dafür geben – gib es dennoch!

3 Entnommen dem Buch von Robert H. Schuller, „Aus Tränen werden Edelsteine", Verlag Gerth Medien, ISBN 10 : 3-86591-133-1 und 13 : 978-3-86591-133-9.

Ein Dankeswort

Aufrichtig dankbar bin ich allen Menschen, die mir den Anstoß gegeben haben, mich überhaupt mit dieser Materie zu befassen.

Zuvorderst danke ich Herrn Dr. Klaus Jung aus München. Seine volle Unterstützung in Form von persönlichen Gesprächen, Seminaren und Vorträgen, der Herstellung von wertvollen Kontakten zu langjährigen unabhängigen Beratern, zu Fondsgesellschaften und vieles mehr haben mir sehr geholfen.

Bedanken möchte ich mich auch bei meinem Kollegen Kurt Carstens, der mir Mut gemacht hat, an einem bundesweit vertriebenen Handbuch für Steuerberater mitzuarbeiten, entsprechende Fachartikel zu veröffentlichen und dieses Buch zu schreiben.

Danken möchte ich allen anderen, die mich unterstützt haben, dieses Buch auf den Weg zu bringen, um den Menschen hier in Deutschland mit dem darin enthaltenen finanziellen Grundwissen ihre Chancen aufzuzeigen.

Besonders danke ich auch meinem sehr verehrten Mentor Nikolaus B. Enkelmann,[4] der mich gelehrt hat, die Kraft in mir zu entfalten, meine erworbenen Erkenntnisse in dieser Form niederzuschreiben.

Nicht zuletzt bin ich meinem Sohn Wilfried mit seiner hervorragenden Fachkompetenz als zertifizierter Finanzplaner und Dachfondsmanager zu großem Dank verpflichtet, der mir als Netzwerkpartner Zugang zu wertvollen Brancheninformationen verschafft hat, welche mir ohne seine Mithilfe nicht verfügbar gewesen wären.

Dankbar bin ich aber auch dafür, dass ich die Möglichkeit habe, meinen Mitmenschen zu helfen, sich nachhaltig und höchst effizient ein Vermögen aufzubauen, wovon sie bisher nicht einmal geträumt haben. Vor allem sehe ich hiermit eines meiner höchsten Lebensziele verwirklicht, das mich bereits seit meiner Schulzeit geprägt hat und sich spiegelt in dem Ausspruch von Goethe: *„Edel sei der Mensch, hilfreich und gut“*.

Das war auch der ursächliche Grund dafür, dass ich nach etwa 11-jähriger Tätigkeit als Finanzbeamter zum Beruf des Steuerberaters gewechselt habe.

4 Nikolaus B. Enkelmann ist seit 1970 Leiter des Instituts für Persönlichkeitsbildung in Königstein/Ts. Seine Methode, Menschen zum Erfolg im Leben zu verhelfen, geht auf die Erkenntnisse von C. G. Jung und – in der Verlängerung – auf die Logotherapie von Viktor E. Frankl zurück.

Damit konnte ich meinen Mandanten helfen, so viel Steuern wie möglich zu sparen, statt den „Steuerpflichtigen“ so viel Steuern wie möglich abnehmen zu müssen.

Dabei kann ich auf dem von mir seit 2000 eingeschlagenen Weg in die finanzwirtschaftliche Beratung sehr viel mehr bewirken als bei der eigentlichen Steuerberatung. Ich kann jetzt mit diesem Buch allen Menschen helfen, denen das notwendige finanzielle Grundwissen fehlt.

Gerne weise ich die Wege auf, um auch bereits mit wenig Geld Vermögen aufzubauen, damit sich jeder sein Leben auf Dauer etwas angenehmer gestalten kann.

Glossar

BaFin	Bundesanstalt für Finanzdienstleistungsaufsicht
BdV	Bund der Versicherten e.V., Henstedt-Ulzburg
BVI	Bundesverband Investment und Asset Management e.V., Eschenheimer Anlage 28, 60318 Frankfurt a. M.
DAI	Deutsches Aktieninstitut
DAX	Leitindex der 30 größten deutschen Unternehmen
Dow Jones	Leitindex der größten US-amerikanischen Unternehmen
Emissionsgebühren	Kosten, die im Zusammenhang mit der Ausgabe von Wertpapieren entstehen, z.B. bei Investmentanteilen der sog. Ausgabeaufschlag
FAS	Frankfurter Allgemeine Sonntagszeitung
FAZ	Frankfurter Allgemeine Zeitung
FTD	Financial Times Deutschland
Hedgefonds	spezielle Art von Investmentfonds, die sich in der Regel durch eine spekulative Anlagestrategie auszeichnen. Sie sind als Beimischung geeignet. Nur bei der Beteiligung an Dachhedgefonds besteht staatlicher Schutz als Sondervermögen.
Hunte-Report	Zeitschrift in Promotion-Verlagsgesellschaft Oldenburg i. O.
KAG	Kapitalanlagegesetz
MIFID	Markets in Financial Instruments Directive
MSCI-World	Durchschnitt der weltweiten Entwicklung von Aktienkursen
Natur und Medizin	Mitgliederzeitschrift der Karl und Veronica Carstens Stiftung betr. Integration von Naturheilverfahren in die medizinische Grundversorgung, gegr. 1983.
NWZ	Nordwest-Zeitung für das nordwestliche Niedersachsen in Oldenburg
S&P 500	durchschnittliche Kursentwicklung der 500 größten börsennotierten amerikanischen Firmen
SEC	Security and Exchange Commission (US-amerikanische Börsenaufsicht)
StBerG	Steuerberatungsgesetz
WamS	Welt am Sonntag
WpDVerOV	Wertpapierdienstleistungs-, Organisations- und Verhaltensverordnung

Literatur

Argentarius: Vom Gelde, Verlag der Sammlung Bokelberg, Hamburg 1982, im Kopp-Verlag, 72108 Rottenburg, Pfeiferstr. 52.
Beck, Prof. Dr. Hanno: „Der Alltagsökonom", Deutscher Taschenbuch Verlag (dtv) 2006.
Becker, Dr. Fritz: So heilt man naturgemäß jede Darmträgheit und jede Blähsucht, Lebenskunde-Verlag Düsseldorf 1990.
Bibelgesellschaft, Deutsche: Gute Nachricht Bibel 2000.
Brockhaus, F. A.: „Der große Brockhaus", 18. Auflage 1980.
Buchinger, Dr. Andreas/Lindner, Bettina-Nicola: Das Original: Buchinger-Heilfasten, Karl F. Haug Verlag, Stuttgart 2004.
Bundesministerium für Arbeit und Soziales, Redaktion 53107 Bonn: Zusätzliche Altersvorsorge.
BVI Bundesverband Deutscher Investment- Gesellschaften e.V., in Fonds-Guide 1999 Gabler-Verlag Wiesbaden.
Carnegie, Dale: Wie man Freunde gewinnt, Scherz Verlag, Bern-München-Wien 1989.
Clason, Georg Samuel: Der reichste Mann von Babylon, Conzett-Verlag by Oesch, Zürich 1998.
Coelho, Paul: Der Alchimist, Diogenes-Verlag, Zürich 1996.
365 Momente voller Sonnenschein, Coppenrath-Verlag, Münster.
Decker, Charles L.: Das Beste ist nie gut genug. Die 99 Erfolgsregeln von Procter & Gamble, Verlag moderne industrie, Landsberg/Lech.
Diamond, Harvey und Marilyn: Fit fürs Leben, Goldmann-Verlag 1985.
„Die zweite Maus frisst den Käse", Coppenrath-Verlag, Münster 2004.
Duden: Das große Wörterbuch der deutschen Sprache, 1978.
Eckstaller, Claudia/Huber-Jahn, Ingrid: Private Equity und Venture Capital, Verlag Wissenschaft & Praxis Dr. Brauner GmbH 2006.
Egli, Renè: Das LOL^{2}A-Prinzip, Editions d'Olt 1994.
Enkelmann, Nikolaus B.: Die besten Zitate, Gabal-management-Verlag 2005.
Enkelmann, Nikolaus B.: Die Formel des Erfolgs, mvg-Verlag 2000.
Erhard, Ludwig: Wohlstand für Alle, Econ-Verlag, Düsseldorf 2000.
Eschenbach, Andreas: Eine Billion Dollar, Gustav Lübbe Verlag 2001.
Evers/Jung: Studie im Auftrag des Bundesministeriums für Ernährung, Landwirtschaft und Verbraucherschutz, Stand Sept. 2008, http://www.bmelv.de/cae/serolet/contenzblob/379922/publication File/42378/StudieFinanzvermittler.pdf
Fiala/Nerb: Geldanlagen für Mündel und Betreute, Bundesanzeiger-Verlagsges. m.b.H., Köln 2003.
Finanzen Fondsanalyser, EDISoft GmbH, 82041 Oberhaching, FondsGuide

2001, Schaeffer-Poeschel Verlag Stuttgart.
Genske, Ewald: Wie lege ich mein Geld an?, Ullstein-Verlag GmbH, Westland Verlag, Sonderausgabe 1969.
Groh, Joachim: Das kleine Mutmach Buch, Groh-Verlag 2005.
Grün, Anselm: Bleib deinen Träumen auf der Spur, Herder-Verlag 2003.
Grün, Anselm: Quellen innerer Kraft, Herder-Verlag 2005.
Hein, Prof. Manfred: die Banken, BI-Taschenburch-Verlag (Meyers Forum) 1996.
Hellwig, Gerhard: Das Buch der Zitate, Mosaik bei Goldmann 2003.
Herrmann, Robert L.: Sir John Templeton – Von der Wall Street zur Theologie der Demut, Verlag interna, Bonn 1998.
Horx, Matthias: Wie wir leben werden – unsere Zukunft beginnt jetzt, Campus-Verlag 2006.
Jesch, Thomas A.: Private Equity Beteiligungen, Gabler-Verlag, Wiesbaden 2004.
Jung, Dr. Klaus: Vermögensstrategie, Jung, DMS & Cie., 65201 Wiesbaden.
Kiyosaki, Robert: For ever rich (Für immer reich), Redline Wirtschaft by Verlag moderne Industrie.
Lange, Prof. Dr. Gerhard: Rhetorik – Mit Worten gewinnen, Tasso-Verlag Bonn.
Lautner, Helmut: Nimm dir einfach mehr vom Leben, Georg Thieme Verlag 1998.
Liedtke, Rüdiger: Wem gehört die Republik, Eichborn-Verlag 10/1998.
Lützner, Dr. Hellmut: Wie neugeboren durch Fasten,Gräfe und Unzer Verlag, 12. Auflage.
Merz, Friedrich: Mehr Kapitalismus wagen, Piper-Verlag München 2008.
Meyer, Hans-Dieter: Ratgeber Versicherung, Verlag für Versicherungsinformation GmbH, Hamburg 1997, Heyne-Ratgeber 08/5058.
Michels, Ulrich: dtv-Atlas zur Musik, Deutscher Taschenbuch-Verlag / Bärenreiter-Verlag.
Nicolai, Dr. Helmut: Grundriss des Sparkassenwesens, Kommissions-Verlag Graß, Barth & Comp. W. Friedrich in Breslau 1928.
Ortmann, Dr. Mark: Kapitalanlage deutscher und britischer Lebensversicherer (Vers.-wiss. Stud., Bd. 21), Nomos Verlagsgesellschaft Baden-Baden 2002.
O'Shaughnessy, James P.: Die besten Anlagestrategien aller Zeiten, Verlag moderne Industrie 2000.
Otte, Prof. Max: Investieren statt sparen, Econ-Verlag 2000.
Parkinson, C. Northcote: Parkinsons neues Gesetz, rororo-Sachbuch Nr. 7848, Rowohlt Taschenbuch-Verlag.
Peale, Norman Vincent: Heute fängt dein Leben an, Oesch-Verlag 1996.
Poweleit, Manfred, Hrsg. map-report, Große Str. 60 in 21380 Arzenburg / Elbe.

Schätze jüdischer Weisheit, Scherz-Verlag Bern-München-Wien.
Schmidt, Lothar: Aphorismen von A - Z, VMA Verlag, Wiesbaden, mvg 1971.
Schramm, Peter A., Dipl.-mathematiker, homepage www.pkv-gutachter.de Stand 2009.
Schramm, Dr. Werner u. Petra, Edition Rarissima, Taunusstein 1988.
Schroeder, Alice: Warren Buffet – Das Leben ist wie ein Schneeball, FinanzBuch Verlag 2009-
Schuller, Dr. Robert, Aus Tränen werden Edelsteine, Verlag Gerth-Medien.
Schuller, Dr. Robert, Glaube der Berge versetzt, 2. Auflage, erhältlich bei Hour of Power Deutschland.
Schuller, Dr. Robert, Mit Flügeln des Adlers, Verlag Gerth Medien 2005.
Schuller, Dr. Robert, Wenn du es träumen kannst, kannst du es auch tun!, Drukkeriy van Wijland BV, Laren-Holland.
Schuller, Robert Anthony: Der Weg durch das dunkle Tal, ©2006 by Hour of Power Deutschland, Steinerne Furt 78, 86167 Augsburg.
Shiller, Prof. Robert J.: Irrationaler Überschwang, Campus-Verlag 2000.
Siegel, Prof. Jeremy J.: Langfristig investieren (Originaltitel: Stocks for the Long Run), FinanzBuch Verlag 2006.
Siegel, Prof. Jeremy J.: Überlegen investieren (Originalausgabe 2005 Future for Investors bei Crown Business), FinanzBuch Verlag 2008.
Sill, Keith: in Business Review@3 2001 23, „The Gains from International Risk-Sharing“.
Sladky, Dr. Waltraud: Kraft von innen, Josef Schmidt Verlag 1988.
Stehle, Prof. Richard: in „Kredit und Kapital“ 1991 / Heft 3 und 1996 / Heft 2, Verlag Dunker & Humblot: Durchschnittsrenditen deutscher Aktien 1954 – 1988 / Rückberechnung des DAX für die Jahre 1955 – 1987.
Tange, Ernst Günter: Zitatenschatz für Aktionäre, Eichborn-Verlag 2000.
Templeton. Lauren C. / Philipps, Scott: „Die Templeton Methode, FinanzBuch Verlag 2008.
Thaler, H. Prof. / Sunstein, Cass R.: Nudge – Wie man kluge Entscheidungen anstößt, Econ-Verlag 2009.
Verbraucherzentrale Nordrhein-Westfalen e. V.: Baufinanzierung März 2000.
Weber, Prof. Dr. Martin: Genial einfach investieren, Campus Verlag 2007.
Weimer, Alois und Wolfram: Mit Platon zum Profit, Verlag Frankfurter Allgemeine Zeitung, Verlagsbereich Wirtschaftsbücher 1995.
Weimer, Martin: Das große Buch der christlichen Zitate, Pattloch-Verlag 2005.
Weiss, Hans / Schniederer, Ernst: Asoziale Marktwirtschaft, Verlag Kiepenheuer & Witsch, Köln 2006.
Wellershoff, Dietrich: Freiheit, was ist das?, Verlag E.S. Mittler & Sohn GmbH, Herford 1984.

Wer sagte was?, Compact Verlag München 2007.
Wiedeking, Wendelin: Das Davidprinzip, Eichborn-Verlag 2002.
Williams, Arthur L.: Das Prinzip Gewinnen, mvg-Verlag 2000.

ANHANG

1. Zinseszins, die „72er-Regel"

72 geteilt durch Rendite ergibt den Verdoppelungszeitraum (VDZ) der Anlage
Bsp. 72:3=24, d.h. alle 24 Jahre verdoppelt sich der angelegte Betrag

	"72er Regel"	genaues Ergebnis	"72er Regel"	genaues Ergebnis	"72er Regel"	genaues Ergebnis	"72er Regel"	genaues Ergebnis	
Anlage	10.000 €	10.000 €	10.000 €	10.000 €	10.000 €	10.000 €	10.000 €	10.000 €	
Rendite	3%	3%	6%	6%	9%	9%	12%	12%	
VDZ	24 Jahre	24 Jahre	12 Jahre	12 Jahre	8 Jahre	8 Jahre	6 Jahre	6 Jahre	
Jahre									
6							20.000 €	19.738 €	
8					20.000 €	19.926 €			
12			20.000 €	20.122 €			40.000 €	38.960 €	
16					40.000 €	39.703 €			
18							80.000 €	76.900 €	
24	20.000 €	20.328 €	40.000 €	40.489 €	80.000 €	79.111 €	160.000 €	151.786 €	2-fach
30							320.000 €	299.599 €	
32					160.000 €	157.633 €			
36			80.000 €	81.473 €			640.000 €	591.356 €	
40					320.000 €	314.094 €			
42							1.280.000 €	1.167.231 €	
48	40.000 €	41.323 €	160.000 €	163.939 €	640.000 €	625.852 €	2.560.000 €	2.303.908 €	4-fach
54							5.120.000 €	4.547.505 €	
56					1.280.000 €	1.247.050 €			
60			320.000 €	329.877 €			10.240.000 €	8.975.969 €	
64					2.560.000 €	2.484.825 €			
66							20.480.000 €	17.716.972 €	
72	80.000 €	84.000 €	640.000 €	663.777 €	5.120.000 €	4.951.170 €	40.960.000 €	34.970.161 €	8-fach
78							81.920.000 €	69.024.897 €	
80					10.240.000 €	9.865.517 €			
84			1.280.000 €	1.335.650 €			163.840.000 €	136.242.908 €	
88					20.480.000 €	19.657.660 €			
90							327.680.000 €	268.919.342 €	
96	160.000 €	170.755 €	2.560.000 €	2.687.590 €	40.960.000 €	39.169.119 €	655.360.000 €	530.799.098 €	16-fach

Quelle: © fikon Finanz-Konzepte GmbH

2. Der Sparplan in Verbindung mit der „72er-Regel"

- mtl. Einzahlung 100 € -
(Einzahlungen erfolgen nur innerhalb der ersten 24 Jahre)

		Ungefähres Ergebnis	Genaues Ergebnis	Ungefähres Ergebnis	Genaues Ergebnis	Ungefähres Ergebnis	Genaues Ergebnis	Ungefähres Ergebnis	Genaues Ergebnis
Rendite		3 %	3 %	6 %	6 %	9 %	9 %	12 %	12 %
Jahr									
24		40.000 €	42.208 €	65.000 €	62.960 €	100.000 €	96.640 €	150.000 €	151.002 €
Jahr	VDZ alle	24 Jahre	24 Jahre	12 Jahre	12 Jahre	8 Jahre	8 Jahre	6 Jahre	6 Jahre
30	(6)							300.000 €	
32	(8)					200.000 €			
36	(12)			130.000 €				600.000 €	
40	(16)					400.000 €			
42	(18)							1.200.000 €	
48	(24)	80.000 €		260.000 €		800.000 €		2.400.000 €	

Ungefähre Zwischenergebnisse Sparplan

Jahr / Rendite	Summe Einzahlungen	3 %	6 %	9 %	12 %
6	7.200 €	7.897 €	8.684 €	9.468 €	10.371 €
12	14.400 €	17.350 €	20.902 €	25.347 €	30.842 €
18	21.600 €	28.665 €	38.292 €	51.977 €	71.248 €
24	28.800 €	42.208 €	62.960 €	96.640 €	151.002 €

VDZ = Verdoppelungszeitraum

Quelle: © fikon Finanz-Konzepte GmbH

3. Inflationstabelle

Vereinfachte Darstellung der sich durch die Inflation vermindernden Kaufkraft einer Kapitalanlage bei einer Inflationsrate zwischen 2,5 - 3 %[1]

Ein Geldbetrag heute von 1.000 € hat nach	1 €	2 Bruchteil	3 in %	4 Faktor
10 Jahren noch eine Kaufkraft von ca.	750	3/4	75	1.3
15 Jahren	660	2/3	66	1.5
20 Jahren	600	3/5	60	1.7
25 Jahren	500	1/2	50	2.0
30 Jahren	450	9/4	45	2.2
35 Jahren	400	2/5	40	2.5
40 Jahren	333	1/3	33	3.0
50 Jahren	250	1/4	25	4.0
60 Jahren	200	1/5	20	5.0
65 Jahren	167	1/6	16,6	6.0

Beispielsrechnung: 1.000 € von heute haben in 35 Jahren nur noch eine Kaufkraft von 400 €. Wer wissen will, wie viel er in 35 Jahren braucht, um eine Kaufkraft von 1.000 € zu haben, muss den Betrag von 1.000 € heute mit dem *Faktor 2,5* malnehmen. Er braucht also 2.500 €, die dann noch einer Kaufkraft von 40 % = 1.000 € entsprechen.

Vorstehende Zahlen decken sich annähernd mit den vom Statistischen Bundesamt veröffentlichten Kosten für die Lebenshaltung aller privaten Haushalte – Indexzahlen mit Basisjahr 2000 = 100[2]

	Basisjahr	Index
	2000 =	100,0
10 Jahre zuvor:	1990 =	80,3
20 Jahre zuvor:	1980 =	62,1
30 Jahre zuvor:	1970 =	37,9
40 Jahre zuvor:	1960 =	29,4

1 Abgeleitet aus Abzinsungstabelle im Steuerberater- und Wirtschaftsprüfer-Jahrbuch v. Dr. Peter Knief, erscheint jährlich im Sparkassen-Verlag sowie als Lizenzausgabe im IdW-Verlag. Da es sich um Prognosen handelt und niemand weiß, wie hoch die Inflationsrate tatsächlich sein wird, ist der einfacheren Handhabung wegen jeweils ein Mittelwert zwischen 2,5 und 3 % zugrunde gelegt worden.

2 Veröffentlicht in DATEV-Heft „Tabellen und Informationen für den steuerlichen Berater-Ausgabe 2007".

4. Das Geheimnis der wundersamen Geldvermehrung

Die wundersame Geldvermehrung

Als erste staatliche Hochschule profitiert die Uni Frankfurt von einem Stiftungsvermögen. Ihr Startkapital: mehr als 86 Mio. Euro

VON **ANTONIA GÖTSCH**, HAMBURG

Über 30 Jahre lang lagen die Aktien des Frankfurter Bankiers Alfons Kassel im Depot der Privatbank Metzler. Seine Frau Gertrud vermehrte das Vermögen nach dem Tod ihres Mannes im Jahr 1975 von knapp 2 Mio. € auf heute 33 Mio. €. Im Juni starb Gertrud Kassel. Das Geld fließt nun nahezu komplett an die Johann Wolfgang Goethe-Universität Frankfurt. Über die Verwendung darf der Vorstand, in dem auch Unipräsident Rudolf Steinberg sitzt, frei verfügen.

Und für Steinberg kommt es noch besser: Das Geld wird sich auf seinem Weg in die Hochschultöpfe vermehren, auf ganze 66 Mio. €. Hessens Ministerpräsident Roland Koch (CDU) hat ihm versprochen, für jeden privat eingeworbenen Euro gebe es in Form sogenannter Matching Funds vom Land einen weiteren oben drauf.

Noch in diesem Jahr soll die Uni in eine Stiftung umgewandelt werden. Bereits Anfang Juli hat die hessische Regierung weitere 20 Mio. € zugesagt, die aus dem Verkaufserlös des Campus Bockenheim in den Kapitalstock der Hochschule fließen sollen. So hat Steinberg nun 86 Mio. € zusammen. Weitere Millionen sind bereits zugesagt, vom Land, aber auch von privaten Spendern.

„Das ist ein guter Start", sagt Ambros Schindler, Vermögensverwalter beim Stifterverband für die Deutsche Wissenschaft. „Frankfurt könnte die erste staatliche Stiftungsuni werden, die ihren Namen auch verdient." Sie hätte so viel Geld im Kapitalstock, dass sich daraus tatsächlich auch Forschung und Lehre finanzieren ließen. Anders als in Niedersachsen, wo 2003 fünf Hochschulen in Göttingen, Hildesheim, Lüneburg, Osnabrück und Hannover in die neue Rechtsform entlassen wurden, ohne dass ihnen das Land oder private Spender ein nennenswertes Stiftungsvermögen mitgegeben hätten. Im Gegenteil: Dort haben die Hochschulen sogar weniger Geld, seit sie Stiftungen sind, weil das Land Mittel gekürzt hat. „Ich verwalte den Mangel", sagt etwa der Präsident der Uni Göttingen, Kurt von Figura.

Geld der alten Dame

Vermehrung Alfons Kassel war einer der letzten Einzelbankiers in Deutschland. 1932 machte er sich als 30-Jähriger mit einer Bank selbstständig. Nach seinem Tod 1975 verwaltete seine Frau Gertrud das Vermögen. Das Bankgeschäft wurde an die Frankfurter Metzler-Bank übertragen, darunter auch Kassels Aktiendepot im Wert von 2 Mio. €. Dessen Wert ist seither auf über 30 Mio. € angewachsen.

Vermächtnis Im Juni, kurz vor ihrem 93. Geburtstag, starb **Gertrud Kassel**. Friedrich von Metzler und der Wirtschaftsprüfer Ekkehardt Sättele haben nun in ihrem Namen eine Stiftung für die Uni Frankfurt gegründet.

Johann Wolfgang Goethe-Universität Frankfurt

Seine Hochschule erhielt vom Land zwar Liegenschaften im Wert von 570 Mio. € überschrieben, doch diese kosten die Hochschule mehr Unterhalt, als sie ihr finanziell einbringen. Präsident von Figura lobt zwar die Autonomie, die er mit dem neuen Gesetz erhalten hat. Doch mehr Freiheit bei der Verwaltung und Steuerung wäre auch ohne Stiftungsmodell möglich. Mit dem finanziellen Zweck einer Stiftung – Vermögen anzulegen und die Zinsen zu verwenden – hat der niedersächsische Weg nichts zu tun. Ohne Vermögen lässt sich keine zusätzliche Forschung finanzieren.

„Unsere Trümpfe sind die Mentalität der Frankfurter und Tradition"

Rudolf Steinberg, Unipräsident Frankfurt

Steinberg will seinen Kapitalstock jedenfalls für Projekte nutzen, „die sonst nicht möglich wären". Er hofft, sich irgendwann mit guten staatlichen US-Unis vergleichen zu können, die im Schnitt zehn Prozent ihres Jahresetats aus Zinsen finanzieren. „Wir haben in den vergangenen Jahren immerhin über 30 Stiftungslehrstühle und zwei private Institute einwerben können", betont Steinberg. „Unsere Trümpfe sind die Mentalität der Frankfurter und unsere Tradition."

Mit der Umwandlung in eine Stiftung kehrt die Universität zu ihren Wurzeln zurück. 1914 wurde sie in Form einer Stiftung von Oberbürgermeister Franz Adickes gegründet, mit dabei die Rothschilds und die Bankiersfamilie Speyer. „Wir wollen den Austausch zwischen Bürgern und Hochschule neu beleben", sagt Steinberg. Großspender sollen sich auch im Kuratorium einbringen.

Die hessische Landesregierung hat zugesichert, die öffentlichen Gelder in Höhe von derzeit jährlich 270 Mio. € nicht zu kürzen. Der Frankfurter Unipräsident setzt darauf, dass die Politiker Wort halten. „Sonst können wir keine privaten Spender gewinnen", sagt er. „Wer das Gefühl hat, lediglich staatliche Löcher zu stopfen, gibt nichts."

Quelle: Financial Times Deutschland vom 18.07.2007

5.1 Einmalanlage 10.000,00 EUR Seite 1

in rollierenden 5-Jahres-Zeiträumen
Berechnungsbasis: jährlich
Auswertung vom 31.12.1954 bis zum 31.12.2008
abzgl. Emissionsgebühren

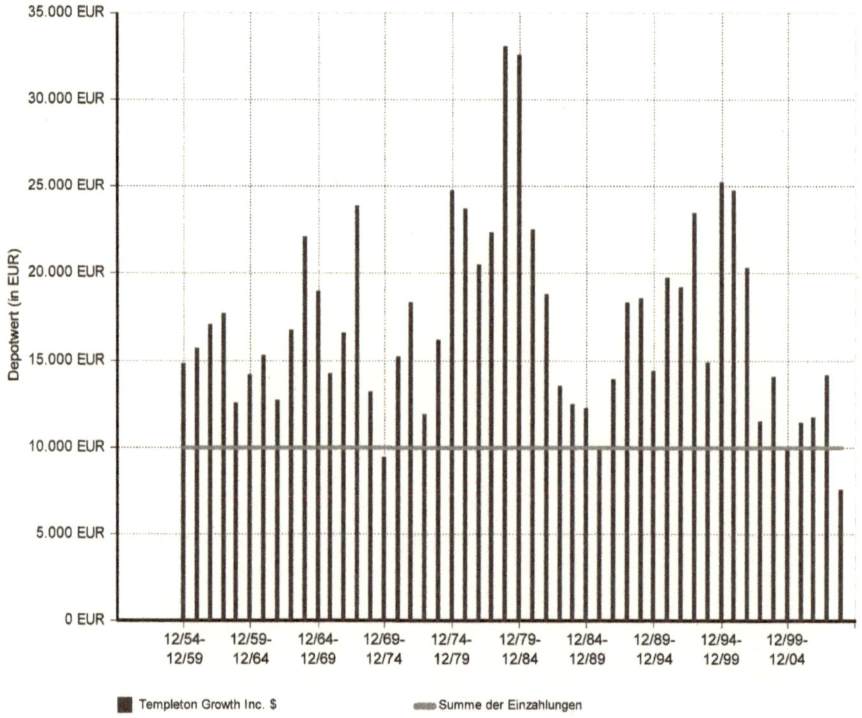

Quelle: FONDS@NALYSE. TOOLVers. 4.04.16/0910-DE, © 2008 EDISoft GmbH

5.1 Templeton Growth Inc. $ Seite 2

Einmalanlage 10.000,00 EUR in rollierenden 5-Jahres-Zeiträumen
Auswertung vom 31.12.1954 bis zum 31.12.2008
abzgl. 5,75% Emissionsgebühren
Berechnungsbasis: jährlich, Darstellung: jährlich

Zeitraum	Einzahlungen	Depotwert	Wertzuwachs	Wertentwicklung p.a.
12/54 - 12/59	10.000 EUR	14.796 EUR	4.796 EUR	8,15 %
12/55 - 12/60	10.000 EUR	15.677 EUR	5.677 EUR	9,41 %
12/56 - 12/61	10.000 EUR	17.059 EUR	7.059 EUR	11,27 %
12/57 - 12/62	10.000 EUR	17.740 EUR	7.740 EUR	12,15 %
12/58 - 12/63	10.000 EUR	12.525 EUR	2.525 EUR	4,61 %
12/59 - 12/64	10.000 EUR	14.155 EUR	4.155 EUR	7,20 %
12/60 - 12/65	10.000 EUR	15.290 EUR	5.290 EUR	8,86 %
12/61 - 12/66	10.000 EUR	12.685 EUR	2.685 EUR	4,87 %
12/62 - 12/67	10.000 EUR	16.768 EUR	6.768 EUR	10,89 %
12/63 - 12/68	10.000 EUR	22.099 EUR	12.099 EUR	17,19 %
12/64 - 12/69	10.000 EUR	18.965 EUR	8.965 EUR	13,66 %
12/65 - 12/70	10.000 EUR	14.260 EUR	4.260 EUR	7,35 %
12/66 - 12/71	10.000 EUR	16.566 EUR	6.566 EUR	10,62 %
12/67 - 12/72	10.000 EUR	23.918 EUR	13.918 EUR	19,05 %
12/68 - 12/73	10.000 EUR	13.203 EUR	3.203 EUR	5,71 %
12/69 - 12/74	10.000 EUR	9.374 EUR	-626 EUR	-1,29 %
12/70 - 12/75	10.000 EUR	15.175 EUR	5.175 EUR	8,70 %
12/71 - 12/76	10.000 EUR	18.365 EUR	8.365 EUR	12,93 %
12/72 - 12/77	10.000 EUR	11.930 EUR	1.930 EUR	3,59 %
12/73 - 12/78	10.000 EUR	16.165 EUR	6.165 EUR	10,08 %
12/74 - 12/79	10.000 EUR	24.761 EUR	14.761 EUR	19,88 %
12/75 - 12/80	10.000 EUR	23.705 EUR	13.705 EUR	18,84 %
12/76 - 12/81	10.000 EUR	20.482 EUR	10.482 EUR	15,42 %
12/77 - 12/82	10.000 EUR	22.395 EUR	12.395 EUR	17,50 %
12/78 - 12/83	10.000 EUR	33.107 EUR	23.107 EUR	27,05 %
12/79 - 12/84	10.000 EUR	32.569 EUR	22.569 EUR	26,64 %
12/80 - 12/85	10.000 EUR	22.533 EUR	12.533 EUR	17,64 %
12/81 - 12/86	10.000 EUR	18.804 EUR	8.804 EUR	13,46 %
12/82 - 12/87	10.000 EUR	13.506 EUR	3.506 EUR	6,20 %
12/83 - 12/88	10.000 EUR	12.471 EUR	2.471 EUR	4,52 %
12/84 - 12/89	10.000 EUR	12.246 EUR	2.246 EUR	4,14 %
12/85 - 12/90	10.000 EUR	9.935 EUR	-65 EUR	-0,13 %
12/86 - 12/91	10.000 EUR	13.896 EUR	3.896 EUR	6,80 %
12/87 - 12/92	10.000 EUR	18.320 EUR	8.320 EUR	12,87 %
12/88 - 12/93	10.000 EUR	18.567 EUR	8.567 EUR	13,17 %
12/89 - 12/94	10.000 EUR	14.378 EUR	4.378 EUR	7,53 %
12/90 - 12/95	10.000 EUR	19.814 EUR	9.814 EUR	14,66 %
12/91 - 12/96	10.000 EUR	19.220 EUR	9.220 EUR	13,96 %
12/92 - 12/97	10.000 EUR	23.515 EUR	13.515 EUR	18,65 %
12/93 - 12/98	10.000 EUR	14.892 EUR	4.892 EUR	8,29 %
12/94 - 12/99	10.000 EUR	25.226 EUR	15.226 EUR	20,33 %
12/95 - 12/00	10.000 EUR	24.817 EUR	14.817 EUR	19,94 %
12/96 - 12/01	10.000 EUR	20.342 EUR	10.342 EUR	15,26 %
12/97 - 12/02	10.000 EUR	11.501 EUR	1.501 EUR	2,84 %
12/98 - 12/03	10.000 EUR	14.079 EUR	4.079 EUR	7,08 %
12/99 - 12/04	10.000 EUR	10.064 EUR	64 EUR	0,13 %
12/00 - 12/05	10.000 EUR	11.435 EUR	1.435 EUR	2,72 %
12/01 - 12/06	10.000 EUR	11.783 EUR	1.783 EUR	3,34 %
12/02 - 12/07	10.000 EUR	14.180 EUR	4.180 EUR	7,24 %
12/03 - 12/08	10.000 EUR	7.571 EUR	-2.429 EUR	-5,41 %
bester (12/78-12/83)	-	33.107 EUR	23.107 EUR	27,05 %
schlechtester	-	7.571 EUR	-2.429 EUR	-5,41 %
durchschnittlich	-	17.137 EUR	7.137 EUR	10,51 %

Quelle: FONDS @ NALYSE. TOOLVers. 4.04.16/0910-DE, © 2008 EDISoft GmbH

5.2 Einmalanlage 10.000,00 EUR Seite 1

in rollierenden 10-Jahres-Zeiträumen
Berechnungsbasis: jährlich
Auswertung vom 31.12.1954 bis zum 31.12.2008
abzgl. Emissionsgebühren

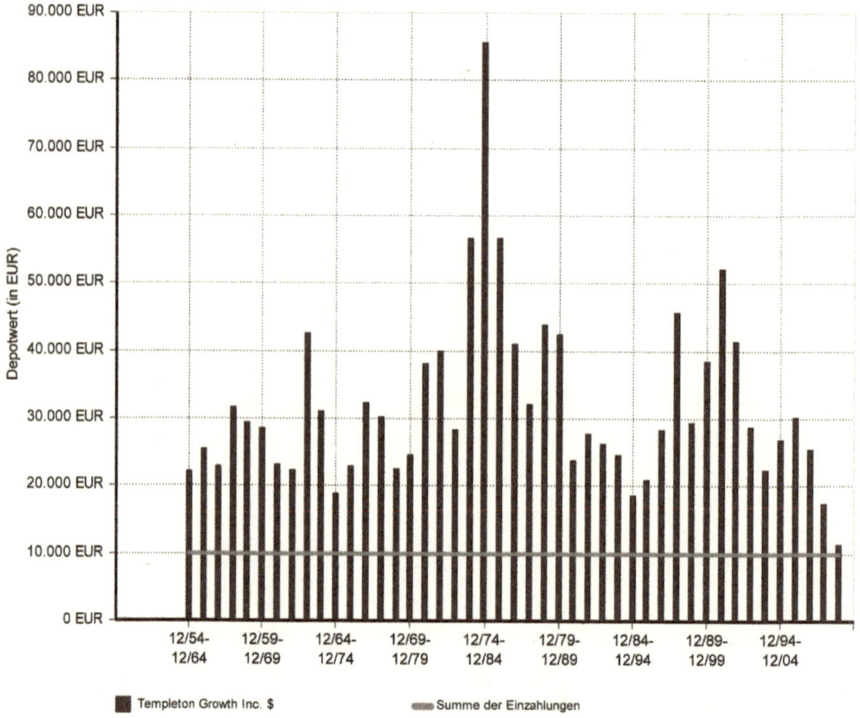

Quelle: FONDS@NALYSE. TOOLVers. 4.04.16/0910-DE, © 2008 EDISoft GmbH

5.2 Templeton Growth Inc. $ Seite 2

Einmalanlage 10.000,00 EUR in rollierenden 10-Jahres-Zeiträumen
Auswertung vom 31.12.1954 bis zum 31.12.2008
abzgl. 5,75% Emissionsgebühren
Berechnungsbasis: jährlich, Darstellung: jährlich

Zeitraum	Einzahlungen	Depotwert	Wertzuwachs	Wertentwicklung p.a.
12/54 - 12/64	10.000 EUR	22.221 EUR	12.221 EUR	8,31 %
12/55 - 12/65	10.000 EUR	25.433 EUR	15.433 EUR	9,78 %
12/56 - 12/66	10.000 EUR	22.959 EUR	12.959 EUR	8,67 %
12/57 - 12/67	10.000 EUR	31.561 EUR	21.561 EUR	12,18 %
12/58 - 12/68	10.000 EUR	29.369 EUR	19.369 EUR	11,38 %
12/59 - 12/69	10.000 EUR	28.483 EUR	18.483 EUR	11,03 %
12/60 - 12/70	10.000 EUR	23.134 EUR	13.134 EUR	8,75 %
12/61 - 12/71	10.000 EUR	22.296 EUR	12.296 EUR	8,35 %
12/62 - 12/72	10.000 EUR	42.552 EUR	32.552 EUR	15,58 %
12/63 - 12/73	10.000 EUR	30.957 EUR	20.957 EUR	11,96 %
12/64 - 12/74	10.000 EUR	18.862 EUR	8.862 EUR	6,55 %
12/65 - 12/75	10.000 EUR	22.959 EUR	12.959 EUR	8,67 %
12/66 - 12/76	10.000 EUR	32.280 EUR	22.280 EUR	12,43 %
12/67 - 12/77	10.000 EUR	30.275 EUR	20.275 EUR	11,71 %
12/68 - 12/78	10.000 EUR	22.644 EUR	12.644 EUR	8,52 %
12/69 - 12/79	10.000 EUR	24.626 EUR	14.626 EUR	9,43 %
12/70 - 12/80	10.000 EUR	38.167 EUR	28.167 EUR	14,33 %
12/71 - 12/81	10.000 EUR	39.910 EUR	29.910 EUR	14,84 %
12/72 - 12/82	10.000 EUR	28.346 EUR	18.346 EUR	10,98 %
12/73 - 12/83	10.000 EUR	56.782 EUR	46.782 EUR	18,97 %
12/74 - 12/84	10.000 EUR	85.563 EUR	75.563 EUR	23,94 %
12/75 - 12/85	10.000 EUR	56.673 EUR	46.673 EUR	18,94 %
12/76 - 12/86	10.000 EUR	40.865 EUR	30.865 EUR	15,12 %
12/77 - 12/87	10.000 EUR	32.092 EUR	22.092 EUR	12,37 %
12/78 - 12/88	10.000 EUR	43.808 EUR	33.808 EUR	15,92 %
12/79 - 12/89	10.000 EUR	42.317 EUR	32.317 EUR	15,52 %
12/80 - 12/90	10.000 EUR	23.753 EUR	13.753 EUR	9,04 %
12/81 - 12/91	10.000 EUR	27.725 EUR	17.725 EUR	10,74 %
12/82 - 12/92	10.000 EUR	26.252 EUR	16.252 EUR	10,13 %
12/83 - 12/93	10.000 EUR	24.568 EUR	14.568 EUR	9,40 %
12/84 - 12/94	10.000 EUR	18.681 EUR	8.681 EUR	6,45 %
12/85 - 12/95	10.000 EUR	20.887 EUR	10.887 EUR	7,64 %
12/86 - 12/96	10.000 EUR	28.338 EUR	18.338 EUR	10,98 %
12/87 - 12/97	10.000 EUR	45.707 EUR	35.707 EUR	16,41 %
12/88 - 12/98	10.000 EUR	29.336 EUR	19.336 EUR	11,36 %
12/89 - 12/99	10.000 EUR	38.482 EUR	28.482 EUR	14,43 %
12/90 - 12/00	10.000 EUR	52.172 EUR	42.172 EUR	17,96 %
12/91 - 12/01	10.000 EUR	41.482 EUR	31.482 EUR	15,29 %
12/92 - 12/02	10.000 EUR	28.694 EUR	18.694 EUR	11,12 %
12/93 - 12/03	10.000 EUR	22.245 EUR	12.245 EUR	8,32 %
12/94 - 12/04	10.000 EUR	26.935 EUR	16.935 EUR	10,42 %
12/95 - 12/05	10.000 EUR	30.109 EUR	20.109 EUR	11,65 %
12/96 - 12/06	10.000 EUR	25.431 EUR	15.431 EUR	9,78 %
12/97 - 12/07	10.000 EUR	17.303 EUR	7.303 EUR	5,64 %
12/98 - 12/08	10.000 EUR	11.309 EUR	1.309 EUR	1,24 %
bester (12/74-12/84)	-	85.563 EUR	75.563 EUR	23,94 %
schlechtester (12/98-12/08)	-	11.309 EUR	1.309 EUR	1,24 %
durchschnittlich	-	31.879 EUR	21.879 EUR	11,61 %

Quelle: FONDS @ NALYSE. TOOLVers. 4.04.16/0910-DE, © 2008 EDISoft GmbH

5.3 Einmalanlage 10.000,00 EUR Seite 1

in rollierenden 12-Jahres-Zeiträumen
Berechnungsbasis: jährlich
Auswertung vom 31.12.1954 bis zum 31.12.2008
abzgl. Emissionsgebühren

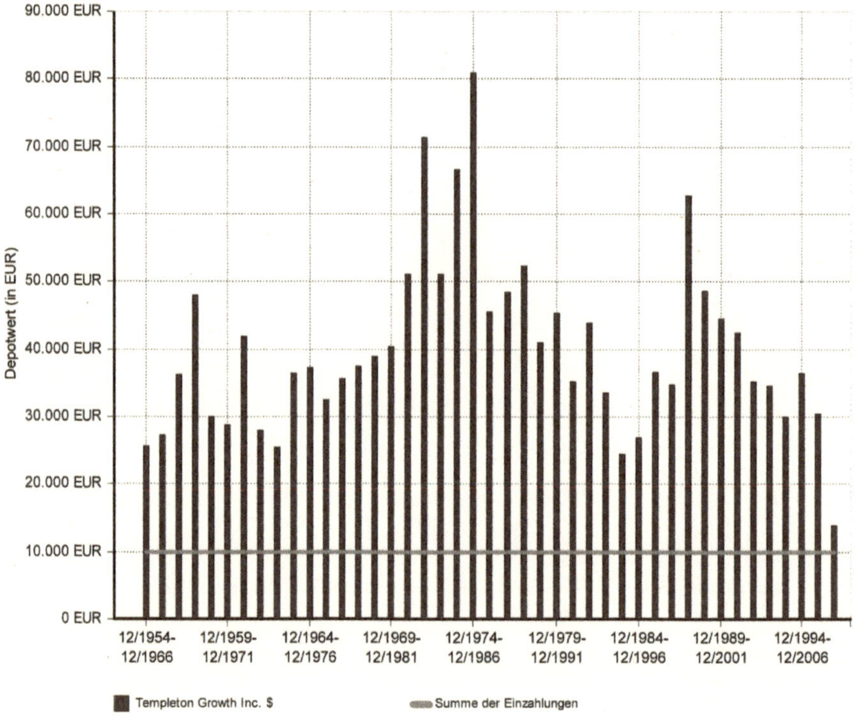

Quelle: FONDS@NALYSE. TOOLVers. 4.04.16/0910-DE, © 2008 EDISoft GmbH

5.3 Templeton Growth Inc. $ Seite 2

Einmalanlage 10.000,00 EUR in rollierenden 12-Jahres-Zeiträumen
Auswertung vom 31.12.1954 bis zum 31.12.2008
abzgl. 5,75% Emissionsgebühren
Berechnungsbasis: jährlich, Darstellung: jährlich

Zeitraum	Einzahlungen	Depotwert	Wertzuwachs	Wertentwicklung p.a.
12/54 - 12/66	10.000 EUR	25.705 EUR	15.705 EUR	8,19 %
12/55 - 12/67	10.000 EUR	27.348 EUR	17.348 EUR	8,75 %
12/56 - 12/68	10.000 EUR	36.175 EUR	26.175 EUR	11,31 %
12/57 - 12/69	10.000 EUR	48.008 EUR	38.008 EUR	13,97 %
12/58 - 12/70	10.000 EUR	29.991 EUR	19.991 EUR	9,58 %
12/59 - 12/71	10.000 EUR	28.781 EUR	18.781 EUR	9,21 %
12/60 - 12/72	10.000 EUR	41.725 EUR	31.725 EUR	12,64 %
12/61 - 12/73	10.000 EUR	27.998 EUR	17.998 EUR	8,96 %
12/62 - 12/74	10.000 EUR	25.366 EUR	15.366 EUR	8,07 %
12/63 - 12/75	10.000 EUR	36.336 EUR	26.336 EUR	11,35 %
12/64 - 12/76	10.000 EUR	37.341 EUR	27.341 EUR	11,60 %
12/65 - 12/77	10.000 EUR	32.555 EUR	22.555 EUR	10,34 %
12/66 - 12/78	10.000 EUR	35.678 EUR	25.678 EUR	11,18 %
12/67 - 12/79	10.000 EUR	37.458 EUR	27.458 EUR	11,63 %
12/68 - 12/80	10.000 EUR	38.976 EUR	28.976 EUR	12,00 %
12/69 - 12/81	10.000 EUR	40.327 EUR	30.327 EUR	12,32 %
12/70 - 12/82	10.000 EUR	51.127 EUR	41.127 EUR	14,57 %
12/71 - 12/83	10.000 EUR	71.301 EUR	61.301 EUR	17,79 %
12/72 - 12/84	10.000 EUR	51.006 EUR	41.006 EUR	14,54 %
12/73 - 12/85	10.000 EUR	66.520 EUR	56.520 EUR	17,11 %
12/74 - 12/86	10.000 EUR	80.901 EUR	70.901 EUR	19,03 %
12/75 - 12/87	10.000 EUR	45.504 EUR	35.504 EUR	13,46 %
12/76 - 12/88	10.000 EUR	48.420 EUR	38.420 EUR	14,05 %
12/77 - 12/89	10.000 EUR	52.358 EUR	42.358 EUR	14,79 %
12/78 - 12/90	10.000 EUR	40.885 EUR	30.885 EUR	12,45 %
12/79 - 12/91	10.000 EUR	45.403 EUR	35.403 EUR	13,44 %
12/80 - 12/92	10.000 EUR	35.166 EUR	25.166 EUR	11,05 %
12/81 - 12/93	10.000 EUR	43.892 EUR	33.892 EUR	13,12 %
12/82 - 12/94	10.000 EUR	33.615 EUR	23.615 EUR	10,63 %
12/83 - 12/95	10.000 EUR	24.469 EUR	14.469 EUR	7,74 %
12/84 - 12/96	10.000 EUR	26.794 EUR	16.794 EUR	8,56 %
12/85 - 12/97	10.000 EUR	36.699 EUR	26.699 EUR	11,44 %
12/86 - 12/98	10.000 EUR	34.759 EUR	24.759 EUR	10,94 %
12/87 - 12/99	10.000 EUR	62.784 EUR	52.784 EUR	16,54 %
12/88 - 12/00	10.000 EUR	48.692 EUR	38.692 EUR	14,10 %
12/89 - 12/01	10.000 EUR	44.507 EUR	34.507 EUR	13,25 %
12/90 - 12/02	10.000 EUR	42.480 EUR	32.480 EUR	12,81 %
12/91 - 12/03	10.000 EUR	35.216 EUR	25.216 EUR	11,06 %
12/92 - 12/04	10.000 EUR	34.490 EUR	24.490 EUR	10,87 %
12/93 - 12/05	10.000 EUR	29.988 EUR	19.988 EUR	9,58 %
12/94 - 12/06	10.000 EUR	36.474 EUR	26.474 EUR	11,39 %
12/95 - 12/07	10.000 EUR	30.402 EUR	20.402 EUR	9,71 %
12/96 - 12/08	10.000 EUR	13.872 EUR	3.872 EUR	2,76 %
bester (12/74-12/86)	-	80.901 EUR	70.901 EUR	19,03 %
schlechtester (12/96-12/08)	-	13.872 EUR	3.872 EUR	2,76 %
durchschnittlich	-	39.942 EUR	29.942 EUR	11,81 %

Quelle: FONDS@NALYSE. TOOLVers. 4.04.16/0910-DE, © 2008 EDISoft GmbH

5.4 Einmalanlage 10.000,00 EUR Seite 1

in rollierenden 18-Jahres-Zeiträumen
Berechnungsbasis: jährlich
Auswertung vom 31.12.1954 bis zum 31.12.2008
abzgl. Emissionsgebühren

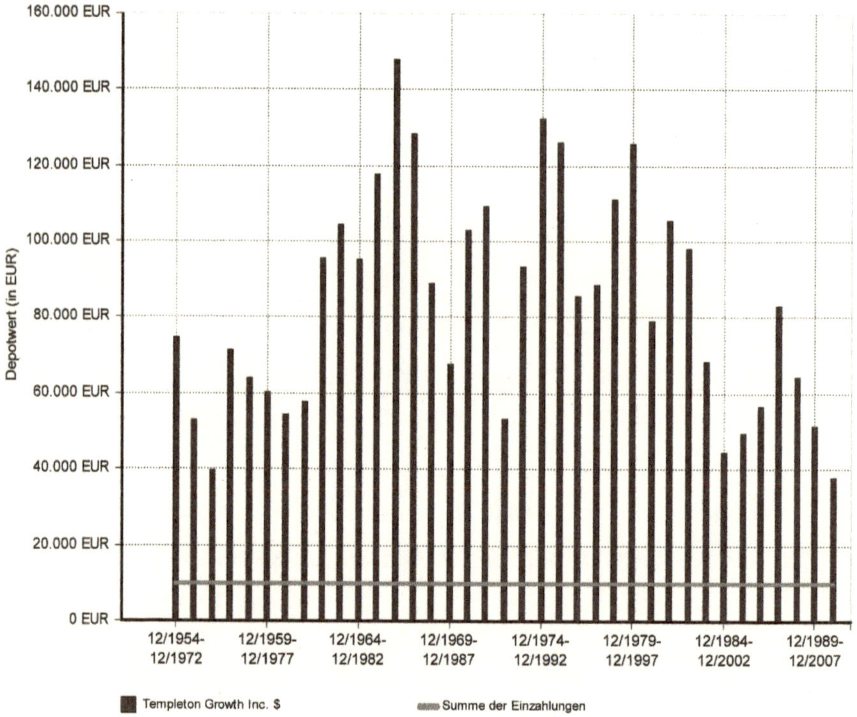

Quelle: FONDS@NALYSE.TOOLVers. 4.04.16/0910-DE, © 2008 EDISoft GmbH

5.4 Templeton Growth Inc. $ Seite 2

Einmalanlage 10.000,00 EUR
in rollierenden 18-Jahres-Zeiträumen
Auswertung vom 31.12.1954 bis zum 31.12.2008
abzgl. 5,75% Emissionsgebühren
Berechnungsbasis: jährlich, Darstellung: jährlich

Zeitraum	Einzahlungen	Depotwert	Wertzuwachs	Wertentwicklung p.a.
12/54 - 12/72	10.000 EUR	74.599 EUR	64.599 EUR	11,81 %
12/55 - 12/73	10.000 EUR	52.782 EUR	42.782 EUR	9,68 %
12/56 - 12/74	10.000 EUR	39.719 EUR	29.719 EUR	7,96 %
12/57 - 12/75	10.000 EUR	71.499 EUR	61.499 EUR	11,55 %
12/58 - 12/76	10.000 EUR	63.839 EUR	53.839 EUR	10,85 %
12/59 - 12/77	10.000 EUR	60.149 EUR	50.149 EUR	10,48 %
12/60 - 12/78	10.000 EUR	54.426 EUR	44.426 EUR	9,87 %
12/61 - 12/79	10.000 EUR	57.653 EUR	47.653 EUR	10,22 %
12/62 - 12/80	10.000 EUR	95.537 EUR	85.537 EUR	13,36 %
12/63 - 12/81	10.000 EUR	104.392 EUR	94.392 EUR	13,92 %
12/64 - 12/82	10.000 EUR	95.162 EUR	85.162 EUR	13,33 %
12/65 - 12/83	10.000 EUR	117.845 EUR	107.845 EUR	14,69 %
12/66 - 12/84	10.000 EUR	148.025 EUR	138.025 EUR	16,15 %
12/67 - 12/85	10.000 EUR	128.386 EUR	118.386 EUR	15,23 %
12/68 - 12/86	10.000 EUR	88.828 EUR	78.828 EUR	12,90 %
12/69 - 12/87	10.000 EUR	67.770 EUR	57.770 EUR	11,22 %
12/70 - 12/88	10.000 EUR	103.066 EUR	93.066 EUR	13,84 %
12/71 - 12/89	10.000 EUR	109.421 EUR	99.421 EUR	14,22 %
12/72 - 12/90	10.000 EUR	53.331 EUR	43.331 EUR	9,75 %
12/73 - 12/91	10.000 EUR	93.494 EUR	83.494 EUR	13,22 %
12/74 - 12/92	10.000 EUR	132.447 EUR	122.447 EUR	15,43 %
12/75 - 12/93	10.000 EUR	126.101 EUR	116.101 EUR	15,12 %
12/76 - 12/94	10.000 EUR	85.667 EUR	75.667 EUR	12,67 %
12/77 - 12/95	10.000 EUR	88.575 EUR	78.575 EUR	12,88 %
12/78 - 12/96	10.000 EUR	111.164 EUR	101.164 EUR	14,32 %
12/79 - 12/97	10.000 EUR	125.783 EUR	115.783 EUR	15,10 %
12/80 - 12/98	10.000 EUR	79.218 EUR	69.218 EUR	12,18 %
12/81 - 12/99	10.000 EUR	105.507 EUR	95.507 EUR	13,99 %
12/82 - 12/00	10.000 EUR	98.156 EUR	88.156 EUR	13,53 %
12/83 - 12/01	10.000 EUR	68.302 EUR	58.302 EUR	11,26 %
12/84 - 12/02	10.000 EUR	44.416 EUR	34.416 EUR	8,64 %
12/85 - 12/03	10.000 EUR	49.496 EUR	39.496 EUR	9,29 %
12/86 - 12/04	10.000 EUR	56.465 EUR	46.465 EUR	10,09 %
12/87 - 12/05	10.000 EUR	83.104 EUR	73.104 EUR	12,48 %
12/88 - 12/06	10.000 EUR	64.531 EUR	54.531 EUR	10,91 %
12/89 - 12/07	10.000 EUR	51.432 EUR	41.432 EUR	9,52 %
12/90 - 12/08	10.000 EUR	37.717 EUR	27.717 EUR	7,65 %
bester (12/66-12/84)	-	148.025 EUR	138.025 EUR	16,15 %
schlechtester (12/90-12/08)	-	37.717 EUR	27.717 EUR	7,65 %
durchschnittlich	-	83.460 EUR	73.460 EUR	12,14 %

Quelle: FONDS@NALYSE.TOOLVers. 4.04.16/0910-DE, © 2008 EDISoft GmbH

5.5 Einmalanlage 10.000,00 EUR Seite 1

in rollierenden 24-Jahres-Zeiträumen
Berechnungsbasis: jährlich
Auswertung vom 31.12.1954 bis zum 31.12.2008
abzgl. Emissionsgebühren

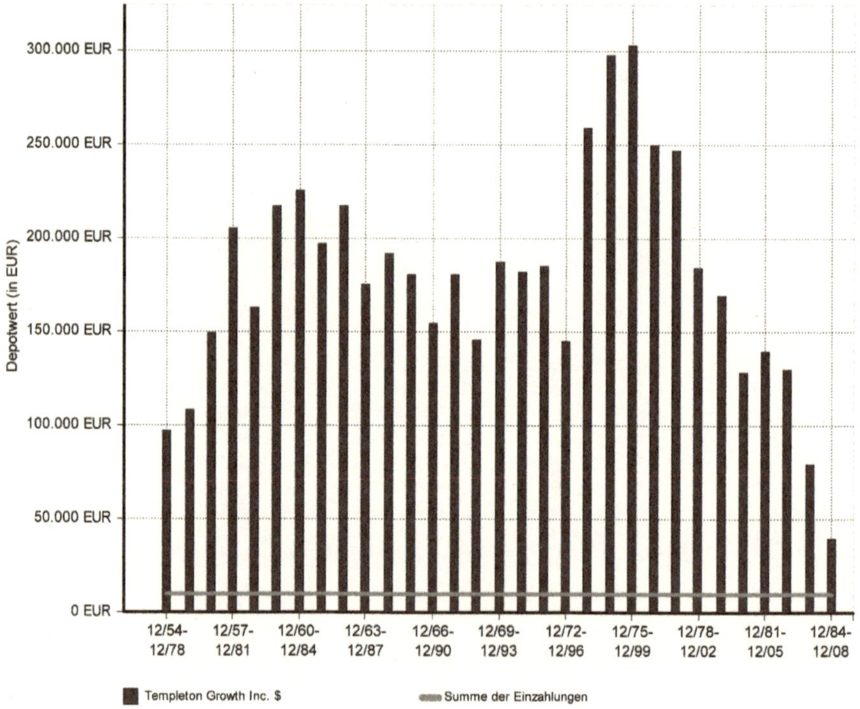

Quelle: FONDS@NALYSE. TOOLVers. 4.04.16/0910-DE, © 2008 EDISoft GmbH

5.5 Templeton Growth Inc. $ Seite 2

Einmalanlage 10.000,00 EUR
in rollierenden 24-Jahres-Zeiträumen
Auswertung vom 31.12.1954 bis zum 31.12.2008
abzgl. 5,75% Emissionsgebühren
Berechnungsbasis: jährlich, Darstellung: jährlich

Zeitraum	Einzahlungen	Depotwert	Wertzuwachs	Wertentwicklung p.a.
12/54 - 12/78	10.000 EUR	97.307 EUR	87.307 EUR	9,94 %
12/55 - 12/79	10.000 EUR	108.691 EUR	98.691 EUR	10,45 %
12/56 - 12/80	10.000 EUR	149.596 EUR	139.596 EUR	11,93 %
12/57 - 12/81	10.000 EUR	205.414 EUR	195.414 EUR	13,42 %
12/58 - 12/82	10.000 EUR	162.691 EUR	152.691 EUR	12,32 %
12/59 - 12/83	10.000 EUR	217.732 EUR	207.732 EUR	13,70 %
12/60 - 12/84	10.000 EUR	225.807 EUR	215.807 EUR	13,87 %
12/61 - 12/85	10.000 EUR	197.603 EUR	187.603 EUR	13,24 %
12/62 - 12/86	10.000 EUR	217.734 EUR	207.734 EUR	13,70 %
12/63 - 12/87	10.000 EUR	175.428 EUR	165.428 EUR	12,68 %
12/64 - 12/88	10.000 EUR	191.834 EUR	181.834 EUR	13,10 %
12/65 - 12/89	10.000 EUR	180.849 EUR	170.849 EUR	12,82 %
12/66 - 12/90	10.000 EUR	154.771 EUR	144.771 EUR	12,09 %
12/67 - 12/91	10.000 EUR	180.447 EUR	170.447 EUR	12,81 %
12/68 - 12/92	10.000 EUR	145.424 EUR	135.424 EUR	11,80 %
12/69 - 12/93	10.000 EUR	187.804 EUR	177.804 EUR	13,00 %
12/70 - 12/94	10.000 EUR	182.349 EUR	172.349 EUR	12,86 %
12/71 - 12/95	10.000 EUR	185.111 EUR	175.111 EUR	12,93 %
12/72 - 12/96	10.000 EUR	145.003 EUR	135.003 EUR	11,79 %
12/73 - 12/97	10.000 EUR	259.015 EUR	249.015 EUR	14,52 %
12/74 - 12/98	10.000 EUR	298.362 EUR	288.362 EUR	15,20 %
12/75 - 12/99	10.000 EUR	303.117 EUR	293.117 EUR	15,27 %
12/76 - 12/00	10.000 EUR	250.147 EUR	240.147 EUR	14,36 %
12/77 - 12/01	10.000 EUR	247.244 EUR	237.244 EUR	14,30 %
12/78 - 12/02	10.000 EUR	184.277 EUR	174.277 EUR	12,91 %
12/79 - 12/03	10.000 EUR	169.646 EUR	159.646 EUR	12,52 %
12/80 - 12/04	10.000 EUR	128.687 EUR	118.687 EUR	11,23 %
12/81 - 12/05	10.000 EUR	139.655 EUR	129.655 EUR	11,61 %
12/82 - 12/06	10.000 EUR	130.087 EUR	120.087 EUR	11,28 %
12/83 - 12/07	10.000 EUR	78.929 EUR	68.929 EUR	8,99 %
12/84 - 12/08	10.000 EUR	39.436 EUR	29.436 EUR	5,88 %
bester (12/75-12/99)	-	303.117 EUR	293.117 EUR	15,27 %
schlechtester (12/84-12/08)	-	39.436 EUR	29.436 EUR	5,88 %
durchschnittlich	-	178.716 EUR	168.716 EUR	12,47 %

Quelle: FONDS@NALYSE. TOOLVers. 4.04.16/0910-DE, © 2008 EDISoft GmbH

5.6 Einmalanlage 10.000,00 EUR Seite 1

in rollierenden 30-Jahres-Zeiträumen
Berechnungsbasis: jährlich
Auswertung vom 31.12.1954 bis zum 31.12.2008
abzgl. Emissionsgebühren

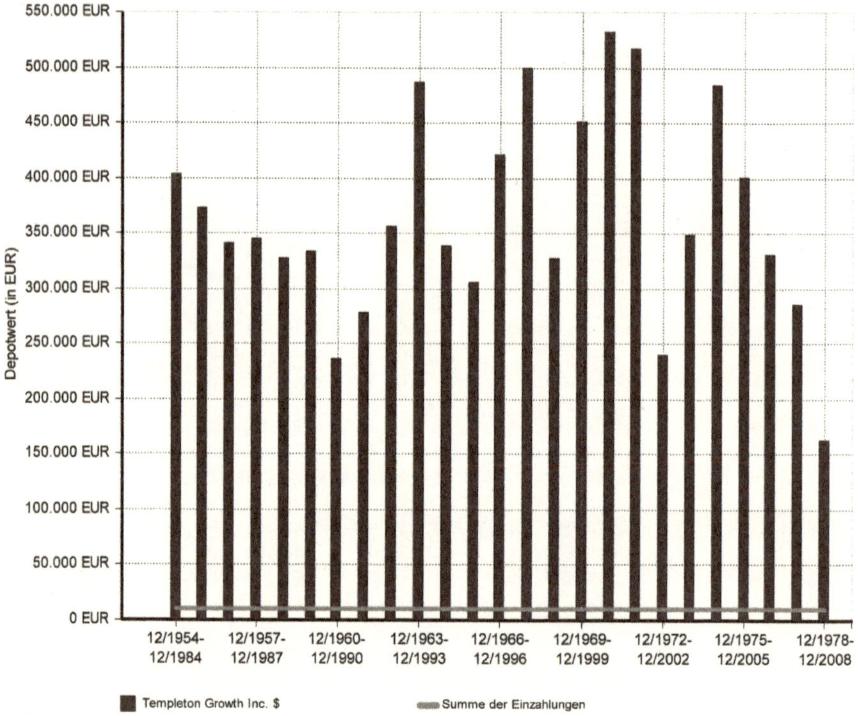

Quelle: FONDS @ NALYSE. TOOLVers. 4.04.16/0910-DE, © 2008 EDISoft GmbH

5.6 Templeton Growth Inc. $ Seite 2

Einmalanlage 10.000,00 EUR
in rollierenden 30-Jahres-Zeiträumen
Auswertung vom 31.12.1954 bis zum 31.12.2008
abzgl. 5,75% Emissionsgebühren
Berechnungsbasis: jährlich, Darstellung: jährlich

Zeitraum	Einzahlungen	Depotwert	Wertzuwachs	Wertentwicklung p.a.
12/54 - 12/84	10.000 EUR	403.714 EUR	393.714 EUR	13,12 %
12/55 - 12/85	10.000 EUR	372.531 EUR	362.531 EUR	12,82 %
12/56 - 12/86	10.000 EUR	340.937 EUR	330.937 EUR	12,48 %
12/57 - 12/87	10.000 EUR	345.194 EUR	335.194 EUR	12,53 %
12/58 - 12/88	10.000 EUR	327.964 EUR	317.964 EUR	12,34 %
12/59 - 12/89	10.000 EUR	334.138 EUR	324.138 EUR	12,41 %
12/60 - 12/90	10.000 EUR	236.098 EUR	226.098 EUR	11,11 %
12/61 - 12/91	10.000 EUR	277.732 EUR	267.732 EUR	11,72 %
12/62 - 12/92	10.000 EUR	356.462 EUR	346.462 EUR	12,65 %
12/63 - 12/93	10.000 EUR	486.151 EUR	476.151 EUR	13,82 %
12/64 - 12/94	10.000 EUR	339.403 EUR	329.403 EUR	12,47 %
12/65 - 12/95	10.000 EUR	305.948 EUR	295.948 EUR	12,08 %
12/66 - 12/96	10.000 EUR	420.810 EUR	410.810 EUR	13,28 %
12/67 - 12/97	10.000 EUR	499.906 EUR	489.906 EUR	13,93 %
12/68 - 12/98	10.000 EUR	327.596 EUR	317.596 EUR	12,33 %
12/69 - 12/99	10.000 EUR	451.439 EUR	441.439 EUR	13,54 %
12/70 - 12/00	10.000 EUR	532.460 EUR	522.460 EUR	14,17 %
12/71 - 12/01	10.000 EUR	516.710 EUR	506.710 EUR	14,05 %
12/72 - 12/02	10.000 EUR	240.371 EUR	230.371 EUR	11,18 %
12/73 - 12/03	10.000 EUR	349.338 EUR	339.338 EUR	12,57 %
12/74 - 12/04	10.000 EUR	484.678 EUR	474.678 EUR	13,81 %
12/75 - 12/05	10.000 EUR	401.224 EUR	391.224 EUR	13,10 %
12/76 - 12/06	10.000 EUR	331.522 EUR	321.522 EUR	12,38 %
12/77 - 12/07	10.000 EUR	285.714 EUR	275.714 EUR	11,82 %
12/78 - 12/08	10.000 EUR	163.614 EUR	153.614 EUR	9,76 %
bester (12/70-12/00)	-	532.460 EUR	522.460 EUR	14,17 %
schlechtester (12/78-12/08)	-	163.614 EUR	153.614 EUR	9,76 %
durchschnittlich	-	365.266 EUR	355.266 EUR	12,62 %

Quelle: FONDS@NALYSE.TOOLVers. 4.04.16/0910-DE, © 2008 EDISoft GmbH

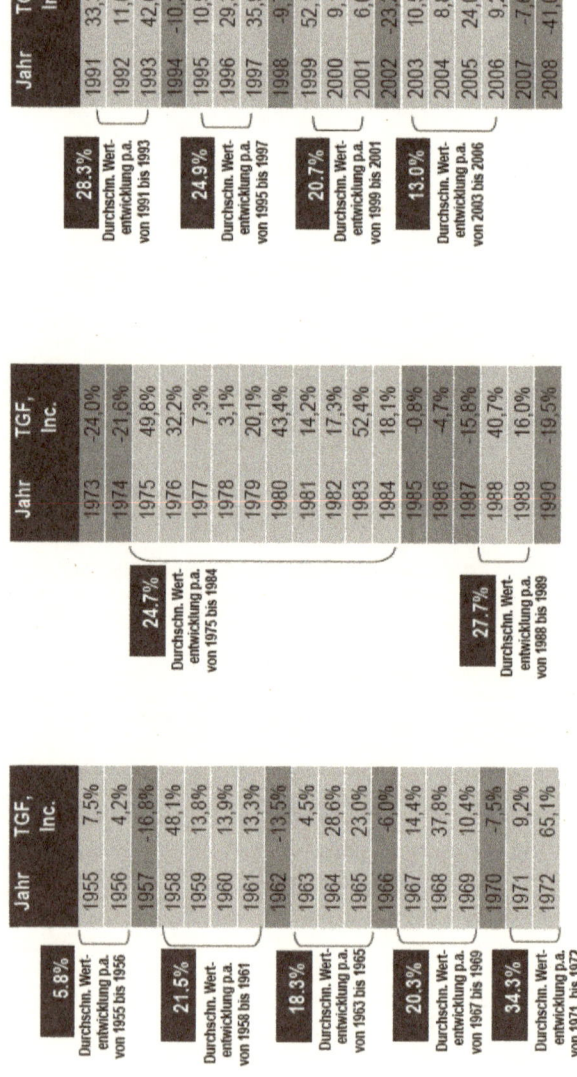

6. Templeton Growth Fund Inc. – Wertaufholung nach Verlustphasen

Wertaufholung nach Verlustphasen

Der Templeton Growth Fund Inc. hat nach Verlustphasen Wertaufholungen aufzuweisen, welche die Verluste stets überkompensiert haben. Von insgesamt 57 Jahren seit Auflegung haben 41 Jahre mit Gewinnen und nur 16 Jahre mit Verlusten abgeschlossen.

Jahr	TGF, Inc.	Durchschn. Wertentwicklung p.a.
1955	7,5%	5.8% von 1955 bis 1956
1956	4,2%	
1957	-16,8%	
1958	48,1%	21.5% von 1958 bis 1961
1959	13,8%	
1960	13,9%	
1961	13,3%	
1962	-13,5%	
1963	4,5%	18.3% von 1963 bis 1965
1964	28,6%	
1965	23,0%	
1966	-6,0%	
1967	14,4%	20.3% von 1967 bis 1969
1968	37,8%	
1969	10,4%	
1970	-7,5%	
1971	9,2%	34.3% von 1971 bis 1972
1972	65,1%	

Jahr	TGF, Inc.	Durchschn. Wertentwicklung p.a.
1973	-24,0%	
1974	-21,6%	
1975	49,8%	24.7% von 1975 bis 1984
1976	32,2%	
1977	7,3%	
1978	3,1%	
1979	20,1%	
1980	43,4%	
1981	14,2%	
1982	17,3%	
1983	52,4%	
1984	18,1%	
1985	-0,8%	
1986	-4,7%	
1987	-15,8%	
1988	40,7%	27.7% von 1988 bis 1989
1989	16,0%	
1990	-19,5%	

Jahr	TGF, Inc.	Durchschn. Wertentwicklung p.a.
1991	33,3%	28.3% von 1991 bis 1993
1992	11,0%	
1993	42,6%	
1994	-10,2%	
1995	10,9%	24.9% von 1995 bis 1997
1996	29,3%	
1997	35,9%	
1998	-9,7%	
1999	52,1%	20.7% von 1999 bis 2001
2000	9,1%	
2001	6,0%	
2002	-23,2%	
2003	10,5%	13.0% von 2003 bis 2006
2004	8,8%	
2005	24,0%	
2006	9,2%	
2007	-7,6%	
2008	-41,0%	

Nachtrag: Rendite 2009: 27,8 %; Rendite 2010: 15,1 %; Durchschnittliche Wertentwicklung p.a. von 2009 bis 2010: 21,5 %
Rendite 2011. -3,3 %
Quelle: FONDS@NALYSE.TOOL Vers. 4.04.14/1201©2006EDISoft GmbH
Stand 31.12.2011

Wertentwicklung nach BVI-Methode in EURO. Berechnungsbasis: Nettoinventarwert ohne Emissionsgebühren.

7. Einmalanlage (in EUR)

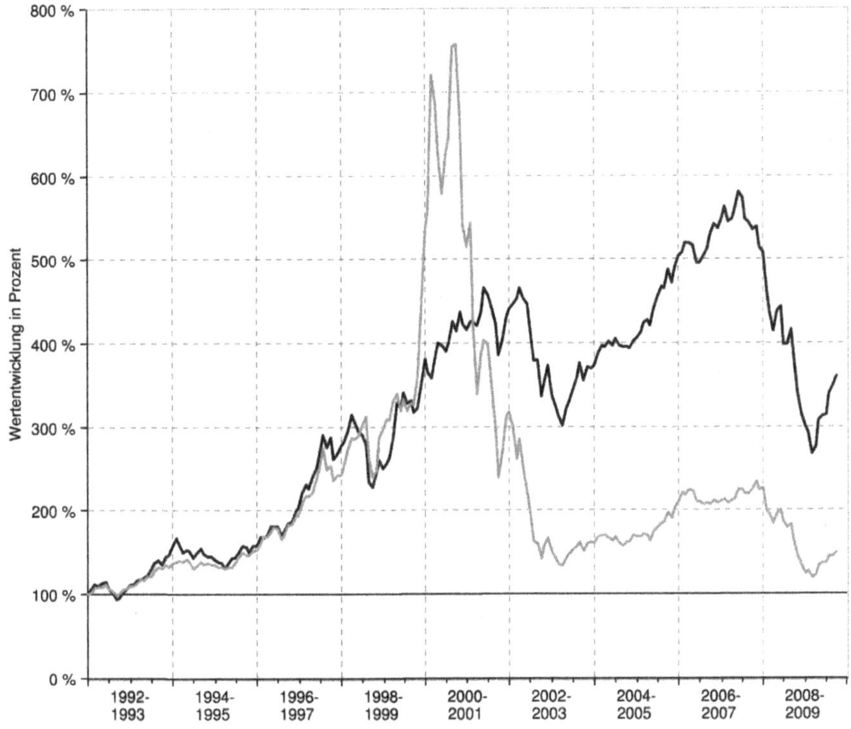

Templeton Growth Inc. $ Metzler Wachstum Internat.

Auswertung vom 01.01.1992 bis zum 30.09.2009

Chart-Daten : (Erläuterungen siehe unten)

Bezeichnung	kum. Ergebnis	Rendite p.a.	Volatilität
Templeton Growth Inc. $	360,94 %	7,50 %	16,27 %
Metzler Wachstum Internat.	149,89 %	2,31 %	23,96 %

Die Entwicklungen bzw. Endbeträge werden auf EUR-Basis berechnet. Grundlage für die Berechnung der Volatilität: Monatliche Returns, logarithmiert, annualisiert. Für ev. Ausschüttungen bei Investmentfonds wird Wiederanlage am Ausschüttungstag unterstellt (siehe auch allgemeine Hinweise zu Auswertungen).
Die Wertentwicklung basiert auf 100% des Kapitaleinsatzes, die Renditen und Volatilitäten werden aus dem gesamten der Auswertung zugrundeliegenden Zeitraum (wie angegeben) bestimmt.
Zu berücksichtigende Steuern und Spesen werden zum jew. Fälligkeitstermin dem Kapitalstock entnommen.

8. Hauptversicherung: Todesfallsumme 100 % Seite 1

Personendaten		**Vorschlag erstellt am:**	18.10.2009
Eintrittsalter:	30 Jahre	**Geschlecht:**	männlich
Nichtraucher:	ja		

Hauptversicherung		**Versicherungsbeginn:**	01.11.2009
Vertragsdauer			
Versicherungsdauer:	30 Jahre	**Versicherungsendalter:**	60 Jahre
Versicherungsende:	31.10.2039		
Beitragszahldauer:	entsprechend der Versicherungsdauer		
Vorgabe			
Versicherungssumme:	100.000 EUR		
Todesfallsumme:	100 % der Versicherungssumme		
Beitragszahlweise:	monatl.		

Gesamtversicherung

Rang	Gesellschaft	Übersch.-system	mgl. Ablaufleistung [EUR]	monatl. Zahlbeitrag [EUR]	mgl. Ablaufrendite [%]
1	Europa (NR)	A	182.716	226,26	4,92
2	Asstel	A	167.380	221,10	4,55
2	CosmosDirekt	A	172.903	228,54	4,55
4	Delta Direkt	E	179.957	245,45	4,37
5	Öfftl. Braunschweig	B	183.104	252,50	4,31
6	Stuttgarter	B	170.561	239,74	4,20
7	LVM	A	174.310	245,50	4,19
8	HUK	A	163.552	231,62	4,15
9	neue leben	E	171.919	245,00	4,12
10	WGV	A	161.999	231,67	4,10
11	Volkswohl Bund	A	165.612	237,31	4,09
12	Hannoversche Leben	A	154.884	225,49	3,99
13	Allianz	B	162.369	236,90	3,98
14	Helvetia	A	186.722	274,56	3,94
15	Neue BBV	A	168.201	247,70	3,93
16	Itzehoer	A	165.153	244,79	3,89
17	HanseMerkur	A	159.948	238,88	3,85
17	Mecklenburgische	B	163.428	243,79	3,85

8. Hauptversicherung: Todesfallsumme 100 % Seite 2

19	Continentale	A	167.404	250,10	3,84
19	Gothaer	A	159.022	237,80	3,84
21	Condor	E	161.985	245,28	3,77
22	Generali	E	166.790	253,00	3,76
23	Süddeutsche	A	162.196	247,48	3,72
24	Basler	A	162.460	249,07	3,69
25	Bayern Versicherung	E	157.255	244,39	3,61
26	Alte Leipziger	E	160.942	250,82	3,60
27	Concordia	B	159.819	250,10	3,57
28	LV 1871	E	168.316	264,45	3,55
29	AachenMünchener	E	162.709	256,02	3,54
30	InterRisk	A	158.697	252,70	3,47
31	Swiss Life	A	155.113	250,62	3,38
32	Barmenia	A	159.636	259,70	3,34
33	IDUNA Leben	A	151.171	246,39	3,33
33	Provinzial NordWest	B	155.247	253,11	3,33
35	Provinzial Rheinland	A	150.709	246,50	3,31
36	DBV	A	150.861	247,21	3,30
36	Württembergische	E	155.948	255,66	3,30
38	DANV	A	153.393	252,78	3,27
39	Nürnberger	E	151.620	251,45	3,23
40	SV Leben	A	152.254	253,11	3,22
41	Zurich Dt. Herold	E	156.092	259,65	3,21
42	Hamburg-Mannheimer	A	153.592	257,07	3,18
43	Öfftl. Berlin	E	144.954	244,39	3,13
44	Deutsche Ärztevers.	B	147.166	249,30	3,10
45	Bay. Beamten	A	151.012	256,30	3,09
46	Delta Lloyd Leben	A	151.949	259,37	3,06
47	AXA	B	143.474	249,30	2,95
48	Münchener Verein	A	138.225	240,67	2,94
49	Inter	A	138.726	248,00	2,78
50	Victoria	A	140.139	252,73	2,73
50	VPV Lebensvers. AG	A	142.411	256,66	2,73

Quelle: LV-WIN 7.47 @ Morgan & Morgan GmbH

9. Hauptversicherung: Überschusssystem Sofortrabatt Seite 1

Personendaten		**Vorschlag erstellt am:**	18.10.2009
Eintrittsalter:	30 Jahre	**Geschlecht:**	männlich
Nichtraucher:	ja		

Hauptversicherung		**Versicherungsbeginn:**	01.11.2009
Vertragsdauer			
Versicherungsdauer:	30 Jahre	**Versicherungsendalter:**	60 Jahre
Versicherungsende:	31.10.2039		
Vorgabe			
Versicherungsschutz:	100.000 EUR		
Überschusssystem:	Sofortrabatt		
Beitragszahlweise:	monatl.		

Gesamtversicherung						
Rang	**Gesellschaft**	**Über-sch.-sys-tem**	**Vers.-summe [EUR]**	**monatl. Maximal-beitrag [EUR]**	**monatl. Zahl-beitrag [EUR]**	**Barwert [EUR]**
1	Ontos (NR)	R	100.000	23,98	9,59	1.817
2	WGV (NR)	R	100.000	20,95	10,06	1.906
3	Europa (NR)	R	100.000	22,37	10,07	1.908
4	CosmosDirekt (NR)	R	100.000	28,46	10,25	1.942
5	Legal & General (NR)	R	100.000	36,99	10,27	1.945
6	DLVAG (NR)	R	100.000	15,00	10,50	1.989
7	KarstadtQuelle (NR)	R	100.000	33,99	10,54	1.997
8	Direkte Leben (NR)	R	100.000	18,07	10,84	2.053
9	Asstel (NR)	R	100.000	16,60	11,00	2.084
10	HUK24 (NR)	R	100.000	25,58	12,42	2.353
11	Allianz (NR)	R	100.000	16,97	13,92	2.637
12	HUK (NR)	R	100.000	27,76	14,01	2.654
13	mamax Leben (NR)	R	100.000	18,76	14,07	2.665
14	Dialog (NR)	R	100.000	36,92	14,77	2.798
15	DANV (NR)	R	100.000	16,78	14,93	2.828
16	Neue BBV (NR)	R	100.000	23,79	14,99	2.840
17	Delta Direkt (NR)	R	100.000	31,45	15,10	2.860
17	InterRisk (NR)	R	100.000	50,20	15,10	2.860
19	Oeco Capital (NR)	R	100.000	34,20	15,40	2.917
20	Münchener Verein (NR)	R	100.000	22,10	15,69	2.972
21	R+V a.G. (NR)	R	100.000	37,46	15,73	2.980
22	Volkswohl Bund	R	100.000	22,64	15,85	3.002
23	Fortis (NR)	R	100.000	23,21	16,17	3.063
24	Bay. Beamten (NR)	R	100.000	25,36	16,48	3.122
25	SV Leben (NR)	R	100.000	24,64	17,00	3.220
26	Gothaer (NR)	R	100.000	22,20	17,50	3.315
27	AachenMünchener (NR)	R	100.000	23,49	17,62	3.338

9. Gesamtversicherung: Überschusssystem Sofortrabatt Seite 2

28	Generali (NR)	R	100.000	24,00	18,24	3.455
29	Zurich Dt. Herold (NR)	R	100.000	36,86	18,43	3.491
30	Condor (NR)	R	100.000	37,16	18,58	3.520
31	Eagle Star (NR)	R	100.000	18,75	18,75	3.552
32	Hamburg-Mannheimer (NR)	R	100.000	21,42	19,06	3.611
33	WWK (NR)	R	100.000	35,03	19,27	3.650
34	Barmenia (NR)	R	100.000	23,39	19,53	3.700
35	Victoria (NR)	R	100.000	25,48	20,38	3.861
36	neue leben (NR)	R	100.000	40,00	21,00	3.978
37	Continentale (NR)	R	100.000	35,84	22,22	4.209
38	Bayern Versicherung	R	100.000	28,75	22,67	4.295
39	Stuttgarter	R	100.000	28,64	22,91	4.340
40	Delta Lloyd Leben (NR)	R	100.000	36,66	23,65	4.479
41	Nürnberger Beamten	R	100.000	40,83	24,50	4.641
42	Nürnberger	R	100.000	42,11	25,27	4.787
43	Karlsruher	R	100.000	46,97	25,36	4.804
44	Helvetia (NR)	R	100.000	42,40	25,44	4.819
45	R+V	R	100.000	46,35	25,49	4.829
46	HDI-Gerling (NR)	R	100.000	36,69	26,05	4.935
47	Provinzial Rheinland	R	100.000	33,00	26,40	5.001
47	VGH Versicherungen	R	100.000	48,00	26,40	5.001
49	Mecklenburgische	R	100.000	29,50	26,55	5.029
49	uniVersa	R	100.000	29,50	26,55	5.029
51	Itzehoer	R	100.000	29,64	26,88	5.092
52	Basler	R	100.000	28,33	26,91	5.098
53	Provinzial NordWest	R	100.000	49,51	27,23	5.158
54	Öffl. Berlin	R	100.000	28,75	27,43	5.196
55	IDUNA Leben	R	100.000	46,45	27,87	5.279
56	DBV	R	100.000	51,10	28,11	5.325
57	Württembergische	R	100.000	48,48	28,60	5.418
58	VLV	R	100.000	28,69	28,69	5.435
59	LVM	R	100.000	56,50	29,38	5.565
60	Deutscher Ring	R	100.000	48,00	29,67	5.620
61	Swiss Life	R	100.000	50,88	30,53	5.783
62	Debeka	R	100.000	47,00	30,55	5.787
63	HanseMerkur	R	100.000	48,91	31,79	6.023
64	Öffl. Braunschweig	R	100.000	53,00	31,92	6.047
65	LV 1871	R	100.000	55,45	33,27	6.302
66	Alte Leipziger	R	100.000	44,05	35,24	6.675

Quelle: LV-WIN 7.47 @ Morgan & Morgan GmbH

10. **Der Zinseszinseffekt** – grafische Darstellung

VDZ = Kapitalverdoppelungszeitraum
Beispiel: Ein Kapital von 100 € verdoppelt sich bei einer Rendite von 3 % alle 24 Jahre, bei einer Rendite von 12 % alle 6 Jahre.

– vgl. auch Anhang 1 –

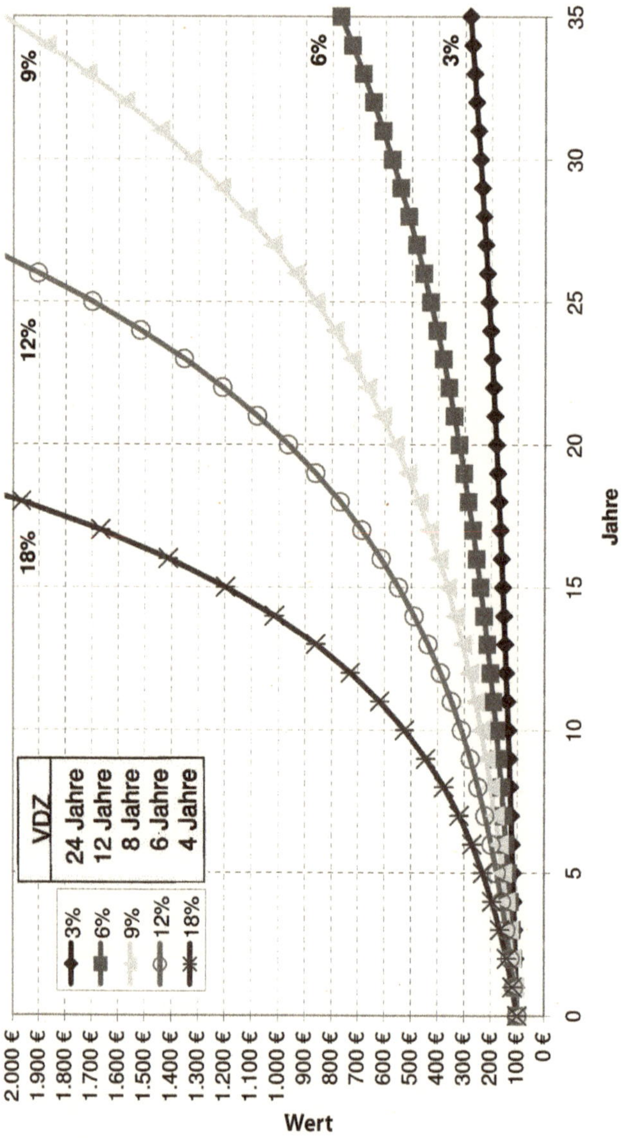

Quelle: © fikon Finanz-Konzepte GmbH

11. Einmalanlage (in EUR)

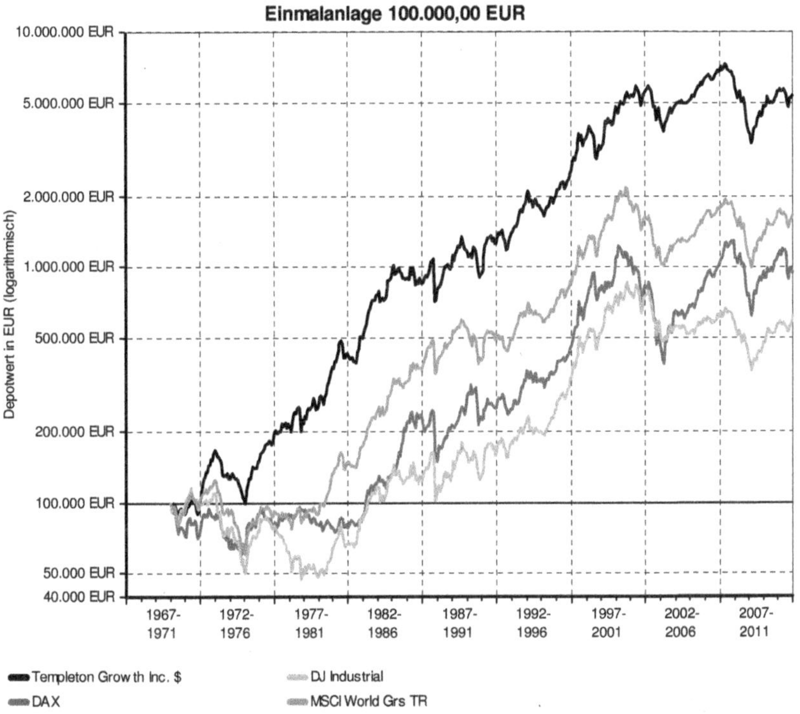

Auswertung vom 01.01.1970 bis zum 31.12.2011

Ergebnisse:

Bezeichnung	**Depotwert in EUR**	**Depotwert in %**	**Wertzuwachs in EUR**	**Wertzuwachs in %**	**Wertentw. p.a., in %**	**Volatilität in %**
Templeton Growth Inc. $	5.375.463	5.375,46	5.275.463	5.275,46	9,95	17,26
DAX	939.743	939,74	839.743	839,74	5,48	20,12
DJ Industrial	624.121	624,12	524.121	524,12	4,46	18,63
MSCI World Grs TR	1.671.476	1.671,48	1.571.476	1.571,48	6,94	16,12

Erläuterungen zu den Berechnungsgrundlagen:
Die Entwicklungen bzw. Endbeträge und Volatilitäten werden auf EUR-Basis berechnet. Grundlage für die Berechnung der Volatilität: Monatliche Returns, logarithmiert, annualisiert. Eventuelle Ausschüttungen bei Investmentfonds werden wieder angelegt. Die Wertentwicklung basiert auf 100% des Kapitaleinsatzes, die Wertentwicklungen p.a. und Volatilitäten werden aus dem gesamten der Auswertung zugrundeliegenden Zeitraum (wie angegeben) bestimmt. Ggf. berücksichtigte Emissionsgebühren werden zum jeweiligen Anlagetermin vom Anlagebetrag abgezogen.
Externe Quellen:
Kategorie-Durchschnitte: monatl. Berechnung durch EDISoft GmbH über das Fondsuniversum der FVBS-Datenbank; Zinsen (Festgeld, Sparbuch): monatl. Durchschnittswerte der Dt. Bundesbank aus Meldungen deutscher Kreditinstitute; Inflation: monatl. Zahlen des Statistischen Bundesamts; Goldpreis: offizieller Feinunzen-Preis/London

Quelle: Finanzen Fundanalyser Vers. 4.04.04/1201©1993-2011 €AS, EDISoft

12. Einmalanlage (in EUR)

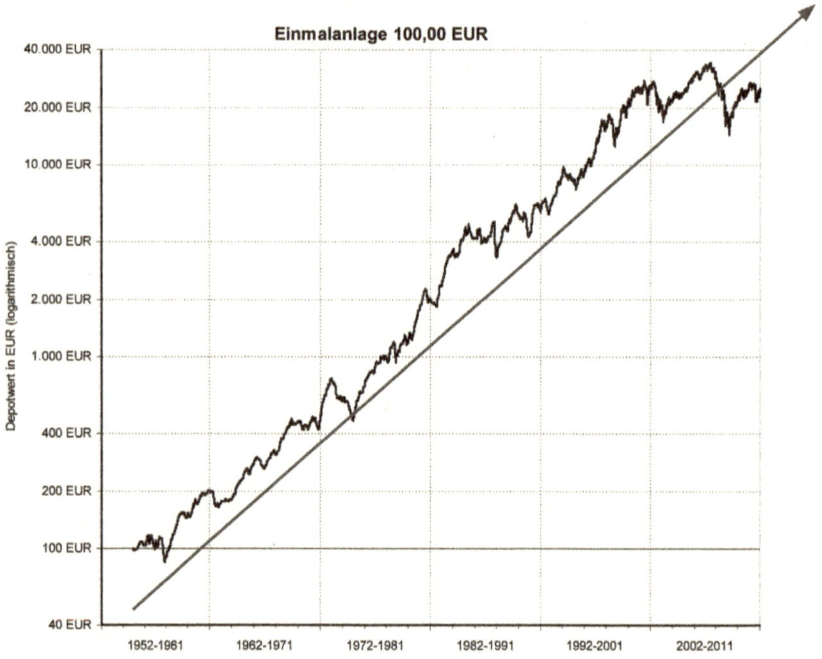

Auswertung vom 01.12.1954 bis zum 31.12.2011

Ergebnisse:

Bezeichnung	Depotwert in EUR	Depotwert in %	Wertzuwachs in EUR	Wertzuwachs in %	Wertentw. p.a.	Volatilität
Templeton Growth Inc. $	25.095	25.095,36	24.995	24.995,36	10,16 %	15,73 %

Erläuterungen zu den Berechnungsgrundlagen:
Die Entwicklungen bzw. Endbeträge und Volatilitäten werden auf EUR-Basis berechnet. Grundlage für die Berechnung der Volatilität: Monatliche Returns, annualisiert. Eventuelle Ausschüttungen bei Investmentfonds werden wieder angelegt. Der Templeton Growth Fund, Inc. ist stets ohne Berücksichtigung des Abzugs der Quellensteuer dargestellt. Die Wertentwicklung basiert auf 100% des Kapitaleinsatzes, die Wertentwicklungen p.a. und Volatilitäten werden aus dem gesamten der Auswertung zugrundeliegenden Zeitraum (wie angegeben) bestimmt. Ggf. berücksichtigte Emissionsgebühren werden zum jeweiligen Anlagetermin vom Anlagebetrag abgezogen.
Externe Quellen:
Kategorie-Durchschnitte: monatl. Berechnung durch EDISoft GmbH über das Fondsuniversum der FVBS-Datenbank; Zinsen (Festgeld, Sparbuch): monatl. Durchschnittswerte der Dt. Bundesbank aus Meldungen deutscher Kreditinstitute; Inflation: monatl. Zahlen des Statistischen Bundesamts; Goldpreis: offizieller Feinunzen-Preis/London

Quelle: Finanzen Fundanalyzer Vers. 4.04.14/1201©2006 EDISoft GmbH

13. Total Real Return Indices

Januar 1802 - Dezember 2008

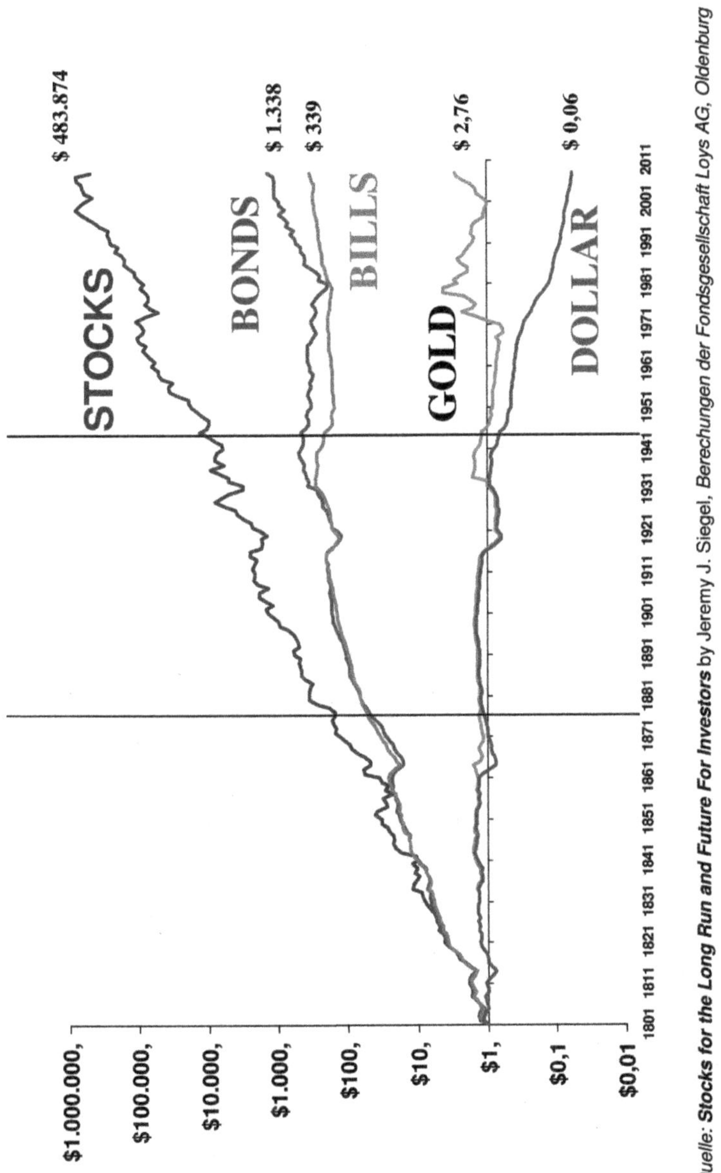

Quelle: Finanzen Fundanalyzer Vers. 4.03:50/0910, © 1993 - 2009 €AS, EDISoft

14. Gewinn- und Verlustphasen Templeton Growth Inc. $

In den letzten 20 Jahren, Stand: 31.12.2010

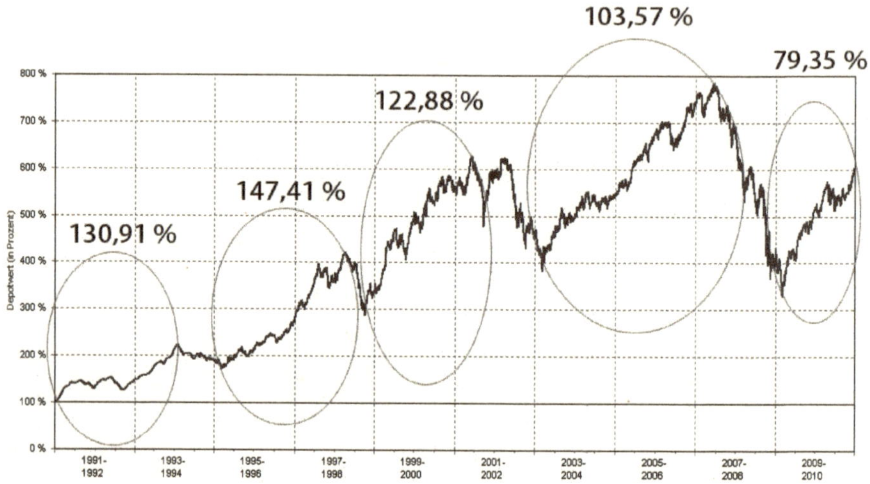

Gewinne

Verluste

Quelle: Finanzen Fundanalyzer © 1993-2009 €AS, EDISoft, vwd Portfolio Manager, eigene Berechnungen

15. Einmalanlage FONDAK A

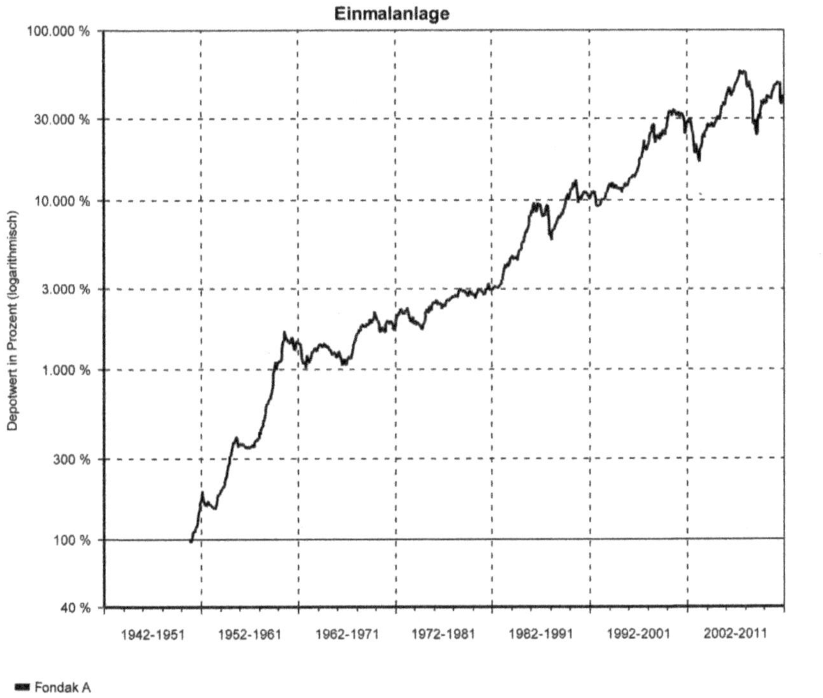

Auswertung vom 01.11.1950 bis zum 31.12.2011

Ergebnisse:

Bezeichnung	Depotwert in %	Wertzuwachs in %	Wertentw. p.a., in %	Volatilität in %
Fondak A	38.073,56	37.973,56	10,20	17,70

Erläuterungen zu den Berechnungsgrundlagen:
Die Entw icklungen bzw . Endbeträge und Volatilitäten w erden auf EUR-Basis berechnet. Grundlage für die Berechnung der Volatilität: Monatliche Returns, logarithmiert, annualisiert. Eventuelle Ausschüttungen bei Investmentfonds w erden w ieder angelegt. Die Wertentw icklung basiert auf 100% des Kapitaleinsatzes, die Wertentw icklungen p.a. und Volatilitäten w erden aus dem gesamten der Ausw ertung zugrundeliegenden Zeitraum (w ie angegeben) bestimmt. Ggf. berücksichtigte Emissionsgebühren w erden zum jew eiligen Anlagetermin vom Anlagebetrag abgezogen.
Externe Quellen:
Kategorie-Durchschnitte: monatl. Berechnung durch EDISoft GmbH über das Fondsuniversum der FVBS-Datenbank; Zinsen (Festgeld, Sparbuch): monatl. Durchschnittsw erte der Dt. Bundesbank aus Meldungen deutscher Kreditinstitute; Inflation: monatl. Zahlen des Statistischen Bundesamts; Goldpreis: offizieller Feinunzen-Preis/London

Quelle: © 1993-2010 €AS, EDISoft, FVBS V. 4.04.02/1104

16. Schwankungsbreite eines Aktienfonds

am Beispiel des Templeton Growth Fund, Inc.
rollierende Perioden im Zeitraum 1955 - 2011

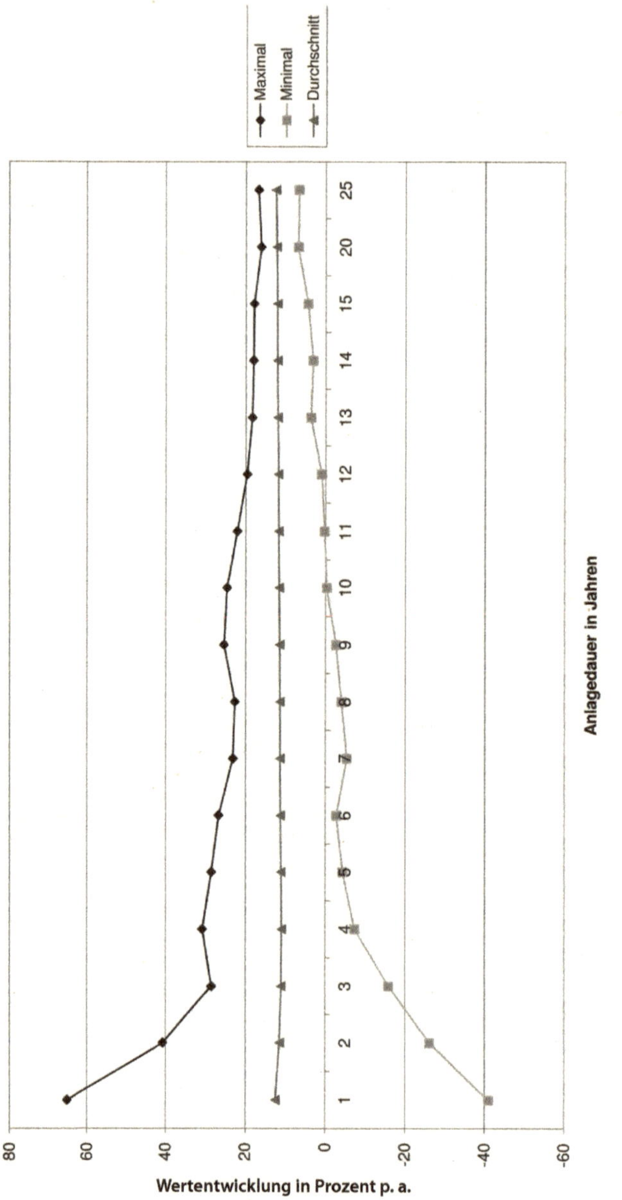

17.1 Einmalanlage 3.579.043,00 EUR

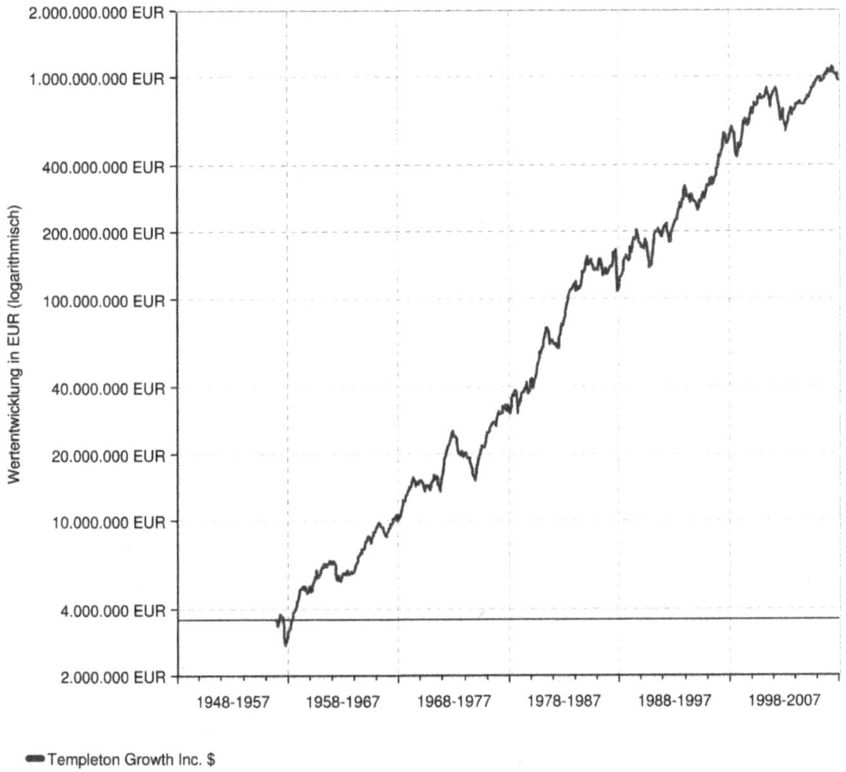

Auswertung vom 01.01.1957 bis zum 31.12.2007

Chart-Daten : (Erläuterungen siehe unten)

Bezeichnung	Endbetrag	Rendite p.a.	Volatilität
Templeton Growth Inc. $	970.854.155 EUR	11,61 %	15,83 %

Die Entwicklungen bzw. Endbeträge werden auf EUR-Basis berechnet. Grundlage für die Berechnung der Volatilität: Monatliche Returns, logarithmiert, annualisiert. Für ev. Ausschüttungen bei Investmentfonds wird Wiederanlage am Ausschüttungstag unterstellt (siehe auch allgemeine Hinweise zu Auswertungen).
Die Wertentwicklung basiert auf 100% des Kapitaleinsatzes, die Renditen und Volatilitäten werden aus dem gesamten der Auswertung zugrundeliegenden Zeitraum (wie angegeben) bestimmt.
Zu berücksichtigende Steuern und Spesen werden zum jew. Fälligkeitstermin dem Kapitalstock entnommen.

Quelle: Fonds@NALYSE .TOOL Vers. 4.04.16/0910-DE © 2008 EDISoft GmbH

17.2 Einmalanlage 3.579.043,00 EUR

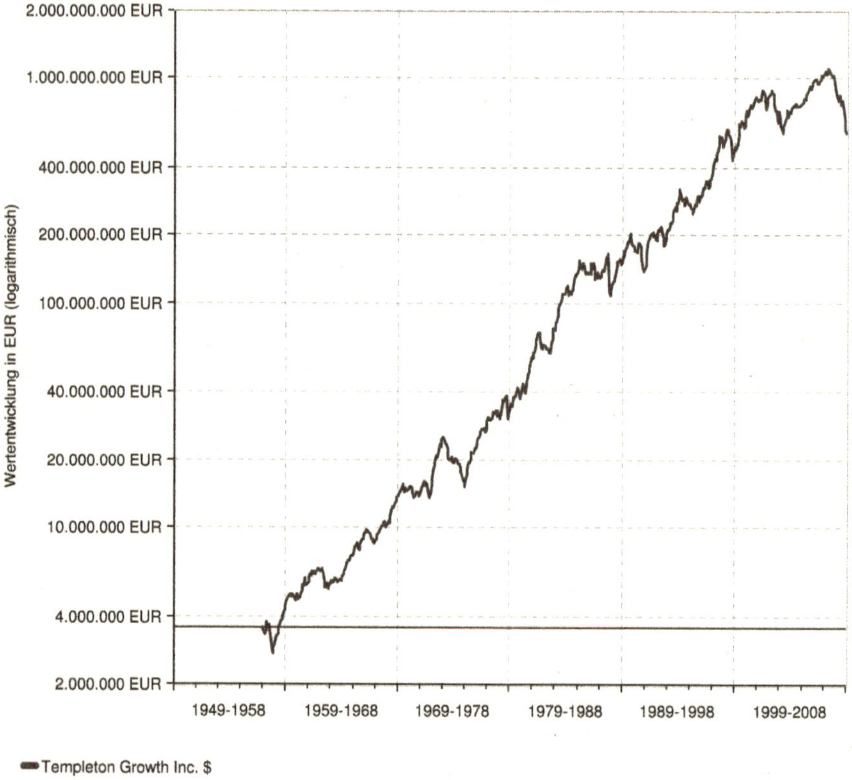

Auswertung vom 01.01.1957 bis zum 31.12.2008

Chart-Daten : (Erläuterungen siehe unten)

Bezeichnung	Endbetrag	Rendite p.a.	Volatilität
Templeton Growth Inc. $	572.926.472 EUR	10,25 %	16,11 %

Die Entwicklungen bzw. Endbeträge werden auf EUR-Basis berechnet. Grundlage für die Berechnung der Volatilität: Monatliche Returns, logarithmiert, annualisiert. Für ev. Ausschüttungen bei Investmentfonds wird Wiederanlage am Ausschüttungstag unterstellt (siehe auch allgemeine Hinweise zu Auswertungen).
Die Wertentwicklung basiert auf 100% des Kapitaleinsatzes, die Renditen und Volatilitäten werden aus dem gesamten der Auswertung zugrundeliegenden Zeitraum (wie angegeben) bestimmt.
Zu berücksichtigende Steuern und Spesen werden zum jew. Fälligkeitstermin dem Kapitalstock entnommen.

Quelle: Fonds@NALYSE .TOOL Vers. 4.04.16/0910-DE © 2008 EDISoft GmbH

18.1 Frei definierte Anlage (in EUR) Seite 1

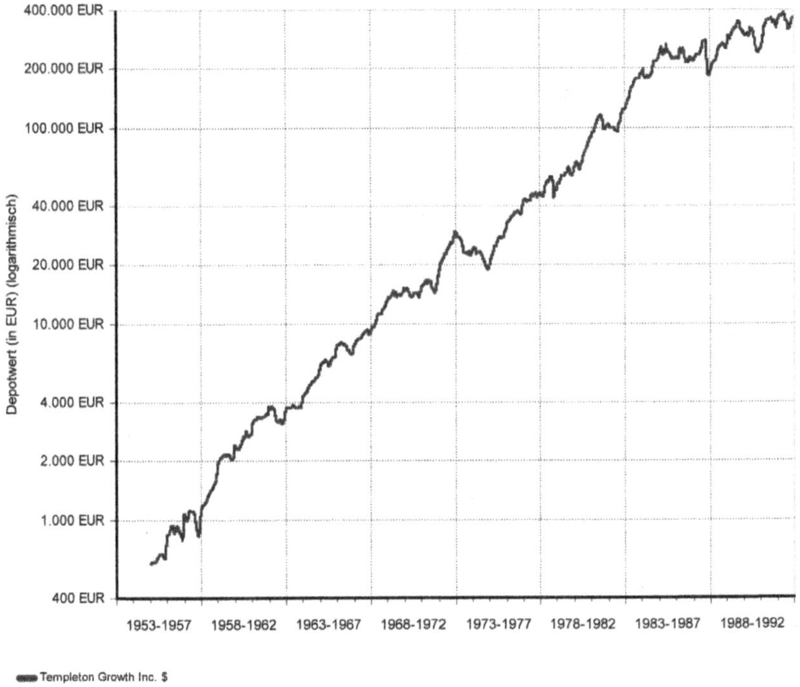

Auswertung vom 31.12.1954 bis zum 30.11.1992, abzgl. Emissionsgebühren

Ergebnisse:

Bezeichnung	Emissions-gebühren	Depotwert in EUR	Depotwert in %	Wertzuwachs in EUR	Wertzuwachs in %	Wertentw. p.a.	Volatilität
Templeton Growth Inc. $	5,75 %	364.590	724,47	314.265	624,47	11,97 %	15,68 %

Quelle: Fonds@NALYSE .TOOL Vers. 4.04.16/0910-DE © 2008 EDISoft GmbH - Landesversicherung Oldenburg - Bremen - neutralisiert

18.1 Templeton Growth Inc. $ Seite 2

Frei definierte Anlage (in EUR)
Auswertung vom 31.12.1954 bis zum 30.11.1992
abzgl. 5,75% Emissionsgebühren
Darstellung: jährlich

Stichtag	Einzahlungen	Entnahmen	Summe der Einzahlungen	Summe der Entnahmen	Depotwert
31.12.1954	639 EUR	-	639 EUR	-	602 EUR
31.12.1955	215 EUR	-	854 EUR	-	850 EUR
31.12.1956	209 EUR	-	1.063 EUR	-	1.082 EUR
31.12.1957	230 EUR	-	1.293 EUR	-	1.117 EUR
31.12.1958	272 EUR	-	1.565 EUR	-	1.910 EUR
31.12.1959	276 EUR	-	1.841 EUR	-	2.435 EUR
31.12.1960	310 EUR	-	2.151 EUR	-	3.065 EUR
31.12.1961	339 EUR	-	2.490 EUR	-	3.794 EUR
31.12.1962	411 EUR	-	2.901 EUR	-	3.669 EUR
31.12.1963	407 EUR	-	3.308 EUR	-	4.220 EUR
31.12.1964	443 EUR	-	3.751 EUR	-	5.846 EUR
31.12.1965	512 EUR	-	4.263 EUR	-	7.674 EUR
31.12.1966	517 EUR	-	4.780 EUR	-	7.703 EUR
31.12.1967	403 EUR	-	5.183 EUR	-	9.189 EUR
31.12.1968	605 EUR	-	5.788 EUR	-	13.231 EUR
31.12.1969	685 EUR	-	6.473 EUR	-	15.253 EUR
31.12.1970	844 EUR	-	7.317 EUR	-	14.904 EUR
31.12.1971	932 EUR	-	8.249 EUR	-	17.160 EUR
31.12.1972	1.031 EUR	-	9.280 EUR	-	29.304 EUR
31.12.1973	1.128 EUR	-	10.408 EUR	-	23.350 EUR
31.12.1974	1.301 EUR	-	11.709 EUR	-	19.528 EUR
31.12.1975	1.396 EUR	-	13.105 EUR	-	30.559 EUR
31.12.1976	1.553 EUR	-	14.658 EUR	-	41.864 EUR
31.12.1977	1.635 EUR	-	16.293 EUR	-	46.442 EUR
31.12.1978	1.686 EUR	-	17.979 EUR	-	49.448 EUR
31.12.1979	1.760 EUR	-	19.739 EUR	-	61.028 EUR
31.12.1980	1.883 EUR	-	21.622 EUR	-	89.266 EUR
31.12.1981	1.967 EUR	-	23.589 EUR	-	103.821 EUR
31.12.1982	2.082 EUR	-	25.671 EUR	-	123.713 EUR
31.12.1983	2.150 EUR	-	27.821 EUR	-	190.499 EUR
31.12.1984	2.266 EUR	-	30.087 EUR	-	227.138 EUR
31.12.1985	2.284 EUR	-	32.371 EUR	-	227.441 EUR
31.12.1986	2.369 EUR	-	34.740 EUR	-	219.047 EUR
31.12.1987	2.443 EUR	-	37.183 EUR	-	186.800 EUR
31.12.1988	2.510 EUR	-	39.693 EUR	-	265.145 EUR
31.12.1989	2.483 EUR	-	42.176 EUR	-	309.851 EUR
31.12.1990	2.607 EUR	-	44.783 EUR	-	251.798 EUR
31.12.1991	2.830 EUR	-	47.613 EUR	-	338.390 EUR
30.11.1992	2.712 EUR	-	50.325 EUR	-	364.590 EUR

Quelle: Fonds@NALYSE .TOOL Vers. 4.04.16/0910-DE © 2008 EDISoft GmbH

18.1 Versicherungsverlauf

Seite 3

Versicherungsverlauf

In der nachfolgenden Aufstellung sind die im Versicherungskonto gespeicherten Daten aufgeführt, die zur Feststellung und Erbringung von Leistungen erheblich sind.

Rentenversicherung der Arbeiter

VK 01	01.04.47-31.12.47	225,00	RM	9 Mon.	Pflichtbeiträge
VK 01	01.01.48-31.12.48	370,00	DM	12 Mon.	Pflichtbeiträge
VK 01	01.01.49-31.12.49	510,00	DM	12 Mon.	Pflichtbeiträge
VK 01	01.01.50-31.12.50	792,34	DM	12 Mon.	Pflichtbeiträge
VK 02	01.01.51-31.12.51	1.923,36	DM	12 Mon.	Pflichtbeiträge
VK 02	01.01.52-31.12.52	2.111,34	DM	12 Mon.	Pflichtbeiträge
VK 02	01.01.53-08.09.53	1.889,62	DM	9 Mon.	Pflichtbeiträge
VK 02	21.09.53-31.12.53	1.109,15	DM	3 Mon.	Pflichtbeiträge
VK 03	01.01.54-31.12.54	3.574,21	DM	12 Mon.	Pflichtbeiträge
VK 03	01.01.55-30.09.55	3.189,00	DM	9 Mon.	Pflichtbeiträge
VK 03	05.10.55-31.12.55	1.017,40	DM	3 Mon.	Pflichtbeiträge
VK 03	01.01.56-12.04.56	1.153,43	DM	4 Mon.	Pflichtbeiträge
VK 03	13.04.56-16.04.56	39,12	DM		Pflichtbeitrag
VK 04	17.04.56-31.12.56	2.901,01	DM	8 Mon.	Pflichtbeiträge
VK 04	01.01.57-28.02.57	778,44	DM	2 Mon.	Pflichtbeiträge
VK 04	01.03.57-31.12.57	3.726,00	DM	10 Mon.	Pflichtbeiträge
VK 04	01.01.58-31.12.58	5.328,09	DM	12 Mon.	Pflichtbeiträge
VK 04	01.01.59-31.12.59	5.405,50	DM	12 Mon.	Pflichtbeiträge
VK 04	01.01.60-31.12.60	6.071,47	DM	12 Mon.	Pflichtbeiträge
VK 05	01.01.61-31.12.61	6.644,69	DM	12 Mon.	Pflichtbeiträge
VK 05	01.01.62-31.12.62	8.046,79	DM	12 Mon.	Pflichtbeiträge
VK 05	01.01.63-31.12.63	7.962,98	DM	12 Mon.	Pflichtbeiträge
VK 05	01.01.64-31.12.64	8.673,80	DM	12 Mon.	Pflichtbeiträge
VK 05	01.01.65-31.12.65	10.015,28	DM	12 Mon.	Pflichtbeiträge
VK 05	01.01.66-13.08.66	6.112,81	DM	8 Mon.	Pflichtbeiträge
	14.08.66-16.08.66	95,40	DM		Pflichtbeitrag
	17.08.66-28.08.66				krank/Gesundheitsmaßnahme keine Anrechnung
	29.08.66-31.12.66	3.911,40	DM	4 Mon.	Pflichtbeiträge
VK 06	01.01.67-11.08.67	6.601,25	DM	8 Mon.	Pflichtbeiträge
VK 06	12.08.67-11.11.67			2 Mon.	Arbeitslosigkeit
VK 06	13.11.67-31.12.67	1.285,44	DM	2 Mon.	Pflichtbeiträge
VK 06	01.01.68-31.12.68	11.849,58	DM	12 Mon.	Pflichtbeiträge
VK 06	01.01.69-31.12.69	13.397,46	DM	12 Mon.	Pflichtbeiträge
VK 07	01.01.70-31.12.70	16.509,32	DM	12 Mon.	Pflichtbeiträge
VK 07	01.01.71-31.12.71	18.230,58	DM	12 Mon.	Pflichtbeiträge
VK 07	01.01.72-31.12.72	20.174,32	DM	12 Mon.	Pflichtbeiträge
SVN	01.01.73-31.12.73	22.075,00	DM	12 Mon.	Pflichtbeiträge
SVN	01.01.74-31.12.74	25.454,00	DM	12 Mon.	Pflichtbeiträge
SVN	01.01.75-31.12.75	27.311,00	DM	12 Mon.	Pflichtbeiträge
SVN	01.01.76-31.12.76	30.383,00	DM	12 Mon.	Pflichtbeiträge
SVN	01.01.77-31.12.77	31.980,00	DM	12 Mon.	Pflichtbeiträge
SVN	01.01.78-31.12.78	32.988,00	DM	12 Mon.	Pflichtbeiträge

Quelle: Fonds@NALYSE .TOOL Vers. 4.04.16/0910-DE © 2008 EDISoft GmbH

18.1 Versicherungsverlauf

Seite 4

SVN	01.01.79-31.12.79	34.440,00 DM	12 Mon.	Pflichtbeiträge
SVN	01.01.80-31.12.80	36.845,00 DM	12 Mon.	Pflichtbeiträge
SVN	01.01.81-31.12.81	38.475,00 DM	12 Mon.	Pflichtbeiträge
SVN	01.01.82-31.12.82	40.724,00 DM	12 Mon.	Pflichtbeiträge
SVN	01.01.83-31.12.83	42.055,00 DM	12 Mon.	Pflichtbeiträge
SVN	01.01.84-31.12.84	44.321,00 DM	12 Mon.	Pflichtbeiträge
SVN	01.01.85-31.12.85	44.674,00 DM	12 Mon.	Pflichtbeiträge
SVN	01.01.86-31.12.86	46.339,00 DM	12 Mon.	Pflichtbeiträge
DÜVO	01.01.87-31.12.87	47.794,00 DM	12 Mon.	Pflichtbeiträge
DÜVO	01.01.88-31.12.88	49.099,00 DM	12 Mon.	Pflichtbeiträge
DÜVO	01.01.89-31.12.89	48.567,00 DM	12 Mon.	Pflichtbeiträge
DÜVO	01.01.90-31.12.90	50.991,00 DM	12 Mon.	Pflichtbeiträge
DÜVO	01.01.91-31.12.91	55.359,00 DM	12 Mon.	Pflichtbeiträge
DÜVO	01.01.92-31.08.92	38.576,73 DM	8 Mon.	Pflichtbeiträge
DÜVO	01.09.92-30.11.92	14.466,27 DM	3 Mon.	Pflichtbeiträge
	01.09.92-30.11.92			Rentenbezug

Erläuterung der verwendeten Abkürzungen:

VK = Nummer der Versicherungskarte (Aufrechnungsbescheinigung), die die angegebene Zeit enthält

DÜVO = Nach der Datenübermittlungsverordnung gemeldete Zeiten; hierüber hat der Arbeitgeber einen Nachweis erteilt

SVN = Mit Belegen des Sozialversicherungsnachweis-Heftes oder der Datenerfassungsverordnung gemeldete Zeiten

Hinweise zum Versicherungsverlauf:

Bei den mit "Pflichtbeitrag/Pflichtbeiträge" gekennzeichneten Zeiten, zu denen keine Beitragsklassen angegeben sind, wurde anstelle des tatsächlich entrichteten Beitrages, der im Rahmen des Lohnabzugsverfahrens eingezogen wurde, das der Beitragsbemessung zugrunde liegende Entgelt angegeben.

Soweit Monate mit mehreren beitragsfreien Zeiten belegt sind, wird nur eine Zeit zugrunde gelegt.

Pauschale Anrechnungszeit

Für die Zeit vor dem 01.01.57 wird als beitragsfreie Zeit eine pauschale Anrechnungszeit berücksichtigt, soweit sie mehr Monate umfaßt, als Anrechnungszeiten nachgewiesen sind.

Quelle: Fonds@NALYSE .TOOL Vers. 4.04.16/0910-DE © 2008 EDISoft GmbH

18.1 Versicherungsverlauf

Seite 5

Entgelte:	4-12/	1947	225					
		1948	370					
		1949	510					
		1950	792	1.897				
		1951	480					
			1.442	1.922				
		1952	2.111	2.111				
		1953	1.889					
			1.109	2.998				
		1954	3.574	3.574	12502 (4/47 - 12/54)		6.392	639
		1955	3.189					
			1.017	4.206			2.150	215
		1956	1.153					
			39					
			2.901	4.093			2.093	209
		1957	778					
			3.726	4.504			2.303	230
		1958		5.328			2.724	272
		1959		5.405			2.764	276
		1960		6.071			3.104	310
		1961		6.644			3.397	340
		1962		8.046			4.114	411
		1963		7.962			4.071	407
		1964		8.674			4.435	443
		1965		10.015			5.120	512
		1966	6.113					
			95					
			3.911	10.119			5.174	517
		1967	6.273					
			328					
			482					
			803	7.886			4.032	403
		1968	11.850				6.059	606
		1969	13.397				6.850	685
		1970	16.509				8.441	844
		1971	18.231				9.321	932
		1972	20.174				10.315	1.031
		1973	22.075				11.287	1.129
		1974	25.454				13.014	1.301
		1975	27.311				13.964	1.396
		1976	30.383				15.535	1.553
		1977	31.980				16.351	1.635
		1978	32.988				16.866	1.687
		1979	34.440				17.609	1.761
		1980	36.845				18.839	1.884
		1981	38.475				19.672	1.967
		1982	40.724				20.822	2.082
		1983	42.055				21.502	2.150
		1984	44.321				22.661	2.266
		1985	44.674				22.841	2.284
		1986	46.339				23.693	2.369
		1987	47.794				24.437	2.444
		1988	49.099				25.103	2.510
		1989	48.567				24.832	2.483
		1990	50.991				26.071	2.607
		1991	55.359				28.305	2.830
		1992	53.042	(30.11.1992)			27.120	2.712
			984.532	: 1,95583 =	503.383		503.383	50.332

Quelle: Fonds@NALYSE .TOOL Vers. 4.04.16/0910-DE © 2008 EDISoft GmbH

18.2 Entnahmeplan 364.590,00 EUR Seite 1

mit Entnahme von 1.137,00 EUR monatlich (Dyn. 3,00 % p.a.)

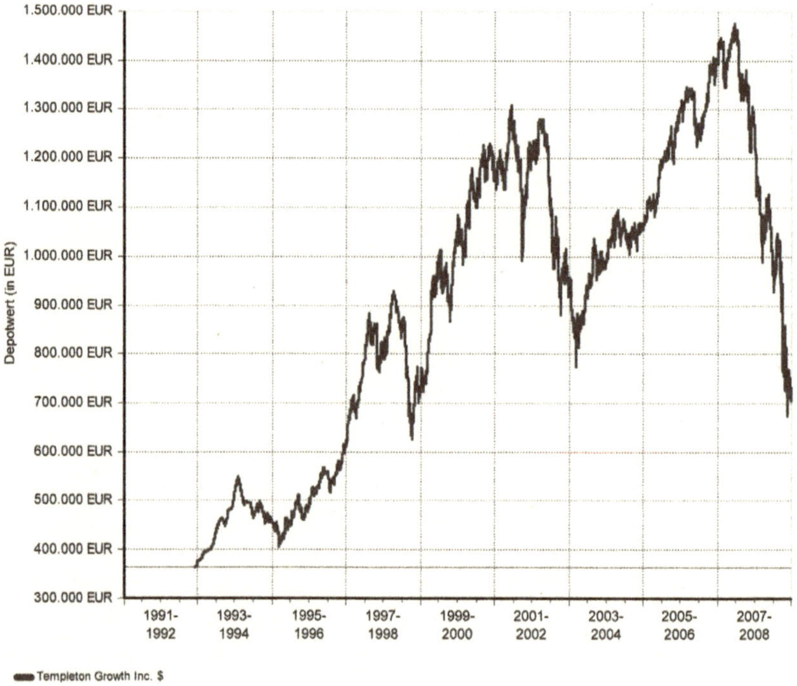

Auswertung vom 01.12.1992 bis zum 31.12.2008

Ergebnisse:

Summe der geplanten Entnahmen: 276.845 EUR

Bezeichnung	Entnahme ende	Entn.-summe in EUR	Depotwert in EUR	Wertzuwachs in EUR	Wertentw. p.a.	Volatilität
Templeton Growth Inc. $	26.12.2008	276.845	732.328	644.583	7,97 %	15,94 %

Quelle: Fonds@NALYSE .TOOL Vers. 4.04.16/0910-DE © 2008 EDISoft GmbH

18.2 Templeton Growth Inc. $ Seite 2

Entnahmeplan 364.590,00 EUR
mit Entnahme von 1.137,00 EUR monatlich (Dyn. 3,00 % p.a.)
Auswertung vom 01.12.1992 bis zum 31.12.2008
Darstellung: jährlich

Stichtag	Entnahmen	Summe der Entnahmen	Depotwert	Wertzuwachs
01.12.1992	-	-	364.590 EUR	0 EUR
31.12.1992	1.137 EUR	1.137 EUR	377.258 EUR	13.805 EUR
31.12.1993	13.678 EUR	14.815 EUR	521.272 EUR	171.497 EUR
31.12.1994	14.088 EUR	28.904 EUR	454.801 EUR	119.114 EUR
31.12.1995	14.511 EUR	43.415 EUR	488.639 EUR	167.463 EUR
31.12.1996	14.946 EUR	58.361 EUR	615.077 EUR	308.848 EUR
31.12.1997	15.395 EUR	73.756 EUR	818.937 EUR	528.103 EUR
31.12.1998	15.857 EUR	89.613 EUR	724.824 EUR	449.847 EUR
31.12.1999	16.332 EUR	105.945 EUR	1.082.826 EUR	824.181 EUR
31.12.2000	16.822 EUR	122.767 EUR	1.163.842 EUR	922.019 EUR
31.12.2001	17.327 EUR	140.094 EUR	1.215.799 EUR	991.303 EUR
31.12.2002	17.847 EUR	157.941 EUR	918.602 EUR	711.953 EUR
31.12.2003	18.382 EUR	176.323 EUR	995.266 EUR	806.999 EUR
31.12.2004	18.934 EUR	195.257 EUR	1.062.904 EUR	893.571 EUR
31.12.2005	19.502 EUR	214.759 EUR	1.295.886 EUR	1.146.055 EUR
31.12.2006	20.087 EUR	234.846 EUR	1.394.206 EUR	1.264.462 EUR
31.12.2007	20.689 EUR	255.535 EUR	1.269.444 EUR	1.160.389 EUR
31.12.2008	21.310 EUR	276.845 EUR	732.328 EUR	644.583 EUR

Quelle: Fonds@NALYSE .TOOL Vers. 4.04.16/0910-DE © 2008 EDISoft GmbH

18.3 Entnahmeplan 364.590,00 EUR Seite 1

mit Entnahme von 1.137,00 EUR monatlich (Dyn. 3,00 % p.a.)
in rollierenden 16-Jahres-Zeiträumen
Auswertung vom 31.12.1954 bis zum 31.12.2008
Berechnungsbasis: jährlich

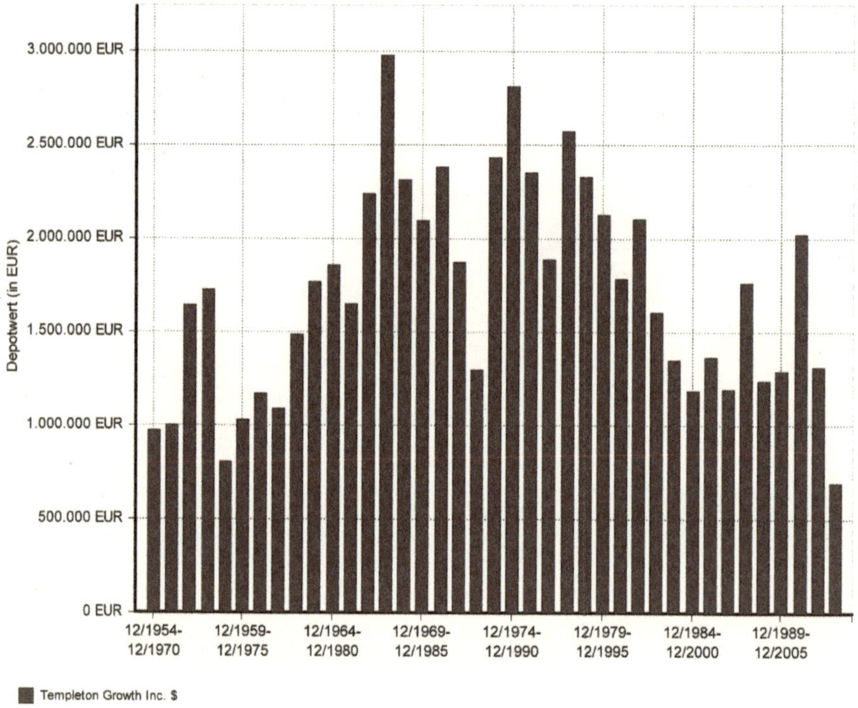

Auswertung vom 31.12.1954 bis zum 31.12.2008

Quelle: Fonds@NALYSE .TOOL Vers. 4.04.16/0910-DE © 2008 EDISoft GmbH

18.3 Templeton Growth Inc. Seite 2

Entnahmeplan 364.590,00 EUR
mit Entnahme von 1.137,00 EUR monatlich (Dyn. 3,00 % p.a.)
in rollierenden 16-Jahres-Zeiträumen
Auswertung vom 31.12.1954 bis zum 31.12.2008
Berechnungsbasis: jährlich, Darstellung: jährlich

Zeitraum	Einzahlungen	Entnahmen	Depotwert	Wertzuwachs	Wertentwicklung p.a.
12/54 - 12/70	364.590 EUR	275.708 EUR	974.888 EUR	886.006 EUR	9,52 %
12/55 - 12/71	364.590 EUR	275.708 EUR	1.001.184 EUR	912.302 EUR	9,66 %
12/56 - 12/72	364.590 EUR	275.708 EUR	1.644.409 EUR	1.555.527 EUR	12,51 %
12/57 - 12/73	364.590 EUR	275.708 EUR	1.725.832 EUR	1.636.950 EUR	12,80 %
12/58 - 12/74	364.590 EUR	275.708 EUR	804.116 EUR	715.234 EUR	8,49 %
12/59 - 12/75	364.590 EUR	275.708 EUR	1.033.752 EUR	944.870 EUR	9,84 %
12/60 - 12/76	364.590 EUR	275.708 EUR	1.176.358 EUR	1.087.476 EUR	10,56 %
12/61 - 12/77	364.590 EUR	275.708 EUR	1.089.868 EUR	1.000.986 EUR	10,13 %
12/62 - 12/78	364.590 EUR	275.708 EUR	1.489.530 EUR	1.400.648 EUR	11,92 %
12/63 - 12/79	364.590 EUR	275.708 EUR	1.768.147 EUR	1.679.265 EUR	12,94 %
12/64 - 12/80	364.590 EUR	275.708 EUR	1.860.837 EUR	1.771.955 EUR	13,25 %
12/65 - 12/81	364.590 EUR	275.708 EUR	1.649.245 EUR	1.560.363 EUR	12,53 %
12/66 - 12/82	364.590 EUR	275.708 EUR	2.240.824 EUR	2.151.942 EUR	14,40 %
12/67 - 12/83	364.590 EUR	275.708 EUR	2.979.179 EUR	2.890.297 EUR	16,21 %
12/68 - 12/84	364.590 EUR	275.708 EUR	2.317.762 EUR	2.228.880 EUR	14,61 %
12/69 - 12/85	364.590 EUR	275.708 EUR	2.099.820 EUR	2.010.938 EUR	13,99 %
12/70 - 12/86	364.590 EUR	275.708 EUR	2.386.912 EUR	2.298.030 EUR	14,79 %
12/71 - 12/87	364.590 EUR	275.708 EUR	1.874.786 EUR	1.785.904 EUR	13,30 %
12/72 - 12/88	364.590 EUR	275.708 EUR	1.302.201 EUR	1.213.319 EUR	11,14 %
12/73 - 12/89	364.590 EUR	275.708 EUR	2.438.520 EUR	2.349.638 EUR	14,93 %
12/74 - 12/90	364.590 EUR	275.708 EUR	2.819.413 EUR	2.730.531 EUR	15,85 %
12/75 - 12/91	364.590 EUR	275.708 EUR	2.356.924 EUR	2.268.042 EUR	14,71 %
12/76 - 12/92	364.590 EUR	275.708 EUR	1.890.244 EUR	1.801.362 EUR	13,35 %
12/77 - 12/93	364.590 EUR	275.708 EUR	2.575.945 EUR	2.487.063 EUR	15,27 %
12/78 - 12/94	364.590 EUR	275.708 EUR	2.329.400 EUR	2.240.518 EUR	14,64 %
12/79 - 12/95	364.590 EUR	275.708 EUR	2.130.724 EUR	2.041.842 EUR	14,08 %
12/80 - 12/96	364.590 EUR	275.708 EUR	1.782.460 EUR	1.693.578 EUR	12,99 %
12/81 - 12/97	364.590 EUR	275.708 EUR	2.110.306 EUR	2.021.424 EUR	14,02 %
12/82 - 12/98	364.590 EUR	275.708 EUR	1.609.816 EUR	1.520.934 EUR	12,38 %
12/83 - 12/99	364.590 EUR	275.708 EUR	1.354.039 EUR	1.265.157 EUR	11,37 %
12/84 - 12/00	364.590 EUR	275.708 EUR	1.190.508 EUR	1.101.626 EUR	10,63 %
12/85 - 12/01	364.590 EUR	275.708 EUR	1.364.740 EUR	1.275.858 EUR	11,41 %
12/86 - 12/02	364.590 EUR	275.708 EUR	1.197.748 EUR	1.108.866 EUR	10,67 %
12/87 - 12/03	364.590 EUR	275.708 EUR	1.766.589 EUR	1.677.707 EUR	12,94 %
12/88 - 12/04	364.590 EUR	275.708 EUR	1.242.493 EUR	1.153.612 EUR	10,87 %
12/89 - 12/05	364.590 EUR	275.708 EUR	1.293.743 EUR	1.204.861 EUR	11,11 %
12/90 - 12/06	364.590 EUR	275.708 EUR	2.021.092 EUR	1.932.210 EUR	13,76 %
12/91 - 12/07	364.590 EUR	275.708 EUR	1.316.070 EUR	1.227.188 EUR	11,21 %
12/92 - 12/08	364.590 EUR	275.708 EUR	698.087 EUR	609.205 EUR	7,76 %
bester (12/67-12/83)	-	-	2.979.179 EUR	2.890.297 EUR	16,21 %
schlechtester (12/92-12/08)	-	-	698.087 EUR	609.205 EUR	7,76 %
durchschnittlich	-	-	1.715.603 EUR	1.626.721 EUR	12,48 %

Quelle: Fonds@NALYSE .TOOL Vers. 4.04.16/0910-DE © 2008 EDISoft GmbH

18.4 Entnahmeplan 364.590,00 EUR Seite 1

mit Entnahme von 1.137,00 EUR monatlich (Dyn. 3,00 % p.a.)

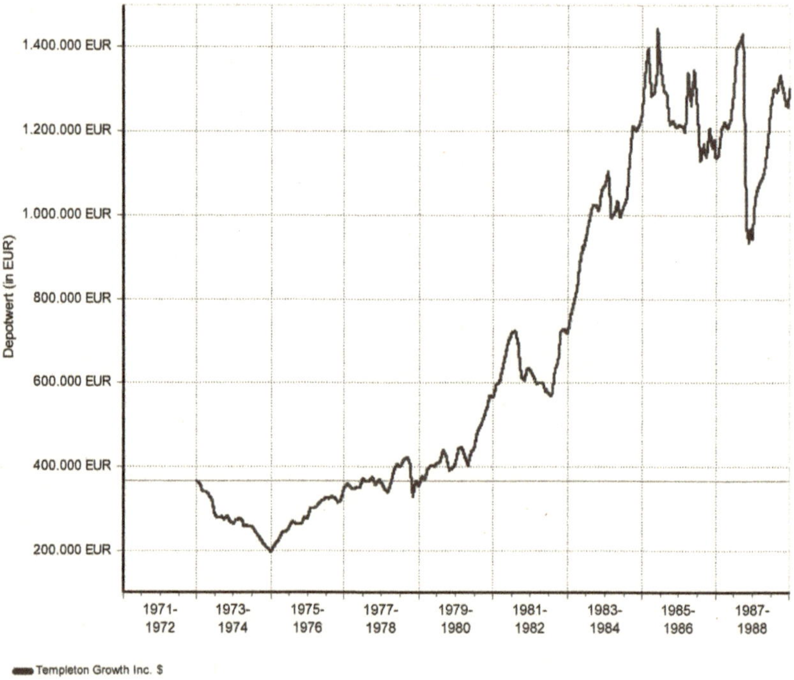

Auswertung vom 31.12.1972 bis zum 31.12.1988

Ergebnisse:

Summe der geplanten Entnahmen: 275.708 EUR

Bezeichnung	Entnahme ende	Entn.-summe in EUR	Depotwert in EUR	Wertzuwachs in EUR	Wertentw. p.a.	Volatilität
Templeton Growth Inc. $	30.12.1988	275.708	1.302.201	1.213.319	11,14 %	18,13 %

Erläuterungen zu den Berechnungsgrundlagen:
Die Entwicklungen bzw. Endbeträge und Volatilitäten werden auf EUR-Basis berechnet. Die Basiswährung des jeweiligen Fonds kann von der dargestellten Währung abweichen. Die jeweilige Basiswährung der Fonds entnehmen Sie bitte den Detailinfos bzw. dem Factsheet. Grundlage für die Berechnung der Volatilität: Monatliche Returns, annualisiert. Eventuelle Ausschüttungen bei Investmentfonds werden wieder angelegt. Der Templeton Growth Fund, Inc. ist stets ohne Berücksichtigung des Abzugs der Quellensteuer dargestellt. Die Wertentwicklung basiert auf 100% des Kapitaleinsatzes, die Wertentwicklungen p.a. und Volatilitäten werden aus dem gesamten der Auswertung zugrundeliegenden Zeitraum (wie angegeben) bestimmt. Ggf. berücksichtigte Emissionsgebühren werden zum jeweiligen Anlagetermin vom Anlagebetrag abgezogen.
Externe Quellen:
Kategorie-Durchschnitte: monatl. Berechnung durch EDISoft GmbH über das Fondsuniversum der FVBS-Datenbank; Zinsen (Festgeld, Sparbuch): monatl. Durchschnittswerte der Dt. Bundesbank aus Meldungen deutscher Kreditinstitute; Inflation: monatl. Zahlen des Statistischen Bundesamts; Goldpreis: offizieller Feinunzen-Preis/London.

Quelle: Fonds@NALYSE .TOOL Vers. 4.04.16/0910-DE © 2008 EDISoft GmbH

18.4 Templeton Growth Inc. $ Seite 2

Entnahmeplan 364.590,00 EUR
mit Entnahme von 1.137,00 EUR monatlich (Dyn. 3,00 % p.a.)
Auswertung vom 31.12.1972 bis zum 31.12.1988
Darstellung: jährlich

Stichtag	Entnahmen	Summe der Entnahmen	Depotwert	Wertzuwachs
31.12.1972	-	-	364.590 EUR	0 EUR
31.12.1973	13.678 EUR	13.678 EUR	264.888 EUR	-86.024 EUR
31.12.1974	14.088 EUR	27.767 EUR	195.769 EUR	-141.054 EUR
31.12.1975	14.511 EUR	42.278 EUR	276.702 EUR	-45.611 EUR
31.12.1976	14.946 EUR	57.224 EUR	349.071 EUR	41.705 EUR
31.12.1977	15.395 EUR	72.619 EUR	358.740 EUR	66.769 EUR
31.12.1978	15.857 EUR	88.476 EUR	354.441 EUR	78.327 EUR
31.12.1979	16.332 EUR	104.808 EUR	408.618 EUR	148.836 EUR
31.12.1980	16.822 EUR	121.630 EUR	565.452 EUR	322.493 EUR
31.12.1981	17.327 EUR	138.957 EUR	628.891 EUR	403.259 EUR
31.12.1982	17.847 EUR	156.804 EUR	716.837 EUR	509.051 EUR
31.12.1983	18.382 EUR	175.186 EUR	1.070.716 EUR	881.313 EUR
31.12.1984	18.934 EUR	194.120 EUR	1.242.947 EUR	1.072.477 EUR
31.12.1985	19.502 EUR	213.622 EUR	1.214.297 EUR	1.063.328 EUR
31.12.1986	20.087 EUR	233.709 EUR	1.138.479 EUR	1.007.598 EUR
31.12.1987	20.689 EUR	254.398 EUR	942.258 EUR	832.066 EUR
31.12.1988	21.310 EUR	275.708 EUR	1.302.201 EUR	1.213.319 EUR

Quelle: Fonds@NALYSE .TOOL Vers. 4.04.16/0910-DE © 2008 EDISoft GmbH

19. Eimalanlage 10.000,00 EUR Seite 1

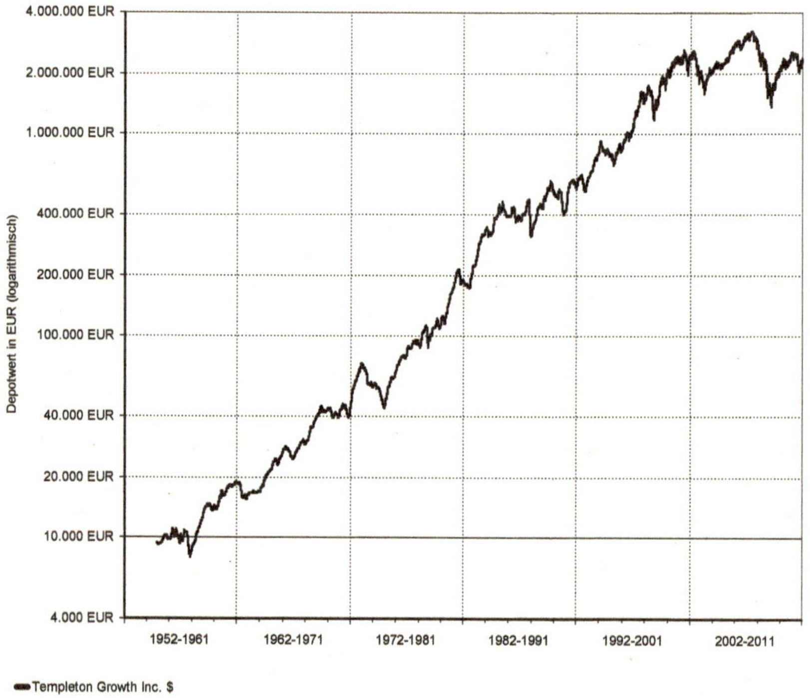

Auswertung vom 01.12.1954 bis zum 31.12.2011, abzgl. Emissionsgebühren

Ergebnisse:

Bezeichnung	Emissions-gebühren	Depotwert in EUR	Depotwert in %	Wertzuwachs in EUR	Wertzuwachs in %	Wertentw. p.a.	Volatilität
Templeton Growth Inc. $	5,75 %	2.365.238	23.652,38	2.355.238	23.552,38	10,05 %	15,73 %

Quelle: Fonds@NALYSE Tool Vers. 4.04.14/1201 ©2006EDISoft GmbH

19. Templeton Growth Inc. $ Seite 2

Einmalanlage 10.000,00 EUR
Auswertung vom 01.12.1954 bis zum 31.12.2011
abzgl. 5,75% Emissionsgebühren
Darstellung: jährlich

Stichtag	Depotwert	Wertzuwachs
01.12.1954	9.425 EUR	-575 EUR
31.12.1954	9.275 EUR	-725 EUR
31.12.1955	9.969 EUR	-31 EUR
31.12.1956	10.384 EUR	384 EUR
31.12.1957	8.638 EUR	-1.362 EUR
31.12.1958	12.790 EUR	2.790 EUR
31.12.1959	14.560 EUR	4.560 EUR
31.12.1960	16.582 EUR	6.582 EUR
31.12.1961	18.794 EUR	8.794 EUR
31.12.1962	16.260 EUR	6.260 EUR
31.12.1963	16.998 EUR	6.998 EUR
31.12.1964	21.867 EUR	11.867 EUR
31.12.1965	26.901 EUR	16.901 EUR
31.12.1966	25.295 EUR	15.295 EUR
31.12.1967	28.927 EUR	18.927 EUR
31.12.1968	39.856 EUR	29.856 EUR
31.12.1969	44.001 EUR	34.001 EUR
31.12.1970	40.700 EUR	30.700 EUR
31.12.1971	44.461 EUR	34.461 EUR
31.12.1972	73.409 EUR	63.409 EUR
31.12.1973	55.830 EUR	45.830 EUR
31.12.1974	43.761 EUR	33.761 EUR
31.12.1975	65.531 EUR	55.531 EUR
31.12.1976	86.633 EUR	76.633 EUR
31.12.1977	92.919 EUR	82.919 EUR
31.12.1978	95.755 EUR	85.755 EUR
31.12.1979	114.966 EUR	104.966 EUR
31.12.1980	164.817 EUR	154.817 EUR
31.12.1981	188.269 EUR	178.269 EUR
31.12.1982	220.783 EUR	210.783 EUR
31.12.1983	336.355 EUR	326.355 EUR
31.12.1984	397.275 EUR	387.275 EUR
31.12.1985	394.039 EUR	384.039 EUR
31.12.1986	375.628 EUR	365.628 EUR
31.12.1987	316.382 EUR	306.382 EUR
31.12.1988	445.069 EUR	435.069 EUR
31.12.1989	516.182 EUR	506.182 EUR
31.12.1990	415.379 EUR	405.379 EUR
31.12.1991	553.825 EUR	543.825 EUR
31.12.1992	614.958 EUR	604.958 EUR
31.12.1993	876.766 EUR	866.766 EUR
31.12.1994	787.438 EUR	777.438 EUR
31.12.1995	873.241 EUR	863.241 EUR
31.12.1996	1.129.385 EUR	1.119.385 EUR
31.12.1997	1.534.301 EUR	1.524.301 EUR
31.12.1998	1.385.308 EUR	1.375.308 EUR
31.12.1999	2.107.545 EUR	2.097.545 EUR
31.12.2000	2.299.323 EUR	2.289.323 EUR
31.12.2001	2.437.516 EUR	2.427.516 EUR
31.12.2002	1.872.185 EUR	1.862.185 EUR
31.12.2003	2.069.338 EUR	2.059.338 EUR
31.12.2004	2.250.382 EUR	2.240.382 EUR
31.12.2005	2.789.674 EUR	2.779.674 EUR
31.12.2006	3.047.312 EUR	3.037.312 EUR
31.12.2007	2.816.776 EUR	2.806.776 EUR
31.12.2008	1.662.254 EUR	1.652.254 EUR
31.12.2009	2.124.006 EUR	2.114.006 EUR
31.12.2010	2.444.882 EUR	2.434.882 EUR
31.12.2011	2.365.238 EUR	2.355.238 EUR

Quelle: Fonds@NALYSE Tool Vers. 4.04.14/1201 ©2006EDISoft GmbH

20. Einmalanlage 10.000,00,00 EUR

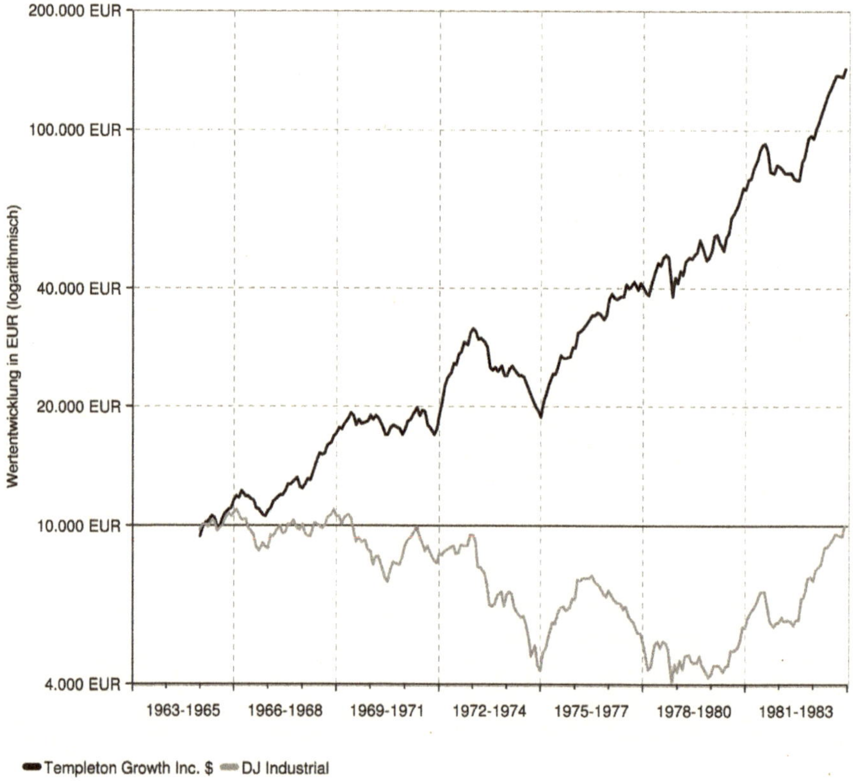

Auswertung vom 01.01.1965 bis zum 30.11.1983, nach Spesen

Chart-Daten : (Erläuterungen siehe unten)

Bezeichnung	Endbetrag	Rendite p.a.	Volatilität
Templeton Growth Inc. $	143.450 EUR	15,11 %	14,51 %
DJ Industrial	10.055 EUR	0,03 %	16,37 %

Quelle: Fonds@NALYSE .TOOL Vers. 4.04.16/0910-DE © 2008 EDISoft GmbH

21. Sparplan 100,00 EUR monatlich Seite 1

in rollierenden 24-Jahres-Zeiträumen
Berechnungsbasis: jährlich
Auswertung vom 01.01.1955 bis zum 31.12.2011
abzgl. Emissionsgebühren

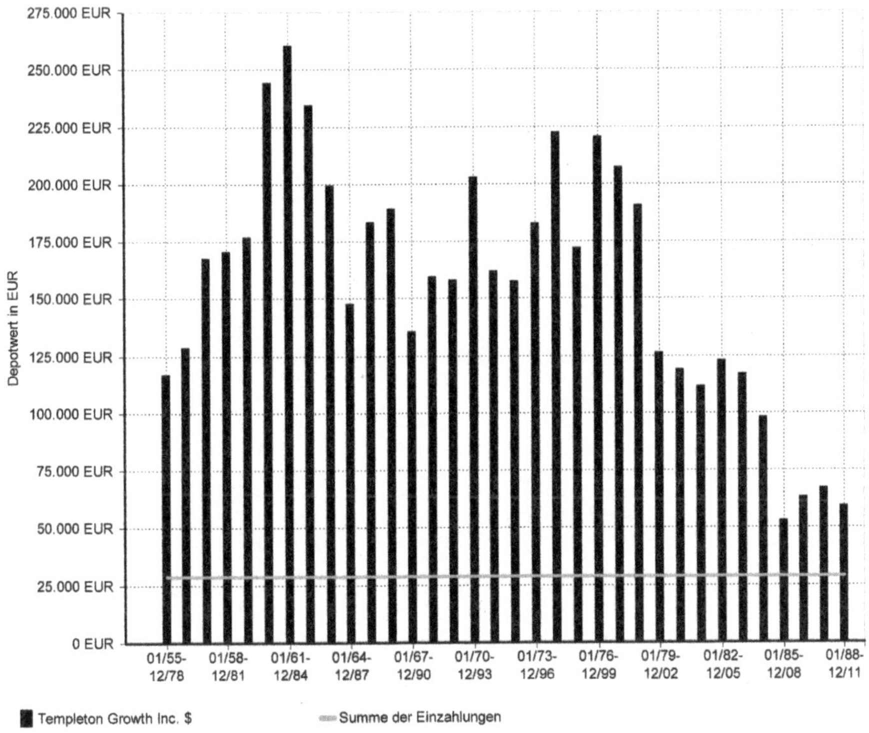

Auswertung vom 01.01.1955 bis zum 31.12.2011, abzgl. Emissionsgebühren

Quelle: Fonds@NALYSE Tool Vers. 4.04.14/1201 ©2006EDISoft GmbH

21. Templeton Growth Inc. $ Seite 2

Sparplan 100,00 EUR monatlich
in rollierenden 24-Jahres-Zeiträumen
Auswertung vom 01.01.1955 bis zum 31.12.2011
abzgl. 5,75% Emissionsgebühren
Berechnungsbasis: jahrlich, Darstellung: jährlich

Zeitraum	Einzahlungen	Depotwert	Wertzuwachs	Wertentwicklung p.a.
01/55 - 12/78	28.800 EUR	117.185 EUR	88.385 EUR	10,31 %
01/56 - 12/79	28.800 EUR	128.592 EUR	99.792 EUR	10,94 %
01/57 - 12/80	28.800 EUR	167.629 EUR	138.829 EUR	12,69 %
01/58 - 12/81	28.800 EUR	170.636 EUR	141.836 EUR	12,81 %
01/59 - 12/82	28.800 EUR	177.233 EUR	148.433 EUR	13,06 %
01/60 - 12/83	28.800 EUR	244.203 EUR	215.403 EUR	15,15 %
01/61 - 12/84	28.800 EUR	260.239 EUR	231.439 EUR	15,56 %
01/62 - 12/85	28.800 EUR	234.513 EUR	205.713 EUR	14,88 %
01/63 - 12/86	28.800 EUR	199.548 EUR	170.748 EUR	13,83 %
01/64 - 12/87	28.800 EUR	147.610 EUR	118.810 EUR	11,85 %
01/65 - 12/88	28.800 EUR	183.121 EUR	154.321 EUR	13,27 %
01/66 - 12/89	28.800 EUR	189.129 EUR	160.329 EUR	13,48 %
01/67 - 12/90	28.800 EUR	135.560 EUR	106.760 EUR	11,29 %
01/68 - 12/91	28.800 EUR	159.627 EUR	130.827 EUR	12,37 %
01/69 - 12/92	28.800 EUR	157.746 EUR	128.946 EUR	12,29 %
01/70 - 12/93	28.800 EUR	202.738 EUR	173.938 EUR	13,94 %
01/71 - 12/94	28.800 EUR	161.778 EUR	132.978 EUR	12,46 %
01/72 - 12/95	28.800 EUR	157.578 EUR	128.778 EUR	12,29 %
01/73 - 12/96	28.800 EUR	183.020 EUR	154.220 EUR	13,27 %
01/74 - 12/97	28.800 EUR	222.337 EUR	193.537 EUR	14,54 %
01/75 - 12/98	28.800 EUR	172.187 EUR	143.387 EUR	12,87 %
01/76 - 12/99	28.800 EUR	220.589 EUR	191.789 EUR	14,49 %
01/77 - 12/00	28.800 EUR	207.401 EUR	178.601 EUR	14,09 %
01/78 - 12/01	28.800 EUR	190.694 EUR	161.894 EUR	13,54 %
01/79 - 12/02	28.800 EUR	126.114 EUR	97.314 EUR	10,81 %
01/80 - 12/03	28.800 EUR	119.166 EUR	90.366 EUR	10,42 %
01/81 - 12/04	28.800 EUR	111.510 EUR	82.710 EUR	9,98 %
01/82 - 12/05	28.800 EUR	122.845 EUR	94.045 EUR	10,63 %
01/83 - 12/06	28.800 EUR	117.110 EUR	88.310 EUR	10,31 %
01/84 - 12/07	28.800 EUR	97.866 EUR	69.066 EUR	9,09 %
01/85 - 12/08	28.800 EUR	53.100 EUR	24.300 EUR	4,76 %
01/86 - 12/09	28.800 EUR	63.465 EUR	34.665 EUR	6,06 %
01/87 - 12/10	28.800 EUR	67.335 EUR	38.535 EUR	6,48 %
01/88 - 12/11	28.800 EUR	59.542 EUR	30.742 EUR	5,60 %
bester (01/61-12/84)	-	260.239 EUR	231.439 EUR	15,56 %
schlechtester (01/85-12/08)	-	53.100 EUR	24.300 EUR	4,76 %
durchschnittlich	-	156.734 EUR	127.934 EUR	11,75 %

Quelle: Fonds@NALYSE Tool Vers. 4.04.14/1201 ©2006EDISoft GmbH

22. Einmalanlage 20.000,00 EUR   Seite 1

in rollierenden 24-Jahres-Zeiträumen
Berechnungsbasis: jährlich
Auswertung vom 01.01.1955 bis zum 31.12.2011
abzgl. Emissionsgebühren

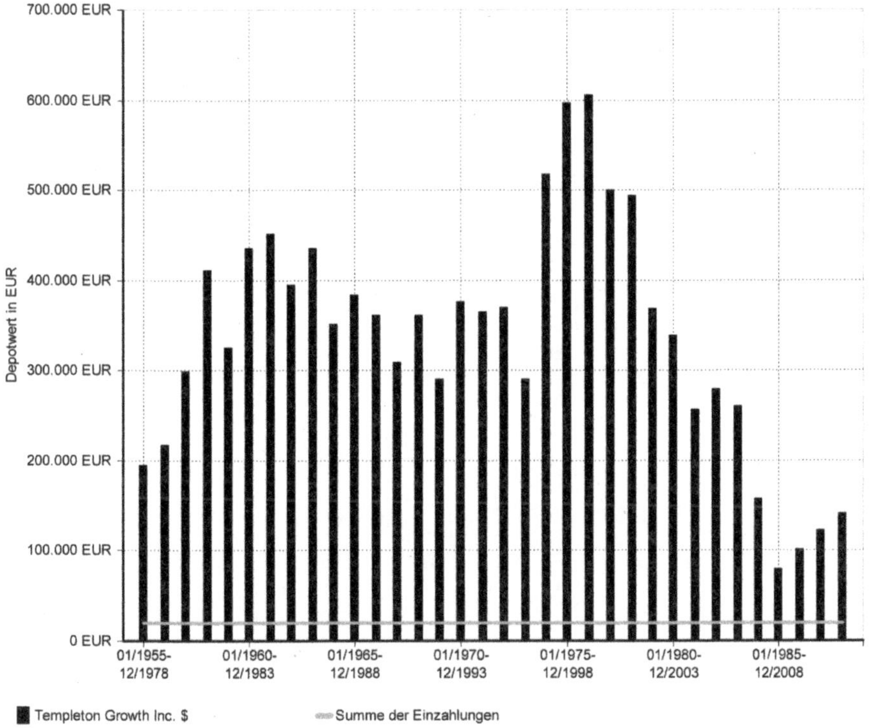

Auswertung vom 01.01.1955 bis zum 31.12.2011, abzgl. Emissionsgebühren

Quelle: Fonds@NALYSE Tool Vers. 4.04.14/1201 ©2006EDISoft GmbH

22. Templeton Growth Inc. Seite 2

Einmalanlage 20.000,00 EUR
in rollierenden 24-Jahres-Zeiträumen
Auswertung vom 01.01.1955 bis zum 31.12.2011
abzgl. 5,75% Emissionsgebühren
Berechnungsbasis: jahrlich, Darstellung: jährlich

Zeitraum	Einzahlungen	Depotwert	Wertzuwachs	Wertentwicklung p.a.
01/55 - 12/78	20.000 EUR	194.613 EUR	174.613 EUR	9,94 %
01/56 - 12/79	20.000 EUR	217.381 EUR	197.381 EUR	10,45 %
01/57 - 12/80	20.000 EUR	299.191 EUR	279.191 EUR	11,93 %
01/58 - 12/81	20.000 EUR	410.827 EUR	390.827 EUR	13,42 %
01/59 - 12/82	20.000 EUR	325.383 EUR	305.383 EUR	12,32 %
01/60 - 12/83	20.000 EUR	435.463 EUR	415.463 EUR	13,70 %
01/61 - 12/84	20.000 EUR	451.615 EUR	431.615 EUR	13,87 %
01/62 - 12/85	20.000 EUR	395.206 EUR	375.206 EUR	13,24 %
01/63 - 12/86	20.000 EUR	435.468 EUR	415.468 EUR	13,70 %
01/64 - 12/87	20.000 EUR	350.857 EUR	330.857 EUR	12,68 %
01/65 - 12/88	20.000 EUR	383.669 EUR	363.669 EUR	13,10 %
01/66 - 12/89	20.000 EUR	361.699 EUR	341.699 EUR	12,82 %
01/67 - 12/90	20.000 EUR	309.541 EUR	289.541 EUR	12,09 %
01/68 - 12/91	20.000 EUR	360.895 EUR	340.895 EUR	12,81 %
01/69 - 12/92	20.000 EUR	290.849 EUR	270.849 EUR	11,80 %
01/70 - 12/93	20.000 EUR	375.609 EUR	355.609 EUR	13,00 %
01/71 - 12/94	20.000 EUR	364.698 EUR	344.698 EUR	12,86 %
01/72 - 12/95	20.000 EUR	370.223 EUR	350.223 EUR	12,93 %
01/73 - 12/96	20.000 EUR	290.005 EUR	270.005 EUR	11,79 %
01/74 - 12/97	20.000 EUR	518.029 EUR	498.029 EUR	14,52 %
01/75 - 12/98	20.000 EUR	596.724 EUR	576.724 EUR	15,20 %
01/76 - 12/99	20.000 EUR	606.234 EUR	586.234 EUR	15,27 %
01/77 - 12/00	20.000 EUR	500.295 EUR	480.295 EUR	14,36 %
01/78 - 12/01	20.000 EUR	494.489 EUR	474.489 EUR	14,30 %
01/79 - 12/02	20.000 EUR	368.554 EUR	348.554 EUR	12,91 %
01/80 - 12/03	20.000 EUR	339.291 EUR	319.291 EUR	12,52 %
01/81 - 12/04	20.000 EUR	257.374 EUR	237.374 EUR	11,23 %
01/82 - 12/05	20.000 EUR	279.310 EUR	259.310 EUR	11,61 %
01/83 - 12/06	20.000 EUR	260.173 EUR	240.173 EUR	11,28 %
01/84 - 12/07	20.000 EUR	157.858 EUR	137.858 EUR	8,99 %
01/85 - 12/08	20.000 EUR	78.871 EUR	58.871 EUR	5,88 %
01/86 - 12/09	20.000 EUR	101.608 EUR	81.608 EUR	7,01 %
01/87 - 12/10	20.000 EUR	122.690 EUR	102.690 EUR	7,85 %
01/88 - 12/11	20.000 EUR	140.920 EUR	120.920 EUR	8,48 %
bester (01/76-12/99)	-	606.234 EUR	586.234 EUR	15,27 %
schlechtester (01/85-12/08)	-	78.871 EUR	58.871 EUR	5,88 %
durchschnittlich	-	336.636 EUR	316.636 EUR	12,05 %

Quelle: Fonds@NALYSE Tool Vers. 4.04.14/1201 ©2006EDISoft GmbH

23. Sparplan 125,00 EUR monatlich Seite 1

In rollierenden 24-Jahres-Zeiträumen
Berechnungsbasis: jährlich
Auswertung vom 01.01.1955 bis zum 31.12.2011
abzgl. Emissionsgebühren

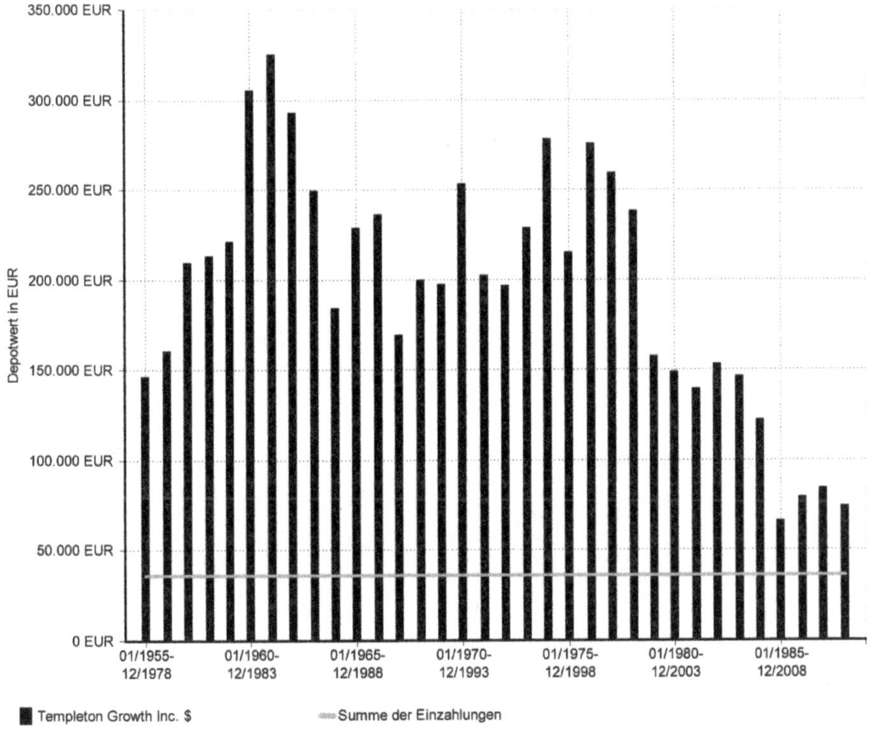

Auswertung vom 01.01.1955 bis zum 31.12.2011, abzgl. Emissionsgebühren

Quelle: Fonds@NALYSE Tool Vers. 4.04.14/1201 ©2006EDISoft GmbH

23. Templeton Growth Inc. $ Seite 2

Sparplan 125,00 EUR monatlich
in rollierenden 24-Jahres-Zeiträumen
Auswertung vom 01.01.1955 bis zum 31.12.2011
abzgl. 5,75% Emissionsgebühren
Berechnungsbasis: jährlich, Darstellung: jährlich

Zeitraum	Einzahlungen	Depotwert	Wertzuwachs	Wertentwicklung p.a.
01/55 - 12/78	36.000 EUR	146.482 EUR	110.482 EUR	10,31 %
01/56 - 12/79	36.000 EUR	160.740 EUR	124.740 EUR	10,94 %
01/57 - 12/80	36.000 EUR	209.536 EUR	173.536 EUR	12,69 %
01/58 - 12/81	36.000 EUR	213.295 EUR	177.295 EUR	12,81 %
01/59 - 12/82	36.000 EUR	221.542 EUR	185.542 EUR	13,06 %
01/60 - 12/83	36.000 EUR	305.254 EUR	269.254 EUR	15,15 %
01/61 - 12/84	36.000 EUR	325.299 EUR	289.299 EUR	15,56 %
01/62 - 12/85	36.000 EUR	293.142 EUR	257.142 EUR	14,88 %
01/63 - 12/86	36.000 EUR	249.436 EUR	213.436 EUR	13,83 %
01/64 - 12/87	36.000 EUR	184.512 EUR	148.512 EUR	11,85 %
01/65 - 12/88	36.000 EUR	228.902 EUR	192.902 EUR	13,27 %
01/66 - 12/89	36.000 EUR	236.411 EUR	200.411 EUR	13,48 %
01/67 - 12/90	36.000 EUR	169.450 EUR	133.450 EUR	11,29 %
01/68 - 12/91	36.000 EUR	199.534 EUR	163.534 EUR	12,37 %
01/69 - 12/92	36.000 EUR	197.183 EUR	161.183 EUR	12,29 %
01/70 - 12/93	36.000 EUR	253.423 EUR	217.423 EUR	13,94 %
01/71 - 12/94	36.000 EUR	202.222 EUR	166.222 EUR	12,46 %
01/72 - 12/95	36.000 EUR	196.973 EUR	160.973 EUR	12,29 %
01/73 - 12/96	36.000 EUR	228.775 EUR	192.775 EUR	13,27 %
01/74 - 12/97	36.000 EUR	277.921 EUR	241.921 EUR	14,54 %
01/75 - 12/98	36.000 EUR	215.234 EUR	179.234 EUR	12,87 %
01/76 - 12/99	36.000 EUR	275.736 EUR	239.736 EUR	14,49 %
01/77 - 12/00	36.000 EUR	259.252 EUR	223.252 EUR	14,09 %
01/78 - 12/01	36.000 EUR	238.368 EUR	202.368 EUR	13,54 %
01/79 - 12/02	36.000 EUR	157.643 EUR	121.643 EUR	10,81 %
01/80 - 12/03	36.000 EUR	148.958 EUR	112.958 EUR	10,42 %
01/81 - 12/04	36.000 EUR	139.388 EUR	103.388 EUR	9,98 %
01/82 - 12/05	36.000 EUR	153.556 EUR	117.556 EUR	10,63 %
01/83 - 12/06	36.000 EUR	146.388 EUR	110.388 EUR	10,31 %
01/84 - 12/07	36.000 EUR	122.333 EUR	86.333 EUR	9,09 %
01/85 - 12/08	36.000 EUR	66.375 EUR	30.375 EUR	4,76 %
01/86 - 12/09	36.000 EUR	79.332 EUR	43.332 EUR	6,06 %
01/87 - 12/10	36.000 EUR	84.169 EUR	48.169 EUR	6,48 %
01/88 - 12/11	36.000 EUR	74.428 EUR	38.428 EUR	5,60 %
bester (01/61-12/84)	-	325.299 EUR	289.299 EUR	15,56 %
schlechtester (01/85-12/08)	-	66.375 EUR	30.375 EUR	4,76 %
durchschnittlich	-	195.917 EUR	159.917 EUR	11,75 %

Quelle: Fonds@NALYSE Tool Vers. 4.04.14/1201 ©2006EDISoft GmbH

24. Einmalanlage 25.000,00 EUR Seite 1

In rollierenden 24-Jahres-Zeiträumen
Berechnungsbasis: jährlich
Auswertung vom 01.01.1955 bis zum 31.12.2011
abzgl. Emissionsgebühren

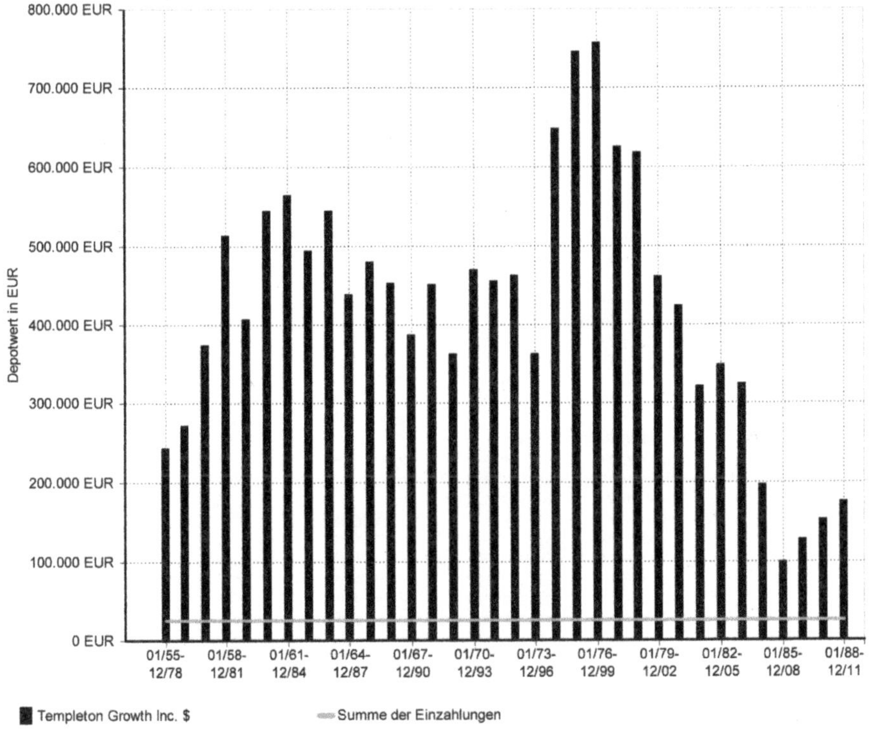

Auswertung vom 01.01.1955 bis zum 31.12.2011, abzgl. Emissionsgebühren

Quelle: Fonds@NALYSE Tool Vers. 4.04.14/1201 ©2006EDISoft GmbH

24. Templeton Growth Inc. $ Seite 2

Einmalanlage 25.000,00 EUR , in rollierenden 24-Jahres-Zeiträumen
Auswertung vom 01.01.1955 bis zum 31.12.2011
abzgl. 5,75% Emissionsgebühren
Berechnungsbasis: jährlich, Darstellung: jährlich

Zeitraum	Einzahlungen	Depotwert	Wertzuwachs	Wertentwicklung p.a.
01/55 - 12/78	25.000 EUR	243.266 EUR	218.266 EUR	9,94 %
01/56 - 12/79	25.000 EUR	271.727 EUR	246.727 EUR	10,45 %
01/57 - 12/80	25.000 EUR	373.989 EUR	348.989 EUR	11,93 %
01/58 - 12/81	25.000 EUR	513.534 EUR	488.534 EUR	13,42 %
01/59 - 12/82	25.000 EUR	406.729 EUR	381.729 EUR	12,32 %
01/60 - 12/83	25.000 EUR	544.329 EUR	519.329 EUR	13,70 %
01/61 - 12/84	25.000 EUR	564.518 EUR	539.518 EUR	13,87 %
01/62 - 12/85	25.000 EUR	494.008 EUR	469.008 EUR	13,24 %
01/63 - 12/86	25.000 EUR	544.336 EUR	519.336 EUR	13,70 %
01/64 - 12/87	25.000 EUR	438.571 EUR	413.571 EUR	12,68 %
01/65 - 12/88	25.000 EUR	479.586 EUR	454.586 EUR	13,10 %
01/66 - 12/89	25.000 EUR	452.124 EUR	427.124 EUR	12,82 %
01/67 - 12/90	25.000 EUR	386.927 EUR	361.927 EUR	12,09 %
01/68 - 12/91	25.000 EUR	451.118 EUR	426.118 EUR	12,81 %
01/69 - 12/92	25.000 EUR	363.561 EUR	338.561 EUR	11,80 %
01/70 - 12/93	25.000 EUR	469.511 EUR	444.511 EUR	13,00 %
01/71 - 12/94	25.000 EUR	455.872 EUR	430.872 EUR	12,86 %
01/72 - 12/95	25.000 EUR	462.778 EUR	437.778 EUR	12,93 %
01/73 - 12/96	25.000 EUR	362.506 EUR	337.506 EUR	11,79 %
01/74 - 12/97	25.000 EUR	647.537 EUR	622.537 EUR	14,52 %
01/75 - 12/98	25.000 EUR	745.905 EUR	720.905 EUR	15,20 %
01/76 - 12/99	25.000 EUR	757.793 EUR	732.793 EUR	15,27 %
01/77 - 12/00	25.000 EUR	625.369 EUR	600.369 EUR	14,36 %
01/78 - 12/01	25.000 EUR	618.111 EUR	593.111 EUR	14,30 %
01/79 - 12/02	25.000 EUR	460.692 EUR	435.692 EUR	12,91 %
01/80 - 12/03	25.000 EUR	424.114 EUR	399.114 EUR	12,52 %
01/81 - 12/04	25.000 EUR	321.717 EUR	296.717 EUR	11,23 %
01/82 - 12/05	25.000 EUR	349.137 EUR	324.137 EUR	11,61 %
01/83 - 12/06	25.000 EUR	325.217 EUR	300.217 EUR	11,28 %
01/84 - 12/07	25.000 EUR	197.322 EUR	172.322 EUR	8,99 %
01/85 - 12/08	25.000 EUR	98.589 EUR	73.589 EUR	5,88 %
01/86 - 12/09	25.000 EUR	127.010 EUR	102.010 EUR	7,01 %
01/87 - 12/10	25.000 EUR	153.363 EUR	128.363 EUR	7,85 %
01/88 - 12/11	25.000 EUR	176.151 EUR	151.151 EUR	8,48 %
bester (01/76-12/99)	-	757.793 EUR	732.793 EUR	15,27 %
schlechtester (01/85-12/08)	-	98.589 EUR	73.589 EUR	5,88 %
durchschnittlich	-	420.795 EUR	395.795 EUR	12,05 %

Quelle: Fonds@NALYSE Tool Vers. 4.04.14/1201 ©2006EDISoft GmbH

25. Sparplan 33,33 EUR monatlich (Dyn. 3,00 % p.a.) Seite 1

In rollierenden 40-Jahres-Zeiträumen
Berechnungsbasis: jährlich
Auswertung vom 01.01.1955 bis zum 31.12.2011
abzgl. Emissionsgebühren

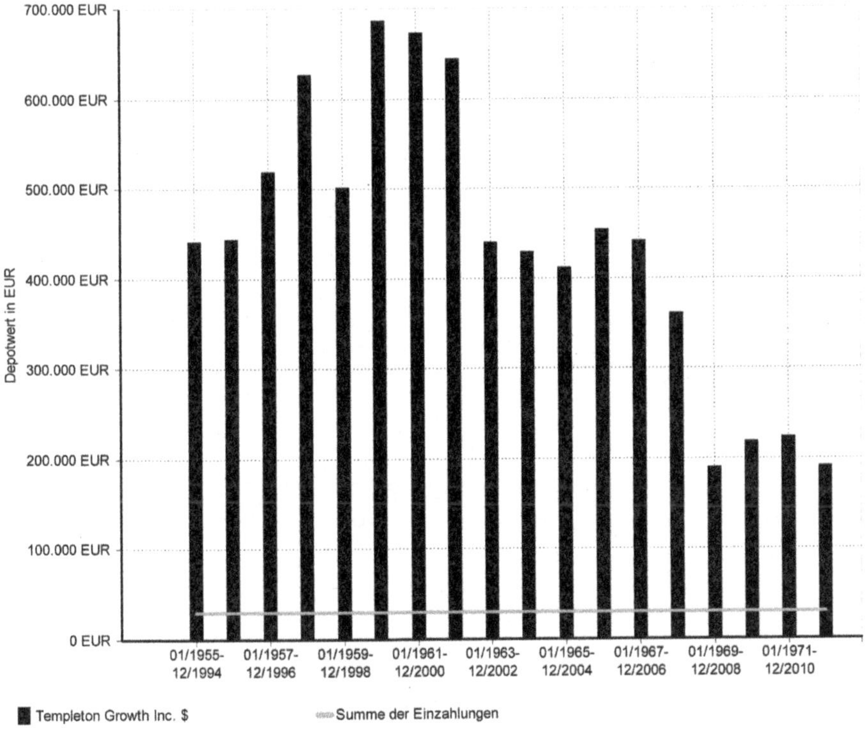

Auswertung vom 01.01.1955 bis zum 31.12.2011, abzgl. Emissionsgebühren

Quelle: Fonds@NALYSE Tool Vers. 4.04.14/1201 ©2006EDISoft GmbH

25. Templeton Growth Inc. $ Seite 2

Sparplan 33,33 EUR monatlich (Dyn. 3,00% p.a.)
in rollierenden 40-Jahres-Zeiträumen
Auswertung vom 01.01.1955 bis zum 31.12.2011
abzgl. 5,75% Emissionsgebühren
Berechnungsbasis: jährlich, Darstellung: jährlich

Zeitraum	Einzahlungen	Depotwert	Wertzuwachs	Wertentwicklung p.a.
01/55 - 12/94	30.233 EUR	441.405 EUR	411.172 EUR	12,14 %
01/56 - 12/95	30.233 EUR	443.781 EUR	413.548 EUR	12,16 %
01/57 - 12/96	30.233 EUR	518.293 EUR	488.060 EUR	12,74 %
01/58 - 12/97	30.233 EUR	626.825 EUR	596.592 EUR	13,45 %
01/59 - 12/98	30.233 EUR	501.343 EUR	471.110 EUR	12,62 %
01/60 - 12/99	30.233 EUR	686.756 EUR	656.523 EUR	13,79 %
01/61 - 12/00	30.233 EUR	673.280 EUR	643.047 EUR	13,72 %
01/62 - 12/01	30.233 EUR	644.688 EUR	614.456 EUR	13,55 %
01/63 - 12/02	30.233 EUR	441.205 EUR	410.972 EUR	12,14 %
01/64 - 12/03	30.233 EUR	429.426 EUR	399.193 EUR	12,03 %
01/65 - 12/04	30.233 EUR	412.305 EUR	382.072 EUR	11,88 %
01/66 - 12/05	30.233 EUR	454.843 EUR	424.610 EUR	12,25 %
01/67 - 12/06	30.233 EUR	441.712 EUR	411.479 EUR	12,14 %
01/68 - 12/07	30.233 EUR	360.740 EUR	330.507 EUR	11,37 %
01/69 - 12/08	30.233 EUR	189.423 EUR	159.191 EUR	8,84 %
01/70 - 12/09	30.233 EUR	217.912 EUR	187.679 EUR	9,40 %
01/71 - 12/10	30.233 EUR	223.316 EUR	193.083 EUR	9,50 %
01/72 - 12/11	30.233 EUR	190.683 EUR	160.450 EUR	8,87 %
bester (01/60-12/99)	-	686.756 EUR	656.523 EUR	13,79 %
schlechtester (01/69-12/08)	-	189.423 EUR	159.191 EUR	8,84 %
durchschnittlich	-	438.774 EUR	408.541 EUR	11,81 %

Quelle: Fonds@NALYSE Tool Vers. 4.04.14/1201 ©2006EDISoft GmbH

25. Verlaufsdarstellung für eine monatlich vorschüssig geleistete Ratenzahlung — Seite 3

Gezeigt ist die zeitliche Entwicklung des Kapitals bei einem Zinssatz von 0,00 %. Zu Beginn der Ratenzahlung beträgt das Kapital 0,00 EUR. Die Höhe der Rate ist 33,33 EUR und wird jährlich um 3,00 % gesteigert.

Laufzeit	Anfangskapital	Einzahlungen p.a.	Zinseinnahmen	Endkapital
1 J.	0,00	399,96	0,00	399,96
2 J.	399,96	411,96	0,00	811,92
3 J.	811,92	424,32	0,00	1.236,24
4 J.	1.236,24	437,05	0,00	1.673,28
5 J.	1.673,28	450,16	0,00	2.123,44
6 J.	2.123,44	463,66	0,00	2.587,11
7 J.	2.587,11	477,57	0,00	3.064,68
8 J.	3.064,68	491,90	0,00	3.556,58
9 J.	3.556,58	506,66	0,00	4.063,24
10 J.	4.063,24	521,86	0,00	4.585,09
11 J.	4.585,09	537,51	0,00	5.122,61
12 J.	5.122,61	553,64	0,00	5.676,24
13 J.	5.676,24	570,25	0,00	6.246,49
14 J.	6.246,49	587,35	0,00	6.833,85
15 J.	6.833,85	604,98	0,00	7.438,82
16 J.	7.438,82	623,12	0,00	8.061,95
17 J.	8.061,95	641,82	0,00	8.703,76
18 J.	8.703,76	661,07	0,00	9.364,84
19 J.	9.364,84	680,91	0,00	10.045,74
20 J.	10.045,74	701,33	0,00	10.747,07
21 J.	10.747,07	722,37	0,00	11.469,45
22 J.	11.469,45	744,04	0,00	12.213,49
23 J.	12.213,49	766,36	0,00	12.979,86
24 J.	12.979,86	789,36	0,00	13.769,21
25 J.	13.769,21	813,04	0,00	14.582,25
26 J.	14.582,25	837,43	0,00	15.419,67
27 J.	15.419,67	862,55	0,00	16.282,23
28 J.	16.282,23	888,43	0,00	17.170,65
29 J.	17.170,65	915,08	0,00	18.085,73
30 J.	18.085,73	942,53	0,00	19.028,26
31 J.	19.028,26	970,81	0,00	19.999,07
32 J.	19.999,07	999,93	0,00	20.999,00
33 J.	20.999,00	1.029,93	0,00	22.028,93
34 J.	22.028,93	1.060,83	0,00	23.089,76
35 J.	23.089,76	1.092,65	0,00	24.182,41
36 J.	24.182,41	1.125,43	0,00	25.307,85
37 J.	25.307,85	1.159,20	0,00	26.467,04
38 J.	26.467,04	1.193,97	0,00	27.661,01
39 J.	27.661,01	1.229,79	0,00	28.890,80
40 J.	28.890,80	1.266,68	0,00	30.157,49
Summe		30157,49	0,00	

Quelle: Fonds@NALYSE Tool Vers. 4.04.14/1201 ©2006EDISoft GmbH

26.1 Entnahmeplan 400.000,00 EUR Seite 1

mit Entnahme von 2.000 EUR monatlich (Dyn. 3 % p.a.)
in rollierenden 40-Jahres-Zeiträumen
Berechnungsbasis: jährlich
Auswertung vom 31.12.1954 bis zum 30.04.2009

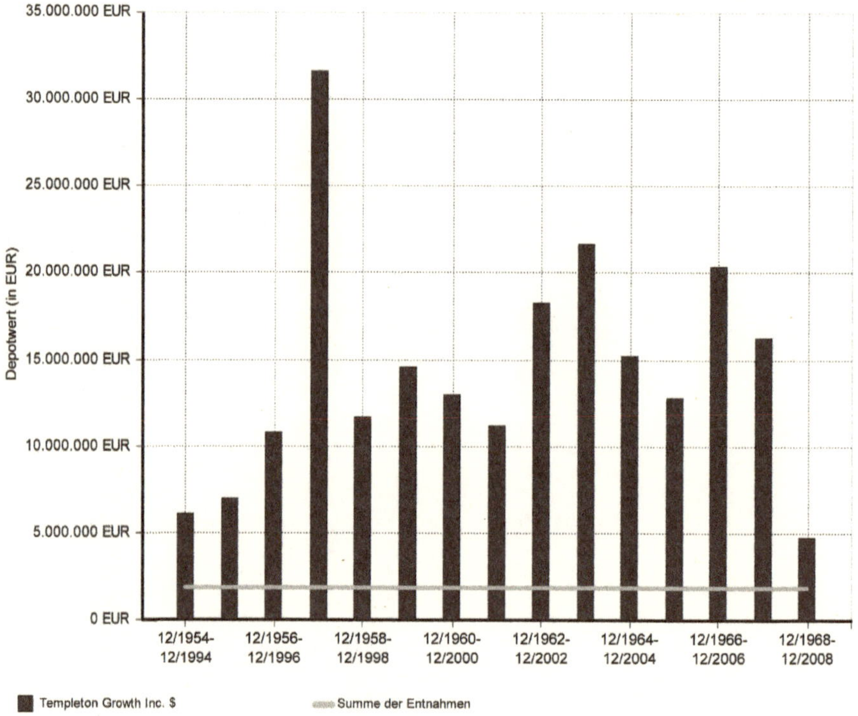

Auswertung vom 31.12.1954 bis zum 30.04.2009

Quelle: Fonds@NALYSE Tool Vers. 4.04.14/1201 ©2006EDISoft GmbH

26.1 Templeton Growth Inc. $ Seite 2

Entnahmeplan 400.000,00 EUR
mit Entnahme von 2.000 EUR monatlich (Dyn. 3 % p.a.)
in rollierenden 40-Jahres-Zeiträumen
Auswertung vom 31.12.1954 bis zum 30.04.2009
Berechnungsbasis: jährlich, Darstellung: jährlich

Zeitraum	Einzahlungen	Entnahmen	Depotwert	Wertzuwachs	Wertentwicklung p.a.
12/54 - 12/94	400.000 EUR	1.814.154 EUR	6.092.398 EUR	7.506.553 EUR	10,90 %
12/55 - 12/95	400.000 EUR	1.814.154 EUR	7.023.383 EUR	8.437.537 EUR	11,12 %
12/56 - 12/96	400.000 EUR	1.814.154 EUR	10.799.452 EUR	12.213.606 EUR	11,83 %
12/57 - 12/97	400.000 EUR	1.814.154 EUR	31.583.379 EUR	32.997.533 EUR	13,95 %
12/58 - 12/98	400.000 EUR	1.814.154 EUR	11.693.886 EUR	13.108.041 EUR	11,97 %
12/59 - 12/99	400.000 EUR	1.814.154 EUR	14.565.804 EUR	15.979.958 EUR	12,37 %
12/60 - 12/00	400.000 EUR	1.814.154 EUR	12.974.956 EUR	14.389.111 EUR	12,16 %
12/61 - 12/01	400.000 EUR	1.814.154 EUR	11.184.333 EUR	12.598.487 EUR	11,89 %
12/62 - 12/02	400.000 EUR	1.814.154 EUR	18.258.775 EUR	19.672.929 EUR	12,81 %
12/63 - 12/03	400.000 EUR	1.814.154 EUR	21.657.926 EUR	23.072.080 EUR	13,15 %
12/64 - 12/04	400.000 EUR	1.814.154 EUR	15.176.121 EUR	16.590.275 EUR	12,45 %
12/65 - 12/05	400.000 EUR	1.814.154 EUR	12.787.989 EUR	14.202.143 EUR	12,13 %
12/66 - 12/06	400.000 EUR	1.814.154 EUR	20.363.766 EUR	21.777.920 EUR	13,03 %
12/67 - 12/07	400.000 EUR	1.814.154 EUR	16.222.040 EUR	17.636.194 EUR	12,58 %
12/68 - 12/08	400.000 EUR	1.814.154 EUR	4.727.392 EUR	6.141.546 EUR	10,55 %
bester (12/57-12/97)	-	-	31.583.379 EUR	32.997.533 EUR	13,95 %
schlechtester (12/68-12/08)	-	-	4.727.392 EUR	6.141.546 EUR	10,55 %
durchschnittlich	-	-	14.340.773 EUR	15.754.928 EUR	12,19 %

Quelle: Fonds@NALYSE Tool Vers. 4.04.14/1201 ©2006EDISoft GmbH

26.2 Berechnung mit Berücksichtigung der Inflation

Seite 1

Entnahmeplan 400.000 EUR
mit Entnahme von 2.000 EUR monatlich (Dyn. 3 % p.a.)
in rollierenden 40-Jahres-Zeiträumen
Berechnungsbasis: jährlich
Auswertung vom 01.01.1955 bis zum 31.12.2011, nach Inflation

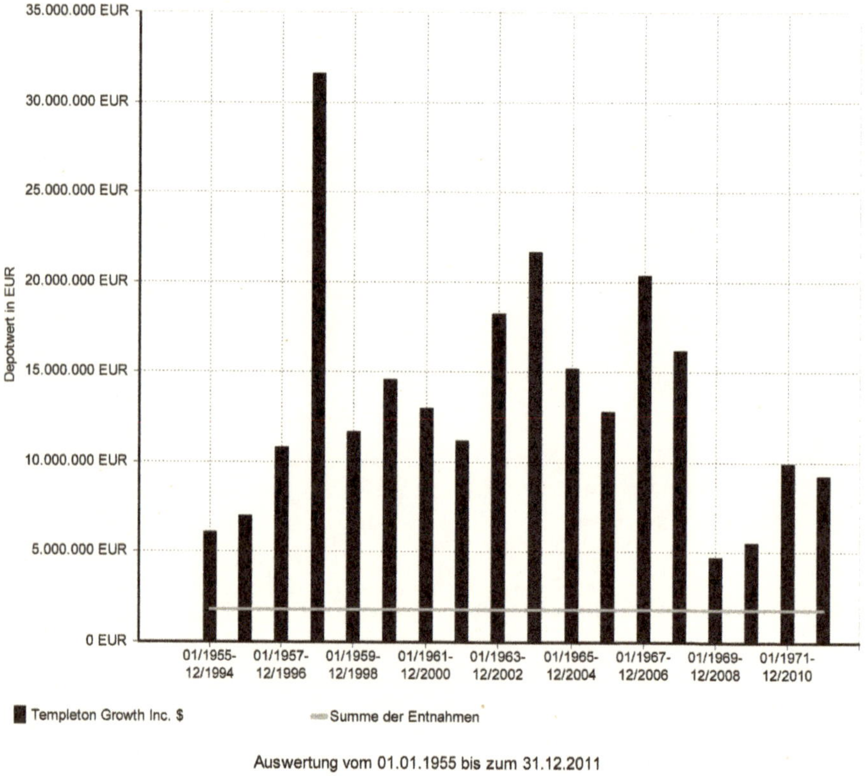

Quelle: Fonds@NALYSE .TOOL Vers. 4.04.16/0910-DE © 2008 EDISoft GmbH

26.2 Templeton Growth Inc. $ Seite 2

Entnahmeplan 400.000,00 EUR
mit Entnahme von 2.000,00 EUR monatlich (Dyn. 3 % p.a.)
in rollierenden 40-Jahres-Zeiträumen
Auswertung vom 01.01.1955 bis zum 31.12.2011, nach Inflation
Berechnungsbasis: jährlich, Darstellung: jährlich

Zeitraum	Einzahlungen	Entnahmen	Depotwert	Wertzuwachs	Wertentwicklung p.a.
01/55 - 12/94	400.000 EUR	1.814.154 EUR	6.092.398 EUR	7.506.553 EUR	10,90 %
01/56 - 12/95	400.000 EUR	1.814.154 EUR	7.023.383 EUR	8.437.537 EUR	11,12 %
01/57 - 12/96	400.000 EUR	1.814.154 EUR	10.799.452 EUR	12.213.606 EUR	11,83 %
01/58 - 12/97	400.000 EUR	1.814.154 EUR	31.583.379 EUR	32.997.533 EUR	13,95 %
01/59 - 12/98	400.000 EUR	1.814.154 EUR	11.693.886 EUR	13.108.041 EUR	11,97 %
01/60 - 12/99	400.000 EUR	1.814.154 EUR	14.565.804 EUR	15.979.958 EUR	12,37 %
01/61 - 12/00	400.000 EUR	1.814.154 EUR	12.974.956 EUR	14.389.111 EUR	12,16 %
01/62 - 12/01	400.000 EUR	1.814.154 EUR	11.184.333 EUR	12.598.487 EUR	11,89 %
01/63 - 12/02	400.000 EUR	1.814.154 EUR	18.258.775 EUR	19.672.929 EUR	12,81 %
01/64 - 12/03	400.000 EUR	1.814.154 EUR	21.657.926 EUR	23.072.080 EUR	13,15 %
01/65 - 12/04	400.000 EUR	1.814.154 EUR	15.176.121 EUR	16.590.275 EUR	12,45 %
01/66 - 12/05	400.000 EUR	1.814.154 EUR	12.787.989 EUR	14.202.143 EUR	12,13 %
01/67 - 12/06	400.000 EUR	1.814.154 EUR	20.363.766 EUR	21.777.920 EUR	13,03 %
01/68 - 12/07	400.000 EUR	1.814.154 EUR	16.222.040 EUR	17.636.194 EUR	12,58 %
01/69 - 12/08	400.000 EUR	1.814.154 EUR	4.727.392 EUR	6.141.546 EUR	10,55 %
01/70 - 12/09	400.000 EUR	1.814.154 EUR	5.550.042 EUR	6.964.197 EUR	10,77 %
01/71 - 12/10	400.000 EUR	1.814.154 EUR	9.951.256 EUR	11.365.411 EUR	11,69 %
01/72 - 12/11	400.000 EUR	1.814.154 EUR	9.259.231 EUR	10.673.385 EUR	11,57 %
bester (01/58-12/97)	-	-	31.583.379 EUR	32.997.533 EUR	13,95 %
schlechtester (01/69-12/08)	-	-	4.727.392 EUR	6.141.546 EUR	10,55 %
durchschnittlich	-	-	13.326.229 EUR	14.740.384 EUR	12,05 %

Quelle: Fonds@NALYSE .TOOL Vers. 4.04.16/0910-DE © 2008 EDISoft GmbH

27. Kurs-Gewinn-Verhältnis des S&P 500

Januar 1981 bis September 2009

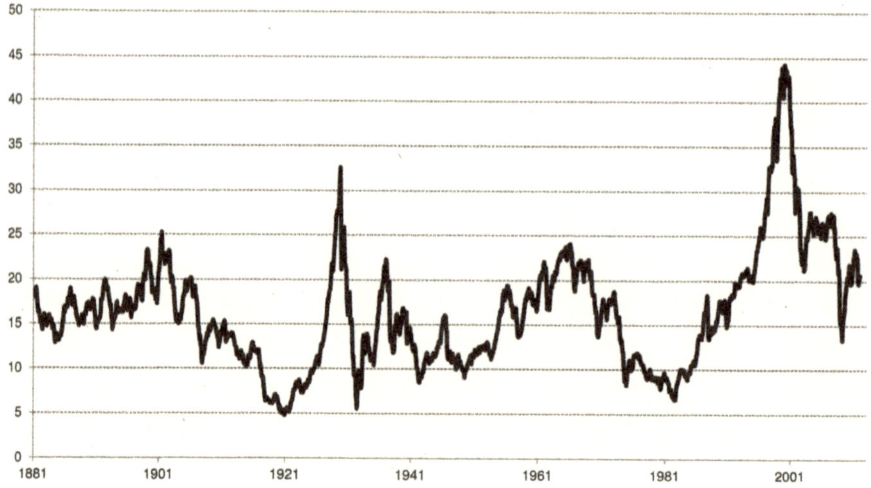

Quelle: Robert Shiller, Irrationaler Überschwang

Der Autor

Der Diplom-Finanzwirt ***Werner Stubenrauch*** hat bereits zwei Berufsleben hinter sich: das als Steuerinspektor in der Finanzverwaltung (11 Jahre) und das als Steuerberater / vereidigter Buchprüfer (46 Jahre).

Seit Beginn des neuen Jahrtausends hat er sich – einer Empfehlung der Bundessteuerberaterkammer folgend – dem Tätigkeitsfeld „Unabhängige Vermögens- und Finanzberatung" verschrieben und gehört dem DVVS „Deutscher Verband vermögensberatender Steuerberater e.V." an.

Er hofft, den Menschen einen Weg aufzeigen zu können, wie man einfach, effizient und langfristig sicher sein Vermögen mehren kann. Dieser für den Anleger aufgezeigte „Königsweg" wird eher selten empfohlen, aus Unkenntnis oder weil Berater ein entgegengesetztes Interesse haben, z.B. am sogenannten Kreditgeschäft der Banken, an welchem sie ein Vielfaches verdienen können.